W0261157

D. Metzing (Hrsg.)

GWAI-89
13th German Workshop on Artificial Intelligence

Eringerfeld, 18.-22. September 1989

Proceedings

Springer-Verlag
Berlin Heidelberg New York
London Paris Tokyo Hong Kong

Herausgeber

Dieter Metzing
Universität Bielefeld, Computerlinguistik
Postfach 8640, D-4800 Bielefeld 1

GWAI-89

13. Jahrestagung „Künstliche Intelligenz"

Der Fachausschuß 1.2 „Künstliche Intelligenz und Mustererkennung" der Gesellschaft für Informatik bildete das Programmkomitee:

Th. Christaller (St. Augustin)
W. Hoeppner (Koblenz)
K. Morik (St. Augustin)
H. Stiehl (Hamburg)
G. Strube (Bochum)
Chr. Habel (Hamburg)
P. Levi (München)
J. Siekmann (Kaiserslautern)
H. Stoyan (Konstanz)
Chr. Walther (Karlsruhe)

Vorsitzender des Programmkomitees:
Dieter Metzing (Universität Bielefeld, Computerlinguistik)

Die Fachtagung wurde von den folgenden Firmen finanziell unterstützt:

Daimler-Benz AG
IBM Deutschland GmbH
Krupp Atlas Elektronik GmbH
Nixdorf Computer AG
Philips GmbH
Siemens AG
Sun Microsystems GmbH

CR Subject Classification (1987): I.2.1, I.2.3 – I.2.7, I.2.10

ISBN-13:978-3-540-51743-6 e-ISBN-13:978-3-642-75100-4
DOI: 10.1007/978-3-642-75100-4

2145/3140-543210 – Gedruckt auf säurefreiem Papier

Vorwort

Die 13. Jahrestagung für Künstliche Intelligenz, GWAI-89, ist auch in diesem Jahr wieder ein Forum, auf dem ein beachtliches Spektrum der KI-Forschung in der Bundesrepublik präsentiert wird. Es reicht von Vorträgen über aktuelle Forschungsarbeiten bis zu speziellen Seminaren und dort von Grundlagenveranstaltungen (Formale und Kognitive Grundlagen von Wissensrepräsentationen; Einführung in Maschinelles Lernen und in spezielle höhere problemorientierte Sprachen für Wissensbasierte Systeme) bis zur Sektion 'Expertensystemlabor', in der das Ziel verfolgt wird, einen Rahmen zu definieren für kontinuierliche Kooperation und Erfahrungsaustausch zwischen Grundlagen- und Anwendungsforschung und Produktentwicklung.

Eine der Bewährungsproben der sich entwickelnden KI-Forschung ist der Erfolg in Anwendungsgebieten; eine andere die Verankerung in Forschungseinrichtungen, die Institutionalisierung in Fachbereichen. Daneben bleibt allerdings die Aufgabe, dafür zu sorgen, daß es ein sich erneuerndes, reichhaltiges 'Reservoir gibt, in dem KI-bezogene Ideen sich entwickeln, Kenntnisse aufgebaut und Erfahrungen ausgetauscht werden können und in dem Engagement für Probleme der KI gefördert werden kann. Der GWAI wie auch der KIFS kommt hierbei sicherlich auch weiterhin eine Schlüsselrolle zu.

Die diesjährige GWAI ist wieder das Ergebnis der Unterstützung und des Engagements von vielen: Zu danken ist zunächst all denjenigen, die zum wissenschaftlichen Programm der GWAI-89 durch die erfreulicherweise große Zahl (84) von eingereichten Arbeiten beigetragen haben, sowie den Mitgliedern des Programmkomitees und den Gutachtern, die die nicht immer leichte Aufgabe der Auswahl und der Begutachtung auf sich genommen haben. Besonderer Dank gilt den Referenten und Organisatoren der vier Sonderseminare sowie allen, die durch Systemvorführungen und Bereitstellen von Fachliteratur dazu beitragen, daß die GWAI-89 wieder ein attraktives KI-Forum ist.

Vorbereitung und Durchführung auch der diesjährigen GWAI wären ohne vielfältige Unterstützung nicht möglich gewesen: nicht ohne finanzielle und organisatorische Unterstützung - zu danken ist hier den Unternehmen, die durch Spenden zur Finanzierung der GWAI-89 beigetragen haben, ebenso wie der Universität Bielefeld und dem Ministerium für Wissenschaft und Forschung des Landes Nordrhein-Westfalen. Ein besonders herzlicher Dank gilt den Mitgliedern des Tagungsbüros, Jörg Kube, Matthias Vollmer und Henrike Wanke, die für die organisatorische Vorbereitung der GWAI-89 gesorgt haben.

Bielefeld, Juli 1989 Dieter Metzing

Nebengutachter

Becker, B.
Beierle, Chr.
Biundo, S.
Bockmayer, A.
Brietzmann, A.
Bunke, H.
Bürckert, M.
Busbach, U.
Busemann, S.
Dreschler-Fischer, L.

Emde, W.
Eschenbach, C.
Eyfarth, K.
Fliegner, M.
Freksa, C.
Furbach, U.

Görz, G.
Gordon, T.
Goschke, T.
Groß, E.
Gust, H.

Hauenschild, Chr.
Hertzberg, J.
Herweg, M.
Heyer, G
Hölldobler, S.
Horz, A.
Hutter, D.

Junker, U.

Kemmerling, A.
Kerber, M.
Kilbury, J.
Kohl, A.
Kreitz, Chr.

Lehmann, E.
Lingenfelder, M.
Linster, M.
Lischka, Chr.
v. Luck, K.
Lutz, H.-D.

Marburger, H.
Mehl, S.
Mohnhaupt, M.
Müller, B.-S.
Müller, J.

Nebel, B.
Netter, K.
Neumann, B.
Novak, H.-J.
Nutt, W.

Ohlbach, H.-J.
Opwis, K.

Peltason, Chr.
Petkoff, B.
Pribbenow, S.
Puppe, F.

Quantz, J.

Reddig-Siekmann, J.
Rehbold, R.
Rehkämper, K.
Reif, W.
Reithinger, N.

Sagerer, G.
Schlechta, K.
Schmalhofer, F.
Schmitt, P.-H.
Schneeberger, J.
Schnepf, U.
Sendlmeier, W.-F.
Socher-Ambrosius, R.
Sprenger, M.
Staegemann, E.
Syska, I.

Ueckert, H.

Voß, A.
Voß, H.

Wachsmuth, I.
Walther, J.
Wender, K.-F.
Wesche, B.

Zoeppritz, M.

INHALTSVERZEICHNIS

1. Nicht-Klassische Deduktive Systeme

2. Deduktive Systeme

3. Neuronale Netze

4. Bildverarbeitung

5. Mensch-Maschine Kommunikation

6. Natürlich-Sprachliche Systeme

7. Kognitive und tutorielle Systeme

8. Programmsynthese

9. Expertensysteme

10. Spezielle Seminare zu Grundlagen und Anwendungen der KI

1. NICHT-KLASSISCHE DEDUKTIVE SYSTEME

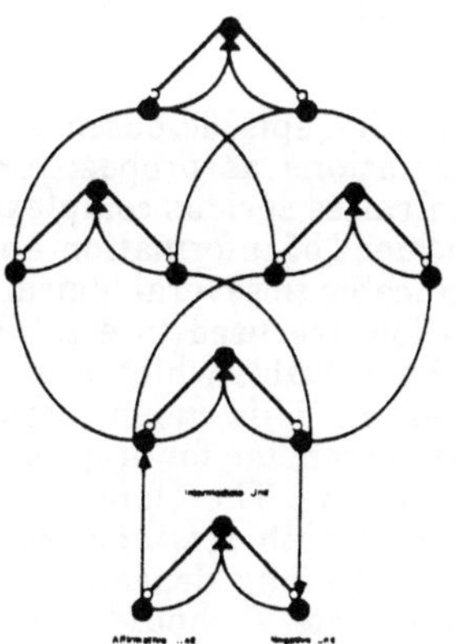

Die Abbildung hat uns freundlicherweise Joachim Diederich zu Verfügung gestellt

Propagation of Temporally Indexed Values in Multiple Contexts

Oskar Dressler and Hartmut Freitag

Siemens AG, ZFE F 2 INF 22, Otto-Hahn-Ring 6, 8 München 83

Abstract

Modelling multiple views of a dynamic system requires both an efficient technique for dealing with multiple contexts and a mechanism for explicit reasoning about time. Assumption-based truth maintenance systems simultaneously handle multiple, possibly contradictory views, which may be characterized by different sets of assumptions about correctness of components, particular operating modes, etc.. This is mainly achieved by recording inference steps in the form of explicit dependencies and propagating sets of assumptions along these dependencies. Constraint systems explicitly reasoning about time use value-interval pairs, so-called episodes, as parameter values.

We argue that straightforward combinations of assumption-based and episode-based systems may raise serious complexity problems. In order to overcome these problems we use the basic ideas of assumption-based systems, i.e. caching of inference steps and label propagation, and apply them to both assumption sets and temporal information.

1. Introduction

Reasoning about structure and function of a complex dynamic system (e.g., for diagnosis) needs both an explicit representation of temporal information and the ability to consider multiple views of the system depending on different sets of assumptions about correctness of components, fault models, particular operating modes, etc. Several systems have been developed [Williams 86], [Decker 88], which are based on the notion of **episodes** in order to represent and reason about time: parameters are not only associated with values, but with value-interval pairs, called episodes. Inference rules using episode-valued variables are applicable if all antecedents hold at a common time and the application of a rule asserts its conclusion to hold during the intersection of all intervals attached to the rule's antecedents.

The simultaneous treatment of multiple, possibly contradictory views is provided by assumption-based truth maintenance systems [de Kleer 86]. The basic idea underlying those systems is as follows: given a set of assumptions, a set of propositions, and a set of inference rules, propositions may be given a **label** which contains several sets of assumptions indicating all views where the proposition holds. An inference rule is applicable if all its antecedents hold under some common view. A rule is applied by establishing its conclusion and recording an explicit dependency. If the labels of some antecedents change, the label of the conclusion is updated using this dependency without re-applying the rule. We call the set of propositions which may be derived from a particular set of assumptions using the given rules a **logical context**.

A straightforward approach to combine episode-based and assumption-based systems could be to use variable-episode associations as propositions and label them with sets of assumptions. Such a combination raises serious complexity problems. The source of these problems is the asymmetric treatment of information about logical contexts and temporal information: Rules which are applicable in several logical contexts are applied only once and dependencies and label propagation are used to establish the conclusion in **all** logical contexts where the antecedents hold. Rules which are applicable in several intervals are applied separately for each interval. This means: temporal information (in this case intervals) provides a second indexing schema for propositions. This is not exploited, because intervals form a part of the propositions. Therefore, we use variable-value associations as propositions and to label them with both *sets of assumptions and intervals*. Temporal information may also be propagated along dependencies using propagation algorithms similar to those used for assumption sets. It should be noted that the two labels can not be treated separately because the dynamic behavior of a system generally depends on the current logical context.

The paper is organized as follows: In section 2 we analyze the complexity problems which may occur when combining episode-based and assumption-based systems and identifies requirements for a more efficient approach. In section 3 we present this approach in detail using the example from section 2. Finally, in section 4 we discuss the advantages of our approach by comparing it with combinations of episode-based and assumption-based systems.

2. Example

Consider as an example a half-adder whose inputs are passed instantaneously through the gates, i.e. there is no delay.

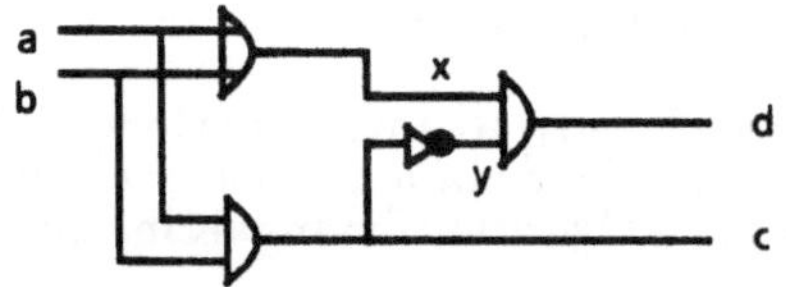

Furthermore, suppose the device is considered in two different logical contexts characterized by assumption sets E_1, and E_2, respectively and in two different, non-overlapping intervals i_1, i_2. Modelling the half-adder's behavior using a combination of episode-based and assumption-based systems could work as follows: Suppose that in the context characterized by E_1, $a=0$ and $b=1$ hold during interval i_1. Applying the obvious inference rules yields the following dependency network: (an episode is written as [*value interval*])

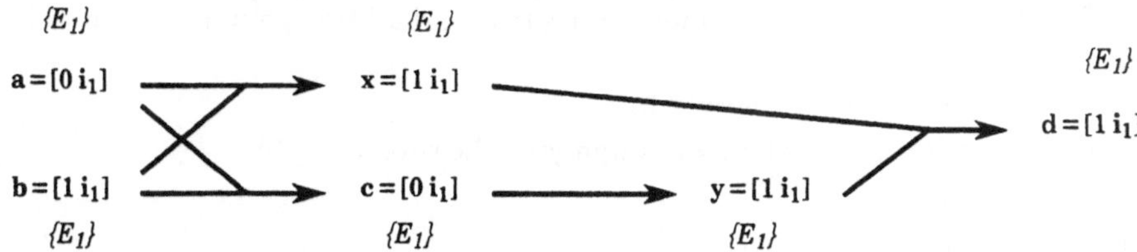

Since both $a=[0\ i_1]$ and $b=[1\ i_1]$ hold in the context characterized by E_1, the dependencies are used to propagate this label to all other propositions. Now suppose that $a=[0\ i_1]$ and $b=[1\ i_1]$ also hold in another context characterized by E_2. No additional rules need to be applied, because the existing dependencies are used to propagate E_2 and all propositions now hold in both contexts corresponding to E_1 and E_2.

If we now learn that $a=0$ and $b=1$ hold in another interval i_2 in the context characterized by E_1, all of the rules need to be re-applied, resulting in a second dependency network:

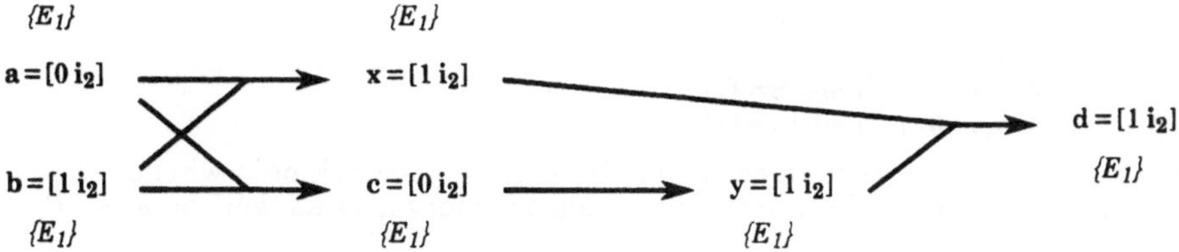

This network is, neglecting temporal information, a copy of the already existing one. This example shows:

- Using explicit dependencies it is sufficient to apply inference rules in one logical context. By propagating assumption sets along these dependencies the results can be taken over to other logical contexts.

- Though the value computed as a conclusion does not depend on the interval where the rule is applied, the representation of temporal information as part of variable values requires that inference rules which are equal except for temporal information are applied separately for each interval they are applicable in.

From these observations we identify a major requirement for a more efficient approach: Instead of representing temporal information as a part of a variable's value, it should be used to label variable-value associations and be propagated along the already existing dependencies. It should be obvious that assumption sets and temporal indices must always be considered in combination because they depend on each other. Having both a logical context label and a temporal label would allow us to apply an inference rule if it is applicable in a logical context and an interval and carry the results over to all combinations of logical contexts and intervals where the rule's antecedents hold.

3. Representation and Inference Mechanisms

This section consists of three parts: Firstly, we introduces temporal labels, secondly we show how to specify that some proposition holds in a particular combination of logical contexts and intervals. Finally, we present an algorithm for answering queries.

Temporal Extensions

In order to represent the *set of all timepoints* where a proposition, e.g. $x = 1$ holds we introduce a symbol $\text{holds}(x = 1)$ and call it the **temporal extension** of $x = 1$. Applying the rule

$$a = 0 \wedge b = 1 \Rightarrow x = 1$$

establishes a dependency which guarantees that $x = 1$ holds in all logical contexts where both $a = 0$ and $b = 1$ hold. In a similar way we can conclude that the set of all timepoints where $x = 1$ is true is the intersection of all timepoints where $a = 0$ is true and all timepoints where $b = 1$ is true, i.e.

$$\text{holds}(x = 1) = [\,\text{holds}(a = 0) \cap \text{holds}(b = 1)]$$

If we later install another dependency for $x = 1$ by applying the rule

$$a = 1 \wedge b = 0 \Rightarrow x = 1$$

we can extend $\text{holds}(x = 1)$ to

$$\text{holds}(x = 1) = [\,\text{holds}(a = 0) \cap \text{holds}(b = 1)] \cup [\,\text{holds}(a = 1) \cap \text{holds}(b = 0)\,]$$

Using the example from the previous section we can describe the temporal extension of each variable-value pair by the temporal extensions of their antecedents, except those given as initial values to the system, namely $a = 0$ and $b = 1$. We call their corresponding temporal extensions, i.e. $\text{holds}(a = 0)$ and $\text{holds}(b = 1)$, **exogenous temporal extensions.** Propagating these exogenous temporal extensions along the dependencies, we can represent the temporal extension of other propositions as a union of intersections of exogenous temporal extensions. This is a proposition's **temporal label** TL. Applying this to our example yields the temporal labels:

$$\begin{aligned} TL(x = 1) &= [\,\text{holds}(a = 0) \cap \text{holds}(b = 1)\,] \\ TL(c = 0) &= [\,\text{holds}(a = 0) \cap \text{holds}(b = 1)\,] \\ TL(y = 1) &= [\,\text{holds}(a = 0) \cap \text{holds}(b = 1)\,] \\ TL(d = 1) &= [\,\text{holds}(a = 0) \cap \text{holds}(b = 1)\,] \end{aligned}$$

This means: all variable-value pairs in the given dependency network hold whenever both $a = 0$ and $b = 1$ hold. This may include interval i_1 and/or interval i_2 as well as any other intervals.

An important property of temporal labels is that they can be *minimized.* In order to illustrate this, we choose another instance of our example. Suppose that we have $a = 1$ and $d = 0$ as observations, i.e. $\text{holds}(a = 1)$ and $\text{holds}(d = 0)$ are exogenous temporal extensions. These values allow for the application of the following rules:

$$\begin{aligned} a = 1 &\Rightarrow x = 1 && (1) \\ x = 1 \wedge d = 0 &\Rightarrow y = 0 && (2) \\ y = 0 &\Rightarrow c = 1 && (3) \\ c = 1 &\Rightarrow b = 1 && (4) \\ b = 1 &\Rightarrow x = 1 && (5) \end{aligned}$$

Using the dependency network generated by these rules we can compute temporal labels by propagation:

$$\begin{aligned}
TL(x=1) &= holds(a=1) && (1)\\
TL(y=0) &= holds(a=1) \cap holds(d=0) && (2)\\
TL(c=1) &= holds(a=1) \cap holds(d=0) && (3)\\
TL(b=1) &= holds(a=1) \cap holds(d=0) && (4)\\
TL(x=1) &= holds(a=1) \cup [holds(a=1) \cap holds(d=0)] && (5)
\end{aligned}$$

Since $holds(a=1) \cap holds(d=0)$ is a subset of $holds(a=1)$ we can minimize the temporal label of $x=1$ to $holds(a=1)$. Introducing the notational convention that a union of intersections is written as a set of sets, this minimization process is reduced to selecting minimal subsets of the computed temporal labels. In our example $\{\{holds(a=1), holds(d=0)\}, \{holds(a=1)\}\}$ is reduced to $\{\{holds(a=1)\}\}$. It should be obvious that none of the operations and transformations shown so far depend on logical contexts. Therefore, they are of potential use for every logical context.

Specifying exogenous temporal extensions

By propagating exogenous temporal extensions along dependencies we deal with all potential temporal interactions of variable-value pairs *symbolically*. What remains to be done in order to be able to answer queries, is to specify in which *concrete* combinations of logical contexts and intervals variable-value pairs associated with exogenous temporal extensions hold. We represent the fact that e.g. $a=0$ holds in the context characterized by assumption set E_1 and interval i_1 by an expression of the form

$$at(E_1, i_1, a=0)$$

All expressions specifying exogenous temporal extensions are collected in a separate database. For our example from section 2, this database looks as follows:

$$\begin{aligned}
&at(E_1, i_1, a=0)\\
&at(E_1, i_1, b=1)\\
&at(E_2, i_1, a=0)\\
&at(E_2, i_1, b=1)\\
&at(E_1, i_2, a=0)\\
&at(E_1, i_2, b=1)
\end{aligned}$$

Queries

Using temporal labels and the database specifying all exogenous temporal extensions, the system can answer queries of the form:

- when does $x=1$ hold in the logical context characterized by E_1?
- in which logical contexts does $x=1$ hold in interval i_1?
- which variable-value associations do hold, given an interval and a logical context?

For brevity we focus on the algorithm for the first type of queries. The other types are processed by similar algorithms. In the following description $p, p_1, \ldots, p_n$ denote variable-value pairs, E a set of assumptions.

$$\text{WHEN-HOLDS}(p, E) = \bigcup_{S \in TL(p)} \text{EVALUATE}(S, E)$$

$$\text{EVALUATE}(\{holds(p_1), \ldots, holds(p_n)\}, E) = \text{T-INTERSECT}(\text{FILTER}(holds(p_1), E), \ldots, \text{FILTER}(holds(p_n), E)$$

$$\text{T-INTERSECT}(I_1, \ldots, I_n) = \{j \mid j = i_1 \cap i_2 \cap \ldots \cap i_n, i_k \in I_k\} \quad (I_k \text{ sets of intervals})$$

$$\text{FILTER}(holds(p), E) = \{i \mid \exists E' \; at(E', i, p) \wedge E \supseteq E'\}$$

Applying this algorithm to our example works as follows: Suppose we want to know all intervals where $d=1$ holds in the logical context characterized by E_1 (WHEN-HOLDS($d=1$,

E1)). This is done by evaluating the temporal label of **d=1**, **TL(d=1)** w.r.t. E_1 (**EVALUATE({holds(a=0), holds(b=1)}, E_1)**). Since **holds(a=0)** represents the set of all timepoints where a=0 holds w.r.t. all logical contexts, we filter this set using the given assumption set (**FILTER(holds(a=0), E_1)**) which results in $\{i_1, i_2\}$. The same procedure is applied to **holds(b=1)** (**FILTER(holds(b=1), E_1)**) which yields the same result. Finally, we form the cross-product of both sets using interval-intersection (**T-INTERSECT($\{i_1, i_2\}$, $\{i_1, i_2\}$)**) producing $\{i_1, i_2\}$ as result.

At first glance this algorithm seems to be more complex than query answering in a combination of episode-based and assumption-based systems. Actually, this is not the case, because the elementary operations which have to be performed are the same: Using a subset test we filter out all contexts where a particular variable-value association hold and then collect all their corresponding intervals.

4. Discussion

We pointed out that straightforward combinations of episode-based and assumption-based systems raises serious complexity problems. In order to overcome these problems we developed an approach which uses temporal information, in this case intervals, as temporal indices and propagates them along already existing dependencies. By symbolically representing the set of all timepoints where a variable-value association holds, we can adopt the propagation algorithms of assumption-based systems. Thus, the approach presented here could also be characterized as *temporal assumption-based truth maintenance*. Representing temporal extensions symbolically allows us to increase the number of logical contexts and intervals to be considered without any additional costs. Using a combination of episode-based and assumption-based systems these costs increase in a linear way with the number of considered logical contexts and intervals. These observations initially have been made in the context of a model-based diagnosis project where we tried to model the behavior of thyristor circuits using a combination of **EP** [Decker 88] and **ATMS** [deKleer 86] and failed.

The inference rules in our examples all have in common that they do not involve delay, i.e. the conclusions hold in the same intervals as the antecedents. However, the ability to delay output results is necessary to model processing time of physical devices and processes. It furthermore allows delayed output signals to be fed back into the system as inputs forming a feedback loop, a phenomenon which is ubiquitous in the physical systems. In our approach delay is incorporated by the use of an additional procedural rule. Due to space restrictions a description of this extension of our approach is omitted in this paper.

Acknowledgements

We would like to thank the anonymous reviewers and our colleagues Rainer Decker, Adam Farquhar, Michael Montag, Michael Reinfrank and Peter Struß for reading and commenting on earlier versions of this paper. In particular, Michael Reinfrank and Peter Struß significantly helped to improve the presentation. The research reported in this paper was supported by *Bundesminister fuer Forschung und Technologie, project TEX-B, ITW 8506 E4.*

References

[Decker 88] Decker, Rainer: Modeling the Temporal Behavior of Technical Systems. Proceedings German Workshop on Artificial Intelligence 1988, Springer Verlag.

[de Kleer 86] de Kleer, Johan: An Assumption-Based TMS. Artificial Intelligence 28, pp.127-162, 1986.

[Williams 86] Williams, Brian: Doing Time: Putting Qualitative Reasoning on Firmer Ground. Proceedings AAAI-86, pp. 105-112.

Nicht-monotone Beweiser für Autoepistemische Logik und Defaultlogik

Ulrich Junker
GMD
Institut für Angewandte Informationstechnik
Forschungsbereich Hybride Inferenzsysteme
Postfach 1240
5205 St. Augustin 1

Abstract

Wir entwickeln in diesem Papier Beweiser für Moore's autoepistemische Logik (AEL) und Reiter's Defaultlogik (DL), die alle Extensionen bestimmen und auch inkohärente Theorien (d.h. solche ohne Extension) bearbeiten können. Allerdings betrachten wir nur endliche Theorien und fordern, daß die klassische Ableitbarkeit für die zugrundeliegende Sprache erster Stufe entscheidbar ist. In einem ersten Schritt reduzieren wir Extensionen auf zugrundeliegende Annahmenmengen, genannt Extensionsbasen, die wir ebenfalls durch ein Fixpunktkriterium beschreiben. Danach entwerfen wir Generate&Test-Algorithmen zur Berechnung der Extensionsbasen. Diese versuchen möglichst früh, die Nicht-Ableitbarkeit einer Formel zu überprüfen, was ein großes technisches Problem in AEL und DL ist. Dazu werden alle minimalen und konsistenten Annahmenmengen herangezogen, aus denen eine Formel folgt. Diese müssen wiederum von einem (abduktiven) klassischen Beweiser bestimmt werden.

1. Einführung

Autoepistemische Logik [Moore, 1985] und Defaultlogik [Reiter, 1980] sind zwei nicht-monotone Formalismen, die Ausnahmen behandeln und Inkonsistenzen auflösen können. Ein Beispiel für die Interaktion mehrerer Ausnahmen ist das "Schnupfenbeispiel":

Peter muß an Werktagen arbeiten, außer er hat eine Entschuldigung. Eine solche liegt normalerweise vor, wenn er krank ist. Hat er allerdings bloß Schnupfen, dann entfällt dieser Grund. In diesem Fall liegt eine Ausnahme der Ausnahme vor. Peter sei nun an einem Werktag krank. Muß er arbeiten ?

Im bekannten Nixonbeispiel führen dagegen mehrere (Default-)Schlüsse zu einem Widerspruch, der durch Rücknahme eines beliebigen Defaults aufgelöst werden muß:

Quäker sind typischerweise Tauben, während Republikaner normalerweise Falken sind. Keiner kann sowohl Falke, als auch Taube sein. Nixon ist aber sowohl Quäker, als auch Republikaner. Ist Nixon Falke oder Taube ?

Zur Behandlung solcher Probleme werden in AEL und DL Schlüsse aufgrund der Nichtableitbarkeit von Formeln gezogen. Z.B. können wir ableiten, daß Peter eine Entschuldigung hat, weil wir *nicht ableiten* können, daß er bloß Schnupfen hat. Dieser Ableitungsbegriff ist selbstbezüglich und führt zu den bekannten Fixpunktdefinitionen. Existierende nicht-monotone Systeme realisieren allerdings nur unzureichend die Ableitbarkeit in AEL und DL, selbst wenn die zugrundeliegende Sprache erster Stufe auf eine entscheidbare Teilmenge eingeschränkt wird:

Reiter´s DL-Beweiser kann nur 'normale Defaults' behandeln [Reiter, 1980]. Diese lassen allerdings keine beliebige Ketten von Ausnahmen zu (s.o.). Etherington´s DL-Beweiser behandelt allgemeine Defaults, terminiert jedoch nicht in allen Fällen (bei sogenannten 'odd loops') und findet nur eine Extension [Etherington, 1987]. Sein Verfahren berechnet schrittweise Approximationen einer Extension und ist daher sehr umständlich. Brewka´s modaler Beweiser behandelt eine Teilmenge von AEL, bei der $\neg Lq$ nicht als Klauselelement auftreten darf [Brewka, 1989]. Für Konolige´s HAEL existiert zwar ein effizienter Beweiser, aber HAEL erfordert die explizite Vergabe von Prioritäten und kann Widersprüche nicht auflösen [Konolige, 1988b]. Reason Maintenance Systeme (RMS) können auch als eingeschränkte AEL- und DL-Beweiser gesehen werden [Reinfrank et. al., 1989]. Von dieser Sicht werden RMS-Methoden zur Widerspruchsbehandlung allerdings nicht erfaßt.

Im folgenden gehen wir den umgekehrten Weg, greifen Ideen aus dem Bereich nicht-monotoner RMS ([Doyle, 1979], [Dressler, 1988], [Junker, 1989a]) auf und verwenden diese Techniken beim Bau hinreichend allgemeiner AEL- und DL-Beweiser.

2. Extensionsbasen für Autoepistemische Logik

Bei der autoepistemischen Logik wird eine Sprache erster Stufe L_0 um einen Modaloperator L zu einer Sprache L_{AEL} erweitert. In Formeln dürfen zusätzlich Ausdrücke der Form Lq benutzt werden, wobei q eine beliebige Formel aus L_{AEL} ist und selbst wieder Modaloperatoren enthalten kann. Lq bedeutet intuitiv, q ist aus den eigenen Auffassungen ableitbar. Eine Formel kann nun nicht-monoton aus einer Menge modaler Prämissen gefolgert werden, wenn sie in einer Extension liegt:[1]

Definition 2.1 (Moore): *Seien P und T Teilmengen von L_{AEL}. T ist eine **AEL-Extension** von P gdw.* $T = \{ q \in L_{AEL} \mid P \cup Ass(T) \models q \}$ *wobei* $Ass(T) := \{ Lq \mid q \in T \} \cup \{ \neg Lq \mid q \notin T \}$.

Hier wird eine Menge modaler Prämissen um Annahmen über das eigene Wissen erweitert. Falls die Folgerungen aus dieser erweiterten Menge die Annahmen bestätigen, liegt eine Extension vor. Wir wollen diese nicht-konstruktive Definition nun schrittweise operationalisieren. Als erstes überführen wir die Prämissen P in Konolige´s Normalform [Konolige, 1988b], bei der verschachtelte Vorkommen des L-Operatores eliminiert werden und jede Formel die Gestalt $\neg La \vee Lb_1 \vee \ldots Lb_k \vee c$ hat (a, b_i, c sind Formeln erster Stufe; c darf nicht entfallen). Bei dieser Umformung ändern sich die Extensionen nicht.

Beispiel: Eine einfache Kodierung des Schnupfenbeispiels liefert bereits (fast) die Normalform:

ARBEITSTAG,	ARBEITSTAG & ¬L IST_ENTSCHULDIGT ⊃ ARBEITEN
IST_KRANK,	IST_KRANK & ¬L HAT_SCHNUPFEN ⊃ IST_ENTSCHULDIGT

Wir erhalten eine einzige Extension, die IST_ENTSCHULDIGT enthält, aber auch komplexere Formeln wie LL(¬L ARBEITEN & L IST_ENTSCHULDIGT). Moore zeigte jedoch mit Hilfe des Begriffs stabile Menge, daß sich eine Extension eindeutig durch ihre Formeln erster Stufe charakterisieren läßt:

Definition 2.2 (Stalnaker): *Eine Teilmenge T von L_{AEL} heißt **stabil** gdw. gilt:*

(1) T ist abgeschlossen bzgl. Ableitbarkeit erster Stufe

(2) Falls $q \in T$, dann $Lq \in T$

(3) Falls $q \notin T$, dann $\neg Lq \in T$.

[1] Mit $\models$ bezeichnen wir die Ableitbarkeit erster Stufe, Mit Th(P) die Theoreme von P bzgl. $\models$.

Jede Extension von P ist eine stabile Menge, die P enthält. Zwei stabile Mengen, also auch zwei Extensionen sind gleich, wenn sie in ihren Formeln erster Stufe übereinstimmen [Moore, 1985]. Wir können eine Extension T also durch ihren Anteil $T_0 := T \cap L_0$ an klassischen Formeln beschreiben.
Welche Annahmen aus Ass(T) sind tatsächlich nötig, um alle Elemente von T_0 abzuleiten ? Im obigen Beispiel treten nur ¬L IST_ENTSCHULDIGT und ¬L HAT_SCHNUPFEN als Vorbedingungen von Hornklauseln auf. Andere Annahmen aus Ass(T) tragen zu keiner Ableitung einer klassischen Formel etwas bei. Wir betrachten also nur die modalen Literale, die in P tatsächlich auftreten und deren Negation. Mit L_P bezeichnen wir die Formeln, auf die sich diese modalen Literale beziehen, und mit Modal-lits(L_P) die modalen Literale und ihre Negation:

$$L_P := \{ x \mid Lx \text{ oder } \neg Lx \text{ ist ein Element einer Klausel von } P \}$$
$$\text{Modal-lits}(X) := \{ Lx \mid x \in X \} \cup \{ \neg Lx \mid x \in X \}$$

Satz 2.1: *Seien P und T Teilmengen von L_{AEL}. Für alle $q \in L_0$ gilt: $P \cup (Ass(T) \cap Modal\text{-}lits(L_P)) \models q$ gdw. $P \cup Ass(T) \models q$.*

Beweis: Sei NQ die Klauselnormalform von ¬q. Wenn $P \cup Ass(T) \models q$, dann betrachte einen Resolutionsbeweis für $P \cup Ass(T) \cup NQ \models \bot$. Ein-Klauseln aus Ass(T) - Modal-lits(L_P) treten nicht in P und NQ auf. Sie können also mit keiner anderen Klausel aus P, NQ und Ass(T) resolviert werden. (q.e.d.)

Wir können nun alle Formeln erster Stufe einer Extension T mit Hilfe der Annahmenmenge $Ass_P(T) := Ass(T) \cap Modal\text{-}lits(L_P)$ ableiten. Ist es umgekehrt möglich, mit Hilfe von $Ass_P(T)$ zu überprüfen, ob T eine Extension ist ? Wenn sich P in Normalform befindet, so ist L_P eine Teilmenge aus L_0. Dann gilt auch für alle $x \in L_P$, daß $P \cup Ass(T) \models x$ gdw. $P \cup Ass_P(T) \models x$. Für die Elemente aus L_P können wir die Fixpunktbedingung völlig mit Hilfe von $Ass_P(T)$ statt Ass(T) überprüfen. Ist diese abgeschwächte Bedingung für eine Teilmenge B von L_P erfüllt, so nennen wir B eine Extensionsbasis:

Definition 2.3: *Sei P in Normalform. Eine Teilmenge B von L_P ist eine **Extensionsbasis** von P gdw. $B = \{ x \in L_P \mid P \cup Ass_P(B) \models x \}$, wobei $Ass_P(T) := Ass(T) \cap Modal\text{-}lits(L_P)$ für beliebige T.*

In unserem Beispiel ist L_P = {HAT_SCHNUPFEN, IST_ENTSCHULDIGT}. Die Teilmenge B := {IST_ENTSCHULDIGT} ist eine Extensionsbasis von P, da $Ass_P(B)$ = {¬L HAT_SCHNUPFEN, L IST_ENTSCHULDIGT} und aus $P \cup Ass_P(B)$ zwar IST_ENTSCHULDIGT, aber nicht HAT_SCHNUPFEN folgt.
Aus Definition 2.1 und Satz 2.1 folgt nun direkt, daß $B := T \cap L_P$ eine Extensionsbasis ist, wenn T eine Extension ist. Aus B und P lassen sich wiederum eindeutig die Formeln erster Stufe von T bestimmen, da $T_0 = \{ x \in L_0 \mid P \cup Ass_P(B) \models x \}$. Die Extension T selbst ist die eindeutige stabile Menge, die T_0 als Formeln erster Stufe besitzt. Umgekehrt erhalten wir auf diese Weise eine Extension von P, wenn wir von einer Extensionsbasis B ausgehen:

Satz 2.2: *Sei P in Normalform, $Base(T) := T \cap L_P$ und Ext(B) die stabile Menge, deren Formeln erster Stufe durch $Th(P \cup Ass_P(B)) \cap L_0$ gegeben sind. Dann ist Base eine bijektive Abbildung der Menge der Extensionen von P auf die Menge der Extensionsbasen von P und Ext die inverse Abbildung.*

Beweis: Seien T, T' Extensionen. Dann gilt:

(1) $T_0 = \{ x \in L_0 \mid P \cup Ass_P(Base(T)) \models x \}$ wegen Def. 2.1, Satz 2.1 und $Ass_P(T) = Ass_P(Base(T))$.

(2) Base(T) ist eine Extensionsbasis aufgrund von (1).

(3) Base ist injektiv: Falls Base(T) = Base(T'), dann $T_0 = T'_0$. Daraus folgt aber T = T'.

Sei nun B eine Extensionsbasis und sei T = Ext(B). Dann gilt:

(4) $B = Th(P \cup Ass_P(B)) \cap L_P = Ext(B) \cap L_P = Base(Ext(B))$. Also gilt auch $Ass_P(B) = Ass_P(T)$.

(5) P ist eine Teilmenge von T: Sei $x \in P - T$. x habe die Form $\neg La \vee Lb_1 \vee \ldots \vee Lb_k \vee c$. Dann ist a in T enthalten, aber nicht $b_1,\ldots,b_k$, c. Andernfalls wäre $x \in T$, da T stabil ist. $Ass_P(B) = Ass_P(T)$ enthält daher La, $\neg Lb_1,\ldots,\neg Lb_k$. Also $P \cup Ass_P(B) \models c$ und $Lc \in T$. Da $\neg Lc \in T$, folgt $\bot \in T$ und somit $x \in T$.

(6) $T \supseteq Th(P \cup Ass(T))$, da P und Ass(T) Teilmengen von T sind.

(7) $Th(P \cup Ass(T)) \supseteq T$: Da T stabil ist, ist T eine Extension von T_0, d.h. $T = Th(T_0 \cup Ass(T))$ (vgl. Konolige). T_0 ist Teilmenge von $Th(P \cup Ass_P(B))$ und $Ass_P(B) = Ass_P(T)$ ist Teilmenge von Ass(T).

(8) Ext(B) ist eine Extension von P wegen (6) und (7) und Base ist surjektiv wegen (4). (q.e.d.)

Wir haben nun jede Extension auf ihren wesentlichen Kern, d.h. auf ihre Extensionsbasis B reduziert. Alle Elemente der Extension lassen sich durch $P \cup Ass_P(B)$ und Definition 2.2 ermitteln. Zur Bestimmung der Extensionsbasen ist es wiederum einfacher, direkt die Annahmenmenge $Ass_P(B)$ zu berechnen als die Extensionsbasis B. Daher modifizieren wir das Kriterium von Defintion 2.3 leicht, so daß es sich auf Annahmen in $Ass_P(B)$ bezieht, also auf Teilmengen A von Modal-lits(L_P). Welche Bedingung muß eine solche Menge A erfüllen, damit sie Abbild einer Extensionsbasis B ist, d.h. $A = Ass_P(B)$ gilt ? Wenn $P \cup A \models x$ für ein $x \in L_P$, dann muß A Lx enthalten, andernfalls $\neg Lx$. Allerdings darf A nicht sowohl Lx, als auch $\neg Lx$ enthalten. In diesem Falle würde $P \cup A \models \bot$ gelten. Wir behandeln dies als einen Spezialfall. Da aus einer Inkonsistenz alle Formeln ableitbar sind, ist hier $B = L_P$ die einzige Extensionsbasis.

Satz 2.3: *Sei P in Normalform. Für eine Teilmenge A von Modal-lits(L_P) existiert eine Extensionsbasis B von P mit $A = Ass_P(B)$ gdw.*

(1) Falls $P \cup A \models \bot$, dann $A = Ass_P(L_P)$

(2) Falls $P \cup A \not\models \bot$, dann gilt für alle $x \in L_P$: Falls $P \cup A \models x$ dann $Lx \in A$ sonst $\neg Lx \in A$.

Die Beweise dieses und der weiteren Sätze sind im Vollpapier [Junker, 1989b] enthalten.

3. Ein Autoepistemischer Beweiser

In folgenden entwickeln wir einen Algorithmus zur Bestimmung der Extensionsbasen B bzw. der Annahmenmengen $Ass_P(B)$. Da Fall (1) von Satz 2.3 gesondert geprüft werden kann, konzentrieren wir uns auf die konsistenten Fälle, bei denen $P \cup Ass_P(B) \models \bot$ gilt. Weiterhin setzen wir voraus, daß P endlich ist. Satz 2.3 legt einen einfachen Generate&Test-Algorithmus zur Bestimmung von Extensionsbasen nahe. Wähle nacheinander für jedes $x \in L_P$ entweder Lx oder $\neg Lx$ und füge es zu einer Menge S. Anschließend überprüfe für alle x, ob die folgende Eigenschaft (*) gilt:

(*) Falls $P \cup S \models x$ dann $Lx \in S$ sonst $\neg Lx \in S$

Dieser Algorithmus kann erheblich verbessert werden, wenn so früh wie möglich überprüft wird, ob x am Ende abgeleitet werden kann oder nicht. Dazu betrachten wir für eine Formel x alle Teilmengen A von Modal-lits(L_P), für die x aus $P \cup A$ folgt. Da wir an inkonsistenten Fällen nicht interessiert sind, fordern wir zusätzlich, daß $P \cup A \not\models \bot$. Weiterhin wollen wir überflüssige Elemente in A ignorieren und betrachten nur diejenigen Mengen mit diesen Eigenschaften, die minimal bzgl. der Teilmengenbeziehung sind. Daher definieren wir - [de Kleer, 1986] folgend -

support(x) := { A / A ist eine minimale Teilmenge von Modal-lits(L_P), so daß $P \cup A \models x$ und $P \cup A \not\models \bot$ }

Im Schnupfenbeispiel erhalten wir folgende "Unterstützungsmengen" für die Elemente von L_P:

support(IST_ENTSCHULDIGT) = { {¬L HAT_SCHNUPFEN} }

support(HAT_SCHNUPFEN) = { }

Diese "Unterstützungsmengen" in support(x) lassen sich in einem Auswahlschritt wie folgt verwenden. Dabei sei S die Menge der bereits ausgewählten Literale, R enthalte die noch nicht betrachteten Elemente von L_P und x sei ein Element von R. Weiterhin sei B eine Extensionsbasis von P, deren Annahmenmenge S enthält und keine Inkonsistenz bewirkt, also $S \cup$ Modal-lits(R) $\supseteq Ass_P(B) \supseteq S$ und $P \cup Ass_P(B) \not\models \bot$ erfüllt. In bestimmten Fällen können wir nun $P \cup Ass_P(B) \models x$ mit Hilfe von support(x) und S überprüfen:

1) Wenn support(x) eine Teilmenge A von S enthält, dann gilt $P \cup S \models x$. Da S eine Teilmenge von $Ass_P(B)$ ist, gilt auch $P \cup Ass_P(B) \models x$ und wir müssen Lx zu S fügen, um (*) zu erfüllen.

Wenn S = {¬L HAT_SCHNUPFEN} und R = {IST_ENTSCHULDIGT}, so können wir IST_ENTSCHULDIGT ableiten, da support(IST_ENTSCHULDIGT) die Menge S enthält.

2) Andernfalls gilt $P \cup S \not\models x$. Wann enthält die Menge Modal-lits(R) der restlichen Annahmen noch relevante Elemente, um x abzuleiten ? Falls $P \cup Ass_P(B) \models x$, so enthält support(x) eine Teilmenge A von $Ass_P(B)$. A kann keine Teilmenge von S sein, da andernfalls $P \cup S \models x$ gelten würde. Daher ist der Schnitt zwischen A und $Ass_P(B)$ - S nicht leer. Modal-lits(R) enthält somit Elemente, die in support(x) auftreten. Wenn dagegen für alle $A \in$ support(x) der Schnitt zwischen Modal-lits(R) und A leer ist, dann gilt $P \cup Ass_P(B) \not\models x$ für alle in Frage kommenden Extensionsbasen B. Daher müssen wir ¬Lx auswählen.

Wenn S = { }, R = {HAT_SCHNUPFEN, IST_ENTSCHULDIGT} und x = HAT_SCHNUPFEN, dann tritt kein Element von R in support(HAT_SCHNUPFEN) auf und wir fügen ¬L HAT_SCHNUPFEN zu S.

3) Falls keiner der obigen Fälle eintritt, wissen wir nicht, ob x in einer in Frage kommenden Extensionsbasis liegt oder nicht. Hier betrachten wir zwei Alternativen und fügen einmal Lx, beim andernmal ¬Lx zu S. Am Ende des Auswahlprozesses prüfen wir, ob die jeweilige Wahl gerechtfertigt war und (*) für x gilt.

Mit diesen Vorbemerkungen können wir nun den Algorithmus formulieren. Er erhält drei Argumente: S enthält die bereits ausgewählten Literale, R die restlichen Elemente von L_P und Cut diejenigen Elemente von L_P, für die nach Bemerkung 3) eine noch nicht überprüfte Annahme getroffen wurde. Weiterhin bezeichne $\vdash$ die Ableitungsrelation eines vollständigen und korrekten Kalküls für $\models$.

AEL-Extensions(S, R, Cut) ≡

1. *if* $P \cup S \vdash \bot$ *then* {} *else*

2. *if* $R = \emptyset$ *then*

   if $\forall x \in$ *Cut: falls* $P \cup S \vdash x$ *dann* $Lx \in S$ *sonst* $\neg Lx \in S$ *then {S} else {}*

3. *if* $R \neq \emptyset$ *then*

3.1. *if* $\exists x \in R$: $\exists A \in$ *support(x)*: $S \supseteq A$ *then wähle ein solches x*

   AEL-Extensions(S $\cup$ *{Lx}, R - {x}, Cut) else*

3.2. *if* $\exists x \in R$: $\forall A \in$ *support(x)*: $A \cap$ *Modal-lits(R)* $= \emptyset$ *then wähle ein solches x*

   AEL-Extensions(S $\cup$ *{¬Lx}, R - {x}, Cut)*

3.3. *else wähle irgendein* $x \in R$:

   AEL-Extensions(S $\cup$ *{Lx}, R - {x}, Cut* $\cup$ *{x})* $\cup$

   AEL-Extensions(S $\cup$ *{¬Lx}, R - {x}, Cut* $\cup$ *{x})*

Der Algorithmus terminiert, wenn die Ableitbarkeit erster Stufe für L_{AEL} entscheidbar ist. Dies ist z.B. bei einem endlichen Herbranduniversum der Fall. Als Resultat liefert der Algorithmus eine Menge von Annahmenmengen A, für die folgendes gilt: A enthält S und ist eine Teilmenge von S ∪ Modal-lits(R). A bewirkt keine Inkonsistenz, d.h. es gilt $P \cup A \not\models \bot$. Weiterhin ist gewährleistet, daß für alle Elemente aus R und Cut die Eigenschaft (*) gilt. Für einige Elemente aus R wird (*) schon bei der Auswahl in Zweig 3.1 oder 3.2 gesichert. Für die restlichen erfolgt am Schluß der Test in Zweig 2. Weiterhin ist der Algorithmus vollständig und findet alle Mengen mit diesen Eigenschaften:

Satz 3.1: *Sei P in Normalform und endlich, S eine Teilmenge von Modal-lits(L_P), R und Cut Teilmengen von L_P. AEL-Extensions(S, R, Cut) terminiere mit dem Ergebnis E. A ∈ E gdw.*

(1) $P \cup A \not\models \bot$

(2) $S \cup \text{Modal-lits}(R) \supseteq A \supseteq S$

(3) $\forall x \in R \cup Cut$: *falls* $P \cup A \models x$ *dann* $Lx \in A$ *sonst* $\neg Lx \in A$

Beweis: durch Induktion nach der Länge von R (vgl. [Junker, 1989b])

Zur Bestimmung der gewünschten Extensionsbasen B, für die $Ass_P(B) \supseteq S$ und $P \cup Ass_P(B) \not\models \bot$ gilt, müssen wir den Algorithmus nur geeignet initialisieren. Wir müssen alle Elemente von L_P betrachten. Da noch keine Auswahl getroffen wurde, setzen wir die leere Menge für das Cut-Argument ein:

Satz 3.2: *Sei P in Normalform und endlich, S eine Teilmenge von Modal-lits(L_P). Der Aufruf AEL-Extensions(S, L_P, ∅) terminiere mit dem Ergebnis E. A ist im Ergebnis E enthalten gdw. eine Extensionsbasis B von P existiert, für die* $A = Ass_P(B)$, $Ass_P(B) \supseteq S$ *und* $P \cup Ass_P(B) \not\models \bot$ *gilt.*

Wenn wir uns für alle Extensionsbasen interessieren, setzen wir für das erste Argument die leere Menge ein. Im Schnupfenbeispiel erhalten wir für diesen Fall die folgende Aufrufsequenz:

→ AEL-extensions(∅, {HAT_SCHNUPFEN, IST_ENTSCHULDIGT}, ∅) → Zweig 3.2
→ AEL-extensions({¬L HAT_SCHNUPFEN}, {IST_ENTSCHULDIGT}, ∅) → Zweig 3.1
→ AEL-extensions({¬L HAT_SCHNUPFEN, L IST_ENTSCHULDIGT}, ∅, ∅) → Zweig 2
{{¬L HAT_SCHNUPFEN, L IST_ENTSCHULDIGT}} ←

Zuerst wird ¬L HAT_SCHNUPFEN ausgewählt, da HAT_SCHNUPFEN überhaupt nicht abgeleitet werden kann. Dadurch wird IST_ENTSCHULDIGT ableitbar und L IST_ENTSCHULDIGT muß ausgewählt werden. Hier gibt es nur eine Extension. Diese enthält ARBEITEN nicht.

Fügen wir nun die Prämisse HAT_SCHNUPFEN zu P, so ändert sich support(HAT_SCHNUPFEN) zu {∅}. HAT_SCHNUPFEN ist jetzt immer ableitbar, weswegen L HAT_SCHNUPFEN beim ersten Aufruf gewählt wird. Danach tritt kein Element von Modal-lits(R) = {L IST_ENTSCHULDIGT, ¬L IST_ENTSCHULDIGT} in support(IST_ENTSCHULDIGT) = {{¬L HAT_SCHNUPFEN}} auf. Daher wird ¬L IST_ENTSCHULDIGT ausgewählt und {L HAT_SCHNUPFEN, ¬L IST_ENTSCHULDIGT} ist die einzige Extensionsbasis.

Als weiteres Beispiel betrachten wir das Nixon-Beispiel (vgl. Abschnitt 1). Hier wählen wir die folgende Kodierung für die Prämissen:

REPUBLIKANER, REPUBLIKANER & ¬L¬FALKE ⊃ FALKE
QUÄKER, QUÄKER & ¬L¬TAUBE ⊃ TAUBE, ¬FALKE v ¬TAUBE

Wir erhalten L_P = {¬FALKE, ¬TAUBE} und die folgenden symmetrischen Support-Mengen:

support(¬FALKE) = {{¬L¬TAUBE}}

support(¬TAUBE) = {{¬L¬FALKE}}

Wir rufen unseren Algorithmus wie üblich auf. Im ersten Schritt ist weder Zweig 3.1 noch 3.2 anwendbar. Im Schritt 3.3 werde beispielsweise für x ¬TAUBE gewählt, zum Cut gefügt und sowohl L¬TAUBE, als auch ¬L¬TAUBE betrachtet. Im ersten Fall können wir ¬FALKE nicht mehr ableiten, auch wenn wir die restlichen Literale hinzufügen. Im zweiten Fall erhalten wir dagegen ¬FALKE:

→ AEL-extensions(∅, {¬TAUBE, ¬FALKE}, ∅) → Zweig 3.3
→ AEL-extensions({L¬TAUBE}, {¬FALKE}, {¬TAUBE}) → Zweig 3.2
→ AEL-extensions({L¬TAUBE, ¬L¬FALKE}, ∅, {¬TAUBE}) → Zweig 2
{{L¬TAUBE, ¬L¬FALKE}} ←
→ AEL-extensions({¬L¬TAUBE}, {¬FALKE}, {¬TAUBE}) → Zweig 3.1
→ AEL-extensions({¬L¬TAUBE, L¬FALKE}, ∅, {¬TAUBE}) → Zweig 2
{{¬L¬TAUBE, L¬FALKE}} ←
{{L¬TAUBE, ¬L¬FALKE}, {¬L¬TAUBE, L¬FALKE}} ←

Zuletzt betrachten wir P = {¬LA ⊃ A}. Diese Theorie ist inkohärent, besitzt also keine Extension. Wir erhalten L_P = {A}, support(A) = {{¬LA}} und eine Verzweigung im ersten und einzigen Auswahlschritt. Beim nächsten Aufruf wird in Zweig 2 überprüft, ob diese Auswahl zulässig war, was in keinem Fall zutrifft: Wählen wir LA, so können wir A nicht ableiten. Wählen wir ¬LA, so können wir A ableiten:

→ AEL-extensions(∅, {A}, ∅) → Zweig 3.3
→ AEL-extensions({LA}, ∅, {A}) → Zweig 2
{} ←
→ AEL-extensions({¬LA}, ∅, {A}) → Zweig 2
{} ←
{} ←

4. Extensionsbasen für Defaultlogik

Bei der Defaultlogik wird nicht die logische Sprache erweitert, sondern nicht-monotone Inferenzregeln, die sogenannten Defaults eingeführt. Ein Default d hat die Form $(a: b_1;\ldots;b_k / c)$. Dabei ist a die Voraussetzung, die b_i heißen Rechtfertigungen und c ist die Konsequenz. Die einzelnen Komponenten sind Elemente der Sprache L_0 erster Stufe. Wir kürzen sie auch mit prereq(d), just_i(d) und conseq(d) ab. Eine Default-Theorie Δ = (D, P) besteht aus einer Menge D von Defaults und einer Menge P von Prämissen aus L_0. Ein Default wird angewendet, wenn seine Voraussetzung ableitbar ist, aber nicht seine negierten Rechtfertigungen. Eine Extension einer Defaulttheorie wird wiederum als Fixpunkt definiert:

Definition 4.1 (Reiter): *Sei Δ = (D, P) eine Default-Theorie. Eine* ***DL-Extension*** *für Δ ist ein Fixpunkt eines Operators Γ, der folgendermaßen definiert ist: Sei T eine Teilmenge von L_0. Dann ist Γ(T) die kleinste Menge, die folgende Eigenschaften erfüllt:*

(1) Γ(T) enthält P

(2) Γ(T) ist abgeschlossen bzgl. Ableitbarkeit erster Stufe

(3) Falls $(a: b_1;\ldots;b_k / c) \in D$, $a \in \Gamma(T)$ und $\neg b_i \notin T$ für $i = 1,\ldots,k$, dann $c \in \Gamma(T)$

Vergleichen wir diese Definition mit AEL, so können wir folgendes feststellen:

- Wie in AEL werden auch hier Schlüsse aufgrund der Nicht-Ableitbarkeit anderer Formeln gezogen.
- Defaults werden nicht in einer modalen Sprache kodiert, sondern müssen explizit angewendet werden. Sie können nur in einer Richtung benutzt werden. Dadurch wird die Kontraposition verhindert.
- Es gibt keinen verschachtelt auftretenden (Modal-)Operator.
- Ein Default kann nur angewendet werden, wenn seine Voraussetzung explizit hergeleitet wurde (Eigenschaft (3) in Def. 4.1 fordert $a \in \Gamma(T)$ statt $a \in T$). Dies ist nicht der Fall in AEL, wenn wir die Defaults mit Hilfe von Konolige's Verfahren [Konolige, 1988a] übersetzen. Beispiel:

  (A :B / A) hat eine Extension, nämlich Th(∅). Diese enthält A nicht.

  $LA \,\&\, \neg L \neg B \supset A$ besitzt zwei Extensionen. Eine enthält A, die andere nicht.

  Also stimmt nicht jede AEL-Extension mit einer DL-Extension überein. In AEL können wir A aufgrund der Annahme ableiten, daß A ableitbar ist. In DL ist dies nicht möglich.

Aufgrund dieser Unterschiede können wir nicht einfach den AEL-Beweiser zur Bestimmung von DL-Extensionen benutzen. Wir entwickeln einen eigenen für Defaultlogik. Als erstes versuchen wir wieder, das Kriterium von Definition 4.1 zu operationalisieren. Wir können eine Extension durch die Menge der in ihr anwendbaren Defaults charakterisieren. Die Extension läßt sich aus den Konsequenzen dieser Defaults und den Prämissen rekonstruieren (vgl. [Reiter, 1980]). Wir führen hierzu folgende Abkürzungen ein:

$applicable\text{-}defaults(T) := \{ d \in D \mid prereq(d) \in T, \neg just_i(d) \notin T \text{ für alle } i \}$

$conseq(A) := \{ conseq(d) \mid d \in A \}$

Wir definieren eine Extensionsbasis B als eine Teilmenge von D. Mit Hilfe dieser Defaults und den Prämissen erhalten wir die Formelmenge $Th(conseq(B) \cup P)$. Die in dieser Menge anwendbaren Defaults sollten wiederum mit B übereinstimmen. Allerdings werden in $Th(conseq(B) \cup P)$ die Defaults aus B angewendet, ohne daß die Ableitbarkeit ihrer Voraussetzungen gesichert ist. Um die Voraussetzung eines Defaults herzuleiten, dürfen wir conseq(d) offensichtlich noch nicht benutzen, was in der folgenden Definition durch die zweite Bedingung gewährleistet wird:

Definition 4.2: *Sei $\Delta = (D, P)$ eine Default-Theorie. Eine* ***Extensionsbasis*** *B von Δ ist eine Teilmenge von D, für die gilt:*

(1) $B = applicable\text{-}defaults(Th(conseq(B) \cup P))$

(2) B kann in einer Sequenz $d_1, d_2, d_3, \ldots$ angeordnet werden, so daß gilt:

$\forall i:\ conseq(\{d_1, \ldots, d_{i-1}\}) \cup P \models prereq(d_i)$

Satz 4.1: *Sei $\Delta = (D, P)$ eine Default-Theorie, $Base(T) := applicable\text{-}defaults(T)$ und $Ext(B) := Th(conseq(B) \cup P)$. Dann ist Base eine bijektive Abbildung der Menge der Extensionen von Δ auf die Menge der Extensionsbasen von Δ und Ext ist die inverse Abbildung.*

5. Ein Defaultlogik-Beweiser

Im folgenden betrachten wir nur endliche Defaulttheorien Δ. Falls $conseq(B) \cup P \models \bot$ gilt, so ist $B = \emptyset$ die einzige Extensionsbasis (vorausgesetzt, jeder Default hat mindestens eine Rechtfertigung). Dieser Fall kann gesondert geprüft werden. Für alle anderen Fälle entwerfen wir wieder einen Generate&Test-Algorithmus. Wir betrachten jeden Default aus D, fügen ihn zu einer Menge ausgewählter Defaults S oder nicht und überprüfen am Ende, ob eine Extensionsbasis vorliegt. Dabei treten folgende Besonderheiten auf:

- Da wir die Defaults in einer Reihenfolge betrachten, läßt sich Eigenschaft (2) von Def. 4.2 leicht erfüllen: Ein Default darf nur ausgewählt werden, wenn seine Voraussetzung mit Hilfe von S - R herleitbar ist.
- Wir müssen so früh wie möglich überprüfen, ob die Anwendung eines Defaults d durch eine negierte Rechtfertigung blockiert wird. Hierzu betrachten wir alle minimalen Teilmengen von D, aus deren Konsequenzen zusammen mit den Prämissen *irgendeine* negierte Rechtfertigung von d, aber keine Inkonsistenz folgt. Wir benutzen diese Menge ähnlich wie die Support-Mengen in Abschnitt 3. Dabei darf ein Default d nicht ausgewählt werden, falls block(d) eine Teilmenge von S enthält:

  block(d) := { S / S ist eine minimale Teilmenge von D, so daß
  conseq(S) $\cup$ *P* $\not\models \bot$ *und conseq(S)* $\cup$ *P* $\models \neg just_i(d)$ *für ein i }*

- Falls ein Default nicht ausgewählt wird, aber bereits in der Menge S enthalten ist, so wird diese Alternative abgebrochen.

Der fertige Algorithmus erhält wieder drei Argumente S, R, Cut, die alle Teilmengen von D sind:

DL-Extensions(S, R, Cut) ≡

1. *if conseq(S)* $\cup$ *P* $\vdash \bot$ *then {} else*
2. *if R =* $\emptyset$ *then*
   if $\forall d \in$ *Cut: d* $\in$ *S gdw. d* $\in$ *applicable-defaults(Th(conseq(S)* $\cup$ *P)) then {S} else {}*
3. *if R* $\neq \emptyset$ *then*

3.1. *if* $\exists d \in R$*: conseq(S - R)* $\cup$ *P* $\vdash$ *prereq(d) und* $\exists A \in$ *block(d): S* $\supseteq$ *A then wähle so ein d*
   (if d $\notin$ *S then DL-Extensions(S, R - {d}, Cut) else {}) else*

3.2. *if* $\exists d \in R$*: conseq(S - R)* $\cup$ *P* $\vdash$ *prereq(d) und* $\forall A \in$ *block(d): A* $\cap$ *R =* $\emptyset$ *then wähle so ein d*
   DL-Extensions(S $\cup$ *{d}, R - {d}, Cut) else*

3.3. *if* $\exists d \in R$*: conseq(S - R)* $\cup$ *P* $\vdash$ *prereq(d) then wähle so ein d*
   DL-Extensions(S $\cup$ *{d}, R - {d}, Cut* $\cup$ *{d})* $\cup$
   (if d $\notin$ *S then DL-Extensions(S, R - {d}, Cut* $\cup$ *{d}) else {}) else*

3.4. *if S* $\cap$ *R =* $\emptyset$ *then DL-Extensions(S,* $\emptyset$*, Cut) else {}*

Mit Hilfe der Eigenschaften (1) - (4) in Satz 5.1 läßt sich der Algorithmus verifizieren.

Satz 5.1: *Sei* $\Delta = (D, P)$ *eine endliche Default-Theorie. S, R, Cut seien Teilmengen von D. Der Aufruf DL-Extensions(S, R, Cut) terminiere mit dem Ergebnis E. B* $\in$ *E gdw.*

(1) *conseq(B)* $\cup$ *P* $\not\models \bot$

(2) $S \cup R \supseteq B \supseteq S$

(3) $\forall d \in R \cup Cut$*: d* $\in$ *B gdw. d* $\in$ *applicable-defaults(Th(conseq(B)* $\cup$ *P))*

(4) *R* $\cap$ *B kann in einer Sequenz* $d_1, \ldots, d_k$ *angeordnet werden, so daß*
   $\forall i$*: conseq((S - R)* $\cup$ $\{d_1, \ldots, d_{i-1}\}$*)* $\cup$ *P* $\models$ *prereq*(d_i)

Beweis: durch Induktion nach der Länge von R

Satz 5.2: *Sei* $\Delta = (D, P)$ *eine endliche Default-Theorie, S eine Teilmenge von D. Der Aufruf DL-Extensions(S, D,* $\emptyset$*) terminiere mit dem Ergebnis E. B ist in E enthalten gdw. B eine Extensionsbasis von* Δ *ist, für die B* $\supseteq$ *S und conseq(B)* $\cup$ *P* $\not\models \bot$ *gilt.*

6. Konklusion

Wir haben in diesem Papier die Extensionen von autoepistemischen Theorien und Defaulttheorien auf einen wesentlichen Kern, die Extensionsbasen reduziert. Die Eigenschaft Extensionsbasis läßt sich leichter prüfen als die Eigenschaft Extension. Eine Extension kann vollständig aus ihrer Basis rekonstruiert werden. Sowohl für AEL, als auch für DL entwickelten wir zwei Algorithmen zur Berechnung aller Extensionsbasen einer endlichen Theorie. Diese terminieren, falls die Ableitbarkeit erster Stufe bei der betrachteten Sprache entscheidbar ist. Die Algorithmen bauen auf einem (abduktiven) Beweiser für Ableitungen erster Stufe auf, der folgende Spezifikation erfüllen muß:

Eingabe: *Anfrage q, Menge P fester Prämissen, Menge A möglicher Prämissen*

Ausgabe: *alle minimalen Teilmengen von A, für die* $P \cup A \models q$ *und* $P \cup A \not\models \perp$ *gilt.*

Weitere Arbeit ist nötig, um einen geeigneten und effizienten Beweiser zu entwickeln. Aufgrund der Vielzahl von Anfragen in überlappenden Kontexten sollte der Beweiser ein Reason Maintenance System benutzen, das Teilbeweise speichert und Annahmenmengen verwaltet.

Danksagung

Ich möchte mich bei Gerd Brewka und zwei anonymen Gutachtern für zahlreiche Verbesserungsvorschläge bedanken. Diese Arbeit wurde im Rahmen des Leitthemas 'Assistenz-Computer' der GMD durchgeführt.

Literatur

[Brewka, 1989] G. Brewka, Nonmonotonic Reasoning: From Theoretical Foundation Towards Efficient Computation, *Dissertation*, Universität Hamburg, 1989

[de Kleer, 1986] J. de Kleer, An Assumption-based TMS, *Artificial Intelligence* **28**

[de Kleer, 1988] J. de Kleer, A General Labelling Algorithm for Assumption-based Truth Maintenance, *Proceedings AAAI 88*

[Doyle, 1979] J. Doyle, A Truth Maintenance System, *Artificial Intelligence* **12**

[Dressler, 1988] O. Dressler, An Extended Basic ATMS, *Proceedings of the Second International Workshop on Non-Monotonic Reasoning*, Springer LNCS 346

[Etherington, 1987] D. Etherington, Formalizing Nonmonotonic Reasoning Systems, *Artificial Intelligence* **31**

[Ginsberg, 1988] M. Ginsberg, Multivalued logics: a uniform approach to reasoning in artificial intelligence, *Computational Intelligence* **4**

[Junker, 1989a] U. Junker, A Correct Non-Monotonic ATMS, erscheint in: *Proceedings IJCAI 89*

[Junker, 1989b] U. Junker, Non-Monotonic Provers for AEL and DL, erscheint als interner Bericht

[Konolige, 1988a] K. Konolige, On the Relation between Default and Autoepistemic Logic, *Artificial Intelligence* **35**

[Konolige, 1988b] K. Konolige, Hierarchic Autoepistemic Theories for Nonmonotonic Reasoning, *Proceedings of the Second International Workshop on Non-Monotonic Reasoning*, Springer LNCS 346

[Moore, 1985] R. Moore, Semantical Considerations on Nonmonotonic Logic, *Artificial Intelligence* **25**

[Reinfrank et. al., 1989] M. Reinfrank, O. Dressler, G. Brewka, On the Relation between Truth Maintenance and Autoepistemic Logic, erscheint in: *Proceedings IJCAI 89*

[Reiter, 1980] R. Reiter, A Logic for Default Reasoning, *Artificial Intelligence* **13**

Problem Solver Control Over the ATMS

Oskar Dressler
SIEMENS AG
Otto-Hahn-Ring 6
D-8000 Munich 83
West Germany
(os%l2@ztivax.uucp)

and

Adam Farquhar*
Department of Computer Sciences
University of Texas
Austin, Texas 78712
USA
(farquhar@cs.utexas.edu)

Abstract

The ATMS is a powerful tool for automated problem solvers. It provides an efficient mechanism for maintaining consistent sets of beliefs and recording the assumptions underlying them. This enables the problem solver to switch rapidly between contexts and compare them. Applications to larger problems have been hampered, however, by the problem solver's inability to maintain control over the ATMS.

We present a new approach which allows the problem solver to maintain tight local and global control over both normal and nogood consumers. Local control is achieved by attaching guards to individual consumers. These guards express control, rather than logical, knowledge and consist of sets of environments. Global control is achieved by specifying a set of interesting environments. Consumers are fired only when its antecedents are true in some interesting environment. We also successfully apply the same technique to *limit label propagation* in the ATMS. This ensures that the ATMS respects the problem solver's wishes and only makes derivations in interesting contexts.

1 Introduction

The ATMS is a powerful tool for automated problem solvers. It provides an efficient mechanism for maintaining consistent sets of beliefs and recording the assumptions underlying them. This enables the problem solver to switch rapidly between contexts and compare them.

The ATMS, however, has two shortcomings: (1) the existing problem solver–ATMS interface is hard to control, and (2) the ATMS attempts to compute all solutions, even when they are irrelevant or unnecessary. Thus, in problems with large, perhaps infinite, search spaces new techniques must be used to control the ATMS. We define an expressive, flexible, and efficient problem solver–ATMS interface, called COCO (COntext driven COntrol, a synonym for BOOM), to address the first problem. It exploits an important distinction between node– and context–driven search strategies to control the execution of problem solver rules (consumers), which introduce justifications into the ATMS. Drawing upon locally available control knowledge, the problem solver can select a part of the context lattice and attach it to a rule in the form of a *guard.* In order to exercise control globally, the problem solver specifies parts of the context lattice as a global focus. Combining guarded

*This research was supported by a SIEMENS doctoral fellowship.

global focus. Combining guarded consumers, global focus specifications and nogood consumers that fire when specified parts of the context lattice become inconsistent, the problem solver can keep very tight control over the ATMS. The second problem is addressed by extending the techniques used for controlling rule firing to the ATMS label propagation algorithm itself. This ensures that the ATMS respects the problem solver's wishes in controlling the search.

Our work builds substantially on the results reported in [4]. It generalizes, unifies, and extends their techniques and also provides a positive answer for their hope that ATMS label propagation could be controlled by the problem solver. Section 2 reviews ATMS terminology. Section 3 describes our approach for controlling consumer execution and specifying guards. We explain how this approach can be extended to control label propagation in Section 4. Section 5 provides empirical results which demonstrate the dramatic increases in efficiency which are made possible by these techniques.

2 ATMS Background

The ATMS [1] supports problem solvers that are able to explicitly mark out some of the data that they manipulate as *assumptions*. Belief in all other data is then characterized by the assumptions which support them. These sets of assumptions are called *environments*. Each problem solver datum has an ATMS *node* associated with it. Each node has a *label* which is a list of the environments supporting it. The problem solver interacts with the ATMS by making assumptions and by *justifying* one datum in terms of other data. The primary responsibility of the ATMS is to compute the correct label for each datum.

Derivation is naturally defined using justifications. The consequent of a justification is derivable when the antecedents are either assumptions or derivable nodes. Inconsistencies arise when a specific node, False, is derived. The environments that derive False are called *nogoods*. Since derivation is monotonic, the ATMS only needs to represent minimal environments. This applies both to the environments that derive a specific node (its label) and the nogoods. The set of nodes derivable from a consistent (non-nogood) environment is called a *context*. *Context(E)* denotes the context characterized by the environment E.

Following de Kleer, we are considering problem solvers which are capable of expressing most of their knowledge in the form of rules. The consumer [1] is a device for linking rules to the ATMS nodes. A consumer consists of a set of antecedents which are ATMS nodes (or classes) and a body of code which computes some result given the problem solver data corresponding to the antecedents. Once the antecedents are established, the consumer may be selected and be *fired*; it asserts some consequents which are justified by the antecedents. If the ATMS is to support sound deductions, the consumers must obey certain conventions: they may not have any side-effects on the ATMS, and they must not use any data not present in the antecedents. The consequence of these restrictions is that a consumer need only be executed once for a given set of antecedents. Firing a consumer, therefore, may be viewed as compiling it into a set of justifications. A consumer for nodes x and y is written $(\Leftarrow x, y)$.

3 Controlling Consumer Execution

3.1 Context and Data Driven Strategies

Standard rule–based problem solvers maintain a single database of facts which are referred to in the preconditions of rules. Each fact in the database is believed and the rules are fired when their antecedents are in the database. In TMS–based problem solvers, these facts are labeled as in or out depending on their support. Rules may fire because certain data are in or out in a specified pattern, or because a datum has changed it's label. The ATMS is more expressive. Data are not simply in or out, but belief in them is characterized by sets of environments. A datum may be thought of as being in any context that is characterized by one of these environments. Thus, rules used in conjunction with an ATMS must fire on a combination of *data and environments*. Data and environments can be viewed as two orthogonal axes.

All existing strategies for controlling rule execution in the ATMS can be located somewhere on these two axes. There have been a variety of strategies discussed in the literature. Forbus and de Kleer review :intern, :in, and :addb, and propose two new ones: :implied-by and :contradiction in [4].

:Intern and :contradiction represent the two extremes of data and context driven strategies. :Intern is purely data driven. A consumer fires as soon as its antecedents are in the ATMS database, regardless of their labels. They need not even be members of the same context. :Contradiction is purely context driven. A :contradiction consumer is associated with a single environment. When that environment becomes a nogood, the consumer fires. This is a simple way for the ATMS to signal inconsistencies to the problem solver. There are no nodes associated with the contradiction consumer at all. The standard consumer execution strategy is :in, which requires that the antecedents are in at least one common context. Thus, it is mostly node driven, but also puts a weak constraint on when it is interesting to fire the rule.

Both :addb and :implied-by make use of a *control environment*. The control environment is specified by the problem solver, and is used to define the current problem solver task. It is a set of assumptions whose consequents the problem solver is currently interested in.

:Addb (assumption-based dependency directed backtracking) puts more constraints on the contextual part of a consumer's precondition. An :addb rule will be executed only when there is at least one environment E where all of its antecedents hold such that (1) the set of control assumptions in E is a subset of the actual control environment, and (2) the union of the actual control environment and E is consistent. In :addb the problem solver delegates part of its responsibility for control to the ATMS. A fixed scheme is used to aggregate the control environment from so-called control disjunctions that are known in advance.

In the :implied-by strategy, the control environment is used as an upper bound.. Using :implied-by, the problem solver is free to install and retract focus environments in any order it wishes. In [4], focus environments are retracted only when they become inconsistent, though this is presumably only one of the supported behaviors.

3.2 Control of Consumer Execution in COCO

When using the ATMS, people carefully select the data that will be used as assumptions from the data their problem solvers are going to manipulate. In doing so they implicitly define a finite or infinite set of possible contexts. Therefore, a context is normally associated with an application dependent meaning. For instance, in GDE, a system for model-based diagnosis [2], a context is associated with a set of components that are working correctly. Another application views a context as characterizing a specific perceptual interpretation [8]. [7] uses contexts to represent situations for a planning a task. Because contexts normally have such a meaning, it is natural to separate the two orthogonal axes, data and environments. It is easy to see that each of the consumer strategies from the previous section consists of two parts: a specification of which *nodes* it should fire *on*, and a specification of which *environments* it should fire *in*. A third dimension, that is present in none of the strategies above, is spanned by an axis that specifies whether the control information is available locally or globally. We speak of local control information when it is attached to individual consumers. Global control information applies to all consumers.

In COCO, we express all of this information explicitly. Since we want to make explicit the context dependent control information we have the need to specify arbitrary subsets of the context lattice. Because these subsets may be of arbitrary size, we use intensional descriptions of them. The specifications need not be compact, but may consist of isolated islands of contexts. The only requirement we place on the specifications is that membership be efficiently computed. We have mostly experimented with sub-lattices specified by combinations of upper and lower bounds as well as intersection operators and simple logical connectives. These are all efficiently computable.

For the local control information a COCO consumer is augmented with a *guard*, which is simply a set of environments. The *guarded consumer* may fire only if its antecedents exist and there is some environment in the label of the conjunction of antecedents that is a member of the *guard set*. The guarded consumers allow the problem solver to maintain tight *local* control over consumer execution by restricting the contexts in which a consumer fires.

For the global control of consumer execution COCO accepts the specification of a set of contexts called the *global focus*. Any consumer may fire only if its antecedents exist and there is some environment in the label of the conjunction of antecedents that is a member of the global focus. As a generalization of the technique presented in [4], our focus not only consists of a single environment but any set of environments can be the focus. We can easily represent the **:implied-by** strategy. It uses focus descriptions of the form: $focus = \{E | E \subseteq \textit{control-environment}\}$

The problem solver is responsible for the focus. We assume that it has some notion of task. Tasks can be associated with the focus as a whole or with subsets of it. Therefore the selection of a focus can be used to drive a single task or a set of tasks in parallel. By organizing tasks in an and/or-tree as in [4], the problem solver can focus on a single task when it has high priority compared to its alternatives. Should priorities among alternatives differ only slightly, however, it may be favorable to pursue several task in parallel. In particular this is true when there is hope for combinatorial implosion [6].

As an example, we point to the diagnosis framework of Struß [9] that is based on GDE [2]. The problem solver can concentrate on a specific set of faulty components or all sets of faulty components that contain a specific set. The latter could be identified as the set of candidates (sets of faulty components that explain all symptoms) under the single fault assumption.

There are several examples of focusing using an upper bound in the literature, such as [2] and [4], so we will not repeat them here.

Although very useful, using a lower bound to specify a focus environment leads to a minor complication. The difficulty is that the environments in labels are minimal ones.[2] If the conjunction of a consumer's antecedents holds in the minimal environment {a}, then they hold in {a b}, {abc}, and so on. Therefore, even if we specify a lower bound focus, say {ab}, there is a non-null intersection between the focus and the minimal environments "below" it — {a} and {b} in this case.

To solve this problem, we need to introduce the notion of *specificity*. Although it is the case that if a node n holds in *Context(E)*, it also holds in any consistent *Context(E')* where $E' \supset E$, it has a closer connection to some context than to others. In particular, n is *specific* for *Context(E)* exactly when $n \in Context(E) \wedge \neg\exists E' such\ that\ n \in Context(E') \wedge E' \subset E$. Intuitively, E is the first environment (in a chain starting from the empty environment) that derives n. N essentially depends on E. As a corollary we obtain that E is an element of n's (minimized) label iff n is specific for *Context(E)*. In a similar way, we say that a consumer is *specific for a context*, *Context(E)*, iff the conjunction of its antecedents is specific for *Context(E)*.

Thus, in our example a consumer sitting on the environment {a} is not *specific* for {a b}, so this consumer would not be fired if the optional specificity restriction was in use.

Lower bound foci are very useful for reasoning about hypothetical situations. Consider a problem solver attempting to prove Q by contradiction. First it introduces the hypothetical assumption A, which is the negation of Q. It now wants to derive a contradiction involving A. Therefore, it wants to focus on consumers which essentially depend on the presence of A. If A is used as a lower bound, only the consumers that are specific for contexts above A will be executed. If A does not lead directly to a contradiction, it may be necessary for the problem solver to temporarily relax the focus and allow consumers below A to be executed. The important point is that the consumers above A must be executed in order to derive the contradiction, whereas the consumers below A may not be necessary, and firing them might involve arbitrary amounts of work.

3.3 Nogood consumers

By specifying the focus and guards for the consumers, the problem solver can keep tight control of the problem solving activities as far as consistent environments are concerned. A major part of problem solving, however, is finding out about inconsistencies. When nogoods are discovered the problem solver must be informed so that it can react appropriately. For this purpose we use *nogood consumers*, a special kind of guarded consumers that are executed on the minimal nogoods

[2] A minimal environment, {a}, is a shorthand for $\{E | E \supseteq \{a\}\}$.

contained in the attached guard set. Nogood consumers are prioritized. They are scheduled before all other consumers because the problem solver must immediately be informed about changes of the search space as to avoid useless activities. Often the inconsistency of the focus (or parts of it) will be signaled this way. On the task level this can mean, for example, that the task is not achievable. The "contradiction consumer" from [4] is a specialized nogood consumer with an attached guard set of cardinality one.

4 Focusing Label Propagation

Regardless of how sophisticated our mechanisms for controlling consumer execution are, control will be lost after a consumer fired. Label propagation inside the ATMS still occurs throughout the whole network and for all contexts. It is possible, however, to use the techniques described above to control the propagation of environments through the justifications. A guard set similar to the one for consumers allows a justification to propagate environments only when they fall within the specified range. Again, we shall specify this range both, locally and globally. Justifications that have an attached guard set are called *guarded justifications.*

4.1 Local Control of Label Propagation

If a consumer is controlled by a guard, it will under no circumstances be executed on environments outside of the guard set. However, if it is executed, it will, following the consumer architecture [1], compile into a justification. The advantages of a guarded consumer would be lost once the justification is given to the ATMS, as *all* of the environments in the label of its antecedents would be propagated. Label updating does not respect the guard set. For example, suppose there is a guarded consumer ($\Leftarrow x$,y) with the guard (**superset** {a b c}). Initially, let label(x) be {{d} {e} ...} and label(y) be {{e} {f} ...}. The consumer does not fire because the label of its antecedents, label(x, y), is {{e} {d f} ...}, which does not satisfy the guard. If the environment {a b c d} is subsequently added to label(x) and label(y), the label(x, y) becomes {{a b c d} {e} {d f} ...}, which satisfies the guard. The consumer fires, installing the justification $z \leftarrow x, y$. Unfortunately, the label(z) now contains the complete label(x, y), including the *un*interesting environments which did not fire the consumer to start with. Even worse, these uninteresting environments will be propagated through the label of every node which z is connected to.

We would like the consumer's guard set to be respected by the ATMS and used to control label propagation. If the principles of the consumer architecture are strictly followed, justifications are nothing but instances of rules. Therefore, we can use the consumer's guard set to control label propagation: a justification will propagate when the guard set allows it to do so. Although the label of the antecedent's conjunction is correctly computed (and recorded in the justification's label), only the minimal environments that represent the lower bound of the intersection of the environments (implicitly) represented by the justification's label and the guard set are propagated to the justification's consequent. Thus, using our previous example, label(z) becomes {{a b c d}, {a b c d e}}, and only the interesting environments are propagated to z's children.

It is crucial to note that the guard set must only be used for control. It must not be misused for specifying logical dependencies. In particular, guarded justifications are not conditionals in the purely logical sense. The guard set must not be used to restrict the validity of a justification, just its interestingness. It should always be the case that if the guard were removed, a program would still be logically correct, though perhaps infinitely inefficient. Encoding non-monotonic justifications using guard sets is a clear example of abuse — encoding correctness rather than control.

A non-monotonic justification such as $[z \leftarrow (x, y)$ **unless** $(v, w)]$ is invalid when any of the non-monotonic antecedents v or w hold. If x and y hold in {a b} and v holds in {a b c d}, then {a b c d} is an upper bound for the validity of the justification. One might be tempted to use the labels of v and w as upper bounds. A consequent, however, that depends on this justification does not hold in the superset environments. Thus, we would lose the ability to represent all supersets of an environment by a single minimal environment.

4.2 Global Control of Label Propagation

It is worth considering whether the technique of delaying propagation from justification labels can be applied to the focus, too. Can label propagation for *all* justifications be limited by the focus? The answer is yes and no. It is yes because we can limit label propagation by the upper bound of the focus. Any environment above the upper bound that appears in some antecedent will result in an environment for the consequent that is at least as large. The resulting environment will thus be out of the focus. If it becomes inconsistent the focus will not be affected. The answer is no for the lower bound of the focus. We cannot guarantee that an environment below the lower bound will not be used to produce an environment for some consequent that is in the focus. It may also be the case that some environment below the lower bound becomes inconsistent, eliminating part of the focus.

By limiting label propagation we loose label completeness as far as the whole context lattice is concerned. We retain soundness and minimality. We give up label completeness and consistency only above the upper bound of the focus. Because we also have delayed label propagation due to guarded justifications, labels will normally not be complete, as is desired. In any case label completeness and consistency is guaranteed for the global focus. A change of focus requires the ATMS to inspect the justifications and to decide whether some of the recorded environments should be propagated. Changing the focus may cause some label propagation to ensure label completeness and consistency for the new focus.

4.3 Changing the focus

It is natural that the problem solver will want to modify its focus as the current task changes. This is supported in a straight forward and efficient way. If the new focus is more restrictive than the old one, then no additional work need be done. E.g. suppose that *label*(x) ={{a b c}, {d}}, and there is no focus. If the focus is now changed to be $\{E|E \cap \{\text{ab}\} = \{\}\}$, we can leave the label of x as it is. It is still correct, but just uninteresting. Any new propagation from x will be done using the interesting part of the label, $\{\{\text{d}\}\}$.

If the focus is relaxed, then we need to propagate the environments which were outside of the old focus, but are within the new one. The overhead is quite small, linear in the number of environments which were not wholly within the old focus. In the worst case of focus change, every environment is initially outside of the focus and after the change is within the new focus. All of the environments must then be propagated, which is just what the ATMS would have done without the focus. Thus, relaxing the focus just forces us to do some of the work which we avoided by using the focus to start with.

The only complication involves deciding when the environments should be propagated, and how to order their propagation. Propagation starts from a node, but a node's label might contain several effected environments. Thus, it is clear that we want to check all of the environments first, so that we do not have to propagate from a node once for each of its effected environments. The second issue is choosing an order in which to propagate from the effected nodes. In order to do a minimum amount of work, we can borrow an idea from TMS research, and compute an ordered set of strongly connected components starting with the assumptions and compute new node labels in this order [5]. A standard algorithm is $O(max(|nodes|, |justifications|))$, so this requires little additional work, and is well worth the effort.

5 Example Application

In this section we provide a demonstration of how effective these focusing techniques have proven to be. The example presented here is summarized from [3]. We look at a model-based predictive problem in which we have a device composed of several components. Each component is described by an OK model describing its behavior when it functions correctly, and several fault models. The task is to compute predictions for the various parameters of the device given these models and observed values for some of the parameters. A combinatoric problem results because combinations of the predictions from different models need to be considered. With the standard ATMS, all (minimal) combinations of all of the models will be computed. This will include what the problem solver might consider to be extremely unlikely combinations involving many fault models. If the problem solver is willing to focus on an interesting subset of the possible combinations, however, COCO provides a means of dramatically reducing the work done by the ATMS.

In the example, we will use an *N-fault* focus which states that an derivation requiring more than N fault models is uninteresting. This is less restrictive than what most authors mean by an *N-fault assumption*. The N-fault assumption is a global statement about the whole device – no more than N of the components are faulty. Our N-fault focus says that no more than N fault models are should be used to make any single derivation. Thus, independent failures, each of which require no more than N fault models, will be predicted. This definition fits well with the use of local propagation techniques to determine predicted values.

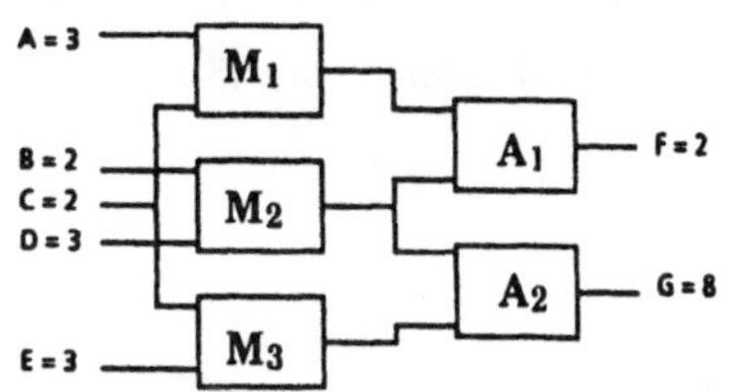

Figure 1: A standard diagnostic problem.

Experiment	Time	Rules Fired	Justs	Nodes	Labels Max	Labels Avg	Nogoods Cnt	Nogoods Max	Nogoods Avg
Focused	1	359	1875	128	28	4	203	10	4
Unfocused	40	1096	4233	214	186	32	409	10	5
Improvement:	4000%	67%	56%	40%					

Table 1: A single-fault focus provides a 40-fold speedup when using seven models per component. The Labels column gives the maximum and average number of environments in a label; Nogoods gives the count of the minimal nogoods, as well as the maximum and average number of assumptions in a nogood.

Two key advantages of using this sort of focus are (1) that derivations made within the focus are sound — they will not be contradicted by a change in the focus; and (2) that the focus can be easily changed by the problem solver and any new interesting deductions will be efficiently computed by COCO. This allows the problem solver to start with a very tight focus, and then gradually relax it until a satisfactory solution is found.

We have used the standard example with 3 multipliers and 2 adders (Figure 1). Each component is described by seven models:

1. OK. The component functions as expected.
2. Unknown. The component may exhibit arbitrary behavior.
3. Zero. The output is 0.
4. One. The output is 1.
5. Left. The component outputs its "left" input.
6. Right. The component outputs its "right" input.
7. Left-Shift. The output is shifted left one bit.

The input values A=3, B=2, C=2, D=3, and E=3 are asserted in succession. From this information, the OK models would predict a value of 12 for both F and G. We then assert the observations F=2 and G=8. These observations cannot be explained by a single fault, but two independent faults are adequate. A reasonable diagnosis might be {zero(M1), left(M2)} or {left(M2), right(A1)}.

Table 1 summarizes the results of using a single-fault focus. There is a dramatic 40-fold speedup in execution time when using the focus! There are several interrelated reasons for this tremendous reduction. Many rules are not fired because there antecedents do not hold in any *interesting* environments. If these rules had fired, they would have introduced justifications, sometimes for previously unpredicted values. These new values then enable additional rule firings, and the effect cascades. Furthermore, the effect of adding a single justification may result in large amounts of work, as the new environments in the label of its consequent must be propagated throughout the justification network. For a more complete discussion see [3].

6 Conclusion

We have presented an approach that aims at reducing the complexity of ATMS–based problem solvers by exploiting additional control knowledge. As the notion of context often has an application dependent meaning, this control knowledge is naturally expressed in terms of contexts. Therefore, we have provided ways for the problem solver to express itself in terms of contexts in addition to the conventional ways in terms of nodes. We showed that this kind of control knowledge can be used to guide consumer execution on the level of the consumer architecture and to limit label propagation on the level of the basic ATMS. By specifying subsets of the context lattice the problem solver is now able to mark out a focus globally and to point out where a consumer will produce interesting results locally. By installing nogood consumers, the problem solver is informed about changes of the overall search space immediately and can take appropriate action. Practical applications of this new architecture to multiple model diagnosis problems have demonstrated dramatic improvements.

6.1 Acknowledgments

We would like to thank our colleagues Hartmut Freitag, Michael Montag, Michael Reinfrank, and Peter Struß, as well as the mutual misunderstandings which resulted in the ideas presented here. This research is supported by *Bundesminister fuer Forschung und Technologie*, project TEX-B, ITW 8506 E4.

References

[1] Johan de Kleer. An assumption-based truth maintenance system, Extending the ATMS, Problem solving with the ATMS. *Artificial Intelligence*, 28(2):127–224, 1986.

[2] Johan de Kleer and Brian Williams. Diagnosing multiple faults. *Artificial Intelligence*, 32(1):97–130, April 1987.

[3] Adam Farquhar. Focusing ATMS-based diagnosis and prediction. Forthcoming tech report., 1989.

[4] Kenneth D. Forbus and Johan de Kleer. Focusing the ATMS. In *Proceedings AAAI*, pages 193–198, August 1988.

[5] James W. Goodwin. An improved algorithm for non-monotonic dependency net update. Technical Report LITH-MAT-R-82-83, Linkoeping University, 1982.

[6] William A. Kornfeld. Combinatorially implosive algorithms. *Communications of the ACM*, 25(10):734–738, October 1982.

[7] Paul Morris and Robert Nado. Representing actions with an assumption-based truth maintenance system. In *Proceedings AAAI*, pages 13–20, 1986.

[8] Gregory Provan. Efficiency analysis of multiple-context TMSs in scene representation. In *Proceedings AAAI*, pages 173–177, 1987.

[9] Peter Struß. A framework for model-based diagnosis. Technical Report ZFE F2 INF22 ARM-10, SIEMENS AG, 1988.

Context Logic - An Introduction

Hans Jürgen Ohlbach
FB Informatik, University of Kaiserslautern
D-675 Kaiserslautern, West Germany
uucp: ...seismo!unido!uklirb!ohlbach

Abstract Context Logic (CL) is a logic in the original sense, but more than that, it is a methodology for designing a certain class of logics in such a way that automatically a first-order many-sorted resolution and paramodulation calculus is obtained. This calculus can be executed on a clause based predicate logic theorem prover. The class of logics which can be handled with the CL-methodology is mainly characterized by the existence of "hidden parameters", parameters like worlds in modal logics defining the context in which the terms and formulae are to be interpreted. The hidden parameters are usually determined implicitly by additional logical operators like for example □ (necessarily) and ◊ (possibly) in modal logic. These operators refer to an underlying semantical structure - Kripke's possible worlds structure in the case of modal logic, time points and time intervals in the case of temporal logic are examples. CL provides a means for axiomatizing these structures and for expressing the semantics of the desired operators in a formal language. This information about the desired logic is sufficient to translate formulae written in the operator syntax automatically into predicate logic syntax where the operators are replaced by quantifiers and the hidden parameters are made an explicit part of the formula. After the translation, information about a whole bunch of nested operators is shifted into one "context term" that can be handled by an appropriate unification algorithm. Hence, a resolution step may exploit information about many nested operators at once and is therefore much more goal directed than a corresponding step in a tableaux system for example.
The main limits of CL are:

- Since predicate logic is the "target logic" into which the designed logic is mapped, in order to obtain a complete calculus, its semantical structure must be first-order axiomatizable. This excludes certain properties like discreteness and finiteness.
- Due to the current limits of predicate logic resolution (no partial functions allowed for example) two further assumptions are still necessary. For Kripke structures these are the constant-domain assumption and the seriality assumption. For other structures the assumptions are analogous.

Keywords:
Automated Theorem Proving by Translation and Refutation, Resolution, Nonclassical Logics, Modal Logic.

Due to the lack of space the formalism itself cannot be presented here. It is given in [Ohlbach 89].

This work was supported by the Sonderforschungsbereich 314 of the German Science Foundation (DFG) and the ESPRIT Project 1033, FORMAST, of the European Community. The paper was written during a research stay at the Automated Reasoning Project of the Australian National University, Canberra.

1. Logics with "Context Semantics"

A large class of nonclassical logics like modal, temporal, epistemic, action logics etc. have one important feature in common. This is the existence of "hidden parameters" which refer to an underlying semantical structure. The hidden parameters define the *context* in which terms and formulae are to be interpreted. They are implicitly determined by additional logical operators like for example $\Box$ (necessarily) and $\Diamond$ (possibly) in modal logic [Hughes&Cresswell 68]. A typical example for an underlying semantical structure is Kripke's possible worlds structure as a semantical basis for modal logics [Kripke 59,63]. A formula $\Box$P for example is interpreted: P holds in all worlds $\mathcal{W}_2$ which are accessible from the current world $\mathcal{W}_1$. $\Diamond$P is interpreted: From the current world $\mathcal{W}_1$ there exists an accessible world $\mathcal{W}_2$ and P holds in $\mathcal{W}_2$. That means the interpretation of the predicate symbol P depends on the actual world. P may be true in a world $\mathcal{W}_1$ and false in a world $\mathcal{W}_2$. In other words P behaves like a one place predicate P(...) that depends on a "world parameter". Another example for a logic with hidden parameters and an underlying semantical structure is temporal logic with time points and time intervals. An expression "Tom is running" or more formally running(Tom) implicitly depends on the points in time. It may be true now and false in 5 minutes. "Tom runs 100m" or running-a-distance(Tom, 100m) respectively, however does not depend on a time point, but on a time interval. The statement "During Tom's 100m runs he is always running" (which may be false when he occasionally stops for a while) may be encoded as "running-a-distance(Tom,100m) $\Rightarrow$ *during* running(Tom)". The formula shows that it may make sense to have simultaneously two types of contexts, namely time points and time intervals which are correlated by an operator *during* that quantifies over all time points in the current time interval.

Having the underlying semantical structure in mind, it is usually not hard to define syntax and a model theoretic semantics of a corresponding logic. To define an appropriate deduction calculus, however, is a much harder task. The problem is that the properties of the semantical structure, although it may be a simple thing like a linearly ordered set together with all its intervals, have to be characterized in a very indirect way by using axiom schemes in a syntax that does not talk at all about the semantical structure directly but uses some obscure operators. Who would for example guess that the transitivity of the accessibility relation in a Kripke structure has to be encoded into the modal logic axiom scheme $\Box\mathcal{F} \Rightarrow \Box\Box\mathcal{F}$?

When this is so complicated, why strive so hard with these operators? Why don't we just use predicate logic, axiomatize the underlying semantical structure directly, add the corresponding parameters explicitly to the predicate and function symbols and replace the operators by corresponding quantifiers? There are four main reasons against this solution:

- Historical Reasons
  Modal logics for example have been developed on the basis of Hilbert calculi decades before Kripke discovered a model theoretic semantics.
- Pragmatic Reasons
  The operator syntax is usually much more intuitive and easier to use than the predicate logic syntax.
- Efficiency Reasons
  The operator syntax is usually less expressive than the corresponding predicate logic syntax. Therefore a calculus working on the operator syntax may be more efficient than a corresponding predicate logic version.
- Theoretical Reasons
  There are semantical structures which cannot be axiomatized in first-order logic. Discrete and finite Kripke structures are of this kind.

The method we are going to present in this work is aimed to overcome the pragmatic and efficiency arguments. It uses *theorem proving by translation and refutation* which allows to keep the operator syntax as a user friendly surface language, but internally it translates the formulae into predicate logic in such a way that a more efficient resolution [Robinson 65] and paramodulation [Robinson & Wos 69] calculus is applicable.

2. Theorem Proving by Translation and Refutation - An Analogy to Compilation of Programs.

Already in the early days of computer science it has turned out that much efficiency can be gained in the execution of programs written in highlevel programming languages by translating the programs into a lowlevel language where a more efficient interpreter (processor) is available. Originally programs were translated directly into the operation code of a processor. Nowadays programs are usually not translated directly into an operation code, but first into an intermediate language such as C and then with a standard compiler into the operation code. One of the reasons is that the development of compilers with less lowlevel languages as target language is in general easier and less susceptible to errors.

The analogy to a programming language - syntax and denotational semantics - is a logic - syntax and model theoretic semantics - and the analogy to an interpreter for a programming language is a deduction calculus for a logic. The idea which suggests itself is to look also for an analogy to a compiler. A compiler from a "source logic" SL into a "target logic" TL should translate an SL-formula $\mathcal{F}$ into a TL-formula $\mathcal{F}'$ such that $\mathcal{F}$ has an SL-model if and only if $\mathcal{F}'$ has a TL-model. If this condition holds, a refutation theorem prover for SL can be obtained simply by using an appropriate theorem prover for TL to refute the translated SL-formulae. One advantage is that a TL-theorem prover can be used for several source logics. Whereas highlevel programming languages as well as a highlevel logics are designed for the human user, a compiler is free to rearrange chunks of information to serve the underlying machinery, and not the human reader, in the optimal way. The efficiency gained through compilation of programs proves that operating on the original syntax is not always optimal, and this holds for logics as well. If therefore in addition the TL-calculus turns out to be even more efficient than an SL-calculus we have not only saved the effort to develop a specific SL-theorem prover, in fact our laziness is rewarded with a more efficient theorem prover.

Several "translation calculi" have been developed so far, mainly for classical modal logics as source logics and predicate logic as target logic with the aim to use predicate logic resolution theorem provers [Ohlbach 88], [Fariñas&Herzig 88], [Enjalbert&Auffray 88], [Moore 80] etc. In these systems a one-step translation from the source logic to the target logic has been developed, similar to the one-step translation from highlevel programming languages to the operation code. With this approach the translation algorithm and in particular the soundness and completeness proof has to be developed new for every new logic. A closer look at the different translation systems, however, has shown that a certain part of the translation is common to all source logics. Therefore it is advantageous to split the translation into two steps, the first one depending on the particular source logic and the second one common to all source logics. For this purpose an intermediate logic is necessary. This logic, Context Logic, will be introduced in this paper. Here again we have the analogy to the compilation of programs. CL corresponds to the intermediate language, as for example C, which is used in two-step translations. We can summarize the analogies as follows:

Earlier approach:

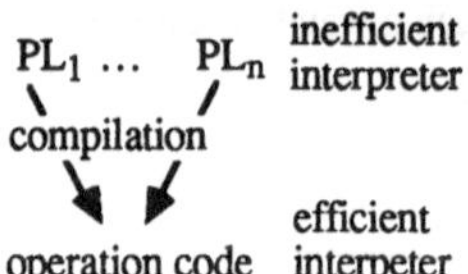

Translation of logics:

SL_1 ... SL_m inefficient calculus

translation

TL efficient calculus

A more economic approach, proposed in this paper:

Compilation of programming languages:

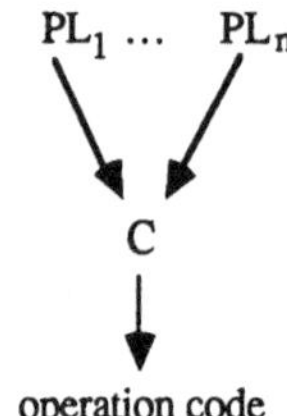

operation code

Translation of logics:

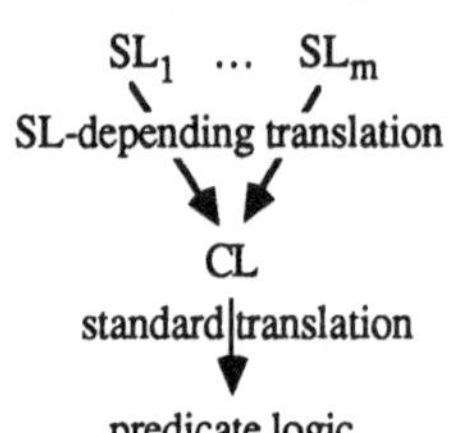

predicate logic

As compilation from C into different operation codes is possible, translation from CL into different logics is also possible. So far, however, only a translation into a particular order-sorted predicate logic as target logic has been developed.

3. One-Step Translations

In order to get an idea how translations for logics work, let us first have a look at algorithms for translating modal logic in one step into predicate logic with *resolution* as a basic calculus. There are different possibilities yielding translated formulae of different structure and search spaces of different size.

3.1 Relational Translation

There is a very easy way to translate modal logic formulae into predicate logic [Moore 80]: A special binary predicate symbol $\mathcal{R}$ is introduced which represents the accessibility relation. A formula $\Box\mathcal{F}$ is then translated into $\forall w\ \mathcal{R}(a,w) \Rightarrow \mathcal{F}[w]$ where 'a' denotes the current world and $\mathcal{F}[w]$ means adding 'w' as an additional argument to the terms and literals. Analogously $\Diamond\mathcal{F}$ is translated into $\exists w\ \mathcal{R}(a,w) \wedge \mathcal{F}[w]$. The properties of the accessibility relation can be expressed by simply adding the corresponding axioms for $\mathcal{R}$ to the formulae.

For example the formula $\Diamond\Diamond\forall x(\Diamond Px \wedge \Box Qx)$ is translated into the predicate logic formula

$$\exists a\ \mathcal{R}(0,a) \wedge \exists b\ \mathcal{R}(a,b) \wedge \forall x\ (\exists c\ \mathcal{R}(b,c) \wedge P(c,x) \wedge \forall w\ \mathcal{R}(b,w) \Rightarrow Q(w,x))$$

The problem with this *"relational"* method is that the actual world in which a term or literal is to be interpreted is not only determined by the term in the "world argument" of the predicates, for example the 'c' in P(c,x) above, but by the whole path of "world terms" leading to that particular term. This information, however, is spread over a whole bunch of $\mathcal{R}$-literals. One significant deduction step with a user defined predicate has therefore in general to be accompanied by several deduction steps which reason about worlds alone. The usual control strategies for resolution can not recognize these correspondences and may therefore easily get lost in irrelevant branches of the search space.

3.2 Functional Translation

In order to overcome this weakness, at least for some modal logics, a different translation technique has been developed where the relevant information about the actual world is concentrated in one single term [Ohlbach 88] [Fariñas&Herzig 88], [Enjalbert&Auffray 88]. In my system for example the above formula would be translated into

$$\exists a,b\ \forall x\ (\exists c\ P([abc],x) \wedge \forall u\ Q([abu],x))$$

yielding $\forall x,u\ P([abc(x)],x) \wedge Q([abu],x))$ after Skolemization,

where the "context access terms" [abc(x)] and [abu] describe the complete path through the Kripke structure from the initial world to the actual world.

One of the main problems in the development of a semantics for these special terms was to handle the fact that the modal operators are some kind of dynamic operators. The set of objects over which they quantify depends on the current position in the Kripke structure. For example $\Box\mathcal{F}$ quantifies over all worlds accessible from the *current* world, and this world is determined by the embracing modal operators and quantifiers. The key idea for getting rid of this dynamic aspect was to translate modal operators into quantifiers over *functions* mapping worlds to accessible worlds. The set of such "world access functions", or more general "context access functions", is constant in each interpretation whereas the set of worlds they access from a given world may change from world to world. This allows to keep the operator´s modal logic spirit, but to treat them technically as ordinary predicate logic quantifiers, quantifying over a fixed set of entities.

To realize this idea a two-sorted predicate logic with the two sorts D for domain elements and 'W→W' for context access functions is necessary. In the formula

$$\forall x,u\ P([abc(x)],x) \wedge Q([abu],x))$$

for example a, b are now constant symbols of sort 'W→W',
c is a function symbol of sort D → 'W→W',
x is a variable symbol of sort D and
u is a variable symbol of sort 'W→W'.

Strings of 'W→W'-terms are now interpreted as composition of context access functions. If for example a, b and u are interpreted as the context access functions γ_a, γ_b and γ_u then [abu] denotes the function $\gamma_a \circ \gamma_b \circ \gamma_u$ which maps the initial world in three steps to the actual world.

Correlations between the Accessibility Relation and the Context Access Functions

Since different modal logics are usually distinguished by the properties of the accessibility relation, and since we want to represent the accessibility relation $\Re$ by a set $\mathcal{CF}$ of context access functions, the proper correlations between $\Re$ and $\mathcal{CF}$ have to be established. The basic idea is to represent a binary relation $\Re$ as the argument-value relation of a set $\mathcal{CF}$ of one-place functions, i.e. $\forall \mathcal{W}_1,\mathcal{W}_2\ \Re(\mathcal{W}_1,\mathcal{W}_2)$ iff $\exists\gamma \in \mathcal{CF}\ \mathcal{W}_2 = \gamma(\mathcal{W}_1)$

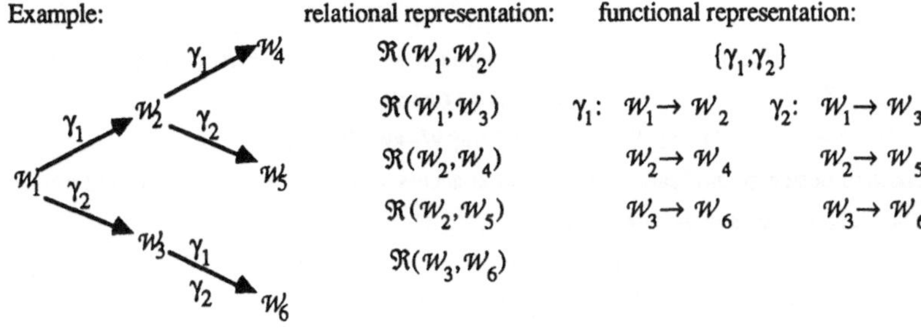

Given a relation $\Re$, a corresponding set $\mathcal{CF}$ of one place functions - which is not necessarily unique - can be constructed such that the argument-value relation is just $\Re$, and, the other way round, given a set $\mathcal{CF}$ of one place functions on the set of worlds, their argument-value relation constitutes an accessibility relation. Since $\Re$ and $\mathcal{CF}$ are correlated, there must also be correlations between their properties. One correlation is obvious: If $\mathcal{CF}$ contains only total functions then $\Re$ is a *serial* relation where each world has an accessible world. On the other hand, if $\Re$ is serial then there is always a set of *total* context access functions. In the sequel we shall always assume that serial relations are represented with total context access functions. Another obvious correlation is: If $\Re$ is tree like then $\mathcal{CF}$ consists of injective functions only. (The other direction does not hold.) Further correlations are:

- reflexivity of $\Re$ $\leftrightarrow$ there is always a set $\mathcal{CF}$ containing the identity function.
- transitivity of $\Re$ $\leftrightarrow$ there is always a set $\mathcal{CF}$ which is closed under composition.
- symmetry of $\Re$ $\leftrightarrow$ there is always a set $\mathcal{CF}$ containing for each function its inverse.

To get a complete resolution calculus for translated modal formulae, these properties have to be exploited. A first possibility to do this is to axiomatize the sort 'W→W' explicitly. For example the reflexivity requires the axiom $\exists$id:'W→W' $\forall$x:'W→W' id ∘ x = x ∘ id = x.
(We us an explicit composition function symbol ∘ instead of the syntax with brackets.)
The transitivity of $\Re$ is expressed by the associativity of ∘ and the sort declaration ∘:'W→W' × 'W→W' → 'W→W' expressing that $\mathcal{CF}$ is closed under functional composition, or, with other words, that each world which is accessible in n steps is also accessible in one step. The symmetry of $\Re$ is axiomatized by introducing an inverse function $^{-1}$:W→W' → 'W→W' with the corresponding axiom.

The disadvantage of the explicit axiomatization is that equations occur and equations are difficult to handle in a normal resolution theorem prover. Fortunately for the above cases the equations can be completely replaced by corresponding theory unification algorithms such that equality handling is no longer necessary. Algorithms are for example given in [Ohlbach 88].

The theory unification algorithms can handle the context access terms efficiently because the relevant part of the Kripke structure is at their disposal. One resolution step in the resolution calculus may invoke information about several nested modal operators and quantifiers in the original formula at once and therefore correspond to a number of deduction steps in a tableaux or sequent calculus. This allows for much bigger steps in the proof search, thus reducing the search space considerably. Moreover, since worlds are represented as terms and unification is applied to these terms, instead of generating worlds explicitly one by one, as in some classical calculi, we stay always on the "most general world", which further shrinks the search space.

4. Two-Step Translations

The translation of modal formulae into predicate logic consists of several steps. First of all the operators have to be replaced by quantifications over context access functions. For example

□∀x:D ◊ P(x, a) yields ∀u:'W→W' ∀x:D ∃v:'W→W' P(x, a)

Second, the sequences of nested quantifications over context access variables have to be collected into context terms and attached as additional arguments to the terms and literals:

∀u:'W→W' ∀x:D ∃v:'W→W' P(x, a) yields

∀u:'W→W' ∀x:D ∃v:'W→W' P([u v], x, a([u v])).

Finally existentially quantified variables have to be Skolemized. In some cases, but not always, an optimized

Skolemization is possible which allows to make the Skolem functions for the context access variables independent of the the universally quantified context access variables. Thus, instead of

$\forall u$:'W→W' $\forall x$:D P([u f_v(u, x)], x, a([u f_v(u, x)])) we obtain

$\forall u$:'W→W' $\forall x$:D P([u f_v(x)], x, a([u f_v(x)])).

The last two steps do not depend on the particular kind of modal logic. They formalize the concept of "contexts" and "context access functions". Therefore it is a good idea to separate these three steps into the first step which depends on the particular source logic, and the last two steps which are independent of the source logic. For this purpose an intermediate logic, Context Logic, is necessary where formulae like $\forall u$:'W→W' $\forall x$:D $\exists v$:'W→W' P(x, a) make sense although the context access variables need not yet occur in the literals. Thus, CL is essentially a logic with predicate logic syntax but modal logic semantics. The translation from the source logic to CL consists mainly of expressing the semantics of the operators with CL-quantifications. The translation from CL into predicate logic, on the other hand, moves information from the quantifier level to the term level. The corresponding soundness and completeness proofs and the justification for the optimized Skolemization are therefore technically quite complex. They, however, can be settled once and forever.

5. Indexed Operators

Context Logic supports indexed operators as they are used in epistemic and action logics. The indices may be arbitrary - possibly non-ground - terms. Interpreting these operators as "belief operators" for example, it is then easy to formalize a statement like "everybody believes that his mother believes that her child is the best of the world" by

$$\forall x{:}\text{human}\ \Box_x\ \Box_{\text{mother}(x)}\ \text{best-of-the-world}(x).$$

The translation of this formula into CL yields

$$\forall x{:}\text{human}\ \forall{\downarrow}(u{:}\text{'D,W}\rightarrow\text{W'}, x)\ \forall{\downarrow}(v{:}\text{'D,W}\rightarrow\text{W'}, \text{mother}(x))\ \text{best-of-the-world}(x)$$

and the final translation into predicate logic yields

$$\forall x{:}\text{human}\ \forall u,v{:}\text{'D,W}\rightarrow\text{W'}\ \text{best-of-the-world}({\downarrow}(u, x) \circ {\downarrow}(v, \text{mother}(x)), x).$$

u and v denote functions that map words to worlds, however depending on domain elements. $\downarrow$ is the application function symbol. Its type is $\downarrow$:'D,W→W' × D → 'W→W'. A term $\downarrow$(u, s) is therefore interpreted as a usual context access function which, however, describes transitions parametrized with the interpretation of s, a domain element.

6. Order-Sorted Logic as Target Logic

The translation calculi for classical modal logics in fact do not need a sorted logic as target logic. The two sorts D and 'W→W' mentioned above restrict the instantiation of variables. Once these constraints for the variable instantiation are built into the unification algorithms, the sorts can be ignored completely. For more complex source logics, however, the sort mechanism of the target logic becomes essential. To illustrate this, let us try to define a translation calculus for a multi modal logic, let us call it MML, with a pair $\Box^\emptyset$, $\Diamond^\emptyset$ of operators referring to a basic accessibility relation $\Re^\emptyset$, a pair $\Box^r$, $\Diamond^r$ of operators referring to the reflexive closure $\Re^r$ of $\Re^\emptyset$, furthermore operators $\Box^r$, $\Diamond^r$, $\Box^s$, $\Diamond^s$, $\Box^t$, $\Diamond^t$, $\Box^{rs}$, $\Diamond^{rs}$, $\Box^{rt}$, $\Diamond^{rt}$, $\Box^{st}$, $\Diamond^{st}$, $\Box^{rst}$ and $\Diamond^{rst}$ referring to the symmetric (s), transitive (t), reflexive-transitive (rt) etc. closures of $\Re^\emptyset$. With a temporal interpretation of the accessibility relation we can for example formalize a statement "Either I have the idea immediately or I'll never get it." in MML with $\Diamond^r$have(idea, I) $\vee$ $\Box^{rt}\neg$have(idea, I) where $\Diamond^r$ is interpreted as "possibly now or in the immediate future" and $\Box^{rt}$ is interpreted as "henceforth". The translated version is:

$$\exists x{:}\text{'W}\rightarrow^r\text{W'}\ \text{have}(x, \text{idea}, I) \vee \forall y{:}\text{'W}\rightarrow^{rt}\text{W'}\ \neg\text{have}(y, \text{idea}, I).$$

("idea" and "I" are *rigid* symbols. They do not depend on the worlds.)

In the functional translation for MML, a single set of context access functions is no longer sufficient. We need '$W \rightarrow {}^{\emptyset}W$'-functions mapping worlds to $\Re^{\emptyset}$-accessible worlds, '$W \rightarrow {}^{r}W$'-functions mapping worlds to $\Re^{r}$-accessible worlds etc. Furthermore we have to express that each '$W \rightarrow {}^{\emptyset}W$'-function is also a '$W \rightarrow {}^{r}W$'-function, a '$W \rightarrow {}^{s}W$'-function, a '$W \rightarrow {}^{t}W$'-function etc. These sets of functions can very easily be axiomatized in an order-sorted logic. The sort symbols '$W \rightarrow {}^{\emptyset}W$', '$W \rightarrow {}^{r}W$', '$W \rightarrow {}^{s}W$', '$W \rightarrow {}^{t}W$', '$W \rightarrow {}^{rs}W$', '$W \rightarrow {}^{rt}W$' and '$W \rightarrow {}^{st}W$', '$W \rightarrow {}^{rst}W$', are introduced and the sort hierarchy, a Boolean algebra with 8 elements expresses the subset relationships:

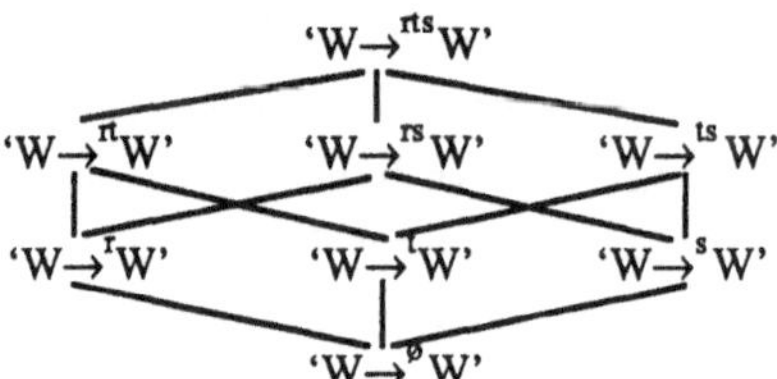

The type declarations for the composition function symbol $\circ$ can be used to encode more information about the accessibility relation. For example the declaration $\circ$:'$W \rightarrow {}^{\emptyset}W$' $\times$ '$W \rightarrow {}^{\emptyset}W$' $\rightarrow$ '$W \rightarrow {}^{t}W$' expresses the fact that two single steps correspond to one step in the transitive closure. $\circ$:'$W \rightarrow {}^{\emptyset}W$' $\times$ '$W \rightarrow {}^{s}W$' $\rightarrow$ '$W \rightarrow {}^{rt}W$' expresses that one step followed by either one step forward or one step backward results in one step in the reflexive transitive closure. With declarations of this kind we can ensure that for example a variable of type '$W \rightarrow {}^{\emptyset}W$' can never be instantiated with a term $\circ(s, t)$ which is at least of type '$W \rightarrow {}^{t}W$'. Thus, order-sorted predicate logic with this kind of sorts [Schmidt-Schauß 88] gives us the possibility to handle for example modal logics where different modal operators corresponding to different closures of the accessibility relation are used *simultaneously*.

7. Axiomatization of Context Access Functions

The hierarchy of context access function sorts and the type declarations for the composition function are not yet sufficient to describe the context structure completely. Explicit axioms stating more than subset relationships are in general necessary. For example in order to express that the '$W \rightarrow {}^{r}W$'-functions really describe a reflexive relation we have to add an identity element which maps a world to itself. Thus, we need an axiom:

$$\exists id{:}`W \rightarrow {}^{r}W' \ \forall x{:}`W \rightarrow {}^{r}W' \ \ id \circ x = x \circ id = x.$$

Furthermore we want $\Re^{r}$ to be exactly the reflexive closure of $\Re^{\emptyset}$ and not more. Therefore an $\Re^{r}$-transition is either a $\Re^{\emptyset}$-transition or an identity transition. The "functional" axiom that expresses exactly this correlation is:

$$\forall x{:}`W \rightarrow {}^{r}W' \ \exists y{:}`W \rightarrow {}^{\emptyset}W' \ \forall w{:}W \ \ x(w) = y(w) \vee x(w) = w$$

(The sort W denotes the set of worlds. Second-order syntax is only used as an abbreviaiton.)
More axioms of this are needed for describing the other functional sorts in MML above.

Hence, a complete functional description of the source logic´s semantical structure consists of

- a hierarchy of sorts describing the context access functions,
- the type declarations for certain symbols like $\circ$ and
- an axiomatization of the context access functions.

Let us now summarize the basic ideas behind Context Logic. CL is a means for designing new logics, let us call them SL, as extensions of first-order many-sorted predicate logic (with built-in equality reasoning) where the interpretation of terms and literals depends on some context. The context is an element or a tuple out of one or more algebraic structures, the "context structures". Starting from an initial context, operators in the syntax of SL are used to jump from context to context until the "actual context" that is to be used for the interpretation of a subformula inside a nested formula is reached. For the calculus, the operator syntax, however, is only used as a user friendly surface syntax. Formulae in that syntax are translated in two steps into a pure predicate logic syntax, such that for example existing resolution and paramodulation calculi can be used. The first translation step, which actually translates into Context Logic, replaces operators by quantifiers over "context access" functions. The replacement rules for this step are defined just by writing down the semantics of the operator in the syntax of Context Logic. As an example, the replacement rules for the modal operators are:

$\Psi(\Box\mathcal{F}) = \forall x{:}\text{'W}\rightarrow\text{W'}\ \Psi(\mathcal{F})$ and $\Psi(\Diamond\mathcal{F}) = \exists y{:}\text{'W}\rightarrow\text{W'}\ \Psi(\mathcal{F})$

These rules have to be given by the designer of the logic. In the second translation step, which is done automatically by the Context Logic mechanism, the so quantified variables are collected to build "context terms" which are attached as additional "context parameters" at the terms and literals in order to get pure predicate logic formulae. The context structures themselves, i.e. the model theoretic semantics of SL, are to be axiomatized in Context Logic. This also has to be done once by the designer of the logic.

Context Logic has two main advantages:

- Using Context Logic, the design of a first-order logic including proof theory and all soundness and completeness proofs is not more work than the axiomatization of, say, boolean algebras in predicate logic.
- The Context Logic methodology fits into the paradigm of the predicate logic resolution and paramodulation principles. Therefore it is no longer necessary to write specialized theorem provers for the kind of nonclassical logics that can be handled by CL. That means most of the sophisticated representation and search control techniques - and even existing implementations - that have been developed for predicate logic theorem proving, and even logic programming, can immediately be applied. This is an indirect advantage which, however, should not be underestimated because developing a calculus is usually a matter of man weeks or at most man months, developing a powerful theorem prover for quantified logics, however, is a matter of man decades.

Summary

A method for translating formulae of a large class of first-order logics with possible worlds semantics into predicate logic has been developed. The method allows for theorem proving by translation - into predicate logic - and refutation - with predicate logic resolution and paramodulation. The basic idea of the translation is to transform the information contained in a sequence of nested nonclassical operators into one term representing explicitly the whole path through the possible worlds structure from the initial world to the actual world that is used to interpret terms and atoms. These "context terms" are attached as additional arguments to the terms and atoms. Since they are ordinary terms, predicate logic unification can treat them in the usual way. That means, one resolution or paramodulation step has, via unification, the whole relevant part of the possible worlds structure to its disposal and therefore needs not jump shortsightedly from one world to another, as this is for example the case in some tableaux or sequent calculi. Furthermore, since the operators are represented as terms containing variables, their unification can be seen as the computation of the "most general world", again an advantage over calculi which can handle only explicitly generated worlds one by one. Since the "target logic" for the translation is order-sorted predicate logic (OSPL) with a fully developed resolution and paramodulation calculus, the "source logics" may also be first-order, order-sorted with built-in equality.

Context Logic (CL) has been developed as an intermediate logic between the source logics and predicate logic because there are a number of translation operations common to all source logics which can be handled by this method, and these operations can be comprised in the translation from CL to OSPL. The translation from the source logic into CL is almost a one to one translation of the model theoretic semantics of its operators, whereas the translation from CL to order sorted predicate logic contains the shift of information from the operator level to the term level which can be defined once and for all.

In the meantime a translation calculus for a very complex first-order, many-sorted, branching time multi modal logic with indexed operators referring to different closures of a basic accessibility relation, UNTIL and EVENTUALLY operators has been developed using Context Logic [Ohlbach 89].

References

Enjalbert&Auffray 89	P. Enjalbert, Y. Auffray. *Modal Theorem Proving: An Equational Viewpoint* Submitted to IJCAI 89.
Fariñas&Herzig 88	L.Fariñas del Cerro, A.Herzig *Quantified Modal Logic and Unification Theory* Langages et Systèmes Informatique, Université Paul Sabatier, Toulouse. Rapport LSI n° 293, jan. 1988. See also L. Fariñas del Cerro, A. Herzig *Linear Modal Deductions.* Proc. of 9th Conference on Automated Deduction, pp. 487-499, 1988.
Hughes&Cresswell 68	G.E.Hughes, M.J.Cresswell. *An Introduction to Modal Logics,* Methuen &Co., London, 1986.
Kripke 59	S. Kripke. *A Completeness Theorem in Modal Logic.* J. of Symbolic Logic, 24, 1959.
Kripke 63	S. Kripke. *Semantical analysis of modal logic I, normal propositional calculi.* Zeitschrift für mathematische Logik und Grundlagen der Mathematik, Vol. 9, 1963, pp 67-96.
Moore 80	R.C. Moore. *Reasoning about Knowledge and Action.* PhD Thesis, MIT, Cambridge 1980.
Ohlbach 88	H.J. Ohlbach. *A Resolution Calculus for Modal Logics* Proc. of 9th CADE, LNCS 310, Springer Verlag, 1988 Thesis, FB. Informatik, University of Kaiserslautern, 1988.
Ohlbach 89	H.J. Ohlbach. *Context Logic.* SEKI-report, SR-89-08, FB. Informatik, University of Kaiserslautern, 1989.
Robinson 65	J.A. Robinson. *A Machine Oriented Logic Based on the Resolution Principle* J.ACM, Vol. 12, No 1, 1965, 23-41.
Robinson & Wos 69	Robinson, G., Wos, L. *Paramodulation and theorem provcing in first order theories with equality.* Machine Intelligence 4, American Elsevier, New York, pp. 135-150, 1969.
Schmidt-Schauß 88	Schmidt-Schauß, M. *Computational aspects of an order-sorted logic with term declarations.* Thesis, FB. Informatik, University of Kaiserslautern, 1988.

Proof Transformation Towards Human Reasoning Style

Xiaorong Huang, Fachbereich Informatik, Universität Kaiserslautern
D-6750 Kaiserslautern, West Germany,E-mail: huang@uklirb.uucp

Abstract

This paper describes the first component of a text planner, which accepts a Gentzen style natural deduction proof and produces a message sequence for the tactical language generator. It first raises the input proofs to the human reasoning level. The main observation is that human inference steps usually have the "size" of the application of an axiom or a theorem. Considered formally, these inference steps can be carried out by domain-specific compound inference rules. An algorithm is developed to generate these rules from axioms and theorems of any particular mathematical theory. Then another algorithm will raise the input proofs using these rules.

1. Introduction

This paper describes the first component of a text planner, which translates computer generated natural deduction proofs into natural language. It first raises input proofs to the human reasoning level, before considering the translation into natural language [Huang 89].

The following is the Gentzen style calculus (NJ) [Gentzen 1935] we are using at present. "D" and "I" mean "deletion" and "introduction", respectively. $F \vdash G$ means G is derivable from F in the Gentzen calculus. For convenience of presentation, inference rules are characterized by two general types: *structural* and *non-structural.*

Structural Gentzen Rules:

$$\frac{}{A \vdash A}\ \textbf{HYPothesis} \qquad \frac{F \vdash G}{F \Rightarrow G}\ \textbf{DEDuction} \qquad \frac{F \vee G,\ F \vdash H,\ G \vdash H}{H}\ \textbf{CASE} \qquad \frac{\exists x\, F(x),\ F(a) \vdash H}{H}\ \textbf{CHOICE} \qquad \frac{A,\ -F \vdash \bot}{A \vdash F}\ \textbf{IP}\text{(Indirect Proof)}$$

Non-Structural Gentzen Rules

$$\frac{F,\ G}{F \wedge G}\ \wedge\mathbf{I} \qquad \frac{F}{F \vee G}\ \ \frac{G}{F \vee G}\ \vee\mathbf{I} \qquad \frac{F(a)}{\forall x\, F(x)}\ \forall\mathbf{I}$$

$$\frac{F \wedge G}{F}\ \ \frac{F \wedge G}{G}\ \wedge\mathbf{D} \qquad \frac{F,\ F \Rightarrow G}{G}\ \Rightarrow\mathbf{D} \qquad \frac{\forall x\, F(x)}{F(a)}\ \forall\mathbf{D} \qquad \frac{F,\ \neg F}{\bot}\ \neg\mathbf{D} \qquad \frac{F \Leftrightarrow G}{F \Rightarrow G}\ \ \frac{F \Leftrightarrow G}{G \Rightarrow F}\ \Leftrightarrow\mathbf{D}$$

Variable conditions for $\forall$I and CHOICE rules are omitted. Every figure shows an inference rule. Formula schemes separated by comma above the bar represent premises. Premises are also called *reasons*. Now a Gentzen proof is a sequence of proof lines each of the form:

line-No assumption-set $\vdash$ a derived formula Inference-rule-name(reason-pointers) where assumption-set is a set of proof lines introduced as assumptions, on which this particular line depends. Reason-pointers, on the other hand, is a set of proof lines used by the inference rule in deriving this new line. In the concluding line, the assumption set is either empty or contains only axioms of the theorem. We do not distinguish between a derived formula and a proof line as far as no ambiguity occurs.

The calculus developed by G. Gentzen in 1933 is called "natural" because its *structural* inference rules resemble the normal inference manner of human mathematicians: assumptions are first introduced and then discharged after conclusions are drawn, making the conclusion independent of the assumptions; proofs are divided into cases; and so on. Yet not enough is done to increase the size of inference steps.

Example 1. While, for example, a human mathematician will complete the derivation of $a \in F$ from the facts $a \in U$ and $U \subseteq F$ in one step, the following eight Gentzen proof lines are needed to complete the same proof:

1.	1	$\vdash$	$U1 \subseteq F1$	HYP
2.	2	$\vdash$	$a1 \in U1$	HYP
3.	3	$\vdash$	$\forall F,U\ U \subseteq F \Leftrightarrow \forall x\ x \in U \Rightarrow x \in F$	HYP
4.	3	$\vdash$	$U1 \subseteq F1 \Leftrightarrow \forall x\ x \in U1 \Rightarrow x \in F1$	$\forall$D(3)
5.	3	$\vdash$	$U1 \subseteq F1 \Rightarrow \forall x\ x \in U1 \Rightarrow x \in F1$	$\Leftrightarrow$D(4)
6.	1, 3	$\vdash$	$\forall x\ x \in U1 \Rightarrow x \in F1$	$\Rightarrow$D(1, 5)
7.	1, 3	$\vdash$	$a1 \in U1 \Rightarrow a1 \in F1$	$\forall$D(6)
8.	1, 2, 3	$\vdash$	$a1 \in F1$	$\Rightarrow$D(2, 7)

Small and tedious proof steps make even simple proofs long and difficult to understand. In this paper we are arguing that human mathematicians usually reason at a higher level, which we call the *conceptual* level. We claim that a conceptual inference step should correspond to one application of either an axiom, a definition, a proved theorem, or a lemma. Then we show formally how the inference of this "size" can be achieved by rules, which are "compound" Gentzen inference rules.

2. Domain-Specific, Compound Inference Rules

Let us consider example 1 in more detail. Suppose we have the concept of "subset" encoded in the following way:

$$\forall F,U\ U \subseteq F \Leftrightarrow \forall x\ x \in U \Rightarrow x \in F$$

Now everyone with a standard mathematical training will find it natural to deduce $a \in F$, given the fact that $U \subseteq F$ and $a \in U$. It means that, even if he is not familiar with set theory, he will immediately reason at this level of abstraction, just as if he was using a calculus with an inference rule like the following:

$$\frac{a1 \in U1,\ U1 \subseteq F1}{a1 \in F1} \quad \text{where a1, U1, F1 denote arbitrary terms} \qquad 2.1$$

Rules like 2.1 are domain-specific, because they are only defined for domain-specific predicates (in our case $\subseteq$ and $\in$, both written in infix form). Yet it is not difficult to find their general counterpart such as

2.2:

$$\frac{\forall x,y\ P(x\ y) \Leftrightarrow \forall z\ (Q(z\ x) \Rightarrow Q(z\ y)),\ P(a\ b)\ ,Q(c\ a)}{Q(c\ b)} \quad \text{where a, b, c denote arbitrary terms} \qquad 2.2$$

It is straightforward to prove that 2.2 is a compound rule in the sense that it can be taken as an abbreviation of a sequence of basic Gentzen rules. And therefore it is correct. While it is possible to introduce the sort of particular compound rules such as 2.2, there is practically no way to do that in general, for generally no specific compound inference rules have dominance over others and there are infinitely many of them.

RULES FOR DERIVING NEW INFERENCE RULES[1]		
	Given Facts and Inference Rules	**New Special Purpose Inference Rule**
1.	P, given as axiom or theorem	$\frac{}{P}$
2.	$\forall x\ P(x) \Rightarrow Q(x)$	$\frac{P(a)}{Q(a)}$ and $\frac{\neg Q(a)}{\neg P(a)}$ where a denotes an arbitrary term
3.	$\frac{P}{Q}$ and $\frac{P'}{R'}$ is derivable[2] from Q	$\frac{P,\ P'}{R'}$
4.	$\frac{P}{Q}$, $\frac{P'}{P1}$ and $P1 \vdash P$	$\frac{P'}{Q}$
5.	$\frac{P}{\forall x\ Q1 \Leftrightarrow Q2}$	$\frac{P}{\forall x\ Q1 \Rightarrow Q2}$ and $\frac{P}{\forall x\ Q2 \Rightarrow Q1}$
6.	$\frac{P1 \vee P2}{Q}$	$\frac{P1}{Q}$ and $\frac{P2}{Q}$
7.	$\frac{P1 \wedge P2}{Q}$	$\frac{P1,\ P2}{Q}$
8.	$\frac{P}{Q1 \wedge Q2}$	$\frac{P}{Q1}$ and $\frac{P}{Q2}$

Table 2.1

If we concentrate on a special area of mathematics, however, there are rules such as 2.1 or 2.2 that are distinguished from others and worth separating. Indeed, they usually correspond exactly to one application of either an axiom or a theorem of the theory at hand. A simple but powerful method is developed to derive

---

[1]For simplicity, rules are given only for cases with one-place predicates and quatifiers over one variable but it can be generalized to n-place predicates in a straightforward way.

[2]It means inference rule $\frac{P'}{R'}$ is derivable by the algorithm from formula Q.

domain-specific compound inference rules from axioms and theorems. These compound inference rules are of course affected by the specific encoding manner of the axioms or theorems.

Rule 2 in table 2.1 reflects the basic thought that axioms and theorems are usually given in implication form. Taking into account that implications can be nested, Rule 3 is mainly designed to make a recursion out of Rule 2. Rule 4 is a recursion in the other direction. Rule 5 splits the equivalence in order to apply rule 2. Rule 6 to Rule 8 save the effort to split or combine adjunctive and conjunctive formulas. (Therefore, a slight change is made to the syntax, that is to apply a rule, it suffices to find for each reason P a preceding proof line in the form of $\ldots\wedge P \wedge\ldots$, instead of a proof line in form P, as required in Gentzen calculus. Rule 1 is used to introduce axioms and theorems that other rules may start with.

Let us have a look again at example 1 and see how inference rules can be derived from an axiom. Notice that the propagation of quantifiers is not given explicitly in our discussion. The axiom is:

$$\forall F,U \;\; U\subseteq F \Leftrightarrow \forall x \;\; x\in U \Rightarrow x\in F$$

Rule 1is always applied first. Then in our case we apply Rule 5 to split the equivalence. Now we proceed from one of the two new inference rules produced by Rule 5:

$$\frac{}{\forall F,U \; U\subseteq F\Rightarrow\forall x \; x\in U\Rightarrow x\in F} \qquad 2.3$$

According to Rule 3, Rule 2 can be applied repeatedly and produces

$$\frac{U1\subseteq F1}{\forall x \; x\in U1\Rightarrow x\in F1} \quad 2.4 \quad \text{and} \quad \frac{\neg(\forall x \; x\in U1\Rightarrow x\in F1)}{\neg(U1\subseteq F1)} \quad 2.5$$

Applying Rule 3 and Rule 2 on 2.4 once more, we again obtain two new rules:

$$\frac{a1\in U1,\; U1\subseteq F1}{a1\in F1} \quad 2.6 \quad \text{and} \quad \frac{a1\notin F1,\; U1\subseteq F1}{a1\notin U1} \quad 2.7$$

where 2.6 is in fact 2.1. Because $\neg(\forall x \; x\in U1\Rightarrow x\in F1)$ can be rewritten into $\exists x \; x\in U1 \wedge x\notin F1$, we can apply Rule 4 on 2.5 and the $\exists$I Rule of the Gentzen calculus to produce 2.8:

$$\frac{a\in U1,\; a\notin F1}{\neg(U1\subseteq F1)} \qquad 2.8$$

Notice that Rule 4 is the only one that can not be carried out in a fully automatic way. But we believe it is easy to develop some simple heuristic methods to cover the common rewriting cases, for example, the propagation of negations inside implications and rewritings between pairs $\neg\forall$ and $\exists$, and $\neg\exists$ and $\forall$.

A brute force method is currently used to simplify the original Gentzen proofs using the newly generated domain-specific inference rules. We simply test first for each proof line, whether there is an applicable compound rule, in a bottom-up direction (No special treatment for the resolution of conflicts is needed right now,since the rules are all disjoint). If a rule is found to be applicable to a proof line, change the inference rule item of that line to this compound rule, and change the reason pointers to the candidate lines as far back in the logical predecessor relation as possible. After the completion of the test above, we go through the whole proof again and delete the lines not used in the new proof (i.e. they are not reachable backward from the concluding line following the new reason relation). The assumption set of the remaining lines must be adapted correspondingly too.

For example, compound rule 2.1 is matched with line 8 in example 1 and found applicable. After simplification the proof reads as follows:

1.	1	$\vdash$	$U1 \subseteq F1$	HYP
2.	2	$\vdash$	$a1 \in U1$	HYP
8.	1, 2, 3	$\vdash$	$a1 \in F1$	2.1(1, 2)

Notice that proof lines introducing definitions (axioms) and lemmas have all disappeared. They are no longer taken as part of premises, instead, they have become part of the calculus.

3. An Example from P. Deussen's "Halbgruppen und Automaten"

Satz 1.9 in [Deussen 71] coded as

$group(F\ op) \wedge subgroup(U\ F\ op) \wedge unit(F\ 1\ op) \wedge unit(U\ 1_u\ op) \Rightarrow 1 = 1_u$

which means: If F is a group, U is a subgroup of G, 1, 1_u the unit element of F and U respectively, then $1 = 1_u$. The input Gentzen proof of forty-five proof lines is omitted for space limitation.

Definitions, axioms and lemmas as context

t 1. Def. $\forall F, OP\ semigroup(F\ OP) \Leftrightarrow \forall x,y,z\ x \in F \wedge y \in F \wedge z \in F \Rightarrow (xy)z = x(yz)$
$\wedge (\forall x,y\ x \in F \wedge y \in F \Rightarrow xy \in F)$ (not used in this example)

t 2. Def. $\forall 1,F,OP\ unit(F\ 1\ OP) \Leftrightarrow semigroup(F\ OP) \wedge 1 \in F \wedge (\forall f\ f \in F \Rightarrow 1f = f1 = f))$

(Note $1f=f1=f$ is an abbreviation of $1f=1 \wedge f1=1$, first order predicate logic with equality is assumed. And expressions in form of apply(op x y) are abbreviated to xy throughout our example, for simplicity.)

t 3. Def. $\forall F,OP\ group(F\ OP) \Leftrightarrow semigroup(F\ OP) \wedge (\exists 1\ unit(F\ 1\ OP) \wedge$
$(\forall f\ f \in F \Rightarrow \exists f^{-1}\ f^{-1} \in F \wedge f^{-1}f = 1)$

t 4. Def. $\forall f,g,x,F\ OP\ solution(f\ g\ x\ F\ OP) \Leftrightarrow semigroup(F\ OP) \wedge f,g,x \in F \wedge fx = g$

t 5. Lemma $\forall f,g,x_1,x_2,F\ group(F\ OP) \wedge solution(f\ g\ x_1\ F\ OP) \wedge solution(f\ g\ x_2\ F\ OP) \Rightarrow x_1 = x_2$

t 6. Def. $\forall U,F,OP\ subgroup(U\ F\ OP) \Leftrightarrow semigroup(F\ OP) \wedge U \subseteq F \wedge group(U\ OP)$

t7. Def. $\forall U,F\ U \subseteq F \Leftrightarrow \forall x\ x \in U \Rightarrow x \in F$

Compound Inference Rules generated from axioms and lemmas actually used in the proof

For space limitation only rules used in our example proof are listed. For example, t1.2 is a rule derived from axiom t1. F1, U1, OP1, 1, u1 can be substituted by any well formed terms.

t2. 1 $\dfrac{unit(F_1\ 1\ OP_1)}{1 \in F_1}$ t2. 2 $\dfrac{unit(F_1\ 1\ OP_1),\ u_1 \in F_1}{u_1 1 = u_1}$

t3. 1 $\dfrac{group(F_1\ OP_1)}{semigroup(F_1\ OP_1)}$ t4. 1 $\dfrac{a_1, b_1, c_1 \in F_1,\ a_1c_1 = b_1,\ semigroup(F_1\ OP_1)}{solution(a_1\ b_1\ c_1\ F_1\ OP_1)}$

t5. 1 $\dfrac{\text{solution}(a_1\ b_1'\ c_1\ F_1\ OP_1),\ \text{solution}(a_1\ b_1\ c_1\ F_1\ OP_1),\ \text{group}(F_1\ OP_1)}{b_1' = b_1}$

t6 .1 $\dfrac{\text{subgroup}(U_1\ F_1\ OP_1)}{U_1 \subseteq F_1}$ t7.1 $\dfrac{U_1 \subseteq F_1,\ a_1 \in U_1}{a_1 \in F_1}$

The proof reduced by applying compound inference rules above

U,F, OP, 1, 1_u are constants. They have nothing to do with the symbols used in inference rules.

1.	a1	$\vdash$	group(F OP) $\wedge$ subgroup(U F OP) $\wedge$ unit(F 1 OP) $\wedge$ unit(U 1_u OP)	hyp
2.	a1.2	$\vdash$	$U \subseteq F$	t6.1(1.2)
3.	a1.4	$\vdash$	$1_u \in U$	t2.1(1.4)
4.	a1.4	$\vdash$	$\exists x\ x \in U$	$\exists$I(3)
5.	a2	$\vdash$	$u \in U$	hyp
6.	a1.4,a2	$\vdash$	$u1_u = u$	t2.2(1.4, 5)
7.	a1.2,a2	$\vdash$	$u \in F$	t7.1(2, 5)
8.	a1.2, a1.4	$\vdash$	$1_u \in F$	t7.1(2, 3)
9.	a1.1	$\vdash$	semigroup(F OP)	t3.1(1.1)
10.	a1.1, a1.2, a1.4,a2	$\vdash$	solution(u u 1_u F OP)	t4.1(6,7,8,9)
11.	a1.2, a1.3,a2	$\vdash$	$u1=u$	t2.2(1.3,7)
12.	a1.3	$\vdash$	$1 \in F$	t2.1(1.3)
13.	a1.1,a1.2,a1.3, a2	$\vdash$	solution(u u 1 F OP)	t4.1(7,11,12,9)
14.	a1, a2	$\vdash$	$1 = 1_u$	t5.1(1.1,10,13)
15.	a1	$\vdash$	$1 = 1_u$	Choice(4,14)

Notice the assumption set of proof lines. For example, a1.2 indicates the second conjunctive subexpression of the line a1. In the last two lines, it is simply written as a1, for all subexpressions are included.

Acknowledgements:

I would like to thank Christoph Lingenfelder and Manfred Kerber for many discussions. I would like to thank especially Jörg Siekmann and Rolf Socher-Ambrosius for the many constructive suggestions on earlier versions of this paper.

References

[Chester 76] D. Chester, The Translation of Formal Proofs into English. AI 7, 1976.

[Deussen 71] P. Deussen, Halbgruppen und Automaten. Springer-Verlag, 1971.

[Gentzen 35] G. Gentzen Untersuchungen über das logische Schließen I, Math. Zeitschrift 39, 1935.

[Huang 89] X. Huang, A Human Oriented Proof Presentation Model. SEKI-Report SR-89-11.

[MKRP 84] Karl Mark G Raph, The Markgraf Karl Refutation Procedure, Memo-SEKI-Mk-84-01, Universität Kaiserslautern, 1984.

[Lingenfelder 88] C. Lingenfelder, Structuring Computer Generated Proofs. SEKI-Reprot, SR-88-19, 1986.

Revising Domain Theories in Model-Based Reasoning Systems

Wolfgang Nejdl, Johannes Kroupa
Technical University of Vienna
Paniglgasse 16, A-1040 Vienna, Austria
nejdl@vexpert.uucp

1 Introduction

While model-based diagnosis has a lot of advantages like flexibility and declarativeness ([dKW87], [Rei87]) there are also some disadvantages. One of these is the lack of efficiency which we have discussed in a previous paper. In [FN89] we described an algorithm for compiling the implicit diagnosis knowledge of a model-based diagnosis system into efficient decision tree format. Another possibility is to optimize the inference engine itself ([FdK88], [DdK88]).

A second disadvantage is the fact that the correct behavior of a model-based reasoning system depends heavily on a correct and complete domain theory of the system. It would be preferable, if a model-based reasoning system provided some capability to improve its domain theory based on wrong diagnoses.

We describe a system which is able to revise its domain theory depending on the output of diagnosis sessions. This can be done incrementally and almost automatically. The system can handle both actual component faults and "imaginary" faults due to modeling errors.

In section 2 we shortly discuss the basic notions of model-based diagnosis used in this paper. In section 3 we define a minimality criterion of change appropriate for diagnostic domain theories. This criterion is the basis for constructing sets of update operators describing possible revisions of a domain theory and selection heuristics proposing these operators. Finally, in section 4, we describe several specific update operators and their selection heuristics for the well known D74 circuit.

Additional examples and comparisons to other algorithms in belief revision, explanation based learning, view update, reasoning about action, and algorithmic debugging can be found in [NK89].

2 Model-Based Diagnosis

Let us first give some definitions needed for the description of model-based diagnosis systems. These definitions are basically equivalent to the ones given in [Rei87] where a more detailed description of model-based diagnosis can be found.

Definition 1 (Domain Theory) A *domain theory* is a tuple (*SD, COMPONENTS, OBS*) where

1. *SD*, the ***system description***, is a set of formulas using (a subset of) first-order logic,
2. *COMPONENTS*, the ***system components***, is a finite set of constants,
3. *OBS*, the ***observations***, is a set of facts, denoting the measurement values taken.

In the following, we will not enumerate the set of components explicitly if it is clear from the context. The unary predicate $ab(C)$ will be used to denote faulty components.

Definition 2 (Diagnosis) A *diagnosis* for *(SD, OBS, COMPONENTS)* is a minimal set $\Delta \subseteq COMPONENTS$ such that the set of clauses

$$T = SD \cup OBS \cup \{ab(c) \mid c \in \Delta\} \cup \{\neg ab(c) \mid c \in COMPONENTS - \Delta\}$$

is consistent.

We have implemented a small diagnosis system using these principles based on a hyperresolution inference engine similar to [MB87].

3 Update of Diagnostic Theories

As mentioned before, model-based reasoning depends on a correct and complete domain theory. Unfortunately, this cannot always be guaranteed in the real world. In the following section we will describe an approach how such theories can be updated.

It depends on a *minimality of change*-criterion which we define in section 3.2 (similar in spirit to [GS87], but more general). Based on the semantics of the domain theory and the minimality criterion we can specify a set of applicable update operators and selection heuristics to correct theory errors with respect to diagnosis.

3.1 Detection of Errors in the Domain Theory

Using model-based diagnosis we compare model predictions and actual observations. Differences between these values point to faulty components. However, it may be the case that the domain theory itself is not correct or complete. These modeling errors also lead to model/reality differences which cause additional faulty components to be assumed.

A model-based diagnosis system does not distinguish between these two causes and will treat model errors in the same way as actual faults. As with actual errors, model errors may not be detected if not enough measurements are taken.

The consequences of an error in the domain theory can be quantitatively different from consequences caused by actual faults. Excluding dependent fault occurrences, modeled by rules like $ab(C_1) \leftarrow ab(C_2)$, a system fault usually causes only one faulty component. In contrast, some model errors (e.g. wrong behavioral descriptions) can lead to a large number of faulty components.

3.2 Minimality Criterion

In order to determine preferred updates to the domain theory, we use a minimality criterion for revising the domain theory resulting in a minimal cardinality of the diagnosis set. We assume that the probability of multiple faults is quite small. In many systems even a single fault assumption is sufficient.

Therefore we want to find a minimal number of changes in the domain theory such that the diagnosis set is maximally reduced. The idea is to explain as much faulty components as possible by model errors and leave the unexplained ones as final diagnosis. In the following definition we will formulate this principle for a single model error:

Definition 3 (Minimality of Change — Most Preferable Single Update) Let D be a domain theory $SD \cup OBS$ with the diagnosis Δ. Given two updates resulting in D' and D'' and diagnosis Δ' and Δ'', D' is preferable over D'', iff $card(\Delta') < card(\Delta'')$. Thus we prefer that update of the domain theory which results in the smallest set of faulty components.

The minimality criterion as stated above is particularly applicable, if the domain theory is incorrect. Such an error does not lead to an inconsistent system in the usual sense (where everything can be concluded from the axioms), but can be handled in most cases by assuming some components to be faulty. If some components are faulty, then less values can be propagated and the inconsistencies disappear. Therefore in most cases the diagnosis set influenced by the modeling errors is larger than the correct one.

On the other hand, if the domain theory is too weak, some faulty components may not be detected. If the system is built around an inference machine similar to to [dKW87] or [Rei87], it has to rely on the user to give the faulty components. Only then can the system deduce an update leading to this diagnosis. In this case the minimality criterion from definition 3 restricts the additional number of faulty components caused by the update as much as possible.

Note, that for the assumption of faulty components during a diagnosis session a similar minimality criterion is used. If we update a domain theory by assuming some $ab(C)$ facts to make it consistent, we usually look for the smallest set of those facts.

It is possible to use the criterion as defined in definition 3 also for the evaluation of multiple updates. In this case we evaluate the possible updates sequentially and not as one set. This approach corresponds to the hill climbing technique used in many optimization applications. It has the advantage of a largely reduced complexity since it avoids the combinatorial explosion resulting from the evaluation of all combinations of possible changes.

3.3 Update Operators

As we have to change rules as often as facts we face a potentially large (even infinite) number of arbitrary changes which can be made to facts and especially to rules. We therefore have to rely on the specific syntax and semantics of the rules to suggest possible changes. This is possible in a diagnostic domain as we use a certain set of primitive building elements to construct our system model.

We can therefore define a set of update operators for a domain description language depending on the set of primitive building elements. In section 4 we will describe such a set for a domain description language suitable to model electronic circuits. Such an operator set can be extended or changed rather easily depending on the syntax of the domain theory used and the error assumptions made for the domain theory.

The update operators can be seen as basic action schemata (syntax patterns), which are instantiated according to the facts and rules present in the domain theory. They have to be instantiated depending on their context and use a *consequence-test* to check the consequences of the update operator instantiations to the diagnosis set. Heuristic rules are used to propose probable update operators, to avoid checking the applicability of all operators sequentially.

3.4 Update Algorithm

The following update algorithm shows the basic steps used to revise the domain theory.

procedure update;
    loop
        Compute the diagnosis set using the current domain theory;
        if the proposed diagnosis is plausible enough **then exit**;
        repeat
            To revise the domain theory, select an operator according to the heuristic rules;
            Check the consequences of the operator using its consequence-test;
        until an instantiation of an operator decreases the diagnosis set;
        Update the domain theory according to the successful operator instantiation;
    end loop;
end update;

4 Revising electronic circuits

4.1 Domain Theory

We will show the application of our approach outlined in section 3 on the well known D74 circuit depicted in figure 1.

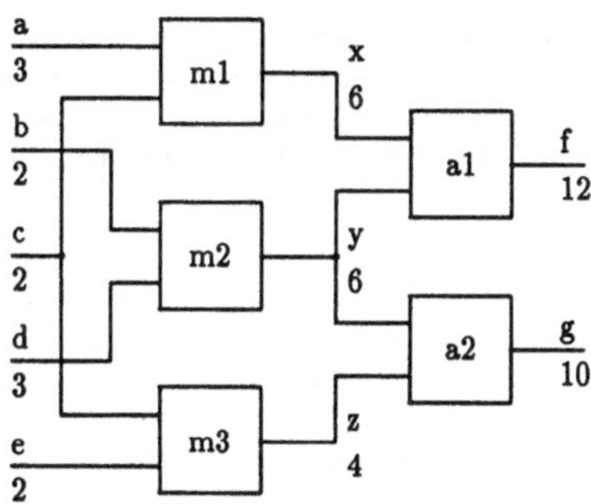

Figure 1: D74 Circuit: $m1$, $m2$, $m3$ are multipliers, $a1$ and $a2$ are adders.

We will define a set of building elements used in constructing the domain theory for this circuit. Although we use a quite restricted syntax, these building elements are sufficient to describe most of the systems described in previous model-based diagnosis papers. The main application area of this domain description language is electronic circuit diagnosis. However, the principles outlined in section 3 are applicable also for different domain theories.

Definition 4 (Domain Description Language) Our domain theory consists of behavior rules of the form

$$val(out(M), V3) \leftarrow type(multiplier, M) \wedge \neg ab(M) \wedge val(in1(M), V1) \wedge val(in2(M), V2) \wedge V3 = V1 * V2.$$

of connection rules of the form

$$val(X, Y) \leftarrow conn(X, Z) \wedge val(Z, Y).$$

of type definitions

$$type(multiplier, m1).$$

connections

$$conn(a, in1(m1)).$$

observations

$$val(a, 3).$$

and the constraint that only one value is possible at any port.

$$X = Y \leftarrow val(Port, X) \wedge val(Port, Y)$$

The behavior rules model the propagation of values in all possible directions whenever we have a functional dependency between one port and other ports. Values can be measured at the measurement points $a, b, c, \ldots$ These observations provide new values, which are added as facts to the domain theory.

4.2 Selection Heuristics

The following heuristics serve to propose probably successful update operators. We represent these heuristics as rules. The operators they propose are all supplemented by a consequence-test. These heuristic rules are in general sufficient to propose reasonable updates in electronic circuits, but may have to be extended and/or improved for other applications.

The heuristics were derived from the minimality criterion from definition 3. All updates in our update operator set represent one change in the domain theory. The heuristics below try to propose that operator which explains (probably) the largest number of faulty components. Additionally, we consider the complexity of its consequence-test and the probability of the modeling error.

In our examples we will assume the D74 circuit as depicted in figure 1 as the correct reference model.

4.2.1 Wrong Measurement

In general we prefer to use this operator as early as possible, as the measurements have to be asserted for each diagnosis session and have a high probability of error.

IF many of the inconsistent values depend on the same measurement or if only a single fault is present
THEN try to change the value of this input.

This rule relies on partial evaluation techniques to find all dependencies between the different values.

> D74 example: Let us assume that $a = 2$ is asserted instead of $a = 3$. [m1] is found as diagnosis. The first heuristic rule proposes a change to the inputs of m1. The correct value $a = 3$ can be proposed to the user by the system. The user agrees with this revision and the error can be corrected. The input c cannot be changed else we would get [m3] as a faulty component. Choosing another type for m1 does not explain the fault.

4.2.2 Missing Connection

This is a case of a domain theory, which is too weak. The symptoms are usually missing values and non-diagnosed components. As not enough information is present in the system itself, it has to rely on the user to specify the faulty components.

IF we cannot compute the values at some ports, although no faulty components are initially assumed, or if the user knows that a certain component is faulty in reality, but is not found by the diagnosis procedure

THEN take the components for which $ab(C)$ should be asserted (as given by the user) and check from which port a connection with the correct value could be used. Prefer connections from ports which are not connected to anything.

4.2.3 Wrong Behavior Rule

A wrong behavior rule is one of the errors which usually leads to a large number of faulty components. If this rule is corrected, the seemingly wrong behavior of all these faulty components is explained.

IF many of the faulty components are of the same type and there are (almost) no correct components of this type

THEN check if some change in the behavior rule of this type explains (most of) these faulty components. This is usually done changing the operator or by checking the wrong rule/fact of the operator definition (for example asking "Is $1 \wedge 1$ really 0?").

> D74 example: The operator in one behavior rule of the multiplier is incorrectly specified as an addition. The diagnosis found is [m1,m2,m3]. The heuristics propose to change the behavior rules of a multiplier. The change of the operator in the incorrect behavior rule to multiplication explains the diagnosis. It is accepted by the user.

4.2.4 Wrong Connection

Wrong connections are in general rather difficult to correct. We use the following heuristic, usually after no other plausible update operator has been found.

IF one component is wrong and there is a missing connection somewhere else or no other heuristic is appropriate

THEN check if the change of a connection would explain the faults. Additionally use previous examples to test if it also explains other values.

4.2.5 Wrong Type of a Component

This error is rather easy to check by simulating the behavior of the component using all existing types of components. It also produces only a single faulty component.

IF no missing connections are found and there are non-faulty components of this type in the circuit

THEN check if another type explains the behavior of the component.

> D74 example: The type of m1 is asserted as an adder instead of a multiplier, which leads to the diagnosis [m1]. The user does not agree with the proposed change $a = 4$. The next update operator tried is to change the type of m1 to a multiplier, which is consistent with the measurements. This update is accepted by the user.

5 Conclusions

We have shown an approach for enabling model-based diagnosis systems to reason not only about component faults, but also about errors in their domain theory. The approach is based on a *minimality of change*-criterion minimizing the diagnosis set. The diagnosis output of such an extended reasoning system has been described using the D74 circuit showing the heuristics and reasoning for several modeling errors.

Our approach can be implemented without a large amount of effort in a model-based reasoning system. It is rather easy to find a set of plausible update operators for a given domain description language. The consequence-test mechanism is already present, as the simulation component can be used for this task.

Additional heuristics are useful for giving the system a still more intelligent behavior based on preferences and plausible assumptions. However, if less heuristics are given, the system can still use the consequence-test mechanism to find correct updates.

We plan to further formalize the principles of our approach, in particular how it depends on certain, more general domain theories and update operators. Further investigations into related algorithms for belief revision, etc. will also extent the applicability of our algorithm.

References

[DdK88] Michael Dixon and Johan de Kleer. Massively parallel assumption-based truth maintenance. In *Proceedings of the National Conference on Artificial Intelligence*, pages 199–204, St. Paul, Minneapolis, August 1988. Morgan Kaufmann Publishers, Inc.

[dKW87] Johan de Kleer and Brian C. Williams. Diagnosing multiple faults. *Artificial Intelligence*, 32:97–130, 1987.

[FdK88] Kenneth D. Forbus and Johan de Kleer. Focusing the ATMS. In *Proceedings of the National Conference on Artificial Intelligence*, pages 193–198, Saint Paul, Minnesota, August 1988. Morgan Kaufmann Publishers, Inc.

[FN89] Gerhard Friedrich and Wolfgang Nejdl. Increasing the information theoretic content of diagnostic examples using a domain model. In *International Workshop on Expert Systems and Their Applications*, Avignon, May 1989. Specialized Conference Second Generation Expert Systems.

[GS87] Matthew L. Ginsberg and David E. Smith. Reasoning about action I: A possible worlds approach. In Matthew L. Ginsberg, editor, *Readings in Non-Monotonic Reasoning*, pages 434–463. Morgan Kaufmann Publishers, Inc., 1987.

[MB87] Rainer Manthey and Francois Bry. A hyperresolution-based proof procedure and its implementation in Prolog. In *Proceedings of the German Workshop on Artificial Intelligence*, pages 221–230, 1987.

[NK89] Wolfgang Nejdl and Johannes Kroupa. Revising domain theories in model-based reasoning systems. Technical report, Technical University of Vienna, March 1989.

[Rei87] Raymond Reiter. A theory of diagnosis from first principles. *Artificial Intelligence*, 32:57–95, 1987.

2. Deduktive Systeme

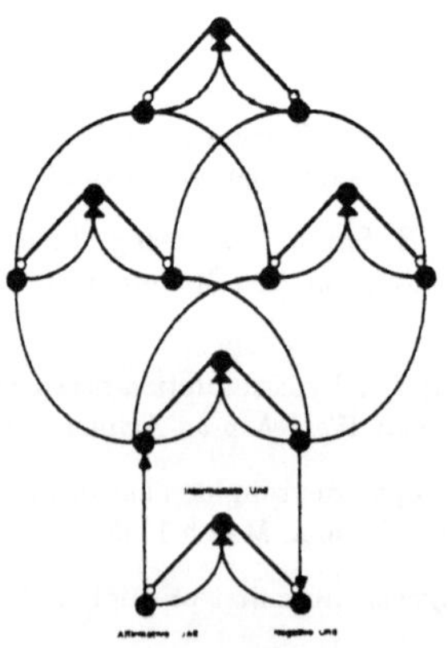

PLAN GENERATION BY LINEAR PROOFS : ON SEMANTICS

Wolfgang Bibel[1], Luis Fariñas del Cerro[2], Bertram Fronhöfer[3], Andreas Herzig[2]

Keywords: Reasoning, Logic of Actions, Semantics for "Linear Proofs", Situational Calculus, Modal Logics

ABSTRACT

In realistic circumstances reasoning almost always encounters changes in time. In [BIB 86] a logical calculus—the so-called linear proofs—was proposed, which integrates such changes in the form of transition rules into a classical logic framework. This paper presents three ways towards the semantics for this calculus. First, we prove its soundness through a translation into a suitable situational calculus. Second, we interpret it in a particular modal semantics. Third, we propose how to extend the semantics of first-order logic for the expression of planning problems.

1. INTRODUCTION

Reasoning is an integral part of intelligent systems. In reality any such system has to cope with a changing world. This certainly is true for humans, but also for robots, for intelligent database management systems, for intelligent computer interfaces, and so forth. Hence reasoning must account for such changes in order to be truly useful in practice.

Classical logic as the major formalism for reasoning primarily is meant to deal with a static world in which no changes occur. Although there are ways to deal with changes in classical logic such as the situational calculus [McC 69], or extensions like modal (or temporal) logic on the other hand, these have a number of drawbacks that have prevented them so far from becoming the obvious choice for the formalization of reasoning about changes. For instance, the situational calculus faces the well-known frame problem for which no satisfactory solution has been found.

In [BIB 86] a new approach—so-called **linear proofs**—to integrating actions into logic has been proposed. The exposition there is based on purely syntactic grounds. It has been shown how rules describing the transition (caused by an action) from one situation to another can be integrated into a conventional deductive framework in a straightforward way. It has been demonstrated there that the resulting mechanism yields the expected reasoning behavior, and does so at a search cost that is actually smaller than for an analogue problem in first-order logic. In particular it allows the extraction of plans for actions from proofs to achieve particular goals—the way that is

[1] FB Informatik, TH Darmstadt, Alexanderstr. 24, D-61 Darmstadt, Germany

[2] LSI, Université Paul Sabatier, 118 route de Narbonne, F-31062 Toulouse, France

[3] Institut für Informatik, TU München, Postfach 20 24 20, D-8000 München 2, Germany

well–known from program synthesis. In a nutshell one can say about the mechanism that the deductive steps of the system model, in relation to each other, the actions to be performed, whenever transition rules are encountered.

[BIB 86] left open the question of a precise description of the semantics of this kind of an **action logic**, which is the topic of the present paper, where we present three different principal views of looking at actions and their use in linear proofs.

The plan of the paper is as follows:
In section 2 we will recapitulate the concept of linear proofs.
Section 3.1 shows how linear proofs can be embedded into situational calculus and the soundness of this translation will be proved.
Section 3.2 interprets linear proofs in the possible world semantics of modal logic.
Section 3.3 finally attaches meaning directly to the syntax of linear proofs.
The concluding section evaluates the proposal in the light of other approaches to modeling actions.

2. A REVIEW OF LINEAR PROOFS

A basic principle of the linear proofs approach is to view plan generation as proving that a goal situation can be deduced from an initial situation and the set of rules describing the actions. In order to present this approach, let us look at the following example from [BIB 86] of a plan generating proof, where a block b is moved from the top of a block a down on the table. It is specified in the following way:

The **initial situation** will be given by the formula

$$Sit(s) \wedge T(a) \wedge O(b,a) \wedge C(b) \wedge E \qquad (INIT)$$

which means, that we are in a situation s, denoted by $Sit(s)$, where a is on the table: $T(a)$, block b is on top of a: $O(b,a)$, the top of b is clear: $C(b)$ and the robot's hand is empty: E.

We need two **actions** to lift a block and to put a block down, which are specified by the following **rules**:

$$\forall w,x,y\, \exists l: Sit(w) \wedge O(x,y) \wedge C(x) \wedge E \longrightarrow Sit(l) \wedge H(x) \wedge C(y) \qquad (R_1)$$
$$\forall w',v\, \exists p\, : Sit(w') \wedge H(v) \longrightarrow Sit(p) \wedge T(v) \wedge E \qquad (R_2)$$

(R_1) can be read:
for any situation w, where a block x is on a block y, the top of x is clear and the robot's hand is empty, exists a situation l in which the robot holds block x in his hand and the top of block y is clear.

(R_2) can be read:
for any situation w' where the robot holds block v, exists a situation p in which v is on the table and the robot's hand is empty.

The **goal** is stated by the formula

$$\exists z : Sit(z) \wedge T(b) \wedge T(a) \wedge E \qquad (GOAL)$$

which says that we are asking for a situation z in which the blocks a and b are both on the table and the robot's hand is empty.

With our approach, a plan which brings about the desired situation will be extracted from a proof of the goal formula from the given situation and the known rules, i.e. we must prove the formula $INIT \wedge R_1 \wedge R_2 \longrightarrow GOAL$ or more explicitly

$$\begin{aligned}
&Sit(s) \wedge T(a) \wedge O(b,a) \wedge C(b) \wedge E \\
&\wedge (\forall w, x, y\, \exists l : Sit(w) \wedge O(x,y) \wedge C(x) \wedge E \longrightarrow Sit(l) \wedge H(x) \wedge C(y)) \\
&\wedge (\forall w', v\, \exists p : Sit(w') \wedge H(v) \longrightarrow Sit(p) \wedge T(v) \wedge E) \\
&\longrightarrow \exists z : Sit(z) \wedge T(a) \wedge T(b) \wedge E
\end{aligned}$$

A proof by means of the **Connection Method** is given by the following matrix. The set of bows represents the spanning set of connections which makes the matrix complementary. (Consult [BIB 86] for a detailed presentation of the proof of this example.)

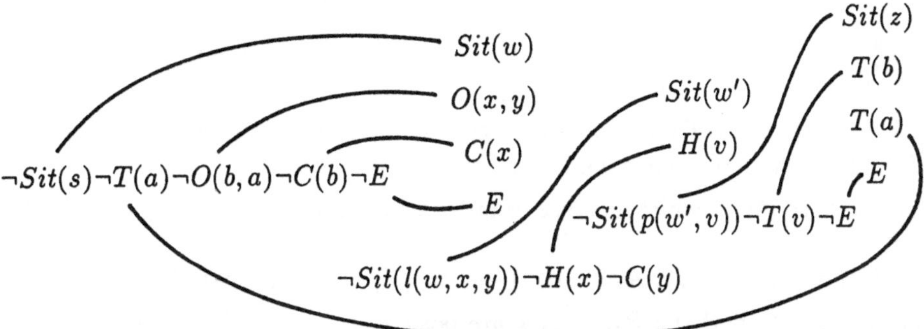

Explanations:

The horizontal row of atoms (or literals) on the left denotes the initial situation, the two towers in the middle denote the two applied rules—the left one picks up the block b and the right one puts the block b down on the table—and finally, the column of atoms on the right describes the goal situation.

In this proof the value of the variable z represents the plan we were looking for. It is the term $p(l(s,b,a),b))$ which is substantially built from the Skolem functions for the variables l and p in the rules. (We used the same symbol both for the variable and its corresponding Skolem function.) This term must be read: first lift block b from top of block a and then put block b down on the table. ∎

Of course, we cannot expect every proof to yield a correct plan—since our atoms are time-independent, they can be reused again and again, although they should no longer be "valid" after the execution of certain actions—but a notable feature of the above one is that every instance of an atom is used at the most one time. Proofs of that kind were called **linear proofs** in [BIB 86] and it is claimed that this kind of linearity is the necessary restriction which must be imposed on proofs in order to represent plans.

Although ultimately enabling us to work without frame axioms, the linearity constraint alone is not very helpful. What is needed in addition is a "suitable" specification of the actions, which allows the reasonable application of linear proofs. For this reason we have to adopt the following philosophy concerning the antecedent and the consequent of the implications which describe the actions:

- The **antecedent** shall comprise all facts of the existing situation which are involved in the action—either as being necessary conditions for the action's application or as being facts which will be obsolete after the action has been carried out.
- The **consequent** shall comprise all facts which are either newly created by the action or which were involved in the action as preconditions, but are not affected by it.

This convention about the specification of rules entails that all those facts which are not included in the antecedent shall automatically survive the application of the action ; a property which harmonizes perfectly with the working of linear proofs and is one of the reasons why no frame axioms are needed when working with linear proofs.

Formally, we will define as follows the specification format of planning problems of the kind which we will consider in this paper.

DEFINITION :

A **planning problem** L is composed of

- an **initial situation** *INIT* consisting of a conjunction of unnegated ground atoms $F_1, \ldots, F_n$ and a particular so-called situational atoms $Sit(init)$
- an **action system** *ACT* which is a set of **rules** or **actions** $R_1, \ldots, R_m$, each being of the form:

  $$\forall s, \overline{x}\, \exists s' \, (A_1 \wedge \ldots \wedge A_g \wedge Sit(s) \longrightarrow Sit(s') \wedge B_1 \wedge \ldots \wedge B_h)$$

  where the $A_1, \ldots, A_g$ and the $B_1, \ldots, B_h$ are positive (unnegated) atoms.

  In addition, we assume that the variables occurring in $B_1, \ldots, B_h$ are a subset of the variables occurring in $A_1, \ldots, A_g$, the latter set being denoted by $\overline{x}$.
- a **goal** *GOAL* consisting of (unnegated) atoms and being of the form: $\exists z, \overline{x}\, G_1 \wedge \ldots \wedge G_k \wedge Sit(z)$.

  with $\overline{x}$ the list of variables occurring in $G_1 \wedge \ldots \wedge G_k$. ■

To solve such a plan generation problem means to prove:

$$INIT \wedge R_1 \wedge \ldots \wedge R_m \longrightarrow GOAL$$

The blocksworld example given above, which will be the running example of the paper, shall be denoted by BL.

Unfortunately, it is not excluded that during a linear proof we may have the choice between several occurrences of the same atoms when trying to make a connection, which corresponds to a multiple representation of facts. Such anomalies—which in general can be avoided by careful specification of the planning problem—cannot be coped with by the semantics to be given in the following. We will therefore exclude them by imposing the following restriction on linear proofs; a constraint which already implies linearity as introduced above and will therefore be taken as a further definition of linear proofs in this paper.

DEFINITION :

A **Linear Proof** of a planning problem is a Connection Method proof of the following form:

$$C_0, A_1 \longrightarrow C_1, \ldots, A_{m-1} \longrightarrow C_{m-1}, A_m$$

where $C_0 = INIT$, $A_m = GOAL$, and for all j, $1 \leq j \leq m$ and for every occurrence of an atom L in A_j

- there is some k, $0 \leq k < j$ and another occurrence of L in C_k which is connected to the first one,
- and there is no third occurrence of L in any A_l or C_l, $k < l \leq j$. ∎

This definition expresses apart from the linearity condition, that furthermore, if during the proof process we have the choice between several L in different C_k, then the one from the C_k with the highest k is taken if it is still unconnected.

3. SEMANTICS

Linear proofs (as well as intuitionistic proofs) are a restricted kind of classical proofs. The restriction implies that not every classically valid formula has a linear proof. So classical semantics cannot capture this notion. In the present section we will define semantics which are able to characterize this class of proofs.

3.1. EMBEDDING LINEAR PROOFS IN THE SITUATIONAL CALCULUS

The intuitive idea behind the translation of linear proofs into the situational calculus is to explicit the temporal aspect of facts in a system of actions by "binding" each fact to the situations in which it is true.

This time–dependency of facts was straightforwardly expressed in the original form of the situational calculus by adding to each predicate an extra argument for a time parameter. However, we will make use of a more sophisticated technique devised by Kowalski (see [KOW 79] or [NIL 80] also for information on the situational calculus) who proposed to represent relations by function symbols, thus allowing for a more compact form of the frame axioms. Moreover, the latter has the advantage that we can speak about equality and inequality of "atoms" in the object language.

The basic idea underlying the translation of a planning problem L is to introduce a binary predicate *HOLDS*: its first arguments are the predicates (now considered as functions) of the original planning problem, while the second arguments are taken from suitable situational atoms. Since this transformation creates time–dependent atoms, we now have to add frame axioms which specify which facts survive a particular action.

Translation of the initial situation:

The situational atom $Sit(init)$ will be discarded.

Every atom $F_i \in \{F_1, \ldots, F_n\}$ will be translated to $HOLDS(F_i, init)$.

Translation of the rules:

A rule $r \in \{R_1, \ldots, R_m\}$ of already Skolemized form:

$$A_1 \wedge \ldots \wedge A_g \wedge Sit(s) \longrightarrow Sit(f(s, \overline{x})) \wedge B_1 \wedge \ldots \wedge B_h$$

will be translated into a rule $r*$:

$$HOLDS(A_1, s) \wedge \ldots \wedge HOLDS(A_g, s) \longrightarrow HOLDS(B_1, f(s, \overline{x})) \wedge \ldots \wedge HOLDS(B_h, f(s, \overline{x}))$$

Moreover, we add the following frame axiom: (s and $f(s, \overline{x})$ are as above.)

$$HOLDS(x, s) \wedge x \neq A_1 \wedge \ldots \wedge x \neq A_g \longrightarrow HOLDS(x, f(s, \overline{x}))$$

Translation of the goal:

We discard the *Sit*–atom and transform each atom G_i into a respective *HOLDS*–atom by combining it with the variable z and we get the new goal formula:

$$\exists z, \overline{x}\, (HOLDS(G_1, z) \wedge \ldots \wedge HOLDS(G_k, z))$$

with $\overline{x}$ the list of variables occurring in $G_1 \wedge \ldots \wedge G_k$. ■

Applying the transformations just defined to a planning problem L we obtain the corresponding system L^S of the situational calculus.

EXAMPLE:

Let us illustrate the presented transformations by the blocks world example which we discussed earlier: The planning problem BL would yield the following system BL^S of the situational calculus:

The initial situation will be the set of atoms

$$\{HOLDS(T(a), init), HOLDS(O(b, a), init), HOLDS(C(b), init), HOLDS(E, init)\}$$

The rules would be transformed into

$$HOLDS(C(x), w) \wedge HOLDS(O(x, y), w) \wedge HOLDS(E, w)$$
$$\longrightarrow HOLDS(H(x), l(w, x, y)) \wedge HOLDS(C(y), l(w, x, y))$$

$$HOLDS(H(v), w') \longrightarrow HOLDS(T(v), p(w', v)) \wedge HOLDS(E, p(w', v))$$

Moreover, there will be the frame axioms:

$$HOLDS(f, s) \wedge f \neq C(x) \wedge f \neq O(x, y) \wedge f \neq E \longrightarrow HOLDS(f, l(s, x, y))$$

$$HOLDS(f, s) \wedge f \neq H(v) \longrightarrow HOLDS(f, p(s, v))$$

As goal clause we obtain:

$$\exists z : HOLDS(T(b), z) \wedge HOLDS(T(a), z) \wedge HOLDS(E, z)$$

■

THEOREM 1:

Given a planning problem L and its corresponding system L^S, then for every linear proof of a goal formula G in L can be given a proof in L^S of the corresponding goal formula G^S.

PROOF:

Due to the construction of the frame axioms, we can lift every fact from one situation to the next, if it is not in the antecedent of the next action. Due to the linearity constraint on proofs in L, only such facts are involved in connections which go over more than one action. ∎

3.2. MODAL SEMANTICS FOR ACTIONS

In what follows we shall define a family of modal logics for actions, and we shall show how to construct for each action system a modal logic having the same way of operating towards planning problems. Once this logic is constructed, we will check if we can derive the goal from the initial situation, i.e. whether there is a plan or not.

First we introduce a possible world semantics. This is a very natural model for planning problems because we associate to each situation a possible world, and to each set of actions an accessibility relation between worlds. Thus we interprete the language of the planning system directly in this possible world semantics (just dropping the *Sit*–atoms as we did already in the case of Situational Calculus). The language of this modal logic possesses as operators only conjunction, universal quantification, and a particular implication symbol $\Longrightarrow$. As already mentioned, the implication in the specification of rules cannot be interpreted as the classical (material) one ; therefore a new symbol seemed to be preferable.

We may summarize the modal language needed here as follows. The basic symbols are a set of **constants**, a set of **variables**, a set of **predicate names** (with arity), **conjunction** $\wedge$, the **universal quantifier** $\forall$, and an **action implication** $\Longrightarrow$. **Atoms** are of the form $P(t_1, ..., t_n)$, where P is a predicate name with arity n, and every t_j is a constant or a variable.

Actions are defined inductively by

- $A \Longrightarrow C$ is an action if A and C are conjunctions of atoms.
- $\forall x\, \alpha$ is an action, if α is an action. ∎

Sometimes we will denote $\forall x_1 ... \forall x_n (A \Longrightarrow C)$ by $\forall \overline{x} (A \Longrightarrow C)$.

However, as we shall see at the end of the section this language can be extended to contain other classical operators such as negation and material implication.

The semantics given in the sequel is for a particular action system ACT. It is a special version of a valuation semantics, called ASSUME–logic (see [FH 88]).

An **ACT–model** M (or **model** for short) is of the form $M = (SIT, R^*, D, i)$.

- D is a set of objects.
- SIT is a set of possible situations or worlds.
  For every $s \in SIT$, $s \subseteq \{(P, d_1, ..., d_n) \ : \ P$ is an n-ary predicate, $d_j \in D$ for $1 \leq j \leq n\}$.
- R^* is a binary relation on SIT satisfying the restriction given below.

- i is an interpretation function associating an element of D to every variable and constant, where different constants are mapped to different elements of the domain.

■

$M(\overline{x})$ will denote the set of models agreeing with M except on the interpretation of the set of variables $\overline{x}$.

The interpretation function is extended towards formulas in the usual way.

$i(P(t_1,...,t_n)) = (P, i(t_1),...,i(t_n))$ for every atom $P(t_1,...,t_n)$

$i(A_1 \wedge \ldots \wedge A_g) = \bigcup_{j=1\ldots g}\{i(A_j)\}$

$i(A \Longrightarrow C) = \{s : i(A) \not\subseteq s\}$
$\qquad \cup \{s : i(A) \subseteq s \text{ and } i(C) \subseteq s_1 \text{ for some } s_1 \in SIT \text{ such that } sR^*s_1\}$

$i(\forall x A) = \bigcap_{M' \in M(x)} i'(A)$ where i' is the interpretation function of M'.

Moreover we require R^* to be the reflective and transitive closure of a relation R defined as follows :

For every $s, s_1 \in SIT, sRs_1$ iff there is an action $\forall\overline{x}(A \Longrightarrow C)$ from ACT and a model $M' \in M(\overline{x})$ such that $i'(A) \subseteq s$ and $s_1 = (s - i'(A)) \cup i'(C)$, where i' is the interpretation associated to M'. An action α is ACT–**true in a model** iff $i(\alpha) = SIT$. α is ACT–**valid** iff α is true in every model. (We shall also use **true in a model** and **valid** for short.)

Note that by the definition of R^* every action α of the action system ACT is ACT-valid.

To solve a planning problem L composed of an action system ACT, an initial situation *INIT*, and a goal $GOAL$ means to show that $INIT \Longrightarrow GOAL$ is ACT–valid. The new problem will be denoted by L^m.

EXAMPLE:

An ACT-model for our blocksworld planning problem BL would be:
$M = (SIT, R^*, D, i)$, where $SIT = \{s_0, s_1, s_2\}$,
$s_0 = \{(E), (C, b), (O, b, a), (T, a)\}$,
$s_1 = \{(C, a), (H, b), (T, a)\}$,
$s_2 = \{(E), (T, a), (T, b), (C, b), (C, a)\}$,
$R = \{(s_0, s_1), (s_1, s_2)\}$,
$D = \{a, b\}$.

Now $INIT \Longrightarrow GOAL$ is true in M. (In particular, we have that $i(INIT) \subseteq s_0$, $s_0R^*s_2$ and $i(GOAL) \subseteq s_2$.) ■

We remark that it is possible to extend the language and the models to allow nested actions. (This would require a less constructive definition of the accessibility relation R^*.)

THEOREM 2:

If a planning problem L composed of an action system ACT, an initial situation *INIT* and a goal $GOAL$, has a linear proof, then the corresponding problem L^m has a solution, i.e. $INIT \Longrightarrow GOAL$ is ACT–valid.

PROOF:

Take a linear proof of the form

$$INIT, A_1 \Longrightarrow C_1, ..., A_{m-1} \Longrightarrow C_{m-1}, GOAL, \text{ for some } m.$$

The proof is by induction on m. In the basic case, where $m = 0$, we have that $GOAL$ is a subset of $INIT$. As R^* is reflexive, the proof holds in this case.

For the induction step consider a linear proof of the form

$$INIT, A_1 \Longrightarrow C_1, ..., A_{m-1} \Longrightarrow C_{m-1}, A_m \Longrightarrow C_m, G_1 \wedge G_2$$

where the atoms in G_1 are connected to atoms in C_m, the atoms in G_2 are connected to atoms in $\{C_1, ..., C_{m-1}\}$, and $G_1 \wedge G_2 = GOAL$.

Due to our restriction of linear proofs, we have that $G_2 \cap A_m = \emptyset$. Now take any model M and situation $s \in SIT$ such that $i(INIT) \subseteq s$.

By induction hypothesis there is a world $s_1 \in SIT$ such that $sR^*s_1, i(A_m) \subseteq s_1$, and $i(G_2) \subseteq s_1$.

On the other hand there is a ground instance $A_m \Longrightarrow C_m$ of an action $A'_m \Longrightarrow C'_m$ from ACT. As there is a $M' \in M(\overline{x})$ such that $i'(A'_m) = i(A_m)$ and $i'(C'_m) = i(C_m)$ and as $i(A_m) \subseteq s_1$, by the definition of R there must exist $s_2 \in SIT$ such that $s_1 R s_2$, and $s_2 = (s_1 - i(A_m)) \cup i(C_m)$.

Moreover $i(G_2) \subseteq s_2$ because $G_2 \cap A_m = \emptyset$ (and since the interpretation function i assigns different constants to different elements of the domain D). Consequently $INIT \Longrightarrow G_1 \wedge G_2$ is ACT-valid, since M and s were arbitrary. ■

We give a complete axiomatisation for the semantics presented above. Since no classical connectives occur, we speak of **minimal calculi** for action systems. Let ACT be an action system. An ACT–calculus is defined by the following axiom and inference rule schemes.

- For every action $\alpha: A \Longrightarrow C$ of ACT, α is an axiom of our calculus.
- from $A \Longrightarrow B, B' \Longrightarrow C$ infer $A \Longrightarrow C$ if $B' \subseteq B$ (transitivity)
- from $\forall x A(x)$ infer $A(t)$ if t is a constant or t is a variable which is not bound in $A(x)$ (instantiation)
- from A infer $\forall x A$ (generalisation) ■

The notions of **proof** and **theorem** are defined as usual.

To the action system ACT in a given planning problem with initial situation $INIT$ and goal $GOAL$ there now corresponds an ACT–calculus. The planning problem will be solved if $INIT \Longrightarrow GOAL$ is a theorem of ACT–calculus. From the proof of $INIT \Longrightarrow GOAL$ we may extract the plan for how to achieve it.

The language we have defined so far contains principally only the connective $\Longrightarrow$. As can be seen by the axiomatisation given above no classical reasoning in terms of first–order logic can be done in our systems. Semantically, this means that we cannot reason within a situation (or world of the model). This motivates the construction of a modal language in the traditional way extending the language of first order logic by new modal operators. In our case we shall give some ideas in the sequel about how to define modal systems whose modal operators express actions. They are a particular type of dynamic logics [HAR 84]. We will speak of *ACT*–**logics** associated to an action system *ACT*.

To every action $<\alpha>$: $A \Longrightarrow C$ is associated a modal operator denoted $<A \Longrightarrow C>$ or $<\alpha>$. There is a particular operator $<plan>$. The formation rules for formulas of the language are the classical ones, and moreover $<\alpha> F$ and $<plan> F$ will be formulas if F is a formula. The intuitive meaning of $<\alpha> F$ is that F will hold after the execution of $<\alpha>$, and that of $<plan> F$ is that there is a plan (i.e. a sequence of actions) producing a situation where F will hold. As usual, $[\alpha]F$ will be an abbreviation for $\neg <\alpha> \neg F$. We have the following axiom and inference rule schemes:

(A0) Some axiomatization of first–order logic

(A1) $[\alpha]A \wedge [\alpha](A \rightarrow C) \rightarrow [\alpha]C$

(A2) $<\alpha> A \rightarrow [\alpha]A$

(A3) $A \rightarrow <A \Longrightarrow C>C$ for every action $A \Longrightarrow C$ in ACT

(A4) $A \wedge p \leftrightarrow <A \Longrightarrow C>p$ for every ground atom p and ground action $A \Longrightarrow C$ such that p is not in $A \wedge C$

(A5) $A \rightarrow <plan> A$

(A6) $<plan><plan> A \rightarrow <plan> A$

(A7) $<\alpha> A \rightarrow <plan> A$

(A8) $\forall x[\alpha]A \leftrightarrow [\alpha]\forall x A$

(necessitation) $A \vdash [plan]A$

The notions of **proof** and **theorem** are defined as usual.

(A1) says that we can use modus ponens in the scope of a modal operator.
(A2) means that if A is true after an action α then it is false that $\neg A$ holds after α, i.e. actions are deterministic.
(A3) characterises the effect of every action α.
(A4) gives a preservation criterion. It says that all atoms which are not concerned with the action will survive.
(A5), (A6) and (A7) axiomatize the existence of a plan producing a situation in which A holds.
(A8) axiomatizes that the domain is identical for every situation.

We remark that the derived rule $A \vdash [\alpha]A$ can be obtained by (necessitation), and the contraposition of (A7) $[plan]A \rightarrow [\alpha]A$.

A sound and complete semantics can be defined by a model very close to that of the minimal calculus given above. The only thing to do is to *color* the arrows of R leaving a possible situation s by the instance of the action α it comes from. Thus we get for each action α a partial accessibility function $f_{i(\alpha)}$ mapping situations to situations. The accessibility relation for the modal operator $<plan>$ will be the reflexive and transitive closure R^* of R. Now we may define satisfiability as follows:

$$M, s \; sat <\alpha> A \text{ iff } f_{i(\alpha)}(s) \text{ is defined, and } M, f_{i(\alpha)}(s) \; sat \; A.$$

Now a planning problem containing an action system ACT, initial situation $INIT$ and goal $GOAL$ can be viewed as the problem to prove $INIT \Longrightarrow <plan>\ GOAL$ in the corresponding ACT–logic.

In the same spirit of restricting proofs to get powerful systems it will be interesting to define linear proofs in this language which possess both material and action implication.

3.3. INTERPRETATION BY CHANGING MODELS

The idea underlying this attempt, which is related to possible world semantics, is to start out from a Tarskian semantics for first–order logic, but to allow changes to be made in the interpretations of formulas during the interpretation process. These changes apply to the relations that interpret the predicate symbols, that is, after the interpretation of a transition rule, previously related objects in the universe may no longer be related.

In order to denote where and how changes in the models will be permitted, we have to augment the language of first–order logic with some additional connectives $\dot\wedge$, $\dot\longrightarrow$ and $\Longrightarrow$, which behave syntactically like their traditional counterparts $\wedge$, $\longrightarrow$ and $\longrightarrow$.

Using these connectives, an original planning problem L will be modified as follows: (the resulting formulae will be referred to by $\mathsf{L^C}$)

- the initial situation $INIT$ and the goal $GOAL$ remain unchanged.
- in the rules $R_1, \ldots, R_m$ the $\longrightarrow$ will be replaced by $\Longrightarrow$.

Assuming that for the proof of the existence of a solution for this planning problem, we need the instances $R'_1, \ldots, R'_n$ of the rules $R_1, \ldots, R_m$, then the obtained matrix (with a linear spanning set of connections) can be represented by

$$I \mathbin{\dot\wedge} R'_1 \mathbin{\dot\wedge} \ldots \mathbin{\dot\wedge} R'_n \mathbin{\dot\longrightarrow} G \quad (C)$$

In this representation we assume the $R'_1, \ldots, R'_n$ ordered such that

- the Sit–atom in I is connected to the Sit–atom in the antecedent of R'_1
- the Sit–atom in the consequent of R'_{i-1} is connected to the Sit–atom in the antecedent of R'_i
- the Sit–atom in the consequent of R'_n is connected to the Sit–atom in G.

As already indicated, we will allow interpretations to undergo changes, which will be allowed to occur at the $\Longrightarrow$-connectives. The dotted connectives will determine the order in which parts of a formula will be interpreted, i.e. in which order changes may occur.

An **interpretation** is a triple (SIT, D, ι) where SIT is an alphabet, called the **set of possible situations**, D is an alphabet, called **universe**, and ι is a function, the **interpretation function** which assigns

- an element of D to each constant,
- a partial function from $SIT \times D^n$ to SIT for each (n+1)-ary Skolem function (which represents an action).
- an n-ary function from D^n to D to each other n-ary function symbol,
- an n-ary relation over D to each n-ary predicate symbol (if $n = 0$ the interpretation will be over $\{true, false\}$),
- a subset of SIT to Sit.

In addition, we assume that different terms denote different objects in D.

We can now define inductively, the interpretation of formulae:

- If the formula under consideration is of the form $A \Longrightarrow B$ and if $\iota(A) = true$, then the interpretation changes to $\iota := \Pi(\Delta(\iota, A), B)$ where Π and Δ are as defined further below.
- If the formula under consideration is of the form $A \dot{\wedge} B$ then A is interpreted before B. If the interpetation of both parts returns *true*, this will also be the value of the whole formula; otherwise the value is *false*.
- If the formula under consideration is of the form $A \dot{\longrightarrow} B$ then A is interpreted before B. The truth value of the whole formula is computed as in the classical case.

Intuitively, the two mappings Δ and Π say which tuples will be removed (respectively added) from an interpretation. They are defined as follows:

- if $F = P(t_1, \ldots, t_n)$ then $\Delta(\iota, F) = \iota'$ where ι' is obtained from ι by removal of the tuple $(\iota(t_1), \ldots, \iota(t_n))$ from $\iota(P)$.
- if $F = G \wedge H$ then $\Delta(\iota, F) = \Delta(\Delta(\iota, G), H)$
- if $F = P(t_1, \ldots, t_n)$ then $\Pi(F, \iota) = \iota'$ where ι' is obtained from ι by addition of the tuple $(\iota(t_1), \ldots, \iota(t_n))$ to $\iota(P)$.
- if $F = G \wedge H$ then $\Pi(\iota, F) = \Pi(\Pi(\iota, G), H)$.

THEOREM 3:

Given a planning problem L and its corresponding form L^C. Then every linear proof in L^C is a true formula according to the semantics just given.

PROOF:

The proof is essentially like that of theorem 2. ■

EXAMPLE:

The planning problem BL is transformed to the problem BL^C according to the syntactical extensions explained above. The proof will then correspond to the following formula:

$$
\begin{aligned}
& Sit(s) \wedge C(b) \wedge O(b,a) \wedge T(a) \wedge E \\
& \dot{\wedge}(\forall w, x, y\, \exists l : Sit(w) \wedge C(x) \wedge O(x,y) \wedge E \Longrightarrow Sit(l) \wedge H(x) \wedge C(y)) \\
& \dot{\wedge}(\forall w', v\, \exists p : Sit(w') \wedge H(v) \Longrightarrow Sit(p) \wedge T(v) \wedge E) \\
& \dot{\longrightarrow} (\exists z : Sit(z) \wedge T(a) \wedge T(b) \wedge E)
\end{aligned}
$$

According to the assymmetry of the connectives $\dot{\wedge}$ and $\dot{\longrightarrow}$ we have to start by interpreting the left part of the implication and to start there with the leftmost conjunct. For this formula we get the following interpretation:

$$
\begin{array}{lll}
\iota(Sit) = \{init\} & \iota(C) = \{(b)\} & \iota(ON) = \{(b,a)\} \\
\iota(T) \ = \{(a)\} & \iota(E) = true & \iota(H) \ = \{\ \}
\end{array}
$$

With this interpretation we proceed now to the second conjunct. Its antecedent is true under this interpretation. To interpret the consequent we are allowed to change the interpretation as defined by the operators Π and Δ, i.e.

$$\Pi(\Delta(\iota, Sit(init) \wedge C(b) \wedge O(b,a) \wedge E), Sit(l(init, b, a)) \wedge H(b) \wedge C(a))$$

This results in a changed interpretation:

$$\iota(Sit) = \{(l(init, b, a)\} \qquad \iota(C) = \{(a)\} \qquad \iota(ON) = \{\ \}$$
$$\iota(T) \ = \{(a)\} \qquad \iota(E) = \mathit{false} \qquad \iota(H) \ = \{(b)\}$$

While interpreting the third conjunct, the interpretation is changed once more yielding

$$\iota(Sit) = \{(p(l(init, b, a), b))\} \qquad \iota(C) = \{(a), (b)\} \qquad \iota(ON) = \{\ \}$$
$$\iota(T) \ = \{(a), (b)\} \qquad \iota(E) = \mathit{true} \qquad \iota(H) \ = \{\ \}$$

and the goal is satified.

CONCLUSION

In this paper we have presented three *different principal ways* to assign meaning to linear proofs.

First we showed how to understand linear proofs from the point of view of the Situational Calculus, which is the *classical frame of reference for logic-oriented plan generation*. To this end we had to give up the "temporal independence" of facts—which is one of the reasons for the efficiency of linear proofs—and had to code time explicitly into every fact as an additional argument.

On the other hand, the possible world semantics of the *non-classical paradigm of modal logics* is a very natural tool to clarify notions of action and change, for which reason a modal interpretation of linear proofs suggests itself. With linear proofs change is implicitly represented in the implication arrow of the rules. The method proposed by us is to code this information in a very direct way in modal operators, the form of which is syntactically very analoguous to the form of the rules used in linear proofs.

Finally, we reconstructed directly the conceptual essence of change of models, which is implicit in the linear proof mechanism. Through the definition of a syntax which is richer than the one of first-order logic we could give a *direct semantics* which expresses the pragmatical aspects of actions in linear proofs.

As to related work, it is obvious that this work is greatly inspired by that on STRIPS [FIK 71]. In comparison to our approach which incorporates transition rules (by means of implications) deep into a logical framework, STRIPS keeps the formalization of the transitions on a different level outside of logic. Both STRIPS and our action logic attempt to improve on the situational calculus [McC 69] wherein time is added to any occurring predicate as an extra parameter. That approach, while providing a straightforward extension of first–order logic for coping with change and serving as a model of reference, has the disadvantages experienced with the frame–problem. This problem is no longer an issue for our approach since the transition rules describe explicitly the necessary changes and anticipate everything else remaining unchanged.

Although a connection between linear proofs and modal logic has been established in this paper, a more profound discussion will certainly be valuable. In particular we think of the work of Rosenschein [ROS 81] and Ginsberg and Smith [GS 88] which relates possible world semantics, and that of Shoham [SHO 86] in the frame of temporal logic.

REFERENCES

[BIB 82] Bibel, W.: Automated Theorem Proving, Vieweg 1982.

[BIB 86] Bibel,W.: A Deductive Solution for Plan Generation, New Generation Computing 4 (1986) 115–132.

[FH 88] Fariñas del Cerro, L., Herzig, A.: An Automated Modal Logic of Elementary Changes. In: Non–Standard Logics for Automated Reasoning, Mamdani, Smets, Dubois and Prade Eds., Academic Press, 1988, pp. 63–79.

[FIK 71] Fikes, R. E., Nilsson, N. J.: STRIPS: a new approach to the application of theorem proving to problem solving. Artificial Intelligence 2 (189–208) 1971.

[FRO 87a] Fronhöfer, B.: Linearity and Plan Generation, New Generation Computing 5 (1987) 213–225.

[FRO 87b] Fronhöfer, B.: PLANLOG : A Language Framework for the Integration of Procedural and Logical Programming, IJCAI–87, 10th International Joint Conference on Artificial Intelligence, Milan, Italy, August 1987, pp. 15–17

[GS 88] Ginsberg, M., Smith, D.: Reasoning about Action I : A possible Worlds Approach. Artificial Intelligence 35, June 1988.

[HAR 84] Harel D.: Dynamic Logic. In: Handbook of Philosophical Logic, (D.Gabbay, F.Guenthner, eds.), D.Reidel 1984.

[KOW 79] Kowalski, R.: Logic for Problem solving, North–Holland, Amsterdam 1979.

[LIF 86] Lifschitz, V.: On the semantics of STRIPS. In: M.P. Georgeff and A.L. Lansky, editors, Reasoning about Actions and Plans, Morgan Kaufmann, Los Altos, 1986, pp. 1–8.

[McC 69] McCarthy, J., Hayes, P.: Some philosophical problems from the standpoint of artificial intelligence. In: B. Meltzer and D. Michie, editors, *Machine Intelligence, vol. 4*, pp. 463–502, Edinburgh University Press, Edinburgh, 1969.

[NIL 80] Nilsson, N.J.: Principles of Artificial Intelligence, Springer 1980.

[ROS 81] Rosenschein, S.: Plan Synthesis: A Logic Perspective, IJCAI–81, pp. 331–337.

[SHO 86] Shoham, Y.: What is the Frame Problem, in: Reasoning about Actions and Plans, Morgan & Kaufmann 1986, pp. 83–98.

[SHO 87] Shoham, Y.: Chronological Ignorance. In: Nonmonotonic Reasoning, M. Ginsberg, ed., Morgan Kaufmann, 1987, pp. 396–409.

A New Deductive Approach to Planning

Steffen Hölldobler, Josef Schneeberger*
FG Intellektik, FB Informatik
Technische Hochschule Darmstadt
Alexanderstraße 10
6100 Darmstadt, Germany (W)
E-mail: xiisshoe@ddathd21.bitnet, xiisjsch@ddathd21.bitnet

Abstract

We introduce a new deductive approach to planning which is based on Horn clauses. Plans as well as situations are represented as terms and, thus, are first-class objects. As a consequence, we do neither need frame axioms nor state-literals. The only rule of inference is the SLDE-resolution rule, i.e. SLD-resolution, where the traditional unification algorithm has been replaced by an E-unification procedure. We examplify the properties of our method such as forward and backward reasoning, plan checking, and the integration of general theories. Finally, we present the calculus and show that it is sound and complete.

1 Introduction

In the last 30 years of research in AI planning there have always been two main directions. The first and more favorite one aims at building efficient and intelligent systems which generate plans for complicated domains. The second approach tries to use results and methods from automated theorem proving, to show the usefulness of these methods, and to build planning systems with a well defined semantics. Although these "deductive" systems are not able to cope with the hard problems solved by the "knowledge-based" systems, the results which are produced in this area are often very useful to understand what planning systems really do and how their capabilities can be improved. Most (but not all), deductive planners are still linear planners, i.e. the plans which they handle and produce are strictly ordered (in contrast to partially ordered nonlinear plans). It is commonly accepted, that a clear understanding of linear planning is a necessary precondition for understanding nonlinear planning.

For this reason predicate logic (and also modal logic) is widely used as a specification language to examine new planning principles or to reconstruct old methods (see for example [Hertzberg and Horz, 1988; Lifschitz, 1986; Chapman, 1987]). On the other hand logic calculi are regarded (but not proved) too inefficient to implement (logic) programs for plan generation.

Therefore, besides our interest in the semantics of planning systems, our main goal is to apply the elaborate and often very efficient methods developed in automated theorem proving to plan generation. The ideas presented within this paper are in the tradition of approaches like C. Greens system based on QA4 [1969]. He tried to apply the resolution[1] principle to planning and also to program synthesis. The main problem which arises with this approach is the need of many frame axioms to solve (or not to solve) the *frame problem* (identified by McCarthy and Hayes [1969]).

R. Kowalski [1979] introduced a different representation of the problem domain (using the meta-predicate HOLDS) to reduce the number of frame axioms dramatically. But there remains the problem,

*this work was partly funded by a grant from Siemens AG, München

[1] C. Green used paramodulation within resolution to achieve equality reasoning

that deduction has to be guided: The application of the frame axioms must be deferred as long as they are not really necessary for the solution of the problem. Otherwise, the system would produce infinitely many correct but unnecessary theorems about the problem.

W. Bibel [1986] also improves the representation of the problem by introducing a single state literal in the preconditions and postconditions of an operator. To handle such operators he uses a modified version of his connection calculus. Thus he is able to avoid frame axioms completely, but the semantics of the resulting calculus had to be redefined (the problems are described in [Fronhöfer, 1987]). One possible solution based on modal logic is presented in [Bibel *et al.*, 1989].

This paper introduces an approach which is based on Horn clauses. In section 2 we give a brief overview of our approach by solving a simple blocksworld problem. Further properties of our method such as forward and backward reasoning, plan checking, and the integration of general theories are demonstrated in section 3 using more difficult examples. Section 4 provides the description of the calculus and section 5 discusses the virtues of our solution and points out future work.

2 A simple blocksworld example

In this section, we depict our basic principle within a very simple example of the well-known blocksworld domain. A certain situation in the blocksworld is specified by a collection of fluents[2] about the world. For example, the term $C(a) \circ O(a,b) \circ T(b) \circ E$ denotes the situation (in figure 1), where the block a has a clear top and sits on block b; block b itself is located on the table and the hand of the robot is empty. A plan is a sequence of actions, which when executed transforms one situation into another. For example, executing the plan $unstack(a,b) : putdown(a)$ transforms the situation given above into the situation $T(a) \circ T(b) \circ C(a) \circ C(b) \circ E$ as shown in figure 1 by lifting a from b and putting it on the table.

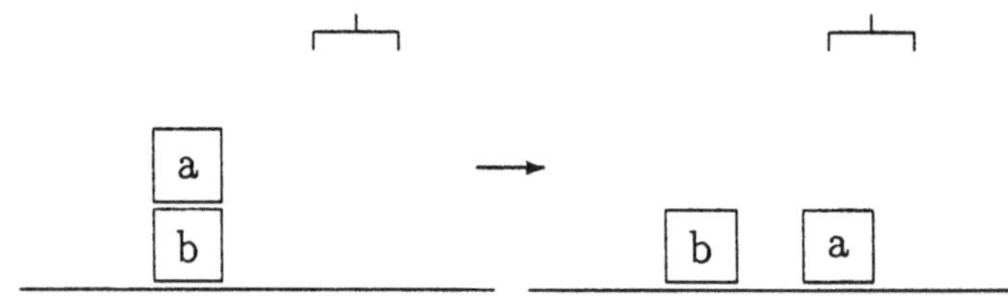

Figure 1: The most simple blocksworld example

In this example and throughout this paper, we use $a, b, c, \ldots$ as constants and $p, u, v, w, \ldots$ as variables. Formally, a situation is now represented by either $\emptyset$ or $x \circ y$, where $\circ$ is a binary function symbol written infix and x, y are fluents respectively situations. We assume that $\circ$ is associative, commutative, and $\emptyset$ is its identity. Plans are represented by either Λ or $p_1 : p_2$, where Λ denotes the empty plan, : is a binary function symbol written infix, p_1 is a plan, and p_2 is a single operation. For notational convenience we omit Λ and parenthesis when writing plans by assuming that they are associated to the right.

In the sequel let E be the equational theory which specifies the fact that $\circ$ is associative, commutative, and the identity of $\circ$, i.e. E consists of the axioms

$$x \circ (y \circ z) = (x \circ y) \circ z \tag{A}$$
$$x \circ y = y \circ x \tag{C}$$
$$x \circ \emptyset = x. \tag{1}$$

We denote the fact that the execution of a plan p transforms situation s into situation t by the atom $Plan(s,p,t)$. s (resp. t) is often called **current** (or **initial**) (resp. **goal**) **situation.**

[2]fluents are predicates which are (not) valid in a certain situations or functions over situations (see for example [McCarthy and Hayes, 1969])

We will not need frame axioms. Why? Conventional approaches such as Green's QA4 [1969] or Kowalskis' [1979] do not distinguish between object and meta level: situations respectively the fact that certain situations hold are represented as atoms, whereas in our approach situations as well as plans are represented as terms and, thus, are first–class objects. We reason about worlds and plans. Therefore, we overcome one of the main obstacles of deductive planning (see [Hertzberg, 1989]). For example an action like the blocksworld **putdown**–operator, is formalized as the (universally closed) Horn clause

$$Plan(x, p : putdown(v), z \circ T(v) \circ C(v) \circ E) \Leftarrow Plan(x, p, z \circ H(v)) \quad \text{(D)}$$

where $H(v)$ denotes that the Robot holds block v. The Operator is read declaratively as

the execution of the plan $p : putdown(v)$ transforms situation x into situation $z \circ T(v) \circ C(v) \circ E$ if the execution of p transforms x into $z \circ H(v)$

or procedurally as

to solve the problem of whether there exists a plan $p : putdown(v)$ such that its execution transforms the situation x into situation $z \circ T(v) \circ C(v) \circ E$ solve the problem of whether there exists a plan p such that its execution transforms situation x into situation $z \circ H(v)$.

Now, the **unstack**–operator can be defined as

$$Plan(x, p : unstack(v, w), z \circ H(v) \circ C(w)) \Leftarrow Plan(x, p, z \circ C(v) \circ O(v, w) \circ E). \quad \text{(U)}$$

Observe, we have nothing to plan if the goal situation is contained in the current situation. However, we have to ensure, that the current as well as the goal situation are consistent. This is specified by the **termination** rule

$$Plan(x \circ y, \Lambda, x) \Leftarrow Consistent(x) \wedge Consistent(x \circ y), \quad \text{(T)}$$

which tells us, that a goal could be reached without an action, if it is already part of the current situation. Consistency has to be specified in terms of the problem domain. For example, it cannot be the case that in a certain situation block a is located on block b and on the table. Obviously, the consistency can be specified by a set of clauses of the form

$$\begin{array}{l} Consistent(T(a)) \Leftarrow \\ Consistent(T(a) \circ E) \Leftarrow \\ Consistent(T(a) \circ C(a)) \Leftarrow \\ \dots \end{array}$$

However, if we assume that a certain situation is consistent if and only if it is not inconsistent, then we can use the clauses

$$\begin{array}{ll} Consistent(x) \Leftarrow Not(Inconsistent(x)) & \text{(C)} \\ Inconsistent(x \circ x \circ y) \Leftarrow & \text{(I1)} \\ Inconsistent(H(v) \circ E \circ x) \Leftarrow & \text{(I2)} \\ Inconsistent(H(v) \circ On(w, v) \circ x) \Leftarrow & \text{(I3)} \\ Inconsistent(H(v) \circ On(v, w) \circ x) \Leftarrow & \text{(I4)} \\ Inconsistent(H(v) \circ C(v) \circ x) \Leftarrow & \text{(I5)} \\ Inconsistent(C(v) \circ On(w, v) \circ x) \Leftarrow & \text{(I6)} \\ Inconsistent(T(v) \circ On(v, w) \circ x) \Leftarrow & \text{(I7)} \\ Inconsistent(T(v) \circ H(v) \circ x) \Leftarrow & \text{(I8)} \\ Inconsistent(H(v) \circ H(w) \circ x) \Leftarrow & \text{(I9)} \\ Inconsistent(O(u, v) \circ O(w, v) \circ x) \Leftarrow & \text{(I10)} \\ Inconsistent(O(u, v) \circ O(u, w) \circ x) \Leftarrow & \text{(I11)} \end{array}$$

together with the negation–by–failure rule (see e.g. [Sheperdson, 1984]). Clause (I1) expresses a minimality condition in the sense that the fact that a certain fluent holds is stated at most once. (I9), for example, states that the robot arm cannot hold two different blocks at the same time. If, on the other hand, v and w in (I9) where identical, clause (I1) would again reduce the situation.

As we will see in section 4, the consistency constraints of the termination rule are sufficient to ensure that only those plans are generated, which transform consistent initial situations into consistent goal situations.

One should observe, that there is no need to wait with the consistency check until the termination rule is applied. We could as well check the consistency of the current and goal situation of an initial query posed to our planning program or somewhere in the middle of a deduction. The consistency has to be checked only once and the design of the various actions garantees that the situations are still consistent after an action has been performed. Of course, this has to be proven (see Theorem 4.2).

Coming back to our example of figure 1 we can now ask the question of whether there exists a plan p such that its execution transforms situation $C(a) \circ O(a,b) \circ T(b) \circ E$ into $T(a) \circ T(b) \circ C(a) \circ C(b) \circ E$. More formally, we pose the query

$$\Leftarrow Plan(E \circ C(a) \circ O(a,b) \circ T(b), p, E \circ C(a) \circ C(b) \circ T(a) \circ T(b))$$

to our program consisting of the clauses (D), (U), (T), and the Consistency axioms. To answer this question we have to show that there exists a binding t for p such that

$$Plan(E \circ C(a) \circ O(a,b) \circ T(b), t, E \circ C(a) \circ C(b) \circ T(a) \circ T(b))$$

is a logical consequence of our program under the equational theory E mentioned earlier. This can be done by using SLDE–resolution [Gallier and Raatz, 1989; Hölldobler, 1989], i.e. SLD–resolution, where the traditional unification algorithm has been replaced by a complete E–unification procedure. In our case, we need an $AC1$–unification procedure (see e.g. [Livesey and Siekmann, 1976]). Applying SLDE–resolution upon our initial goal clause using a new variant of (D) (variables are indexed) and the substitution

$$\{x_1/E \circ C(a) \circ O(a,b) \circ T(b),\ p/p_1 : putdown(a),\ z_1/C(b) \circ T(b),\ v_1/a\}$$

we obtain

$$\Leftarrow Plan(E \circ C(a) \circ O(a,b) \circ T(b), p_1, H(a) \circ C(b) \circ T(b)).$$

Applying SLDE–resolution again using a new variant of (U) and

$$\{x_2/E \circ C(a) \circ O(a,b) \circ T(b),\ p_1/p_2 : unstack(a),\ z_2/T(b),\ v_2/a,\ w_2/b\}$$

results in

$$\Leftarrow Plan(E \circ C(a) \circ O(a,b) \circ T(b), p_2, C(a) \circ O(a,b) \circ E \circ T(b)).$$

To this goal we apply our termination rule with the substitution

$$\{x_3/E \circ C(a) \circ O(a,b) \circ T(b),\ p_2/\Lambda,\ y_3/\emptyset\}$$

and obtain the goal clause

$$\Leftarrow Consistent(E \circ O(a,b) \circ T(b) \circ C(a)) \wedge Consistent(E \circ O(a,b) \circ T(b) \circ C(a)).$$

Since $E \circ O(a,b) \circ T(b) \circ C(a)$ is consistent we can derive the empty clause $\Box$. Composing the substitutions used in the refutation and restricting it to the variable p we obtain the **computed answer substitution**

$$\{p/unstack(a,b) : putdown(a)\}.$$

In other words, we have **generated** the plan $unstack(a,b) : putdown(a)$ by **backward** reasoning.

One should observe, that in contrast to [Kowalski, 1979] we do not have to specify that certain facts do not hold anymore after an operation has been performed. To clarify this point, let us again have a look at the first SLDE–resolution step of the previous refutation. To be able to apply SLDE–resolution to the initial goal clause we had to solve the problem of whether

$$E \circ C(a) \circ C(b) \circ T(a) \circ T(b)$$

and

$$z_1 \circ T(v_1) \circ C(v_1) \circ E$$

are unifiable under the equational theory which specifies that $\circ$ is associative, commutative, and $\emptyset$ is its identity. This unification problem has the two most general solutions

$$\{v_1/a, z_1/C(b) \circ T(b)\}$$

and

$$\{v_1/b, z_1/C(a) \circ T(a)\}.$$

In the previous refutation we have chosen the first solution. Note, the terms $C(a)$, $T(a)$, and E were "consumed" by the need to unify with the terms $C(v_1)$, $(T(v_1)$, and E, whereas z_1 was instantiated with the remaining fluents, that did not occur in the postconditions of the **putdown**–operator. In other words, z_1 was bound to the part of the situation, which remained unchanched. As a consequence, if we define an operator such as

$Plan(x, p : putred(v), z \circ T(v) \circ C(v) \circ E \circ Red(v)) \Leftarrow Plan(x, p, z \circ H(v) \circ Red(v))$,

which puts down only red blocks, we have to state that the block is still red after the **putred** operator has been applied. But note, this is only necessary for fluents which are required as preconditions, but are not "consumed" by the operator. In general, the variables x and z used in the clauses for the operators play the role of state–variables in the situation calculus [McCarthy and Hayes, 1969].

In our approach we do not need a state literal, which is used, for example, in [Bibel, 1986] to record — as a side–effect — the generated plan. Since we represent situations as well as plans by terms, we reason about situations and plans on the object level and a generated plan corresponds precisely to the well–known concept of a computed answer substitution in logic programming languages (e.g. [Lloyd, 1984]). We will come back to this point in section 4.

3 More examples

In this section we give more examples to illustrate our approach. In particular we show how in the blocksworld operators can be applied forward as well as backward, how the contents of two registers can be swapped, and how to fetch a pair of socks having the same colour in a dark room.

3.1 The Blocksworld

So far we have defined only the two operators **unstack** and **putdown**, which are necessary to solve the planning problem depicted in Figure 1. Let us now give the list of our blocksworld operators.

3.1.1 The Operators

The following specification of the well–known blocksworld robot operations shows always a "backward" operator. That means, the search is directed by the postconditions of the operators and the goal situation.

Pickup

$$Plan(x, p : pickup(v), z \circ H(v)) \Leftarrow Plan(x, p, z \circ C(v) \circ T(v) \circ E) \quad \text{(P)}$$

Unstack

$$Plan(x, p : unstack(v, w), z \circ H(v) \circ C(w)) \Leftarrow Plan(x, p, z \circ C(v) \circ O(v, w) \circ E) \quad \text{(U)}$$

Putdown

$$Plan(x, p : putdown(v), z \circ T(v) \circ C(v) \circ E) \Leftarrow Plan(x, p, z \circ H(v)) \quad \text{(D)}$$

Stack

$$Plan(x, p : stack(v, w), z \circ O(v, w) \circ C(v) \circ E) \Leftarrow Plan(x, p, z \circ C(w) \circ H(v)) \quad \text{(S)}$$

Termination

$$Plan(x \circ y, \Lambda, x) \Leftarrow Consistent(x) \wedge Consistent(x \circ y) \quad \text{(T)}$$

3.1.2 Sussman's "Anomalie"

Using SLDE–resolution and the clauses defined in the previous section we can solve Sussman's "Anomalie" [1975]. It should be noted that Sussman's "Anomalie" is only a hard problem in incompletely specified problem domain, whereas our approach handles only completely specified goals.

For humans its fairly obvious how a plan must look like, if it solves the Sussman "Anomalie", namely

$unstack(c, a) : putdown(c) : pickup(b) : stack(b, c) : pickup(a) : stack(a, b)$.

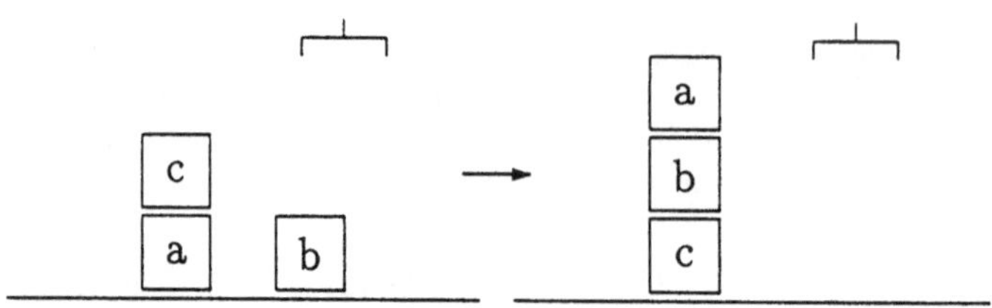

Figure 2: A blocksworld example (the Sussman "Anomalie")

That this is indeed a correct plan can be verified by posing the query

$$\Leftarrow Plan(\; E \circ C(c) \circ C(b) \circ O(c,a) \circ T(b) \circ T(a),$$
$$unstack(c,a) : putdown(c) : pickup(b) : stack(b,c) : pickup(a) : stack(a,b),$$
$$E \circ C(a) \circ O(a,b) \circ O(b,c) \circ T(c))$$

to our blocksworld program. The interested reader may verify that $\Box$ can be derived from the initial query by applying SLDE–refutation and the clauses (S), (P), (S), (P), (D), (U), (T), and Consistency clauses (see also [Hölldobler and Schneeberger, 1989] for a detailled description of the deductions).

From the completeness of SLDE–resolution (see Theorem 4.3 in section 4) we learn that for each correct plan there exists an eventually more general computed plan. In other words, the above mentioned plan can also be generated by SLDE–resolution.

3.1.3 Forward Planning

So far we have applied our blocksworld operators backwards. If we want to direct the search by the preconditions of the operators and by the current situation, then we can use the program clauses

$$Plan(C(v) \circ T(v) \circ E \circ x, pickup(v) : p, z) \Leftarrow Plan(H(v) \circ x, p, z) \qquad \text{(P')}$$
$$Plan(C(v) \circ O(v,w) \circ E \circ x, unstack(v,w) : p, z) \Leftarrow Plan(H(v) \circ C(w) \circ x, p, z) \qquad \text{(U')}$$
$$Plan(H(v) \circ x, putdown(v) : p, z) \Leftarrow Plan(C(v) \circ T(v) \circ E \circ x, p, z) \qquad \text{(D')}$$
$$Plan(C(w) \circ H(v) \circ x, stack(v,w) : p, z) \Leftarrow Plan(O(v,w) \circ C(v) \circ E \circ x, p, z) \qquad \text{(S')}$$

together with (T) and the consistency clauses we will achieve the same results.

3.2 Registertransfer

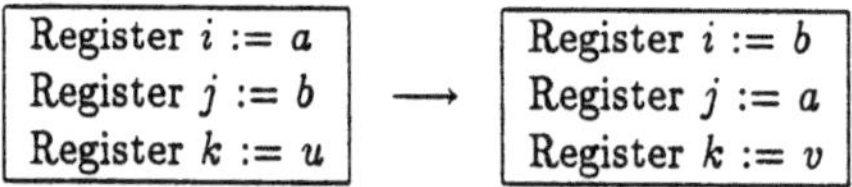

Figure 3: The register transfer example

The task of the register transfer problem in figure 3 is to exchange the contents (a and b) of two registers i and j of some computer with the help of a third register k which serves as a buffer. We define a new operator **transfer** by

$$Plan(w, p : transfer(x,y), z \circ C(x,v) \circ C(y,v)) \Leftarrow Plan(w, p, z \circ C(x,v) \circ C(y,u)) \qquad \text{(TR)}$$

where the term $C(x,v)$ states that register x has content v. We also need our old termination rule (T). Observe, that u, v, ... are variables. Thus, in Figure 3 we have stated that we do not care about the contents of register k in the current as well as in the goal situation. In the register–transfer example a

$$Consistent(C(i,x)) \Leftarrow$$
$$Consistent(C(j,x)) \Leftarrow$$
$$Consistent(C(k,x)) \Leftarrow$$
$$Consistent(C(i,x) \circ C(j,y)) \Leftarrow$$
$$Consistent(C(i,x) \circ C(k,y)) \Leftarrow$$
$$Consistent(C(j,x) \circ C(k,y)) \Leftarrow$$
$$Consistent(C(i,x) \circ C(j,y) \circ C(k,z)) \Leftarrow$$

or, if we assume that the world is closed [Reiter, 1977] by

$$Consistent(w) \Leftarrow Not(Inconsistent(w))$$
$$Inconsistent(C(x,y) \circ C(x,z) \circ w) \Leftarrow.$$

Our problem can now be stated as

$$\Leftarrow Plan(C(i,a) \circ C(j,b) \circ C(k,u), p, C(i,b) \circ C(j,a) \circ C(k,v)).$$

To solve this goal we apply SLDE–resolution using three instances of (TR), the termination rule and the *Consistent* clauses. We obtain a computed answer substitution for p:

$$p/transfer(j,k) : transfer(i,j) : transfer(k,i).$$

3.3 3–socks problem

Our next example shows that we may include general theories within our approach. The problem is to pick a pair of socks of the same colour out of a drawer in a dark room. The drawer contains a lot of socks (more than four) half of them are white and half black. We use a term $H(x,y)$ to state that we hold x socks of one colour and y socks of the other colour in our hand. But now we have to count the number of socks in our hand. Therefore, we will use the following axioms for the addition of natural numbers

$$0 + y = y \tag{+1}$$
$$s(x) + y = s(x+y), \tag{+2}$$

where 0 denotes the natural number zero and s denotes the successor function on natural numbers. Let us adopt the notational convention that a number $s^n(0)$ is abbreviated by n. We also have to express that a certain number x is greater (resp. greater or equal) than a number y. To keep our example small, we will use the equation $x = s(y) + z$ (resp. $x = y + z$) to express this fact. In general, however, we can define any conditional equational theory.

Since in this example a situation is completely defined by a term of the form $H(x,y)$ we do not need the equational theory E as in the blocksworld or register–transfer example. Instead we will use the E–unification procedure for (+1) and (+2).

Our operators in this example can now be defined as

$$Plan(u, p : takeone, H(s(x),y)) \Leftarrow Plan(u,p,H(x,y)) \wedge x = y \tag{T1}$$
$$Plan(u, p : takeone, H(x,s(y))) \Leftarrow Plan(u,p,H(x,y)) \wedge x = s(y) + z. \tag{T2}$$

(T1) states that we will pick up an additional sock of one colour if we perform the operation *takeone* in a situation where we have equaly many socks of both colours. (T2), on the contrary, states that we might pick a sock of the wrong colour if we already have more socks of one colour (x) than of the other (y).

Because equations like $x = s(y) + z$ may occur as subgoals in a goal clause we also need the axiom

$$x = x \Leftarrow \tag{R}$$

of reflexivity. Furthermore, due to the special form of situations in this example we can simplify our termination rule to

$$Plan(u, \Lambda, u). \tag{TS}$$

The problem to get one pair of socks of the same colour starting with no socks in hand can now be stated as

$$\Leftarrow Plan(H(0,0), p, H(2,v)) \wedge 2 = s(v) + w$$

where $2 = s(v) + w$ stands for $2 > v$ as described above. Since $Plan(H(0,0), p, H(2,v))$ and the head $Plan(u_1, p_1 : takeone, H(s(x_1), y_1))$ of a new instance of (T1) are unifiable under $E = \{(+1), (+2)\}$ with substitution $\{u_1/H(0,0), p/p_1 : takeone, x_1/1, y_1/v\}$ we can derive

$$\Leftarrow Plan(H(0,0), p_1, H(1,v)) \wedge 2 = s(v) + w \wedge 1 = v$$

by SLDE–resolution. The equations in this goal clause can be solved by using the axiom of reflexivity twice with the substitutions $\{v/1\}$ and $\{w/0\}$, respectively. Thus, we obtain

$$\Leftarrow Plan(H(0,0), p_1, H(1,1)),$$

whereupon SLDE–resolution can be applied using a new variant of (T2) and substitution $\{u_2/H(0,0), p_1/p_2 : takeone, x_2/1, y_2/0\}$ and resulting in

$$\Leftarrow Plan(H(0,0), p_2, H(1,0)) \wedge 1 = 1 + z_2.$$

The equation $1 = 1 + z_2$ can be solved by binding z_2 to 0. An additional SLDE–resolution step using (T1) and $\{u_3/H(0,0), p_2/p_3 : takeone, x_3/0, y_3/0\}$ yields

$$\Leftarrow Plan(H(0,0), p_3, H(0,0)) \wedge 0 = 0.$$

Now, the empty clause can easily be derived in two additional SLDE–resolution steps using (R) and (TS) and we obtain the computed answer substitution

$$\{p/takeone : takeone : takeone\}.$$

In other words, if we have taken three socks out of the drawer, then at least two of them must have the same colour.

4 The Calculus

In this section we formally develop our plan calculus and show that it is sound and complete. We assume readers to be familiar with basic notions and results from logic programming and unification theory as can be found for example in [Lloyd, 1984] and [Siekmann, 1986; Siekmann, 1989].

Recall, each presented example consists of an equational theory E and a the set LP of clauses for expressing the various actions and the (In–) Consistency check. Obviously, LP is a Horn clause logic program, or *logic program* for short, and E is a *conditional equational theory*. For example, in the blocksworld LP consists of the clauses (P, U, D, S, T) and the Consistency-Axioms and E consists of the clauses $(A, C, 1)$, if we want to plan backwards. Since we intend to use this example throughout this section we denote this program by $\langle AC1, LP_b \rangle$. But note, all results except theorem 4.2 hold for each example in this paper.

From [Jaffar *et al.*, 1984; Jaffar *et al.*, 1986] we know that the main semantic properties of logic programs hold also if a logic programs is augmented with a conditional equational theory. In particular, the semantics of such an equational logic program $\langle E, LP \rangle$ can be given as the least Herbrand E–model for LP, $M_E(LP)$. $M_E(LP)$ is defined over the so-called Herbrand E–universe, which is the quotient of the Herbrand universe modulo the finest congruence relation on ground terms generated by E. For example,

$$\begin{aligned} Plan(&[C(a) \circ O(a,b) \circ T(b) \circ E], \\ &[unstack(a,b) : putdown(a)], \\ &[T(a) \circ T(b) \circ C(a) \circ C(b) \circ E]) \end{aligned}$$

is an element of the least Herbrand E–model of $\langle AC1, LP_b \rangle$, where $[t]$ denotes the congruence class defined by $AC1$ and containing the term t. For notational convenience we abbreviate an atom $Q([t_1], \ldots, [t_n])$ by $[Q(t_1, \ldots, t_n)]$. It should be observed, that $[s] = [t]$ if and only if s and t are equal under E.

Theorem 4.1 ([Jaffar *et al.*, 1986])

Let $\langle E, LP \rangle$ be an equational logic program and A be a ground atom.

$M_E(LP) = \{[A] \mid A$ *is a logical E–consequence of* $LP\}$.

In other words, $M_E(LP)$ contains all atoms of the form $[Plan(s,p,t)]$, such that the execution of plan p transforms situation s into situation t. The least Herbrand E–model of an equational logic program $\langle E, LP\rangle$ can also be characterized by the least fixpoint of the function

$$T_{E,LP}(I) = \{[A] \mid \text{there is a ground instance } B \Leftarrow B_1 \wedge \ldots \wedge B_n \text{ of a clause in } LP \text{ such that } [A] = [B] \text{ and } \{[B_1], \ldots, [B_n]\} \subseteq I\},$$

which maps interpretations onto interpretations (see [Jaffar *et al.*, 1984]). Let $T_{E,LP}\uparrow 0 = T_{E,LP}(\emptyset)$ and $T_{E,LP}\uparrow(n+1) = T_{E,LP}(T_{E,LP}\uparrow n)$.

As we mentioned in the previous section it suffices to check the consistency of situations after the termination rule has been applied. Of course, we have to show that the application of an operator upon a consistent situation yields again a consistent situation. This, however, depends on the various actions of our planning problem and has to be proven for each program separately. The following theorem states, that the least Herbrand $AC1$–model of LP_b contains only consistent situations.

Theorem 4.2 (Consistency of $\langle AC1, LP_b\rangle$)

If $[Plan(s,p,t)] \in M_{AC1}(LP_b)$ *then* s *and* t *are consistent.*

Proof: We prove by induction on n that if $[Plan(s,p,t)] \in T_{AC1,LP_b}\uparrow n$ then s and t are consistent. The result follows immediately from the fact that the least fixpoint of T_{AC1,LP_b} and $M_{AC1}(LP_b)$ are identical. Observe, if s is consistent and $[s] = [t]$, then t is also consistent.

Now we will prove our claim. The case $n = 0$ being trivial we turn to the induction step and assume the result holds for n. Let $[Plan(s',p',t')] \in T_{AC1,LP_b}\uparrow(n+1)$. We distinguish two cases with respect to the program clause used in the last application of T_{AC1,LP_b}: If a ground instance of the termination rule (T) has been used, then, obviously, s' resp. t' are consistent. Otherwise, a clause from {(D),(P),(S),(U)} has been used. First, suppose that the ground instance

$$Plan(s, p : putdown(a), t \circ T(a) \circ C(a) \circ E) \Leftarrow Plan(s, p, t \circ H(a))$$

of (D) has been used. By the induction hypothesis, s, $t \circ H(a)$, and t are consistent. Since $[s'] = [s]$ and $[t'] = [t \circ T(a) \circ C(a) \circ E]$ we find that s' is consistent and it remains to show that $t \circ T(a) \circ C(a) \circ E$ is consistent. By contradiction we assume that $t \circ T(a) \circ C(a) \circ E$ is inconsistent and distinquish the following cases (recall, t is consistent by the induction hypothesis):

If $T(a)$ (resp. $C(v)$ or E) occurs in t, then $t \circ H(a)$ would be inconsistent by (I8) (resp. (I5) or (I2)).

If $H(b)$ (resp. H(a)) occurs in t, then $t \circ H(a)$ would be inconsistent by (I9) (resp. (I1)).

If $On(b,a)$ occurs in t, then $t \circ H(a)$ would be inconsistent by (I3).

Finally, if $On(a,b)$ occurs in t, then $t \circ H(a)$ would be inconsistent by (I4).

The cases where a ground instance of (P), (S), or (U) has been used follow analogously. qed

We can now turn to the question of how queries posed to our planning program can be answered. In other words, given an initial and a goal situation, how can we generate a plan whose execution transforms the initial into the goal situation?

We intend to use SLDE–resolution as the only inference rule in our calculus. Therefore, we assume to have a sound and complete E–unification procedure build into the SLDE–resolution rule. The following theorem can be found in [Hölldobler, 1989]:

Theorem 4.3 (Soundness and Strong Completeness for SLDE–resolution)

Let R be a computation rule and G be a goal clause, and $\langle E, LP\rangle$ be an equational logic program.

Each computed answer subsitution for $LP \cup \{G\}$ wrt SLDE–resolution is a correct answer substitution.

For each correct answer substitution σ for LP and G, there exists an R–computed answer substitution θ obtained by an SLDE–refutation of $LP \cup \{G\}$ such that σ is equal or less general under E than θ.

A similar but weaker result has been proven by [Gallier and Raatz, 1989]. They show theorem 4.3 only for unconditional equational theories and do not prove the independence of the selection function.

Now let p be a *correct plan* for transforming situation s into situation t by applying the operations from LP iff $[Plan(s,p,t)] \in M_E(LP)$. Furthermore, let p be a *generated* (or *computed*) *plan* for transforming situation s into t by applying the operations from LP iff x/p is a binding in the computed answer substitution of an SLDE–refutation of $LP \cup \{\Leftarrow Plan(s,x,t)\}$. The following corollary is an immediate consequence of the previous theorem.

Corollary 4.4

Each generated plan is a correct plan.

For each correct plan p there exists a generated plan, which is equal or more general under E than p.

5 Discussion

We have presented a new deductive solution to the AI planning problem. Instead of using full first–order logic with equality as, for example, [Green, 1969] or [Bibel, 1986] we have restricted us to Horn clause logic with equality. This bears several advantages. We have a least model and fixpoint semantics and we may use SLDE–resolution to generate plans. Furthermore, the well–known concept of a correct (resp. computed) answer substitution (see e.g. [Lloyd, 1984]) gives us a declarative reading of a correct (resp. generated) plan.

We expect, that our calculus can be efficiently implemented using techniques from logic programming, such as the WAM [Warren, 1983], incorporating special theory unification procedures [Bürckert, 1986].

Since our *Plan*–predicate utilizes an explicit representation of the (partially developed) plan, reasoning about plans is possible. This property is shown in the simple case of verifying a given plan, but this could also be used to reorder a sequence of operators which was planned so far. In the same way we can also handle problems with hierarchically defined operators, because hierarchical planning is only a matter of problem definition [Swartout (editor), 1988].

However, much work remains to be done. We believe that our approach can be extended to non–linear planning and incompletely specified problem domains as well. Especially, we would like to investigate how cuncurrent planning is related to the various forms of parallelism inherent in (Horn) logic programming languages. Another question is how negative fluents can be handled within our framework. Results presented in a recent paper by [Buntine and Bürckert, 1989] point towards a possible solution: Instead of solving only equations under a certain equational theory — in our case $AC1$ — we could also solve disequations under the equational theory. Eventually, this leads to a reduced search space, as the examples given by Buntine and Bürckert suggest.

Acknowledgements

This work emerged from the lively discussions within the Intellektik group at the THD. Special thanks to Elmar Eder, who has identified a bug in an earlier version of our paper and to Bertram Fronhöfer for his detailled comments on both, the contents and the english style.

References

[Bibel *et al.*, 1989] W. Bibel, L. Fariñas del Cerro, B. Fronöfer, and A. Herzig. Plan generation by linear proofs: on semantics. In *German Workshop on Artificial Intelligence.* Springer Verlag, 1989.

[Bibel, 1986] W. Bibel. A deductive solution for plan generation. *New Generation Computing*, 4:115–132, 1986.

[Buntine and Bürckert, 1989] Wray L. Buntine and Hans-Jürgen Bürckert. On solving equations and disequations. Technical report, FB Informatik, Universität Kaiserslautern, 1989.

[Bürckert, 1986] H. J. Bürckert. Lazy theory unification in Prolog: An extension of the Warren abstract machine. In *German Workshop on Artificial Intelligence*, 1986.

[Chapman, 1987] D. Chapman. Planning for conjunctive goals. *Artificial Intelligence*, 32(3):333–377, 1987.

[Fronhöfer, 1987] Bertram Fronhöfer. Linearity and plan generation. *New Generation Computing*, 5, 1987.

[Gallier and Raatz, 1989] J. H. Gallier and S. Raatz. Extending SLD-Resolution to equational horn clauses using E–unification. *Journal of Logic Programming*, 1989.

[Green, 1969] C. Green. Application of theorem proving to problem solving. In *International Joint Conference on Artificial Intelligence*, pages 219–239. Kaufmann, Los Altos, CA, 1969.

[Hertzberg and Horz, 1988] Joachim Hertzberg and Alexander Horz. Towards a theory of conflict detection and resolution in nonlinear plans. Technical report, Gesellschaft für Mathematik und Datenverarbeitung mbH (GMD), 1988.

[Hertzberg, 1989] Joachim Hertzberg. *Planen. Einführung in die Planerstellungsmethoden der Küstlichen Intelligenz.* B.I. Wissenschaftsverlag, 1989.

[Hölldobler and Schneeberger, 1989] S. Hölldobler and Josef Schneeberger. A new deductiv approach to planning. Forschungsbericht, Technische Hochschule Darmstadt, FG Intellektik / Künstliche Intelligenz, 1989.

[Hölldobler, 1989] Steffen Hölldobler. *Foundations of Equational Logic Programming*, volume 353 of *LNCS.* Springer Verlag, 1989. (to appear).

[Jaffar *et al.*, 1984] J. Jaffar, J.-L. Lassez, and M. J. Maher. A theory of complete logic programs with equality. In *Proceedings of the International Conference on Fifth Generation Computer Systems*, pages 175–184, 1984.

[Jaffar *et al.*, 1986] J. Jaffar, J.-L. Lassez, and M. J. Maher. A logic programming language scheme. In DeGroot and Lindstrom, editors, *Logic Programming*, pages 441–467. Prentice Hall, 1986.

[Kowalski, 1979] Robert Kowalski. *Logic for Problem Solving.* Artificial Intelligence Series. North–Holland, New–York, Amsterdam, Oxford, 1979.

[Lifschitz, 1986] Vladimir Lifschitz. On the semantics of strips. In M. P. Georgeff and A. L. Lansky, editors, *Reasoning about Actions and Plans*, pages 1–8, Los Altos, 1986. Morgan Kaufmann.

[Livesey and Siekmann, 1976] M. Livesey and J. H. Siekmann. Unification of AC–terms (bags) and ACI–terms (sets). Technical report, University of Essex (1975) and University of Karlsruhe, 1976.

[Lloyd, 1984] J. W. Lloyd. *Foundations of Logic Programming.* Springer, Berlin, 1984.

[Manna and Waldinger, 1971] Zohar Manna and Richard Waldinger. Towards automatic program synthesis. *Communications of the ACM*, 14:151–165, 1971.

[McCarthy and Hayes, 1969] John McCarthy and Patrick Hayes. Some philosophical problems from the standpoint of artificial intelligence. In B. Meltzer and D. Michie, editors, *Machine Intelligence, vol. 4*, pages 463–502. Edinburgh University Press, Edinburgh, 1969.

[Reiter, 1977] R. Reiter. On closed world data bases. In Gallaire and Nicolas, editors, *Proceedings, Workshop on Logic and Databases.* 1977.

[Sheperdson, 1984] J. C. Sheperdson. Negation as failure: A comparison of clark's complete data base and reiter's closed world assumption. *Journal of Logic Programming*, pages 51–79, 1984.

[Siekmann, 1986] Jörg Siekmann. Unification theory. In *Proceedings of the European Conference on Artificial Intelligence*, pages 365–400, 1986.

[Siekmann, 1989] Jörg Siekmann. Unification theory. *Journal of Symbolic Computation*, 1989. (to appear).

[Sussman, 1975] Gerald Jay Sussman. *A Computer Model of Skill Acquisition.* Elsevier Publishing, 1975.

[Swartout (editor), 1988] W. Swartout (editor). DARPA Santa Cruz workshop on planning. *AI Magazine*, Summer:115–130, 1988.

[Warren, 1983] David H. D. Warren. An abstract prolog instruction set. Technical Note 309, Stanford Research Institute (SRI), 333 Ravenswood Ave., Menlo Parc, CA 94025, October 1983.

Detecting Redundancy Caused by Congruent Links in Clause Graphs

Rolf Socher-Ambrosius
Fachbereich Informatik, Universität Kaiserslautern
Postfach 3049, D-6750 Kaiserslautern, W.-Germany

Abstract: In general, the result of a sequence of resolution steps depends on the order, in which the clauses are used. There are, however, situations, for which this order is irrelevant. Performing all possible resolutions thus leads to the generation of identical clauses. Hyperresolution is an approach that overcomes part of this problem. Still, there are well known examples for the deduction of identical clauses by permuting the order of resolution steps, to which hyperresolution does not apply. In this paper, it is shown that the reduncancy in these examples is inherent not in the participating clauses but rather in so called *congruent* links. Furthermore, a solution to the problem with generating redundant clauses is proposed.

1 Introduction

The derivation of redundant information is one of the greatest obstacles to the efficiency of reasoning programs. Wos (1988) reports an attempt to prove SAM's lemma (see Guard 1969) using hyperresolution, where 6000 clauses identical to retained clauses and 5000 clauses being proper instances of retained clauses were generated. Even if these redundant clauses can be removed after their generation, they must be processed with demodulation, subsumption, and other procedures. Moreover, the test on subsumption, being a very useful means for removing reduncancies, is rather expensive as Chang & Lee (1973), Eisinger (1981), and some others remark. A strategy to prevent the generation of redundant clauses, or at least to reduce the amount of newly generated unneeded clauses, would thus prove very useful for increasing the power of reasoning systems.

On closer inspection of proofs using a deduction system consisting solely of the resolution rule, it turns out that a lot of reduncancy is produced by permuting the order of resolution steps. For instance, it does not matter, whether the clause $\neg P \vee \neg Q \vee R$ is first resolved with the clause P and then the resolvent $\neg Q \vee R$ is resolved with the clause Q, or vice versa; the result always is the clause R. This observation has led to the *hyperresolution* strategy (Robinson 1965), which combines several resolution steps, thus abstracting from their order. Yet, the hyperresolution strategy depends on the special situation of a *nucleus* clause and several electron clauses each joined with a unique literal in the nucleus by an R-link, that is a link denoting the resolvability of two literals (see fig. 1).

In general, however, the order, in which clauses are processed in a sequence of resolution steps, cannot simply be permuted without changing the result. Consider for instance the clauses Pc, $\neg Px \vee Pa$, and $\neg Px \vee Pb\}$. If Pc is first resolved with $\neg Px \vee Pa$ and the resulting clause Pa is resolved with $\neg Px \vee Pb$, the clause Pb is obtained. By resolving first Pc with $\neg Px \vee Pb$ and then the result with $\neg Px \vee Pa$, the clause Pa is derived.

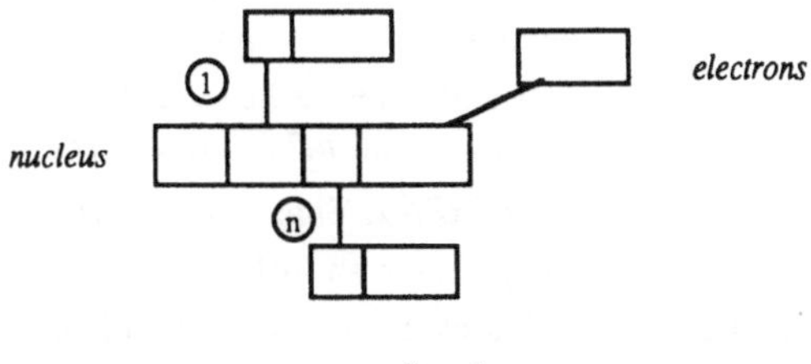

fig. 1

There are, however, still other clause structures, which are invariant under the permutation of the resolution steps' order, and to which hyperresolution does not apply. The transitivity clause $Pxy \,\&\, Pyz \Rightarrow Pxz$ is a well-known example for such structures. Suppose, we have given the unit clauses Pab, Pbc and Pcd and the transitivity axiom holds for the predicate P. There are two different ways to deduce the clause Pad by two applications of the transitivity axiom, which differ only in the resolution steps' order. Still worse, given n clauses $Pa_1a_2, Pa_2a_3, \ldots, Pa_{n-1}a_n$, the number of different ways to derive the clause Pa_1a_n amounts to $2^{n-1}(n!)^{-1}\prod_{i=1}^{n-1}(2i - 1)$, which is of order $O(4^n)$ (see Lüneburg 1976).

Another example for the permutability of resolution steps consists of the clauses Pa, $C_1 = \neg Px \vee Pf^2x$ and $C_2 = \neg Px \vee Pf^3x$. There are two ways to deduce the clause Pf^5a, which differ only in the choice of resolving Pa first with C_1 or with C_2.

The difference between this example and the hyperresolution example shown in fig. 1 is revealed by considering the clause graph structure (Fig. 2):

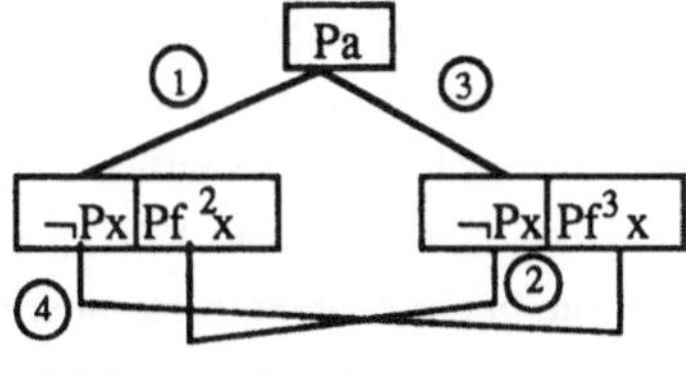

fig. 2

In the hyperresolution example the order, in which the electrons are resolved against the nucleus, corresponds to the order of selecting links 1 to n. In the last example, however, the two different ways to produce the clause Pf^5x correspond to different pairs of links: One deduction proceeds on links 1 and 2, while the other uses links 3 and 4. The very reason for the permutability of the resolution steps in this particular example becomes clear, when we take into account that processing link 2 or processing link 4 yields the same resolvent $\neg Px \vee Pf^5x$.

Such two links that produce the same resolvent will be called *congruent*. For this particular example, it turned out that the permutability of resolution steps corresponds to the congruence of two links. We will show in this paper that in general the invariance of a sequence of resolution steps under permutation is always reducible to the congruence of some participating links.

The syntactic description of the permutability of resolution steps by means of congruent links is but the first step to overcome the difficulty with the multiple derivation of identical clauses. In this particular example it is rather obvious, how to cope with the problem of deducing redundant clauses: The solution, very simply, consists in the appropriate selection of links to process. The suitable order to proceed is resolving first on link 2 (or 4, respectively), obtaining the clause $\neg PxPf^5x$. Both links 2 and 4 can now be removed, which inhibits further derivations starting from Pf^2a or from Pf^3a. The only way to deduce the clause Pf^5a now consists in resolving Pa with $PxPf^5x$. This approach is based on the observation that redundant information, if not removed, usually causes an inflation of reduncancy. This is the case for subsumed clauses as well as for tautologous clauses: Each descendant of such a clause is redundant, too. The same holds for the reduncancy inherent in congruent links: If it is not removed, it will be inherited.

On the first glance, the transitivity example as well as the example shown in fig. 2 seem to be based on the invariance of a sequence of resolution steps under permutation. These examples' more general basic principle, however, is that resolving along different links yields the same resolvents. This property is not restricted to the pattern of resolving a clause C successively against clauses D_1 and D_2. *Symmetric* clauses account for the same phenomenon: A clause is symmetric, if it has literals L_1 and L_2 such that resolving on L_1 always yields the same resolvent as resolving on L_2. For instance, the clause $Pxy \vee Pyx$ is symmetric. Symmetric clauses are a source of redundancy very similar to clauses with congruent links. In this paper we will give a complete syntactic description of symmetry, which is the basis for an appropriate reduction consisting in the restriction of resolution arbitrarily to one of the symmetry literals.

2 Basic Notions

In the following we assume the reader to be familiar with the standard terminology of First Order Logic. The few basic notions of clause graphs used in this paper can be found for instance in Eisinger's (1988) thesis. Above all, we will need the concepts of *R-links* and *S-links*. Links *join* two literals L and K, whose atoms are unifiable. A link joining L and K is also said to be *incident* with L and K. Links joining literals in the same clause are called *internal* links. R-links join literals with different sign, while S-links join literals with equal sign. *Link inheritance* and *link removal* (Kowalski 1975) are two basic features of clause graph resolution, which also play an important role in our context. Link inheritance (Ohlbach 1987) accounts for the fact that all links a resolvent possesses, are inherited from its parent clauses. Link removal is the operation of deleting an R-link after having resolved on it.

Clauses are always regarded as sets of literals, but written without set braces.

A *substitution* σ is an endomorphism on the term algebra, which is identical almost everywhere on $\mathcal{V}$ and thus can be represented as a finite set $\sigma = \{x_1 \to t_1, \ldots, x_n \to t_n\}$. A substitution ρ is called a *renaming* substitution, iff ρ is injective on its domain and $\mathcal{V}\rho \subseteq \mathcal{V}$. A literal or clause L is called a *variant* (or a *copy*) of the literal or clause K, if there exists a renaming substitution ρ, such that $L\rho = K$. This will be denoted by $L =_v K$. Note that in particular each literal or clause is a variant of itself.

3 Generating Copies of Clauses Already Deduced

In the following we consider structures that allow several ways to derive a clause R from a set $\mathcal{D}$ of clauses, which differ only in the selection of links to process. For sake of simplicity, we will assume $|\mathcal{D}| \leq 3$. The fact that R is a resolvent of C and D, will be denoted by the deduction relation $C \rightarrow_D R$. We write $C \rightarrow_{D,L} R$, if $C \rightarrow_D R$ and L is the literal of D resolved upon. The invariance of deductions under permutation can thus be expressed by the two derivations $C \rightarrow_{D_1} C' \rightarrow_{D_2} R$ and $C \rightarrow_{D_2} C'' \rightarrow_{D_1} S$ leading to the same result up to renaming, that is, $R =_v S$ holds.

We want to exclude, however, the typical hyperresolution structure, for which the two derivations only differ in the order of processing the given links. In the following it is thus assumed that the literal in C resolved upon is always the same for resolution with D_1 and with D_2.

We will first deal with so called congruent links. Roughly spoken, these are links that generate the same resolvent (up to renaming). Consequently, one link out of a pair of congruent links is redundant. It is, however, a tedious work to check each pair of links on congruence. We will show that congruence of links joining the same pair of clauses - the so called internal congruence - accounts for redundancies like the multiple generation of clauses in the examples of the introduction.

The proofs of the following lemmata and theorems can be found in (Socher 1989).

3.1 Definition:

Let D_1 and D_2 be clauses and let λ_r be an R-link with unifier σ_r and let λ be an arbitrary link between D_1 and D_2. Let E be the resolvent of D_1 and D_2 along λ_r. The two links λ_r, λ are called (**internal**) **congruent**, iff one of the following conditions holds

a) λ is an R-link, and the resolvent of D_1 and D_2 along λ is a variant of E

b) λ is an S-link joining the literals L_1 in D_1 and L_2 in D_2, and there is a renaming $\rho : \mathcal{V}(D) \rightarrow \mathcal{V}(D)$ with $L_1\sigma_r\rho = L_2\sigma_r$, $L_2\sigma_r\rho = L_1\sigma_r$ and $E\rho = E$.

In particular, the R-link λ_r is congruent to the S-link λ, if the substitution σ_r belonging to λ_r is an instance of the substitution σ belonging to λ, since $L_1\sigma_r = L_2\sigma_r$ holds in this case.

It should also be noted that the notion of congruent R-links generalizes in an obvious way to R-links λ_1 and λ_2 joining different pairs of clauses (so called *external congruent links*).

3.2 Example:

Consider the clauses C and D, which are shown in figure 3. The S-link λ_s is congruent to any other link, since the literals joined by λ_s are equal. The links λ_1 and λ_2 are congruent, since resolving on λ_1 or on λ_2 both yields the same clause $Qa \vee \neg Pbc \vee Pab \vee Rw \vee \neg Ry$. The link λ_3 is congruent only to λ_s.

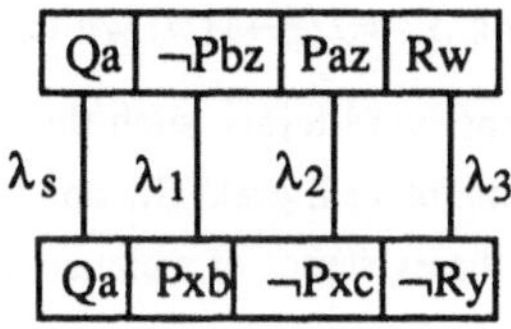

fig. 3

The links λ_1 and λ_2 between clauses C and D are called **parallel**, iff they are not incident with a common literal.

The following theorem, shows the inheritance of internal congruent links to external congruent links.

3.3 Theorem:

Let D_1 and D_2 be clauses.

a) Suppose λ_s is an S-link between $L_1 \in D_1$ and $L_2 \in D_2$, and λ_r is an R-link congruent to λ_s. If C is any clause such that $C \rightarrow_{D_1,L_1} C'$ and $C \rightarrow_{D_2,L_2} C''$ hold, λ_r' (λ_r'') is the link from $C'(C'')$ to $D_2(D_1)$, inherited from λ_r, then λ_r' is (external) congruent to λ_r''. (See fig. 4)

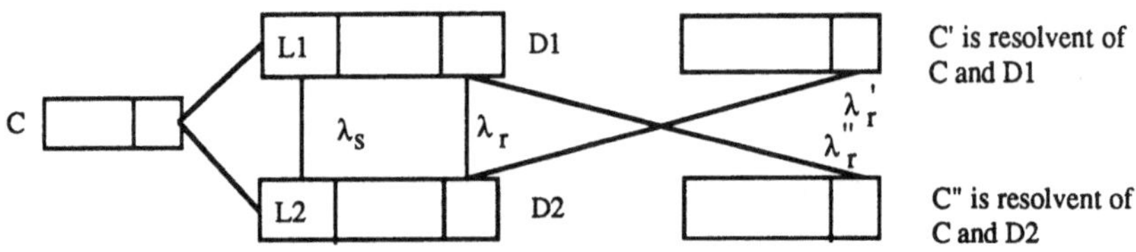

fig. 4: the (external) inherited links λ_r' and λ_r'' are congruent

b) Suppose λ_1 and λ_2 are R-links joining D_1 and D_2. If $C \rightarrow_{D_1} C'$ and $C \rightarrow_{D_2} C''$ hold, and λ' (λ'') is the link from C' to D_2 (from C'' to D_1) inherited from λ_1 (λ_2), then λ' is (external) congruent λ''. (See fig. 5)

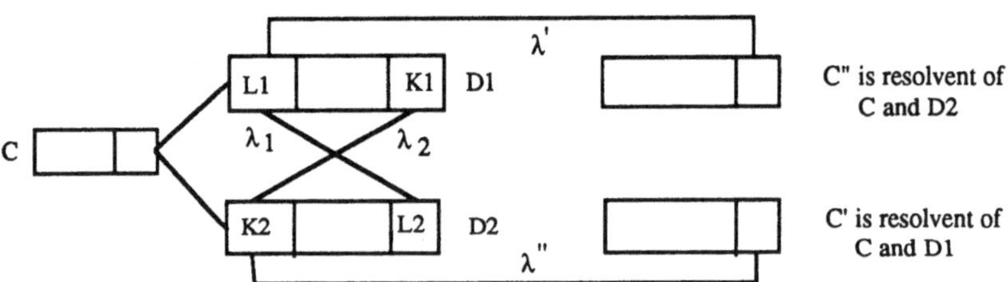

fig. 5: the (external) inherited links λ' and λ'' are congruent

c) Suppose that each R-link between D_1 and D_2 is congruent to any parallel link between D_1 and D_2. Then for any pair

$C \rightarrow_{D_1} C' \rightarrow_{D_2} R$ and

$C \rightarrow_{D_2} C'' \rightarrow_{D_1} S$

the relation $R =_v S$ holds.

A particular kind of congruence is symmetry. A clause D with distinct literals L_1, L_2 is called **symmetric (on $\mathbf{L_1,L_2}$)**, iff there is a bijective mapping $\rho : \mathcal{V}(D) \rightarrow \mathcal{V}(D)$ with $L_1\rho = L_2$, $L_2\rho = L_1$ and $D\rho = D$.

A clause thus is symmetric, if it contains two literals, such that resolving on one of the literals always yields the same resolvent as resolving on the other literal. The condition that the two literals have the same predicate symbol and polarity, guarantees the existence of a clause resolving on both literals. The following theorem provides a syntactic characterization of symmetry. Since symmetric clauses are a source of redundancy, such a characterization proves useful in order to recognize symmetric clauses and to restrict unneeded resolution steps.

3.4 Theorem:

Let D be a clause with literals L_1 and L_2. Then the following conditions are equivalent:

a) D is symmetric on L_1, L_2.

b) L_1 and L_2 have the same predicate symbol and the same sign and each pair (λ_1,λ_2) of R-links joining some clause C with L_1, and L_2, respectively, is congruent.

3.5 Example:

The clause $C = Pxy \vee Pyx$ is symmetric, since the renaming $\rho = \{x \rightarrow y, y \rightarrow x\}$ satisfies $(Pxy)\rho = Pyx$, $(Pyx)\rho = Pxy$ and $C\rho = C$. Resolving on the literal Pxy always yields the same result as resolving on the literal Pyx, that is, if λ_1 (λ_2) is a link joining the clause D with Pxy (Pyx) in C, then λ_1 and λ_2 are congruent.

Theorem 3.4 shows that the recognition of congruence is rather trivial for the particular case of symmetric clauses.

4 A Strategy to Reduce the Generation of Unneeded Clauses

Theorem 3.5 provides a syntactic means to recognize permutability. Detecting permutable clauses, however, is but the first step towards a strategy to shut down the potential of deducing unneeded clauses. Such a strategy to avoid the generation of unneeded clauses by permutability, can be described as follows. It should be remarked, that it is rather a strategy that prescribes the order of links to process, than a link deletion strategy:

Check each newly derived clause, whether it contains internal congruent links to any other given clause. If so, then form the resolvent along one of these links and then remove *both* links.

4.1 Example:

a) Consider the clauses $C = Pa$, $D_1 = \neg Px \vee Pf^2x$, and $D_2 = \neg Px \vee Pf^3x$ (cf. fig. 2 in the introduction). D_1 and D_2 are permutable, the resolvent along link 2 and link 4 being the same clause $D_3 = \neg Px \vee Pf^5x$. After resolving on one of them, both links 2 and 4 can be removed (see figure 6). Now these links cannot be inherited anymore, and therefore the derivations $Pa \rightarrow_{D_1} Pf^2a \rightarrow_{D_2} Pf^5a$ as well as $Pa \rightarrow_{D_2} Pf^3a \rightarrow_{D_1} Pf^5a$ are inhibited. The only way to derive the clause Pf^5a remains the derivation $Pa \rightarrow_{D_3} Pf^5a$.

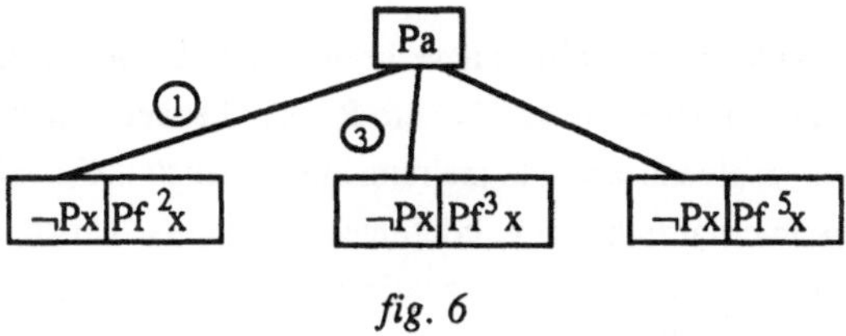

fig. 6

b) Consider the transitivity clause $T_2 = \neg Pxy \vee \neg Pyz \vee Pxz$. This clause is permutable with regard to self-resolution, since resolving on the internal link 1 or on the internal link 2 yields the same clause $T_3 = \neg Pxy \vee \neg Pyz \vee \neg Pzw \vee Pxw$ (see figure 7).

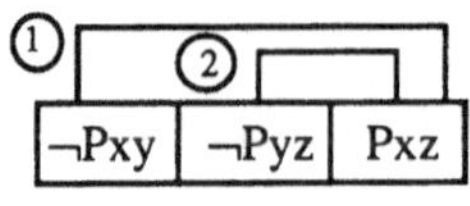

fig. 7

Again by resolving first on one of the permutable links, and then deleting the internal links, one avoids the multiple generation of identical clauses.

It turns out that the theoretical framework of *theory resolution* is very well suited to describe our strategy to reduce the multiple generation of identical clauses due to permutability. Theory resolution, first proposed by Stickel (1985), is a generalization of ordinary resolution (see also Bläsius & Bürckert 1987). The literals resolved upon need not be syntactically complementary, it is sufficient for them to be complementary under some theory. A clause set S' is *complementary* under some theory $\mathcal{T}$, if $\mathcal{T} \cup S'$ is unsatisfiable. If S is any set of clauses, then the theory of S is the set $\mathcal{T}_S = \{C \mid C \text{ is a clause with } S \models C\}$. In particular, each clause $C = L_1 \vee ... \vee L_n$ defines a theory $\mathcal{T}_C$ in which, for instance, the set of literals $\{\neg L_1,..,\neg L_n\}$ is complementary. In the following we will restrict ourselves to the case of a single theory clause, the general case being very similar. Taking a clause as a particular theory to perform theory resolution is essentially the same idea as Ohlbach's (1988) *link resolution*. Link resolution derives from a set of links and a single clause (the theory clause) a new *theory* link (see figure 8).

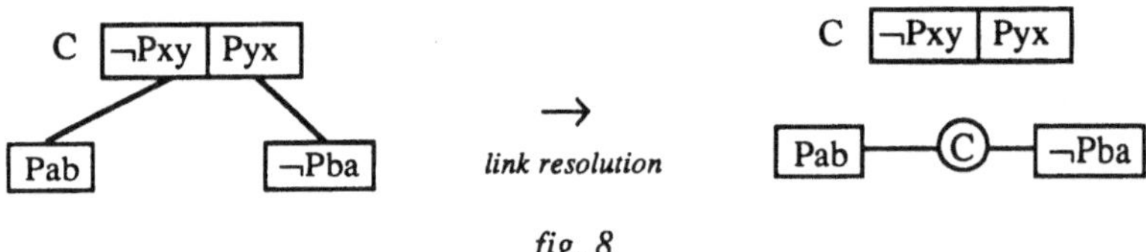

fig. 8

The very idea of link resolution is to exclude the theory clause from ordinary resolution by performing all possible link resolution operations involving the theory clause. However, the theory clause can only be removed, if all possible link resolution steps have been performed. Usually, this includes resolving on internal links. Our strategy now proceeds by first resolving these internal links, thereby *completing* the theory. In general, the set of resolvents produced this way will be infinite. Of course, only a finite subset of these clauses can be handled. One way to cope with the problem of infinite theories is to produce new theory clauses only by need. Thus we can formulate the strategy to avoid permutability in terms of theory resolution:

Suppose clauses C and D with congruent links have been detected. Then *complete* the theory $\mathcal{T}(C,D)$ in the following way: Process all $\mathcal{T}$-*internal* links, that are R-links between clauses of the theory. Remove duplicates from the generated resolvents and add the remaining ones to $\mathcal{T}(C,D)$. Remove also all links that have been processed. If new internal links arise, continue the process. This may be done until either all internal links have been disappeared, or, if $\mathcal{T}(C,D)$ is infinite, to some fixed number of clauses. Now those clauses in $\mathcal{T}(C,D)$ having no internal links are used for link resolution along $\mathcal{T}$-*external* links (links going outside from the theory). Using this strategy, the derivation of variants by resolving with theory clauses is excluded.

Taking for example the transitivity clause with two congruent internal links, we have to complete the theory $\mathcal{T}(T)$ of transitivity. First, we resolve on the internal link 1 or 2, shown in fig. 6. The derived clause, $\neg Px_1x_2 \vee \neg Px_2x_3 \vee \neg Px_3x_4 \vee Px_1x_4$, again possesses internal links, and the process continues. The theory of transitivity is infinite, hence the procedure has to be terminated arbitrarily. Proceeding this way, we obtain the following set of clauses $T_2, T_3, \ldots$, where $T_n = \neg Px_1x_2 \vee \neg Px_2x_3 \vee \ldots \vee \neg Px_{n-1}x_n \vee Px_1x_n$. This allows for instance the following sequence (figure 9):

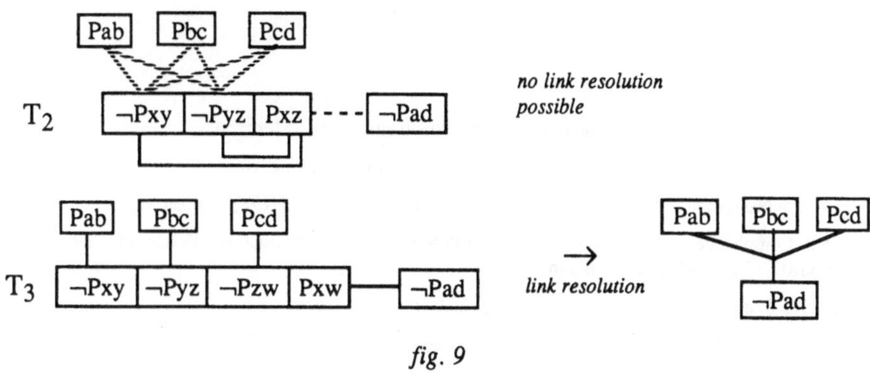

fig. 9

5 Conclusion

The *permutability* problem, that is, the problem with the multiple generation of identical clauses by just converting the order of processing clauses in a sequence of resolution steps, is not restricted to the hyperresolution structure. It also appears in other structures, as for instance the transitivity clause. It turned out that the general principle of these structures is rather *link congruence*, than permutability. Link congruence describes the phenomenon that resolving along different links yields the same resolvent. The theoretical framework of theory resolution provides an elegant solution to the permutability problem. Clauses having congruent links are put into a theory box and the corresponding theory is completed by computing the resolution closure. This solution is based on the following general principle: If redundant information is not removed, it is usually spread over to all its descendants. This principle holds for subsumed clauses as well as for congruent links. Thus our strategy prescribes first to process and remove the congruent links in order to avoid the inheritance of redundancy.

It should also be remarked that the notion of *congruence* canonically extends to pairs of links joining different clauses. For instance, the links λ_1 between clauses $P \vee Q$ and $\neg Q \vee R$ and λ_2 between clauses $P \vee S$ and $\neg S \vee R$ can also be considered congruent, since the corresponding resolvents are variants of each other. The associated effects and the strategy to avoid the derivation of redundancy are basically the same as described above.

The question remains open, whether the restriction on sets of two clauses really is essential. We believe that redundancy in arbitrary clause sets of the kind described here, is reducable to the case of two clauses. This issue will be the subject of further research.

Acknowledgement

I would like to thank my colleague N. Eisinger for drawing my attention to this paper's subject. He also thoroughly read an earlier draft of this manuscript. His valuable suggestions lead to several improvements of the paper.

References

Bläsius, K. H. & Bürckert, H. J. (1987). Deduktionssysteme. Oldenbourg Verlag, München.

Chang, C.L. & Lee, R.C. (1973). Symbolic Logic and Mechanical Theorem Proving. Academic Press. New York.

Eisinger, N. (1981). Subsumption and Connection Graphs. *Proceedings of the 7th IJCAI*, Vancouver, 480 - 486.

Eisinger, N. (1988). Completeness, Confluence, and Related Properties of Clause Graph Resolution. PhD thesis and SEKI-Report SR-88-07, Universität Kaiserslautern.

Guard, J. et al (1969). Semi-Automated Mathematics. *Journal of the ACM*. **16**, 49 - 62.

Kowalski, R. (1975). A Proof Procedure Using Connection Graphs. *Journal of the ACM*, **22/4**, 572 - 595.

Lüneburg, H. (1976). Ringtheorie. Universität Kaiserslautern.

Ohlbach, H.J. (1987). Link Inheritance in Abstract Clause Graphs. *Journal of Automated Reasoning*. **3/1**, 1 - 34.

Ohlbach, H.J. (1988). Using Automated Reasoning Techniques for Deductive Databases. SEKI-Report SR-88-06, Universität Kaiserslautern.

Robinson, J.A. (1965). Automated Deduction with Hyper-Resolution. *Intern. Journal of Comp. Mathematics*, **1**, 227 - 234.

Socher-Ambrosius, R. (1989). Detecting Redundancy Caused by Congruent Links in Clause Graphs. SEKI-Report SR-88-06. Universität Kaiserslautern.

Stickel, M. E. (1985). Automated Deduction by Theory Resolution. *Journal of Automated Reasoning*. **1/4**, 333 - 356.

Wos, L. (1988). Automated Reasoning: 33 Basic Research Problems. Prentice Hall, Englewood Cliffs.

An Approach to Parallel Unification Using Transputers

Jochen Hager
Martin Moser

Institut für Informatik
Technische Universität München

Abstract

This paper presents the implementation of a parallel unification algorithm on a star-connected transputer network. As a basic data structure *directed acyclic graphs* (dags) are used for the representation of the terms to be unified. The runtime consumption of the proposed algorithm is in the worst case of order $O(n/2)$, where n is the number of nodes in the dag. In the best case, however, the runtime is only of order $O(\log n)$.

The algorithm consists of two parts to be executed: the matching and the occur-check. It is the task of the first part, the matching, to calculate the most general subsitutions for the variables of the input terms. Infinite substitutions are detected by the subsequent occur-check. To gain high performance the stated methods exploit parallelism contained in both matching and occur-check.

For the actual implementation different network structures are considered. A star-connected network is proposed as most adequate to the problem, as deadlocks can be easily avoided and the communication is reduced to a minimum.
Keywords: distributed unification, transputers, OCCAM, dag, matching, occur-check

1 Introduction

Unification is the process of making two terms equal by generating an adequate substitution for their variables. It is a massively used operation in automated theorem proving. According to an analysis by Citrin [5] up to 50% of the execution time of a Prolog system is consumed by the unification process. Therefore it is very important to improve the unification wherever possible. A speedup by parallel processing is desirable.

The unification process was first described by Robinson [14]. However, the algorithm he proposed showed in the worst case an exponential behaviour. A much more efficient sequential algorithm has been found by Paterson and Wegman [13]. They proved that their algorithm performs unification in time and space linear in the lengths of the two terms being unified. Yasuura [19] approaches parallel unification via reachability in directed hypergraphs, showing that unification is one of the hardest problems in the class of problems solved by polynomial size circuits. For a related problem, the so called term matching, an efficient parallel unification algorithm has been found by Dwork, Kanellakis and Stockmeyer [7]. They present an algorithm of order $O(\log^2 n)$, where n is the number of nodes in the dag. However, the proposed algorithm suffers from the limitation that one of the terms to be matched must not contain any variables.

In this paper we propose a parallel unification algorithm that carries out the unification process in the worst case in linear time. In the best case, however, a logarithmic time consumption can be expected.

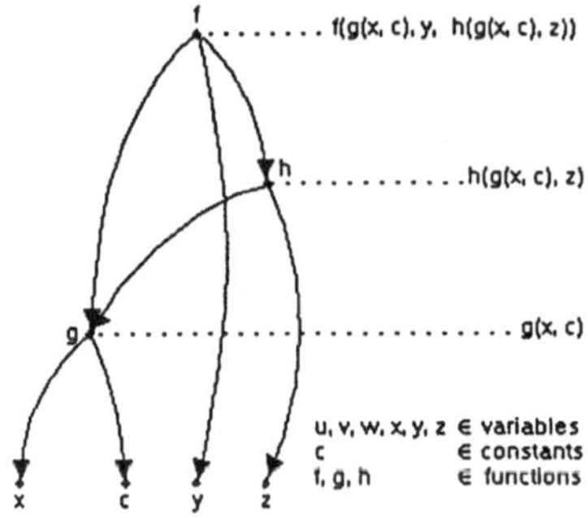

Figure 1: Dag of the term $f(g(x,c),y,h(g(x,c),z))$

The considerations for a parallel unification algorithm were initiated by the development of a parallel theorem prover called PARTHEO [1] based on the connection method by Bibel [2]. The proposed ideas were implemented on a star-connected transputer network in the programming language OCCAM.

2 Method

This text is concerned with the full unification process, including occur-check. Most Prolog interpreters, however, do only what is called *matching*. Matching only produces the most general term substitution without the test for infinite substitutions. Therefore Prolog interpreters may produce wrong results, e.g. the query $X = X + 1$ is usually answered with 'yes'.

The basic data structure for the proposed unification method is a *directed acyclic graph* (dag). A dag d of a term t is closely related to the term's operator tree. However, d does not contain repeated subdags. Each repetitive appearence of a subterm s of the term t results in a reference to the already existing subdag for s. An example of a term and its corresponding dag is depicted in Figure 1. An exact definition of a dag can be found in *Automated Theorem Proving* by Bibel [2].

The unification task for two terms s and t is denoted by an arc connecting the roots of the corresponding dags. This arc originates in a connection found by the theorem prover PARTHEO. Two steps must be executed to perform a valid unification of t and s: The first step consists of the *matching* as performed by Prolog interpreters. It calculates the most general substitutions for the terms' variables that are necessary to make the terms identical. Subsequently the second step, namely the *occur-check*, assures that no infinite substitutions exist. In the case of infinite substitutions the unification of the two terms fails.

For the matching step the original arc connecting the roots of the two dags is forwarded along the edges. A method for the parallel processing of an arc has been introduced by Bibel, Kurfeß et al. in *Parallel Inference Machines* [4]. The forwarding of the arc a connecting nodes n_1 and n_2 is done in the following way: If a connects two nodes labeled with a function symbol the two function symbols are checked to be identical. In case of identical function symbols new arcs are generated, one for each edge leaving n_1 resp. n_2. More precisely, if the nodes n_1 and n_2 are labeled with the same function symbol f of a k-ary function,

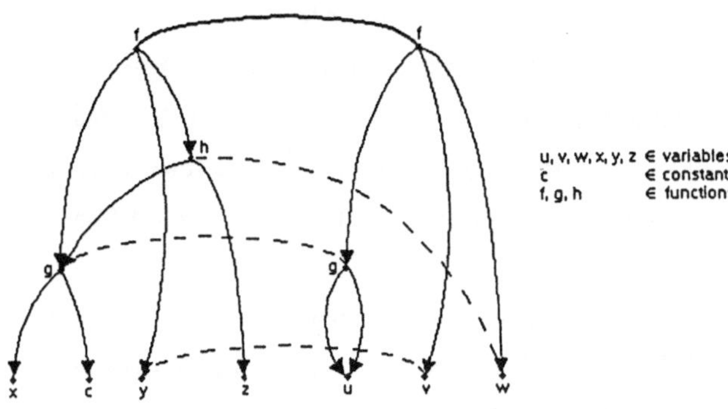

Figure 2: Forwarding of an arc

k new arcs are created, where the i-th arc connects the i-th subdag root of node n_1 with the i-th subdag root of node n_2. The new arcs are forwarded exactly in the same way as the original arc a. In case the arc a connects two nodes with different function symbols a so called *clash* occurs and the unification fails.

Figure 2 gives an illustration of the forwarding of an arc. The original arc connecting the roots of the two dags is split up into the three arcs spanning between nodes h and w, nodes g and g and nodes y and v. It is obvious that the forwarding of arcs can be done independently and thus offers a good source for parallelism.

The forwarding of an arc comes to a halt when the arc cannot be forwarded any more. An arc a cannot be forwarded any further if it connects a node labeled with a variable or a constant symbol with any other type of node. In this case a is called a *terminated arc.*

The matching is not yet completed when the forwarding has come to a halt. It also requires the construction of the *most general unifier* (mgu), which is achieved by the *chaining* of the terminated arcs. All nodes that are transitively connected by terminated arcs belong to one equivalence class, also called *cluster*. The mgu for each cluster is the *most specific element* of the cluster, where functions and constants are regarded more specific than variables. It is the task of the chaining to find the most specific element of each cluster.

The occur-check, the second step of the unification process, has to be postponed until all arcs are terminated. This is due to the fact that there is no possibility to find out whether a cluster is already complete. An occur-check in an incomplete cluster is useless, as the whole cluster must be checked again if a new node is added. Alike the forwarding of different arcs the occur-check for individual variables can be done in parallel. It is not necessary to check function nodes, as only variable nodes in combination with function nodes may cause infinite substitutions. As a further improvement clusters which contain only variables may also be dismissed.

The occur-check is performed by tracking the edges of the dag backwards from the variable nodes to the root. If a node is encountered, which is a member of the same cluster as the initial node, a recursive substitution has been detected; the unification fails. It is important to note that for all nodes n that are passed on the way up to the root *all* incoming edges of the cluster n belongs to must also be tracked.

of the occur-check as soon as it has checked all of its nodes.

To reduce the communication in the network and to remove the bottleneck around the master a hierarchical communication structure may be added to the plain torus. The dedicated communication nodes are organized in a tree-like structure. They bundle the messages towards the master, which is located at the tree's root. This tree structure guarantees that the data is passed from the slave to the master in logarithmic time.

Although the hierarchical slave-master communication structure diminishes the inter-slave communication, the plain torus and the torus with a hierarchical communication structure still suffer from a common deadlock problem. The deadlocks arise from the fact that the slaves may lock up in a circular communication. As the rendevous-concept in OCCAM does not allow to abort a sending request, it may happen that two slaves infinitely wait for each other's response.

The deadlock problem may be solved by a synchronized network. Directed communication among the slaves and a deterministic sequence of communication and processing steps provide the synchronization. By the alternation of both steps it can be guaranteed that every communication request is satisfied. The direction of the communication may be realized by a specific dedication of input and output streams to the neighbors of a node.

However, the proposals for the torus-like networks stated above are not satisfactory, if one thinks of the immense communication activity. It is easy to see that the forwarding of an arc requires only little processing time in comparison to an inter-slave communication. Hence the inter-slave communication is omitted and all slaves are directly connected to the master. The resulting network is star-connected.

The task distribution remains the same as on the torus-like networks. Deadlocks in the slave-master communication are avoided by a special protocol. The send-receive structure is directed, that is a communication is always initiated by a slave. The master, on its part, will always accept an incoming message.

A balance of workloads among the slaves is achieved via the master, which keeps a stack of non-terminated arcs. The master arc stack can be accessed by every slave. For a further reduction of communication each slave possesses a local arc stack. In case this stack is full, the superfluous arcs as well as encountered terminated arcs are sent to the master. Master communication is also necessary if the local arc stack of a slave is empty. This results in a demand-driven communication. Obviously the task distribution can remain the same as for the tori. The slaves do the forwarding and the occur-check, while the master performs the chaining.

The above considerations lead to the following valuation of the networks: A star-connected network seems to be more suitable than a torus, as deadlocks are easily avoided and communication is reduced to a minimum. Anyhow, the bottleneck at the master is not removed. Still all terminated arcs must be chained by the master. A disadvantage in comparison to the torus is that a star-connected network cannot be expanded in an unrestricted way. This is due to the fact that a processor usually has only a small number of communication ports. For our application this limitation is rather severe, as a transputer possesses only four hardware links.

Otherwise some complicated occur-problems are not noticed. As an optimization, the backtracking of the dag's edges can be stopped before reaching the dag's root. If the most complex element of the equivalence class is ℓ levels deep, it is sufficient to climb ℓ levels in the dag.

3 Network Considerations

In the following different networks and communication structures with their influence on the above method are examined. Each of the considered networks requires a central master for the control of a varying number of slaves in order to guarantee a correct evaluation of the unification task. The realizations differ mainly in the slave-master communication.

Out of the variety of networks three different torus structures were chosen: a plain torus, a torus with a hierarchical communication structure and a synchronized torus. As a simulation of a torus revealed, pressure balanced communication between the nodes proved to be optimal. A balance of the workloads among the slaves is achieved by the inter-slave communication. The purpose of the slave-master communication is the transmission of results.

A plain torus is a $m \times n$-matrix with circular connected edges of identical nodes called slaves and one master as an exposed processing unit. Thus the master is not an element of the regular structure but keeps track of the network status by overhearing the inter-slave communication.

A slave process is split up into a communication manager and a processing unit running in parallel. To improve performance, each part may run on a different processor. It is the task of the communication manager to balance the workloads and to pass on messages on their way to the master. Depending on the current part of the unification, the processing task executes the forwarding or the occur-check.

The chaining of the terminated arcs may either be performed once by the master or simultaneously by each slave. A major disadvantage of the first option is the bottleneck at the master, as all terminated arcs must be collected there. Additionally, a broadcast of the resulting equivalence class structure is necessary. The second principle requires the transmission of each terminated arc to every slave. This leads to a continuously high communication activity.

A non-trivial problem is the termination of the network, as the network is a distributed system without a common clock. The missing clock can be substituted by the current number of terminated arcs known to the master. This number is transmitted via piggy-backing[1] among the slaves. If a slave runs out of work, it sends an idle message to the master, which contains the latest terminated arc count known to the slave. The forwarding part is completed when all slaves report the same terminated arc number. It is essential that the number of terminated arcs known to the master is equal to that number.

In contrast to the forwarding termination, the termination of the occur-check is very easy. This is due to the fact that the occur-check does not dynamically generate workloads. Therefore the variable nodes to be checked may be statically designated to the processors. A fair distribution of variables among the processors is guaranteed if disjunct sets of variables are assigned to the processors. A processor has completed its part

[1] No extra communication is necessary; the number can be added to a regular message.

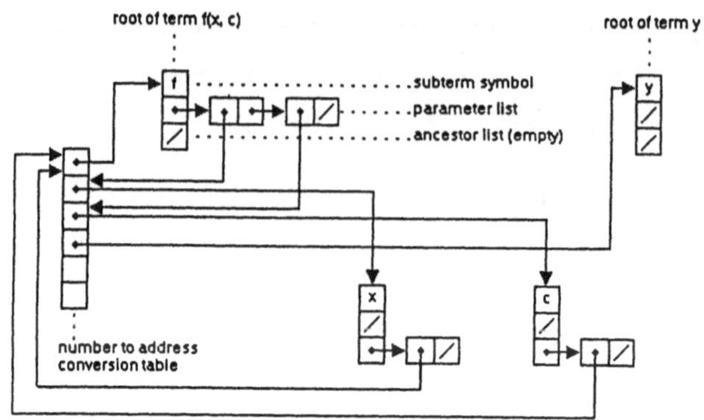

Figure 3: Heap structure for the terms $f(x, c)$ and y

4 Data Structures and Algorithms

The main data structure for the unification process, the dag, is a pointer structure representing the terms to be unified. As no pointer concept is available in OCCAM, an integer array is used to simulate the heap.

The dag's egdes are pointers to subdag roots while the nodes contain the function, constant and variable symbols of the terms to be unified. For every node a list of the node's ancestors is provided. This list is necessary for the occur-check, as the dag must be traversed from the leaves to its root. In addition to the above entries, function nodes contain a list of the node's subdags, i.e. the parameter terms. To simplify the algorithm, constants are implemented as functions without parameters.

The nodes are referred to by unique node numbers. For the conversion of a node number to a heap address a reference table is used which contains the heap address for each node. For an example of a term pair and the corresponding heap structure see Figure 3.

In the following an algorithm consisting of three processes is given that implements the proposed unification method. The processes for the forwarding and occur-check are intended to run on the slaves of the earlier described star-connected network, while the chaining process is executed by the master. It is assumed that each slave possesses a local stack of arcs. The master on its part stores arcs sent by the slaves on a stack as well. Using the above realization of a dag, the forwarding process for arcs can be implemented in the following way:

```
begin
  if  local arc stack is empty
     pop one arc from master arc stack
  else
     pop one arc from local arc stack

  case arc (n1, n2) of  type
    (funct, funct) :
      if  nodes n1 and n2 contain different function symbols
         print("clash")
      else
         push parameter arcs on local arc stack
```

```
    (funct, var), (var, funct), (var, var) :
      push arc on terminated arc stack

  if terminated arc stack is full or local stack is full
     send terminated arcs to master
     push superfluous arcs on master arc stack
end
```

The chaining of the terminated arcs can be seen as the construction of equivalence classes. For this kind of problem the well known *union-find* algorithm has been used in a slightly modified form. This algorithm is of almost linear order with respect to the number of the processed elements. The runtime performance of the union-find algorithm does not suffer from this modification. A description of the original algorithm and the runtime analysis has been described by Knuth [11].

Each time a terminated arc is reported to the master it determines the classes of the two nodes connected by the arc and combines the classes. The combination of the two classes has been modified in a way that the less specific class is added to the more specific class. Additionally, if there is a function node in a class, it is always the representative of a class.

The case that both classes are represented by a function node is worth mentioning. As the two classes should be equivalent, which is indicated by the terminated arc, this must be proved. Therefore a new arc connecting the representatives of the two classes must be generated to assure the equivalence of the classes. It is sufficient to prove the equivalence for the representatives as the equivalence of the representative and all class members is already known. The process for the chaining of two nodes n_1 and n_2 is outlined in the algorithm below:

```
begin
  find equivalence classes c1 and c2 of nodes n1 and n2
  if c1 ≠ c2
     combine c1 and c2
     if both classes contain function node
        create arc a connecting function nodes
        push a on forwarding stack
end
```

For the occur-check of a variable node n all incoming edges of n must be followed in the reverse direction until the root of the dag is reached. Additionally, all incoming edges of all clusters passed on the way up must also be tracked. If a node n' is reached on the way upwards which is an element of the same equivalence class as the initial node n, an occur problem has been encountered. As a consequence of the infinite substitution the unification fails. The following algorithm contains an important improvement. For all nodes passed the according clusters are marked. A marked cluster need not be checked again, as it has already been tested. The markings are only valid for the current variable. They are obsolete when the occur-check for the current variable has been completed. From the above considerations the following algorithm can be derived:

```
begin
  find equivalence class c of node n
  A := { n' | n' is ancestor node of node n }
  while A is not emtpy do
    choose node n' ∈ A
    remove n' from A
    find equivalence class c' of node n'
    if  class c' is not yet marked
      if  c ≠ c'
        for all n ∈ c' do
          A := A ∪ { n' | n' is ancestor node of class c'}
        mark c'
      else
        print("occurrence problem")
end
```

The above algorithms have been used for an experimental implemention of a star-connected network of four transputers (T800). This implementation showed that each additional slave processor results in a proportional reduction of the runtime consumption.

5 Algorithm Complexity

The complexity considerations are performed with the operator tree of the terms, to which the dag can be unfolded. The unfolding is aimed at multiplying the singularily represented subdags. Thus, the number of arcs to be forwarded can easily be computed.

In the following five parameters are used:

n number of nodes in the operator tree

$n/2$ maximum number of arcs in the operator tree (one arc always connects two nodes)

t number of terminated arcs

v number of variables in the operator tree

p number of processors available

The forwarding of $n/2$ arcs on p processors requires in the worst case a maximum number of order $O(n/2)$ steps. The chaining of t terminated arcs takes at most $O(n/2)$, as the number of arcs is an upper bound for the number of terminated arcs. Running in parallel, forwarding and chaining do therefore not consume more time than $O(n/2)$.

The occur-check for one variable requires in the worst case a maximum of $O(n/2)$ steps, as the possibly linear operator tree must be traversed from a leaf to its root. Therefore the check for v variables takes $O(vn/2)$. Checking the variables may be performed in parallel by independent processors. Thus, the complexity shrinks to $O(vn/2p)$, if p processors are available. With as many processors as variables, i.e. $p = v$, this results in linear complexity $O(n/2)$. The necessary serialisation of forwarding and occur-check leads to an overall complexity of $O(n/2)$.

In the best case, however, the computational order of the proposed algorithm is $O(\log n)$. This requires that the operator tree is balanced and deeper than wide. The first proposition leads to logarithmic order for the forwarding and the occur-check, while the second guarantees that the chaining can be neglected in comparison to the forwarding, as there are much more arcs than terminated arcs.

6 Conclusions

It is obvious that the overall computational order of the unification could not be improved by this approach. Nevertheless, a significant speedup has been gained in comparison to a sequential algorithm. A major achievement of parallelism is the reduction of the occur-check's complexity to linear order. As the above results show, speedups in unification are possible by parallelism. Further improvements can be achieved by a parallel chaining process and a parallel treatment of independent subdags. According to the fact that not all sources of parallelism have been exploited, even further improvements should be gainable.

References

[1] BAYERL, S., ERTEL, W., LETZ, R., KURFESS, F., SCHUMANN, J.: *PARTHEO/5: Layout and Design of Full First Order Logic Parallel Inference Machine*, ESPRIT 415F, Deliverable D14 (1988)

[2] BIBEL, W.: *Automated Theorem Proving*, F. Vieweg, Braunschweig, 2nd edition (1987)

[3] BIBEL, W.: *Matings in Matrices*, Comm. of the ACM, Vol. 26, No. 11, pp. 844-852 (November 1983)

[4] BIBEL, W., KURFESS, F., et al.: *Parallel Inference Machines*, Bericht Nr. ATP-68-II-87, Institut für Informatik, TUM (February 1987)

[5] CITRIN, W.V.: *Parallel Unification Scheduling in Prolog*, University of California, Report No. UCB/CSD 88/415, Berkeley, California 94720 (April 1988)

[6] DELCHER, A.L., KASIF, S.: *Efficient Parallel Term Matching*, Computer Science Department, The Johns Hopkins University, Baltimore, MD 21218 (1988)

[7] DWORK, C., KANELLAKIS, P., STOCKMEYER, L.: *Parallel Algorithms For Term Matching*, CADE8, 8th International Conference on Automated Deduction, Springer, Oxford (July 1988)

[8] HAGER, J., MOSER, M.: *PASTE — A Parallel System For Term Unification*, Fortgeschrittenenpraktikum, TUM (December 1988)

[9] HARLAND, J., JAFFAR, J.: *On Parallel Unification for Prolog*, New Generation Computing, OHMSHA, LTD., Tokyo (1987)

[10] JAFFAR, J.: *Efficient Unification over Infinite Terms*, New Generation Computing, OHMSHA, LTD., Tokyo (1984)

[11] KNUTH, D.E.: *The Art of Computer Programming I*, Second Edition, Addison Wesely Inc., Reading, Mass. (1973)

[12] KURFESS, F.: *Parallelism in Logic Programming*, Arbeitsgruppe Künstliche Intelligenz, Institut für Informatik, TUM (March 1988)

[13] PATERSON, M.S., WEGMAN, M.: *Linear Unification*, Journal of Computer and System Sciences, Vol. 16, pp. 158-167 (1978)

[14] ROBINSON, J.A.: *Logic: Form and Function*, North-Holland, New York (1979)

[15] SCHÜTTE, A.: *OCCAM 2 - Handbuch*, B.G. Teubner, Stuttgart (1988)

[16] SCHMIDT, G., STRÖHLEIN, T.: *Relationen und Graphen*, Springer, Berlin (1988)

[17] STEINMETZ, R.: *OCCAM 2*, Hüthig Verlag, Heidelberg (1988)

[18] WINSTON, P.H.: *Künstliche Intelligenz*, Addison Wesely, Bonn (1987)

[19] YASUURA, H.: *On the Parallel Computational Complexity of Unification*, ICOT Technical Report TR-027, Kyoto University (October 1983)

EQTHEOPOGLES

A Completion Theorem Prover for PL1EQ

Jörg Denzinger
Department of Computer Science
University of Kaiserslautern
denzinge@uklirb.uucp

Jürgen Müller
German Research Center on AI
(DFKI) Kaiserslautern
mueller@uklirb.uucp

Abstract
EQTHEOPOGLES is a theorem prover for first order predicate calculus with equality. It is based on a two-level Knuth-Bendix Completion Procedure on first order polynomials and terms. It combines the advantages of the THEOPOGLES system for pure first order predicate calculus with the advantages of ("unfailing") completion for pure equational reasoning. An overview of the system and its inference rules is given. EQTHEOPOGLES is shown to be complete even with interreduction and further improvements are discussed.

1. Introduction

It is well known that automated theorem provers without special handling of the equality predicate EQ have difficulties to prove such simple problems like "In a group $x^2 = e$ implies that the group is Abelian" which is mentioned for example in [CL73]. In fact, to deal with the equality means to deal with the following four properties : reflexivity, symmetry and transitivity of EQ and the substitution of equals for equals. Especially the last property causes much trouble if the axioms of EQ are simply added and a theorem prover for pure first order predicate logic is used.
There are two main approaches to handle equality. The first is to use a special inference rule in addition to the inference rules of a theorem prover without equality, for example paramodulation together with resolution and factorization ([RW69]). The second is to develop an inference rule that extends the inference rules without equality to use the given equality atoms as underlying theory, for example the E-resolution principle in [Mo69].
The EQTHEOPOGLES system uses the first approach. As in the THEOPOGLES system for pure first order predicate logic ([Mü87], [Mü88], [De87], [DM87]) a given formula F, which is proved to be E-valid (i.e. valid under all interpretations which reflect the properties of EQ), is transformed into an equational system PE of first order polynomials and the reflexivity atom EQ(x,x) + 1 = 0 is added to PE.
The basic idea is that polynomial equations of the form EQ(s,t) + 1 = 0 can be handled seperately. EQ(s,t) + 1 = 0 means that EQ(s,t) = 1 or in other words, that s=t is a true term equation. Transforming all those polynomial equations into term equations yields in two systems : A set $\{p_i=0\}_{i=0...n}$ of polynomial equations and a system $\{s_j=t_j\}_{j=0...m}$ of term equations. Now we can adapt the ideas of the Knuth-Bendix Completion procedure [KB70] on both systems. The polynomial equations are processed by the THEOPOGLES approach and the standard Completion method is used for the term equations. But since these two systems are not independent, they are combined through special inference rules. The combination of these three features defines the EQTHEOPOGLES prover.
The idea to incorporate ideas from the rewriting theory to resolution is not new, for

example [WRCS67] and [Ru87]) showed the advantages of an inference rule for equality that is similar to that procedure for equality facts. In the last years they are worked out for completion theorem provers consequently ([Hs87], [KZ88]).
But as THEOPOGLES is an improvement of Hsiang's N-Strategie (c.f. [Hs82], [MS88]) EQTHEOPOGLES improve his EN-Strategie ([Hs87]), because it avoids the use of unnecessary inference steps and provides a stronger reduction relation.
In the following we will give a description of the inference rules of EQTHEOPOGLES and a sketch of the completeness proof of this set of inference rules. Then we will show the advantages of our method. From our experiences of the system's behaviour with hard examples in literature ([Mc88], [LO85]) we give finally hints for further improvements of the system.

2. The inference rules

It is supposed that the reader is familiar with first order predicate logic (PL1), its extension with equality (PL1EQ), Knuth-Bendix completion and provers using polynomial equations (c.f. [CL73], [Hu81], [KB70], [Hs82]).
As we describe a completion theorem prover we have as objects not clauses but polynomial equations and in our case terms. Polynomial equations are of the form $m_1+m_2+...+m_k = 0$, were + is the operator XOR and the monomials m_i are conjunctions $L_1*L_2*...L_n$ of atoms L_j. With respect to the nilpotence of + and the idempotence of * the m_i and L_j are disjunct. We will call such polynomials flat. Our inference rules will always construct flat polynomials. If there appear non-flat polynomials they will be transformed into logical equivalent flat ones by using the nilpotence and idempotence as mentioned above. To avoid much indexing and unnecessary symbols in definitions we will represent flat polynomials often as factors or sums of factors, for example m*p or $L*p_1+p_2$ (L atom, m monomial, p,p_1,p_2 polynomials).
Given a formula F, it can be transformed, via the clause form w.r.t. ¬F, into a set $PE=\{p_i=0\}_{i=1..n}$ of polynomial equations, s. th. F is (E-)valid iff PE has no solution i.e. there is no (E-)interpretation I, s.th. I(p) = false for all p = 0 ∈ PE (see [Hs82], [Mü87]).
EQTHEOPOGLES uses a two-level Completion Procedure. On the term rewrite level (TES) a system R of term rewrite rules $s \Rightarrow t$ is defined by polynomial equations in PE of the form $EQ(s,t) + 1 = 0$, where $s>t$ for a simplification ordering >. Because this ordering and its extension to atoms is needed for the completeness of EQTHEOPOGLES, we will explain it in 3. All other polynomial equations are subject to the polynomial system $\mathcal{E}$.
We describe the inference rules of EQTHEOPOGLES in three steps. First we define the basic superpositions over the whole system PE. These inferences form a complete, but inefficient, system for PL1EQ themselves. Then we introduce the simplification on the polynomial level ($\mathcal{E}$). Finally we describe the inferences we need to include the term rewrite level (R) for handling equality facts.

2.1. Basic superpositions

The following three inference rules work on the set PE of polynomial equations. Since our inference rules are restricted to special polynomial equations we like to divide the set of polynomials in two classes :
A polynomial p that can be written as $p \equiv m*p_{EQ}$, where p_{EQ} is a polynomial constructed out of E(quality)-atoms and/or 1 and there is no E-atom in p_{EQ} that appears

in every monomial of p_{EQ} and where m is a monomial is called a GX-polynomial. An equation p=0 where p is a GX-polynomial is a GX-equation. Every polynomial that is not a GX-polynomial is called a NGX-polynomial (non-GX-polynomial). Similar an equation p=0 where p is a NGX-polynomial is a NGX-equation.
Similar to the THEOPOGLES system we have an inference rule Superposition.

Def.: *Superposition*
1) Let L*m*p=0 be a GX-equation and q=0 a NGX-equation, $q \equiv L'*q_1 + q_2$. If σ is the mgu of L and L′ and q′ the flat polynomial to $\sigma(m*p*q_2)$ then q′=0 is generated by Superposition.
2) Let EQU*m*p=0 and q=0 be GX-equations and EQU an E-atom, $q \equiv EQU'*q_1 + q_2$, $q_2 \neq 0$. If σ is the mgu of EQU and EQU′ and q′ the flat polynomial to $\sigma(m*p*q_2)$ then q′=0 is generated by Superposition.

Example : P(x,b)*Q(b,z)*EQ(x,z) + P(x,b)*Q(b,z) = 0, P(a,y)*R(y,d) + R(y,d) = 0.
The unification of P(x,b) and P(a,y) leads to R(b,d)*Q(b,z)*EQ(a,z) + R(b,d)*Q(b,z) = 0.

Notice that the generation of new equations by Superposition corresponds to the generation of resolvents, if the parent equations correspond to clauses (c.f. [Mü88]). Also a restricted form of "factorization" is needed.

Def.: *Factorization*
Let p=0 be a GX-equation, $p \equiv L*L'*p_1 + p_2$ and σ the mgu of L and L′. If q is the flat polynomial to $\sigma(L*p_1 + p_2)$ then q=0 is generated by Factorization.

Example : P(g(x),f(a,y))*P(g(y),f(a,b)) = 0
With $\sigma = \{x \leftarrow b, y \leftarrow b\}$ we get P(g(b),f(a,b)) = 0 by Factorization.

The inference rule Paramod-Superposition deals with the equality predicate EQ and its properties and, as the name "Paramod-" indicates, it is the transformation of the (improved) paramodulation rule for clause based theorem provers to polynomial equation based provers.

Def.: *Paramod-Superposition*
Let p=0 and $EQ(s,t)*q_1 + q_2 = 0$ be polynomial equations, $p \equiv L*p_1 + p_2$, r a subterm of L at position n (L/n = r), r no variable and σ the mgu of s and r. If q is the flat polynomial to $\sigma(L[n \leftarrow t]*p_1*q_2 + p_2*q_2)$ then q=0 is generated by Paramod-Superposition.

Note here that, because EQ is symmetric, also t can be used instead of s and then we get $\sigma(L[n \leftarrow s])$ instead of $\sigma(L[n \leftarrow t])$. If s and t are comparable under a given simplification ordering >, we only need to consider the bigger term to be unified in Paramod-Superposition.

Example : P(f(a,x),f(x,d)) + 1 = 0, EQ(f(y,c),g(y))*R(y,d) + R(y,d) = 0
Let us assume that f(y,c)>g(y). Then P(g(a),f(c,d))*R(a,d) + R(a,d) = 0 is generated by Paramod-Superposition.

If we do not construct a term rewrite system out of polynomial equations EQ(s,t) + 1 = 0 and therefore do not remove these equations from $\mathcal{E}$, the three inference rules

Superposition, Factorization and Paramod-Superposition constitutes a sound and complete set of inference rules for PL1EQ. Of course a system only using these inference rules is not very effective.

2.2. Polynomial simplification

The efficiency of completion algorithms can be increased by using reduction. Reduction uses rewrite rules to simplify structures. In our case the structures are polynomials and polynomial equations and the rewrite rules are constructed out of polynomial equations. We do not use every polynomial equation as rewrite rule and therefore we get this definition.

Def.: *Polynomial Rewrite Rule*
Let p = 0 be a polynomial equation in $\mathcal{E}$. p=0 is used as
a) GG-rule m→0, if p ≡ m, m monomial.
b) GI-rule EQU*m→m, if p ≡ EQU*m + m, m monomial, EQU equality atom.
c) F-rule L→1, if p ≡ L + 1, L atom.
d) I-rule L*m→m, if p ≡ L*m + m, L atom, but no equality, m monomial.

In the following we use either p=0 or the rule representation for an element of $\mathcal{E}$ that is a polynomial rewrite rule. Note that GG- and GI-rules are rules to GX-equations and F- and I-rules to NGX-equations. The definition reflects essentially the polynomial rewrite relation developed in THEOPOGLES.

Def.: *Polynomial Reduction*
Let $\mathcal{E}$ be a polynomial sytem with term rewrite system R.
1) Let hd→tl ∈ $\mathcal{E}$ be a GG-rule, GI-rule or a F-rule and p=0 ∈ $\mathcal{E}\backslash\{hd\to tl\}$. If $p \equiv \sigma(hd)*p_1 + p_2$ then $\mathcal{E}' = \mathcal{E}\backslash\{p=0\} \cup \{q=0\}$, with q flat polynomial to $\sigma(tl)*p_1 + p_2$, results from $\mathcal{E}$ by Polynomial Reduction.
2) Let hd→tl ∈ $\mathcal{E}$ be an I-rule and $m*p_{EQ}=0 \in \mathcal{E}\backslash\{hd\to tl\}$, with $m*p_{EQ}$ a GX-polynomial, m monomial. If $m \equiv \sigma(hd)*m'$ then $\mathcal{E}' = \mathcal{E}\backslash\{m*p_{EQ} = 0\} \cup \{q = 0\}$, with q the flat polynomial to $\sigma(tl)*m'*p_{EQ}$, results from $\mathcal{E}$ by Polynomial Reduction.

Note that I-rules can only be applied to certain polynomial equations and only to factor monomials. Later we will see in the completeness proof of EQTHEOPOGLES, why we have to made this restriction.

Examples :
1) $\mathcal{E}$ = {P(x)*Q(y) = 0 , P(z)*Q(b) + Q(b) = 0}
By using Polynomial Reduction with GG-rule P(x)*Q(y)→0 we get
$\mathcal{E}'$ = {P(x)*Q(y) = 0 , Q(b) = 0}.
2) $\mathcal{E}$ = {P(b)*Q(c) = 0 , P(z)*Q(y) + Q(y) = 0}
By using Polynomial Reduction with I-rule P(z)*Q(y)→Q(y) we get
$\mathcal{E}'$ = {Q(c) = 0 , P(x)*Q(y) + Q(y) = 0}.

Note that the Polynomial Reduction is not simply a subsumption test, which is used in clause based provers to simplify the clause set, but it generates a kind of minimal representation of the knowledge represented by the equations. Polynomial Reduction also leads to polynomial equations without corresponding clauses (see [Mü88], [DKM89] for a detailed discussion of this subject.).

2.3. Equality handling using term rewriting

EQTHEOPOGLES does not only work with polynomial equations but also with term rewrite rules. Polynomial equations of the form $EQ(s,t) + 1 = 0$, with $s>t$, are transformed into TES-rules $s \to t$. Let $\mathcal{E}$ be a system of polynomial equations, $E = \{EQ(s,t) + 1 = 0 \in \mathcal{E} \mid s > t\}$ and $R = \{s \to t \mid EQ(s,t) + 1 = 0 \in E\}$. Then $\mathcal{E}$ is transformed into a pair $(\mathcal{E} \backslash E, R)$. The set of term rewrite rules in R are used to normalize equations in $\mathcal{E}$ and rules in R itself.

Def.: *TES-Reduction*

Let $\mathcal{E}$ be a polynomial system and R a term rewrite system.

1) Let $l_1 \to r_1$ be in R, $l_2 \to r_2$ in $R \backslash \{l_1 \to r_1\}$, s a subterm of l_2 or r_2 ($s = l_2/n$ or $s = r_2/n$) and $\sigma(l\ ) = s$.
   If $l\ = l_2[n \leftarrow \sigma(r_1)]$ or
   $r = r_2[n \leftarrow \sigma(r_1)]$ then $(\mathcal{E}_1, R_1)$ results from $(\mathcal{E}, R)$ by TES-Reduction if either
   a) $\mathcal{E}_1 = \mathcal{E}$, $R_1 = R \backslash \{l_2 \to r_2\} \cup \{l' \to r'\}$ if $l>r$, $l'=l$, $r'=r$ or $r>l$, $l'=r$, $r'=l$ or
   b) $\mathcal{E}_1 = \mathcal{E} \cup \{EQ(l,r) + 1 = 0\}$, $R_1 = R \backslash \{l_2 \to r_2\}$.
2) Let $l \to r$ be in R, $p = 0$ in $\mathcal{E}$, s a subterm of an atom L in p ($p \equiv L*p_1 + p_2$, $s = L/n$). If $\sigma(l) = s$ and q the flat polynomial to $L[n \leftarrow \sigma(r_1)]*p_1 + p_2$, then $(\mathcal{E}_1, R_1)$ results from $(\mathcal{E}, R)$ by TES-Reduction, if either
   a) $\mathcal{E}_1 = \mathcal{E} \backslash \{p=0\}$, $R_1 = R \cup \{l' \to r'\}$ if $q \equiv EQ(l',r') + 1$ and $l'>r'$ or
   b) $\mathcal{E}_1 = \mathcal{E} \backslash \{p=0\} \cup \{q=0\}$, $R_1 = R$.

Example : $\mathcal{E} = \{P(f(b,a)) + 1 = 0\}$ $R = \{f(x,a) \to g(x)\ ,\ f(g(y),a) \to h(y)\}$
By using TES-Reduction on $P(f(b,a) + 1 = 0$ we get $\mathcal{E}_1 = \{P(g(b)) + 1 = 0\}$ and $R_1 = R$ and then on $f(g(y),a) \to h(y)$ we get $\mathcal{E}_2 = \mathcal{E}_1$ and $R_2 = \{f(x,a) \to g(x)\ ,\ g(g(y)) \to h(y)\}$, if we assume that $g(g(y)) > h(y)$.
Else we get $\mathcal{E}'_2 = \mathcal{E}_1 \cup \{EQ(g(g(y)),h(y)) + 1 = 0\}$ and $R'_2 = \{f(x,a) \to g(x)\}$.

The simplification of terms is also mentioned in [Pe83] or [Hs87]. In EQTHEOPOGLES it is a strict consequence of the handling of equality by a term rewrite system. To perform the KB Completion on R we need also the critical pair mechanism.

Def.: *Critical-Pair-Inference*

Let $l_1 \to r_1$ and $l_2 \to r_2$ be two TES-rules, s a subterm of l_1 at position n ($L/n = s$) and σ the mgu of s and l_2. Let further be $l = \sigma(l_1[n \leftarrow r_2])$ and $r = \sigma(r_1)$. If l and r are comparable under the given term ordering >, for example $l>r$, then the TES-rule $l \to r$, else the polynomial equation $EQ(l,r) + 1 = 0$ is generated by Critical-Pair-Inference.

Example : $f(h(x,d)) \to g(x,f(d)) \in R$, $h(c,y) \to y \in R$
By Critical-Pair-Inference we get the new TES-rule $g(c,f(d)) \to f(d)$.
Since the right hand side is a subterm of the left hand side every simplification ordering will order these terms as above.

Until now we have a special completion procedure on $\mathcal{E}$ and the standard completion on R. Actually the two levels are combined through the reduction of predicate arguments by the rewrite rules from R. This is not enough. A stronger connection is made by the next definition.

Def.: *TES-Paramod-Superposition*

1) Let p=0 be a polynomial equation, $l \to r$ a TES-rule, s a subterm in an atom L of p at position n ($p \equiv L*p_1 + p_2$, $L/n = s$) and σ the mgu of s and l. If q is the flat polynomial to $\sigma(L[n \leftarrow r]*p_1 + p_2)$ then q=0 is generated by TES-Paramod-Superposition.
2) Let p=0 be a polynomial equation of the form $p \equiv EQ(s,t)*p_1 + p_2$, $l \to r$ a TES-rule, s′ a subterm of EQ(l,r) at position n ($EQ(l,r)/n = s'$) and σ the mgu of s and s′. If q is flat polynomial to $\sigma(EQ(l,r)[n \leftarrow t]*p_2 + p_2)$ then q=0 is generated by TES-Paramod-Superposition.

Again, t could be used instead of s, because EQ is symmetric, and we only use the bigger term, if t and s are comparable.

Example : $f(g(x,c)) \to f(c) \in R$, $P(f(g(d,y)))*Q(f(y)) = 0 \in \mathcal{E}$.
By TES-Paramod-Superposition we get the new equation $P(f(c))*Q(f(c)) = 0$.

The Critical-Pair-Inference is the known completion step of the KB-algorithm for terms. It can be also seen as a restricted Paramod-Superposition step because in using Paramod-Superposition you have to consider subterms of r_1, too. But this leads to no new information, i.e. a new equation will be reduced to 0 by TES-Reduction. Finally TES-Paramod-Superposition combines the polynomial part of EQTHEOPOGLES and the term rewrite part. Together with the TES-Reduction it is the only inference rule that operates on polynomials and TES-rules. It also can be seen as the extension of Paramod-Superposition of polynomials to the term rewrite system which is mentioned by the name TES-Paramod-Superposition.
The following picture shows the two levels, the inference rules and their domains.

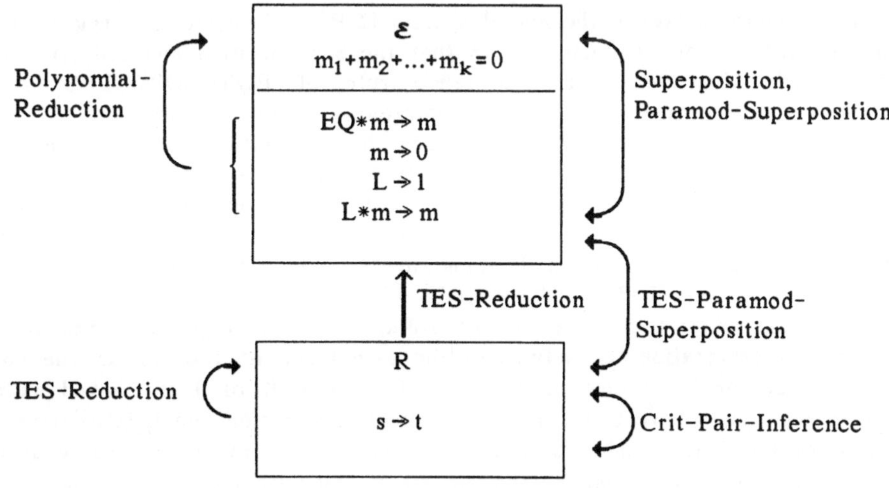

Before we discuss the completeness of EQTHEOPOGLES let us consider the group problem of [CL73] from the beginning. Using a Knuth-Bendix-Ordering ([KB70]) with weights λ : $\lambda(f) = 4$, $\lambda(a) = \lambda(b) = 1$, $\lambda(e) = 2$, $\lambda(i) = 3$ and an ordering on the functionsymbols a<b we get the initial system

(1) $EQ(f(a,b),f(b,a)) \to 0$
(2) $EQ(u,u) \to 1$
(3) $f(u,u) \to e$
(4) $f(u,e) \to u$

(5) f(e,u) → u
(6) f(u,i(u)) → e
(7) f(i(u),u) → e
(8) f(f(u,v),w) → f(u,f(v,w)).

The polynomial system consists of (1) and (2) and the term rewrite system of (3)-(8). The operator of the group is f, i denotes the inverse operator and e the neutral element. Then (3) reflects the nilpotence of f and (1) is constructed from the negation of the conclusion, i.e. the group is abelian, at least for two elements a and b.
EQTHEOPOGLES generates the following proof.

(9) i(e) → e (Critical-Pair-Inference between (4) and (7))
(10) f(u,f(v,f(u,v))) → e (Critical-Pair-Inference between (8) and (3))
(11) f(u,f(u,v)) → v (Critical-Pair-Inference between (8) and (3))
(12) i(u) → u (Critical-Pair-Inference between (11) and (7))
(6), (7) and (9) deleted by TES-Reduction with (12)
(13) f(u,f(v,u)) → v (Critical-Pair-Inference between (11) and (10))
(10) deleted by TES-reduction with (13)
(14) EQ(f(u,v),f(v,u)) → 1 (Critical-Pair-Inference between (13) and (11))
(15) 1=0 (Polynomial-Reduction of (1) with (14))

3. Soundness and Completeness of EQTHEOPOGLES

For the following we assume that there is a fair selection of the superposition inference steps and after every inference the actual system ($\mathcal{E}$,R) is brought in normalform to both reduction relations. It can be easily shown that the superposition and reduction inference rules are sound. Moreover, every inference rule of EQTHEOPOGLES is solution invariant. So we concentrate here on the completeness of our system.
For our proof we use a technique developed for resolution and paramodulation by Peterson ([Pe83]), the shrinking of E-semantic trees. As we use reduction rules we have not the possibilty to use a lifting lemma like Peterson. So during the proof we have to deal with ground substitutions and non-flat polynomials, but the general idea is due to Peterson. For the definition of an E-semantic tree T w.r.t. an ordering > and an equational system PE see [Pe83] and especially [De88].
A node N of T has up to two successors according to the n-th ground atom, say A, in > and the partial interpretation I_N, defined by the path from the root to N. The edge N-M from N to a successor M is labeled A=1 or A=0. A leaf K of T is marked with $\sigma(p)=0$, its refutation equation, where $p=0 \in PE$, σ a ground substitution and $I_K(\sigma(p))$=true.
If there is always a finite number of inferences that transform an unsolvable system into a system with a smaller E-semantic tree, i.e. an E-semantic tree with a smaller number of nodes, then the set of inferences is complete. Eventually a system will be reached whose corresponding E-semantic tree consists only of the root. Thus this system must contain 1=0 because the partial interpretation represented by the root interprets no other atoms.
So we have to show that the inference rules of EQTHEOPOGLES have this property. Let us first consider only the rules Superposition, Factorization and Paramod-Superposition and let the TES-rules remain in $\mathcal{E}$. The shrinking of the E-semantic tree T w.r.t. $\mathcal{E}$ is performed on a special node in T, at the end of the so called inference path. This is the path from the root of T to the rightmost node N of T which has only leaves as direct successors. The inference path is shown below.

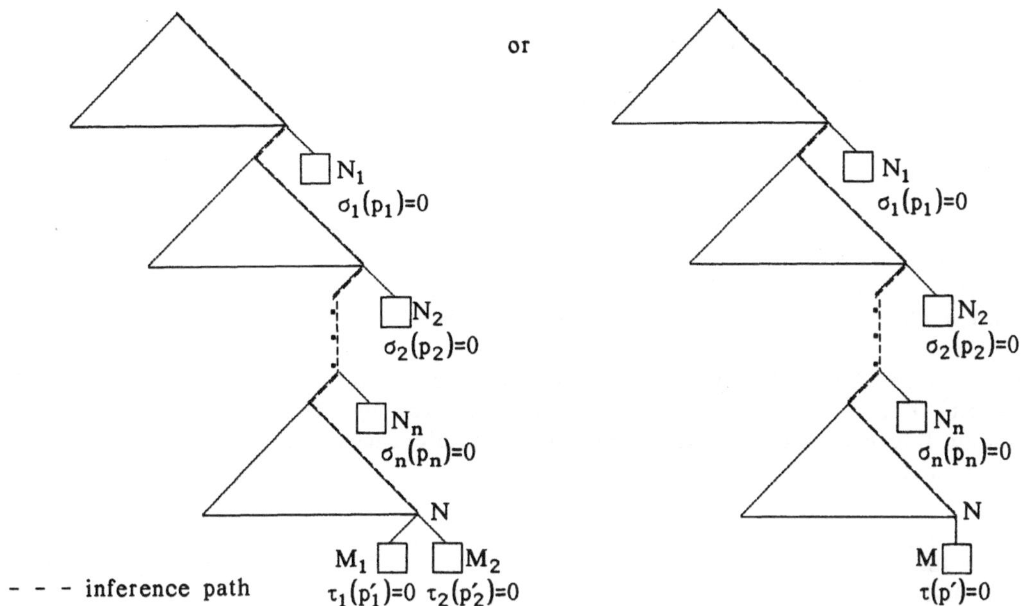

If N has only one successor M and N-M is not labeled EQ(t,t) = 1, but A = δ, then A≡A[n←s] and there are atoms B and C with B<A and C<A, C≡EQ(s,t) and B≡A[n←t] and $I_N(C)$ = true. According to the definition of E-semantic trees w.r.t. an equational system one of the leaves N_i have an edge labeled C = 0. Therefore $\sigma_i(p_i)$ contains C, but not as factor and so Paramod-Superposition can be applied to produce a new polynomial equation q=0 with a ground instance μ, s.th. $I_M(\mu(q))$ = true and μ(q) has no occurence of A in it. So $I_N(\mu(q))$ = true and N is getting a leaf of the tree. Thus the resulting tree has a smaller number of nodes.
In the other two cases we have to use Superposition to shrink the tree. If N has only one successor M, N-M labeled EQ(t,t) = 1 for a term t, the other polynomial equation to use is EQ(x,x) + 1 = 0. Else the Superposition inference must take p'_1 =0 and p'_2 =0. In both cases one of the successors of N must be marked with a ground instance of a GX-equation. This however can not be guaranteed. But using the three inference rules with the refutation equations of the nodes $N_1,...,N_n$, we can construct a refutation equation for a successor of N that is in fact a GX-equation. Then by a finite number of Superpositions between p'_1 =0 and p'_2 =0 we can generate an equation q=0, s.th. there is a ground substitution μ and $I_N(\mu(q))$ = true, because in μ(q) there is no occurrence of A left. Again N is getting a leaf and the resulting tree has a smaller number of nodes.
Thus the following theorem holds.

Theorem 1 :
Let F be a formula in first order predicate calculus and PE the set of polynomial equations w.r.t. ¬F. F is E-valid iff 1=0 is generated from PE ∪ {EQ(x,x) + 1 = 0} by a system using Superposition, Factorization and Paramod-Superposition.

But EQTHEOPOGLES uses also reduction inference rules. How does this influence the statement of theorem 1? In [De88] we get the following results.
1) The E-semantic tree T_2 to an equational system $\mathcal{E}_2$ which is generated from a system $\mathcal{E}_1$ with E-semantic tree T_1 by Polynomial Reduction or TES-Reduction has not more

nodes as T_1.

2) The shrinking process of the E-semantic trees can still be performed after a Polynomial Reduction or TES-Reduction step.

For proving the second result it is necessary that the reduction relations do not reduce GX-equations to NGX-equations. Therefore I-rules can only be applied in the defined manner.

Theorem 2

Let F be a formula in first order predicate calculus and $(\mathcal{E},R)$ the system corresponding to $\neg F$. F is E-valid iff 1=0 is generated from $(\mathcal{E},R)$ by a system using Superposition, Factorization, Paramod-Superposition, Polynomial-Reduction and TES-Reduction.

Finally it can be shown that all polynomial inferences with polynomial equations of the form $EQ(s,t) + 1 = 0$, $s>t$, involved can be simulated by TES-Paramod-Superposition, Critical-Pair-Inference and TES-Reduction or these inferences are unnecessary. Therefore we get the final theorem

Theorem 3

Let F be a formula in first order predicate calculus. F is E-valid iff 1=0 is generated by EQTHEOPOGLES.

4. Advantages and further improvements

If we compare EQTHEOPOGLES with other theorem proving methods including equality we see the following advantages.

- The application of the superpositions is very restricted. For example, the Superposition rule might save an exponential factor relative to Hsiangs approach with multiple overlaps.
- EQTHEOPOGLES uses two kinds of reduction relations and minimize both sets, $\mathcal{E}$ and R, with these relations. So we get always a minimal representation of the system. Compared to the stronger reduction mentioned in [KZ88] (i.e. every clause is used as (conditional) rewrite rule) the effort for a reduction is very small.
- As EQTHEOPOGLES uses an explizit term rewriting system instead of an inference rule, that behaves like the critical pair generation, such as the rule of Rusinowitch [Ru87], we can use criteria to avoid unnecessary critical pairs without further proofs. Examples of such criteriae are those of Kapur et al. ([KMN88]) or Winkler ([Wi84]).
- Having three disjunct inference rules for equality (Paramod-Superposition, Critical-Pair-Inferenz and TES-Paramod-Superposition) the possibility to prefer one rule over another is given and heuristic methods to reduce the search space can be easily developed and implemented. (At the moment we prefer the Critical-Pair-Inference over the two others, because there are known heuristics to rate a critical pair. Criteriae to rate the other inference rules are subject to further investigations.)

The EQTHEOPOGLES system described here may be seen as a basic completion system that has to be improved in order to use it in different problem domains. Our tests with hard examples, (c.f. [Mc88] or [LO85]) like SAM's lemma and the commutativity of a ring with $x^3=x$ showed that in order to solve such problems EQTHEOPOGLES has to be extended to deal with underlying equational theories (e.g. AC). Further we must use the given possibility to easily implement heuristics to develop better ones. Since EQTHEOPOGLES is a completion theorem prover the works about rewriting modulo a theory may be used to make the extension.

Nevertheless the examples 1-4 of [LO85] can be solved by EQTHEOPOGLES without any improvements of the described method (see [DKM89]).

References:

[CL73] Chang, C.L. ; Lee, R.C. : Symbolic Logic and Mechanical Theorem Proving, Academic Press, 1973.

[De87] Denzinger, J. : Implementation of a Theorem Prover Based on Rewriting-Techniques (in German), project-report, University of Kaiserslautern, 1987.

[De88] Denzinger, J. : EQTHEOPOGLES (in German), M.S. Thesis, University of Kaiserslautern, 1988.

[DKM89] Denzinger, J. ; Kassel, S. ; Müller, J. : Proving Theorems with the CTP (EQ-)THEOPOGLES, Overview, user manual and solutions, technical report, University of Kaiserslautern, to appear 1989.

[DM87] Denzinger, J. ; Müller, J. : THEOPOGLES user manual, University of Kaiserslautern, 1987.

[Hs82] Hsiang, J. : Topics in Automated Theorem Proving and Program Generation, report University of Illinois, 1982.

[Hs87] Hsiang, J. : Rewrite Method for Theorem Proving in First Order Theory with Equality, J. of Symbolic Computation 3, 1987, pp. 133-151.

[Hu81] Huet, G. : A Complete Proof of Correctness of the Knuth-Bendix Completion algorithm, J. of Comp. and System Sciences 23, 1981, pp. 11-21.

[KMN88] Kapur, D. ; Musser, D.R. ; Narendran, P. : Only Prime Superpositions Need be Considered in the Knuth-Bendix Completion Procedure, J. of Symb. Comp. 6, 1988, pp. 19-36.

[KZ88] Kapur, D. ; Zhang, H. : First-Order Theorem Proving using Conditional Rewrite Rules, Proceedings CADE, 1988.

[KB70] Knuth, D.E. ; Bendix, P.B. : Simple Word Problems in Universal Algebra, Computational Algebra, J.Leach, Pergamon Press, 1970, pp. 263-297.

[LO85] Lusk, E.L. ; Overbeek, R.A. : Reasoning about Equality, J. of Automated Reasoning 1, 1985, pp. 209-228.

[Mc88] McCune, W. : Challenge Equality Problems in Lattice Theory, Proceedings CADE, 1988.

[Mo69] Morris, J.B. : E-resolution : Extension of Resolution to Include the Equality, Proc. IJCAI, Washington D.C., 1969, pp. 287-294.

[MS88] Müller, J. ; Socher-Ambrosius, R. : On the Unnecessity of Multiple-Overlaps in Completion Theorem Proving, Proc. 12th GWAI, 1988, Springer IFB 181.

[Mü87] Müller, J. : THEOPOGLES - A Theorem Prover Based on First-Order Polynomials and a Special Knuth-Bendix Procedure, Proc. 11th GWAI, 1987, Springer IFB 152.

[Mü88] Müller, J. : Theorem Proving with Rewrite-Techniques, - Methods, Strategies and Comparisons - (in German), Ph.D. Thesis, University of Kaiserslautern, 1988.

[Pe83] Peterson, G.E. : A Technique for Establishing Completeness Results in Theorem Proving with Equality, SIAM Journal of Computing 12, 1, 1983, pp. 82-100.

[Ru87] Rusinowitch, M. : Demonstration automatique par des techniques de reecriture (in French), These de Doctorat d'Etat en Mathematique, Nancy, 1987.

[RW69] Robinson, G. ; Wos, L. : First-order Theorem Proving with Equality, Mach. Intelligence, vol. 4, Edinburgh, 1969, pp. 135-150.

[Wi84] Winkler, F. : The Church-Rosser Property in Computer Algebra and Special Theorem Proving : an Investigation of Critical Pair Completion Algorithms, Ph.D. Thesis, J.-Kepler University Linz, 1984.

[WRCS67] Wos, L. ; Robinson, G. ; Carson, D. ; Shalla, L. : The Conzept of Demodulation in Theorem Proving, J. of ACM 14, 1967, pp. 698-709.

A Resolution Calculus Extended by Equivalence

Jürgen Müller *Rolf Socher-Ambrosius*
DFKI *Fachbereich Informatik*

Universität Kaiserslautern
D-6750 Kaiserslautern, W. Germany

Abstract: In this paper a resolution calculus with logical equivalence is presented. It is based on the fact that equivalence of literals behaves very similar to equality of terms. We show that the well known methods of equality reasoning, like paramodulation and demodulation, apply equally well to logical equivalence. Using equivalence is one way to transform an equality free representation of problems, for which resolution often performs very poorly, into a more suited equality-like notation that allows the use of the appropriate inference rules.

1 Introduction

As is the case in most languages, many ways exist for representing information to an automated reasoning program. One has, for instance, the choice between the predicate notation $Iyx \Rightarrow Pxye$ and the functional notation $P\,x\,inv(x)\,e$, when encoding that the product of x and its inverse is e. Another example is the question whether to use the predicate notation $Pxyz$ to express that z is the product of x and y, or to use the equality notation $fxy = z$. Usually the performance of a reasoning system heavily depends on the choice of notation, together with the choice of inference rule. For instance, if resolution is the chosen inference rule, while the problem is represented in the equality formulation, even simple problems become difficult to solve. Wos (1988) reports a proof of the commutator theorem of group theory, which was solved in 2 CPU seconds employing the inference rule *paramodulation* (Robinson & Wos 1969). The same problem took some 100 CPU seconds, when *hyperresolution* (Robinson 1965) was used instead of paramodulation. In general, there is a number of advantages of using an equality oriented notation, together with the appropriate choice of inference rule. It is not only that these proofs are shorter, in particular when *demodulation* (Wos 1967) is employed. Moreover, these proofs are often much more natural and easier to read. The performance of reasoning systems could thus be considerably increased, if the inference rules of paramodulation and demodulation could be made applicable also to problems that are represented in an equality-free notation. One possible way to deal with this task is the incorporation of *logical equivalence* into clause resolution. This approach is based on the correspondence between equivalence of literals and the equality of terms. This similarity finds expression in the fact that translating the functional expression $fxy = fuv$ into predicate notation yields the logical equivalence $Pxyz \equiv Puvz$. This hints that equality problems, which are denoted in an unsuited, predicative notation, admit a translation back into a more suited equivalence notation. Moreover, a resolution calculus that is extended by logical equivalence provides the power of paramodulation and demodulation also for problems that cannot be represented in an equality notation. For instance, the problem consisting of the axiom $\forall x\, Px \equiv \neg Pfx$ and the theorem $\exists x\, Px \,\&\, \neg Pfx$ (see Pelletier 1986) could be equally well handled with demodulation, even if it does not possess any corresponding equality formulation.

How would such a resolution calculus with equivalence look like? Consider for instance the clause set $S = \{C_1, C_2, C_3, C_4\}$, with $C_1 = PQ$, $C_2 = \neg PQ$, $C_3 = P\neg Q$, and $C_4 = \neg P\neg Q$. In a pure resolution calculus, resolving C_2 with C_3 is unnecessary, since the resolvents are tautologies, and likewise for C_1 and

C_4. In an extended resolution calculus, however, there is an inference rule that derives the equivalence $P \equiv Q$ from C_2 and C_3, and the negated equivalence $\neg(P \equiv Q)$ from C_1 and C_4. These equivalences can be treated like ordinary clauses, that is, the empty clause can be derived from them. This example expresses that a single equivalence $P \equiv Q$ or a negated equivalence can be treated like a single literal (or a unit clause). For instance, $P \equiv Q$ and $\neg(P \equiv Q)$ can be resolved to the empty clause, which is possible only for unit clauses. The equivalence $P \equiv Q$, however, might also be used as a demodulator (sometimes also called a *rewrite rule)* in the form $P \rightarrow Q$ or $Q \rightarrow P$. Directing this (ground) equivalence is arbitrary, one might employ for instance a well founded ordering on the predicate symbols. Thus one could "normalize" the actual clause set, after having deduced the rule $P \rightarrow Q$. Normalizing the parent clauses $\neg PQ$ and $P\neg Q$ yields the tautologies $\neg QQ$ and $Q\neg Q$, which can thus be removed. In fact, this is but another way to describe that $P \equiv Q$ subsumes its parent clauses $P \Rightarrow Q$ and $Q \Rightarrow P$. Note, however, that this description of subsumption applies only to equivalences that can be directed to rules. Normalizing the other clauses yields Q and $\neg Q$, and the next step leads to the empty clause.

One might argue that this example contains nothing really new. The derivations employing the equivalence clause are rather similar to the other ones and there seems to be no advantage in using them. In the following example (see figure 1), however, the rewriting approach surpasses the pure resolution refutation. The clause set of this example is $S = \{\neg PQ, P\neg Q, \neg PR, P\neg R, QR, \neg Q\neg R\}$. While the following figure shows a pure reduction refutation based on demodulators, no resolution reduction rule is applicable to the initial clause set.

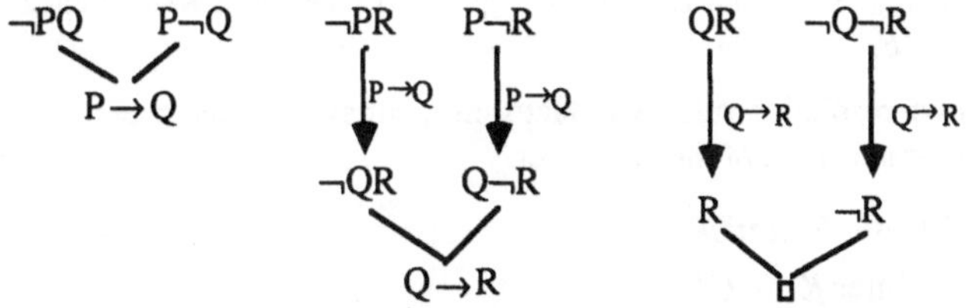

¬PQ P¬Q ¬PR P¬R QR ¬Q¬R
P→Q P→Q P→Q Q→R Q→R
¬QR Q¬R R ¬R
Q→R □

While the previous example showed that literal demodulation enhances the reduction potential of resolution inference systems, the next example demonstrates an effect of *concentrating* dispersed information. Refuting the set $S = \{C_1, C_2\}$ with $C_1 = \neg Pax \vee \neg Pyb$ and $C_2 = Pax \vee Pyb$ requires either resolution with factoring or otherwise 6 binary resolution steps. Factoring, being necessary to guarantee completeness, is also a highly undesirable inference rule, since its unconstraint use can lead to a growing number of redundant clauses. (See Noll (1980) or Rabinov (1988)). Computing with equivalence clauses concentrates the information about the necessary factoring step in the clause $\neg(Pax \equiv Pyb)$. Now only the instantiation $\{x \rightarrow b, y \rightarrow a\}$ is needed for the refutation.

It should, however, also be mentioned that there is a certain tradeoff between supplying more power to reduction by the new rewrite rules and enlarging pure resolution's search space. New resolution possibilities (the ones resulting in equivalence literals) have to be considered besides the old ones, yet their successful application is not warranted. Restricting the unlimited derivation of equivalences could thus be appropriate. There are several choices for such a restriction. One could for instance derive equivalence clauses only if they subsume their parents (or at least one parent), such that this operation does not really generate a new clause. We will adopt another restriction, which is based on the assumption that conditional rewriting (see for instance Kaplan (1984) or Zhang (1984)) is far more intricate than the unconditional version. In order to avoid a derivation like the one that computes the *conditional equivalence* $(P \equiv Q)RS$ from the two clauses $\neg PQR$ and $P\neg QS$, we will allow only *unit equivalence clauses*. Recently, Zhang & Kapur (1988) have developed a first order calculus using conditional rewrite rules. According to their calculus, one literal of each clause is transformed into a conditional rewrite rule, the condition consisting of the remaining literals of the clause.

2 The Calculus

In addition to the standard definitions of a *term*, an *atomic formula* and a *literal*, we will deal with atomic formulae that consist of an equivalence. Thus an atomic formula either is a *P-atom* $Pt_1...t_n$, with terms $t_1,...,t_n$ and a predicate symbol P of arity n, or it is an *E-atom* of the form $A \equiv B$, with P-atoms A and B. An *E-literal* is a literal, whose atom is an E-atom, and an *E-clause* is - due to the restriction mentioned above - a unit clause consisting of an E-literal. The formulae $\neg(A \equiv B)$, $\neg A \equiv B$ and $A \equiv \neg B$ are logically equivalent. An E-literal that is used to paramodulate on some literal L, may thus be assumed in a form $K_1 \equiv K_2$, where the literals L and K_1 have the same sign. This proceeding avoids an awkward case analysis in the rules' definition. For instance, the paramodulation step between the E-literal $P \equiv Q$ and the clause $\neg P \vee R$ will be described with the modified E-literal $\neg P \equiv \neg Q$.

Furthermore we will assume a well-founded partial ordering $<$ on the set of terms and atoms that is stable (i.e. compatible with substitutions) and monotonic (i.e. compatible with functions and predicates). Moreover, the ordering $<$ is required to satisfy $s<t$ for each term t containing s as a subterm. We could take for instance an extended subsumption ordering, as it is defined by Bachmair & Dershowitz (1987). Such an ordering allows to direct equivalences to rewrite rules. This ordering could also be used to restrict the other inference rules like resolution, by requiring that at least one of the literals involved must be maximal in its clause w.r.t. the ordering. This proceeding results in a variant of *ordered resolution*, as it is described for instance by Rusinowitch (1987). The calculus will be formulated, however, using rewrite rules only for reduction. In the following, if E is an E-literal of the form $L \equiv K$ with $K<L$, then $L \rightarrow K$ is the *rule* (or *demodulator*) belonging to E.

Besides the well-known resolution rule (with factoring), our system has three additional deduction rules plus three rules for the normalization of the clause set.

Paramodulation with an E-clause

From $L \equiv K$ and $L' \vee C'$ infer $K\sigma \vee C'$

and from $L \equiv K$ and $L' \equiv K'$ infer $K\sigma \equiv K'\sigma$ if σ is a most general unifier of (L, L').

In the terminology of rewriting the left rule can be seen as a kind of narrowing, the right one as a kind of superposition.

Derivation of E-clauses

From $L_1 \vee K_1$ and $L_2 \vee K_2$ infer $L_2\sigma \equiv K_1\sigma$

if σ is a simultaneous most general unifier of $(L_1, \neg L_2)$ and $(K_1, \neg K_2)$.

Derivation of the empty clause

From $L \equiv K$ infer $\square$ if there is a substitution μ with $L\mu = \neg K\mu$.

Trivial E-clauses This rule removes all E-clauses of the form $A \equiv A$.

Subsumption

An E-clause $L \equiv K$ subsumes a non E-clause C, iff there is a substitution μ with $\{L\mu, \neg K\mu\} \subseteq C$ or $\{\neg L\mu, K\mu\} \subseteq C$. An E-clause E subsumes another E-clause E', iff there is a substitution μ with $E\mu = E'$.

Literal Demodulation (Rewriting)

The rule $L \rightarrow K$ rewrites the clause $C = L' \vee C'$ to $K\mu \vee C'$, if there is a substitution μ with $L\mu = L'$.

The rule $L \rightarrow$K rewrites the rule $L' \rightarrow K'$ to the E-clause $K\mu \equiv K'$, if there is a substitution μ with $L\mu = L'$.

In the rewriting terminology the first rule would be called *reduction*, the second one *interreduction*.

We will call this calculus **ER-Resolution** (resolution with equivalence and rewrite rules). It is easy to see that all the deduction and reduction rules of ER-resolution are sound. The idea of the completeness proof of the calculus is as follows (it may be found completely in [MS89]):

For the ground case it has to be shown that from a semantic tree (cf.[CL79]) T for a set S of ground (E-) clauses we can construct a semanic tree T′ with a smaller number of leaves for $S \cup \{C\}$, where C is generated by an ER-Resolution step. The ground proof is then lifted by a lifting lemma which is essentially the same as for Resolution. The third part is to show that reduction steps preserve completeness. This is done in showing that each ER-Resolution step which is performed with unreduced clauses can be performed with the reduced clauses. Even more, the resolvent of the unreduced clauses is subsumed by the one of the reduced clauses.

3 Conclusion

We have shown that the resolution calculus allows for a sound and complete extension by equivalence literals. This extension provides part of the power of equality reasoning techniques also for resolution provers. In particuar, it enhances the reduction part of resolution inference systems by literal demodulation. The following example shows that this new reduction rule can have a striking effect:

Example:

Let n be any even natural number and let S be the clause set $\{C_1, C_2\}$ with

$C_1 = Px \vee Pfx$, and $C_2 = \neg Px \vee \neg Pf^n x$.

Except from the rather trivial cases n=2 and n=4, this clause set is not easy to refute. For instance, the Markgraph Karl theorem prover (Markgraf 1984) failed for numbers n>10. However, the problem has a straightforward solution based on literal demodulation: First, the following four resolvents of C_1 and C_2 are deduced:

$C_3 = Pfx \vee \neg Pf^n x$ $\qquad$ $C_5 = \neg Px \vee Pf^{n+1}x$

$C_4 = \neg Px \vee Pf^{n-1}x$ $\qquad$ $C_6 = Px \vee \neg Pf^{n+1}x$

Next, the E-clause E_1: $Px \equiv Pf^{n+1}x$ can be derived fromC_5 and C_6. This clause can be directed to the rule $R_1 = Pf^{n+1}x \rightarrow Px$. The rule R_1 rewrites its parent clauses C_5 and C_6 to tautologies, or, in other words, it subsumes them.

In the same way, the E-clause E_2: $Pf^n x \equiv Pfx$ with the corresponding rule R_2: $Pf^n x \rightarrow Pfx$ can be derived from C_3 and C_4. E_2 subsumes C_3, and R_2 rewrites C_2 to $C_2' = \neg Px \vee \neg Pfx$. At this stage, we have the following set of clauses and rules

$C_1 = Px \vee Pfx,$ $\qquad$ $R_1 = Pf^{n+1}x \rightarrow Px$

$C_2' = \neg Px \vee \neg Pfx.$ $\qquad$ $R_2 = Pf^n x \rightarrow Pfx$

$C_4 = \neg Px \vee Pf^{n-1}x$

The clauses C_1, C_2', and C_4 are irreducible. The rule R_1, however, reduces with R_2 to $Pf^2x \equiv Px$, which can be directed to $R_1' = Pf^2x \rightarrow Px$. Then the repeated application of R_1' to R_2 yields finally - to be precise, after $n/2$ steps - the rule $Pfx \rightarrow Px$ (note that n is even!), which in turn reduces C_1 to Px and C_2 to $\neg Px$, and a last resolution step concludes the refutation.

The original clause set S with an odd number n is consistent - for instance, the natural numbers with P being the *even*-predicate, and f being the *successor* function is a model for this set. It is interesting to see that the same proceeding as above results in the final set $\{R\}$, where R is the irreducible rule $Px \rightarrow \neg Pfx$.

This proves the original set's consistency. Resolution theorem proving, however, fails already for n=1: The clause set $\{Px \lor Pfx, \neg Px \lor \neg Pfx\}$ allows for an infinite derivation of clauses $\neg Px \lor Pf^{2k}x$ and $Px \lor \neg Pf^{2k}x$ for all natural numbers k, and there is no way to detect that S is satisfiable. Ordered resolution (see Chang & Lee 1973), however, would perform analogously to ER-resolution in this case.

The role of reduction for resolution based systems is traditionally underestimated compared with that of deduction rules and particular strategies. Completion theorem provers like Hsiang (1982) and (1985), Kapur & Narendran (1985), Müller (1987), however, emphasize the role of reduction, which surely accounts for their increasing success. The transformation of clauses into rewrite rules, which is the basic feature of our approach, is also a common principle to completion theorem proving. Thus the resolution calculus extended by equivalence may be regarded as a partial incorporation of principles of completion theorem proving into resolution theorem proving.

References

Bachmair, L. & Dershowitz, N. (1987). Inference Rules for Rewrite-Based First Order Theorem Proving. In: *Proc. of 2nd Conference on Logic in Computer Science.*

Chang, C.L. & Lee, R.C.T. (1973). Symbolic Logic and Mechanical Theorem Proving. Academic Press, New York.

Hsiang, J. (1982). Topics in Automated Theorem Proving and Program Generation. Ph.D. Thesis, Dep. of Comp. Sc. , University of Illinois at Urbana-Champaign.

Hsiang, J. (1985). Refutational Theorem Proving using Term-rewriting Systems. *Artificial Intelligence* **25,** 255 - 300.

Kaplan, S. (1984). Fair Conditional Term Rewriting Systems: Unification, Termination, and Confluence. LRI, Orsay.

Kapur, D. & Narendran, P. (1985). An Equational Approach to Theorem Proving in First-Order Predicate Calculus. 84CRD322, General Electric Corp. Research and Development Report, Schenectady, N.Y.

Markgraf, K. (1984). The Markgraf Karl Refutation Procedure. SEKI-Memo MK-84-01, Universität Kaiserslautern.

Müller, J. & Socher, R. (1988). Topics in Completion Theorem Proving. SEKI-Report SR-88-13, Universität Kaiserslautern.

Müller, J. & Socher, R. (1989). RE-Resolution. SEKI-Report SR-89-??, Universität Kaiserslautern.

Müller, J. (1987). Theopogles - A Theorem Prover Based on First-Order Polynomials and a Special Knuth-Bendix Procedure. In: K. Morik (Ed.): Proc. of the 11the German Workshop on Artificial Intelligence, Geseke. Springer IFB 152, 241 - 250.

Noll, H. (1980). A Note on Resolution: How to Get Rid of Factoring Without Loosing Completeness. In: W. Bibel & R. Kowalski (Eds): Proc. of 5th Conf. on Automated Deduction. Springer LNCS 87, 50 - 63.

Pelletier, F.J. (1986). Seventy-five Problems for Testing Automatic Theorem Provers. *Journal of Automated Reasoning.* **2/2,** 191 - 216.

Rabinov, A. (1988). A Restriction of Factoring in Binary Resolution. In: E. Lusk & R. Overbeek (Eds.): *Proceedings of the 9th International Conference on Automated Deduction.* Argonne, Illinois, U.S.A. Springer LNCS 310, 582 - 591.

Robinson, G. & Wos, L. (1969). Paramodulation and theorem-proving in first-order theories with equality. In: B. Meltzer, & D. Michie, (Eds.): Machine Intelligence 4. Edinburgh, 135 - 150.

Robinson, J.A. (1965). Automated Deduction with Hyper-Resolution. *Intern. Journal of Comp. Mathematics,* **1,** 227 - 234.

Rusinowitch, M. (1987). Démonstration automatique par des techniques de réécriture. Thèse de doctorat d'etat. Nancy.

Wos, L. (1988). Automated Reasoning: 33 Basic Research Problems. Prentice Hall, Englewood Cliffs.

Wos, L. et.al. (1967). The Concept of Demodulation in Theorem Proving. *Journal of the ACM,* **14,** 698 - 709.

Zhang, H. (1984). Reveur 4: Etude et Mise en Œuvre de la Réécriture Conditionelle. Thèse de Doctorat de 3ème cycle. Université de Nancy I.

Zhang, H. & Kapur, D. (1988). First-Order Theorem Proving Using Conditional Rewrite Rules. In: E. Lusk & R. Overbeek (Eds.): *Proceedings of the 9th International Conference on Automated Deduction.* Argonne, Illinois, U.S.A. Springer LNCS 310, 1 - 20.

Linear Paramodulation modulo Equality[1]

Ulrich Furbach[2], Steffen Hölldobler[3], Joachim Schreiber[4]

Abstract

We propose to use E-paramodulation, i.e. linear paramodulation modulo equality, to compute with generalized equational programs consisting of a conditional equational theory and a conditional equational program. Simple examples from deduction systems motivate our approach. We formally define the calculus for generalized equational programs which is based on the inference rules E-paramodulation and E-reflection. This calculus is proven to be sound and complete by using fixpoint theory. Finally, we discuss why the functional reflexive axioms have to be used to ensure these results.

1 Introduction

Equational reasoning has become a central technique of deduction within various disciplines of computer science and artificial intelligence. Some applications are used for knowledge representation, planning, theorem proving, logic programming, and term rewriting; a survey can be found in [23].

In previous papers it was demonstrated that paramodulation provides an excellent basis for the development of inference systems for equational theories: In [6] and [9] the strong completeness of linear paramodulation for Horn equational theories is proven and, above that, it was demonstrated how various conditions imposed one-by-one on the equational theory restrict the search space and lead to special forms of paramodulation.

Linear narrowing is one of these special forms; however, its applicability is limited, since linear narrowing is complete only if the equational theory is confluent and terminating. If we want to compute with sets, then, of course, we have to specify that "$\cup$" is associative, commutative and idempotent. Unfortunately, such an equational theory is no longer terminating. On the other hand, unification under associativity, commutativity, and idempotence is finitary and a type conformal unification algorithm exists. Should we not build such a theory-unification algorithm into the narrowing procedure?

For another example assume that Knuth-Bendix completion is used for program synthesis (see e.g. [1] or [4]). Assume the program

$$+(0,x) \rightarrow x \tag{1}$$

[1] A long version of this paper containing all the proofs is available as Forschungsbericht KI der TU München

[2] Forschungsgruppe Intellektik, Institut für Informatik, TU München, Postfach 202420,D-8OOO München 2, Germany (W), E-mail: uli@tumki.informatik.tu-muenchen.de

[3] Fachgruppe Intellektik, Fakultät für Informatik, TH Darmstadt, Alexanderstr. 10, D-6100 Darmstadt, Germany (W), E-Mail: xiisshoe@ddathd21.bitnet

[4] Institut für Programmiersprachen und Programmentwicklung, Fakultät für Informatik, UniBwM, Werner-Heisenberg-Weg 39, D-8014 Neubiberg, Germany (W), E-mail: i21bjfs@ubw-m.unido.uucp

$$+(s(x),y) \rightarrow s(+(x,y)) \tag{2}$$

and the specification of a function "d" such that

$$+(x,x) \rightarrow d(x). \tag{S}$$

Overlapping (S) with (1) generates the new rule

$$d(0) \rightarrow 0,$$

which is the termination condition of the function "d". In [1] it is demonstrated that overlapping (S) with (2) does not result in a recursive definition of d, unless there are additional knowledge or properties of the function "+" available. Therefore, a third rule for "+" is added, namely

$$+(x,s(y)) \rightarrow s(+(x,y)), \tag{3}$$

which, finally, allows to derive the new rule

$$d(s(x)) \rightarrow s(s(d(x))).$$

This is clearly a way to use the commutativity of the function "+", which would be expressed much more naturally by an equation

$$+(x,y) = +(y,x).$$

To use such an equation it is necessary to direct it in accordance with a given simplification ordering, such that the left-hand side is larger than the right-hand side. Obviously, the applicability of such "property-rules" is limited by this condition. Again, we propose to encode these properties into a separate equational theory, which is used by the unification procedure.

Our idea is to generalize linear paramodulation in much the same way as SLD-resolution is generalized to SLDE-resolution: We split a conditional theory into two parts E and EP, where the clauses of E are handled by an E-unification algorithm, which is assumed to be sound and complete. The clauses of EP are handled by linear paramodulation using the E-unification procedure. In the above example, E would contain equations representing the properties of the function "+" like commutativity, distributivity, etc., whereas EP would contain the equations (1) and (2) for the function "+" together with the specification for "d".

This paper is organized such that in the following section some preliminaries concerning terms, equations, and substitutions are stated. In section 3 we discuss model theoretic aspects of generalized equational theories. Section 4 contains the main part, where we give a fixpoint characterization of a generalized equational program and prove that E-paramodulation together with E-reflection is sound and complete.

2 Preliminaries

We assume the reader to be familiar with basic notions and notations from logic programming, (see e.g. [16]), equational reasoning (see e.g. [13]), and unification theory (see e.g. [22]).

Throughout the paper we make use of the following notational conventions:

a, b	constants	Q	equation
$c, d, \ldots$	function symbols	F	conjunction of equations
$i, j, \ldots$	integers	G	goal clause
$r, s, \ldots$	terms	E	conditional equational theory
$x, y, \ldots$	variables	EP	equational program
$\doteq$	"equal"-predicate symbol	$\sigma, \theta, \ldots$	substitutions

Let X be a term or an equation. The *set of occurrences* in X, $Occ(X)$, is defined as usual (see e.g. [13]). $X|\pi|$ denotes the *subterm* of X at π, and $X|\pi \leftarrow s|$ the *replacement of the subterm* of X at π by s. A *substitution* is represented by the finite set of pairs $\sigma = \{x_1 \leftarrow t_1, \ldots, x_n \leftarrow t_n\}$, where $x_i \neq t_i$ for all $i, 1 \leq i \leq n$. The identity mapping, i.e. the *empty substitution*, is denoted ϵ. $\sigma|_V$ denotes the *restriction* of σ to the variables of V.

In this paper we consider (*generalized equational*) *programs* of the form $\langle E, EP \rangle$, where E is a conditional equational theory and EP is a conditional equational program. Thus, E as well as EP consist of clauses of the form $Q \leftarrow F$, where Q is an equation and F is a conjunction (or multiset) of equations. For notational convenience we often omit curly brackets when writing clauses. We distinguish between E and EP because we intend to handle E by an E-unification procedure, whereas the clauses from EP are used as input clauses by a generalized paramodulation rule. By $EAX(\langle E, EP \rangle)$ we denote the *axioms of equality* for a given program $\langle E, EP \rangle$.

3 Model Theory

Since we are mainly interested in soundness and completeness proofs we have to give its model theoretic semantics. Let $\langle E, EP \rangle$ be a program. The notions *(Herbrand) universe*, *base*, *interpretation*, and *model* are defined as usual (see e.g. [16]). A (*Herbrand*) *E-interpretation* of EP is an interpretation which satisfies the axioms of equality $EAX(\langle E, EP \rangle)$ and the axioms from E. A (*Herbrand*) *E-model* for EP is an E-interpretation for EP which satisfies EP.

It is well-known that it suffices to consider Herbrand interpretations. Therefore, we omit the qualification "Herbrand" in the sequel. We would like to emphasize that E-interpretations do not only satisfy the axioms of equality, but also the axioms from E. Therefore, the notions *E-consequence*, *E-unsatisfiability*, etc. are defined as usual with respect to the axioms of equality and the axioms from E.

Since the clauses in $\langle E, EP \rangle$ as well as the axioms of $EAX(\langle E, EP \rangle)$ are Horn clauses, the model intersection property holds also for $E \cup EP \cup EAX(\langle E, EP \rangle)$. Therefore, the semantics of an equational program $\langle E, EP \rangle$ can be defined as the least E-model for $\langle E, EP \rangle$, which we denote by $M_E(EP)$. The following theorem follows immediately from e.g. [5].

Theorem 3.1 $M_E(EP) = \{Q \mid Q$ *is ground and* Q *is a logical E-consequence of* $EP\}$.

Before we turn to the question of how it can be determined that an equation is a logical E-consequence of a program $\langle E, EP \rangle$ we introduce the notion of a correct answer. In the following let G be a goal clause.

An *answer substitution* for EP and G is a substitution for the variables in G. An answer substitution σ for EP and G is said to be *correct* iff σG is a logical E-consequence of EP. This is a purely semantic definition of a correct answer. Unfortunately, model theory gives us no idea of how to compute correct answers for queries posed to programs.

We finish this section with some notational conventions. If $s \doteq t$ is a logical E-consequence of E then we write $s =_E t$. Extending the $=_E$ relation on substitutions, we say that $\sigma =_E \theta[V]$ iff for all variables x in the set of variables V we find $\sigma x =_E \theta x$. $\sigma \leq_E \theta[V]$ iff there exists a substitution λ such that $\sigma =_E \lambda\theta[V]$. We omit $[V]$ and write $\sigma \leq_E \theta$ instead of $\sigma \leq_E \theta[V]$ iff each variable in the domain of θ occurs in V. From this we conclude

Proposition 3.2 *If $\sigma \leq_E \theta$ then $\sigma\gamma \leq_E \theta\gamma$ for all substitutions γ.*

In the sequel we assume to have a correct and complete E-unification procedure UP_E at our disposal, i.e. a procedure which takes two terms s and t as input and generates a correct and complete set of E-unifiers for s and t (for more details see [22], [23]).

4 Linear Paramodulation modulo Equality

We turn now to the question of how queries posed to a generalized equational program can be answered. Our idea is to characterize the least E-model of an equational program $\langle E, EP\rangle$ in a constructive, bottom-up manner using a *meaning function* $T_{E,EP}$. In fact, we will show that the least fixpoint of $T_{E,EP}$ is identical to the least E-model for $\langle E, EP\rangle$. On the other hand, $T_{E,EP}$ is carefully designed such that it is the inverse of our intended inference rule, namely linear paramodulation modulo equality. This bears the advantage, that the completeness of paramodulation modulo equality can be shown by a simple induction using an appropriate lifting lemma.

It is well-known that paramodulation has to use equational clauses from left-to-right as well as from right-to-left to ensure its completeness, if the equational program is not confluent. To ease our notation we will define paramodulation in a way that it uses program clauses only from left-to-right. On the other hand, our paramodulation rule will also take clauses from $EP^{-1} = \{r \doteq l \leftarrow F \mid l \doteq r \leftarrow F \in EP\}$ into consideration. Obviously, the E-models of $\langle E, EP\rangle$ and $\langle E, EP \cup EP^{-1}\rangle$ are identical.

4.1 Fixpoint Characterization

Let $\langle E, EP\rangle$ be a program and $B(E, EP)$ its Herbrand base. Then $2^{B(E,EP)}$, the set of all interpretations of EP, is a complete lattice under the partial ordering set inclusion. The top element of this lattice is the union of all interpretations for $\langle E, EP\rangle$ and the bottom element is their intersection. The least upper bound (lub) of any set of interpretations is the union of all the interpretations in the set. The greatest lower bound (glb) is their intersection. Similary to logic programs (see [16]) we associate a mapping $T_{E,EP}$ with a program $\langle E, EP\rangle$.

Let $I \subseteq B(E,EP)$ be an interpretation. The mapping $T_{E,EP} : 2^{B(E,EP)} \longrightarrow 2^{B(E,EP)}$ is defined as

$$\begin{aligned} T_{E,EP}(I) &= \{s \doteq t \mid s,t \text{ ground terms and } s =_E t\} \\ &\cup \{Q \mid \text{there exists a } \pi \in Occ(Q) \text{ and a ground instance } l \doteq r \leftarrow F \\ &\qquad \text{of a clause in } EP \text{ such that } Q|\pi| =_E l \text{ and } F \cup \{Q|\pi \leftarrow r|\} \subseteq I\}. \end{aligned}$$

To apply the results of fixpoint theory, e.g. [24], we have to show that $T_{E,EP}$ is monotonic and continuous. This is done by proving that for each directed subset X of $2^{B(E,EP)}$ we find $T_{E,EP}(lub(X)) = lub\{T_{E,EP}(I) \mid I \subseteq X\}$.

Proposition 4.1 *$T_{E,EP}$ is continuous and, hence, monotonic.*

Using the results of fixpoint theory we obtain

Proposition 4.2 $lfp(T_{E,EP}) = glb\{I \mid T_{E,EP}(I) = I\} = glb\{I \mid T_{E,EP}(I) \subseteq I\}$

From fixpoint theory we learn that, since T_{EP} is continuous, the least fixpoint $lfp(T_{EP})$ can be computed as $T_{EP} \uparrow \omega$, where ω is the first infinite ordinal, $T_{E,EP} \uparrow 0 = \emptyset$, and $T_{E,EP} \uparrow n = T_{E,EP}(T_{E,EP} \uparrow (n-1)), n > 0$. Thus, we can characterize an equational program by the least fixpoint of $T_{E,EP}$. It is, of course, desirable that the semantics and the fixpoint characterization of an equational program are identical.

Theorem 4.3 $lfp(T_{E,EP}) \subseteq M_E(EP)$

The result follows immediately from proposition 4.2 and the observation that $T_{E,EP}(I) \subseteq I$ if I is an E-model for EP. Theorem 4.3 holds for any equational program and, thus, especially for $EP \cup EP^{-1}$.

As we showed in [6] the fact that $T_{E,EP}(I) \subseteq I$ does not imply that I is an E-model for EP even if $E = \emptyset$. The reason is that I may contain equations which are not entailed by EP. However, we can show the following

Lemma 4.4 *$lfp(T_{E,EP \cup EP^{-1}})$ is an E-model for EP.*

Proof: In analogy to the proof of theorem 9 in [6] we can prove that $lfp(T_{E,EP \cup EP^{-1}})$ is a model for EP which satisfies the axioms of equality. That it satisfies also the axioms from E follows immediately from the definition of $T_{E,EP \cup EP^{-1}}$, since $s =_E t$ implies that $s \doteq t \in T_{E,EP \cup EP^{-1}}(I)$, for any I. Q.e.d.

From the fact that $lfp(T_{E,EP \cup EP^{-1}})$ is an E-model for EP follows immediately

Theorem 4.5 $M_E(EP) \subseteq lfp(T_{E,EP \cup EP^{-1}})$.

Thus, the basic result of this section is the identity of the least E-model for EP and the least fixpoint of $T_{E,EP \cup EP^{-1}}$. Using $T_{E,EP \cup EP^{-1}}$ we can construct the least E-model of $\langle E, EP \rangle$ in a bottom-up way. Moreover, $T_{E,EP \cup EP^{-1}}$ was designed such that it is the opposite to our intended inference rule: E-paramodulation. Therefore, we use the fixpoint characterization of EP to prove the soundness and completeness of E-paramodulation.

4.2 E-Paramodulation and E-Reflection

We start by defining E-paramodulation and E-reflection. These are defined as one would expect as linear paramodulation and reflection, where the traditional unification algorithm is replaced by a sound and complete E-unification procedure UP_E.

Let G be the goal clause $\leftarrow F \cup \{Q\}$, $P = l \doteq r \leftarrow F'$ be an new variant of a program clause, and $\pi \in Occ(Q)$. If $Q|\pi|$ and l are E-unifiable with $\sigma \in UP_E(Q|\pi|, l)$, then $G' = \leftarrow \sigma(F \cup F' \cup \{Q|\pi \leftarrow r|\})$ is called *E-paramodulant of G and P at π using σ*, in symbols $G \longrightarrow_{P(Q,\pi,P,\sigma)} G'$.

In order to terminate derivations we need the axiom of reflexivity. Let G be the goal clause $\leftarrow F \cup \{Q\}$ and $Q = s \doteq t$. If s and t are E-unifiable with $\sigma \in UP_E(s,t)$, then $G' = \leftarrow \sigma F$ is called *E-reflectant of G using σ*, in symbols $G \longrightarrow_{r(Q,\sigma)} G'$.

Derivation and *refutation* are defined with respect to E-paramodulation and E-reflection as usual. The E-success set of a program EP can now be given as

$SS_E(EP) = \{Q \mid Q$ is a ground equation and there exists a refutation of $EP \cup \{\leftarrow Q\}\}$.

If $\sigma_1, \ldots, \sigma_n$ are the substitutions used in a refutation of $EP \cup \{\leftarrow F\}$, then $\sigma_n \ldots \sigma_1|_{Var(F)}$ is called *computed answer substitution*. In order to show that refutations with respect to E-paramodulation and E-reflection are sound we can prove the following theorem by induction on the length of the refutation of $EP \cup \{\leftarrow F\}$.

Theorem 4.6 (Soundness of E-paramodulation and E-reflection) *Every computed answer substitution for $EP \cup \{G\}$ is a correct answer substitution for EP and $\{G\}$.*

As an immediate consequence of theorem 4.6 we obtain

Corollary 4.7 $SS_E(EP) \subseteq M_E(EP)$.

Theorem 4.6 and corollary 4.7 hold for arbitrary programs. Especially we find that the E-success set of $EP \cup EP^{-1}$ is contained in the least E-model for $EP \cup EP^{-1}$.

Next we would like to show that the least E-model for $EP \cup EP^{-1}$ is contained in the E-success set of $EP \cup EP^{-1}$. As we demonstrated in [6] this holds for linear paramodulation and reflection only if we add to our equational program the *functional reflexive axioms* $F(E, EP)$, i.e. all axioms of the form

$$f(x_1, \ldots, x_n) \doteq f(x_1, \ldots, x_n), \text{ for each n-ary functional symbol } f \text{ occurring in } \langle E, EP \rangle.$$

In case $E = \emptyset$ the need for the functional reflexive axioms becomes obvious if one tries to prove an appropriate lifting lemma. There one has to consider the case, where paramodulation was applied to an occurrence π in an instantiated goal clause σG, that was introduced by the substitution σ. To lift such a derivation to a derivation from G, the functional reflexive axioms were used to instantiate G until π is an occurrence of it. Unfortunately this is not the only case where we need the functional reflexive axioms if $E \neq \emptyset$ as the following examples demonstrates:

$$\begin{aligned} E &= \{e \doteq c(g)\}, \\ EP &= \{f(c(g), c(a)) \doteq d(c(g), c(a)) \leftarrow,\ g \doteq a \leftarrow\}, \end{aligned}$$

where the clauses are denoted by (f) resp. (g), and let $F = \leftarrow f(x,x) \doteq d(x,x)$ and $\sigma = \{x \leftarrow c(g))\}$. We can find the following refutation, where we have depicted the subterm (resp. subgoal) whereupon E-paramodulation (resp. E-reflection) is applied by underlining:

$$
\begin{array}{lll}
\leftarrow \sigma F & = & \leftarrow f(c(g),c(\underline{g})) \doteq d(c(g),c(g)) \\
& \longrightarrow_{p(g,\epsilon)} & \leftarrow \underline{f(c(g),c(a))} \doteq d(c(g),c(g)) \\
& \longrightarrow_{p(f,\epsilon)} & \leftarrow d(c(g),c(a)) \doteq d(c(g),c(\underline{g})) \\
& \longrightarrow_{p(g,\epsilon)} & \leftarrow \underline{d(c(g),c(a))} \ \underline{\doteq d(c(g),c(a))} \\
& \longrightarrow_{r(\epsilon)} & \Box.
\end{array}
$$

Now, let $\theta = \{x \leftarrow e\}$. Then, $\theta \geq_E \sigma$ and we conclude

$$
\begin{array}{lll}
\leftarrow \theta F & = & \leftarrow f(e,\underline{e}) \doteq d(e,e) \\
& \longrightarrow_{p(c(y)=c(y)\leftarrow,\{y\leftarrow g\})} & \leftarrow f(e,c(\underline{g})) \doteq d(e,e) \\
& \longrightarrow_{p(g,\epsilon)} & \leftarrow \underline{f(e,c(a))} \doteq d(e,e) \\
& \longrightarrow_{p(f,\epsilon)} & \leftarrow d(c(g),c(a)) \doteq d(e,\underline{e}) \\
& \longrightarrow_{p(c(z)=c(z)\leftarrow,\{z\leftarrow g\})} & \leftarrow d(c(g),c(a)) \doteq d(e,c(\underline{g})) \\
& \longrightarrow_{p(g,\epsilon)} & \leftarrow \underline{d(c(g),c(a)) \doteq d(e,c(a))} \\
& \longrightarrow_{r(\epsilon)} & \Box.
\end{array}
$$

Though this example uses only unit equations our results are proved for conditional equational theories E resp. programms $\langle E, EP \rangle$.

We can now state the lifting lemma for E-paramodulation and E-reflection. Let EP^+ denote EP augmented with the functional reflexive axioms. Recall, that we assume to have a complete E-unification procedure UP_E built into our derivation rules.

Lemma 4.8 (Lifting lemma for E-paramodulation and E-reflection):
Let $\theta \geq_E \sigma$. If there exists a refutation of $EP^+ \cup \{\leftarrow \sigma F\}$ of length n, then there exists a refutation of $EP^+ \cup \{\leftarrow \theta F\}$ of length $m \geq n$. Furthermore if $\sigma_1, \ldots, \sigma_n$ are the E-unifiers from the refutation of $EP^+ \cup \{\leftarrow \sigma F\}$ and $\theta_1, \ldots, \theta_m$ are those of the refutation of $EP^+ \cup \{\leftarrow \theta F\}$, then $\theta_m \ldots \theta_1 \theta \geq_E \sigma_n \ldots \sigma_1 \sigma$.

For a proof of this lemma the reader is refered to the long version of this paper (see footnote on title page). Using the lifting lemma we can now show

Theorem 4.9 *If $Q \in T_{E,EP} \uparrow n$ then there exists a refutation of $EP \cup \{\leftarrow Q\}$.*

The result is proven by induction on n. $T_{E,EP}$ was designed such that it is the inverse of an E-paramodulation (respective E-reflection) step except that $T_{E,EP}$ uses a ground instance of program clause, and that the selected subterm and the left-hand-side of the head of the program clause (respective the two elements of the selected equation) are equal under E, whereas in an E-paramodulation (respective E-reflection) step the E-unifier of the corresponding terms is computed using a correct and complete E-unification procedure. This is the reason why we need the lifting lemma to prove the theorem.

Corollary 4.10 $lfp(T_{E,EP}) \subseteq SS_E(EP)$.

Note, theorem 4.9 and corollary 4.10 hold for arbitrary programs and, thus, expecially for $EP \cup EP^{-1}$. Now we turn to the completeness result.

Theorem 4.11 (Completeness of E-paramodulation and E-reflection) *For each correct answer substitution σ for EP and $\leftarrow F$ there exists a computed answer substitution θ, obtained by a refutation of*

$EP \cup EP^{-1} \cup \{\leftarrow \theta F\}$ such that $\sigma \leq_E \theta$.

Proof: To prove this result we show that whenever σF is a logical E-consequence of EP, then there exists a refutation of $EP \cup EP^{-1} \cup \{\leftarrow \sigma F\}$ with the identity as computed answer substitution. This follows from theorem 4.5 and 4.9. An application of the lifting lemma completes the proof. Q.e.d.

5 Discussion

In this paper we proved rigorously the soundness and completeness of E-paramodulation, i.e. linear paramodulation modulo a conditional equational theory. Thus, we have generalized previous work by e.g. [18], [7], or [6], all of which have shown that linear paramodulation is sound and complete.

Our main motivation was Plotkin's old idea [21] to remove troublesome axioms from the database and to build them into the deductive machinery. In our case, we split a conditional equational theory into the two parts E and EP. Whereas the clauses from E are handled by a sound and complete E-unification algorithm, the clauses from EP are handled by a universal unification procedure based on linear paramodulation. Therefore, our approach is also an attempt to combine special unification algorithms with universal ones.

Of course, the efficiency gain of E-paramodulation depends heavily on the builtin E-unification procedure. But if a minimal or type conformal E-unification procedure exists, then a complete set of solutions for a unification problem under $\langle E, EP \rangle$ may be considerably smaller as for example [2] has demonstrated. However, we have to verify our claim by applying E-paramodulation to larger examples.

As we mentioned at the beginning one goal of our approach was to define a general framework for paramodulation modulo equality. In analogy to [9] we can now impose conditions such as E-confluence, E-coherence, or E-Noetherian (see e.g. [19], [15]) one-by-one on our generalized equational program. Thus we obtain soundness and completeness results for directed E-paramodulation (i.e. clauses form EP^{-1} are no longer needed) or E-narrowing (i.e. paramodulation is only applied upon non-variable occurrences and the functional reflexive axioms are no longer needed). Even Hullot's basic narrowing [14] can be extended to basic narrowing modulo equality if we consider only E-normalized answer substitutions. One should observe, that all these results hold for conditional equational theories E and EP, and, hence, generalize previous work by [15].

However, much work remains to be done. So far, we have not shown that refutations with respect to E-paramodulation and E-reflection are independent of a selection function, i.e. that it suffices to select an arbitrary subgoal from a goal clause and to apply the inference rules only upon this subgoal (see e.g. [16]). With such a strong completeness result we could combine E-paramodulation and E-reflection with lazy resolution (resp. resolution using the homogeneous form of a program clause; see e.g. [25]) and we would obtain a sound and strongly complete system for equational logic programming [11].

Obviously, it is a tremendous disadvantage that we have to use the functional reflexive axioms to ensure the completeness of E-paramodulation. On the other hand, these axioms are no longer needed, if $E = \emptyset$ and we apply paramodulation not only linearily (see e.g. [20] or [12]). It is still to show whether this holds also in the case of paramodulation modulo equality. Note, in the completeness proof of E-paramodulation the functional reflexive axioms were not only needed to instantiate goal clauses, as it is the case when $E = \emptyset$ (see [6]), but were also used to replace terms occurring in a goal clause by E-equal ones.

In [10] it has been shown that refutations with respect to paramodulation and reflection can be transformed into refutations with respect to complete sets of transformations for equational theories (see also [17] or [8]). We believe that this proof technique can also be applied to refutations with respect to E-paramodulation and E-reflection. As a consequence, we would be able to delay the costly parts of the computation of E-unifiers by viewing them as constraints until eventually more information becomes available (see e.g. [3]).

References

[1] J. Avenhaus, J. Müller, M. Vierling: REPSY-REwrite Programm SYnthesis. Workshop "Verifikation, Konstruktion und Synthese von Programmen", Karlsruhe: 1989

[2] A. Bockmayr: Narrowing with built-in Theories. Proc. First International Workshop on Algebraic and Logic Programming, Gaussig (DDR): 1988

[3] H. J. Bürckert: Lazy Theory Unification in Prolog: An Extension of the Warren Abstract Machine. Proceedings GWAI'86, IFB 124, 277-288: 1986

[4] B. Fronhöfer, U. Furbach: Knuth-Bendix Completion versus Fold-Unfold: A Comparative Study in Program Synthesis. GWAI'86, IFB 124, 289-300: 1986

[5] U. Furbach, S. Hölldobler: Modelling the Combination of Functional and Logic Programming Languages. Journal of Symbolic Computation, 123-138: 1986

[6] U. Furbach, S. Hölldobler, J. Schreiber: Horn Equality Theories and Paramodulation. To appear in Journal of Automated Reasoning: 1989

[7] J. H. Gallier, S. Raatz: Extending SLD-resolution to Equational Horn Clauses using E-unification. Journal of Logic Programming 6, 3-43: 1989

[8] J. H. Gallier, W. Snyder: A Complete E-Unification Procedure. Proc. RTA, LNCS 256: 1987

[9] S. Hölldobler: From Paramodulation to Narrowing. Proc. 5th International Conference / Symposium on Logic Programming, 327-342: 1988

[10] S. Hölldobler: Horn Equality Theories and Complete Sets of Transformations. Proc. Fifth Generation Computer Systems, 405-412: 1988

[11] S. Hölldobler: Foundations of Equational Logic Programming. To appear in: Lecture Notes in Artificial Intelligence 353: 1989

[12] J. Hsiang, M. Rusinowitch: On Word Problems in Equational Theories. Proc. International Conference on Automata, Languages and Programming, LNCS 267, 54-71: 1987

[13] G. Huet, D. Oppen: Equations and Rewrite Rules: a Survey in: Formal Languages: Perspectives and Open Problems (Book, ed.), Academic Presss, 349-405 (1980)

[14] J. M. Hullot: Canonical Forms and Unification. Proc. 5th Conference on Automated Deduction, 318-334: 1980

[15] Jean-Pierre Jouannaud, Claude Kirchner, Helene Kirchner: Incremental Construction of Unification Algorithms in Equational Theories. Proc. International Conference on Automata, Languages and Programming, LNCS 154, 361-373: 1983

[16] J. W. Lloyd: Foundations of Logic Programming. Springer: 1984.

[17] A. Martelli, C. Moiso, C. F. Rossi: An Algorithm for Unification in Equational Theories. Proc. Symposium on Logic Programming, 180-186: 1986

[18] P. Padawitz: Computing in Horn Clause Theories, EATCS Monograph, Springer, Berlin: 1988

[19] G. E. Peterson, M. E. Stickel: Complete Sets of Reductions for Some Equational Theories. Journal of the ACM, 233-264: 1981

[20] G. E. Peterson: A Technique For Establishing Completeness Results in Theorem Proving With Equality, SIAM Journal of Computing, 12 (1), 82-100, 1983

[21] G. D. Plotkin: Building-In Equational Theories. In: Machine Intelligence 7 (Meltzer, Mitchie, eds.), 73-90: 1972

[22] J. H. Siekmann: Unification Theory. Proceedings ECAI, 365-400: 1986

[23] J. H. Siekmann: Unification Theory. To appear in Journal of Symbolic Computation: 1989

[24] J. E. Stoy: Denotational Semantics: The Scott-Strachey Approach to Programming Language Theory, M.I.T. Press: 1977

[25] M. H. van Emden, J. W. Lloyd: A Logical Reconstruction of Prolog II. Journal of Logic Programming 1, 143-149: 1984

3. Neuronale Netze

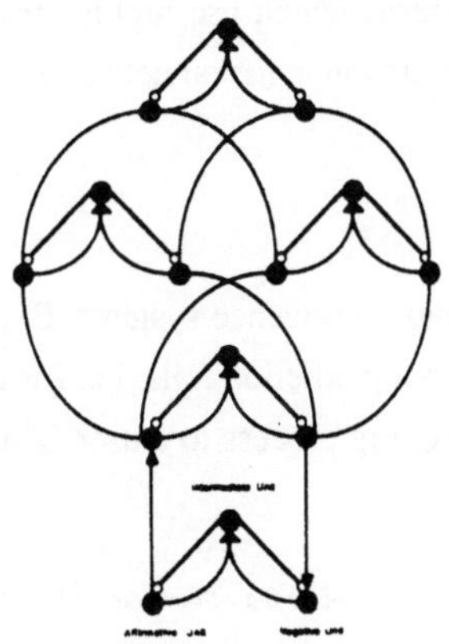

Explanation and Connectionism

Joachim Diederich

German National Research Center for Computer Science[1]
St. Augustin, F.R.G.
and
University of California, Davis

Abstract

Explanation is an important function in symbolic artificial intelligence (AI). For example, explanation is used in machine learning and for the interpretation of prediction failures in case-based reasoning. Furthermore, the explanation of results of a reasoning process to a user who is not a domain expert must be a component of any inference system. Experience with expert systems has shown that the ability to generate explanations is absolutely crucial for the user-acceptance of AI systems (Davis, Buchanan & Shortliffe 1977). In contrast to symbolic systems, neural networks have no explicit, declarative knowledge representation and therefore have considerable difficulties in generating explanation structures. In neural networks, knowledge is encoded in numeric parameters (weights) and distributed all over the system.

It is the intention of this paper to discuss the ability of connectionist systems to generate explanations. It will be shown that connectionist systems benefit from the explicit encoding of relations and the use of highly structured networks in order to realize explanation and explanation components. Furthermore, structured connectionist systems using spreading activation have the advantage that any intermediate state in processing is semantically meaningful and can be used for explanation. The paper describes several successful applications of explanation components in connectionist systems which use highly structured networks, and discusses possible future realizations of explanation in neural networks.

1. Introduction

Explanation is a key function in artificial intelligence systems. Explanation is used to update knowledge structures in case-based reasoning when a prediction fails, i.e. for failure-driven learning. Explanation is also used to clarify the results of a reasoning process to a user. This user is not a domain expert in many

[1] Research reported in this paper was done for the most part while the author was affiliated with the International Computer Science Institute in Berkeley, California.

cases but has the responsibility of accepting or rejecting a solution produced by an AI system. Furthermore, explanation can be used for knowledge-intensive learning whenever a strong domain theory is given.

Explanation is also a function which is difficult to realize in unstructured connectionist systems. Neural networks have no explicit, declarative knowledge structure which allows the representation of explanation structures such as reasoning paths, explanation of expectation failures etc. However, several proposals have been made for explanation components in feedforward perceptrons and relaxation-type neural networks.

This paper is organized as follows. First, a brief overview of explanation in conventional artificial intelligence is given. Next, various proposals for explanation in feedforward perceptrons and relaxation-type neural networks are discussed, and finally several successful realizations of explanation in connectionist systems are described. It is shown that the introduction of structure to a network, e.g. the explicit representation of relations and modular network architectures, significantly facilitates the use of explanation in connectionist networks.

2. Explanation in symbolic artificial intelligence - a brief overview

In conventional AI, the term explanation refers to an explicit structure which can internally be used for reasoning and learning, and externally for the explanation of results to a user. In rule-based systems, for example, explanation includes intermediate steps of the reasoning process, i.e. a trace of rule firings, a proof structure etc. This structure can be used to answer "Why" questions. For example, why was solution w produced by an inference system? Because conditions x and y where satisfied after the first data entry and have led to the conclusions w and z which satisfied the condition k, and so on.

Another possible form of explanation is to search for a similar case and to present it to the user. If a user does not accept or understand a solution, the system can select a similar case which generated the same or a similar response in the past. In contrast to the first form of explanation, providing a complete inference path, the second is not complete, i.e. the user must use his background knowledge to understand the similarity between the actual solution and the analogous case.

Explanation also plays an important role in text and story understanding and defines a method to "assign a motivation to a character based on his or her actions" (Charniak 1987). This form of explanation has been realized by spreading activation and marker propagation methods, i.e. a breadth first search in a semantic network to find connections among concepts, plus a component to evaluate relations among concepts. In marker propagation systems, objects in an "is-a" hierarchy are indexed by a spreading activation process and are used to build explanations.

Explanation also plays a key role in machine learning. For example, it is a key function in case-based reasoning to explain failure of expectations. This is always the case when a situation does not conform to a prior case. The new situation has to be classified, and the discrepancy between the predictions and the actual event triggers learning (see Slade 1988). Learning means updating one or more knowledge structures and requires explanation which itself is an *explicit* structure.

The term explanation-based generalization (EBG) is used by Mitchell et al. (1986) and refers in symbolic artificial intelligence to knowledge-intensive learning methods which require only a single example and use domain knowledge to constrain search for a possible generalization. This involves generating a new chunk of knowledge which describes a set of features including properties of the training example. EBG is a two-step learning method: First, construct an explanation of why an example fits a particular *goal concept* and find those features of the training example which are relevant to characterize this goal concept. Second, determine a generalization of the example that is a sufficient concept definition for the goal concept and that satisfies a *operationality criterion*. EBG, however, requires a strong domain theory, a pre-condition which is unrealistic for real-world applications. Consequently, efforts were made to use weaker domain models (see Lewis 1988 for a discussion).

In addition, explanation is absolutely crucial for the user acceptance of an inference system. Experience with expert systems has shown that most users demand an explanation of a result produced by an expert system and do not accept a solution without explanation (Davis, Buchanan & Shortliffe 1977). Consequently, efforts were made in the expert systems area to allow explanations which are meaningful to a user who is not a domain expert in many cases[2].

3. Proposals for explanation in unstructured neural networks

First of all, is explanation really necessary in connectionist systems? An extreme position is to have full confidence in training, i.e. the learning process of the neural network, in particular when a huge set of training examples is available (a few hundred thousand instances for example) and the network is allowed to learn a "complete" domain theory. In this particular case, a very powerful learning technique would be sufficient and there would be no need for explanation at all. The network could easily recognize previously-seen patterns and generalization should be reliable, too. However, these assumptions are certainly unrealistic for real-world applications. Natural environments are continuously changing; the reasoner has to deal with incomplete and inconsistent information; learning may be interrupted; and training has to be finished in a reasonable period of time. Even a perfect training procedure does not affect the need for user explanation, which remains a key function for any inference system.

Explanation of the kind described in section 2 is not easy to realize in relaxation-type neural networks. Artificial neural systems have no explicit, symbolic and declarative knowledge representation. Instead, in connectionist systems knowledge is captured in a numeric weight matrix distributed over the entire system,

---

[2] Although symbolic AI has successfully introduced various forms of explanation, transparency of an explanation is by no means guaranteed. A poorly organized rule-base, for example, with hundreds of premises per rule, completely destroys the transparency of ex planations based on rule-traces (Lischka 1989).

a distribution of weights which in most cases was learned by training procedures such as backpropagation, Boltzmann machine learning etc.

This limits the range of possible explanation methods in neural networks significantly, e.g. when a solution has to be explained to a user. Even if the weight matrix is accessible to the user, it is close to meaningless, since the user has no way to "decompile" the weights.

Charniak (1987) has shown the lack of explanatory power in connectionist systems by describing the so-called "infer-everything" problem. Explanation in Charniak's terms means to generate a picture of a situation including the acting persons and their possible motivation. In order to guarantee that such a picture of a situation can be produced, the connectionist system must have either nodes which represent all possible combinations of facts (because it could be important for explanation) or the system must have the generative power to produce explanations. If the latter is done by pattern completion in a relaxation-type system, **all** features of a schema would be produced and not only those features which make up a good explanation.

Another problem is that there is no well-known way to allow meta-reasoning in neural networks. Meta-reasoning means inferencing about the reasoning capabilities of a system. Meta-reasoning can be important for the ability to give explanations since a system must know about the limits of its domain knowledge and inferencing capabilities in order to give a meaningful explanation of results.

However, several suggestions have been made about how to allow explanation in relaxation-type connectionist systems despite their severe limitations. One idea is based on an assumed analogy between the search of rule-based systems in problem-space and the search of a relaxation-type connectionist system in state-space. Both "problem-solving processes" are based on a specified starting point (the input) and an exit situation which is the satisfaction of a goal criterion in the first case and a local or global minimum in the second case. One of the important differences is that it is easy to keep a trace of the path of a rule-based system through problem space, but it is extremely difficult to keep track of all the changes in a relaxation-type connectionist system.

The idea of an analogy between problem-space and state-space must be rejected. In general, a connectionist system can settle in various minima while it is unknown in most cases how many local minima the system has. Even if the number of minima is known, how can one **explain** why a particular solution was produced and not a similar one? Furthermore, it is not guaranteed that a user can realize similarities among solutions produced by a relaxation-type neural network. It might be that the user has no way to understand the similarity based on the state of his domain and background knowledge.

Simulated annealing (for example in non-deterministic Boltzmann machines) makes explanation even more difficult. The behavior of the system is governed by properties of the optimization method plus random factors. The system changes its states and settles into a stable solution (eventually), but this might include movements "uphill" the energy landscape and apparently random behavior. Explanation must therefore be based on an "idealized" behavior of the system and not on a particular path. This idealized behavior could be the energy landscape itself. Key points where energy significantly changes could be used for explanation (Feldman 1989).

The situation is even worse in feedforward-perceptrons such as simple backpropagation networks (i.e. non-recurrent networks). Classification is done in a simple forward pass of activation, which is extremely efficient on the one side but leaves no room for explanation on the other side. There are no intermediate steps in classification which can be used for explanation. Instead, classification means to present an input-vector to the system (e.g. a set of features) and to get the immediate response. The user has no choice but to trust the systems engineer and to believe that learning was done correctly with a sufficient set of training examples and that the system is reliable.

The situation is different when relearning is done in feedforward perceptrons (Hinton 1988). Consider a multi-layer network which has learned domain knowledge and new facts are presented for learning. According to Hinton (1988) this will lead to major changes in those parts of the weight matrix where new facts differ from previously learned knowledge. These changes can be monitored by an outside component and can be used for explanation. Again, this requires full confidence in training and only makes sense in those cases where the network is forced to learn local representations; the localization of changes would be almost impossible otherwise. Furthermore, it is an open question as to which kind of explanation can be supported by monitoring changes in weight space.

The second possible way to give an explanation, presenting a similar case, can be much easier for a connectionist system. This can be possible in principle, since the representation of schemas and events in distributed systems is similarity-based by its nature.

We conclude from the discussion above that explanation is difficult to realize in relaxation-type connectionist systems and simple, non-recurrent feedforward-perceptrons. The next sections discuss explanation in more structured connectionist systems.

4. Explanation in structured connectionist systems

This section briefly discusses the suitability of connectionist semantic networks for explanation and gives a summary of connectionist systems which have realized various types of explanation. It should be noted that spreading activation and marker propagation systems have been used very successfully as part of explanation components. Marker propagation models are massively parallel reasoning systems which use a heuristic reasoning component (the "path evaluator") for the analysis of paths of activated concepts. The following discussion excludes these kind of models and emphasizes interpreter-free connectionist models with weighted connections and bit- or value-passing. But even connectionist semantic networks such as Diederich (1988a,b; 1989a,b) and Shastri (1988) are probably better suited for explanation than plain relaxation-type networks because of their explicit structure, e.g. the inheritance hierarchy. Straight-forward spreading activation systems have the advantage that *each state in processing is meaningful and intermediate states can be used for explanation.*

The kind of explanation which can be given by a connectionist semantic network is determined by the type of relations encoded. For example, in a standard connectionist semantic network using subsumption relations of concepts, the activation of attributes and values is completely determined by the architecture of the concept hierarchy. This means that only "subclass" and "has-property" relations can be used for explanation, and not arbitrary relations as in logic-based systems (there are only a few connectionist systems which allow the representation of n-ary predicates and variable binding, e.g. Shastri & Ajjanagadde 1989).

4.1. Explanation in connectionist diagnostic problem solving.

Peng & Reggia (1989) and Wald, Farach, Tagamets & Reggia (1989) describe a connectionist model for diagnostic problem solving including abductive reasoning. The method is competition-based, using a "multiple winner take all" approach which allows several "winner units" as the result of the competition among units with mutual inhibitory connections. A similar approach, based on a Hopfield-type network, can be found in Goel, Ramanujam and Sadayappan (1988).

Abduction denotes to the task of inferring a hypothesis that best explains data (Goel, Ramanujam and Sadayappan 1988). This inference class is computationally difficult in that multiple disorders may occur simultaneously and a global minimum in the space exponential to the total number of possible disorders is sought as a solution (Peng & Reggia 1989), i.e. the diagnostic problem is viewed as a non-linear optimization problem. Peng & Reggia's (1989) approach is conceptually based on the *parsimonious covering theory*. In this theory, there is a set of disorders D, a set of manifestations M, and a relation $D \times M \supseteq C$ representing the causal association between a set of disorders and manifestations. A pair $<d_i, m_j>$ is in C iff "disorder d_i may cause manifestation m_j." Based on the relation C, two sets, "effects" and "causes," are defined for each $d_i \in D$ and each $m_j \in M$. A hypothesis D_i represents a potential explanation for a set of manifestations M^+ (i.e. all present manifestations) in that it is a set of disorders, which when present, could cause or account for M^+ (after Peng & Reggia 1989).

This model can be realized by a two-layer connectionist network: D and M are two sets of nodes and C is the set of connecting links. Each link $<d_i, m_i> \in C$ has a constant weight representing the causal strength. The model converges to a set of winners when relaxation reaches equilibrium at time t_e. In other words, $d_i(t_e)$ approximates either 1 or 0, and the set of disorders $D_S = \{d_i \mid d_i(t_e) \approx 1\}$ is taken to be the connectionist's model problem solution.

The performance of this network, i.e. both accuracy and efficiency, depends on the activation rule chosen. Wald, Farach, Tagamets & Reggia (1989) used a slightly different approach based on simulated annealing in order to guarantee globally optimal solutions. The important point for the discussion here is the ability of Peng & Reggia's (1989) network to *generate* explanations. An explanation is a set of "disorder" which account of a set of observed manifestations (symptoms). The causal strengths between manifestations and disorders, however, were not learned but randomly generated in Peng & Reggia (1989) and provided by physicians in Wald, Farach, Tagamets & Reggia (1989).

Peng & Reggia's (1989) approach is important for the discussion here because it allows the system to respond to "Why" questions (in principle). Given a number of manifestations, the system responds with a number of disorders explaining "why" these manifestations were produced. Unfortunately, the activation levels of winner "disorder" units approximate 1 (the maximum value) and it is not possible to treat the output as probabilities. A possible explanation of results would be much more detailed and meaningful if it were possible to explain to which degree manifestations have contributed to the result. This is not yet possible in Peng & Reggia's approach.

4.2. "Explanatory Coherence" in connectionist networks.

The next example is a structured connectionist system for the modelling of "explanatory coherence" (Thagard 1988), i.e. the selection of a set of hypotheses that is best explained by evidential data, direct observation and other hypothesis. The generation of internal coherence among these propositions can be modelled by a connectionist system.

Coming from the theory of scientific explanation, Paul Thagard (1988) describes a computational theory of "explanatory coherence" that applies to the acceptance or rejection of sets of scientific hypothesis (or "propositions"). Propositions compete to build stable coalitions, i.e. sets of consistent and non-contradictory hypothesis which are best explained by evidential data, direct observation and other hypothesis. The theory consists of seven principles which establish relations of local coherence among propositions. According to Thagard (1988) "a hypothesis coheres with propositions that it explains, or that explain it, or that participate with it in explaining other propositions, or that offer analogous explanation." Propositions that describe direct observation have acceptability in their own. An explanatory hypothesis is accepted if it coheres better overall than competing propositions.

Thagard's (1988) theory consists essentially of seven relations which establish coherence among propositions. They are symmetry, explanation, analogy, data priority, contradiction, acceptability and system coherence. Two of these relations, explanation and analogy, are outlined in order to give a brief example for coherence relations. See Thagard (1988) for a complete description.

The explanation principle is described by Thagard (1988, p.3) in the following way:

If $P_1 \ldots P_m$ explain Q, then:

(a) For each P_i in $P_1 \ldots P_m$, P_i and Q cohere.
(b) For each P_i and P_j in $P_1 \ldots P_m$, P_i and P_j cohere.

(c) In (a) and (b) the degree of coherence is inversely proportional to the number of propositions $P_1 \ldots P_m$.

The analogy principle is explained this way:

(a) If P_1 explains Q_1, P_2 explains Q_2, P_1 is analogous to P_2, and Q_1 is analogous to Q_2, then P_1 and P_2 cohere, and Q_1 and Q_2 cohere.
(b) If P_1 explains Q_1, P_2 explains Q_2, Q_1 is analogous to Q_2, but P_1 is disanalogous to P_2, then P_1 and P_2 incohere.

How are relations of the kind described above translated to a connectionist model and how does it work ? First of all, there is a primitive high-level description language which allows expressions such as (EXPLAIN (H1 H2) E1) and (CONTRADICT (H1 H2)) which means that hypothesis H1 and H2 both explain evidence E1, but H1 and H2 contradict each other. These expressions are compiled into a connectionist network where each proposition is represented by a single unit. If two proposition cohere, then there is an excitatory, symmetric link between them with positive weight. Consequently there is an inhibitory link if two propositions incohere. Data priority is implemented by an excitatory link from a special data unit.

Activation values greater than 0 signify acceptance of a proposition (Thagard 1988, p.13) and the coherence of a whole system of propositions at time t is validated by a function which is the inverse to "energy" function in neural networks.

Running the network means generating a coherent set of propositions (if this set is available) represented by a stable pattern of activation over propositional units. This stable coalition dominates other possible sets of hypothesis with less explanatory coherence. Thagard (1988) used this method for a number of simulations in the area of scientific explanation and reasoning, for example Lavoisier's argument for oxygen against phlogiston theory, Darwin's argument for evolution and against creationism and a number of cases of legal reasoning. The most complex application so far (about Copernicus' heliocentric theory) involved 150 units 210 cycles for a stable result.

Thagard (1988) demonstrates very nicely how competition can be used to built coherent sets of explanations, but Thagard does not explain how a single explanation can be produced by a connectionist network.

5. Conclusion

A brief overview of "explanation" in symbolic AI was given and several proposals for the realization of explanation in connectionist systems were discussed. It has been shown that connectionist systems benefit from the explicit encoding of relations and the use of structured networks. Structured connectionist systems using spreading activation have the advantage that any intermediate state in processing is semantically meaningful and can be used for explanation, in principle. It was also shown that connectionist systems can contribute to explanation-based approaches which require multiple constraint satisfaction.

Acknowledgement

Research described in this paper has benefited from discussions with Larry Birnbaum, Joachim Buhmann, Jerry Feldman, Jim Hendler, Geoff Hinton, Christoph Lischka, Gerd Paaß, Charles Rosenberg, Andreas Stolcke, and many others.

References

Charniak, E. (1987): *Connectionism and Explanation*. Paper presented at TINLAP-3, New Mexico State University, Las Cruses, January 1987.

Davis, R., Buchanan, B.G. & Shortliffe, E. (1977): *Production Rules as a Representation for a Knowledge-Based Consultation Program*. Artificial Intelligence 8 (1), 15-45.

Diederich, J. (1988a): *Connectionist Recruitment Learning*. ECAI-88, Proc. of the 8th European Conference on Artificial Intelligence, Munich, 351-356.

Diederich, J. (1988b): *Knowledge-Intensive Recruitment Learning*. ICSI-TR-88-010, International Computer Science Institute, Berkeley, November 1988.

Diederich, J. (1989a): *Steps toward knowledge-intensive connectionist learning*. In: Pollack, J. & Barnden, J. (Eds.): Advances in Connectionist and Neural Computation Theory. Ablex Publ.

Diederich, J. (1989b): *"Learning by instruction" in connectionist systems*. Proc. of the 6th International Workshop on Machine Learning. Cornell University, June/July 1989

Feldman, J. A. (1989): personal communication.

Hinton, G.E. (1988): personal communication.

Goel, A., Ramanujam, J. & Sadayappan, P. (1988): *Towards a neural architecture for abductive reasoning*. Proceedings of the 2nd IEEE International Conference on Neural Networks. Vol. 1, 681-688.

Lewis, C. (1988): *Why and How to Learn Why: Analysis-based Generalization of Procedures*. Cognitive Science, 12, 211-256.

Lischka, C. (1989): *Konnektionismus, Künstliche Intelligenz und Informatik - Einige Anmerkungen*. Submitted to: "KI."

Mitchell, T.M., Keller, R.M. & Kedar-Cabelli, S.T. (1986): *Explanation-Based Generalization: A Unifying View*. Machine Learning 1, 47-80.

Peng, Y. & Reggia, J.A. (1989): *A Connectionist Model for Diagnostic Problem Solving*. IEEE Transactions on Systems, Man and Cybernetics. In press.

Slade, S. (1988): *Case-based reasoning: A Research Paradigm*. YALEU/CSD/RR #644, Yale University, New Haven, Conn., August 1988.

Shastri, L. (1988): *Semantic Networks: An Evidential Formalization and its Connectionist Realization*. Morgan Kaufman Publ., San Mateo, California 1988.

Shastri, L. & Ajjanagadde, V. (1989): *A Connectionist System for Rule Based Reasoning with Multi-Place Predicates and Variables*. MS-CIS-8905 & LINC LAB 141, Computer and Information Science Department, University of Pennsylvania, January 1989

Thagard, P. (1988): *Explanatory coherence*. Final draft for commentators. Behavioral and Brain Sciences. Cambridge University Press. December 1988.

Wald, J., Farach, M., Tagamets, M. & Reggia, J.A. (1989): *Generating Plausible Diagnostic Hypotheses with Self-Processing Causal Networks*. Journal of Experimental and Theoretical Artificial Intelligence. In press.

Optimierung des Lernverhaltens neuronaler Netze durch Berücksichtigung verschiedener Abstraktionsklassen bei der Netzwerktopologie

Kurzpapier, Maschinelles Lernen

Karl-Heinz Krachenfels*, Kerstin Schill+

* Technische Universität München
Institut für Informatik
Arcisstr. 21, 8000 München 2

\+ Ludwig Maximilians Universität München
Institut für medizinische Psychologie
Goethestr. 31, 8000 München 2

Zusammenfassung

Anhand eines überschaubaren Beispiels wird gezeigt, wie sich das Lernverhalten in neuronalen Netzen durch die Netzwerkstruktur beeinflussen läßt. Als Aufgabe dient ein einfaches Schachendspiel von Turm und König gegen König. Das betrachtete Netzwerk soll eine Zuordnung von Zügen zu Strategien lernen. Als Eingabe wird dem Netzwerk Eingangsinformation niedriger Ordnung angeboten.

1. Einleitung

Ein Grundproblem beim Lernen von höheren Konzepten anhand von Eingangsinformation auf niedrigem Abstraktionsniveau ist die geeignete Wahl einer guten Codierung. Oft basieren die Konzepte auf Zwischenprädikaten mit stark unterschiedlicher Natur. Der Netzwerkdesigner sollte die Eingangsinformation so codieren, daß die unterschiedlichen Prädikate daraus ableitbar sind.

Beim hier betrachteten Schachproblem ist dies jedoch nicht ohne weiteres möglich. Um Prädikate über Figurenmuster zu abstrahieren, sind ganz andere Eingabecodierungen günstig als für Prädikate, die sich auf Stellungsänderungen wie Annäherungen von Figuren beziehen.

Es wird hier eine Methode vorgestellt, mit der dem Netzwerk verschiedene Codierungen gleichzeitig angeboten werden können. Das Netz wird dazu in Teilnetzwerke aufgespalten, wobei sich die Informationsstruktur in der Netzwerktopologie widerspiegelt. Man erhält dadurch die Möglichkeit, die Vorteile verschiedener Eingangsrepräsentationen zu vereinen.

2. Neuronales Modell

Für die Versuche wird ein mehrschichtiges Feed-Forward-Netzwerk benutzt. Feed-Forward heißt, daß sich die Aktivierungen schichtenweise von der Eingabeschicht bis zur Ausgabeschicht ausbreiten. Als Aktivierungszustände können beliebige reelle Werte auftreten. Als

Lernregel wird die generalisierte Delta-Regel (Rumelhart, Hinton, Williams, 1986) verwendet. Man nennt diese Netzwerke in Verbindung mit der generalisierten Delta-Regel auch Backpropagation Netze. Solche Netzwerke gehören zur Klasse der Musterzuordnungsnetzwerke. Sie zeichnen sich durch eine Lernregel aus, die über mehrere Schichten funktioniert.

3. Problemstellung

Als Aufgabe dient ein einfaches Schachendspiel von Turm und König gegen König, wobei das Netzwerk eine Zuordnung von Zügen zu Strategien lernen soll. Die Strategien sind dem von Bratko (1987) vorgeschlagenen Algorithmus entnommen:

- *enge_ein*
- *annäherung*
- *halte_raum*
- *teile*

Diese Strategien hängen im Algorithmus von Bratko von folgenden Prädikaten ab:

- *neuer_raum_kleiner*
- *turm_bloßgestellt*
- *turm_teilt*
- *patt*
- *unser_könig_nähert_sich_kritischem_feld*
- *raum_größer_2*
- *figuren_bilden_L_muster*
- *gegnerischer_könig_am_rand*
- *könige_abstand_kleiner_geworden*
- *königszug*
- *turmverlust*

Diese Strategien sollen anhand von Zugbeispielen erlernt werden. Die Eingangsinformation wird dabei auf niedriger Abstraktionsebene repräsentiert. Es wird vermutet, daß ein Netzwerk mit niedriger Eingangsinformation dieselben Zwischenprädikate benutzt wie das Programm von Bratko. Dazu ist folgendes zu bemerken:

- Prädikate wie *turm_teilt* oder *figuren_bilden_L_muster* beschreiben Figurenmuster und sind translationsinvariant. Die Codierung sollte in diesem Sinne invariante Stellungen identisch codieren.
- Prädikate wie *neuer_raum_kleiner* und *könige_abstand_kleiner_geworden* hängen von Stellungsänderungen ab. Sie benötigen eine Eingabecodierung, die dies berücksichtigt.

4. Einfache Codierungen

Für sämtliche der folgenden Versuche wurden dem Netzwerk 600 zufällig generierte Züge in jedem Trainingszyklus vorgelegt.

Im ersten Versuch werden folgende Codierungen verglichen (siehe Abb. 1):

- Die Koordinaten der Figuren werden codiert.
- Die Koordinaten von Figuren relativ zueinander werden codiert. Durch diese Codierung lassen sich Anordnungsmuster von Figuren leichter erkennen, da sich die Eingabe durch Parallelverschiebung nicht ändert (Verschiebungsinvarianz).

Das Netzwerk lernt mit der zweiten Codierung besser. Allerdings können hier gewisse Prädikate (z.B. die Prädikate *neuer_raum_kleiner, figur_am_rand*), die auf den absoluten Positionen der Figuren basieren, nicht hergeleitet werden. Deshalb werden dem Netz jetzt beide Codierungen gleichzeitig angeboten. Es soll aus den verschiedenen Codierungen die jeweils benötigten Teilinformationen verwenden.

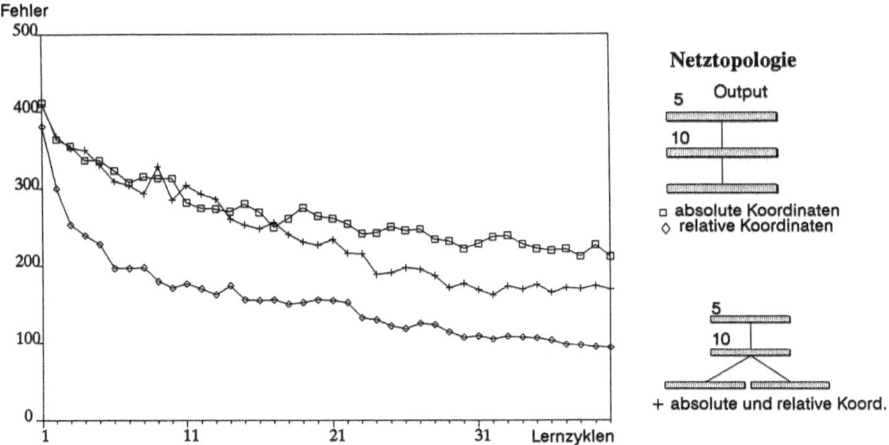

Abb. 1 Mischen von Eingangscodierungen. Rechts sind die Netztopologien angedeutet. Das Netzwerk rechts unten besteht aus zwei Eingabeschichten. Jede der Units einer Eingabeschicht ist mit jeder der 10 Units in der ersten Zwischenschicht verbunden. Ebenso ist jede der Units in der Zwischenschicht mit jeder der 10 Units in der Ausgabeschicht verbunden.

Der Lernerfolg bei der gemischten Codierung ist schlechter als bei der Codierung mit relativen Koordinaten. Eine Erklärung dafür erhält man, wenn man davon ausgeht, daß im Netzwerk zuerst ähnliche Zwischenprädikate abstrahiert werden wie im Bratko-Algorithmus. Betrachtet man diese Zwischenprädikate, so stellt man fest, daß sie jeweils von einer einzigen Informationsart abhängen, beispielsweise von Stellungsinformation oder von Zuginformation. Mischt man die Eingangsinformationen auf niedriger Ebene, so wird das Erkennen der geeigneten Zwischenprädikate erschwert. Um diese Prädikate zu abstrahieren, sind nur

Verbindungen zu den Eingabe-Units mit der relevanten Eingabecodierung nötig. Zusätzliche Verbindungen zu anderen Eingabe-Units liefern keine brauchbare Information. Sie führen aber zu einer Vergrößerung des Suchraumes und damit zu einem Komplexitätszuwachs. Anders ausgedrückt: durch das Mischen verschiedener Informationsarten auf niedriger Abstraktionsebene wird die Zahl möglicher Kombinationen stark vergrößert. Dies führt zu einer größeren Komplexität. Für das Prädikat *könige_bilden_L_muster* ist beispielsweise die Zuginformation irrelevant.

5. Verbesserung der Netzwerktopologie

Das Zusammenführen der unterschiedlichen Informationskategorien (bezüglich der Eingangsrepräsentation) wird jetzt auf eine höhere Abstraktionsstufe verlegt. Durch diese Netzwerkstruktur lassen sich Zwischenprädikate leichter finden. In den neu eingeführten Zwischenschichten werden verschiedene Klassen von Zwischenprädikaten gebildet. Dabei wird nur die relevante Eingangsinformation berücksichtigt. Die Aufspaltung des Netzwerks spiegelt die Informationsstruktur wider, die auch im konventionellen Algorithmus ersichtlich ist.

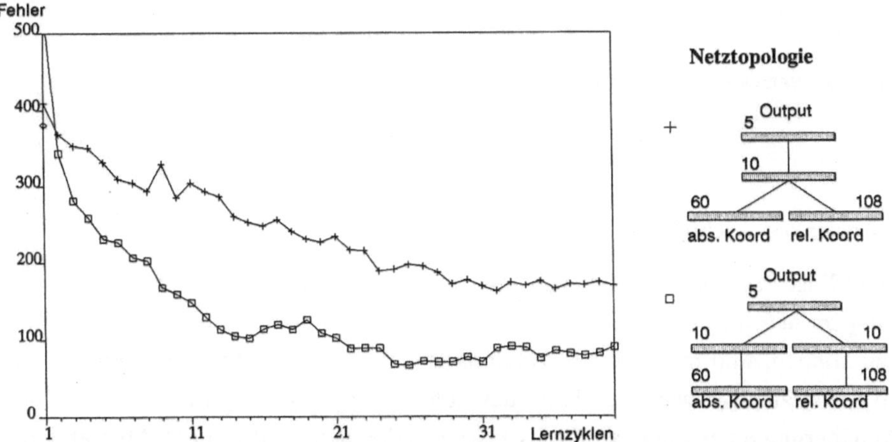

Abb. 2 Verschiedene Topologien für Netzwerke mit gemischten Eingangscodierungen. Die Units der Eingabeschichten sind bei der neuen Topologie nicht mehr mit Units derselben Zwischenschicht verbunden.

6. Weitere Verbesserungen

Das Raumprädikat, das für die Strategie des Einengens von großer Bedeutung ist, wird durch Multiplikation berechnet. Arithmetische Operationen wie Multiplikation und Addition sind durch ein neuronales Netz jedoch nur schwer erlernbar - sie basieren auf Algorithmen mit sequentieller Natur. Aus diesen Gründen wird jetzt eine zusätzliche Inputunit zum Netz hinzugefügt. An diese Unit wird das Raumprädikat angelegt.

Außerdem werden in den folgenden Versuchen die Abstände der Figuren vor und nach einem Zug als neue Eingaberepräsentation verwendet, aus der bestimmte zugabhänige Prädikate besser ableitbar sind. Bei diesem Beispiel wird der Lernerfolg durch Aufspalten den Netzwerks erheblich verbessert. Von den 600 Eingaben wurden nur noch 11 Züge falsch klassifiziert (siehe Abb. 3)

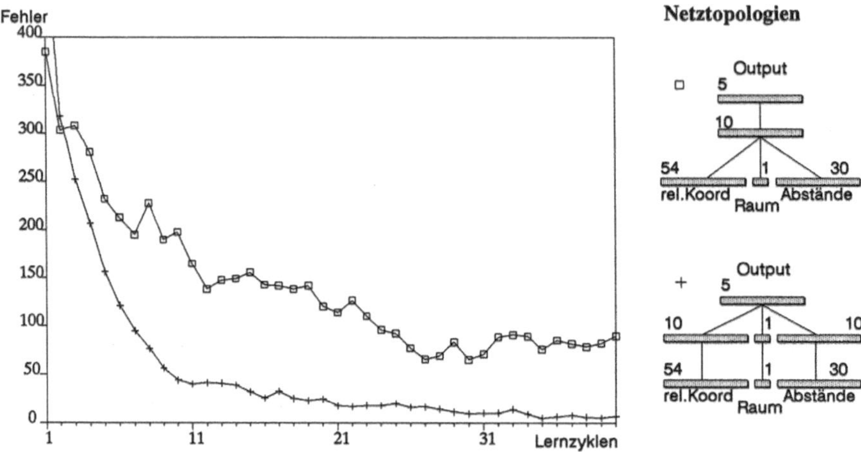

Abb. 3 Netzwerke mit verschiedenen Topologien

7. Weitere Abstraktionsschichten

Es ist allerdings schwierig Codierungen zu finden, in denen Prädikate wie *unser_könig_nähert_sich_kritischem_feld* gut hergeleitet werden können. Um derartige Prädikate herleiten zu können, sind mehrere Abstraktionsschichten nötig. Beim kritischen Feld handelt es sich um ein strategisch wichtiges Feld, das anhand einer Stellung bestimmt werden kann. Um die Annäherung einer Figur an dieses Feld zu erkennen, sind weitere Abstraktionsstufen nötig. Die hier verwendete Netzwerkarchitektur ist für dieses Problem zu einfach. Daß hier trotzdem einigermaßen gute Erfolge erzielt wurden, liegt daran, daß dieses Feld meist in der Nähe des eigenen Turmes liegt und in den meisten Fällen mit diesem gleichgesetzt werden kann. Ebenfalls unbefriedigend ist, daß das Raumprädikat explizit angelegt werden mußte.

8. Diskussion

Minsky und Papert (1969) analysieren in ihrem Buch einige Prädikate, für die sie eine Art "kombinatorische Explosion" feststellen. Diese Prädikate lassen sich deshalb nur in relativ kleinen Netzen gut erlernen. Diese Feststellung veranlaßt sie zur Annahme, daß für neuronale Informationsverarbeitung relativ kleine Netze ausschlaggebend sind, die miteinander in Verbindung stehen.

Chandrasekaran, Goel, Allemang (1988) beurteilen das Gebiet ähnlich. Komplexe Probleme bedingen einen großen Suchraum. Lernalgorithmen arbeiten aber nur in relativ kleinen Suchräumen zufriedenstellend, deshalb muß der Netzwerkdesigner durch Wahl der Netzwerkarchitektur, der Eingabecodierungen und der Anordnung von Teilnetzwerken eine Anfangskonfiguration festlegen. Durch diese Konfiguration wird der Suchraum für das Problem erheblich eingeschränkt. Der Netzwerkdesigner "programmiert" nach ihrer Ansicht, indem er eine Architektur verwendet, die die Struktur der Informationsverarbeitung widerspiegelt.

Das hier vorgestellte Beispiel zeigt einen Weg, wie man bei bestimmten Problemklassen durch Aufspalten von Netzwerken die Lernbedingungen verbessern kann.

Eine ausführlichere Beschreibung ist in (Krachenfels, 1989) zu finden.

5. Literatur

Bratko, (1987): *PROLOG Programmierung für künstliche Intelligenz*, Addison-Wesley, 390-424

Chandrasekaran, B., Ashok, G., Allemang, D., (1988): *Connectionism and Information Processing Abstractions*, The AI Magazine, Winter 1988

Krachenfels, K.H., (1989): *Lernen von Regeln mit neuronalen Netzen*, Diplomarbeit, Technische Universität München, Institut für Informatik

Minsky, M., Papert, S., (1969): *Perceptrons*, Cambridge: MIT Press

Rumelhart, D.E., Hinton, G.E., Williams, R.J., (1986): *Learning internal representations by error propagation*, in Parallel Distributed Processing: Explorations the Microstructures of Cognition, Vol. I, Rumelhart, McClelland, MIT Press, 318-362

NetSim: Ein Simulator für Neuronale Netze

Andreas Zell, Thomas Korb, Tilman Sommer, Rolf Bayer
Universität Stuttgart, Institut für Informatik
Azenbergstr. 12, 7000 Stuttgart 1
E-mail: zell@ifistg.uucp

Abstract: Wir stellen hier mit NetSim einen Simulator für neuronale Netze vor, der am Institut für Informatik der Universität Stuttgart entwickelt wird. Dieser ist ein Werkzeug, um konnektionistische Modelle mittlerer Größe in einer Experimentierumgebung zu testen, aber auch, um eigene Erfahrungen im Bau solcher Simulatoren zu sammeln. Neben einer guten graphischen Benutzeroberfläche und einem modularen Aufbau besitzt NetSim eine Netzwerkbeschreibungssprache und einen Compiler zur automatischen Erzeugung größerer Netze aus einer deskriptiven Beschreibung.

Keywords: Konnektionismus, neuronale Netze, Netzwerk-Simulator, Netzwerk-Beschreibungssprache

1. Einführung und Motivation

Konnektionistische Netze sind Modelle für informationsverarbeitende Systeme, die sich aus vielen einfachen, parallel arbeitenden Einheiten zusammensetzen, die Information in Form ihrer Aktivierung über ein Netz von Verbindungen austauschen [Kemke 88]. Sie sind interessant, weil sie in ihrer Struktur die Hardware-Struktur des Gehirns in einem vereinfachten Modell nachzubilden versuchen.

In dieser Arbeit beschreiben wir einen Software-Simulator für konnektionistische Modelle, der am Institut für Informatik der Universität Stuttgart im Rahmen mehrerer studentischer Arbeiten entwickelt wurde.

Es gibt weltweit bereits eine Reihe von Software- und Hardware-Simulatoren für konnektionistische Modelle:

Der bekannteste und am besten verfügbare Simulator ist sicher RCS, der Rochester Connectionist Simulator [Goddard et al. 88], der das Ergebnis langjähriger Forschungen an der University of Rochester ist. Er ist für Universitäten frei erhältlich mit Quellcode in C unter Unix und beinhaltet eine sehr gute graphische Benutzeroberfläche für Sun Workstations, ebenfalls unter SunView. Leider hatten wir erst im Laufe des Projekts eine Version von ihm erhalten, er wurde später in vielen Entscheidungen ein Vorbild für unseren Simulator. Bei der GMD wurde RCS als Janet in CommonLisp (angeblich) noch verbessert re-implementiert, aber wir konnten bisher noch kein Exemplar davon erhalten.

Bekannt ist auch P3 [Zipser, Rabin 86], in Lisp implementiert, der in [Rumelhart, McClelland 86] beschrieben ist, aber außerhalb der UCSD nicht einfach verfügbar ist. Kleinere Simulatoren sind die McClelland und Rumelhart-Simulatoren [McClelland, Rumelhart 87], mit Disketten mit C-Quellcode für IBM-AT (DOS), die sehr günstig sind (sie liegen dem dritten PDP-Band bei).

Am anderen Spektrum sind die Hardware-Simulatoren angesiedelt, die eine sehr hohe Simulatorleistung durch spezielle Prozessoren erbringen, aber entsprechend teuer sind und für eine Universitätsumgebung in der Lehre schlecht einsetzbar sind. Dazu gehören etwa die Sigma Workstation und Software von SAIC für IBM-AT Systeme oder das ANZA-Board für den IBM-AT von Hecht Nielsen Neurocomputer, die aber beide in der Preisklasse über 30.000 DM liegen.

Warum entwickeln wir einen eigenen Simulator, da es doch bereits einige solche Simulatoren gibt? Unsere Gründe sind:

- er ist einfacher zu modifizieren, um neue Ideen auszuprobieren. Alle Simulatoren machen durch ihre Implementierung starke Annahmen über die repräsentierbaren Modelle. Dies sind nicht immer diejenigen Entscheidungen, die wir für optimal halten.
- ein selbst entwickelter Simulator ist leichter an vorhandene Hardware anzupassen.
- wir wollen auf diesem Gebiet eigene Erfahrungen sammeln über die Komplexität einer solchen Aufgabe, die Effizienz des Simulators etc.
- wir können Komponenten des eigenen Simulators einfach austauschen und mit neuen Ideen experimentieren, etwa mit einer nichtprozeduralen, deskriptiven Beschreibungssprache für neuronale Netze.

Aus diesen Gründen haben wir uns entschlossen, einen eigenen Simulator zu entwickeln. Dieser sollte einfach, modular und effizient sein, und für die Simulation mittlerer Netze (10^2 - 10^4 Zellen) geeignet.

2. Der Netzwerk-Simulator

Unser Simulator besteht aus drei größeren Komponenten: Simulatorkern graphische Benutzeroberfläche und Netzwerk-Compiler

Der Simulatorkern verwaltet die interne Repräsentation der neuronalen Netze und führt alle Operationen für die Simulation in der Arbeits- und der Lernphase durch. Die graphische Benutzerschnittstelle stellt die Topologie und den aktuellen Zustand des Netzwerks graphisch dar. Sie ermöglicht es auch, kleine und mittlere neuronale Netze zu konstruieren und interaktiv zu ändern. Der Netzwerk-Compiler dient zur Generierung von größeren Netzen aus einer deklarativen Beschreibungssprache. Die vom Compiler erzeugte Darstellung der Netze wird vom Simulatorkern in die interne Datenstruktur überführt.

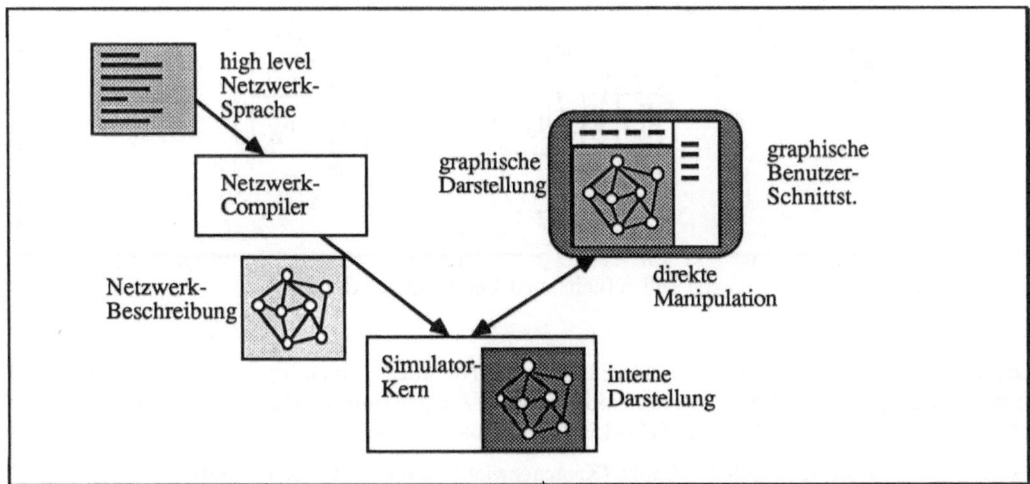

Abb. 1: Gesamtstruktur des Netzwerk-Simulators NetSim

3. Der Simulatorkern

Der Kern des Simulators führt die Propagierung der Zellaktivierungen durch und das Lernverfahren. Die Definition der Lernregeln und der Propagierungsfunktion ist Teil der Netzwerkbeschreibung, Lernen kann in der Form überwachten Lernens oder selbständigen Lernens erfolgen. Netze können während der Simulation durch die graphische Benutzerschnittstelle modifiziert werden. Es können Zellen hinzugefügt oder entfernt werden oder ihre Aktivierungen können geändert werden, Verbindungen zwischen Zellen können eingefügt, gelöscht, oder verändert werden und ihre Verbindungsstärken können modifiziert werden.

Der Simulatorkern stellt Grundfunktionen zur Verfügung, um für die vom Compiler gelieferte Beschreibung einer gegebenen Problemstellung benötigte Datenstruktur zu erzeugen.

3.1. Die interne Repräsentation eines neuronalen Netzes

Ein wichtiges Entwurfskriterium für die interne Repräsentation des neuronalen Netzes war die Forderung, daß die Struktur dynamisch sein mußte, d.h. sowohl die Anzahl der Knoten als auch die Anzahl der Kanten und die Konnektivität, d.h. die Zahl der möglichen Verbindungen zwischen Knoten sollte nur durch die Speicherkapazität des Rechners beschränkt sein. Die interne Struktur eines solchen neuronalen Netzes kann (vereinfacht) nach Abb. 2 dargestellt werden.

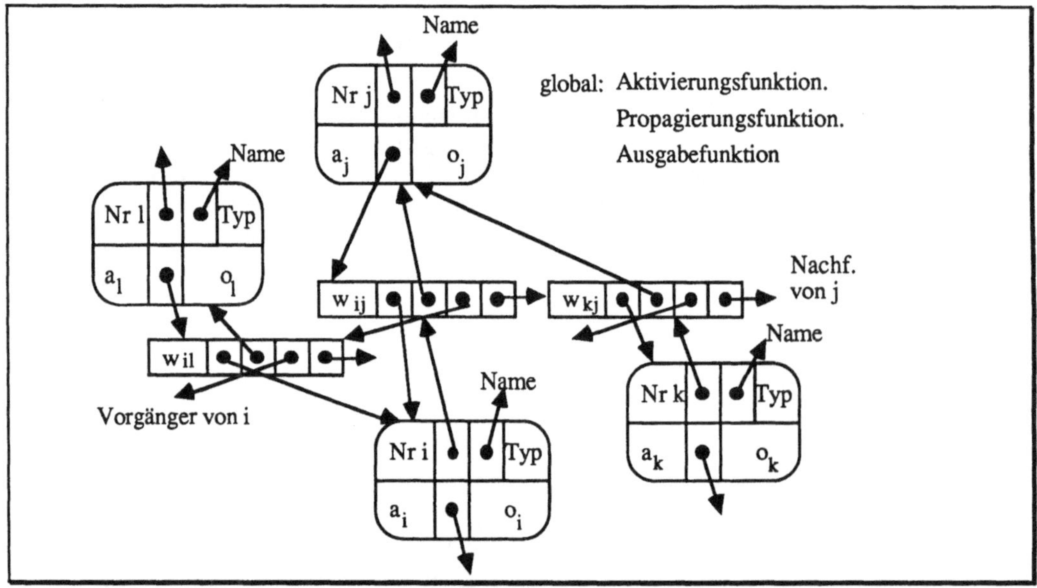

Abb. 2: Datenstrukturen von Zellen (units) und Verbindungen (links)

Jede Zelle (unit) hat folgende Teilfelder: eindeutige Nummer, Name, Typ (dient bisher nur zur Unterscheidung von Eingabe-, interne (hidden) oder Ausgabezelle), Aktivierungszustand a_i und Ausgabewert o_i, sowie einen Zeiger auf eine Liste aller Kanten zu Nachfolgeknoten.

Eine Kante wird realisiert durch ihre Stärke (Kantengewicht w_{ji} für Kante von i nach j), einen Zeiger auf den Nachfolgeknoten, einen Zeiger auf den Vorgängerknoten, einen Zeiger auf die weiteren Kanten des Vorgängers und einen Zeiger auf die weiteren Kanten des Nachfolgers.

Der Simulator verwendet aus Effizienzgründen für Kantengewichte, Aktivierungswert und Ausgabewert sowie alle Zwischenergebnisse integer-Werte aus dem Intervall -1000..1000. Wir können also bis auf weiteres nur diskrete Modelle simulieren.

Die Propagierungsfunktion, d.h. die Funktion, die aus der Netzeingabe einer Zelle ihre Aktivierung berechnet, ist für alle Zellen eines Typs gleich und kann vom Benutzer vorgegeben werden. Gleiches gilt für die Aktivierungsfunktion und die Ausgabefunktion.

Der Simulatorkern unterscheidet nicht zwischen feedforward-Netzen und feedback-Netzen, damit auch mit feedback-Netzen experimentiert werden kann. Es ist Aufgabe des Benutzers, für die feedforward-Eigenschaft zu sorgen, wenn er mit Lernverfahren wie Backpropagation arbeiten will.

Ebenso kennt der Simulatorkern kein Konzept verschiedener Ebenen (layers), sondern arbeitet auf einem "flachen" Netz. Das Konzept von Ebenen wird durch den Benutzer oder den Netzwerk-Compiler aufgeprägt.

3.2. Dynamische Eigenschaften der Modelle

Drei unterschiedliche Ansätze zur Aktivierungsausbreitung können ausgewählt werden:

- *Simultanes Feuern.* Hierbei berechnen alle Zellen simultan ihren neuen Aktivierungszustand und ändern dann ihre Ausgabe synchron.
- *Zufällige Auswahl.* Hier wird eine Zelle zufällig bestimmt, ihr neuer Aktivierungs- und Ausgabewert berechnet und propagiert, noch bevor eine andere Zelle betrachtet wird. Nachfolgende Zellen sehen dann die neue Aktivierung dieser Zelle.
- *Sequentielle Auswahl.* Die Zellen feuern in festgelegter Reihenfolge. Die Ausgabewerte werden wie beim zufälligen Feuern unmittelbar für nachfolgende Zellen sichtbar.

3.3. Modifikationen zur Laufzeit

Der Simulatorkern bietet dem Benutzer die Möglichkeit, mittels der graphischen Benutzeroberfläche zur Laufzeit neue Verbindungen zu erzeugen. Zu Testzwecken können die Verbindungsstärken nach jedem Ausbreitungszyklus (d.h. sämtliche Zellen haben ihre Eingangsimpulse ausgewertet) variiert werden. Die Stillegung nicht mehr benötigter Verbindungen ist als Spezialfall der Modifikation zu sehen. Zur Inaktivierung einer Verbindung wird ihre Stärke auf Null gesetzt. Sie wird dadurch bei späteren Zyklen als nicht mehr existent interpretiert.

3.4. Lernen

Als Lernverfahren ist zur Zeit (Juni 89) nur Backpropagation implementiert. Allerdings haben wir bisher noch keine ausführlichen Messungen durchführen können, sodaß noch keine näheren Aussagen über die Effizienz des Simulators oder Messungen des Lernverfahrens für verschiedene Anwendungen vorliegen. Die Struktur des Simulators ermöglicht es aber relativ leicht, auch andere Lernverfahren zu implementieren und auszuprobieren.

4. Eine deklarative Beschreibungssprache für neuronale Netze

4.1. Motivation der deklarativen Beschreibungssprache

Schon mittelgroße Netzwerke bestehen aus mehr als tausend Zellen und oft mehr als zehntausend Verbindungen. Solche Netzwerke können ohne mächtige Hilfsmittel nicht mehr definiert, dargestellt oder verändert werden. Es gibt verschiedene Ansätze, um solche Netzwerke zu definieren. Beim Rochester Connectionist Simulator [Feldman et al. 88] [Feldman, Fanty et al. 88] werden dem Benutzer C-Funktionen zur Erzeugung von Zellen und Verbindungen zur Verfügung gestellt, andere kleinere Simulatoren bieten nur sehr beschränkte Hilfsmittel [Rumelhart, McClelland 86]. Da es sich bei der

Topologie konnektionistischer Netzwerke um eine nicht-prozedurale Aufgabenstellung handelt, ist es naheliegend, eine (deskriptive) Sprache für diesen speziellen Zweck zu definieren und einen Compiler zu implementieren, der aus dieser Definition dann die Netze erzeugt [Zipser, Rabin 86] [Goddard 87]. Eine solche Sprache erlaubt die Programmierung auf einer sehr viel höheren Abstraktionsebene als etwa prozedurale Sprachen. Außerdem entfällt das für den Benutzer oft mühsame und fehleranfällige Umsetzen einer deskriptiven Aufgabenstellung in ein prozedurales Programm. Eine solche Sprache schafft zusätzlich noch eine gewisse Unabhängigkeit der Netzwerkdefinitionen von einem speziellen Simulator.

In folgenden beschreiben wir unsere deklarative Spache Nesila (Network Simulation Language), mit der wir Netzwerke einfach und effizient definieren können.

4.2. Die wichtigsten Sprachmittel

Die Topologie eines Netzwerkes besteht aus einer Menge von Zellen (units) und einer Menge von Verbindungen zwischen diesen Zellen (connections). Netze können auch aus verschiedenen Teilnetzen (subnets) zusammengesetzt werden.

Eine Netzwerkdefinition in Nesila beginnt immer mit der Zeile

NETWORK NetzName = UnitMenge, ConnectionMenge, Teilnetz, GatewayListe;

Die ersten beiden Komponenten UnitMenge und ConnectionMenge müssen immer angegeben werden, die Angabe der Liste der Teilnetze und ihrer entsprechenden Gateway-Verbindungen ist optional. UnitMenge, ConnectionMenge und die Teilnetz-Komponente sind willkürlich gewählte Platzhalter, deren Bedeutung im restlichen Programm festgelegt wird. Eine Zelle wird durch den Befehl

UNIT (Nummer, Name, Typ, Aktivierungswert, Ausgabewert);

definiert. Jede der Komponenten kann entfallen, wenn sie durch einen Standardwert ersetzt werden soll. Der Befehl

Ausgangszelle --> ZielZelle : Verbindungsstärke;

definiert eine Verbindung zwischen zwei Zellen. Ein Beispiel für die Definition von Zellen und Verbindungen:

UnitMenge = [UNIT(1,'Zelle1',Typ1,0,0), Unit(2,'Zelle2',Typ2,0,0)];

ConnectionMenge = [UNIT(1) --> UNIT(2) : 20; UNIT(2) --> UNIT(1) : 5];

Es ist nicht nötig, Variablen wie UnitMenge, ConnectionMenge vor ihrer Verwendung zu deklarieren. Nesila verfügt über eine große Menge von Operatoren und Funktionen, insbesondere alle arithmetischen Operatoren, die Mengenoperatoren für Vereinigung (+), Schnitt (*), Mengendifferenz (-) und Inklusion (IN), logische Operatoren AND, OR sowie NOT, und Operatoren für die Verknüpfung der Zellen oder Verbindungen. Um Blöcke von Zellen in einer Anweisung definieren zu können, kann eine Anweisung lokale Parameter verwenden, deren Wertebereich in einer WHERE-Klausel definiert ist. So könnte man das bekannte "Winner takes all"-Netzwerk mit tausend Knoten in folgenden zwei Anweisungen definieren:

UnitMenge = [Unit(ZellNr, 'Zelle', Typ, 0,0) WHERE 1 <= ZellNr <= 1000];

ConnectMenge = [x-->y : -100; WHERE x,y IN UnitMenge AND x <> y];

Auf Mengen sind relationale Operatoren definiert, die Mengen werden ständig sortiert gehalten. Insbesondere sind so auch Zellen untereinander vergleichbar - ihre Reihenfolge ist die ihrer (eindeutigen) Nummern.

Auf Zellen bzw. Mengen von Zellen sind verschiedene Boolesch-wertige Operatoren definiert. So ist

$Zelle_1$ -> $Zelle_2$ wahr gdw. es existiert im Netz eine Verbindung $Zelle_1$ -> $Zelle_2$

$Zelle_1$ ->-> $Zelle_n$ wahr gdw. es existiert ein Pfad von $Zelle_1$ nach $Zelle_n$.

Analog sind <- und <-<- definiert. Werden diese Operatoren auf Mengen angewandt, muß zusätzlich angegeben werden, ob der Operator für alle oder für mindestens ein Mengenelement wahr sein muß, um ihn für die Menge wahr werden zu lassen. Beispielsweise ist

ALL(Menge$_1$) -> SOME(Menge$_2$) wahr gdw. es zu jeder Zelle x in Menge$_1$ eine Zelle y in Menge$_2$ gibt, mit x->y.

Nesila bietet die Möglichkeit, ein Netz aus Teilnetzen zusammenzusetzen, die ihrerseits mit dem SUBNET-Befehl definiert werden können. Damit sind viele der Konzepte des Software Engineering wie Top-Down-Design, Information-Hiding, etc. auch für den Entwurf konnektionistischer Netzwerke verfügbar. Außerdem verfügt Nesila über eine Blockstruktur (ähnlich wie Algol, Pascal, C), da Teilnetze wieder Teilnetze enthalten dürfen.

4.3. Ein Netzwerk für den Necker-Würfel

In [Feldman et al. 88], [Feldman, Fanty et al. 88] wird als ein oft zitiertes Beispiel ein Netzwerk zur Realisierung des Necker-Würfels gegeben. Wir zeigen im folgenden, wie dieses Netzwerk in unserer Sprache deklarativ beschrieben wird.

Der Necker-Würfel wird von den meisten Betrachtern zunächst so gesehen, daß ihnen die Ecke B zugewandt ist (Abb. 3 links oben). Die Zeichnung läßt aber auch noch die Deutung zu, daß die Ecke H vorne liegt (links unten). Bei solchen Vexierbildern springt normalerweise der menschliche Betrachter von einer Deutung zur anderen.

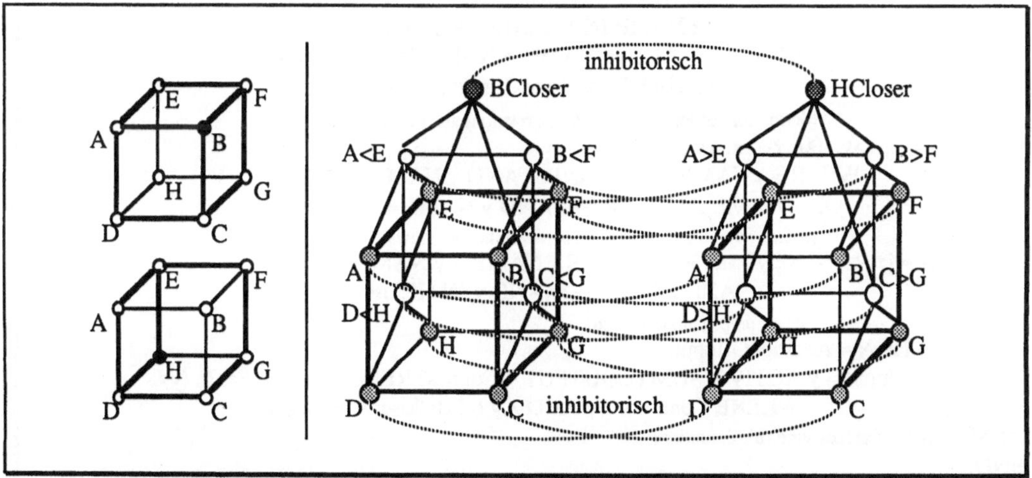

Abb. 3: Necker-Würfel (links) und neuronales Netz für den Necker-Würfel (rechts)

Wir wollen in Nesila ein dreistufiges Netzwerk definieren, das als Ergebnis die Entscheidung für eine der Deutungen liefert. Dafür bilden wir für jede der beiden möglichen Deutungen ein entsprechendes Teil-Netz und lassen die sich dabei entsprechenden Zellen miteinander konkurrieren (negative Verbindungen). In der untersten Stufe besteht das Netz aus den acht Ecken A bis H des Würfels. In der Ebene darüber bestimmen wir die relativen Positionen, die zur Festlegung der Deutung nötig sind - steht A vor E, B vor F, C vor G und D vor H so liegt B vorn, wenn nicht, dann H. In unserem Netzwerk sollen immer die Ecken vorne liegen, die gerade einen hohen Aktivierungswert haben. In der obersten Ebene wird dann die Entscheidung getroffen, welche Ausrichtung der Würfel jetzt hat.

Das Programm zur Definition des Netzwerks lautet :

```
NETWORK NeckerCube = UnitSet, ConnSet;
 ConnSet = CubeEdges + VertexPos + PosResult + Exclusions;
 UnitSet = BCloser + HCloser;
 EdgesList =[ ['A','B'], ['B','C'], ['C','D'], ['D','A'],          {front face}
              ['E','F'], ['F','G'], ['G','H'], ['H','E'],          {back face}
              ['A','E'], ['B','F'], ['C','G'], ['D','H'] ];        {face to face}
  VertexList = ['A','B','C','D','E','F','G','H'];
  BCloserPos = ['A<E','B<F','C<G','D<H'];                         {x<y means that x is in}
  HCloserPos = ['A>E','B>F','C>G','D>H'];                         {front of y in this view}
             {define a set of units for each view - units are numbered by the compiler}
 BCloser = [ UNIT(,Vertex,,,) WHERE Vertex IN VertexList ] +
      [ UNIT(,Pos,,,), UNIT(,'BCloser',OUTPUT,,) WHERE Pos IN BCloserPos ];
 HCloser = [ UNIT(,Vertex,,,) WHERE Vertex IN VertexList ] +
      [ UNIT(,Pos,,,), UNIT(,'HCloser',OUTPUT,,) WHERE Pos IN HCloserPos ];
             {define the connections corresponding to edges of the cube}
 CubeEdges = [x-->y:100; y-->x:100; WHERE [x.NAME,y.NAME] IN EdgesList AND
                    ( x,y IN BCloser OR x,y IN HCloser ) ];
             {define connections between relations among edges and edges for each view}
 VertexPos = [x-->y:150; y-->z:150; WHERE x <> y AND y<>z AND
             ( x,y,z IN BCloser AND y.NAME, z.NAME IN BCloserPos
                    AND x.NAME IN VertexList + BCloserPos
           OR x,y,z IN HCloser AND y.NAME, z.NAME IN HCloserPos
                    AND x.NAME IN VertexList + HCloserPos ) ];
             {define connections between vertex relations and result for each view}
 PosResult = [x-->y:300; y-->x:300;
             WHERE x.NAME IN BCloserPos AND y.NAME = 'BCloser'
              OR x.NAME IN HCloserPos AND y.NAME = 'HCloser' ];
             {define inhibitory connections between the two views}
 Exclusions = [x-->y:-300; y-->x:-300; WHERE x.NAME = y.NAME
                    AND x IN BCloser AND y IN HCloser ];
             {define propagation function}
 PROPAGATION = AdditionOfInput;
  AdditionOfInput = y.ACTIV + SUM (x.OUTPUT * Conn.STRENGTH) DIV FanIn (y)
                 WHERE Conn = x->y AND x,y IN BCloser + HCloser;
  END;  {end of propagation rule definition}
 END.
```

Abb. 4: Ein Beispielprogramm zur Definition des Necker-Würfels

4.4. Der Compiler

Der Compiler für Nesila führt die folgenden Aufgaben durch

- Übersetzung der Netzwerkdefinition in eine lesbare Zwischenrepräsentation (die Lesbarkeit erleichtert Test und Fehlersuche)
- Verbindung von Quellfiles und Zwischenrepräsentationen zu Netzwerken und
- Berechnung des graphischen Layouts der generierten Netzwerke für die graphische Benutzer-schnittstelle

Da es die angegebene Sprache erlaubt, Variablen ohne vorherige Deklaration zu verwenden, erfolgt die Übersetzung in zwei Phasen: in der ersten Analysephase werden die Programme analysiert (mittels einer attributierten Grammatik unter Zuhilfenahme von Yacc) und ein Strukturbaum des Programms wird erzeugt. In der zweiten Phase werden sukzessive die unbekannten Namen ersetzt, die der Programmierer auf den rechten Seiten der Beschreibungen eingeführt hat, und die nötigen semantischen Aktionen zur Generierung der Graphen werden ausgeführt.

5. Die graphische Benutzerschnittstelle

5.1. Übersicht

Schon bei kleineren Netzwerken stellt man fest, daß eine graphische Darstellung des Netzwerkes unbedingt erforderlich ist, da sie insbesondere die Aktivität während der Simulation dynamisch anzeigen kann. Doch bei größeren Netzwerken mit vielen Units und Connections wird auch die graphische Darstellung des Netzwerkes unübersichtlich. Daher müssen dem Benutzer geeignete Hilfsmittel zur Verfügung gestellt werden, um die Anzahl der graphisch dargestellten Objekte zu begrenzen.

Die graphische Benutzeroberfläche NetSimGUI dient in unserem Simulator zur Darstellung der Aktivität des arbeitenden Netzwerks und als graphischer Editor für die Netzwerk-Struktur. Dies erlaubt eine manuelle Erstellung kleinerer Netze und interaktive Modifikationen größerer Netze beim Experimentieren.

Die graphische Benutzeroberfläche wurde auf einer SUN-3 Workstation (monochrom) unter SunView in C implementiert (X-WINDOWS stand uns zu Beginn der Implementierung noch nicht zur Verfügung). Beim Design wurde auf eine genau definierte Schnittstelle zwischen den SunView-spezifischen Teilen und den anderen Teilen von NetSimGUI geachtet, um eine gute Portabilität zu erreichen.

5.2. Realisierung

Um dem Benutzer einen möglichst großen Teil der graphischen Darstellung des Netzes zeigen zu können, müssen die Bedienelemente klein oder nur auf Anforderung sichtbar sein. Da man klar verschiedene Bearbeitungsphasen bei der Arbeit mit dem Simulator unterscheiden kann, bietet es sich an, diese Modi auch in die Gestaltung der Benutzeroberfläche einfließen zu lassen: SIMULATION mit SETUP (die Simulation läuft und die Darstellung des Netzwerkes wird eingestellt), EDITOR (das Netzwerk wird ediert) und SYSTEM (File-Verwaltung). Abb. 5 zeigt eine erste Version der graphischen Benutzeroberfläche.

Neben dem oberen Panel mit Icons zur Aktivierung von NetSim-Fenstern (Help, Text, Setup, Info, File) sind folgende Fenster zu sehen:

- Ein Text-Fenster am unteren linken Rand, das zur Protokollierung von angeforderter Information und von Änderungen dient. Den Inhalt dieses Fensters kann der Benutzer speichern, laden oder löschen.
- ein Informations- und Eingabe-Fenster (Info-Panel) für Zellen und Verbindungen in der oberen rechten Ecke. Im Info-Panel werden Daten einzelner Zellen und Verbindungen angezeigt. Außerdem lassen sich einige Daten verändern, die mit dem UPDATE-Button wirksam gemacht werden können
- ein Graphikfenster, in dem das Necker-Cube-Netzwerk dargestellt ist. Um auch größere Netze bei beschränkter Fenstergröße darstellen zu können wurde der Graphikbereich größer als der sichtbare Ausschnitt des Fensters definiert.
- ein Statusfenster unter dem Graphikfenster zur Anzeige der gewählten Operationen, Anzahl der selektierten Zellen und der aktuellen Position im Raster.

Ein wichtiges Problem ist die effiziente Implementierung der Graphik im sichtbaren Bereich des Fensters. Zwei Ansätze werden untersucht:

- der Speicher für die Grafik wird statisch angelegt und das Graphikfenster auf dem Bildschirm zeigt einen Ausschnitt davon. Anhand von Scrollbars kann der Benutzer die gewünschte Ansicht einstellen. Diese einfach zu implementierende Methode ist bei größeren Netzwerken sehr speicherplatzintensiv. Bei der dynamischen Anzeige der Aktivitätsänderungen während einer Simulation muß immer die gesamte Grafik aktualisiert werden, nicht nur der sichtbare Bereich.
- der Graphikspeicher entspricht genau dem Bildschirmausschnitt. Der Netzwerk-Ausschnitt und das Bewegen des Fensters über das Netzwerk wird von der Benutzeroberfläche selbst verwaltet, wodurch die obigen Nachteile vermieden werden.

Momentan arbeiten wir mit dem ersten Ansatz, da die Implementierung einfacher war.

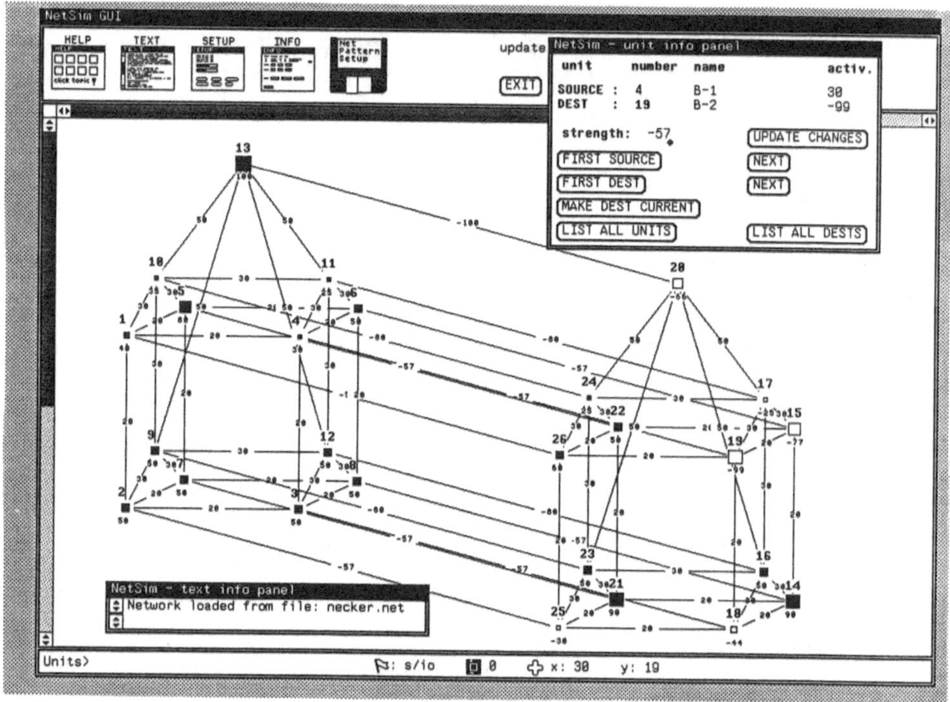

Abb. 5: Graphische Benutzeroberfläche des Netzwerksimulators NetSim

Das Netzwerk wird zweidimensional im Graphikfenster dargestellt, wobei die Units in einem festen Raster plaziert sind. Der Benutzer kann im Setup-Fenster das Raster und die allgemeine Darstellung der Units verändern. Bei der Darstellung als "growing box" kann entweder die Aktivität oder der Output der Unit als bestimmende Größe gewählt werden. Bei positiver Aktivität/Output wird ein entsprechend großes schwarz-gefülltes Rechteck und bei negativer ein entsprechendes weiß-gefülltes Rechteck gezeigt.

Will man eine genaue Darstellung der Werte, so können diese zusätzlich als Zahl mit ausgegeben werden. Der optimale Zeichensatz wird dabei automatisch bestimmt. Außerdem kann ein Schwellwert (unit-trigger) für Aktivität/Output bestimmt werden, der angibt, ob die Unit überhaupt dargestellt wird. Dieses gibt es auch für die Verbindungen (connection-trigger), um die schwachen Connections ausblenden zu können. Die numerische Darstellung der Verbindungsstärken ist abschaltbar und kann entweder am Anfang, Ende oder in der Mitte einer Verbindung erfolgen.

Die Units liegen graphisch über den Connections. Eine Entflechtung der Connections, oder einen Algorithmus zur optimalen Plazierung der Units gibt es nicht, weil diese Aufgabe für größere Netze später der Compiler übernehmen soll.

5.3. Der Netzwerk-Editor

Mit dem Editor hat der Benutzer Einfluß sowohl auf Aspekte der Darstellung (Ort) als auch auf manche Unit-Attribute (Aktivierung, Name) und die Netzwerkstruktur selbst. Dazu stehen dem Benutzer vielfältige Operationen (Einfügen, Löschen, Kopieren, Verschieben, ...) zur Verfügung, die sowohl auf einzelne Units als auch auf eine Gruppe angewandt werden können. Diese Operationen gestatten insbesondere einen einfachen Aufbau von feedforward-Netzwerken, sowie Netzwerken mit immer wiederkehrenden topologischen Teilstrukturen.

Die Interaktion mit dem Editor erfolgt mit der Maus (Lokalisierung) und der Tastatur (Befehlsgebung). Die Operationen werden über mnemotechnisch günstige Tastenfolgen von 1 bis 4 Tasten mit der sonst meist untätigen zweiten Hand ausgeführt. Diese Mischung erlaubt ein außerordentlich schnelles Arbeiten, da der Benutzer während der Eingabe der Tastenfolge für die Operation parallel dazu die Maus bewegen kann.

Die Benutzeroberfläche ist auf den Simulator-Kern aufgesetzt und steuert ihn. Sie kann nur über feste Schnittstellen-Funktionen des Simulatorkerns auf die Netzwerkdaten zugreifen. Dies garantiert Datenstrukturunabhängigkeit.

6. Status des gesamten Simulators

Der ganze Netzwerksimulator wird auf SUN 3 Workstations unter Unix entwickelt. Die graphische Benutzeroberfläche wurde unter SunView implementiert und liegt in einer ersten lauffähigen Version vor. Der Kern ist operational, aber noch nicht intensiv getestet, während der Compiler noch nicht vollständig implementiert ist.

Wir sind der Meinung, daß der Bau guter Netzwerk-Simulatoren sich in der gleichen interessanten Explorations- und Entwicklungsphase befindet wie etwa der Compilerbau zur Zeit der ersten Entwicklung höherer Programmiersprachen, und daß es deshalb sehr interessant ist, dieses noch weitgehend unerforschte Gebiet zu bearbeiten.

Literatur

[Feldman et al. 88] Feldman, J. A., Fanty, M.A., Goddard, N.H., Lynne, K.J.: Computing with Structured Connectionist Networks, CACM, Vol. 31, No. 2, Feb. 1988, 170-187

[Gallant 88] Gallant, S.I.: Connectionist Expert Systems, Comm. of the ACM, Vol. 31, No. 2, Feb. 1988, 152-169

[Goddard et al. 88] Goddard, N., Lynne, K. J., Mintz, T.: The Rochester Connectionist Simulator, Tech. Report 233 (revised), Univ. of Rochester, NY, March 1988

[Hecht-Nielsen 88] Hecht-Nielsen, R.: Neurocomputing: Picking the Human Brain. IEEE Spectrum, March 1988, 36-41

[Hinton, Rumelhart 88] Hinton, G.E., Rumelhart, D.E.: Neural Network Architecture for Artificial Intelligence. Tutorial AAAI 1988

[Kemke 88] C. Kemke: Der neuere Konnektionismus, Informatik Spektrum (1988) Vol. 11, 143-162

[Rumelhart, McClelland 86] Rumelhart, D.E., McClelland, J.A., the PDP Research Group: Parallel Distributed Processing, Vol. 1, 2, MIT Press, Cambridge MA, 1986

[McClelland, Rumelhart 87] McClelland, J.A., Rumelhart, D.E., Parallel Distributed Processing, Vol. 3, MIT Press, Cambridge, MA, 1987

[Zipser, Rabin 86] P3: A parallel network simulation system, in [Rumelhart, McClelland 86]

4. BILDVERARBEITUNG

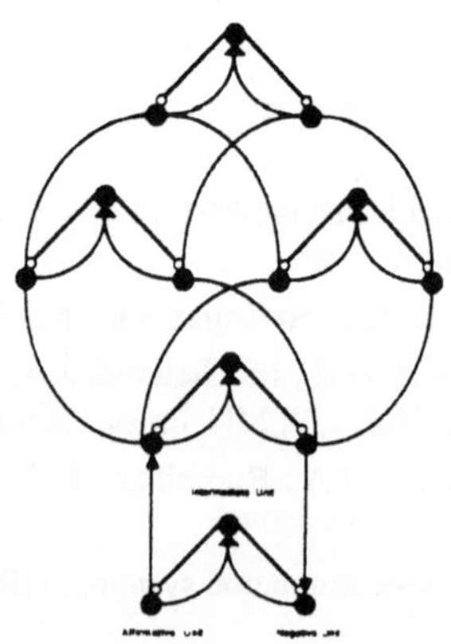

Modellgestütztes Bildverstehen von Dokumenten

Joachim Kreich
Siemens AG, München, Zentralabteilung Forschung und Entwicklung
Otto-Hahn-Ring 6, 8000 München 83

Zusammenfassung

Wir stellen ein System zum Verstehen von Dokumenten nach Bildvorlagen vor, in welchem alles Wissen konsequent in semantisch eindeutigen Konzepten repräsentiert ist. Aus diesen Konzepten leitet ein flexibel steuerbarer Schlußfolgerungsprozeß logische Aussagen bzw. Hypothesen über das Bild her und versucht, diese im Bild zu bestätigen. Zur Beherrschung der mächtigen Suchräume in den Konzept-, Bildobjekt- und vor allem Hypothesennetzen verfügt das Analysesystem über reichhaltig Metawissen und Möglichkeiten, um die Schlußfolgerungsstrategie effizient zu gestalten. Stichwörter sind hier: Heuristiken, Focus of Attention und Truth Maintenance. Anwendungszweck des als Prototyp entwickelten Systems ist die Überführung von Papierdokumenten in Textverarbeitungssysteme oder Datenbanken. Außerdem stellen Dokumente einen relativ einfachen Objektbereich dar, in welchem diese für die Bildanalyse allgemein interessanten Verfahren systematisch erprobt werden können.

1. Überblick

Das bildverstehendes System beginnt ein Dokument zu analysieren, indem das Dokument von einer Kamera oder einem Scanner eingelesen und in ein Binärbild umgewandelt wird. Dieses Bild wird in Text- und Grafikanteile segmentiert [Sche86], von denen im weiteren Verlauf derzeit nur Textbereiche weiter analysiert werden. Textanteile werden mit einem Schriftzeichenerkennungsverfahren [Bern84] als ASCII-Code erkannt und gespeichert. Die Umrahmungen der einzelnen Schriftzeichen werden zu Wort-, Zeilen- und Textblockrahmen zusammengefaßt [Luhn88] und als Ergebnisse der Vorverarbeitung als Objekte gespeichert. Die weitere Analyse übernimmt der wissenbasierte Teil des Systems, welcher traditionelle KI-Ansätze in der Mustererkennung wie HEARSAY-II [Erma80], VISION [Hans78] und das dokumentverstehende System von Srihari [Srih86] aufgreift und versucht, diese über neue Verfahren der Künstlichen Intelligenz weiterzuentwickeln.

Wissen über Dokumentobjekte wird hauptsächlich mittels einer grafisch orientierten Wissenserwerbskomponente vom Anwender erfaßt und in hierarchisch organisierten [Nagy84], frameähnlichen Konzepten analog [Higa86] und [Ejir89] modelliert. Zur Zeit wird fast nur Wissen über die Textgeometrie (Layout) und kaum Wissen über Textinhalte (Logik) gespeichert und angewendet. Der Analyseprozeß startet mit einer heuristisch vorgegebenen Anfangshypothese, so daß z.B. zunächst nach einer Adresse gesucht wird. Zur Verifikation von Hypothesen werden die Definitionen in den Konzepten benutzt (Bild 1), um z.B. mittels konzeptspezifischer Prozeduren Position und Form von Textrahmen oder Teile- und Nachbarschaftsrelationen im Dokument zu überprüfen ([Krei88], [Higa86]). Dabei erlaubt die heterarchische Organisation des Konzeptwissens wie in [Srih87] sowohl top-down als auch bottom-up Verarbeitung.

Wann immer möglich, wird versucht, Dokumentteile konkreter zu bestimmen und von lokalen Dokumentteilen ausgehend Dokumentteile in der Nachbarschaft bzw. im Kontext zu bestimmen. Auf diese Weise entsteht ein großes Netz von Hypothesenabhängigkeiten, dessen Komplexität maßgeblich Komponenten und Strategie der modellgestützten Analyse bestimmt.

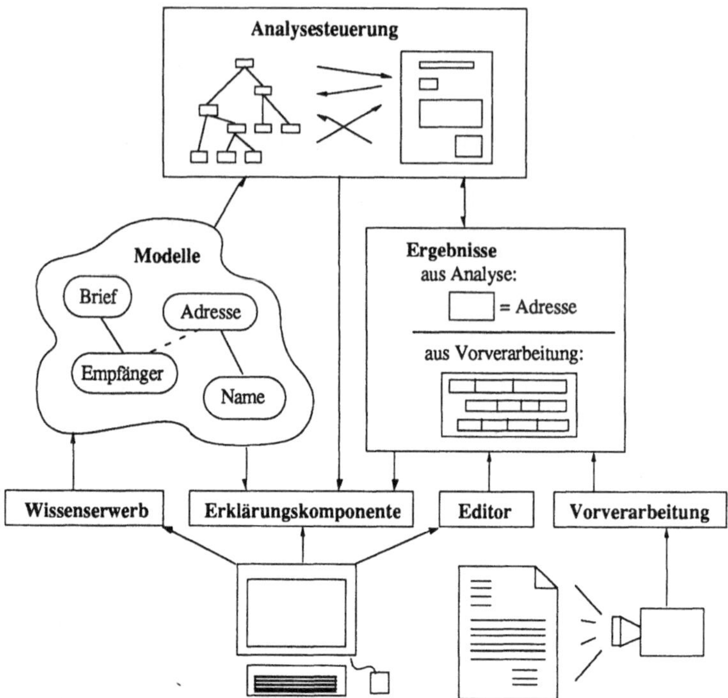

Bild 1: Überblick der Dokumentanalyse

Die Analyse ist dann beendet, wenn das Dokument als Ganzes einem möglichst konkreten Konzept zugeordnet ist oder wenn keine weitere Hypothese mehr aus den Konzepten hergeleitet werden kann.

2. Wissensrepräsentation in Konzepten

Zu jedem relevanten Begriff über Dokumente (Brief, Adresse, Signatur usw.) wird ein *Konzept* angelegt, in welchem alle Aussagen über diesen Begriff gesammelt werden. Konzepte werden in der bekannten frameähnlichen Form [Brac85] repräsentiert, wobei zu jedem Dokumentbegriff je ein Layout- und ein Logikkonzept angelegt wird. In einem Konzept wird zu einem Begriff sowohl das deklarative Wissen in Form von relationalen Aussagen als auch das prozedurale Wissen dieses Begriffs gespeichert.

Adresse
Teile: Name, Straße, Wohnort

Firmenadresse
Oberklasse: Adresse
Teile: Firma -> kumuliert zu
Teile: Name, Straße, Wohnort, Firma

Bild 2: Kumulative Vererbung von Rollen

Neben der Definition von Defaultwerten für Instanzen werden in den Konzepten die Klassen (Rollen) der möglichen Werte angegeben. Diese werden kumulativ vererbt, d.h. konkretere Konzepte (Unterklassen) summieren unter den einzelnen Relationen alle Rollen der eigenen Klasse und der Oberklassen auf (Bild 2). Diese Vererbungsart erspart Redundanzen bei der Definition von Konzepten und fordert bei konkreteren Konzepten nur die Angabe von spezifischen Aussagen.

Regelhafte Aussagen werden in relationaler Form gespeichert, so daß nicht nur Regeln, sondern auch Regelteile vererbt werden können. Dies veranschaulichen die Bilder 3 und 2: Eine Regel über die Zugehörigkeit von Dokumentobjekten zur Klasse *Adresse* wird in relationaler Form repräsentiert (Bild 3), um dann die Bedingungsteile entsprechend Bild 2 auf das speziellere Konzept *Firmenadresse* zu vererben.

Regel:

Klasse (a?, Adresse) <- Teile (a?, b?, c?, d?) & Klasse (b?, Name) &
Klasse (c?, Straße) & Klasse (d?, Wohnort)

relational repräsentiert:

Adresse
Teile: Name, Straße, Wohnort

Bild 3: Relationale Repräsentation einer Regel

Solche regelhafte Aussagen können vorwärts und rückwärts angewendet werden, was für die Navigationsmöglichkeiten der Analyse sehr wichtig ist. Die Sprache zur Beschreibung der Konzepte beinhaltet Relationstypen wie

- Klassenrelationen: Oberklasse, Unterklasse, Element und Klasse,
- Strukturrelationen: Teile und Teil-von,
- Geometrierelationen: Positionsrelationen x und y, Formrelationen Breite und Höhe, Nachbarschaftsrelationen Nachbar-unten und Nachbar-rechts,
- Referenzrelationen: Layoutreferenz und Logikreferenz,

und viele weitere Relationen zur Beschreibung von Relationen, generischen Funktionen, Hypothesen und Bearbeitungszuständen. Die meisten dieser Relationen werden in eigenen Konzepten beschrieben (Bild 4), um dort deklarative und prozedurale Eigenschaften der Relationen zu definieren, und um so der Analysesteuerung Metawissen zur Verfügung zu stellen.

Teile

Klasse:	Relation
invers:	Teil-von
relationale-Eigenschaft:	transitiv
notwendige-Relationen:	Klasse
Prüffunktion:	Teile-p

Bild 4: Konzept einer Relation

Als konzeptspezifische Prozeduren sind einem Konzept vor allem Prüfprozeduren zugeordnet, welche die eigentliche Untersuchung im Bild wie Positions-, Form- und Nachbarschaftsbestimmung bzw. später linguistische Analysen durchführen. Prozeduren werden in objektorientierter Weise vererbt.

3. Flexible Steuerung der Schlußfolgerungen

Analysieren von Bildern bedeutet in unserem System, daß das in Konzepten repräsentierte Wissen auf Bilder angewendet wird, indem Beziehungen zwischen einzelnen Konzepten und Bildteilen hergestellt und untersucht werden. Der Analysevorgang stellt einen Schlußfolgerungsprozeß dar, der solche hypothetischen Beziehungen entlang unterschiedlicher Relationen z.T. über viele Hypothesenstufen hinweg vorwärts und rückwärts verfolgt und an Hand von bestimmten Bedingungen überprüft und entscheidet.

Wegen der großen Anzahl von Bildobjekten und Konzepten und der Komplexität der Entscheidungen kann der Schlußfolgerungsprozeß nicht schematisch gesteuert werden. Daher scheiden Steuerungsverfahren wie *Depth-first search* [Wins84] und blindes *Backtracking* oder die Beschränkung nur auf Rückwärtsverfolgung von regelhaften Beziehungen aus. Vielmehr benötigt die Analysesteuerung viele Freiheitsgrade, um sich an dem jeweiligen Analysezustand und an dem Wissen, das in den Konzepten enthalten ist, zu orientieren und um möglichst zielgerichtet und effizient die einzelnen Aktionen steuern zu können.

3.1 Hypothesen

Die Analyse beginnt solche Anfangshypothesen zu generieren bzw. nach solchen Konzepten im Dokument zu suchen, wie sie in dem allgemeinen Heuristikkonzept *Dokumentanalyseheuristik* (Bild 5) aufgabenabhängig festgelegt sind.

Dokumentanalyseheuristik

Klasse:	Heuristik
Start-mit-Layout-oder-Logik:	Layout
Start-Konzepte:	Adresse, Brief
notwendige-Relationen:	Teile
Kontext-Relationen:	Teil-von, Nachbar
konkretisierende-Relation:	Unterklassen ...

Bild 5: Allgemeines Steuerungskonzept

Nach unserem Beispiel soll zunächst eine Adresse gesucht werden, weil Adressen eventuell leichter zu finden und maßgeblich für die weitere Analyse sind. Solch eine Hypothese in der Form

$\exists$ (x) Klasse (x, Adresse), x $\in$ {Dokumentobjekt1, Dokumentobjekt2 ...} *h1*

wird ebenfalls als Objekt repräsentiert (Bild 6).

h1

Klasse:	Hypothese
Relation:	Klasse
Variable-1:	Dokumentobjekt1, Dokumentobjekt2 ...
Variable-2:	Adresse
Quantor:	$\exists$
Teile:	h2, h3, h4
Teil-von:	h5
Wahrheitswert:	Nil ...

Bild 6: Repräsentation einer Hypothese

In solchen Hypothesenobjekten können Hinweise auf abhängige Hypothesen, Zwischenergebnisse, Wahrheitswerte und viele andere Informationen aus der Bearbeitung von Hypothesen bzw. einzelner Schlußfolgerungen hinterlegt werden.

3.2 Verifikation von Hypothesen

Hypothesen gelten als bestätigt, wenn sie sowohl relational als auch prozedural wahr sind. Die relationale Verifikation einer Hypothese (*h1* in Bild 6) benutzt den deklarativen Teil der beteiligten Konzepte (Bild 7), um dort aufgeführte Forderungen im Bild zu überprüfen. Dies geschieht mit der Generierung von weiteren Hypothesen, um z.B. die im Konzept einer Adresse geforderten Teile *Name*, *Straße* und *Wohnort* (*h2, h3 und h4* in Bild 7) zu finden. Falls alle diese Teilhypothesen wahr sind, ist auch die Ausgangshypothese relational wahr. Diese Verifikationsart entspricht der Rückwärtsverfolgung von Regeln.

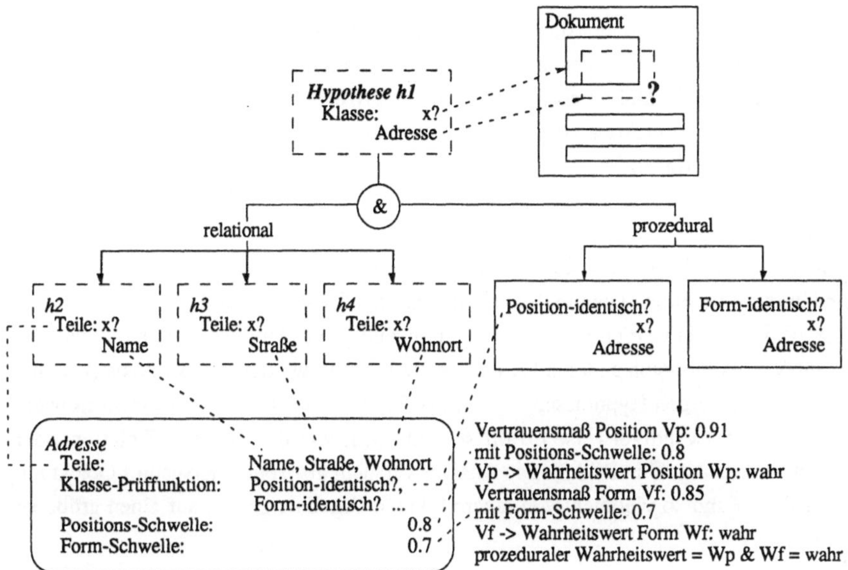

Bild 7: Verifikation einer Hypothese

Zur prozeduralen Verifikation werden die generischen Funktionen der beteiligten Konzepte direkt auf das Bild angewendet. So wird z.B. mit der zu *Adresse* gehörenden generischen Funktion *Position-identisch?* überprüft, ob die Position von Dokumentteilen der erwarteten Position einer Adresse entspricht. Dabei ermittelte Vertrauensmaße werden an konzeptspezifischen Schwellen gemessen, um die prozeduralen Wahrheitswerte auf wahr oder falsch zu setzten. Hier werden später linguistische Funktionen eingesetzt werden.

3.3 Auswertung von Hypothesen

Nach ihrer endgültigen Verifikation werden Hypothesen ausgewertet. Ist eine Hypothese wahr, wird die damit bestätigte Relation in den beteiligten Objekten vermerkt. Das Dokumentobjekt wird in den Objektfokus eingetragen. Bei falschen oder irrelevanten Hypothesen wird in die Wahrheitswerte der Teilhypothesen *irrelevant* eingetragen, so daß diese nicht tiefer verifiziert werden. Alle betroffenen Hypothesen von verifizierten Hypothesen, sowohl Teilhypothesen als auch Teil-von-Hypothesen (Oberhypothesen), werden in den Hypothesenfokus eingereiht (siehe unten: Auswahl von Hypothesen). Diese Hypothesen können mit einer gewissen Aussicht auf Erfolg weiterbearbeitet werden. Dies wird am wichtigsten sein für solche Hypothesen, deren relationale Verifikation notwendigerweise auf das Ergebnis der Verifikation der aktuellen Hypothese wartet.

Alle verifizierten Hypothesen bleiben mit ihren Ergebnissen als Begründungen [Dres89] der Schlußfolgerungen zugreifbar. Alle in den Dokumentobjekten gespeicherten Ergebnisse bleiben erhalten, auch wenn Hypothesen im größeren Kontext als falsch bewertet werden. Hiermit wird eine *Dependency-Directed-Backtracking*-Strategie [Wins84] realisiert, indem nur solche Hypothesen zurückgenommen werden, die auch tatsächlich falsch sind, und wahre Zwischenergebnisse auf jeden Fall bestehen bleiben, um eventuell in anderem Kontext weiterverarbeitet zu werden.

3.4 Generierung von Hypothesen

Die Generierung von Hypothesen orientieren sich an Objekt- und Hypothesenfokus, um auf diese Weise interessante Objekte und Hypothesen gezielt weiter untersuchen zu können. Dabei wird immer auf das in den Konzepten hinterlegte relationale Dokumentwissen zurückgegriffen. Es existieren drei Arten von Hypothesengenerierungen die sich an drei Arten von Relationen orientieren:

- Hypothesen zu notwendigen Relationen ①,
- Kontexthypothesen ②,
- konkretisierende Hypothesen ③.

Diese Typen von Relationen sind im Konzept *Dokumentanalyseheuristik* (Bild 5) definiert. Die Generierung von Hypothesen behandelt diese Relationstypen in der Prioritätenreihenfolge ①, ② und ③.

Mit höchster Priorität (① in Bild 8) werden Hypothesen zu notwendigen Relationen generiert, wenn sie, wie oben beschrieben, zur Verifikation von anderen Hypothesen notwendig werden (Rückwärtsverkettung, Bild 7). Mit niedrigerer Priorität werden Hypothesen zu Kontext-Relationen erzeugt, die zwar im Konzept enthalten sind, die aber nicht notwendigerweise erfüllt sein müssen, wie die *Teil-von*-Relation oder Nachbarschaften (Vorwärtsverkettung, ② in Bild 8). Die Analyse versucht also, ein untersuchtes Objekt mit seiner Umgebung zu verbinden und so vielleicht von einem lokalen Ergebnis gezielt auf einen größeren Zusammenhang zu schließen.

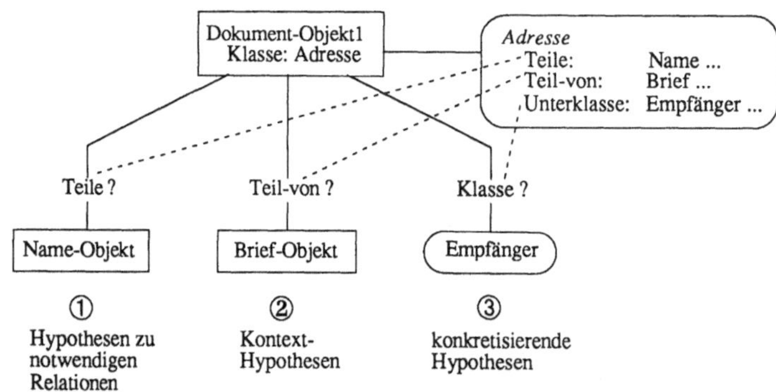

Bild 8: Generieren von Hypothesen

Mit niedrigster Priorität werden schließlich Hypothesen generiert, die versuchen, Objekte konkreter zu bestimmen (③ in Bild 8). Hier werden die Hinweise auf Unterklassen aus den für die Objekte bestätigten Konzepten benutzt, um zu versuchen, solche Objekte in Richtung dieser spezifischeren Konzepte genauer zu bestimmen (Adresse -> Empfänger). Entsprechend diesem Analysevorgang ist das Wissen des Systems in Abstraktionshierarchien organisiert, und auch hier zeigt sich die Nützlichkeit, Wissen in Konzepten vom Allgemeinen zum Speziellen zu organisieren.

Durch die Generierung von Hypothesen wird isomorph zu den Konzepten ein großes Netz voneinander abhängiger Hypothesen aufgebaut, das wir analog einem *Truth Maintenance* System [Klee86] verwalten und nutzen.

3.5 Auswahl von Hypothesen

Obwohl das Hypothesennetz wie beschrieben vorsichtig und gezielt aufgebaut wird, ist die Anzahl der Hypothesen bei komplexeren Dokumenten bzw. Bildern immer noch sehr groß. Daher kann die Auswahl der als nächstes zu bearbeitenden Hypothese nicht nach einem starren Schema durchgeführt werden. Bild 9 stellt übersichtsartig dar, wie Hypothesen problemabhängig und gezielt zur Bearbeitung ausgewählt werden.

Aus der Menge der Hypothesen werden solche Hypothesen in den Hypothesenfokus übernommen, die Aussagen über Objekte machen, die sich im Objektfokus befinden oder die von der Verifikation (wahr oder falsch) anderer Hypothesen betroffen sind. Angenommen, Hypothese *h21* ist als wahre Hypothese bewertet worden und dieses Ergebnis stellt eine notwendige Bedingung für die weitere Bearbeitung von Hypothese *h1* dar. Dann ist bei *h21* vermerkt, daß diese Hypothese *Teil-von h1* ist, womit *h1* in den Hypothesenfokus übernommen wird. Gleichzeitig wird *Dokumentobjekt3* als betroffenes Objekt einer als wahr bestätigten Hypothese in den Objektfokus übernommen, so daß weitere Hypothesen, die sich auf dieses Objekt beziehen, ihrerseits in den Hypothesenfokus übernommen werden können.

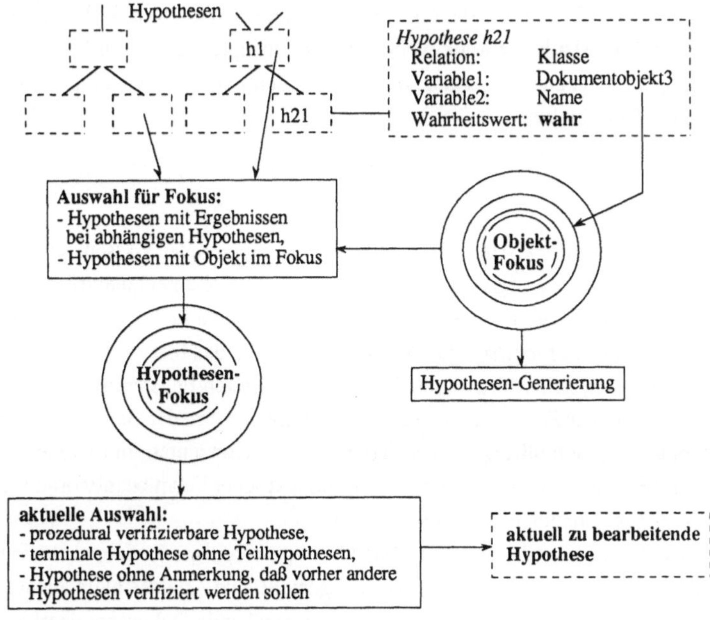

Bild 9: Auswahl von Hypothesen

Aus dem Hypothesenfokus wird schließlich eine solche Hypothese zur Bearbeitung ausgewählt, deren Verifikationskosten möglichst minimal sind. Hierbei werden solche Hypothesen bevorzugt, die sofort prozedural verifiziert werden können, um möglichst schnell durch Prüfungen im Bild Vorentscheidungen treffen zu können. Mit geringerer Priorität werden Hypothesen gewählt, die unmittelbar relational verifiziert werden können, weil diese Hypothesen nicht erst nach Verifikation von Teilhypothesen oder nach explizit angeführten sonstigen Hypothesen bearbeitet werden dürfen.

3.6 Hypothesenzyklus

Hypothesen werden normalerweise nicht beim ersten Versuch der Verifikation abschließend bewertet. Teilhypothesen werden generiert, relationale und prozedurale Verifikationen sind durchzuführen. Daher durchlaufen Hypothesen im Allgemeinen mehrfach die beschriebene Bearbeitungsreihenfolge bis schließlich alle Vorarbeiten ausgeführt sind und diese Hypothesen endgültig verifiziert und ausgewertet werden können.

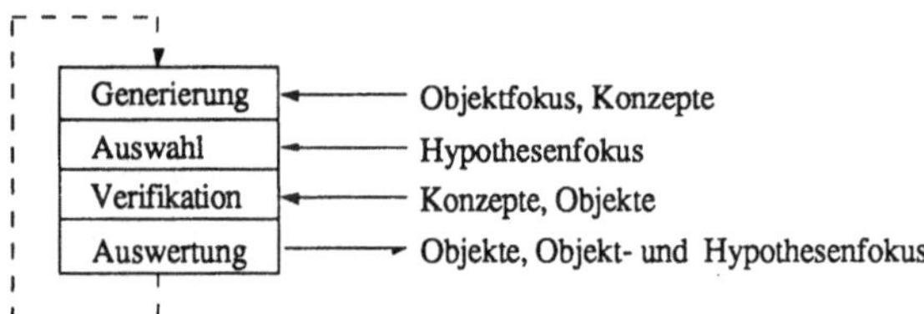

Bild 10: Hypothesenzyklus

Die Analyse kann als ein Zyklus aufgefaßt werden, in dem Hypothesen generiert, ausgewählt, verifiziert und ausgewertet werden (Bild 10). Dieser Zyklus greift ständig auf vordefiniertes Wissen in Bildkonzepten und Metakonzepten zu Relationen und Heuristiken zurück, versucht Bildkonzepte im Bild zu finden und notiert Ergebnisse sowohl in Bildobjekten als auch in zustandsbeschreibenden Objekten wie Hypothesenobjekte und Fokus zu Hypothesen und Bildobjekten.

4. Stand der Arbeiten

Wir haben bisher etwa 180 Konzepte modelliert. Alle geschilderten Verfahren von der Wissensrepräsentation über die Wissenserwerbskomponente bis zur eigentlichen modellgestützten Dokumentanalyse sind auf Symbolics-Lispmaschinen implementiert und in der Lage, eine eingeschränkte Zahl einfacher Dokumente zu analysieren. Außerdem steht eine Erklärungskomponente zur Verfügung, welche das fortschreitend analysierte Dokument in grafischer Form auf dem Bildschirm darstellt. In einem weiteren Fenster können unterschiedliche Hypothesenprotokolle in textlicher Form gezeigt werden. Schließlich kann der Benutzer gezielt Fragen an die Erklärungskomponente nach Schlußfolgerungen (Hypothesen), Konzepten und Dokumentobjekten stellen, die in einem dritten Fenster in gemischter grafischer und textlicher Form beantwortet werden. Hier werden vor allem netzartige Zusammenhänge veranschaulicht.

Um einen konkreten Analyseablauf zu beschreiben, sind in Bild 11 einige beteiligte Konzepte skizziert und in Bild 12 zwei Bildschirmdarstellungen des Analyseprozesses dargestellt. Die Analyse hatte zunächst mit Hilfe des Konzeptes *Dokument* ganz allgemein geprüft, ob das zu untersuchende Dokument überhaupt als solches zu betrachten ist und wenigstens einen größeren Textbereich (Paragraph) enthält.

Nachdem dies zutraf, wurde eines der nächst konkreteren Konzepte, hier der *Brief*, vom System gewählt, um die Untersuchung weiter zu spezialisieren. Die Brief-Teile *Empfänger, Datum* und *Begrüßung* wurden gesucht und gefunden und somit das Dokument als Brief erkannt. Als weitere Konkretisierung wurde aus dem Briefkonzept die Unterklasse *CCITT-Brief* gewählt und als Gesamthypothese über das Dokument aufgestellt.

Dokument
Teile: Paragraph
Unterklassen: Brief, Bericht

Brief
Teile: Paragraph, Empfänger, Datum, Begrüßung
Unterklassen: CCITT-Brief, Siemens-Brief

Empfänger
Teile: Name, Straße, Wohnort

CCITT-Brief
Teile: Paragraph, Empfänger, Datum, Begrüßung, Firmen-Überschrift, Firmen-Info, Firmen-Unterschrift

Bild 11: Konzepte für Analysebeispiel

Dieser Analyseschritt ist in Bild 12 dargestellt, so wie er während der Analyse auf dem Bildschirm gezeigt wurde. Im linken Teil des Bildes sind die Ergebnisse der Vorverarbeitung als durchgezogene Rahmen und das Modell des *CCITT-Briefs* in Form seiner hypothetisierten Teile wie *CCITT-Brief-Referenz* und *CCITT-Brief-Firmen-Unterschrift* gestrichelt dargestellt. Dokumentteile dieser Klassen und rekursiv deren Teile usw. wurden an den skizzierten Positionen gesucht und gefunden und schließlich wurde, wie im im rechten Teil gezeigt, das gesamte Dokument als *CCITT-Brief* klassifiziert.

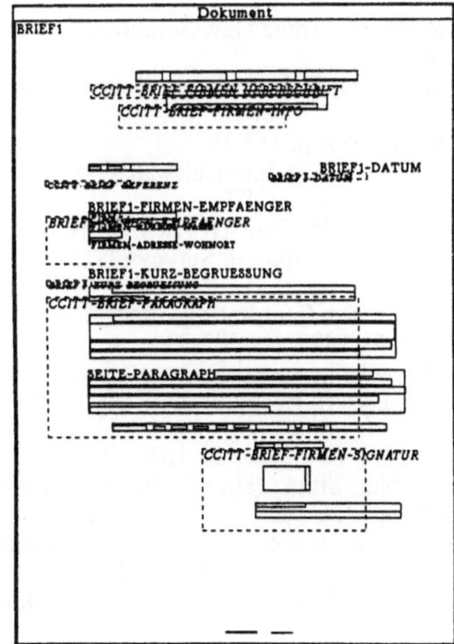

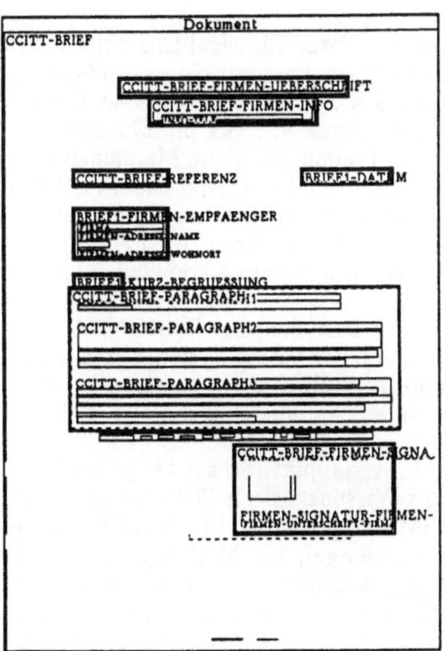

Bild 12: Analysebeispiel: Links: Hypothesen, rechts: Analysierter Brief

Ebenso können z.B. typische Siemens-, AEG-, und Nixdorfbriefe, eine Reihe von einfachen Berichtarten und einige Vordrucktypen analysiert werden. Dabei werden immer die geforderten Teile erkannt und deren Form und Position markiert, so daß hier die Interpretation der Texte zielorientiert beginnen kann.

5. Ausblick

Wir wollen in die Dokumentanalyse wesentlich mehr Wissen vor allem bezüglich der inhaltlichen Analyse von Texten einbeziehen. Zu diesem Zweck wollen wir die schon eingerichteten Dokumentlogikkonzepte mit syntaktischem und semantischem Wissen über Dokumentinhalte versehen. Die Wissenserwerbskomponente wird erweitert werden müssen, so daß z.B. auch Lernen aus Beispielen und Widerspruchsüberprüfung unterstützt werden. Die Repräsentation soll auf breitere Basis gestellt werden. KL-ONE-Mechanismen, eventuell auf der Basis von CLOS sollen einbezogen werden. Die Repräsentation von Regeln und die Benutzung einfacher logischer Formeln soll zur Verfügung gestellt werden, um einige Formulierungsprobleme leichter und eindeutiger handhaben zu können. Unifikationen sollen aber nur lokal arbeiten und in das beschriebene System der framebasierten Steuerung eingepaßt werden.

Zur Verwaltung der Hypothesen sollen Standardmechanismen aus dem Bereich *Truth Maintenance* benutzt werden. Probabilistisches Schlußfolgern [Tani87] soll ermöglicht werden mit Verfahren wie *Fuzzy Reasoning* oder nach *Dempster-Shafer*. Die Vorverarbeitung der Dokumente und die wissensbasierte Analyse sollen weitgehend integriert werden. Dies gilt einerseits für die Repräsentationsanforderung vom Pixelbereich bis zum Dokumentkonzept. Dies gilt auch für den Analyseprozeß, wo Entscheidungen über Linien und Schriftzeichen vom Kontext wesentlich höherer Ebenen (z.B. Adresskonzept) abhängen.

Literaturverzeichnis

[Bern84] Bernhardt, L.: Three Classical Character Recognition Problems, Three New Solutions. Siemens Forschungs- und Entwicklungsbericht 13; 1984; Nr. 3; pp. 114.

[Brac85] Brachman, J.R.; Schmolze, J.R.: An Overview of the KL-ONE Knowledge Representation System. Cognitive Science 9; 1985; pp. 171-216.

[Dres89] Dressler, O.; Freitag, H.: Truth Maintenance Systeme. KI; 2/1989; pp. 13-19.

[Ejir89] Ejiri, M.: Knowledge-based Approaches to Practical Image Processing. International Workshop on Industrial Applications of Machine Intelligence and Vision (MIV-89); Tokyo 1989.

[Erma80] Erman, L.D.; Hayes-Roth, F.; Lesser, V.R., and Reddy, D.R.: The HEARSAY-II speech understanding system: Integrating knowledge to resolve uncertainty. Computing Surveys 12(2); 1980; pp. 213-253.

[Hans78] Hanson, A.; Riseman, E.: VISION: A Computer System for Interpreting Scenes. Hanson, Riseman (Ed.): Computer Vision Systems; Academic Press, Orlando; 1978; pp. 303-333.

[Higa86] Higashino, J.; Fujisawa, H.; Nakano, Y.; Ejiri, M.: A Knowledge-based Segmentation Method for Document Understanding. Proceedings of the 8th Int. Conf. Pattern Recognition, Paris 1986; pp. 745-748.

[Klee86] deKleer, J.: Assumption-Based TMS. Artificial Intelligence 28; 1986; pp. 127-162.

[Krei88] Kreich, J.: Wissensbasierte Dokumentanalyse. Bunke, Kübler, Stucki (Hrsg): Mustererkennung 1988, 10. DAGM-Symposium, GI Informatik-Fachberichte 180; pp. 326-332.

[Luhn88] Luhn, A.; Dengel, A.: Modellgestütztes Segmentieren und Hypothesengenerierung für die Analyse von Papierdokumenten. Proceedings 10. DAGM-Symposium, Zürich 1988, pp. 226-232.

[Nagy84] Nagy, G.; Seth, S.: Hierarchical Representation of Optically Scanned Documents. Proceedings of the 7th Int. Conf. Pattern Recognition, Montreal 1984; pp. 347-349.

[Sche86] Scherl W.: Bildgraph, stochastische Grammatiken und Erkennungskriterien zur Analyse allgemeiner Druckvorlagen. Dissertation Universität Erlangen-Nürnberg; 1986.

[Srih86] Srihari, S.N.: Document Image Understanding. IEEE, Proceedings of the Fall Joint Computer Conference (Cat. No. 86CH2345-7), Dallas, TX, USA; 1986; pp. 87-96.

[Srih87] Srihari, S.N.; Bozinovic, R.: A Multi-Level Perception Approach to Reading Cursiv Script. Artificial Intelligence 33; 1987; pp.217-255.

[Tani87] Tanimoto S.: The Elements of Artificial Intelligence. Computer Science Press; 1987.

[Wins84] Winston, P.: Artificial Intelligence. Addison-Wesley, Reading, MA; 1984.

Lernen von Strukturbeschreibungen für die wissensbasierte Bilderkennung

Bärbel Mertsching, Georg Hartmann
Universität - Gesamthochschule - Paderborn, Fachbereich Elektrotechnik
Pohlweg 47-49, D-4790 Paderborn

Zusammenfassung

Die wissensbasierte Bildanalyse auf der Grundlage des Hierarchischen Strukturcodes (HSC) ermöglicht nicht nur die Erkennung von singulären, kompletten Objekten, sondern auch die Interpretation von Szenen mit teilverdeckten oder mehreren, sich überlappenden Objekten. Die Hierarchische Strukturcodierung ist eine problemunabhängige Transformation für Grauwertbilder, bei der die Strukturinformation (Kanten, Linien, Flächen) auf Codebäume (HSC-Datenbasis) abgebildet wird. Eine Wissensbasis umfaßt Modelle von Objekten und Szenen in Form eines semantischen Netzwerks. In den Konzepten, die die Knoten des Netzwerks beschreiben, sind Verweise auf standardisierte Operationen enthalten, die aus den Codebäumen lage- und größeninvariante Strukturmerkmale extrahieren. Ein Kontrollmodul steuert die Abarbeitung des Netzwerks abhängig vom jeweiligen Bildinhalt. Er ruft die referenzierten Operationen aus einer Methodenbasis auf und führt einen Vergleich zwischen den aus der Datenbasis extrahierten und den im Modellnetz erwarteten Merkmalen durch. In diesem Beitrag werden erste Ergebnisse gezeigt, wie der Erwerb von Wissen, der bisher interaktiv erfolgte, durch das Lernen von Strukurbeschreibungen automatisiert werden kann. Hierbei werden zuerst elementare Beschreibungen aus einer Serie von Trainingsbildern bestimmt und generalisiert, die dann durch topologische Untersuchungen zu Substrukturen und Objekten gruppiert werden.

Einführung

Der Wissenserwerb spielt eine große Rolle bei der wissensbasierten Bildanalyse. Häufig stellt die Generierung einer neuen Wissensbasis den Flaschenhals bei der Adaption eines Systems an eine neue Anwendung dar. Es sollen nun erste Ergebnisse vorgestellt werden, wie der Erwerb von Wissen für ein Bildanalysesystem auf der Basis des Hierarchischen Strukturcodes automatisiert werden kann. In der Literatur finden sich einige Ansätze zum Lernen von Strukturbeschreibungen für die Bilderkennung: In [WIN75] wird Wissen aus einer Bauklötzchen-Welt erlernt und in semantischen Netzwerken abgelegt. Die strukturellen Beschreibungen erfolgen auf einem hohen Abstraktionsniveau, Anwendungen bei realen Bildern sind den Autoren nicht bekannt. Perkins stellt in [PER83] ein Mustererkennungssystem zur Fertigungskontrolle vor, welches interaktiv Modelle zur Detektion von fehlerhaften Teilen lernt. Das System arbeitet mit Binärbildern; eine Einschränkung liegt darin, daß der Maßstab von zu bearbeitenden Teilen in der Lern- und in der Auswertungsphase gleich sein muß. Ein weiteres System wird in [CON85, CON87] beschrieben. Als Eingangsinformation dienen Grauwertbilder von zweidimensionalen Formen. Wie in dem hier vorgestellten System wird die Strukturinformation in einem semantischen Netzwerk repräsentiert. Durch die gewählte Vorverarbeitung können nur Objekte mit langgestreckten Komponenten betrachtet werden.

Bei der Hierarchischen Strukturcodierung wird das von der Kamera gelieferte Grauwertbild in ein hexagonales Raster umgesetzt und durch zweifache Differentiation ein dreiwertiges Laplacebild erzeugt. Anschließend werden auf verschiedenen Auflösungsebenen Strukturelemente (Kanten, Linien, Flächen) detektiert und unter Kontinuitätsprüfung verallgemeinert. Hierbei entsteht eine hierarchische Datenstruktur. Die derart abgelegte Strukturinformation beschreibt zweidimensionale Ansichten von dreidimensionalen Objekten und stellt die Eingangsinformation für ein wissensbasiertes Bildanalysesystem auf der Grundlage des Hierarchischen Strukturcodes dar (vgl. [HAR87, DRÜ88]). Ein Vorteil dieses Verfahrens besteht darin, daß die Generierung des HSC kontextunabhängig ist. Aus einer

HSC-Datenbasis können lage- und größeninvariante Merkmale extrahiert werden, auf denen eine modulare Modellierung von Objekten und Szenen aufgebaut werden kann. Die Merkmale werden zu symbolischen Primitiven, den sogenannten Attributierten Strukturtypen, zusammengefaßt. Sie beschreiben Objekte auf einer niedrigen Abstraktionsebene. Die Konjunktion von Attributierten Strukturtypen ergibt Substrukturen von Objekten, die Konjunktion von Substrukturen die Objekte selbst. Szenen, Objekte, Substrukturen und Attributierte Strukturtypen bilden Knoten in einem semantischen Netzwerk, die durch Konzepte beschrieben und durch Kanten verbunden sind [MER88a,b]. Das semantische HSC-Netzwerk bildet eine Art Skelett, welches die allgemeine Struktur einer deklarativen Wissensbasis darstellt. In jedem Knoten sind Verweise auf lokales, Aufgaben-spezifisches prozedurales Wissen in Form von HSC-Operationen enthalten. Die HSC-Operationen selbst sind in einer Methodenbasis bereitgestellt. Das deklarative und prozedurale Wissen wird durch einen kontextunabhängigen Kontrollalgorithmus [BUS89] aktiviert. Der hier verwendete Wissensrepräsentationsformalismus ist an [SAG85] und [NIE87] angelehnt, er ist aber direkt für die Modellbildung von hierarchisch-strukturcodierten Objekten zugeschnitten. Die modulare Modellierung von Szenen auf verschiedenen Abstraktionsebenen erlaubt nicht nur die Erkennung von singulären kompletten Objekten, sondern auch die Interpretation von Szenen mit teilverdeckten oder sich überlappenden Objekten [MER88a].

<u>Wissenserwerb</u>
Der Wissenserwerb für das Bildanalysesystem erfolgte bisher interaktiv [LEH89]. Bei der Entwicklung einer Wissensbasis war es möglich, weitgehend ohne Kenntnis des von der Maschine genutzten Repräsentationsformalismus auszukommen; das zu repräsentierende Wissen mußte aber nach wie vor ausgewählt und strukturiert, Beobachtungen mußten generalisiert werden. Im folgenden wird ein Algorithmus für überwachtes Lernen von einem Objekt oder einer Klasse von Objekten vorgestellt. Es sollen Strukturbeschreibungen aus dem Hierarchischen Strukturcode extrahiert und die Bestandteil-Hierarchie des semantischen HSC-Netzwerks automatisch generiert werden. Spezielle Relationen, wie z. B. die Orientierung von Objekten zueinander, müssen vorläufig noch interaktiv eingegeben werden. Die Konzepte des Netzwerks, die Attributierte Strukturtypen beschreiben, weisen alle den gleichen Aufbau auf. Ein solches Konzept besitzt drei Attribute: Das erste Attribut 'Strukturtypen' beschreibt einen Wurzelknoten im HSC, als prozedurales Wissen ist die Operation PART angegeben, die den im Attribut definierten Wurzelknoten aus der HSC-Datenbasis extrahieren soll. Im zweiten Attribut 'Elementzahlen' ist eine Codeelementsequenz beschrieben, die aus dem im ersten Attribut gefundenen Wurzelknoten entwickelt werden soll. Das dritte Attribut 'Formen' beschreibt den Formverlauf der Sequenz, der durch die Operation SHAPE analysiert wird. Die Slots der Attributdefinitionen sind fast alle festgelegt. Lediglich die Wertebereiche und das Operationsgebiet des ersten Attributs variieren zwischen den einzelnen Attributierten Strukturtypen. Das Operationsgebiet der Operation PART gibt an, in welchen Ebenen höherer oder niedriger Auflösung als die der Gesamtstruktur des modellierten Objekts der Wurzelknoten des Attributierten Strukturtyps zu finden sein muß. Hieraus ergibt sich nun die Idee für den automatischen Wissenserwerb: Die Operationen, die bisher ausschließlich zur Instanziierung der Konzepte eingesetzt wurden, werden nun zur Identifikation von Strukturen eines zu lernenden Objekts verwendet. Da die Strukturen in einem bestimmten festen Größenverhältnis zur Gesamtstruktur eines Objekts stehen, kann das Suchgebiet bezogen auf die Ebene, in der das Gesamtobjekt codiert ist (Level Of Interest), angegeben werden. Es ist daher nicht notwendig, in der Lernphase die Objekte im selben Maßstab wie bei der Erkennung aufzunehmen. Um auszuschließen, daß virtuelle Strukturen gelernt werden, wird eine Serie von Trainingsbildern betrachtet. Virtuelle Strukturen können entstehen, wenn ein Objekt nahe am Bildrand liegt und der Raum zwischen Objekt und Rand codiert wird.

<u>Lernen von Attributierten Strukturtypen</u>
Für jedes Bild der Trainingsserie wird zuerst die Detektorebene k_{LOI} (Level of Interest) als Bezugsebene ermittelt, in der die ganze Pleuelstange in der

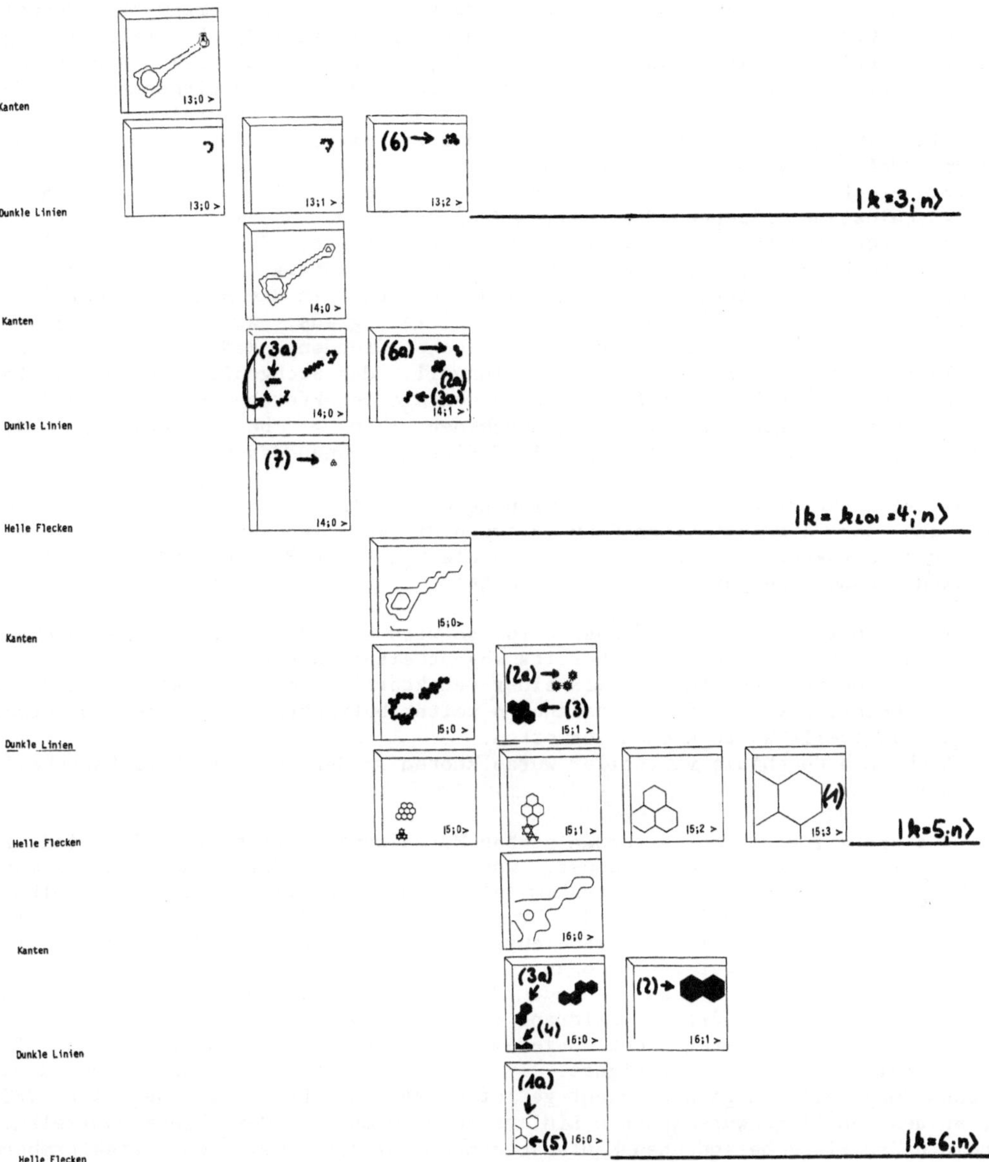

Fig. 1: Codierungsebenen des Suchgebiets für das Bild einer beispielhaften Pleuelstange (Erläuterungen siehe Text)

höchsten Auflösung codiert ist. Hierzu wird der am höchsten verknüpfte Wurzelknoten der Gesamtstruktur gesucht. Für ein beispielhaftes Objekt (Pleuelstange in Fig. 1) befindet sich dieser in der Ebene |4;4> (ohne Nachweis). Nachdem der Level of Interest zu $k_{LOI}=4$ bestimmt worden ist, werden alle Elemente der Codebäume, die die Gesamtstruktur des zu lernenden Objekts beschreiben, aus der Bild- in eine Meta-Datenbasis kopiert und dort markiert. So kann vermieden werden, daß diese Codeelemente zum Lernen von Attributierten Strukturtypen benutzt werden. In diesem Beitrag werden lediglich die linienhaften dunklen und die geschlossenen flächenhaften hellen Komponenten der Gesamtstruktur zur Bestimmung von Attributierten Strukturtypen herangezogen. Soll ein Objekt bis in das kleinste Detail modelliert werden, so ist es notwendig, alle Ebenen, die bei der Hierarchischen Strukturcodierung erzeugt werden, in die Modellbildung einzubeziehen. Reicht die Genauigkeit der Modellierung aus, wie sie in [MER88a,b] beschrieben wurde, so ist es aus pragmatischen Gründen - Reduktion der Anzahl der Zugriffe auf die HSC-Datenbasis - sinnvoll, das Suchgebiet (Volume Of Interest) zu beschränken. Im folgenden werden die Detektorebenen |k;n=0> und die sich daraus ergebenden Verknüpfungsebenen |k;n≠0> betrachtet, für die gilt: $k_{LOI}-1 \leq k \leq k_{LOI}+2$. Fig. 1 zeigt die Codierungsebenen des Suchgebiets.

Im nächsten Schritt werden zur Gewinnung der Definition des jeweils ersten Attributs der Attributierten Strukturtypen die Wurzelknoten aller noch nicht markierten Strukturen im Suchgebiet durch die Operation PART ermittelt. Bei der Wurzelknotensuche gelten die folgenden Regeln:

R1: Wenn ein Wurzelknoten gefunden wird, so wird er und der zugehörige Codebaum in der Meta-Datenbasis als bereits abgearbeitet markiert.

R2: Wenn eine Struktur in mehr als einer Detektorebene codiert ist, so wird der am höchsten verknüpfte Wurzelknoten weiter betrachtet, die anderen werden als virtuelle Wurzelknoten verworfen.

R3: Auch die Codebäume virtueller Wurzelknoten werden in der Meta-Datenbasis markiert.

Für das erste Trainingsbild werden sieben Wurzelknoten ermittelt. Sie sind in Fig. 1 mit (1)...(7) gekennzeichnet, während virtuelle Wurzelknoten die Nummer des Hauptwurzelknotens mit angehängtem 'a' tragen. Lediglich fünf der Wurzelknoten stammen von reproduzierbaren Strukturen: (1) und (7) beschreiben die hellen Flecken im großen und kleinen Pleuelauge, (2) gehört zum Schaft, (3) und (6) sind die Wurzelknoten der Linienbogen im großen und kleinen Pleuelauge. (4) und (5) gehören nicht zu dem zu lernenden Pleuel; sie entstehen, da bei dieser Aufnahme zwischen Objekt und Bildrand die Bedingungen zur Erzeugung von Code vorhanden sind. Sie treten nicht in jedem Trainingsbild auf und sind deshalb für eine Modellbildung nicht geeignet. In diesem Stadium des Lernens kann diese Entscheidung allerdings noch nicht getroffen werden. Durch die Operation SEQU werden aus den Linienwurzelknoten Liniensequenzen und aus dem Fleckenwurzelknoten die den Fleck berandenden Kantensequenzen auf der jeweiligen Detektorebene entwickelt. Es wird die Anzahl der Codeelemente der Sequenzen bestimmt und im jeweils zweiten Attribut der Attributierten Strukturtypen eingetragen. Im weiteren wird der Formverlauf der entwickelten Sequenzen mit der Operation SHAPE auf die Zugehörigkeit zu einem elementaren Formensatz analysiert und das Ergebnis im dritten Attribut ebenfalls eingetragen.

Hiermit sind sieben hypothetische Attributierte Strukturtypen für das Testbild bestimmt. Im Anschluß werden auf die gleiche Weise die Attributierten Strukturtypen der weiteren Trainingsbilder generiert. Nachdem nun Serien von Attributierten Strukturtypen vorliegen, müssen aus ihnen diejenigen generalisiert werden, die den aufgenommenen Pleuel typischerweise charakterisieren. Die restlichen werden eliminiert. Wenn angenommen werden kann, daß es sich bei den Trainingsbildern um einfache Grauwertbilder des Objekts ohne starke Schatten und Glanzlichter handelt, gilt die Regel:

R4: Wenn ein Attributierter Strukturtyp in jeder Trainingsserie mindestens einmal auftritt (Wertebereiche des ersten und dritten Attributs stimmen überein), so ist er ein generalisierter Attributierter Strukturtyp des zu lernenden Objekts.

Die Attributierten Strukturtypen, die aus den Wurzelknoten (4) und (5) in Fig. 1 erzeugt werden, können nun gelöscht werden. Beim Vergleich der Attributierten Strukturtypen der verschiedenen Serien wird die Reihenfolge des Auffindens berücksichtigt. So wird der helle Fleck im großen Pleuelauge (Wurzelknoten (1) in Fig. 1 mit anderen hellen Flecken von großen und nicht denen von kleinen Pleuelaugen anderer Bilder gematcht. In dieser Phase werden die hellen Flecken im großen und kleinen Pleuelauge noch als getrennte Knoten betrachtet. Nun werden die Wertebereiche und die Operationsgebiete von jedem Attributierten Strukturtyp verallgemeinert. Es wird für jeden Attributierten Strukturtyp aus jedem Trainingsbild die Detektorebene des Auftretens der Struktur bestimmt. Die jeweils maximale und minimale Detektorebene wird auf den Level Of Interest bezogen im Operationsgebiet des ersten Attributs jedes verallgemeinerten Attributierten Strukturtyps eingetragen. Entsprechend wird für die Wertebereiche verfahren. Nach der Generalisierung liegen nun fünf verallgemeinerte Attributierte Strukturtypen vor: Zwei beschreiben kreisförmige helle Flecken (Pleuelaugen), einer ein gerades Linienstück (Schaft) und wiederum zwei kreisförmige Linienbögen. Sie bilden die ersten fünf Konzepte des semantischen HSC-Netzwerks zur Beschreibung von Pleuelstangen.

Lernen von Substrukturen

In einem zweiten Schritt werden die Attributierten Strukturtypen zu Substrukturen gruppiert. Es wird ein Trainingsbild betrachtet. Als Kriterium, welche Attributierten Strukturtypen zu einer Substruktur gehören, wird überprüft, ob Strukturen direkt benachbart sind.

R5: Wenn zwei Attributierte Strukturtypen A1 und A2 direkt benachbarte Strukturen beschreiben, dann gehören sie zu einer Substruktur.

R6: Wenn der Attributierte Strukturtyp A1 direkt benachbart zu dem Attributierten Strukturtyp A2 und der Attributierte Strukturtyp A2 direkt benachbart zu dem Attributierten Strukturtyp A3 ist, dann gehören A1, A2 und A3 zu einer Substruktur.

Die Vorgehensweise wird an den Codierungsebenen des Trainingsbildes in Fig. 1 demonstriert. Es wird mit der Operation NEIGHBOUR die Struktur auf Detektorebene analysiert, die zu dem Wurzelknoten des ersten Attributierten Strukturtyps gehört. In dem Beispiel ist sie die helle Fläche in der Ebene |5;0>, die aus dem Wurzelknoten (1) entwickelt wird. In der Nachbarschaft werden Codeelemente vom Typ dunkler Liniencode gefunden, die zu dem Wurzelknoten (3) gehören. Weitere direkt benachbarte Strukturen können in der Detektorebene |5;0> weder zu der hellen Fläche noch zu dem dunklen Linienbogen gefunden werden. Da unterschiedlich große, benachbarte Strukturen nicht in derselben Detektorebene codiert sein müssen, werden auch die Strukturen, die zu den zugehörigen virtuellen Wurzelknoten gehören, auf Nachbarn untersucht. Für das Beispiel sind das die Strukturen, die aus den mit (1a) und (3a) bezeichneten Wurzelknoten entwickelt werden können. Auch auf diesem Weg können keine weiteren Nachbarn gefunden werden, also bilden die Attributierten Strukturtypen mit dem Wurzelknoten (1) und (3) eine Substruktur (das große Pleuelauge besteht aus einem hellen Fleck mit einem berandenden Linienbogen). Die restlichen Attributierten Strukturtypen werden entsprechend analysiert. Es ergibt sich, daß aus den Wurzelknoten (6) und (7) der Fig. 1 eine Substruktur (kleines Pleuelauge) gebildet werden kann. Zu dem geraden Linienstück aus Wurzelknoten (2) werden keine direkt benachbarten Strukturen gefunden: Es bildet eine Substruktur (Schaft), die nur aus einem Attributierten Strukturtyp besteht. Die Konjunktion der drei Substrukturen ergibt die Objektbeschreibung. Die Attributierten Strukturtypen, die Substrukturen und das Objekt 'Pleuel' werden durch Konzepte beschrieben. Zwischen den Knoten auf den Abstraktionsebenen 'Attributierte Strukturtypen', 'Substrukturen' und 'Objekte' werden TEIL-Relationskanten und ihre inversen TEIL_VON-Kanten erzeugt.

Aus den bisher generierten Knoten ergibt sich die TEIL/TEIL_VON-Hierarchie eines semantischen HSC-Netzwerks mit drei Beschreibungsebenen, die das zu lernende Objekt beschreibt. In dieser Form kann das Teilnetzwerk bereits durch den Kontrollalgorithmus ausgewertet werden. Das Netzwerk enthält allerdings noch redundante Information: Jeweils zwei Attributierte Strukturtypen beschreiben kreisförmige helle Flächen bzw. dunkle Linienbögen. In einem Fusionsschritt werden die Attributierten Strukturtypen miteinander verschmolzen, ihre Wertebereiche und Operationsgebiete vereinigt. Zur weiteren Unterscheidung von Substrukturen (z. B. den Pleuelaugen untereinander) können noch Attributierte Strukturtypen auf der Basis von Teilkanten des Objekts gelernt werden. Nachdem nun ein Objekt gelernt wurde, können durch eine zweite Serie von Trainingsbildern Spezialisierungen dieses Objekts (Unterscheidung durch disjunkte Attributierte Strukturtypen) ebenfalls automatisch generiert werden.

Literatur

[BUS89] Busemann, Martin: Implementierung eines Kontrollalgorithmus zur Auswertung eines semantischen HSC-Netzwerks. Diplomarbeit (unveröffentlicht), Paderborn 1989

[COH82] Cohen, Paul R.; Feigenbaum, Edward. A.: The Handbook of Artificial Intelligence, Vol. III. Los Altos (William Kaufmann, Inc.) 1982

[CON85] Connell, Jonathan H.; Brady, Michael: Learning Shape Descriptions. In: Proc. of. IJCAI, 1985, 922-925

[CON87] Connell, Jonathan H.; Brady, Michael: Generating and Generalizing Models of Visual Objects. In: Artificial Intelligence 31, 1987, 159-183

[DIE81] Dietterich, Thomas, G.; Michalski, Ryszard S.: Inductive Learning of Structural Descriptions. In: Artificial Intelligence 16, 1981, 257-294

[DRÜ88] Drüe, Siegbert: Wissensbasiertes Erkennungssystem für hierarchisch-strukturcodierte linienhafte Objekte. Dissertation, Paderborn 1988

[HAR87] Hartmann, Georg: Recognition of Hierarchically Encoded Images by Technical and Biological Systems. In: Biological Cybernetics 56, 1987, 593-604

[LEH89] Lehmann, Ingo; Schwarzer, Nikolaus: Realisierung eines Editors zur Erstellung eines semantischen HSC-Netzwerks. Diplomarbeit (unveröffentlicht), Paderborn 1989

[MER88a] Mertsching, Bärbel; Hartmann, Georg: Wissensbasierte Erkennung im HSC. Bericht zum DFG-Projekt Ha 1314/4-2 (unveröffentlicht), 1988

[MER88b] Mertsching, Bärbel, Hartmann, Georg: Modulare Modellierung von hierarchisch-strukturcodierten Objekten und Szenen durch ein semantisches Netzwerk. In: Bunke, H. (Hg.): Mustererkennung 1988. Informatik-Fachberichte 180. Berlin u. a. (Springer-Verlag) 1988, 158-164

[NIE87] Niemann, Heinrich; Bunke, Horst: Künstliche Intelligenz in Bild- und Sprachanalyse. Stuttgart (Teubner-Verlag) 1987

[PER83] Perkins, W. A.: INSPECTOR: A Computer Vision System that Learns to Inspect Parts. In: IEEE Transactions on Pattern Analysis and Machine Intelligence, PAMI 5, 1983, 584-592

[SAG85] Sagerer, Gerhard: Darstellung und Nutzen von Expertenwissen für ein Bildanalysesystem. Informatik-Fachberichte 104. Berlin u. a. (Springer-Verlag) 1985

[SCH88] Schröder, Stefan u. a.: Knowledge Acquisition for a Knowledge Based Image Analysis System. In: Boose, J. u. a. (Hg.): Proceedings of the European Knowledge Acquisition Workshop (EKAW88), GMD-Studien Nr. 143, Gesellschaft für Mathematik und Datenverarbeitung mbH, 29-1 - 29-15, 1988

[WIN75] Winston, Patrick Henry: Learning Structural Descriptions From Examples. In: Winston, Patrick Henry (Hg.): The Psychology Of Computer Vision. New York u. a. (McGraw-Hill Book Company) 1975

Zur Konstruktion einer geometrischen Szenenbeschreibung aus Stereobildfolgen unter Verwendung eines ATMS

Leonie Dreschler-Fischer und Carsten Schröder

Fachbereich Informatik der Universität Hamburg
Bodenstedtstraße 16, D-2000 Hamburg 50

1 Einleitung

Das Ziel der geometrischen Szenenrekonstruktion ist es, anhand von Bildvorlagen für die Objekte einer beobachteten Szene eine ***geometrisch-temporale Szenenbeschreibung*** zu ermitteln, die die dreidimensionale Struktur der Objekte, ihre relative Orientierung zueinander sowie die Bewegung und Verformung der Objekte im Raume beschreibt. Eine lesenswerte Übersicht zur geometrischen Szenenrekonstruktion gibt *Neumann 82*. Das zentrale Problem ist hierbei, daß bei der Bildentstehung die Information über die Entfernung der Objekte von der Bildebene verlorengeht; die Abbildung der Szene auf die Bildebene ist nicht umkehrbar eindeutig. Aus Einzelbildern ist es daher im allgemeinen nur unter Verwendung einschränkender Randbedingungen möglich, auf die Entfernung der beobachteten Objekte zurückzuschließen. Unser Lösungsansatz zum Rekonstruktionsproblem basiert dagegen auf der Kombination mehrfacher Objektansichten (Stereobildfolgen), da sich die Mehrdeutigkeiten in der Tiefe durch den räumlichen und zeitlichen Kontext reduzieren lassen. Dieser Ansatz führt dann auf das bekannte *Korrespondenzproblem* [*Ullman 79*].

Im folgenden werden wir zeigen, daß durch eine Formulierung des Problems der geometrischen Szenenrekonstruktion als *Konstruktionsproblem* ausgehend vom *Generalitätsprinzip* ein Kriterium für eine ***eindeutige und physikalisch korrekte*** Szenenrekonstruktion definiert werden kann. Weiterhin werden wir Beschränkungen diskutieren, die eine korrekte Konstruktion erfüllen muß. Wir stellen dar, daß bestimmte Annahmen für die Verwendung von Heuristiken bei der Suche nach einer Lösung gemacht werden müssen, und zeigen, wie in einem wissensbasierten System zur Szenenrekonstruktion ein ATMS eingesetzt werden kann, um die Annahmen und die Abhängigkeiten zu verwalten.

2 Geometrische Szenenrekonstruktion als Konstruktionsproblem

Das Problem der geometrischen Szenenrekonstruktion aus mehrfachen Objektansichten besteht darin, aus den vielfältigen Interpretationsmöglichkeiten für die einzelnen Bildstrukturen diejenigen auszuwählen, die im Kontext der Nachbarstrukturen und der Ansichten in den anderen Bildern der Stereobildfolge einen möglichst großen Teil der Stereobildfolge widerspruchsfrei erklären. Anders ausgedrückt: Es gilt, eine Anordnung von 3D-Szenenelementen (Punkten, Linien, Flächen) so zu konstruieren, daß deren Projektionen die beobachtete Stereobildfolge erklären und im Einklang mit den Gesetzen der Bildentstehung stehen; die physikalischen Eigenschaften der Objekte unserer natürlichen Umwelt müssen dabei ebenfalls erfüllt sein. Für jede Bildstruktur ist also eine Szenenstruktur zu konstruieren, die diese Bildstruktur erklärt und zusammen mit anderen konstruierten Szenenstrukturen konsistent ist.

Die Konstruktionsobjekte

Für jede Kategorie von Bildstrukturen gibt es entsprechende Szenenstrukturen, durch die diese Bildstrukturen erzeugt werden können. Entsprechend sind die detektierten Bildmerkmale durch folgende Arten von Szenenelementen als unsere Konstruktionsobjekte zu erklären: Für *Punktmerkmale* ist jeweils ein Punktobjekt zu erzeugen, dessen Position in der Szene eingeschränkt ist durch den entsprechenden Projektionsstrahl. Für *Kantensegmente* wird in der Szene jeweils ein Linienobjekt erzeugt, dessen Position und Form eingeschränkt ist durch die Vereinigung der entsprechenden Projektionsstrahlen (die ist eine Fläche). Für *homogene Bildbereiche* sind glatte Objektoberflächen zu konstruieren, deren Form durch die Textur- oder Helligkeitsvariation in den Bildbereichen sowie die Form der begrenzenden Kanten eingeschränkt ist; Bildbereiche werden in unserem Verfahren bisher jedoch nicht weiter berücksichtigt.

Mehrdeutigkeit der Lösung

Im allgemeinen wird es viele Konstruktionen geben, deren Projektionen die beobachtete Szene erklären können, so daß die Lösung des Konstruktionsproblems nicht eindeutig spezifiziert ist und wir weitere Kriterien benötigen, um uns für eine Lösung zu entscheiden. Theoretisch wäre es denkbar, die Szene so zu rekonstruieren, daß jedes Bildmerkmal eines jeden Bildes jeweils durch ein separates Szenenelement erklärt würde. Hierzu müßten die Szenenelemente jedoch so in der Szene positioniert werden, daß sie jeweils nur in einem einzigen Bild sichtbar wären. Eine derartige Lösung wäre sehr speziell und um so schwieriger zu erstellen, je mehr Ansichten der Szene vorliegen. Vor allem widerspricht dieses Vorgehen jedoch dem *Generalitätsprinzip* [*Binford 81*]:

> *Perception uses the most general model for which there is evidence ...*

Eine viel allgemeinere, mit dem Generalitätsprinzip verträgliche Annahme ist es dagegen, daß ein Objekt der Szene in mehreren Bildern sichtbar ist. Die Szenenelemente, die zur Erklärung eines Bildes konstruiert werden, sollten daher jeweils identisch sein mit Szenenelementen, die zur Erklärung anderer Bilder konstruiert werden. Wir erhalten durch die Betrachtung der geometrischen Szenenrekonstruktion als Konstruktionsproblem hiermit also eine andere Formulierung des Korrespondenzproblemes:

> Eine gute Rekonstruktion wird sich gerade dadurch auszeichnen, daß sie mit möglichst wenigen Konstruktionsobjekten in möglichst allgemeinen Positionen auskommt, und genau dieses Kriterium kann dazu verwendet werden, um aus einer Vielzahl von Lösungen die plausibelste auszuwählen.

Durch die obige Regel wird ein Kriterium für eine eindeutige Lösung des Rekonstruktionsproblems definiert, die auf dem Generalitätsprinzip basiert und physikalisch korrekte Lösungen liefert. Andere Ansätze zum Korrespondenzproblem schränken den Lösungsraum durch globale Optimierungskriterien ein und versuchen so, zu eindeutigen Lösungen zu kommen; Beispiele für dabei verwendete Gütefunktionen sind: "Die Summe der Disparitäten muß minimal sein" [*Ullman 79*] oder "Die Verschiebungsvektoren müssen lokal möglichst ähnlich sein" [*Barnard + Thompson 80*]. Solche Kriterien lassen sich mithilfe von Standard-Optimierungstechniken wie Relaxationsverfahren leicht in effiziente und schnelle Verfahren umsetzen. Die so gefundenen Lösungen stehen aber nicht mehr unbedingt im Einklang mit den Gesetzen der Bildentstehung und sind daher nicht *korrekt* im Sinne unserer obigen Definition. Durch die globale Optimierung lokaler Gütemaße kann es zu 3D-Interpretationen kommen, die im Widerspruch zu den untersuchten Bilddaten stehen.[1] Unsere Definition des Rekonstruktionsproblems vermeidet solche Lösungen, führt aber auf ein Suchproblem mit einem extrem großen Suchraum, das dadurch erschwert wird, daß die optimale Lösung nur im Vergleich zu allen Alternativen definiert ist. Keine Teilinterpretation kann abgelehnt werden, solange nicht klar ist, ob es nicht eine weniger spezielle oder vollständigere Lösung gibt, die einen noch größeren Teil des Bildes konsistent erklärt.

Das Korrespondenzproblem ist verwandt mit dem Problem der Objekterkennung durch "Modelmatching". Während bei der Objekterkennung Modellwissen gezielt zur Effizienzsteigerung eingesetzt werden kann (siehe z.B. [*Provan 88*]) ist dies beim Korresopondenzproblem jedoch i.A. nicht möglich.

Bedingungen an eine korrekte Rekonstruktion

An eine korrekte Rekonstruktion können eine Reihe von Bedingungen gestellt werden, die damit den Lösungsraum beschränken (für die prinzipiellen Überlegungen siehe [*Dreschler-Fischer 87*], für eine ausführlichere Übersicht siehe [*Schröder 89*]): Zum einen ist die Forderung der *Eindeutigkeit* gegeben: Ein Objekt der Szene hat eine eindeutige Position im Raum; ein Konstruktionsobjekt kann daher jeweils nur ein Merkmal pro Bild erklären. Zum anderen müssen *physikalische Eigenschaften der Objekte* beachtet werden: Sie bewegen sich auf glatten Bahnen durch die Szene; Zuordnungen von Bildmerkmalen aus zeitlich aufeinanderfolgenden Bildern müssen daher zu glatten Bewegungen in der dreidimensionalen Szene führen [*Jenkin + Tsotsos 86*]. Desweiteren gilt es, die *Gesetze der Bildentstehung* zu beachten: Aus der projektiven Geometrie folgt als wichtigste Forderung, daß Zuordnungen von Bildmerkmalen zwischen den beiden Ansichten eines Stereobildes epipolar konsistent sein müssen.

Die Forderung nach Eindeutigkeit schließt keine einzelnen Zuordnungen explizit aus, verbietet aber bestimmte Kombinationen von Zuordnungen, so daß der Lösungsraum in mehrere konsistente Teilräume *aufgeteilt* wird. Durch die Forderung der epipolaren Konsistenz sowie der glatten Bewegung werden dagegen Zuordnungen zwischen Bildmerkmalen explizit ausgeschlossen. Der Lösungsraum wird hierdurch also *eingeschränkt*. Die folgenden Punkte erlauben es, schnell tragfähige Hypothesen zu bilden und die Suche zu steuern, nicht aber das explizite Ausschließen von Lösungen: *Zusammenhangsrelationen* zwischen den Bildmerkmalen ermöglichen das Propagieren von Zuordnungen, da in der Regel zusammenhängende Bildstrukturen die Abbildungen zusammenhängender 3D-Strukturen sind. Aus einer ganzen Reihe häufig verwendeter *Heuristiken* [*Schröder 89*] sei eine hier als Beispiel genannt: Gerade Kantensegmente dürfen nur geraden Kantensegmenten in anderen Bildern zugeordnet werden. Gekrümmte Kantensegmente dürfen nur gekrümmten Kantensegmenten in anderen Bildern zugeordnet werden.

[1] Eine weiterer interessanter Ansatz zur Klärung von Mehrdeutigkeiten ist der des aktiven Sehens (planvolles Verändern der Blickrichtung). Aus Platzgründen können wir darauf allerdings nicht näher eingehen.

Annahmen

Um überhaupt eine Rekonstruktion der Szene durch Zuordnungen von Bildmerkmalen erzeugen und die angedeuteten Heuristiken zur Steuerung der Suche einsetzen zu können, müssen eine ganze Reihe von Annahmen gemacht werden:

1. Physikalische Korrespondenz ist nur für die Abbildungen *körperfester* Oberflächenstrukturen definiert (siehe [*Dreschler-Fischer 87*]). Um also Bildmerkmale überhaupt einander zuordnen zu dürfen, müssen wir die Annahme machen, daß sie jeweils die gleichen physikalischen Ursachen haben und insbesondere Abbildungen körperfester Objektstrukturen sind.

2. Um das Propagieren von Zuordnungen über Zusammenhangsrelationen in den Bildern durchführen zu können, müssen wir die Annahme machen, daß zusammenhängende Bildstrukturen die Abbildungen zusammenhängender 3D-Strukturen sind. Diese Annahme kann jedoch verletzt sein.

3. Aus den Gesetzen der Bildentstehung folgt, daß gerade Linien in der Szene auf gerade Kanten im Bild abgebildet werden. Die Umkehrung ist jedoch nicht immer gültig; sie kann bei einer speziellen Sicht auf eine planare, gekrümmte Linie verletzt sein. Der Heuristik, daß gerade Kantensegmente nur geraden Kantensegmenten anderer Bilder zugeordnet werden dürfen, liegt diese Umkehrung jedoch explizit als Annahme zugrunde.

Die Annahmen 2 und 3 lassen sich aus dem Generalitätsprinzip ableiten und sind erfüllt, wenn keine spezielle Sicht bezüglich der betrachteten Objektmerkmale vorliegt. Bei Szenen mit bewegten Objekten ist es jedoch zu erwarten, daß die Objekte dem Betrachter gegenüber ab und zu eine spezielle Lage einnehmen. Wenn allerdings die Bewegung nicht speziell ist, werden die speziellen Objektansichten nur kurzzeitig auftreten und im Kontext einer langen Bildfolge anhand der allgemeinen Ansichten in den anderen Bildern der Folge zu erkennen sein. Im Gegensatz zur Interpretation von Einzelbildern besteht also bei der Bildfolgenauswertung die Möglichkeit, die diesen Heuristiken zugrundeliegenden Annahmen zu verifizieren.

Es ergeben sich folgende Anforderungen an unser Lösungsverfahren:

- Um die ermittelten Rekonstruktionen vergleichen und die plausiblere wählen zu können, muß die Möglichkeit bestehen, mehrere konsistente Lösungen gleichzeitig inkrementell erzeugen und verwalten zu können.
- Viele der ermittelten Zuordnungen von Bildmerkmalen werden in mehreren Lösungen enthalten sein. Sie sollten daher nur einmal erzeugt und nicht durch "Backtracking" zurückgenommen werden.
- Es muß möglich sein festzustellen, welche Zuordnungen von Merkmalen zusammen konsistent sind, damit aus einer Menge von inkonsistenten Zuordnungen keine neuen Zuordnungen abgeleitet werden.
- Es muß die Möglichkeit bestehen, die oben diskutierten Annahmen, die der physikalischen Interpretation der Bildmerkmale und der Anwendung der Heuristiken zugrunde liegen, explizit repräsentieren zu können, damit diese bei Bedarf zurückgenommen werden können.

Diese Anforderungen können durch die Verwendung eines Systems zur Begründungsverwaltung erfüllt werden.

3 Verwendung eines Systems zur Begründungsverwaltung

Die oben genannten Anforderungen werden durch ein ATMS erfüllt [*de Kleer 86a*]. Wir wollen im folgenden beschreiben, wie wir unser Problem auf ein ATMS abbilden können, also insbesondere, wie wir unsere Objekte im ATMS repräsentieren können, wie wir durchgeführte Ableitungen im ATMS als *Begründungen* (Justifications) darstellen und auf welche *Annahmen* (Assumptions) diese sich gründen.

- Unsere *Bildmerkmale* werden im ATMS als Knoten repräsentiert. Sie sind bei unserem Problem die einzigen Fakten und haben daher keine Begründungen; ihr Label enthält nur die leere Menge.
- Für jedes Bildmerkmal wird ein *Konstruktionsobjekt* erzeugt, das durch das Bildmerkmal begründet wird:

$$\text{(Kantensegment)} \longmapsto \text{(Linienobjekt)}$$

- Eine *gerade Kante* wird in der Regel durch eine gerade Linie in der Szene verursacht, es sei denn, die entsprechende Linie wäre gekrümmt, aber planar und würde von einem speziellen Betrachterstandort beobachtet. Die Einschränkung der Form des zu konstruierenden Linienobjektes durch diese nicht-monotone Ableitungsregel läßt sich mithilfe des Basis-ATMS jedoch nur unbefriedigend ausdrücken, da keine direkte Möglichkeit besteht, ein

Datum mit dem Nichtvorhandensein eines anderen Datums zu begründen. Wir müssen hierfür eine Annahme verwenden und die Zurücknahme dieser Annahme selbst verwalten.

$$\text{(gerades Kantensegment)}, \mathit{Ass}(\text{Linienobjekt ist gerade}) \longmapsto \text{(gerades Linienobjekt)}$$

- Ist die *Korrespondenz zweier Punktmerkmale* eines Stereobildpaares epipolar konsistent, so wird ein ATMS-Knoten eingeführt, der die Identität "≡" der beiden Punktobjekte repräsentiert. Er wird durch die beiden zugrundeliegenden Punktobjekte und die Annahme der Korrespondenz begründet:

$$\begin{array}{l}\text{(Punktobjekt-1)}, \text{(Punktobjekt-2)}, \mathit{Ass}(\mathit{korrespondieren}(\text{Punkt-1, Punkt-2}))\\ \longmapsto \text{(Punktobjekt-1} \equiv \text{Punktobjekt-2)}\end{array}$$

- *Mehrdeutige* Punktzuordnungen sind inkonsistent und leiten den Knoten *false* ab:

$$\mathit{Ass}(\mathit{korrespondieren}(\text{Punkt-1, Punkt-2})), \mathit{Ass}(\mathit{korrespondieren}(\text{Punkt-1, Punkt-3})) \longmapsto \text{(false)}$$

- Über *Zusammenhangsrelationen* können Zuordnungen von Merkmalen propagiert werden. Sind zwei Paare korrespondierender Punkte in beiden Bildern eines Stereobildpaares jeweils durch eine Kante verbunden, so korrespondieren auch die verbindenden Kanten. Für die Begründung ist zusätzlich die Annahme erforderlich, daß die beiden Kanten die gleiche physikalische Ursache haben. Die in der Ableitungsregel enthaltene Bedingung, daß die Form der beiden Kanten von der gleichen Art (gerade/gekrümmt) sein muß, braucht in der Begründung dagegen nicht ausgedrückt zu werden.

$$\begin{array}{l}\text{(Punktobjekt-1} \equiv \text{Punktobjekt-2)}, \text{(Punktobjekt-1}' \equiv \text{Punktobjekt-2}'),\\ \mathit{Ass}(\mathit{Kantenendpunkte}(\text{Linienobjekt-1, Punktobjekt-1, Punktobjekt-1}')),\\ \mathit{Ass}(\mathit{Kantenendpunkte}(\text{Linienobjekt-2, Punktobjekt-2, Punktobjekt-2}')),\\ \mathit{Ass}(\mathit{kompatibel}(\text{Linienobjekt-1, Linienobjekt-2}))\\ \longmapsto \text{(Linienobjekt-1} \equiv \text{Linienobjekt-2)}\end{array}$$

- *Zeitliche Zuordnungen von Punkten* müssen eine glatte Bewegung beschreiben. Dies erreichen wir, indem wir eine Schranke an die Beschleunigung legen. Die Einschränkung ist stärker, wenn wir sie nicht an die Bildpunkte sondern an die schon rekonstruierten Punkte im Dreidimensionalen legen [*Jenkin + Tsotsos 86*]. Hierzu benötigen wir jeweils drei Punktobjekte, die aus Zuordnungen von Punktmerkmalen dreier aufeinanderfolgender Stereobilder rekonstruiert worden sind. Eine zeitliche Zuordnung zwischen einem Punktobjekt b[2] zur Zeit t und einem Punktobjekt c zur Zeit $t+1$ begründen wir daher mit der Annahme, daß b und c korrespondieren $(b \sim c)$[3] sowie der bereits abgeleiteten Korrespondenz zwischen b und einem Punktobjekt a zur Zeit $t-1$. Die Bewegung von a über b nach c muß dann eine glatte Bewegung ergeben. Bei den ersten beiden Stereobildern einer Folge fehlt uns jedoch ein Punktobjekt zur Zeit $t-1$; hier können wir dann eine Beschränkung der Beschleunigung nicht überprüfen. Seien beispielsweise die folgenden Punktobjekte in 3 aufeinanderfolgenden Bildern gegeben: a_1 und a_2 zum Zeitpunkt $t-1$, b zum Zeitpunkt t und c zum Zeitpunkt $t+1$. Für die Zuordnungen dieser Punktobjekte erhalten wir damit folgende Begründungen:

$$\begin{array}{rcl}(a_1), (b), \mathit{Ass}(a_1 \sim b) & \longmapsto & (a_1 \sim b)\\ (a_2), (b), \mathit{Ass}(a_2 \sim b) & \longmapsto & (a_2 \sim b)\\ \mathit{Ass}(a_1 \sim b), \mathit{Ass}(a_2 \sim b) & \longmapsto & \text{(false)}\end{array}$$

Für die Punktzuordnung zur Zeit $t+1$ ergebe in unserem Beispiel nur die Zuordnung $a_1 \sim b \sim c$ eine glatte Bewegung, die Zuordnung $a_2 \sim b \sim c$ jedoch nicht:

$$\begin{array}{rcl}(a_1 \sim b), (c), \mathit{Ass}(b \sim c) & \longmapsto & (b \sim c)\\ \mathit{Ass}(a_2 \sim b), \mathit{Ass}(b \sim c) & \longmapsto & \text{(false)}\end{array}$$

Bei der hier berschriebenen Abbildung unseres Problems auf ein ATMS gründen sich alle abgeleiteten Korrespondenzen zwischen unseren Konstruktionsobjekten letztendlich auf Annahmen über die Korrespondenz von Punkten. Dies führt

[2] a, b und c seien hier bereits abgeleitete ATMS-Knoten, die jeweils die Identität zweier Punktobjekte eines Stereobildpaares ausdrücken, z.B. (Punktobjekt-1 ≡ Punktobjekt-2), und damit im Raum exakt lokalisierte Punkte repräsentieren.

[3] Die unterschiedliche Notation (≡/∼) soll hier auf den qualitativen Unterschied zwischen stereoskopischen und zeitlichen Zuordnungen hinweisen: Kann man bei stereoskopischen Zuordnungen noch von Identität der Merkmale sprechen, so ist dies bei zeitlichen Zuordnungen wegen eventueller Verformungen nicht möglich.

zu einer recht großen Zahl von Annahmen und damit auch zu einer hohen Komplexität. Diese hohe Komplexität wird jedoch dadurch etwas reduziert, daß die meisten der entstehenden "Nogoods" zweistellig sind; damit schränken sie die Anzahl der entstehenden konsistenten Kontexte maximal ein [*de Kleer 86a*].

Die Verwendung eines ATMS gibt uns nun die Möglichkeit, während des Suchvorgangs die Annahmen und Ableitungen in geeigneter Weise zu repräsentieren, zu verwalten und bei Bedarf eventuell auch zurückzunehmen. Die Such*strategie* dagegen ist durch das ATMS noch nicht festgelegt, und es sind viele Strategien denkbar, angefangen bei der vollen Breitensuche bis zur zielgerichteten Tiefensuche. Interessiert sind wir dabei nur an maximalen konsistenten Kontexten. Aus Komplexitätsgründen wird es jedoch nicht möglich sein, für eine längere Bildfolge beim Problemlösungsprozeß alle entstehenden Kontexte zu behandeln, vielmehr muß frühzeitig ein Fokussieren auf die wichtigsten Kontexte stattfinden ("context control problem", siehe z.B. [*Petrie 89*] und die dort zitierte Literatur).

4 Zusammenfassung

Wir haben gezeigt, daß bei einer Formulierung des Problems der geometrischen Szenenrekonstruktion als Konstruktionsproblem ausgehend vom Generalitätsprinzip ein Kriterium für eine eindeutige und physikalisch korrekte Szenenrekonstruktion definiert werden kann, und dargestellt, daß dies auf ein Suchproblem mit extrem großem Suchraum führt. Weiterhin haben wir dargestellt, daß bestimmte Annahmen für die Verwendung von Heuristiken zur Steuerung der Suche nach der korrekten Lösung gemacht werden müssen, und einen Entwurf präsentiert, wie in einem System zur Szenenrekonstruktion ein ATMS eingesetzt werden kann, um diese Annahmen und deren Konsequenzen verwalten zu können.

Ein wichtiger Vorteil des ATMS ist es, daß es keine Einschränkungen für die Suchstrategie bewirkt sondern auf dieser Struktur vielerlei Strategien realisiert werden können. Da eines unserer Anliegen eine systematische Untersuchung der Beiträge ist, die die diskutierten Gesetze und Heuristiken bei der Suche nach einer physikalisch konsistenten Szenenrekonstruktion leisten können, werden wir die Flexibilität des ATMS ausnutzen, um systematisch eine Reihe von verschiedenen Heuristiken zur Formulierung von Suchstrategien zu verwenden und ihre Leistungsfähigkeit im Zusammenspiel mit anderen Heuristiken auf der Basis unserer ATMS-Struktur zu erproben.

Literatur

[Barnard + Thompson 80] *Disparity Analysis of Images.* Stephen T. Barnard, William B. Thompson. *IEEE Trans. on Pattern Analysis and Machine Intelligence* **PAMI-2** (1980) 333–340.

[Binford 81] *Inferring Surfaces from Images.* Thomas O. Binford. *Artificial Intelligence* **17** (1981) 205–244.

[de Kleer 86a] *An Assumption-based TMS.* Johan de Kleer. *Artificial Intelligence* **28** (1986) 127–162.

[Dreschler-Fischer 87] *Das "Bootstrap-Problem" bei der geometrischen Szenenrekonstruktion — Eine Übersicht.* Leonie S. Dreschler-Fischer. 11th German Workshop on Artificial Intelligence "GWAI-87", Geseke, September 28 – October 2, 1987, Katharina Morik (Hrsg.), Informatik Fachberichte Bd. 152, Springer-Verlag, Berlin – Heidelberg – New York 1987, 1–15.

[Jenkin + Tsotsos 86] *Applying Temporal Constraints to the Dynamic Stereo Problem.* Michael Jenkin, John K. Tsotsos. *Computer Vision, Graphics, and Image Processing* **33** (1986) 16–32.

[Neumann 82] *Knowledge Sources for Understanding and Describing Image Sequences.* Bernd Neumann. 6th German Workshop on Artificial Intelligence "GWAI-82", Bad Honnef, September 27 – October 1, 1982, Wolfgang Wahlster (Hrsg.), Informatik Fachberichte Bd. 58, Springer-Verlag, Berlin – Heidelberg – New York 1982, 1–21.

[Petrie 89] *Reason Maintenance in Expert Systems.* Charles J. Petrie. *KI* (1989) No. 2, 54–60.

[Provan 88] *Model-Based Object Recognition: A Truth Maintenance Approach.* Gregory M. Provan. Proc. 4. Conference on Artificial Intelligence Applications, March 14–18, 1988, San Diego/CA, 230–235.

[Schröder 89] *Einschränkungen möglicher Merkmalszuordnungen bei der Korrespondenzanalyse für Stereobildsequenzen — Eine Übersicht.* Carsten Schröder. Interner Bericht, Fachbereich Informatik, Universität Hamburg, 1989.

[Ullman 79] *The Interpretation of Visual Motion.* Shimon Ullman. The MIT Press, Cambridge, Mass. 1979.

Ingo Syska und Christian Drewniok gaben wertvolle Hinweise bei der Diskussion dieser Arbeit. Das Projekt Stereo-Bildfolgen wird von der Deutschen Forschungsgemeinschaft unter dem Titel Dr 176/2 gefördert.

5. MENSCH-MASCHINE KOMMUNIKATION

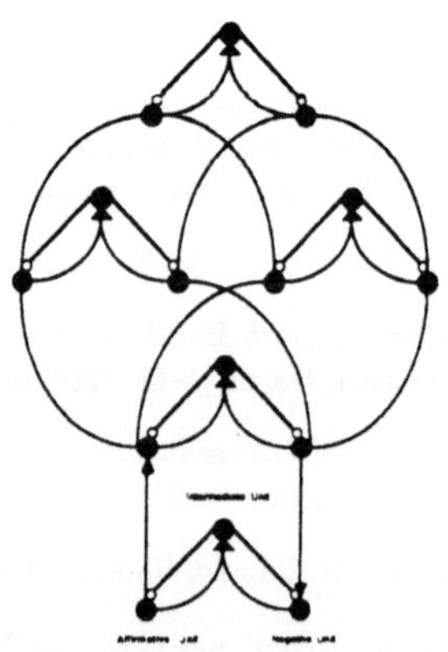

SPICOS II - Linguistische Analyse im Datenbankdialog

Gerhard Th. Niedermair

Siemens AG
ZFE F 2 KOM 32
Otto-Hahn-Ring 6
8000 MÜNCHEN 83

Die im folgenden beschriebenen Arbeiten werden durchgeführt von:

Siemens AG: G.Brockhoff, G.Dreckschmidt, G.Niedermair, M.Streit, H.Tropf, U.Ziegenhain (Parser, Syntax, Semantik, Anaphern-Resolution, Präsuppositionen)

IPO-Eindhoven: K.v.Deemter, J.DeVet (ELF/ELR-Transformation, Dialog-Verwaltung, DB-Abfrage, Antwortgenerierung)

Siemens AG, Philips Forschungslabor Hamburg (Signalverarbeitung, Wort- und Satzverifikation)

Das Projekt wird unter der Nummer: ITM 8801 B9 vom BMfT gefördert.

0. Einführung

Im SPICOS II-Projekt (Siemens-Philips-IPO-Continuous Speech Understanding and Dialogue) wird ein Dialogsystem implementiert, das es erlaubt, Datenbankinhalte in fließend gesprochener Sprache im Dialog zu erschließen. Das System befindet sich im Aufbau und wird Anfang 1990 prototypisch fertiggestellt. Es verarbeitet einen Wortschatz von ca. 1000 Wörtern mit Anfragen zu Dokumenten im Bürobereich und zu Personen im Projekt. Das System ist sprecheradaptiv.(Bild 1 zeigt einen Überblick über den Gesamtaufbau des Systems.)

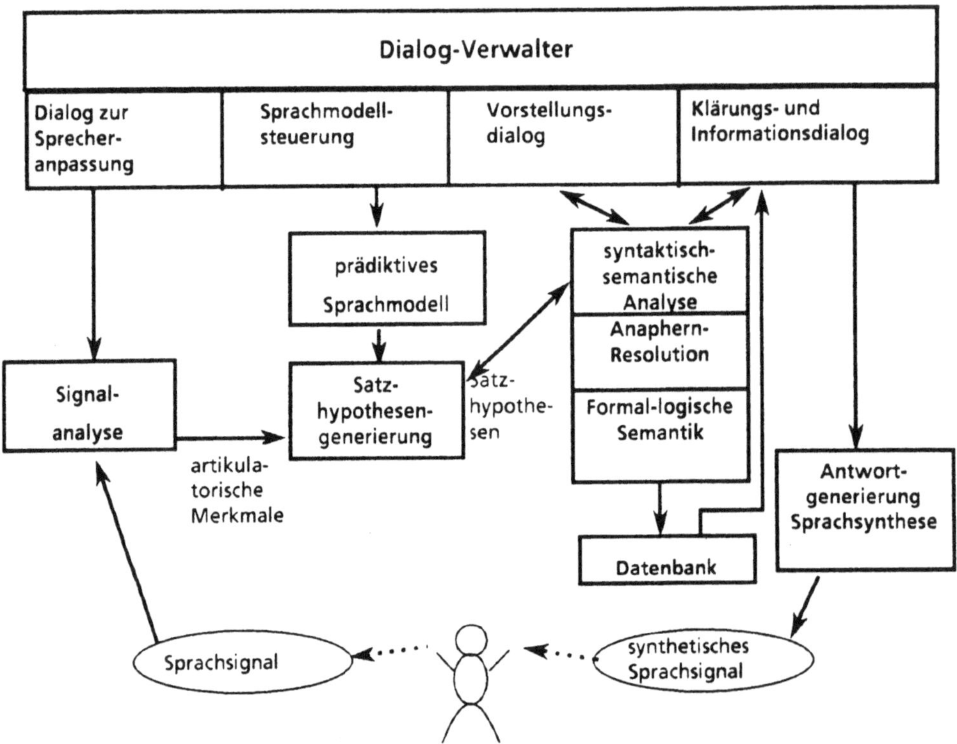

Bild 1: Systemarchitektur SPICOS II

Im Gegensatz zum Frage-Antwort-Schema von SPICOS I (Niedermair 1987) erlaubt dieser Prototyp einen Dialog, in dem der Benutzer seine vorherigen Fragen fortführen und sich auf bereits Gesagtes beziehen kann. Der Dialog ermöglicht es auch in sprachlich nicht eindeutigen Situationen entsprechende Fragen an den Benutzer zu richten. Dabei sollten die Reaktionen des Systems grundsätzlich so sein, daß sie (z.B. für Anwendungen im Telefonbetrieb) ohne visuelle Mittel dem Benutzer das gegenwärtige 'Problem' des Systems verständlich machen und damit vom Benutzer eine entsprechende Lösung erhalten können. Die

Analyse gesprochener Sprache erfordert weiterhin eine Anpassung der Verfahren der linguistischen Analyse an die besonderen Erfordernisse der akustischen Analyse fließender Rede. Darauf wird in den nachfolgenden Abschnitten näher einzugehen sein.
Anhand des folgenden Beispieldialogs, wie er in SPICOS II geführt werden könnte, werden die Analyseschritte der syntaktisch-semantischen Analyse von SPICOS II gezeigt.

1 U: *hat herr doktor höge den brief über akustik an herrn noll geschickt*

1 S : sagten sie: hat herr doktor höge den brief über akustik an herrn noll geschickt

2 U : ja

2 S : ja höge hat den brief an noll geschickt

3 U : war er auf dem letzten treffen in hamburg

3 S : meinen sie mit 'er' höge oder noll

4 U : höge

4 S : nein höge war nicht auf dem letzten treffen.

1. Der 'Dialog-Verwalter'

Zu Beginn einer Dialogsitzung wird nach einem Vorstellungdialog der Benutzer in einem 'Anpassungsdialog' aufgefordert, einige Beispielsätze zu sprechen, um die akustische Erkennung an die sprecherspezifischen Merkmale adaptieren zu können.

Das obige Dialog-Beispiel umfaßt nur Klärungsdialog und weiterführenden Informations-Dialog. Als Klärungsdialogschritte sind 1S, 2U, 3S, 4U aufzufassen. Sie beruhen auf Unsicherheiten des Systems (1S) oder auf nicht auflösbaren oder eindeutig interpretierbaren Äußerungen (3S). Die möglichen Benutzerreaktionen auf Systemfragen bestehen hier aus Ja/Nein-Antworten oder Einworteingaben (4U). Das akustische Analyseergebnis solcher Eingaben wird gegenwärtig direkt ohne Umwege an den Dialogverwalter weitergereicht. Um den akustischen Erkennungsaufwand zu minimieren, gibt der Dialogverwalter für alle Benutzereingaben das Sprachmodell der zu erwartenden Äußerung vor.Dies besteht im Falle der Einworteingaben aus einer kleinen Auswahl von Wörtern, im Normalfall aber aus einem statistisch basierten Sprachmodell. Eine Echofrage, wie in 1S, wird bei akustisch unsicherer Erkennung gestellt. Dies verhindert Antworten auf so vom Benutzer gar nicht gestellte Fragen. 3S reflektiert eine tatsächliche Ambiguität in der Anaphernresolution. Für die Fragen 1U und 3U generiert das System eine formale Repräsentation ihrer Bedeutung, die geeignet ist, die Datenbank abzufragen. Der Dialog-Verwalter, der als Zustands-Übergangs-Netzwerk realisiert ist, steuert u.a auch die Komponenten der linguistischen Analyse, die im folgenden näher beleuchtet werden. Für eine ausführlichere Beschreibung des Dialogmoduls vergl. (DeVet, vanDeemter 1988)

2. Syntaktisch-Semantische Analyse

2.1. Schnittstellen zur akustischen Erkennung

Die syntaktische Analyse arbeitet auf dem Output von zwei unterschiedlichen, in SPICOS II zu experimentellen Zwecken realisierten akustischen Verfahren. Beide Verfahren werden gegenwärtig alternativ erprobt. Ein rein **top down orientiertes Verfahren** (Ney 1984) liefert mithilfe eines statistisch basierten prädiktiven Sprachmodells die akustisch gesehen beste Satzhypothese und dieser folgend die näherungsweise besten Hypothesen für den tatsächlich gesprochenen Satz (typischerweise 5-10). Das prädiktive Sprachmodell besteht aus Trigramm-Folgen syntaktisch-semantischer Kategorien des Lexikons und des semantischen Netzwerkes. Nach vorläufigen Abschätzungen ist in mindestens 70% der Fälle der tatsächlich gesprochene Satz unter den besten zehn Hypothesen zu finden. Die syntaktisch-semantische Analyse ermittelt von diesen den bestbewerteten wohlgeformten Satz.

Ein mehr **bottom up orientiertes Verfahren** (vergl. Marschall/Schmidbauer 1987) arbeitet mit einem dynamisch mit der Suche expandierenden Graphen von Worthypothesen. Die vom Sprachmodell für den besten fortzusetzenden Knoten angebotenen Wörter werden akustisch bewertet. Diese bewerteten Hypothesen werden von der linguistischen Analyse mit einer 'harten' Grammatik (d.h. einer, die alle möglichen Restriktionen beschreibt) analysiert, die gleichzeitig die neue Bewertung des fortgesetzten Pfades berechnet. Dieses Verfahren bietet gegenüber dem ersteren Verfahren den Vorteil, daß Pfade, die aufgrund zu allgemeiner Vorhersagen des Sprachmodells weiterverfolgt würden, schon zum frühestmöglichen Zeitpunkt verworfen werden können. Der Nachteil dieses Verfahren besteht in der häufigen und zeitaufwendigen Interaktion zwischen akustischer und linguistischer Analyse.

2.2. Parser und Grammatik

Die Aufgabe der Grammatik besteht in beiden Verfahren darin, die sprachlichen Restriktionen so zu modellieren, daß nicht-wohlgeformte Hypothesen von ganzen Sätzen wie auch von möglichen Teilsätzen zurückgewiesen werden können.

Die **syntaktischen und semantischen Restriktionen** der Analysegrammatik sind auf der deskriptiven Ebene getrennt. Dies bietet gegenüber semantischen Grammatiken den Vorteil der größeren Anwendungsunabhängigkeit. Eine Trennung während der Verarbeitung würde jedoch zunächst eine zu große Menge rein syntaktisch wohlgeformter Sätze passieren lassen, die erst später zurückgewiesen werden könnten. Eine parallele Analyse beider Aspekte hat sich für sprachverstehende Systeme daher als unerläßlich erwiesen (vergl. Brietzmann/Ehrlich 1986, Thurmair 1987). Für **syntaktische Restriktionen** verwendet SPICOS II eine erweiterte Phrasenstrukturgrammatik (APSG). In einer Phrasenstrukturregel (PStR) sind beliebige Testoperationen auf den Merkmalsmengen der Phrasenstrukturteile möglich. Die Merkmale (ein-, mengen- und listenwertig) der Phrasenstrukturteile können dem Oberknoten vererbt werden, oder auch neue Merkmale ihm explizit zugewiesen werden. Die Grammatik erlaubt darüberhinaus die Darstellung von 'bewegten Elementen' einschließlich 'bounding rules' (vergl. Tropf 89), jedoch ohne dabei 'Leerkategorien' verwenden zu müssen, was ja Verbindung mit der ohnehin großen Anzahl akustischer Hypothesen zu einem Überfluß an hypothetischen Kanten führen würde. Die **semantischen Restriktionen** werden durch ein semantisches Netzwerk (vergl. Danieli 1987) und dazugehörige Transitionsregeln beschrieben. Die Transitionsregeln beschreiben die Bedingungen für die semantische Verträglichkeit zweier Konzepte in diesem Netzwerk. Da eine APSG Tests beliebiger Komplexität erlaubt, wird jedoch die aktuelle Abprüfung der semantischen Verträglichkeit zweier Begriffe auf der Verarbeitungsebene in einer Grammatik zusammengefaßt. Dazu benutzt der 'semantische Test' (nun als Bestandteil einer PStR) u.a. die 'heads' der jeweiligen Phrasenstrukturteile und prüft sie auf ihre Verträglichkeit in dem syntaktischen Kontext der dazugehörigen Regel.

2.3 Das Semantische Netzwerk

Eine Hierarchie der Konzepte unseres Anwendungsgebietes bildet die Grundstruktur des semantischen Netzwerkes, die überlagert ist durch eine Reihe anderer Relationen wie ' has-property', 'role-of', 'value-of', 'case-relation', etc. Über die 'case-relation' Kanten werden die Konzepte zu Aktionen (den Verbknoten) in Beziehung gesetzt. Die Menge der Kanten für einen Verbnnoten beschreibt (einschließlich zusätzlicher Kanteninformation) so die Valenzrahmen der zu dem Knoten gehörenden Verbinstanzen. Desgleichen gilt für Konzepte und ihre Spezifikationen (Nominal-Rahmen). Die Transitionsregeln sind die Beschreibung der für die Kompatibilität zweier Begriffe zulässigen Verbindungspfade auf dem Netz. So kann z.B. die Relation 'semfit' zwischen irgendeinem Verb 'verbt-term' und irgendeinem Nomen 'nomen-term' dann als korrekt angenommen werden, wenn eine Kante 'case-relation' besteht zwischen 'verb-term' und einem Konzept 'n-concept', dessen Instanz oder Instanz einer seiner Subclassen 'noun-term' ist, oder wenn 'noun-term' in einer 'role-of' oder 'value-of' Relation zu dieser Subklasse steht.

So ist beispielweise 'schreiben' mit 'case-relation' (unter bestimmten zusätzlichen Bedingungen, wie u.a. Subjektsfunktion) an das Konzept 'individuum' gebunden, damit auch an 'person' und 'organisation' als Subklassen davon, damit auch an z.B. 'Erwin' über die 'value-of' Relation oder an 'mitarbeiter' über die 'role-of' Relation. Jede dieser als Regeln leicht darstellbaren Verbindungen führt zu einer semantisch korrekten Verknüpfung zwischen einem Verb und einem Nomen. Ähnliche Regel gelten für Verbindungen zwischen Nomen und Nomen, etc. (vergl. Niedermair 89). Die Transitionsregeln sorgen auch dafür, daß Relationen, die für hierarchisch höhere Konzepte definiert sind, auch für abhängige Konzepte Geltung besitzen.

Da die Grammatik die explizite Wertebesetzung von Merkmalen für die linke Seite einer PStR erlaubt, kann man über eine rein kontextfreie Beschreibung hinausgehen. So ist es z.B. möglich zu verhindern, daß PP's gleichen semantischen Typs (so sie nicht in Koordination stehen) mehrmals dieselbe NP spezifizieren, wie : * '*der brief über akustik über linguistik...*'. Da solche Phänomene in den akustischen Hypothesen häufig auftreten, muß die syntaktisch-semantische Analyse sie durch Setzen geeigneter Merkmale zurückweisen können.

Die Grammatik wird von einem modifizierten Chart-Parser verarbeitet (Winograd 1983). Er arbeitet von links nach rechts. Das Analyseergebnis enthält neben der rein syntaktischen Struktur durch die im Satzknoten enthaltene Merkmalsmenge auch die funktionale Struktur und die Struktur der Tiefenkasus. Letzteres ist ein 'Seiteneffekt' der semantischen Konsistenzprüfungen und wird sowohl von der semantischen Repräsentation wie auch von der Anaphernresolution verwendet. Die Satzstruktur wird einschließlich der dazugehörigen akustischen Bewertung an den Dialog-Verwalter gereicht.

3. Die Anaphernresolution

Die Aufgabe der Anaphernresolution ist es, auf formal-logische Bedeutungsrepräsentationen von Antezedenten eines anaphorischen Ausdrucks zu verweisen. Dies geschieht aufgrund syntaktisch-semantischer Kriterien durch:

- die **Feststellung möglicher Antezedenten** zusammen mit den für die Resolution syntaktisch-semantisch relevanten Merkmalen, wie Numerus, Genus, semantisches Konzept, Einbettungstiefe, Funktion,Topikalisierung, Wiederaufnahme, etc..
- die **Feststellung der anaphorischen Ausdrücke** und deren Merkmale. Pronomen enthalten dabei zur

Erleichterung der Refenzbestimmung die aus ihrem Satzkontext durch das semantische Netzwerk ermittelte 'latente' semantische Kategorie.

Welche Elemente als Kandidaten für Antezedenten wie auch für referentielle Ausdrücke gesammelt werden, wird deklarativ in der syntaktisch-semantischen Grammatik festgelegt. Zur Zeit werden Personalpronomen, NP- und PP-Proformen und definite NP's berücksichtigt. Die Merkmalsübertragung in einer Regel, die einen Antezedens-Kandidaten syntaktisch beschreibt, wird hier dazu benutzt, in speziellen Merkmalen, den "Anaphor-Lists", die Kandidaten und ihre relevanten Merkmale zu sammeln. Weitere Merkmale (wie 'Satz-Funktion') werden im Verlauf des Satzaufbaus durch eine Erweiterung der 'Anaphor-Lists' ergänzt. Der Satzknoten enthält somit als ein Merkmal die Liste aller möglichen Antezedenten und referentiellen Ausdrücke eines Satzes einschließlich ihrer Merkmale. Beide werden in einer 'working area' der Dialoggeschichte gespeichert. Diese Dialoggeschichte kennt gegenwärtig noch keine Subdialoge o.ä., d.h. verschiedene Ebenen der Diskursstruktur (diese Ebenen wären, so sie eine Rolle spielen, als zusätzliches Merkmal einer Anapher oder eines Antecedenz-Kandidaten zu speichern und dieses Merkmal in den Referenzregeln entsprechend zu prüfen).

- die **Referenzgrammatik**. Sie enthält die Regeln, die die Bedingungen der referentiellen Beziehungen beschreiben. Da diese Bedingungen selten 'hart' sind, werden die Regeln in geordneter Reihenfolge angewendet. Dabei werden 'constraints 'schrittweise bis zur Minimal-Bedingung zurückgenommen. Zur korrekten Referenzierung semantisch verwandter Ausdrücke nutzt die Grammatik die im semantischen Netzwerk repräsentierten Abhängigkeiten. Die Resolutionsergebnisse werden an den Dialog-Verwalter weitergereicht, der sie im Bedarfsfall vereindeutigt.

Die vereindeutigte Verkettung wird von der formal-logischen Darstellung benutzt, um an die Stelle des referentiellen Ausdrucks die formal-logische Repräsentation des Antezedens zu setzen. Dies erfordert insbesondere bei Pluralformen Transformationen der logischen Form im Bereich der Quantoren (Streit 1988).

In einem sprachverstehenden System stellt sich bei der Anaphernresolution die Frage, ob sie zur Disambiguierung akustischen Inputs herangezogen werden kann und soll. Im reinen top-down Ansatz müßten dann sämtliche Gebrauchsweisen anaphorischer Ausdrücke für einen Satz in dem speziellen Dialogkontext prädiziert werden. Diese Gebrauchsweisen müßten entweder dynamisch durch Anwendung der verschiedenen Grammatiken generiert werden oder durch hinreichend viele Beispiele in ein überdimensionales Sprachmodell integriert werden. Im letzteren Fall müßten nicht nur Beispielsätze, sondern hinreichend repräsentative Beispieldialoge ausgewertet werden. Dies wird nur bei statistischen Sprachmodellen mit begrenztem Kontext (z.B. Trigramm-Modelle) vermieden.

Verwendete man Anaphernresolution dynamisch zur Einschränkung von Hypothesen im Wortgraphen, so wäre dies ein relativ 'teueres' Verfahren. Bei der linguistischen Verifikation von akustischen Hypothesen müssen dann **alle** Hypothesen potentieller Anaphern daraufhin geprüft werden, ob sie möglicherweise einen Antezedenten haben. Im negativen Fall ist die ganze dazugehörige Pfadhypothese zu verwerfen. Ein solches Vorgehen erfordert außerdem eine sehr restriktive Handhabung der Regeln der Referenzgrammatik. Dies wiederum kann aber nicht im Sinne der vom Dialog erwarteten Möglichkeiten einer weitestgehend natürlichen Referenzierung sein. Es bleibt daher in dieser Hinsicht erst noch zu prüfen, wieviele falsche Satzhypothesen man durch eine frühzeitige Referenzprüfung vermeiden kann. Da wir erwarten, daß diese Rate sehr niedrig ist, wird die Anaphernresolution erst nach der Satzhypothesengenerierung, bzw. den Echofragen vorgenommen.

4. Semantische Repräsentation und Datenbankabfrage

Die Erzeugung einer formal-logischen Repräsentation setzt auf dem Ergebnis der syntaktisch semantischen Analyse auf, d.h. sie weiß, welche syntaktischen Regeln angewandt und welche Tiefenkasus in der Äußerung realisiert wurden.

Parallel zu jeder syntaktischen Regeln existiert eine semantische Kompositionsregeln. Die der Phrasenstrukturregel entsprechende semantische Regel beschreibt, wie sich die Phrasenstrukturteile zu einem formal-logischen Ausdruck zusammensetzen. Die Transformation in einen formal-logischen Ausdruck geschieht in zwei Stufen, der 'formalen Repräsentation' (ELF) und der 'referentiellen Representation' (ELR) (Bunt 1985). Die erste Stufe ist an den natürlichsprachlichen Ausdrücken der Äußerung orientiert, die zweite Stufe ersetzt diese durch deren Entsprechungen in der Datenbank. Eine detailierte Beschreibung der Probleme der semantischen Repräsentation in Datenbank-Dialogen findet sich in (Streit 89 b)

Der Schritt von ELF zu ELR geschieht durch eine kontextfreie Übersetzung der ELF-Ausdrücke in datenbankabhängige ELR-Ausdrücke. Die Repräsentation der funktionalen Wörter bleibt dabei gleich und ist weitgehend anwendungsunabhängig.

Z.B. würde '*briefe über akustik*' durch die entsprechende semantische Regel die **formale Repräsentation** erhalten:

$\{x \in$ briefe / über (x, akustik)$\}$ ...

Wendet man auf die Repräsentation dieser Phrase die Repräsentation des indefiniten Artikels an, so erhält man als NP-Repräsentation:

$\exists\ x \in \{x \in$ briefe / über (x, akustik) $\}$...

Die **referentielle Repräsentation** würde statt 'briefe' die Menge aller Elemente in 'letters-rel' enthalten, wenn in der Datenbankbeschreibung eine Relation dieses Namens existiert. Diese Übersetzung geschieht durch ein Transformationslexikon.

In ähnlicher Weise werden 'über ' und 'akustik' übersetzt:

$\exists\ x \in \{x \in$ letters-rel / letter-descriptor (x) = descript-akustik$\}$

Mit dieser Repräsentation wird die Datenbank evaluiert und die Ergebnisse an den Dialog-Verwalter übergeben. Diese Art der Repräsentation findet sich auch in SPICOS I und im TENDUM-System. Die wesentliche Weiterentwicklung in SPICOS II liegt neben der Erweiterung der betrachteten syntaktischen Phänome vor allem im Bereich der Behandlung von Anaphern (Streit 88) und der Präsuppositionen (Streit 89).

Neben der Bedeutungsbeschreibung der Äußerung erzeugt die semantische Analyse eine formal-logische Repräsentation der im Satz enthaltenen Existenz-Präsuppositionen , wie in 1U:' ... *den brief über akustik*...' Um auf Benutzerseite falsche Schlüsse aus einer negativen Systemantwort zu vermeiden, muß der Benutzer auf diesen Umstand hingewiesen werden.

In SPICOS II erzeugt die semantische Repräsentation für 'fatale' (d.h. nicht durch kooperative Antworten zu klärende) Existenz-Präsuppositionen den von der Datenbank auswertbaren referentiellen Ausdruck und der Dialog-Verwalter informiert bei Präsuppositionsverletzung den Benutzer.

'Kooperative Antworten' auf negativ auswertende Ja/Nein-Fragen, wie:

$1S_2$: *'nein aber brockhoff hat einen solchen geschrieben.'* anstelle von 1S scheinen plausibel, stellen jedoch das prinzipielle Problem der Entscheidung, welcher Attributwert von 'brief' ersetzt werden soll, um zu einem positiven Ergebnis zu gelangen (vanDeemter 1986). Dies ist im allgemeinen Fall, wenn überhaupt, nur schwer entscheidbar, oftmals nur unter Zuhilfenahme der Satzbetonung, die gegenwärtig von der akustischen Analyse nur ansatzweise bereitgestellt werden kann. Ist dies nicht entscheidbar, so hieße eine Antwort im Extremfall:

$1S_3$: *'nein aber brockhoff hat ein protokoll vom letzten treffen an noll geschrieben'*,

was sicher in den meisten Fällen nicht im Sinne des Benutzers wäre.

5. Antwortgenerierung

Der Dialog-Verwalter entscheidet aufgrund des ihm überlieferten Analyseergebnisses der Anfrage über den als nächstes auszuführenden Dialogschritt. Je nach Analyseergebnis löst er eine Datenbank-Abfrage mit entsprechender Antwort oder andere Aktionen, wie Klärungsfragen etc. aus. Das Antwortmuster für auswertbare Datenbankanfragen wird gegebenenfalls aufgrund der Satzstruktur der Anfrage durch geeignete Transformationen generiert. In dieses Antwortmuster werden die Ergebnisse der Datenbankabfrage eingebettet (vergl. DeVet, v.Deemter 88).

6. Zusammenfassung

In SPICOS II wird ein System entwickelt, das wesentliche Funktionen zur Analyse eines fortgesetzten Dialogs in fließend gesprochener Sprache bereitstellt. Der Dialog-Verwalter steuert die Abfolge der einzelnen Dialog- und Analyseschritte, sammelt deren Ergebnisse und verteilt die für die Module notwendige Information. Die Initiative im Dialog liegt mit Ausnahme von Fehlersituationen und im Klärungsdialog immer beim Benutzer. Unsere Anwendung ist nicht der Klasse der 'aufgabenorientierten Dialoge' zuzurechnen, wie dies Buchungssysteme, Reiseauskunftsysteme, etc. sind, sondern eher einem Typ der 'unstrukturierten Informationssuche'. Dies stellt die linguistische Analyse vor die Situation, daß :

- in unserer Anwendung weder die akustische noch die syntaktische Analyse mit starken Einschränkungen seitens des Dialogverlaufes (außer im Klärungsdialog) rechnen kann. Der Vorteil aufgabenorientierter Systeme liegt in der dialogtyp-bedingten, maximalen Ausnutzungmöglichkeit von Restriktionen für die akustische Erkennung, die anwendungsbedingt zu höherer Erkennungssicherheit und Performanz führen kann.
- die Anaphern-Resolution aus eben genannten Gründen ebenfalls nicht mit einem besonders kohärenten Dialog rechnen kann. Die starke Unwägbarkeit des Dialogverlaufs verkompliziert die Regeln der Referenzgrammatik und erschwert die Übertragbarkeit bestehender Verfahren (Grosz 1986) Darüberhinaus steht sie auch der angestrebten Anwendungsunabhängigkeit der verwendeten Heuristiken entgegen.

Und schließlich ist die gegenwärtige Notwendigkeit zur Eingabe in grammatisch korrekten Sätzen auf lange Sicht kaum haltbar. Versprecher, Satzunterbrechungen wie 'ah', falsche Morphologie etc. müssen berücksichtigt werden. Bleiben wird in mehr oder weniger starkem Maße die Unsicherheit der rein akustischen Erkennung, die durch die Restriktionen der natürlichen Sprache ausgeglichen werden muß. Je unsicherer die akustische Erkennung jedoch ist, desto rigoroser muß der mit dem System erlaubte Sprachgebrauch eingeschränkt werden. In gewissem Widerspruch dazu muß man allerdings von der Linguistik auch erwarten, daß sie in der Lage ist, durch ihr übergreifenderes Wissen kleine Fehler in der akustischen Erkennung zu tolerieren. Geeignete Verfahren dazu müssen Gegenstand weiterer Untersuchungen sein.

Literatur:

Brietzmann A., Ehrlich U. (1986)
The Role of Semantic Processing in an Automatic Speech Understanding System. Proceedings of the COLING Conference. 1986

Bunt H. (1985)
Mass Nouns and Model Theoretic Semantics. Cambridge University Press, 1985

Danieli, Ferrara,Gemello, Rullent (1987)
Isomorphism between Grammatical and Semantic Relations in Text Understanding. in: Proceedings of 3rd European Chapter of ACL, 1987

van Deemter K. (1986)
Some Problems in the Generation of Direct Answers to Yes/No-Questions, IPO-Manuscript 563, August 1986

DeVet J. ,van Deemter K. (1988)
A Dialogue Handler for SPICOS II. IPO-Report, Oktober 1988

Grosz B., Sidner C (1986)
Attention, Intentions and the Structure of Discourse. in: Computational Linguistics - Vol. 12, Number 3, July/Sept. 1986

Marschall, E. & Schmidbauer, O. (1987)
Berücksichtigung von akustisch-phonetischen Ambiguitäten bei einer bottom-up Worthypothesen Generierung, Tagungsband GLDV: Analyse und Synthese gesprochener Sprache, Georg Olms Verlag , 1987

Ney, H. et. al. (1987)
A Data Driven Organization of the Dynamic Programming Beam Search for Continuous Speech Recognition. Proceedings of the ICASSP 87. IEEE International Conference on Acoustics, Speech and Signal Processing. 20.10.1-4.

Niedermair, G.T., (1987)
Syntactic Analysis in Speech Understanding, Proceedings of the Europ. Conference on Speech Techn., 1987

Niedermair, G.T., (1989)
The Use of a Semantic Network in Speech Dialogue, to appear in: Proceedings of the Europ. Conference on Speech Techn., 1989

Streit M. (1988)
Repräsentation von Pluralanaphern, in: Proceedings der 4.ÖGAI Konferenz, Wien 1988

Streit M. (1989)
Presuppositions and Anaphora in a Question Answering Speech System. to appear in: Proceedings of the Europ. Conference on Speech Techn., 1989

Streit M. (1989 b)

Probleme der semantischen Diskursanalyse im Datenbank-Dialog SPICOS II. to appear in: (cf. this volume)

Thurmair, G.(1987)

Semantic Processing in Speech Understanding. in: H.Niemann, M.Lang, G.Sagerer (Ed): Recent Advances in Speech Understanding and Dialogue Systems. Springer 1988

Tropf, H.(1989)

Syntax in the Spoken Dialogue System SPICOS II. to appear in:Proceedings of the Europ. Conference on Speech Techn., 1989

Winograd, T. (1983)

Language as a Cognitive Process. Vol 1: Syntax, AddisonWesley PC, 1983

Diskursrepräsentation im Datenbank-Abfrage-Dialog Spicos II

Michael Streit
Siemens AG, München ZFE F2 KOM3
Otto-Hahn-Ring 6 8000 München 83

Zusammenfassung

Der Beitrag befasst sich mit den Problemen der Diskursrepräsentation in einem Frage-Antwort-Dialog am Beispiel des Systems Spicos[1]. Es wird dargestellt wie die Etablierung eines Diskursreferenten im Zusammenspiel der Dialogpartner zustandekommt. Die Diskursart Frage-Antwort-Dialog wird dabei von anderen Diskursarten abgegrenzt. Die Rolle von Präsuppositionen in dieser Diskursart wird erörtert. Die Unterscheidung von referentiellen und quantifikationellen NPs wird problematisiert. Zur Lösung der mit der Diskursart Frage-Antwort-Dialog verbundenen Probleme wird eine Diskursrepräsentation vorgeschlagen, bei der propositionaler Gehalt, Präsuppositionen und Diskursreferenten getrennte logische Repräsentationen erhalten.

1. Diskursreferenten in Frage Antwort Dialogen

Neue Gesprächsgegenstände werden in einem Diskurs häufig durch indefinite Nominalphrasen eingeführt. Wenn die am Diskurs beteiligten Sprecher sich im Fortgang des Diskurses auf diese Gegenstände wieder beziehen, tun sie dies im allgemeinen mithilfe definiter Nominalphrasen. Ein prototypisches Beispiel liegt in (1) vor. Vorangestellte Großbuchstaben bezeichnen in den Beispielen den Sprecher.

(1) A: (a) Tropf hat einen Artikel verfaßt.
(b) Er handelt von Prädikatsnomen

Der Sprecher führt in (1) (a) mit der indefiniten NP *einen Artikel* als neuen Diskursreferenten (DR) einen Artikel von Tropf ein .

Mit der Erwähnung in (1) (a) ist der Diskursreferent *etabliert.* Das heißt, in den folgenden Äußerungen des Diskurses kann auf ihn mit anaphorischen NPs Bezug genommen werden. Die dabei bestehenden pragmatischen Beschränkungen für anaphorische Bezugnahme, die u. a. von der Distanz zur letzten Erwähnung des DR abhängen, sind nicht Gegenstand dieses Beitrags. In (1) (b) referiert der Sprecher mit dem definiten Personalpronomen *er* auf diesen Diskursreferenten.

Wir übernehmen hier den von Karttunen (in KARTTUNEN78) eingeführten Begriff Diskursreferent (DR) um Objekte oder Mengen von Objekten zu bezeichnen, auf die im Diskurs mit Personalpronomen referiert werden kann. Die Einschränkung auf Personalpronomen ist dabei wichtig, auch wenn dies häufig wenig beachtet wird. Definite NPs können zwar auch auf Diskursreferenten referieren, sie können aber auch Diskursreferenten neu etablieren, bzw. Diskursreferenten etablieren, die in einer Relation zu bereits eingeführten DRs stehen. Im letzteren Fall *beziehen* sie sich zwar auf bereits eingeführte DRs, *referieren* aber nicht darauf. Ein einfaches Beispiel wird in Abschnitt 6 erwähnt. Nicht intendiert sind mit dem Begriff Diskursreferent bestimmte formale Repräsentationen, wie sie etwa die Diskursparameter der *discourse representation theory* (DRT) darstellen (KAMP81).

Unter welchen Bedingungen indefinite NPs Diskursreferenten etablieren ist in den letzten Jahren für Texte, die Reihungen von Aussagesätzen darstellen, intensiv untersucht worden. (z. B. HEIM82 oder KAMP81). Dies gilt jedenfalls für den Bereich nichtgenerischer Singular-Nominalphrasen.

Im Aussagesatz (1) (a) besitzt die indefinite NP *einen Artikel* die Fähigkeit einen Diskurreferenten zu etablieren. In Fragesätzen ist dies jedoch nicht der Fall. Wie schon Karttunen in KARTTUNEN78 feststellt, sind Äußerungsfolgen wie (2) nicht möglich, vorausgesetzt es ist für *er* kein anderes Antecedens möglich als die indefinite NP *einen Artikel.*

(2) A: Hat Tropf einen Artikel verfaßt? *Er handelt von Prädikatsnomen.

Die Unfähigkeit der indefiniten NP in einer Frage einen Diskursreferenten zu etablieren, findet sich auch in dem Frage-Antwort-Dialog (3) wieder.

(3) (a) A: Hat Tropf hat einen Artikel verfaßt?
(b) B: Nein.
(c) A: *Handelt er von Prädikatsnomen?

Ganz anders wirkt die indefinite NP jedoch in Dialog (4), in dem die Fage bejaht wird. *Er* in (c) bezieht sich ohne Schwierigkeit auf den Artikel, der in (a) erwähnt wird.

(4) (a) A: Hat Tropf hat einen Artikel verfaßt?
(b) B: Ja.
(c) A: Handelt er von Prädikatsnomen?

Wir formulieren als Grundprinzip der Etablierung von Diskursreferenten in Frage-Antwort-Diskursen das Prinzip (A). Das Prinzip (A) gilt auch für W-Fragen, wenn man Bestätigung und Negation geeignet definiert.

(A) In Fragen schlägt eine indefinite NP einen Diskursreferenten vor. Die Antwort etabliert den Diskursreferenten oder verwirft ihn.

2. Fragetyp und erwartete Antwort.

In direkten Sprechakten, um die es in diesem Beitrag alleine geht, machen Fragen durch ihre Form deutlich welche Art von Antwort der Fragende erwartet. Wir beschränken im Folgenden die Betrachtung auf Entscheidungsfragen (Ja-Nein-Fragen) und gewisse häufige Typen von W-Fragen.

Entscheidungsfragen sollen zu einer Bestätigung oder zu einer Verneinung der in der Frage ausgedrückten Proposition führen. Die Antwort ist also grundsätzlich *ja* oder *nein.* Die

Antwort auf eine Entscheidungsfrage läßt sich damit als Abbildung einer Proposition auf ihren Wahrheitswert auffassen.

W-Fragen werden dadurch beantwortet, daß man die Entitäten nennt, nach denen gefragt wird. Wenn es solche Entitäten gibt, wollen wir dies als Bestätigung der Frage auffassen. Diese Bestimmung schließt Warum-Fragen und gewisse Was-Fragen wie (5) nicht mit ein, weil dort nicht nach Entitäten gefragt wird.

(5) Was hast du dir denn dabei gedacht?

In den folgenden Überlegungen werden diese, dem Formtyp der Frage entprechenden Antworten zugrunde gelegt.. Die Verhältnisse werden m.E. eher verunklart, wenn man die grundsätzlichen Probleme von Frage-Antwort-Diskursen gleich mit der Frage nach kooperativen Antworten verknüpft. Es wird jedoch in dem Beitrag diskutiert, wann konventionell erwartete Antworten zu Mißverständnissen führen bzw. gar nicht sinnvoll gegeben werden können.

Die Antworten, die in den Beispielen gegeben werden sind daher im allgemeinen die Antworten in der vom Formtyp erwarteten Gestalt. Sie sind nicht die Antworten, die im System Spicos gegeben werden. Eine ausführlichere Diskussion des Problems der kooperativen Antworten und ein Abriß kooperativer Beantwortung im System Spicos[1] findet sich in STREIT89.

3. Quantifizierung und Referenz

Es wird in der Literatur vielfach versucht zwischen quantifikationellen und referentiellen NPs zu unterscheiden. Als referentiell werden dabei häufig diejenigen NPs betrachtet, auf die man sich im Diskurs anaphorisch beziehen kann (vgl. etwa ROBERTS87), die also einen Diskursreferenten etablieren. Die Fähigkeit einer NP, einen Diskursreferenten zu etablieren wird dabei damit begründet, daß diese NP nicht im Skopus eines Quantors steht (vgl HEIM82). Die Unterscheidung zwischen *quantifikationell* und *referentiell* soll im folgenden problematisiert werden.

Die Beispiele (3) und (4) weisen daraufhin, daß dieselbe NP in derselben Äußerung einmal quantifikationell zu lesen ist (sie ist in (3) nicht referierbar), einmal aber referentiell (in (4) ist sie referierbar). Die Verhältnisse in (3) lassen sich erklären, wenn man die NP quantifiziert darstellt, wenn also (3) (a) wie in (6) repräsentiert wird.

(6) $\exists x \in$ ARTIKEL SCHREIBEN (x, TROPF)

Die spicosspezifische Darstellung (6), die restringierte Quantoren benutzt, ist dabei unerheblich. Für die Darstellung (6)' gilt die folgende Überlegung genauso.

(6)' $\exists x$ (ARTIKEL (x) & SCHREIBEN (x, TROPF))

Wenn man (3) (c) repräsentieren will, kann man sich auf die gebundene Variable x nicht mehr beziehen. Dies ist im Einklang damit, daß (3) (c) ungrammatisch ist. Die Verhältnisse in (4) lassen sich besser durch Repräsentation (7) verstehen. Dabei repräsentiert (7) (a) die

Frage (4) (a), (7) (c) die Frage (4) (c). In (7) (c) wird die Repräsentation der Anapher *er* durch den Parameter x geleistet.

(7) (a) x ∈ ARTIKEL & SCHREIBEN (x, TROPF)

(c) HANDELN-VON (x, PRÄDIKATSNOMEN)

Die Tatsache, daß dieselbe NP in derselben Äußerung sowohl quantifikationell wie referentiell zu verstehen ist, tritt nicht nur bei unterschiedlicher Fortsetzung des Diskurses auf, sondern auch innerhalb eines einheitlichen Diskurses.

(8) Haben alle Mitarbeiter von Spicos einen Aufsatz veröffentlicht?

Wenn (8) mit *nein* beantwortet wird, bedeutet das nicht, daß *alle Mitarbeiter von Spicos* keinen Aufsatz veröffentlicht haben. Vielmehr wird verneint, daß die Aussage für *alle* diese Mitarbeiter gilt. Die NP *alle Mitarbeiter von Spicos* kann also nicht als *Term* aufgefaßt werden. Es handelt sich vielmehr bei (8) um eine quantifizierende Aussage über die Spicosmitarbeiter.

Trotzdem kann, zumindest wenn wir eine positive Antwort auf die Frage in (8) annehmen, *alle Mitarbeiter von Spicos* ohne weiteres als Antecedens einer Anapher auftreten:

(9) Wo haben sie die Aufsätze veröffentlicht?

Aber auch bei negativer Antwort wäre (10) eine akzeptable Fortsetzung des Dialogs.

(10) Haben sie wenigstens interne Berichte geschrieben?

Sie in (9) bzw. (10) referiert offensichtlich auf alle Spicos-Mitarbeiter. Nur zeigen diese Mitarbeiter, auf die durch *sie* referiert wird, nun das Verhalten eines Terms. Dies kommt sofort zutage, wenn (10) verneint wird: Im Gegensatz zu (8) ergibt sich dann, daß die Spicosmitarbeiter keine Berichte geschrieben haben und nicht daß nicht jeder einen geschrieben hat.

Die Überlegungen in diesem Abschnitt zeigen, daß NPs referentielle und quantifikationelle Aspekte aufweisen. Beide müssen in einer Diskursrepräsentation berücksichtigt werden. Für die beiden widersprüchlichen Eigenschaften eine einheitliche Darstellung zu finden, möchte der Beitrag nicht versuchen. Stattdessen wird eine parallele Repräsentation vorgeschlagen. In den folgenden Abschnitten soll zunächst weitere Evidenz für dieses Vorgehen gesammelt werden.

4. Der referentielle Aspekt einer indefiniten NP

Das Beispiel (8) aus Abschnitt 2 soll noch einmal von einer anderen Warte aus betrachtet werden. Um den Skopus der Nominalphrasen zu vereindeutigen, betrachten wir statt (8) die Formulierung (11), in der *alle Mitarbeiter* durch *jeder Mitarbeiter* ersetzt wurde. (12) stellt dann eine Repräsentation von (11) dar.

(11) Hat jeder Mitarbeiter von Spicos einen Aufsatz veröffentlicht?

(12) ∀x ∈ { x ∈ MITARBEITER | MITARBEITER-VON (x,SPICOS) }

∃y ∈ AUFSÄTZE

VERÖFFENTLICHEN (x, y)

Die indefinite NP *einen Aufsatz* befindet sich im Skopus eines All-Quantors. Es ist damit klar, daß man sich nicht mit einem Singularpronomen auf diese NP beziehen kann (für sonstige anaphorische Singular-NPs gilt das nicht unbedingt). Ohne weiteres kann man sich aber auf die Menge dieser Aufsätze mit einer Pluralanapher beziehen, wie dies in (9) (hier als (13) wiederholt) geschieht. Wir gewinnen aus diesem Sachverhalt die Zugänglichkeitsregel (B).

(13) Wo haben sie die Aufsätze veröffentlicht?

(B) Indefinite NPs, die im Skopus eines All-Quantors stehen, schlagen einen Pluraldiskursreferenten vor.

Die Schwierigkeit besteht nun darin, daß die Aufsätze, um die es in (13) geht, Skolemobjekte sind. Sie hängen von den Mitarbeitern ab, über die quantifiziert wird. Ein Ausdruck, der diese Menge repräsentiert, kommt in einer Repräsentation des propositionalen Gehalts der Frage (11) nicht vor, unabhängig davon wie sie formalisiert wird. Darüberhinaus ist zu beachten, daß zu einer Evaluierung der Frage keineswegs sämtliche Aufsätze, die von einem Mitarbeiter verfaßt wurden betrachtet werden müssen. Es genügt vielmehr die Existenz eines Aufsatzes pro Mitarbeiter nachzuweisen.

Eine Repräsentation der Menge von Aufsätzen muß zusätzlich zur Repräsentation der Frage erzeugt werden. Intuitiv gesehen muß die Repräsentation die Menge der Aufsätze darstellen, für die es einen Mitarbeiter von Spicos gibt, der sie veröffentlicht hat. Wie eine Repräsentation einer Menge, die Skolemobjekte enthält, aus der Repräsentation einer Proposition formal erzeugt werden kann, ist für den Fall von Entscheidungsfragen in STREIT88 dargestellt. Hier kann nur ein Beispiel für eine solche Repräsentation gegeben werden.

(14) $\{ y \in \text{AUFSÄTZE} \mid$
$\exists x \in \{x \in \text{MITARBEITER} \mid \text{MITARBEITER-VON}(x,\text{SPICOS})\}$
$\text{VERÖFFENTLICHEN}(x, y)\}$

(14) stellt die Menge von Aufsätzen dar, auf die die anaphorische NP *die Aufsätze* aus (13) referiert. Wir nennen diese Menge den *referentiellen Aspekt* des Antecedens.

5. Diskursreferent und referentieller Aspekt

Die im letzen Abschnitt betrachteten Beispiele, lassen einen der beiden in der Überschrift genannten Begriffe überflüssig erscheinen. Der Diskursreferent, auf den durch *die Aufsätze* in (13) referiert wird, ist ja gerade der referentielle Aspekt der indefiniten NP *einen Aufsatz* aus (11). Dies gilt aber nur, wenn der referentielle Aspekt einer NP nicht leer ist. Der referentielle Aspekt einer indefiniten NP in einer Frage ist nämlich genau dann leer, wenn die Frage zu *nein* evaluiert (vgl SREIT88). Bei negativer Antwort kann aber, wie wir gesehen haben, kein Diskursreferent etabliert werden. Wir fassen dies in (C) zusammen.

(C) Eine indefinite NP in einer Frage etabliert einen Diskursreferenten genau dann, wenn ihr referentieller Aspekt nicht leer ist.

6. Die Referenzmenge einer NP

Die bisher betrachteten Beispiele könnten die Ansicht nahelegen, daß eine anaphorische NP selbst nicht quantifikationell sein kann.

(15) Hat jeder Mitarbeiter von Spicos einen Aufsatz veröffentlicht?

Wir nehmen an, daß die Beispielfrage (11) (hier nochmals als (15) wiederholt) bestätigt wurde, und betrachten die alternativen Fortsetzungensfragen (16) bis (18).

(16) Sind alle diese Aufsätze an vanDeemter geschickt worden?

(17) Ist einer dieser Aufsätze an vanDeemter geschickt worden?

(18) Drucke die Aufsätze.

Alle diese NPs beziehen sich auf den referentiellen Aspekt der NP *einen Aufsatz*, d.h. auf die Gesamtheit der Aufsätze, die von Spicosmitarbeitern veröffentlicht wurden. In (16) und (17) dient diese Menge als Grundmenge einer Quantifizierung, in (18) läßt sich die NP *die Aufsätze* als Term auffassen, der das Argument eines Mengenprädikates darstellt. Wir wollen die Menge, auf die sich eine Nominalphrase bezieht, als ihre *Referenzmenge* bezeichnen, gleichgültig ob über diese Menge quantifiziert wird, oder ob sie als Repräsentation der NP selbst (wie in (18)) betrachtet werden kann.

Die Referenzmenge einer anaphorischen NP scheint nach den bisher betrachteten Beispielen identisch mit dem referentiellen Aspekt ihres Antecedens zu sein. Dies gilt generell aber nur für anaphorische Personalpronomen. Anaphorische NPs können sich in vielfältiger Weise auf den referentiellen Aspekt ihres Antecedens beziehen. In (19) wird ein Beispiel vorgestellt, in dem eine NP auf ein Element innerhalb des referentiellen Aspekts ihres Antecedens referiert.

(19) (a) A: War auf jeder Spicossitzung dieses Jahres ein Mitarbeiter vom IPO?
(b) B: Ja das ist der Fall.
(c) A: Wer vom IPO war auf der Sitzung in Hamburg?
(d) B: DeVet.
(e) A: Welche Vorträge wurden auf dieser Sitzung gehalten?

Es ist anzunehmen, daß mit *der Sitzung in Hamburg* in (19) (c) eine diesjährige Spicossitzung gemeint ist. Die Referenzmenge von *der Sitzung in Hamburg* ist dann weder die Menge *der Spicossitzungen dieses Jahres*, d.h. der referentielle Aspekt der NP *jeder Spicossitzung dieses Jahres*, noch die Menge beliebiger *Sitzungen in Hamburg*, d. h. der Extension der Appellativphrase, mit der die NP gebildet wurde, sondern die Menge *der Spicossitzungen dieses Jahres, die in Hamburg stattfanden*.

Mit *Sitzung in Hamburg* ist im übrigen ein neuer Diskursreferent etabliert, auf den man mit anaphorischen NPs referieren kann. Er ist durch Bezugnahme auf einen bereits bestehenden DR gebildet worden, referiert aber auf keinen etablierten DR (vgl. Abschnitt 1).

Man beachte, daß dabei ein Diskursreferent etabliert wurde, der den Charakter eines Individuums besitzt, denn es wird mit einer Singular-NP auf ihn referiert. Die Referenzmenge aber, die ihm zugeordnet ist, muß nicht unikal sein. Es könnten 1989 mehrere Spicossitzungen in Hamburg stattgefunden haben. Es kann also ein Diskursreferent nicht ohne weiteres mit seiner Referenzmenge identifiziert werden. Die Problematik wird ausführlicher in den Abschnitten 8 - 10 erörtert.

7. Definit eingeführte Diskursreferenten

Im letzten Abschnitt wurde ein Beispiel betrachtet, in dem eine definite NP unter Bezugnahme auf einen bereits etablierten DR, einen DR neu eingeführt hat. Eine solche Bezugnahme ist aber nicht notwendig.

(20) (a) A: Hat Tropf den Bericht über die letzte Spicossitzung an vanDeemter geschickt

(b) B: Nein / Ja

(c) A: Welches Thema hatte der Bericht?

In Beispiel (20) etabliert die definite NP *den Bericht über die letzte Spicossitzung* in (a) einen Diskursreferenten, auf den *der Bericht* in (c) referiert. Wir sprechen dann von einem definit eingeführten Diskursreferenten. Die Etablierung des Diskursreferenten ist offensichtlich unabhängig davon ob in (b) negiert wird oder nicht. Wir formulieren als Prinzip (D):

(D) Definite NPs in Fragen etablieren einen Diskursreferenten, unabhängig von der Antwort.

8. Präsuppositionen

Mit definiten NPs sind Präsuppositionen verbunden. Im Dialog (20) in Abschnitt 7. würde die Antwort *nein* in (b) den Fragenden nicht annehmen lassen, daß der Bericht über die Spicossitzung nicht existiert. Er referierte vielmehr unverdrossen auf diesen definit eingeführten Diskursreferenten, d.h er hat schon bei der Einführung Existenz präsupponiert.

Im Frage-Antwort-Diskurs beziehen sich Präsuppositionen auf das Wissen des Hörers. In Beispiel (20) präsupponiert der Sprecher, daß im Weltmodell des Hörers ein solcher Bericht existiert. Der Sprecher von (20) (a) präsupponiert aber auch Eindeutigkeit bezüglich des Berichts. Das heißt in Bezug auf den Frage-Antwort-Diskurs, daß der Sprecher animmt, daß der Hörer *genau einen* Bericht über die letzte Spicossitzung in seinem Wissen vorfindet.

Präsuppositionen spielen in verschiedenen Diskursarten recht unterschiedliche Rollen. Die folgenden Bemerkungen versuchen den Frage-Antwort-Diskurs gegen narrative Diskurse abzugrenzen, um Mißverständnisse zu vermeiden..

Zunächst sei darauf hingewiesen, daß die Behandlung von Existenzpräsuppositionen sich erübrigt, wenn man annimmt, daß Diskursreferenten immer indefinit eingeführt werden. Falsche Existenzpräsuppositionen können dann wegen der Prinzipien (A) und (C) gar nicht auftreten .

In narrativen Texten beziehen sich Präsuppositionen i.a. auf den Text bzw. auf die in ihm dargestellte Welt. Eine definite NP im Singular präsupponiert dann im Normalfall nur, daß der Hörer die definite NP auf einen im Text etablierten Diskursreferenten eindeutig zurückführen kann. Eindeutigkeit und Existenz bezieht sich nicht auf die Welt des Hörers. Sie müssen nicht außerhalb des Textes überprüft werden. Wenn Existenz und Eindeutigkeit nun aber textbezogen zu verstehen sind, dann können Diskursreferenten auch ohne weiteres definit neu eingeführt werden. Die definite Einführung eines DR bedeutet in manchen Diskursen im Wesentlichen dasselbe wie die indefinite Einführung.

Es ist daher nicht verwunderlich, wenn Diskurstheorien wie *DRT* oder *file change semantics* (HEIM82) das Problem der Präsuppositionen etwas stiefmütterlich behandeln. Die Rolle von Präsuppositionen ist diskursabhängig, ihre Repräsentation muß auf den Diskurstyp bezogen sein, in manchen Diskursen spielen sie eine untergeordnete Rolle.

9. Präsuppositionen im Frage-Antwort-Diskurs

Die Existenzpräsupposition, die in unserem Beispiel (20) mit der NP *den Bericht über die letzte Spicossitzung* verbunden ist, bedeutet offenbar, daß die Referenzmenge der NP nicht leer ist. Die Eindeutigkeitspräsupposition bedeutet, daß sie genau ein Element enthält. Man beachte, daß in der Referenzmenge die von Antecedentien geerbte Information mit enthalten ist. (vgl. Abschnitt 6). Prinzip (E) betrifft nur Präsuppositionen, die mit NPs verbunden sind, das nachfolgende Prinzip (F) gilt aber auch für andere Präsuppositionen, beispielsweise solche, die die Wahrheit von Teilsätzen betreffen.

(E) Im Frage-Antwort-Diskurs sind Präsuppositionen, die NPs zugeordnet sind, Aussagen über die Referenzmenge einer NP.

Präsuppositionen dürfen nicht als Teil des propositionalen Gehalts der Frage betrachtet werden. Denn dann würden falsche Präsuppositionen zur Negation der Frage führen. Die Negation aber greift Präsuppositionen nicht an, wie wir gesehen haben (vgl. z.B. HORTON-HIRST88). Präsuppositionen müssen daher eigens beantwortet werden. Dies kann entweder in Form einer kooperativen Antwort geschehen, die zugleich deutlich macht, welche Präsuppositionen des Sprechers unzutreffend sind, oder durch Hinweis auf die Fehlerhaftigkeit der Präsupposition und Bitte um Reformulierung der Frage (vgl. STREIT89). Beides setzt voraus, daß die Präsupposition getrennt vom propositionalen Gehalt der Äußerung repräsentiert wird und der syntaktischen Konstituente zugeordnet ist, der sie entspringt. Es gilt daher Prinzip (F).

(F) Präsuppositionen müssen getrennt vom propositionalen Gehalt der Äußerung repräsentiert werden. Sie müssen der syntaktischen Kategorie zugeordnet sein, der sie entspringen.

10. Implikationen

(21) (a) A: Hat ein Mitarbeiter vom IPO einen Bericht mit Thema Dialog verfasst?

(b) B: ja

(c) A: Hat er den Bericht an Siemens geschickt?

In Beispiel (21) bezieht sich die Singularanaphern *er* bzw.*den Bericht* aus der zweiten Frage von A auf *ein Mitarbeiter vom IPO* und *einen Bericht mit Thema Dialog* aus der ersten Frage. Die Antwort *ja* etabliert einen Diskursreferenten, auf den mit einem Singular--Pronomen referiert wird. Es kann aber mehrere *Berichte mit Thema Dialog* geben, *die von einem IPO-Mitarbeiter verfaßt wurde.*

Es ist zunächst klar, daß in diesem Fall *nein* zwar auf (22) aber nicht auf (21) (a) eine adäquate Antwort darstellen würde.

(22) Hat ein Mitarbeiter vom IPO *genau* einen Bericht mit Thema Dialog verfasst?

Einen Bericht mit Thema Dialog ist eine indefinite NP. Es ist nicht einmal Existenz eines Diskursreferenten präsupponiert worden, daher kann auch Eindeutigkeit nicht präsupponiert worden sein. Was vorliegt ist eine Implikation: *Wenn* die Frage bejaht wird, dann etabliert die Bestätigung einen Diskursreferenten, der dem Numerus der indefiniten NP entspricht, in diesem Fall also unikal ist. Implikationen beziehen sich auf den Diskursreferenten, der durch eine indefinite NP vorgeschlagen wird. Sie betreffen also den referentiellen Aspekt dieser indefiniten NP.

(21) ist ein Beispiel dafür, daß referentieller Aspekt und etablierter Diskursreferent auch dann nicht übereinstimmen müssen, wenn der referentielle Aspekt nicht leer ist.

Menschliche Beantworter korrigieren Implikationen nicht immer, sondern warten häufig ab, ob eine Anapher mit falscher Präsupposition überhaupt auftritt. In Spicos werden Implikationen korrigiert (vgl. STREIT89).

11. Der referentielle Aspekt einer definiten NP

Wie bei einer indefiniten NP wird als der referentielle Aspekt einer definiten NP, diejenige Menge betrachtet, die Extension eines Pronomens repräsentiert, das sich auf die NP bezieht. In (23) wird ein DR zunächst indefinit eingeführt wird. Wir interessieren uns aber insbesondere für die Beziehung zwischen dem Pronomen *ihn* in (e) und dessen definitem Antecedens *der Artikel* in (c).

(23) (a) A: Hat Tropf hat einen Artikel verfaßt?

(b) B: Ja.

(c) A: Handelt der Artikel von Prädikatsnomen?

(d) B: Ja

(e) A: Wo hat er ihn veröffentlicht

Wenn (b) eine adäquate Antwort darstellt, dann ist die Existenz und Unikalität der Referenzmenge von *der Artikel* in (c) bereits gesichert (vgl. die Abschnitte 8 und 9). Die Auskunft, daß dieser wohlbestimmte *Artikel* von *Prädikatsnomen handelt*, trägt zu seiner extensionalen Identifizierung auf Seiten des Hörers nichts mehr bei. *Ihn* in (e) hat die gleiche Extension wie *der Artikel* in (c). Der referentiellen Aspekt von *der Artikel* in (c) ist also gleich seiner Referenzmenge. Wir verallgemeiner dies zu Prinzip (H):

(H) Der referentielle Aspekt einer definiten NP ist gleich ihrer Referenzmenge.

12. Diskursrepräsentation in Spicos II

Wir betrachten nur die Repräsentation von Entscheidungsfragen. Vor der Evaluierung der Frage, müssen die Präsuppositionen ausgewertet werden, während Implikationen nur bei einer positiven Evaluierung der Fragerepräsentation eine Rolle spielen.

Die Behandlung falscher Präsuppositionen kann dabei nur systemabhängig vorgenommen werden. Die Verletzung von Existenzpräsuppositionen verhindert in Spicos die Evaluierung der eigentlichen Frage, da es bei einer Datenbankabfrage im allgemeinen unmöglich ist hier kooperativ zu sein. Die Verletzung der Pluralitätspräsupposition dagegen führt zu einer Antwort, in der der Numerus der entsprechenden NP korrigiert wird.

Die Repräsentationen sind jeweils der syntaktischen Kategorie zugeordnet, auf die sie sich beziehen und auf die das System sich bei einer kooperativen Antwort seinerseit beziehen muß. Bei verletzter Existenpräsupposition würde zum Beispiel die Antwort *es gibt keinen CN* gegeben werden, wobei CN die Appellativphrase repräsentiert, die zu der betreffenden NP gehört.

Im folgenden werden die zu der Frage (11) aus Abschnitt 4 gehörigen Repräsentationen dargestellt. Ihre Verknüpfung wird über den Syntaxbaum der Frage hergestellt. Die Angaben zum Diskurreferenten betreffen den durch die Frage *vorgeschlagenen* DR betreffen. Erst nach Präsuppositionsprüfung bzw. nach Implikationsprüfung, also nach Etablierung des DR, können sie endgültig gesetzt werden. Die in eckigen Klammern gesetzten Angaben entsprechen dem vorgeschlagenen DR. Sie präsupponieren erfüllte Präsuppositionen und Implikationen. Es sei darauf hingewiesen, daß damit natürlich die zur Anaphern*resolution* benötigten Informationen nicht vollständig vorliegen. (# bezeichnet im Folgenden die Kardinalitätsfunktion).

S *Hat jeder Mitarbeiter von Spicos einen Aufsatz veröffentlicht?*

Fragerepräsentation

$\forall x \in \{x \in \text{MITARBEITER} \mid \text{MITARBEITER-VON}(x,\text{SPICOS})\}$

$\quad\quad \exists y \in \text{AUFSÄTZE}$

$\quad\quad\quad\quad \text{VERÖFFENTLICHEN}(x, y)$

NP *jeder Mitarbeiter von Spicos*

Präsuppositionen

Existenz $\#\{ x \in MITARBEITER \mid MITARBEITER\text{-}VON(x,SPICOS) \} > 0$

Pluralität $\#\{ x \in MITARBEITER \mid MITARBEITER\text{-}VON(x,SPICOS) \} > 1$

Referentieller Aspekt

$\{ x \in MITARBEITER \mid MITARBEITER\text{-}VON(x,SPICOS) \}$

Diskursreferent [plural]

NP *einen Aufsatz*

Präsuppositionen

Existenz $\# AUFSÄTZE > 0$

Implikation

$\#\{ y \in AUFSÄTZE \mid \exists x \in \{ x \in MITARBEITER \mid MITARBEITER\text{-}VON(x,SPICOS) \}\ VERÖFFENTLICHEN(x, y) \} > 1$

Referentieller Aspekt

$\{ y \in AUFSÄTZE \mid \exists x \in \{ x \in MITARBEITER \mid MITARBEITER\text{-}VON(x,SPICOS) \}\ VERÖFFENTLICHEN(x, y) \}$

Diskursreferent [plural]

Fußnote

1) Spicos ist ein sprachverstehendes Sstem, in dem ein Datenbankdialog in gesprochener Sprache durchgeführt wird. Das System verfügt über ein Vokabular von mehr als 1000 Worten. Es strebt Sprecheradaptivität an. Ein Überblick über das System findet sich in NIEDERMAIR89. Die verwendete Repräsentationssprache ist in vanDEEMTER86 beschrieben. Spicos ist ein Kooperationsprojekt der Firmen Siemens und Philips sowie des IPO in Einhoven. Die gegenwärtig entwickelteVersion II soll 1990 beendet sein.

Literatur

vanDEEMTER86: van Deemter, K., „The logical languages of Tendum and Spicos", Tendum Memo No. 1, Einhoven 1986.

HEIM82: Heim, I., „The Semantics of Definite and Indefinite Noun Phrases", Doctoral dissertation, University of Massachusetts, Amherst 1982.

HORTON-HIRST88: Horton, D., Hirst, G., "Presuppositions as beliefs", in: Colling Budapest, Proceedings of the 12th International Conference on Computational Linguistics, Vol 1, pp. 255 - 260, Budapest 1988

KAMP81 : Kamp, H. ,"A Theory of Truth and Semantic Representation", in: "Formal Methods in the Study of Language", Groenendijk et al. (eds), Amsterdam, 1981.

KARTTUNEN78: Karttunen, L., „Discourse Referents" in: Syntax and Semantics, vol 7, Academic Press, New York 1978.

NIEDERMAIR89: Niedermair, G. Th.,„Datenbankdialog in gesprochener Sprache-Linguistische Analyse in Spicos II" (Beitrag zur GWAI 89)

ROBERTS87: Roberts, C., „Distributivity", Beitrag zum 6. Amsterdam Colloqium, 1987.

STREIT88: Streit, M. ,„Repräsentation von Pluralanaphern" in: "4. Österreichische Artificial-Intelligence-Tagung" H. Trost, ed., pp. 104 - 113, Informatik Fachberichte 176, Springer, Berlin 1988.

STREIT89: Streit, M., „Presuppositions and Anaphora in a Question Answering Speech System" (angenommener Beitrag zur Eurospeech 89, Paris).

Das System ZORA
Wissensbasierte Generierung von Zeigegesten*

Jürgen Jung, Axel Kresse, Norbert Reithinger, Ralph Schäfer

Postanschrift: Norbert Reithinger
SFB 314, FB 10 - Informatik IV, Universität des Saarlandes
D-6600 Saarbrücken 11
Usenet/Eunet: bert@sbsvax.uucp

1 Einleitung

Neben der natürlichen Sprache stehen Menschen unter anderem Körperbewegungen, z.B. Zeigegesten, als Kommunikationsmittel zur Verfügung. In den letzten Jahren wurde in einigen natürlichsprachlichen Systemen (z.B. XTRA[1] [Allgayer et al. 89] oder CUBRICON [Neal&Shapiro 88]) untersucht, wie die Kombination von Sprache und Zeigegesten auf ein graphisches Objekt, z.B. ein Formular, in der Mensch-Computer-Interaktion Verwendung finden kann. Schwerpunkt der Arbeiten war dabei immer die Kombination der beiden Kommunikationsmittel auf der *Eingabeseite*. In diesem Beitrag wird das System ZORA (**Z**eigegesten-generat**OR**progr**A**mm) vorgestellt, das es erlaubt, auch auf der *Ausgabeseite* Zeigegesten zu verwenden. Die Hauptaufgaben bestanden in der Auswahl des Zeigemittels und der Festlegung von Ort und Verlauf der Geste.

Bei der Integration von Zeigegesten muß zwischen zwei Ansätzen unterschieden werden. Im *Simulationsansatz* sollen künstliche Zeigegesten "natürlichen" hinsichtlich einiger Aspekte ähneln. In XTRA, das diese Strategie gewählt hat (s.u.), werden z.B. Kontextabhängigkeit, unterschiedliche Feinheitsgrade und zeitliche Struktur von Gesten simuliert. Dem *Performanzansatz* hingegen geht es nur um die Funktionalität der verwendeten Mittel. Er erlaubt die Realisierung von Zeigegesten auch mit "unnatürlichen" Mitteln, wie z.B. Blinken und Invertieren (siehe [Schmauks&Reithinger 88]).

2 Die Einbettung von ZORA

ZORA entstand im Rahmen des Projektes XTRA [Allgayer et al. 89] als Teil des natürlichsprachlichen Generierungssystems POPEL[2][Reithinger 88]. XTRA ist ein natürlichsprachliches Zugangssystem zu Expertensystemen, das die kombinierte Kommunikation mittels Sprache und simulierten Zeigegesten erlaubt. Die derzeitige Anwendungsdomäne ist ein Expertensystem, das Unterstützung beim Ausfüllen eines Lohnsteuerjahresausgleichformulars bietet. Dabei ist das Formular der visuelle Kontext, auf dem Zeigeoperationen möglich sind.

Die Verarbeitung der *deiktischen Eingabe* erfolgt durch das System TACTILUS-II [Allgayer 86][Wille 89]. Das System klassifiziert die Zeigegeste und bestimmt das durch die Geste spezifizierte Referenzobjekt. Die *Formularhierarchie* als zentrale Datenstruktur repräsentiert systemintern das auf dem Bildschirm visualisierte Formular.

---

*Diese Arbeit entstand im Sonderforschungsbereich 314, Projekt N1: XTRA. Wir bedanken uns bei Dagmar Schmauks für die wertvolle Unterstützung bei der Erstellung dieses Artikels.

[1]XTRA ist das Akronym für "eXpert TRAnslator"

[2]POPEL ist das Akronym für "Production Of {Perhaps, Possibly, P...} Eloquent Language".

Empirische Untersuchungen mit TACTILUS-II [Wille 89] haben ergeben, daß der Simulationsansatz dem natürlichen Zeigen nahekommt. Die am häufigsten verwendeten Zeigegesten waren die *punktuellen* und *unterstreichenden*, die mit dem *Bleistift* oder *Finger* durchgeführt werden.

Das System POPEL wählt die Teile der konzeptuellen Wissensbasis aus, die dem Benutzer mitgeteilt werden sollen, und linearisiert sie. Die Generierungskomponente besteht aus den Komponenten POPEL-WHAT, die den Inhalt *festlegt*, POPEL-HOW [Finkler&Neumann 89], die ihn *realisiert*, und ZORA. ZORA wird von der Komponente POPEL-WHAT während der Generierung von Deskriptionen aufgerufen. Auf die Bedingungen für die Interaktion von Sprache und Zeigen wird in [Reithinger 86] und [Schmauks&Reithinger 88] eingegangen.

3 Das Konzept von ZORA

3.1 Die Wissensquellen

Das Ziel, mit ZORA eine flexible, modular aufgebaute Komponente zur Generierung von Zeigegesten zu entwerfen, wurde durch ein regelbasiertes System verwirklicht. Die Regelmenge ist in vier Pakete aufgeteilt und setzt Eigenschaften der Umgebung, geometrische Spezifikationen der Zielobjekte und mögliche Zeigegesten miteinander in Beziehung:

- Klassifizierung der Regionen nach geometrischen Grundmustern (diskursbereichsspezifisch) - Regelpaket `FORMS`
- Genauere Bestimmung des Objekttyps anhand der absoluten Größe (objektspezifisch) - Regelpaket `SPECIAL-FORMS`
- Zusammenhang zwischen Gesten und des mittels der Regeln aus `FORMS` und `SPECIAL-FORMS` bestimmten Objekttyps - Regelpaket `GESTURE-TYPE-ICON-DEPENDENCE`
- Definition der Gesten unter Verwendung atomarer Bewegungen - Regelpaket `GESTURE-MOVEMENTS`

Dieses regelbasierte Konzept ermöglicht eine leichte Anpassung der Klassifizierungsregeln an andere visuelle Kontexte, z.B. Abbildungen oder Landkarten. Auch die einfache Definition neuer Zeigegesten zur Angleichung an die Gestenpräferenzen verschiedener Benutzer ist möglich.

3.2 Der Algorithmus

ZORA wird von POPEL-WHAT aufgerufen und erhält als Parameter ein Objekt, auf das zu zeigen ist. Der anschließende deiktische Generierungsprozeß besteht aus folgenden Phasen:

Vorlaufphase: Das Referenzobjekt, auf das gezeigt werden soll, wird diskursbereichsabhängig geometrisch analysiert, es werden z.B. Koordinaten und Ausdehnungen berechnet. Zusätzlich wird die Feldart (z.B.: Wertfeld, Rahmen) gemäß der Formularhierarchie von TACTILUS-II ermittelt.

Klassifizierungsphase: Die Bestimmung des Objekttyps (z.B.: Zeile, Kreis) erfolgt mit den Regeln, die in `FORMS` und `SPECIAL-FORMS` abgelegt sind. Die Menge der für diesen Objekttyp in Frage kommenden Zeigegesten wird unter Verwendung der Regeln in `GESTURE-TYPE-ICON-DEPENDENCE` festgelegt.

Auswahlphase: Aus diesen Zeigegesten, deren Beschreibungen in `GESTURE-MOVEMENTS` abgelegt sind, wird in einer lokalen Antizipations-Rückkopplungsschleife (*Anticipation-Feedback-Loop* (AFL) [Wahlster 82]) unter Verwendung der deiktischen Analysekomponente TACTILUS-II die beste Geste - Ort, Bewegung und Zeigemittel - ausgewählt. Dabei wird das Zeigemittel ggfs. einer Korrektur unterworfen.

Visualisierung: Die Visualisierung der ausgewählten Geste auf dem Bildschirm erfolgt mit Ikonen, die natürlichen Zeigemitteln angepaßt sind[3]. Zusätzlich werden mögliche objektspezifische Lokaladverbien und Typbeschreibungen zur Unterstützung der Wortwahl an POPEL zurückgegeben.

[3]Als Zeigemittel stehen eine Hand mit Bleistift (`*PENCIL*`) und eine Hand mit ausgestrecktem Zeigefinger (`*FINGER*`) zur Verfügung.

Die Einbeziehung der systeminternen Analysekomponente TACTILUS-II in eine AFL dient zur Simulation der Benutzerreaktionen. Die durch die AFL gewährleistete Antizipation des Verstehensprozesses des Benutzers erlaubt eine Korrektur der Geste, falls das Zielobjekt durch TACTILUS-II nicht erkannt wurde und damit der von POPEL-WHAT geplante Referenzakt unter Umständen nicht gelingen würde.

4 Ein Beispiel

An einem Beispiel soll diese Vorgehensweise detaillierter beschrieben werden. ZORA erhält von POPEL einen Knoten der Formularhierarchie, REGION29 (siehe auch [Allgayer et al. 89]). Er repräsentiert das in Abb. 1[4] in Formular und Organisationsgraph fett umrahmte Feld, auf welches gezeigt werden soll.

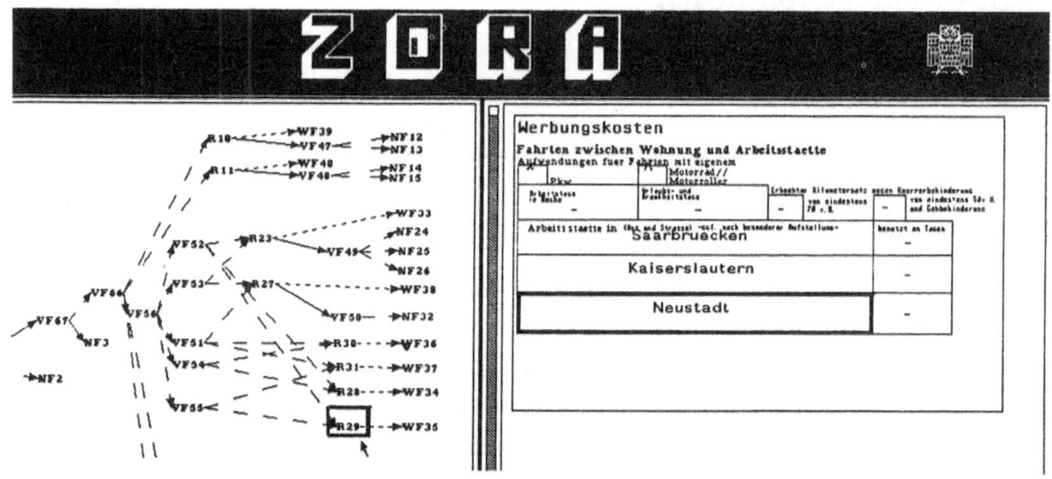

Abbildung 1: Bildschirmausschnitt mit Formularausschnitt, Formularhierarchie und Zielregion

In der *Vorlaufphase* werden die Eckkoordinaten der Region, (12 181), (353 221), (12 221), (353 181)[5], die Länge (341) und die Breite (40) in Pixel sowie die Art (`Rahmen`) ermittelt.

In der nachfolgenden *Klassifizierungsphase* werden diese Daten gemäß der Regeln aus `FORMS` und `SPECIAL-FORMS` ausgewertet: Zuerst ordnet ZORA dem Objekt nach den Kriterien aus `FORMS` einen Typ (`LINE`) zu. Die dazu verwendete Regel lautet:

`((>= (/ LEFT-RIGHT UPPER-LOWER) 5) LINE)`[6]
"Wenn das Objekt fünf mal länger als hoch ist, ist es vom Typ `LINE`."

Danach werden die Regeln aus `SPECIAL-FORMS` verarbeitet, die speziell für dieses Formular die absolute Größe des Feldes berücksichtigen:

`(LINE (AND (>= LEFT-RIGHT 210) (<= UPPER-LOWER 45)) BIG-LINE)`
"Ist die Zielregion bisher als `LINE` erkannt und gilt: die Länge ist größer als 210 und die Breite ist kleiner als 45 Pixel, dann ist der Feldtyp `BIG-LINE`[7]."

[4] Die Bildschirmdarstellung zeigt die Konfiguration des Testsystems.
[5] Diese Koordinaten bezeichnen die Ecken des Zielobjekts: links oben, rechts unten, links unten und rechts oben.
[6] `LEFT-RIGHT` und `UPPER-LOWER` bezeichnen die horizontale und vertikale Ausdehnung des Zielobjekts.
[7] Neben `BIG-LINE` wurde für dieses Formular noch der Regiontyp `SMALL-LINE` definiert.

Diesem klassifizierten Objekt BIG-LINE werden mit den Regeln aus GESTURE-TYPE-ICON-DEPENDENCE folgende Gesten zugeordnet:

- ((POINT (- LRC-X 35) (- LRC-Y 35)) *PENCIL*)
- ((DOTTED-ELLIPSE (+ ULC-X (/ (- URC-X ULC-X) 2)) ULC-Y LRC-X (+ URC-Y (/ (- LRC-Y URC-Y) 2))) *PENCIL*)[8]

Bei der ersten Geste handelt es sich um eine punktuelle Zeigegeste mit dem Zeigemittel "Hand mit Bleistift" (*PENCIL*). Die von TACTILUS-II durchgeführte deiktische Analyse liefert als Ergebnis eine *Propagierungsliste.* In dieser Liste stehen die nach Zeigegüten[9] geordneten potentiellen Referenten. Würde die Zielregion an erster Stelle der Propagierungsliste erscheinen, wäre die Region eindeutig erkannt, die AFL würde abgebrochen, und die entsprechende Geste würde visualisiert werden.

Bei der Analyse der punktuellen Zeigegeste in unserem Beispiel erscheint REGION29 an vierter Stelle:

```
(REGION28 REGION1 REGION35 REGION29 REGION56 ...)
```

Die Region wurde von TACTILUS-II erkannt, andere Regionen werden jedoch besser bewertet. Deshalb wird die Geste in einer "Liste der mehrdeutigen Gesten" mit ihrer Zeigegüte (4) gespeichert.

Die AFL wird so lange durchlaufen bis

- eine eindeutige Geste gefunden wurde oder
- alle Gesten getestet wurden.

Die deiktische Analyse der nächsten aus dem Regelpaket entnommenen Gestenbeschreibung (DOTTED-ELLIPSE mit *PENCIL*) ergibt folgende Propagierungsliste:

```
(REGION35 REGION29 REGION52 REGION1 ...)
```

Trotz Verbesserung der Zeigegüte auf 2 ist die Geste noch immer nicht eindeutig, so daß auch ihre Beschreibung in der Liste der mehrdeutigen Gesten abgelegt wird.

Da in GESTURE-TYPE-ICON-DEPENDENCE keine weitere Gestenbeschreibung für den Objekttyp BIG-LINE existiert, wird das bisher betrachtete Zeigemittel zu *FINGER* modifiziert, und die Gesten werden erneut bewertet. Weil unter den definierten Gesten keine mit der Zeigegüte 1 ermittelt werden kann, terminiert die AFL, nachdem die beiden Gesten mit geänderten Zeigemitteln analysiert wurden.

In unserem Beispiel hat die Liste der mehrdeutigen Gesten nun folgendes Aussehen:

```
( (4 (*PENCIL* (POINT 318 186)))
  (2 (*PENCIL* (DOTTED-ELLIPSE 365/2 181 353 201)))
  (10 (*FINGER* (POINT 318 186)))
  (3 (*FINGER* (DOTTED-ELLIPSE 365/2 181 353 201))))
```

Aus ihr wird die Geste visualisiert, die die beste Zeigegüte besitzt:

```
(2 (*PENCIL* (DOTTED-ELLIPSE 365/2 181 353 201)))
```

DOTTED-ELLIPSE setzt sich aus den folgenden atomaren Bewegungen zusammen:

```
((START x2 y2) (SPEED 5) (TRACE) (ELLIPSE x1 y1 x2 y2)(UNTRACE))
```

"Starte in Punkt (x2,y2) und ziehe mit Geschwindigkeit 5 unter Hinterlassung einer Pixelspur eine Ellipse, die durch die Punkte (x1 y1), (x2 y2) führt."

Die *Visualisierung* erfolgt durch einen Interpreter, der diese atomaren Bewegungen zu DOTTED-ELLIPSE aus GESTURE-MOVEMENTS liest und mit dem Ikon *PENCIL* durchführt.

5 Zusammenfassung

In diesem Beitrag wurde das Zeigegestengenerierungsprogramm ZORA vorgestellt. ZORA kann diskursbereichsabhängig Gesten unterschiedlicher Feinheit generieren und mit diesen die Elemente einer Bildschirm-

[8] LRC-X bezeichnet die x-Koordinate der linken unteren Ecke (lower right corner). Analog dazu sind LRC-Y, ULC-X usw. zu verstehen. Diese Parameter werden bei der Ausführung der Geste durch aktuelle Werte der Region ersetzt.

[9] Die Zeigegüte einer Region gibt an, wie gut diese durch die Zeigegeste beschrieben wurde.

graphik spezifizieren. Durch die Verwendung von Regeln sowohl zur Klassifikation von geometrischen Objekten als auch zum Aufbau von Gesten kann es einfach an neue Domänen angepaßt werden. Die Überprüfung der Geste in einer AFL stellt die Generierung von kommunikativ adäquaten Gesten sicher.

Das System ist auf einer Symbolics 3640 in Common-Lisp implementiert. Es existiert eine unabhängig ablauffähige Test- und Entwicklungsumgebung. Als nächster Schritt wird ZORA in das Generierungssystem POPEL integriert werden.

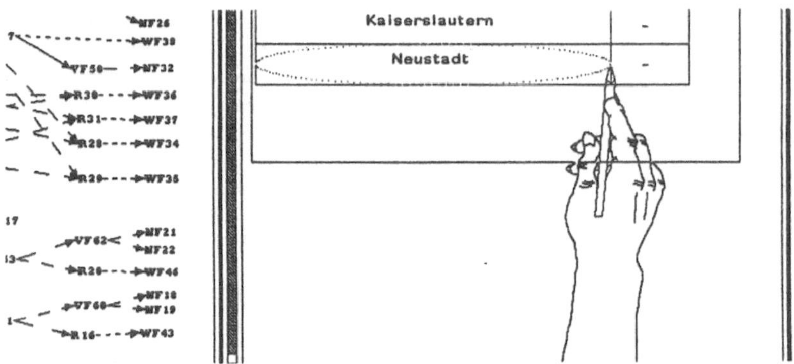

Abbildung 2: Die visualisierte Zeigegeste

Literatur

[Allgayer 86] J. Allgayer. Eine Graphikkomponente zur Integration von Zeigehandlungen in natürlichsprachliche KI-Systeme. In *Proceedings der 16. GI-Jahrestagung*, Springer, Berlin, 1986.

[Allgayer et al. 89] J. Allgayer, R. Jansen-Winkeln, C. Reddig und N. Reithinger. Bidirectional use of knowledge in the multi-modal NL access system XTRA. In *Proceedings der 11. IJCAI, Detroit*, Morgan Kaufmann, Los Angeles, CA., 1989.

[Finkler&Neumann 89] W. Finkler und G. Neumann. POPEL-HOW - A Distributed Parallel Model for Incremental Natural Language Production with Feedback. In *Proceedings der 11. IJCAI, Detroit*, Morgan Kaufmann, Los Angeles, CA., 1989.

[Neal&Shapiro 88] J.G. Neal und S.C. Shapiro. Intelligent Multi-Media Interface Technology. In J.W. Sullivan und S.W. Tyler, Hrsg., *Architectures for Intelligent Interfaces*, Addison Wesley, Reading, MA., 1988.

[Reithinger 86] N. Reithinger. Generating Referring Expressions and Pointing Gestures. In G. Kempen, Hrsg., *Natural Language Generation*, Martinus Nijhoff, Dordrecht, 1986.

[Reithinger 88] N. Reithinger. POPEL - A Parallel and Incremental Natural Language Generation System. Beitrag für den 4th International Workshop on Language Generation, Santa Catalina Island, CA., 1988.

[Schmauks&Reithinger 88] D. Schmauks und N. Reithinger. Generating Multimodal Output — Conditions, Advantages and Problems. In *Proceedings der 12. COLING*, P. 584–588, Budapest, 1988.

[Wahlster 82] W. Wahlster. Natürlichsprachliche Systeme. In W. Bibel und J. H. Siekmann, Hrsg., *Informatik-Fachberichte 59: Künstliche Intelligenz. Frühjahrsschule Teisendorf, März 1982*, P. 203–283, Springer, Berlin, Heidelberg, 1982.

[Wille 89] M. Wille. *Evaluation und Aufbau einer Analysekomponente für Zeigegesten*. Diplomarbeit, Universität des Saarlandes, Saarbrücken, 1989.

6. Natürlichsprachliche Systeme

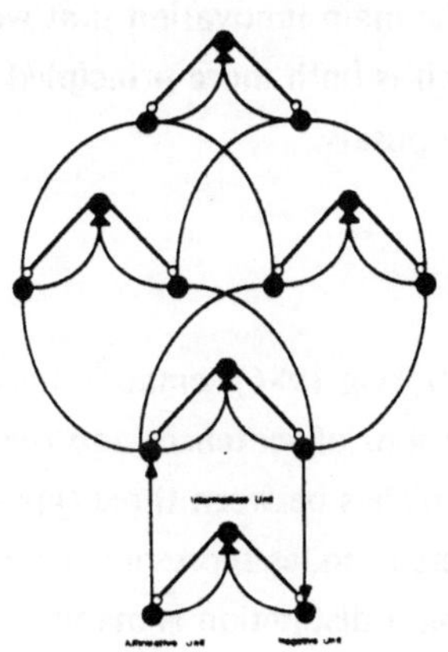

PROCESSING CONTRAST RELATIONS

BART GEURTS

IBM Deutschland, Wissenschafliches Zentrum
Postfach 80 08 80, 7000 Stuttgart 80

CONTRAST RELATIONS

In the sentence,

(1) Clyde is an elephant, but he is not grey.

there is a contrast relation between the proposition expressed by the first conjunct and that expressed by the second, which is marked by "but". The two propositions stand in contrast because the fact that Clyde is not grey violates an expectation that would normally be licensed by the fact that Clyde is an elephant (cf. Lakoff 1971). Note that, in order to understand (1), the hearer need not necessarily KNOW that elephants are grey. For those unaware of this basic truth, the utterance of (1) would probably be enough to infer that the generic elephant is grey. In this paper we shall outline a processing model that accounts for these observations (the model has not been implemented). Incidentally, contrast relations do not necessarily involve violated expectations. For instance, "but" can also be used to signal rhetorical moves (as in, "But let us return to the first point"). Here we will only be concerned with contrasts as they occur in (1), which arguably represent the basic uses.

Although it focuses on contrast relations, the problems that this paper addresses are pertinent to the processing of coherence relations (Hobbs 1985) in general, both within and between utterances. The ideas presented are therefore more generally applicable. We build up on work with models that employ marker passing for establishing coherence links (Charniak 1986; Hirst 1987; Norvig 1987). The main innovation that we have to offer lies in the way coherence relations are found, which is both more principled and more general -- as we shall try to show -- than these earlier proposals.

KNOWLEDGE REPRESENTATION

We shall employ a KODIAK-style (Norvig 1986) semantic network to represent world knowledge as well as the interpretations of sentences and the content of the previous discourse. The network representation distinguishes between three types of nodes: object nodes, relation nodes, and argument nodes. Argument nodes represent the argument places of relations. Orthogonal to this threefold division a distinction is made between generic (type) nodes and individual (token) nodes. For primitive links we have: instance links (inst) from individual objects/relations to generic objects/relations; superordinate links (sup) between generic objects/relations; argument links (arg) from relations to arguments; correspondence link (cor) between arguments; attribute links (attr) from objects to arguments; constraint link (cons) from arguments to generic objects. Negated superordinate and instantiation links (more about which in the last section) are denoted by *sup and *inst, respectively.

The semantics of these links is largely standard, and should anyhow become clear enough from the examples that we shall discuss. One brief remark on the function of correspondence links is perhaps in order though. Correspondence links are employed to structure the generalization hierarchy of relations. If relation R_a with argument nodes $a_1,..., a_m$ is the superordinate of R_b, which has $b_1,..., b_n$ as its arguments, then a cor-link from b_j to a_i means that b_j is to R_b what a_i is to R_a.

The interpretation of a sentence S is a network structure IS. The interpretation of a coordinated sentence with "but" will consist of two, generally overlapping, network structures IS_1 and IS_2 plus the information that there is a contrast between IS_1 and IS_2. The interpretation problem that remains is to explain the contrast between IS_1 and IS_2. Strictly speaking, however, there need not be a contrast between IS_1 and IS_2 in themselves. In (1) the problem is to explain why IS_2 violates an expectation brought about by IS_1 TOGETHER WITH knowledge of the world. And in addition to that, discourse information will sometimes be required to understand the import of a contrast relation. The general problem can therefore be phrased thus: How is it that world knowledge, the previous discourse, and IS_1 taken together could make $\neg IS_2$ (i.e. the negation of IS_2) redundant? This is a real problem, of course, because logically there are lots of solutions to it, most of which are intuitively unacceptable. In order to cut down the space of solutions from the outset, a marker-passing scheme is employed.

MARKER PASSING

In general marker passing offers an elegant and natural means of finding meaningful connections between nodes in a network. Marker passing can be thought of as passing simple information structures, or markers, along the links of the network, leaving copies at each node that is visited. The markers that we shall be using do not encode much information (compared to Charniak's for instance). In essence a marker only needs to know which node it came from. In order to constrain the process of marker passing, markers are typed, the type determining along which links the marker may be passed, and in which direction. If a node gets marked by two distinct markers m_1 and m_2, which orginated at nodes N_1 and N_2, respectively, we have a MARKER PATH connecting N_1 and N_2, which can be retrieved by tracing back m_1 and m_2, in opposite directions, from the node at which they collided.

If we have a marker path we have a possibly meaningful association between concepts, but we still must determine what the path MEANS, and then we must EVALUATE the suggested connection, because not every path represents a sensible connection. Later on we shall say something about the latter problem, but right now we focus on the former.

Several ways of interpreting marker paths have been proposed. Norvig (1986) uses the FORM of the marker path to determine what its meaning is. He has rules which say, for instance, that if markers originating at individual object nodes N_1 and N_2, passed along instance and superordinate links only, meet at node M, then the marker path suggests that N_1 and N_2 in fact represent the same object, and should therefore be merged (or otherwise be made equal). This way of interpreting marker paths is ad hoc in the following sense. We would expect that the interpretation of marker paths is more or less directly implied by the semantics of the network representation, as determined by the inference engine that goes with that representation. In Norvig's system there is no such connection: making inferences and interpreting marker paths are disjoint activities. The same observation applies to Charniak's (1986) proposal, although in other respects it is more principled than Norvig's.

Our main problem is to modify a given semantic network, if necessary, so that it supports a certain inference, $\neg IS_2$. Moreover, in view of the remarks in the foregoing paragraph, we would like to let the solution of this problem follow more or less automatically from the semantics of our network representation. One way to satisfy both requirements at the same time is the following. We formulate inference rules as structure-building rules, which, given a network structure, allow us to add new pieces of structure (which in practice will be virtual of course, not actual). These rules are used by the inference engine, which essentially works as a rather simple rule interpreter. The marker-path interpreter, on the other hand, APPLIES THE SELFSAME RULES BACKWARDS. Following the marker path, it determines whether there are any rules whose right-hand sides match the current network structure, and uses their left-hand sides to modify the network so that eventually it will support the desired inference.

INFERENCE AS STRUCTURE-BUILDING

Figs. 1-3 illustrate with the help of a simple example how structure-building rules can be employed in making inferences (here and henceforth unlabeled nodes and links are argument nodes and arg-links, respectively). The network in Fig. 1 encodes the information that Clyde is an African elephant, that African elephants are elephants, and that elephants are grey. (It is an attribute of elephants that they are grey, but it is not an attribute of grey that it is the colour that elephants have; rather, it is a constraint on the values that the "colour" argument of the "colour-of" relation can take for elephants.) If we want to know what colour Clyde has, we proceed as follows. First, we apply the rule that allows us to establish an inst-link from an individual-object node to a generic-object node if there is an object node that is a superordinate of the latter and that is instantiated by the former. The result is shown in Fig. 2 (node labels carry no meaning for the inference mechanism; it is purely a matter of chance that the labels on the new nodes come out as they do). Next we obtain the structure in Fig. 3, minus the rightmost inst-link, by applying a rule that matches when an individual-object node instantiates a generic-object with an attribute (i.e. that is connected to a relation via an attr-link, an argument node, and an arg-link). The final rule, which installs the inst-link, is triggered by the configuration of the "colour-of" and "colour-of1" nodes, their right-hand argument nodes, the "grey" and "grey1" nodes, and the links that connect these. Thus we have proved that Clyde is grey.

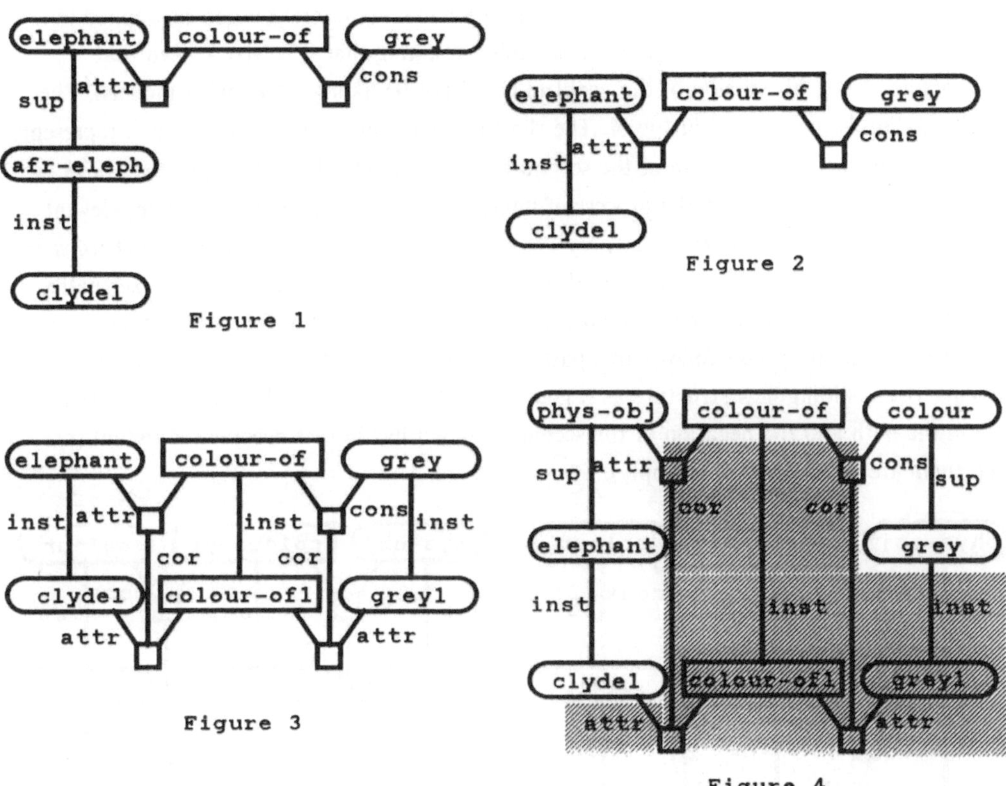

The example that we have gone through is an exceptionally simple one. Complications arise, first, because in general many rules will be applicable at any given moment, which could make the use of inference rules impractical for reasons of efficiency, and secondly, because we want to be able to make certain types of non-monotonic inference. The first problem can be dealt with by using the marker passer to suggest paths that the inference engine should follow when applying the inference rules. In the example at hand the marker passer would find a path from the "clyde1" node to the "colour-of" node which in fact would lead to the result that we have described. The second problem is more serious. We must deal with multiple inheritance with exceptions, because the generalization hierarchies of objects and relations are tangled. One way to approach this problem is by collecting alternative proof sequences and selecting between them, with specificity as the main criterion (see Sandewall (1986) for an alternative solution to the same problem, formulated in rather similar terms). We cannot go into the details of that procedure here, however, beyond noting that our solution makes the inference rules slightly more complex.

INTERPRETING MARKER PATHS

In order to show how the same rules that are used for making inferences can be applied to interpret marker paths, we take (1) as an example, assuming that it is NOT known that elephants are grey (this version of the problem could not be handled by earlier models). The initial situation is represented in Fig. 4. The shaded portion of the network in Fig. 4 represents the negation of the interpretation of the second conjunct of (1), which, as explained above, will have to be made redundant in the process of interpreting the contrast relation. The relevant path connects "grey1" to "clyde1" via "grey", "colour", "phys-obj", and "elephant". (There is of course a more direct connection between these two nodes, but we assume that marker paths within the interpretation of a sentence may be ignored; Norvig (1986) follows the same policy.) The marker-path interpreter follows this path, chaining backward through the system's inference rules, adding new structure as it goes along. It stops when it has reached the last node in the path and the negation of the second conjunct has in fact become redundant (or when there are no more rules to apply).

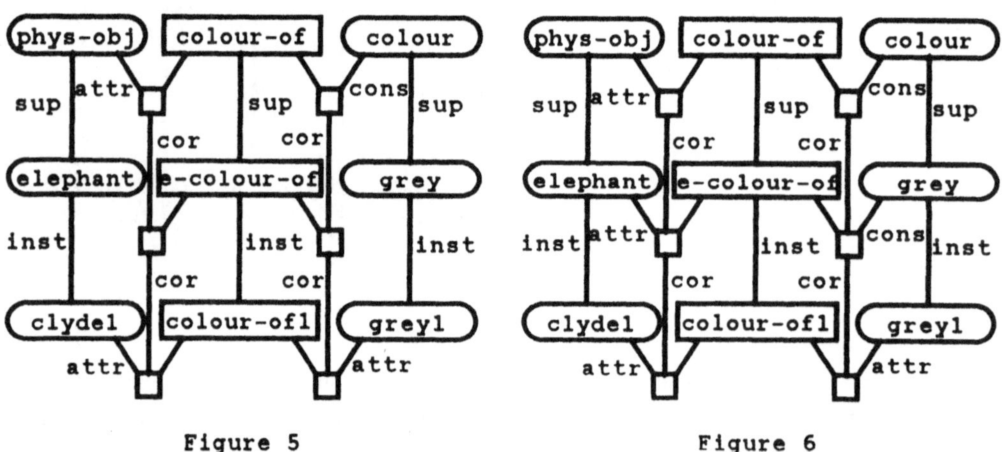

Figure 5

Figure 6

In the case at hand the marker-path interpreter applies three rules. First, a generic-relation node is inserted, with the necessary argument nodes, between the "colour-of" and the "colour-of1" relations. The rule that licenses this operation is the dual of the rule that was applied first in the previous example; when used in forward chaining, it allows the inference engine to establish an inst-link from an individual-relation node to a generic-relation node if there is an relation node that is a superordinate of the latter and that is instantiated by the former. After this first step the network looks as in Fig. 5. The second step is to run a cons-link from the right-hand argument node of "e-colour-of", and finally, in the third step, an attr-link is added connecting the left-hand argument of "e-colour-of" to the "elephant" node. The rules that license these two steps were also applied in the inference example. Because the application of the last rule involves the "clyde1" node and the target structure has now become redundant, the interpretation procedure stops here. In the process it has been established that the generic elephant is grey, which is an assumption that this interpretation requires: if the interpretation is to be accepted it must be accepted as well.

After a marker path has been interpreted it must be evaluated, generally together with one or more alternative paths. One criterion that plays an important role in the evaluation of paths is consistency. Another criterion is the price of the connection (cf. Charniak 1986). Cheap connections are those that require relatively few new links and nodes to be introduced into the network; links are cheaper than relations or objects, and generic concepts are much more expensive than individual ones. The connection in the example discussed is therefore fairly expensive. That it is adopted nonetheless is due to the fact that there are strong indications that some connection must be there, because we have a coordinated structure with "but", which unequivocally implies a contrast. Put otherwise, the evaluation of marker paths is determined, among other things, by the urgency to find a connection, as indicated by the speaker. If (1) had been a conjunction with "and", whose meaning is part of the meaning of "but", the connection that we have obtained would not have been adopted.

A NOTE ON NEGATION

The model that we have outlined requires some form of negation, and since the use of unrestricted negation in knowledge representation and inference is known to be problematic, something must be said about this point. Not only is negation tricky from a inferential point of view, it also is rather special psychologically and linguistically. If someone utters a negated sentence like,

(2) Clyde isn't grey.

we would normally expect some sort of explanation. The speaker could continue by saying that Clyde is pink, for instance, and, intuitively at least, it is this positive information that we would be interested in more. In general, it seems that if negation is used in natural-language discourse, it can and must often be explained away.

In other respects, too, the usefulness of full negation appears to be rather limited. People are on the lookout for positive rather than for negative information, and they find negative information harder to process, as psychological experiments have demonstrated (e.g. Clark and Clark 1977). In everyday communication, explicit negations are comparatively rare, which explains why negated sentences are marked in all languages (e.g. Givón 1978). And finally, some of the representational devices that we rely on most heavily -- viz. pictorial representations -- seem to function rather well without anything like negation.

These observations lead us to view negation as a LOCAL phenomenon, in the following sense. In our long-term knowledge representations there should be no need for a full-scope negation device. This is not to say that we can do without negative information altogether. Obviously, we must be able to infer that some states of affairs exclude others. But this much can be done without the full power of logical negation. In our short-term knowledge representations (notably of natural-language discourse), on the other hand, we do need something akin to unrestricted negation, but this form of negation differs from other representational constructs. Wherever it applies, it will be short-lived: as a rule, negated information must be 'explained away' as soon as possible.

This is, in a nutshell, how we view the negated links that our model employs, and the feasibility of our treatment of contrast relations will depend on whether this view can be made more precise.

ACKNOWLEDGMENT

This research was partially sponsored by the Dutch Organization for Scientific Research (NWO).

REFERENCES

Charniak, E. 1986: A neat theory of marker passing. Proceedings AAAI 86.

Clark, H.H. and E.V. Clark 1977: Psychology and Language. Harcourt Brace Jovanovich, New York.

Givón, T. 1978: Negation in language: pragmatics, function, ontology. In: P. Cole (ed.), Syntax and Semantics 9: Pragmatics. Academic Press, New York.

Hirst, G. 1987: Semantic Interpretation and the Resolution of Ambiguity. Cambridge University Press, Cambridge.

Hobbs, J.R. 1985: On the Coherence and Structure of Discourse. CSLI-Report 85-37, CSLI, Stanford, Cal.

Lakoff, R. 1971: If's, and's, and but's about conjunction. In: C.J. Fillmore and D.J. Langendoen (eds.), Studies in Linguistic Semantics. Holt, Rinehart and Winston, New York.

Norvig, P. 1987: A Unified Theory of Inference for Text Understanding. Report No. UCB/CSD 87/339, Computer Science Division, University of California at Berkeley.

Sandewall, E. 1986: Nonmonotonic inference rules for multiple inheritance with exceptions. Proceedings of the IEEE 74.

Reasoning for Text Understanding - Knowledge Processing in the 1st LILOG-Prototype

Toni Bollinger, Uli Hedtstück, Claus-Rainer Rollinger
IBM Deutschland GmbH
Wissenschaftliches Zentrum
Institut für Wissensbasierte Systeme
Projekt LILOG
Postfach 80 08 80
D - 7000 Stuttgart 80

Abstract

We present the principles underlying the knowledge processing concepts of the first LILOG prototype. This is a natural language understanding system for German. The concepts are realized in L_{LILOG}, our knowledge representation language developed from an order-sorted first order predicate logic, that includes concepts for guiding the inference process and for dealing with incomplete information. The reasoning system is based on order-sorted resolution with a theory resolution concept for sorts.

1. Introduction

LILOG (LInguistic and LOGical methods) is a project in the field of natural language understanding bringing together Computational Linguistics and Artificial Intelligence. LILOG is a project of IBM Germany with partners from five universities. In 1987 a first prototype was implemented that is able to understand a German text describing a hiking tour taken from a tour guide. It can answer questions about the domain and the text in order to demonstrate its understanding capability.

For the representation of the meaning of the input text and for representing background knowledge we developed the knowledge representation language L_{LILOG}. It is based on order-sorted predicate logic, a many-sorted logic with a partial order for the sorts. It includes an inheritance mechanism for attributes, concepts for guiding the inference process and for dealing with incomplete information. Reference objects are used for the representation of linguistic entities. The calculus for L_{LILOG} is based on order-sorted resolution with theory resolution for sorts. The inference strategy is a combination of forward and backward inferences guided by entrypoints.

We have chosen an order-sortded knowledge representation formalism since, on the one hand, it offers the possibility to represent objects and common sense knowledge in a well-structured and clear way. On the other hand, providing specific and efficient sort algorithms, the search spaces of problem solving processes may be drastically reduced.

Depending on whether a sentence or a question has to be processed the knowledge processing component has different tasks. The semantic representations of sentences are integrated into the special knowledge base for textual knowledge (episodic memory). For questions an answer is computed by testing if the semantic representation of the question can be inferred from the existing background and textual knowledge.

The requirements for the design of L_{LILOG} mainly came from Computational Linguistics and Linguistic Semantics. The requirements for the knowledge processing were formulated by taking into account the lessons learned from Linguistic Semantics and the AI perspective of story understanding. Our goal is to have an inference engine able to perform in some way inferences that a human being would perform when reading and understanding a text and trying to answer a question. In this sense we call for high adequacy and efficiency with respect to text understanding possibly with little applicability to other applications like, for example, theorem proving.

2. The Knowledge Representation Language L_{LILOG}

L_{LILOG} (Beierle et al. 1988) is a knowledge representation language that can be considered as a variant of order-sorted first order predicate logic. Especially, this means that a sort is attached to any term. The sorts may be chosen of a predefined set of sorts. This set is partially ordered by the subsort relation and is a lower semilattice in order to guarantee the existence of greatest lower bounds. We do not allow polymorphism which means that we have unique sort declarations for functions and predicates (c.f. (Cohn 1987), or (Schmidt-Schauß 1988), for order-sorted logics with polymorphism).

The following features characterize this language further:

a) A knowledge base consists of a conjunction of **knowledge elements** that are literals or implications between a conjunction of literals and a single literal. **Knowledge packets** enable a partitioning of a knowledge base into reachable, visible and non-reachable parts.

b) **Reference objects** are internal representations for natural language entities.

c) Arguments of predicates and functions are identified by **roles** and supplied with sort restrictions. In addition, functions have a range sort. The roles have no significance for the knowledge processing, but they can have a certain semantics for the linguistic processing.

Example:

The knowledge element see(agent = r1:HUMAN_BEING, object = r2:HOUSE) represents the fact that an agent of sort HUMAN_BEING, internally represented by the reference object r1, sees an object of sort HOUSE represented by the reference object r2. "Agent" and "object" are the roles of the predicate "see". HUMAN_BEING and HOUSE are the sorts declared for r1 and r2.

d) Sorts can also be used as unary predicates in order to be able to reason explicitly about the sort membership relation of a term. This is necessary as during the text understanding process one may get new information about a reference object, such that a more special sort can be inferred. We call an atomic formula, whose predicate symbol is a sort, **sort formula.**

Example:

If for a reference object r of sort HUMAN_BEING we get the new information, that r is a man, we can express this by the sort formula MAN(element = r:HUMAN_BEING).

e) Control information is specified by **entrypoints.** If an entrypoint marks a premise of an implication, then this implication can be used for forward inferences. If it points to a conclusion then we have a backward chaining rule.

f) Knowledge elements taken by default are marked by a special **default marker.**

3. Knowledge Processing

Depending on whether a sentence or a question has to be processed the knowledge processing component has different tasks. For a sentence it integrates its semantic representation into the special knowledge base for text knowledge (episodic memory), performes consistency checks and calculates an inferential closure of the new facts by forward inferences. For questions it tries to find an answer by testing if the semantic representation of the question can be inferred from the existing background and text knowledge. The results are passed to the generation component which generates an answer in natural language.

The knowledge processing consists of the three subprocesses described in the following sections: the **preprocessing** followed by the **text processing** for sentences or by the **question processing** for questions.

3.1. Preprocessing

The linguistic processing generates for a question or a sentence a discourse representation structure (DRS, Kamp 1981) that can be interpreted as a quantified formula of predicate logic. First, this DRS is transformed into the internal representation, a kind of clausal normal form. Additionally the negation of the input formula is formed. We need this negated formula for the consistency check and in some cases for finding an answer. Here, negation is treated as a logical connective, whereas in the inference algorithms, due to their restriction to Horn logic negated predicates are considered as distinct predicates having no relation to their positive counterparts.

For any reference object r declared to be of sort S we generate the sort formula S(element=r:S). The sort predicate S is used for explicit reasoning about the element relationship. By this sort formula we attach to r the sort information given by declaration in order to apply order-sorted unification used in the general resolution based inference mechanism. For sentences this sort formula is stored in the text knowledge base, for questions it is stored in the question knowledge base.

Allowing sorts to be used as predicates in sort formulas implies that sort membership of reference objects may not be considered to be static. It can depend on facts expressed in the text to be analyzed, e.g., if a sort formula occurs as the conclusion of a rule in the background knowledge and the facts satisfy the premisses of this rule. If the sort of a reference object r is specialized in this way, we update the declared sort of r in all rules and facts r occurs in (c.f. section 4.3).

3.2. Text Processing

Consistency Checks: Each fact extracted from the text is stored in the text knowledge base. In addition, we test if its negation can be deduced without defaults from the background and text knowledge. In this case, the fact is marked by a contradiction label.

From a practical point of view contradictory knowledge elements do not render the knowledge base inconsistent, as contradiction labels are propagated during the deductions. Therefore, it is possible to check if a contradictory knowledge element has been used during a proof.

Forward Inferences: From non-contradictory knowledge elements consisting of a single literal new facts are deduced by forward inferences. For preventing infinite loops the number of successively applied forward inference rules is limited to a certain maximum .

3.3. Question Processing

Two types of questions can be posed to the LILOG-system:
- **yes/no-questions**, like "Is Haut-Barr a castle?", "Does the hiking tour begin in Saverne?",
- **wh-questions**, like "Which castles do exist?", "Where does the hiking-tour begin?".

Our question processing is based on the open world assumption, which means that the result "unprovable" does not yield the answer "no". Depending on whether a yes/no- or a wh-question is to be answered different actions are performed. Proofs with contradictory knowledge elements are always suppressed unless there is no other proof. In that case the language generation gets the information that only an answer could be found which is based on contradictory information.

Yes/No-Questions: To answer a yes/no-question the knowledge processing component first tries to prove the goal representing the question. If a proof without defaults can be found, the answer will be "yes". Otherwise, it also tries to prove the negated goal. The final answer is given according to the criterion that nondefault answers have priority over default answers, and default answers are preferred to no answers at all. If there is, e.g., a default proof of the goal and a nondefault proof of the negated goal, the answer is "no". If there are only default proofs of the goal and the negated goal we have decided to answer by an "optimistic" "yes by default", instead of giving the equally possible answer "no by default".

This last point constitutes one of the main differences between our default handling and Reiter's default logic (Reiter 1980), in which the answer "no by default" would be possible too. Further, according to his logic a consistency check is necessary after every application of a default rule, whereas in our system this is done for efficency reasons only after an entire proof.

Wh-Questions: For wh-questions valid instantiations of a certain variable of the goal are looked for. As we are interested in all valid instantiations, all proofs (under certain restrictions) of the goal should be found. Redundancies among the list of instantiations are removed by the "answer compression" before giving them to the language generation.

Answer Compression: For a given wh-question the set of answers which can be derived logically may contain many redundancies. Humans try to avoid redundancies in their answers, but sometimes they want to make an answer more understandable by taking into account specific instances. Thus in addition to a mechanism which detects and deletes redundancies, heuristics are necessary in order to model a human way of answering.

It is redundant, for instance, if for a given wh-question we have derived an instantiation by a reference object as well as an instantiation by a Skolem constant (standing for an existentially quantified variable). In this case we only use the reference object in an answer, since the Skolem constant leads to a less specific answer. Additionally, nondefault answers are preferred to default answers.

On the other hand, if we ask our system a question like "Which castles do exist?", then the answer "All castles." would be derivable subsuming all specific castles (in our system, we did not take into account castles which do not exist). Of course, if there exists a specific castle in the knowledge base represented by a reference object we give an answer containing this specific castle and delete the general answer, presuming that the question is posed in order to get information about the castles known by the system. For more details of our answer compression mechanism see (Bollinger, Hedtstück, Rollinger 1988).

4. A Calculus for L_{LILOG}

The knowledge processing is based on a calculus for L_{LILOG}, which is described in the following. Essentially, L_{LILOG} knowledge elements are formulas of order-sorted Horn logic supplied with control knowledge. Knowledge elements and goals are skolemized such that after skolemization every knowledge element contains only universally quantified variables, and every goal contains only existentially quantified variables. We skolemize the knowledge elements and goals in a different way, since our proof procedure is a direct, not a refutation procedure.

The inference processes which are implemented in the first LILOG prototype are based on order-sorted resolution (Walther 1987), where literals have to be unified by order-sorted unification in order to compute resolvents. For the treatment of sort formulas we use theory resolution (Stickel 1985). Two general strategies for inference processes are implemented. During the input mode, when new text is analyzed, forward chaining inferences are used to infer additional knowledge from the new facts. In the question mode backward chaining inferences are used to prove the goal representing the question.

4.1. B- and F-Resolution

In contrast to usual resolution, we do not negate the goal literal in order to derive an inconsistency. Instead, we infer directly by looking for facts or heads of rules with the same polarity, just as in Prolog. While there is no difference in the logical sense, we think that for a Horn clause logic we can model human argumentations more adequately in this way.

A backward chaining inference step looks as follows. Let $P_1\&...\&P_n \dashrightarrow Q\#$ ($n \geq 0$) be a rule (or a fact for $n=0$) and $G_1\&...\&G_i\&...\&G_m$ ($m > 0$) be a goal. Let Q be marked by an entrypoint (indicated by #). If G_i and Q can be unified by order-sorted unfication with the substitution μ, then we can derive the resolvent $\mu(G_1\&...\&G_{i-1}\&P_1\&...\&P_n\&G_{i+1}\&...\&G_m)$. We write this inference rule (called <u>b-resolution</u>) as follows:

$$\frac{\begin{array}{c} P_1\&...\&P_n \dashrightarrow Q\# \\ G_1\&...\&G_i\&...\&G_m \\ \mu(Gi) = \mu(Q) \end{array}}{\mu(G_1\&...\&G_{i-1}\&P_1\&...\&P_n\&G_{i+1}\&...\&G_m)}$$

If a unary fact F and a P_i marked by an entrypoint can be unified by order-sorted unfication, then we get the (<u>f-resolution</u>) forward inference rule:

$$\frac{\begin{array}{c} P_1\&...\&P_{i\#}\&...\&P_n \dashrightarrow Q \\ F \\ \mu(F) = \mu(Pi) \end{array}}{\mu(P_1\&...\&P_{i-1}\&P_{i+1}\&...\&P_n \dashrightarrow Q)}$$

4.2. Theory Resolution for Sorts

By theory resolution specialized reasoning procedures are incorporated into a resolution based theorem prover (Stickel 1985). In our system we incorporated the theory which describes the semilattice structure of the given sorts. With theory resolution it is possible to resolve pairs of literals whose predicate symbols are not identical.

As an illustration let us consider the following case (for brevity we omit the roles of the arguments). Let S3(X:S2) be a goal, where S3 is the sort predicate and S2 the declared sort for the existential variable X. Let S1 be a subsort of S3. This is expressed in the theory by the rule "forall Y:TOP S1(Y:TOP) --> S3(Y:TOP)". Thus, in order to prove S3(X:S2), it suffices to prove S1(t:S2) for a term t of sort S2. This implies, that if S1(t:S2) is a fact (or head of a rule), it may be resolved with the goal by theory resolution. More generally, we define the following **subsort-b-resolution** rule.

$$\frac{\begin{array}{c} P_1\&...\&P_n \dashrightarrow S1(t_1{:}S2)\# \\ G_1\&...\&G_{i-1}\&S3(t_2{:}S4)\&G_{i+1}\&...\&G_m \\ S1 \leq S3 \\ \mu(t1{:}S2) = \mu(t2{:}S4) \end{array}}{\mu(G_1\&...\&G_{i-1}\&P_1\&...\&P_n\&G_{i+1}\&...\&G_m)}$$

A forward chaining rule "supersort-f-resolution" may be analoguously derived from f-resolution by taking into account the respective supersort relation.

Sort formulas containing terms which are not variables are treated by an additional backward chaining inference rule based on the second order axiom "forall S (forall X:S S(X:S))" which we call **sort axiom**. We always apply it to a goal in addition to subsort-b-resolution. The axiom expresses the fact, that for any sort S and term t which is declared to be of sort S the sort formula S(t:S) holds. Taking into account the subsort relations given by the sort semilattice we get the following **sort axiom-resolution** rule for unnegated goals with nonvariable terms (for negated goals we have implemented a corresponding sort axiom-resolution rule).

$$\frac{\begin{array}{c} G_1\&...\&G_{i-1}\&S3(t{:}S4)\&G_{i+1}\&...\&G_n \\ S4 < S3 \end{array}}{G_1\&...\&G_{i-1}\&G_{i+1}\&...\&G_n}$$

Goals which are sort formulas whose argument is a variable are treated differently. Recall that by skolemization any variable in a goal is an existentially quantified variable. This situation is given, e.g., in the goal BUILDING(X:SIGHT) representing the question "Is there a sight which is a building?". Based on the convention that we only admit sorts which are not empty the goal S1(X:S2) is true whenever BOTTOM < glb(S1,S2).

4.3. On the Completeness of the Sort Inference Rules

The above set of inference rules for the treatment of sort formulas is incomplete. The following example illustrates a type of incompleteness, that arises from the unification procedure (c.f. (Bollinger, Hedtstück, Rollinger 1988) for another kind of incompleteness).

Example:
Let the following L_{LILOG} formulas be in the knowledge base:

(1) hiking(r1:HUMAN)

(2) forall Y : HUMAN (hiking(Y) --> HIKER(Y))

(3) forall Z : HIKER exists R : BACKPACK
(hiking(Z) --> carry(Z,R))

Goal: exists X : BACKPACK carry(r1:HUMAN,X) ?

Rule (3) can not be applied to the goal, since in order to unify a reference object with a variable by order-sorted unification, the sort of the reference object has to be a subsort of the sort of the variable. On the other hand, with the aid of fact (1) and rule (2) we can derive the sort formula HIKER(r1:HUMAN). If we would extend the unification procedure by proving such element relations for the reference objects the goal could be proved by applying rule (2) and the fact (1).

Since it is very expensive to extend unification in such a way, in the existing prototype we adopted another solution and implemented an updating mechanism for sort declarations. The sort information for a reference object r is represented by a sort formula S(r:S), where S is the least known sort for r. If during text analysis we get the new information that r is in sort S′ with BOTTOM < glb(S,S′) < S, then S(r:S) is replaced by glb(S,S′)(r:glb(S,S′)) and the sorted term r:S is replaced by r:glb(S,S′) wherever it occurs.

4.4. Derivability

In this section we shortly describe what it means, that a goal or a new fact is derivable in our system.

Derivability by Backward Inferences: Goals are proved by backward inferences. The main principle is to derive resolvents from the goal and then recursively from the derived resolvents until the empty goal has been obtained. Resolvents may be derived by any of the described backward inference rules.

Derivability by Forward Inferences: During input mode we start a forward inference process for any new fact given by the input text. For f-resolution we test if the fact can be unified with the premise of a rule, then we try to prove the remaining premisses by backward inferences in order to infer the conclusion. For supersort-f-resolution the sort predicate of the fact has to be a subsort of the sort predicate of the premise.

5. Results and Outlook

L_{LILOG} is a knowledge representation language which satisfies many requirements of natural language understanding. Being based on logic it guarantees a clear semantics and well-understood processing mechanisms. It fits very well to the unification based formalism of our linguistic processing. Combining both formalisms we implemented the whole LILOG prototype in one general framework, called STUF (Stuttgart Type Unification Formalism, Uszkoreit 1988), which was implemented as an abstract data type concept. The fundamental data structures of STUF, directed acyclic graphs, are used both for representing linguistic knowledge and L_{LILOG} expressions. Graph unification, a generalization of Robinson unification, is used as the basic processing mechanism.

An outstanding feature of L_{LILOG} is the incorporation of two sort handling concepts. The one is the "order-sortedness" as a basis for order-sorted unification, the second is the possibility of expressing element relationships explicitly, handled by theory resolution. For the underlying set of sorts we do not suppose a lower semilattice, but a partial ordering which is automatically completed to a lower semilattice by the Dedekind-MacNeille completion (MacNeille 1936).

For representing the 14 sentences of the hiking tour description 139 knowledge elements have been created. Additional 271 facts have been deduced by forward inferences. The background knowledge base consists of 307 rules and 144 facts. There are 257 predicates and 285 sorts. Due to the use of sorts we have in most cases short and efficent proofs for answering questions. That's why in general most of the computation time is used for the linguistic processing.

The large amount of sorts, on the one hand, and the fact that after the Dedekind-MacNeille completion the sort hierarchy is completely fixed, on the other hand, motivated us to look for new ways for describing sorts. In our current research activities we are extending L_{LILOG} to use feature structures as representations for the sorts (c.f. Bläsius, Hedtstück 1988, Aït-Kaci, Nasr 1986). Allowing for the dynamical introduction of new sorts, an order-sorted logic with sorts being represented as feature structures seems to be a more adequate approach for an efficient inference mechanism for a natural language understanding system.

The language for feature structures contains constructors like conjunction and disjunction as well as a complement operation based on the feature logic of Smolka (Smolka 1988). Further extensions concern disjointness of sorts, the introduction of roles, and information about roles and features like partialness or totalness, comparable with KL-ONE based systems (Brachman, Schmolze 1985).

For these feature structures, a unification algorithm computes the greatest lower bound, which represents a new sort, not necessarily predefined. Hence new sorts and the respective subsort relations are dynamically constructed guided by unification.

The inference mechanism for the predicate logic part of L_{LILOG} is based on order-sorted resolution. The sorts are processed mainly by subsumption test and unification needed in order-sorted unification. Theory resolution is used in order to reason explicitly about information contained in the sort hierarchy.

References

Aït-Kaci, H., Nasr, R. (1986): "LOGIN: A Logic Programming Language with Built-In Inheritance", J. Logic Programming 3, 1986, 185-215.

Beierle, C., Dörre, J., Pletat, U., Schmitt, P. H., Studer, R. (1988): The Knowledge Representation Language L_{LILOG}, LILOG-Report 41, IBM Germany, Stuttgart, 1988.

Bläsius, K. H., Hedtstück, U. (1988): "Resolution with Feature Unification", in: "CSL '87", Proc. of the 1st Workshop on Computer Science Logic, Karlsruhe, Lecture Notes in Computer Science, Springer-Verlag, Heidelberg et al., No. 329, 1988.

Bollinger, T., Hedtstück, U., Rollinger, C.-R. (1988): "Reasoning in Text Understanding: Knowledge Processing in LILOG". LILOG-Report 49, IBM Germany, Stuttgart, 1988.

Brachman, R. J., Schmolze, J. G., (1985): "An Overview of the KL-ONE Knowledge Representation System", Cognitive Science 9 (2), 171-216, 1985.

Cohn, A. G., (1987): "A More Expressive Formulation of Many Sorted Logic", Journal of Automated Reasoning 3, 1987, 113-200.

Kamp, H. (1981): "A Theory of Truth and Semantic Representation", in: J. A. Groenendijk et al. (eds.): "Formal Methods in the Study of Natural Language", Vol. 1, Amsterdam.

MacNeille, H.M. (1936): "Partially Ordered Sets", Transactions of the American Mathematical Society, Vol. 42, 416-460.

Reiter, R. (1980): "A Logic for Default Reasoning", Artificial Intelligence 13, 81 -132, 1980.

Schmidt-Schauß, M. (1988): "Computational Aspects of an Order-Sorted Logic with Term Declaration", Dissertation, University of Kaiserslautern, 1988.

Smolka, G. (1988): "A Feature Logic with Subsorts", LILOG-Report 33, IBM Germany, Stuttgart, 1988.

Stickel, M.E. (1985): "Automated Deduction by Theory Resolution", Journal of Automated Reasoning 1(4), 1985, 333-355.

Uszkoreit, H. (1988): "From Feature Bundles to Abstract Data Types: New Directions in the Representation and Processing of Linguistic Knowledge", in: Blaser, A. (ed.): Natural Language at the Computer, Lecture Notes in Computer Science, No. 320, Springer-Verlag, Heidelberg et al., 1988.

Walther, C. (1987): "A Many-Sorted Calculus Based on Resolution and Paramodulation", in Research Notes in Artificial Intelligence, Pitman, London, and Morgan Kaufmann, Los Altos, Calif., 1987.

PROTOTYPICAL DISAMBIGUATION OF WORD MEANING

EXEMPLIFIED BY ADJECTIVE-NOUN COMBINATIONS

Gabriele Scheler
Computerlinguistik
Universität Heidelberg
Karlstr.2
D-6900 Heidelberg

A model of word sense disambiguation is presented which uses a set of content-oriented rules for generating new word meanings starting from a prototypical meaning assignment in the lexicon. Two words are simultaneously disambiguated taking into account their syntactic relationship. Generated alternatives are assessed by the preceding textual context. The model has been implemented as a part of an interpretation system (natural language -> meaning representation language).

1. Introduction

It might be stated that "disambiguation" of word meaning is an inadeqate or at least highly unfortunate term to describe the **meaning creating processes** that are associated with single content words. In linguistics a distinction of ambiguity into homonymy, polysemy and vagueness is sometimes made. In the latter sense all words in a natural language might be considered ambiguous; at least as far as their reference to individual objects is concerned. The pioneer of word meaning studies Wygotski (1934/86) already noted that a word by its very nature is always an abstraction (i.e. vague or polysemous); at the same time he claimed that a word is present as a unity in human memory (one word-one meaning).

I want to talk here about "meaning assignment" and "disambiguation" in the limited sense of providing a mapping from a natural language (NL) onto a meaning representation language (MRL) which can be handled by other programs and routines (storage, inference, retrieval, generation) and may have an independent model-theoretic semantics ("indirect interpretation" of natural language in the sense of Link 1979, Montague 1974).

The interesting questions that arise concern the nature of the representation language (cf. Scheler 1988), as well as the nature of the mapping (interpretation) process that we are concerned with here.

"Disambiguation" and "ambiguity" have a clearly defined meaning relative to a representation language MRL:

Let A be a NL word, Z an expression of MRL, and assume a relation $map_{MRL} \subset (NL \times MRL)$, called a **meaning assignment for NL.**

Then A is **ambiguous relative to MRL** iff $|map(A)| > 1$.

D is a **disambiguation procedure relative to MRL** iff D is a function 2^{MRL} --> MRL such that $|D(map(A))| = 1$.

Ambiguity of a word depends on the MRL used and in particular on the grain-size of MRL (cf. Scheler 1988). It is theoretically possible to define a MRL such that no word in NL is ambiguous; i.e. MRL and NL are isomorphous with respect to the content vocabulary. Purely logic based formalisms are of this kind (cf. Montague 1974, with the exception of deictic vagueness). The problem with conventional approaches to ambiguity (e.g. Lytinen 1986, Pustejovsky/Anick 1988, Milne 1986) is that the set map(A) is determined in advance, i.e. enumerated in a semantic lexicon ("classificatory approach").

But to select the **actual meaning** of a word from a fixed list of possible **lexical meanings** leaves out all intermediate meanings, blends, uncommon and other related meanings. Therefore, in the prototypical model actual meanings are **constructed** from a single lexical meaning (the prototype), given rules of prototypical extension that operate on a **lexical database** (which is a minimal **world model**)[1] and a **textual context** to constrain the alternative meanings that are generated.

Map(A,Z) is then a concatenation of an (unambiguous) lexical access function $A \in NL$ --> $X \in$ MRL and a relation of lexical meanings (X) to possible actual meanings ($\{Z_1, ..., Z_n\}$). The disambiguation function D is a selection of some Z_i according to certain constraints.

The model which will be described below consists of:

- a semantic lexicon (LEXICON) containing semantic knowledge of German[2]
- prototypical extension rules (ASSOC)
- constraints of textual context (ASSESS).

---

1 We consider a lexical database to be a true subset of a fully specified world model, i.e. constraining the world models consistent with a lexical database.

2 But there is no limit on the number of languages the semantic knowledge of which it could contain.

- a STRATEGY of combining these predicates into a complete procedure.

2. The material and the testbed

As a test case we use attributive adjective-noun combinations. The basic idea is to generate a new word meaning that automatically fits restrictions of the **local context** (which is always smaller than or identical to sentential context) and of **semantic knowledge** (as encoded in the semantic lexicon).

This is a process that applies to nouns as well as adjectives in a noun-adjective combination, regarding one as context of the other. Therefore the strategy of combining rules and checks to find the best solution is considered separately.

This process has been implemented as a part of a general language understanding system (LISL for "Language Interpretation System LISL"). Taking German sentences or texts in a syntactic representation as input, LISL produces symbolic constellations in the meaning representation language "CR", explicitly designed for it. A version of this system is described in Scheler 1988.

The material for the experiments described here comes from two sources:

1. Adjective-Noun Combinations taken from a narrative sample text (Iskander 1981) that was used for the development of the initial database and rules (66 Examples)
2. New examples taken from a continuation of the sample text (48 Examples).

In addition we experimented with isolated "laboratory cases" such as *ein später Rembrandt* (a late Rembrandt).

3. Implementation

3.1. Example: Intuitively, an adjective-noun combination like *alte Nachbarin* could be considered two-way ambiguous: 'old neighbor' or 'former neighbor'. For *alt* we get "age0(x,+)"[3] from the lexicon, for *Nachbarin* "[person0(x), female0(x), person0(y), wohn0(x, near0(y))]". The combination of these CR-expressions renders a possible interpretation (a):

```
object(X, [female0, person0, age0(X,+)]).
object(Y, [person0], []).
```

3 All basic CR-expressions are designated by a mnemonymic name that ends with a 0. Space does not permit to discuss vocabulary and syntax of CR here, the reader is referred to Scheler 1988.

situation(S, [wohn0(X, near0(Y))]).

which we might paraphrase as "a female person with high age, who lives near some other person Y".

We next try the ASSOC-rule for role nouns (s. Box 3, (1)), applying the adjective *alt* to the situation wohn0(X,Place). But age0 is not an admissible property of any situation, according to the PROPERTY_MODEL of situation0 (s. Box 2).

The next step will be to find another meaning for *alt*. In the present model the ASSOC-rule (13) is applicable, which selects the next entry of a classificatory disambiguation with several explicit entries for *alt*.

lexentry(alt, [situation0(s), factual0(s, before0(now0)]).

In this case there are no special exclusions for wohn0 in the property-model and s is a situation, such that the following CR-expressions are also a possible meaning assignment (b):

object(X, [female0, person0, age0(X,+)]).
object(Y, [person0],[]).
situation(S, factual0(wohn0([X, near0(Y)]), before0(now0)))[4].

The algorithm then proceeds to apply other ASSOC-rules to *alt* and combines it with the word senses of *Nachbarin*. Some expressions may also be excluded according to the immediate syntactic context, such as "adress0(y,x,vertraulich)", if *alte Nachbarin* is used as a sentence constituent.

The mechanism finds interpretations in a way that is superior to "mental experiments" of constructing interpretations of phrases. Therefore we can also use it as a tool for construction and refinement of extension rules.

3.2. The model in detail: In principle we can distinguish between the **lexical database** that specifies a set of constraints concerning the basic vocabulary of the representation language and therefore a rudimentary world model, the **rule apparatus** that is implemented in the program by a number of subrules to ASSOC; and the **strategy** of using this apparatus in determining the meaning of some piece of text, which also requires the use of certain **contextual checks**.

---

4 The implicature "not-factual0(now0)" for wohn0 is not captured.

The semantic lexicon is primarily a table assigning lexical meanings to German (and possibly other NL) words, where "meanings" are constellations of CR-units (Box 1).

```
Box 1 (LEXICAL ENTRIES):
sf(nachbarin, [person0(x), female0(x), person0(y), wohn0(x, near0(y))].
sf(bekannter, [person0(x), male0(x), person0(y), bekannt0(x,y)]).
sf(wissenschaftler, [person0(x), occupation0(x, science0)]).
sf(apfel, [fruit0(x, apfel)]).
adj(alt,[age0(x,+)]).
adj(alt, [situation0(s), factual0(s, before0(now0)]).
adj(alt, [expression_of_address0(vertraulich)]).
adj(spaet,[time0(x,t), time0(y,t1), counterfactual0(y), expected0(y), t1 < t]).
adj(sorgfaeltig, [do0(agent(a), x, manner0(diligent0(+)))]).
```

A few additional predicates relating CR-units give it the structure of a factual knowledge base for semantic - as opposed to episodic - knowledge[5]. In this case we use a type_of0-hierarchy which is a subset-hierarchy (i.e. downward inheritance of properties and transitive); and a description of syntagmatic links between properties and objects (called PROPERTY_MODELS, Box 2). The latter could in principle be set up by a count of instances of co-occurrence in a large knowledge base that uses CR or a similar method of representation.

```
Box 2 (PROPERTY-MODELS):
property_model(situation0, [time0, place0, factuality0], [age0, have0]).
property_model(wohn0, [rel1=person0, rel2=place0], []).
property_model(person0, [age0, emotional_state0, occupation0, height0], []).
property_model(physical_object0, [size0, weight0, existence0, property0], [factuality0, time0]).
type_of0(wohn0, relation0).
type_of0(relation0, situation0).
type_of0(person0, physical_object0).
```

Both excluded and included properties are listed, for a number of properties are undecidable in general.

This information is used to guide the applicability of an ASSOC-rule which has conditions referring to these semantic properties. To arrive at a contextually dependent actual meaning for a word in a text, we use a set of ASSOC-rules with two parameters and a single result. The parameters stand for the NL word under consideration and other words in a certain syntactic

5 In the sense of Quillian 1968.

relation to it (elements of local context), the result is a possible actual meaning that has to be weighed against other factors for a more general suitability in a text (global context).

Examples for such rules are given in Box 3. The point about the prototypical extension rules is that their conditions can be expressed in terms of predicates that are identical to or interpretable by predicates used in the semantic lexicon. The conditions specify **patterns** for a **path** extending from a lexical meaning to actual meanings in the semantic lexicon (which forms a connected graph). It is conceivable to use a simple path-finding mechanism through the predicates of the semantic lexicon instead of the explict formulations that were given in Box 3 (**spreading activation**, cf. Hirst 1988, Alshawi 1987, Charniak 1983).

The rule mechanism is implemented as the single predicate ASSOC which operates on the syntactic representation of the sentence which is stored as a graph (precisely, a tree) in a Prolog-database.

Box 3 (ASSOC):
A few rules are given in simplified Prolog-code. [] as amiddle parameter means 'no context considered', 'in all contexts'.)

```
        (object->situation)
(1) ASSOC(X,[],Y):- person(X), role(X,Role), situation(Y,Role([rel1(X)|Z])).
        (relational adjective-> relation)
(5) ASSOC(X,[head_noun(C)],Y):- adj(X, Rel(head,Z)),variable(Z), fill_var_position(Z,C,
Z1), Y = Rel(C,Z1).
(object->object)
(10) ASSOC(X,[],Y):- abstract(X), physical_realization(X,Y).
(11) ASSOC(X,[head_noun(A)],Y):- adj(X,Rel(B,Z)), variable(B),Rel(Y,Z), find_rel(Rel, Y,
A, Rel1), Rel1(Y,A).
        (others)
(13) ASSOC(X,[],Y):- retract(lexentry(X,Y)).
```

(Examples and Explanations for ASSOC)
(1) from the description of a person by its role to the corresponding relation or action ("role-nouns"): *neue Nachbarin* ('new neighbor'), *guter Fahrer* ('good driver').
(5) filling in a variable in an adjectival relation: *offenes Fenster* ('open window'), *offene Frage* ('open question').
(10) for abstract entities their material realization, e.g. abstract novel, written form: *dicker Roman* ('thick novel')
(11) for two relations attached to X and A, there is an entity Y: *rostiges Knarzen* ('rusty creaking'), *teilnahmslose Augen* ('uninterested eyes').
(13) next lexical meaning in the classificatory sense: *riesengroßes Schloß* (schloss=lock or =castle))

In the present model we consider only one step of derivation; i.e. ASSOC is not used recursively (s. Fig. 1 for the strategy employed). ASSOC employs the fact that certain meaning constellations are impossible given the description of the world that is encoded in the lexicon.

For instance, in *ein später Rembrandt* ('a late Rembrandt') the prototypical meanings for *Rembrandt* and *spät* cannot be combined, as "time0" is not a property for a person. Similar cases are *die neue Nachbarin* ('the new neighbor', *das rostige Knarzen* ('rusty creaking'), *die bitteren Vorwürfe* ('bitter reproaches').

The alternatives produced by all possible applications of ASSOC, i.e. all possible actual meanings are then **assessed** by the support they receive from the preceding context. Here we gain probability values from pieces of the preceding text that support a certain interpretation rather than another. In LISL, the predicate ASSESS searches the CR-representation of the previous text for the objects and situations, which are matched against a possible meaning.

Box 4 (ASSESS):
```
assess([X|Rest],Result):-compatible(X),                        /* a*/
                corefer(X,Z), property_match(X,Z),                  /* b*/
                support(X),                                    /* c*/
                assess(Rest,Result).                           /* d*/
assess([], Result):- support_list(List),
                compare_support(List,Result).          /* e*/
```
a. test: does unit X together with the set of facts from the given database produce an inconsistency?
b. search for unit Z which is coreferent with X, do properties of X and Z match?
c. assert a support value for X.
d. recursion.
e. make a list from the asserted supported alternatives, select as result the item with highest support.

As we have seen, *alte Nachbarin* (old/former neighbor) produces two different interpretations. Both are valid meaning assignments (they do not violate semantic knowledge or local context).

In a textual context where the referred object has been mentioned and described before, we can check which attributes actually belong to the object. In case we find anything that indicates the age0 of the person, we have a positive indication for the first alternative (a); if we find that the situation wohn0(X, near(Y)) has never existed, (b) is ruled out.

ASSESS is a very primitive rule so far. All it can do is rule out possibilities that make a text inconsistent and accumulate support for an interpretation. The decision is made on the basis of the number of instances that support a certain interpretation.

3.3. Combining the predicates: The overall mechanism to achieve a maximal disambiguation (a single actual meaning) is depicted in Fig. 1. Starting from the prototypical meanings, interpretational rules are applied to produce new possible meanings. If more than one interpretation has been found, we use the textual context, primarily other expressions referring to the same real-world entities, to select the best one. This is a feasible procedure as the number of alternative meanings produced by ASSOC is fairly small (usually < 10) and ASSOC is not used more than once.

We distinguish between the possible actual meanings that are produced as a result of applying ASSOC-rules and fulfilling their conditions and a single actual meaning that is selected by an evaluation of the alternatives, i.e. a procedure for the most **likely** interpretation relative to the given **textual context**.

3.4. Testing the rules: The subrules to ASSOC can be regarded as an experimental set. The idea was to use the rules to find out

(1) which cases are left uncovered,

(2) where these rules produce intuitively "wrong" output, and

(3) about the complexity of the processes involved.

In an initial experiment we applied the rules to 48 new cases of adjective-noun combinations. The results were:

(1) about 30% (14 cases) of newly encountered adjective-noun expressions required some new ASSOC-subrule or the refinement of an existing general one. It is not quite clear yet, how this percentage develops.

(2) in about 10% (5 cases) a possible actual meaning was generated that did seem to violate the constraints. This is a result of the fact that the mechanism is very permissive. E.g. the term *sorgfältiger Apfel* is interpreted in the same vein as *sorgfältiger Wissenschaftler* as do0([agent(a),x,manner0(diligent0(+))]) and habitual(do0) where x is left unfilled (in contrast to *Wissenschaftler* where x=science0). This conflict between "semantic well-formedness" and flexibility of interpretation is well-known from grammar (grammaticality/ill-formed input); we have put the emphasis on assigning some meaning to every encountered expression which means that we produce rather more meanings than less.

(3) usually only 2-3 rules apply per word, which means that strategies can easily deal with all generated alternatives. Elaborated optimization does not seem necessary. Again, it is not quite clear how this figure develops as new rules are added (cf.Scheler 1989 for more detail).

4. Related Work

Pustejovsky/Anick 1988 concentrate on the **interaction of grammar and lexical ambiguity** (i.e. using grammar for disambiguation, cf. also Milne 1986) in the case of the polysemy of nominals. They also identify groups of nominals like relational nouns, artifactual nouns, hidden-event nouns with associated polysemous behavior, but they do not go beyond the claim that we "enter multiple word senses for a lexical item. ... those words containing logical ambiguities carry these senses in the same entry." (p. 519)

Zernik 1988 deals with the more general meaning creating processes of metaphor and understanding of new words.

Alshawi 1987, Charniak 1983, Hirst 1988 use a spreading activation on a factual database to find the appropriate meaning for NL expressions. In Hirsts model a sentence like "Nadia's plane taxied to the terminal" is treated as a word list (syntactic information is not regarded) and the **marker passing** algorithm tries to find a connection between "plane", "taxi" and "terminal" in the underlying frame representation. This is in fact not dissimilar to ASSOC, where destinations (other nodes that may serve as the lexical meaning) have to be reached in one step of derivation using the specific chain of predicates that is given in the body of some subrule for ASSOC. The problems that Hirst envisages of "fanning out" of the process and of imposing outside restrictions on the paths that may be visited are thus circumvented.

5. Discussion

There are certain points of **elaboration** on the present model like using the model for other grammatical constructions (predicative constructions, adverb-verb constructions, nominal compounds, verbs and their cases).

I believe once we have modelled meaning assignment as a process of **creating** a meaning for a word, using the formula of the lexical meaning in combination with information on what the sentence/text could mean (context and world knowledge), handling actual communication situations becomes easier. For instance, to understand a new word then means to interpret a word without the help of a lexical meaning, but still using the other resources to construct a meaning for the new term.

It seems that the **complexity** of the meaning-changing rules is comparatively low. In the LISL-model, only few from a large number of rules are considered in a particular instance, which allows to use a search-and-test strategy in all cases. This result is due to the limiting factor of providing a **representation language** with fixed **grain-size** (a small basic vocabulary) and a sharing of the labor between **meaning generation** and **testing**. A comparison to psychological processes (cf. e.g.Small 1987) should be interesting.

References

Alshawi, Hiyan (1987): *Memory and Context for language interpretation.* (Studies in natural language processing). Cambridge, London: Cambridge University Press.

Charniak, Eugene(1983): "Passing Markers: A theory of contextual influence in Language Comprehension".In: *Cognitive Science* 7,p.171-190.

Hirst, Graeme (1988): "Semantic Interpretation and Ambiguity." in: *Artificial Intelligence 34*. p. 131-176.

Iskander, Fasil (1981): "Teetrinken und Liebe zum Meer." in: Fasil Iskander: *Tschik. Geschichten aus dem Kaukasus.* München: Bertelsmann.

Link, Godehard (1979): *Montague-Grammatik. Die logischen Grundlagen.* München:Wilhelm Fink. (Kritische Information 71)

Lytinen, Steven L.(1986): "A More General Approach to Word Disambiguation." in: Janet L. Kolodner and C. Riesbeck(eds.): *Experience, Memory and Reasoning*. Hillsdale NJ: Lawrence Erlbaum. p. 195-207.

Milne, Robert (1986): "Resolving Lexical Ambiguity in a Deterministic Parser." in: *Computational Linguistics 12*, p. 1-12.

Montague, Richard (1974): "Universal Grammar". in: *Formal Philosophy. Selected Papers of Richard Montague.* Edited and with an Introduction by R. Thomason. New Haven, London: Yale University Press.

Quillian, M.Ross (1968): "Semantic memory." in: M.Minsky (ed.): *Semantic Information Processing.* Cambridge, MA:MIT Press.

Pustejovsky, James and Peter G. Anick(1988): "On the Semantic Interpretation of Nominals." in: *Proceedings of Coling88*, Budapest, p. 518-523.

Scheler, Gabriele (1988): *LISL-Konzeptuelle Repräsentation natürlichsprachlicher Information.* (doctoral dissertation, Universität München.

Scheler, Gabriele (1989): *Meaning assignment in LISL.* Forschungsbericht, Computerlinguistik, Heidelberg.

Small, Steven L.(1987) et al. (eds.): *Lexical Ambiguity Resolution:Perspectives from Psycholinguistics, Neuropsychology, and Artificial Intelligence.* London etc:Morgan Kaufman.

Wygotski, Lew Semjonowitsch (1934/1986): *Denken und Sprechen.* Frankfurt a.M.:Fischer Wissenschaft.

Zernik, Uri(1988): "Language Acquisition: Coping with Lexical Gaps." in: *Proceedings of Coling88*, Budapest, p. 796-800.

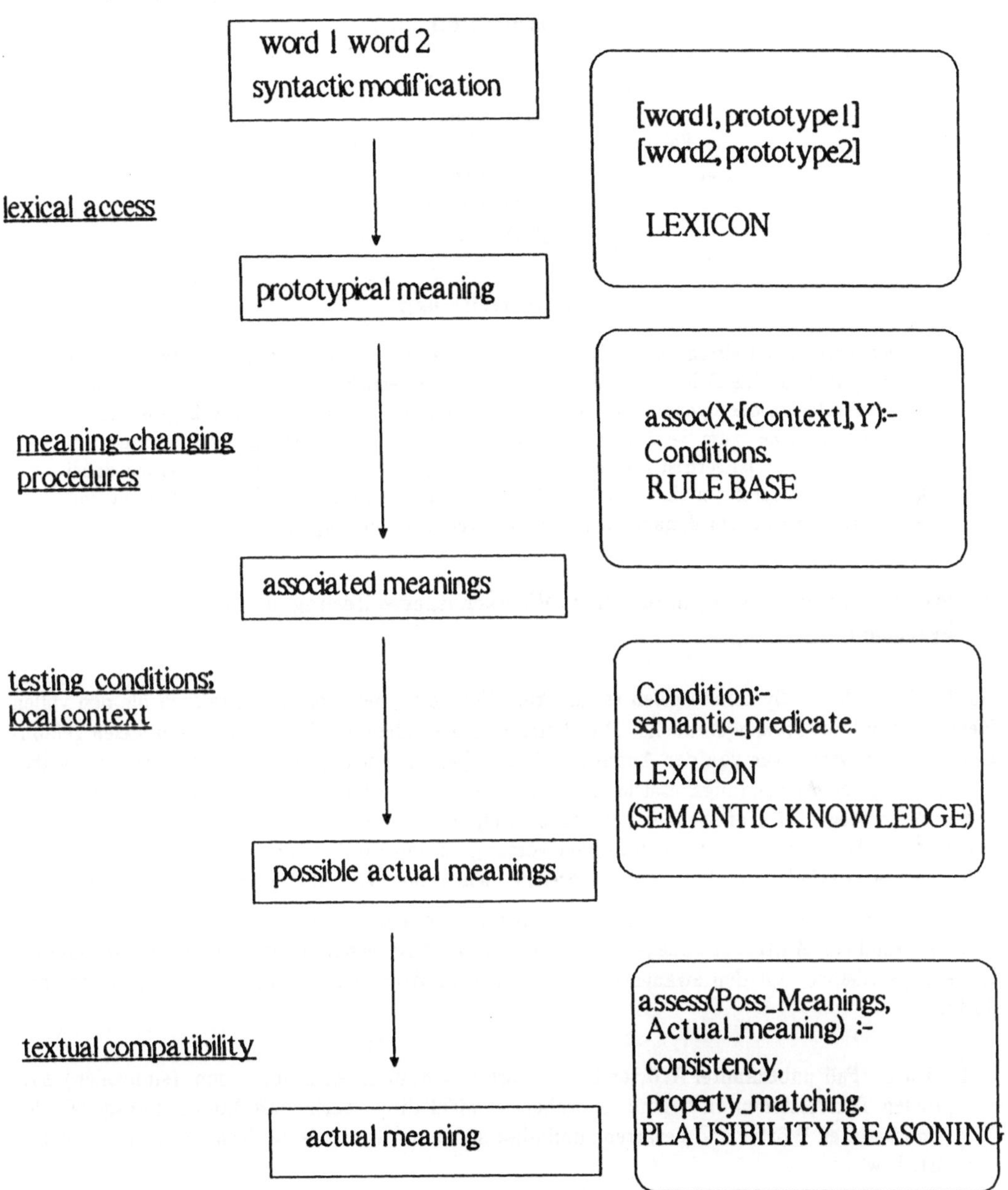

Fig.1 Strategy of interpretation using prototypical lexical meaning

Zielgerichtete Wortschatzerweiterungen in natürlichsprachlichen Systemen

Helmar Gust, Petra Ludewig
Universität Osnabrück
Fachbereich Sprache, Literatur, Medien
Projekt LILOG-OS
Postfach 4469
4500 Osnabrück

Zusammenfassung

Der vorliegende Beitrag zeigt auf, warum über Spielsysteme hinausgehende textverstehende Systeme nicht auf eine Behandlung unbekannter Wörter verzichten können, und skizziert prinzipielle Strategien der dynamischen Wortschatzerweiterung. Dabei steht der Zugriff auf externe Lexika im Zentrum des Interesses. Die mit den Wortschatzerweiterungen verbundenen Probleme, die nur längerfristig einer Lösung näher gebracht werden können, werden dabei zumindest angedeutet. In einem zweiten Teil wird ein im Rahmen eines kleinen Systems implementierter Ansatz zur dynamischen Wortschatzerweiterung vorgestellt. [1]

1 Warum bedarf es dynamischer Wortschatzerweiterungen in textverstehenden Systemen?

Natürlichsprachliche Systeme - seien es nun künstliche oder menschliche - erreichen nie den vollen Kenntnisstand des Sprachgebrauchs. Dies betrifft insbesondere den Wortschatz. Bei vielen geläufigen Systemen wird zwar von der Annahme eines vollständigen Lexikons ausgegangen, aber selbst bei beschränkten Anwendungsbereichen, wie sie z.B. in Expertensystemen gegeben sind, wäre der Versuch, ein möglichst umfassendes Lexikon zu kodieren, ein aussichtsloses Unterfangen, denn zum einen ist die Anzahl der Synonyme und Fachwörter groß und variiert mit der Zeit und zum anderen läßt sich das Vokabular der Anwendungsbereiche nicht immer klar abgrenzen (Alshawi, 1987).

Für das Textverstehen bzw. die Wissensakquisition aus Texten werden daher robuste Verfahren benötigt, die beim Auftreten unbekannter Wörter bzw. Wortverwendungsweisen nicht kapitulieren. Die einzige Chance, mit den zwangsläufigen Lücken im Wortschatz fertig zu werden, besteht nun darin,

1. sich im Fall unbekannter Wörter bzw. Wortverwendungsweisen mit einem (sinnvollen) partiellen Textverstehen zu begnügen, wobei der nicht direkt verfügbare Informationsgehalt der unbekannten Wörter und Lesarten zumindest ansatzweise mittels des Kontextes zu erschließen ist, bzw.

2. die auftretenden Wissenslücken zu schließen, d.h. den Wortschatz nach Bedarf zu erweitern, sei es nun über den Einsatz von Wortbildungsregeln, Zugriffe auf externe Lexika, die auf maschinenlesbaren, leicht vorverarbeiteten Versionen herkömmlicher Wörterbücher beruhen, oder aber über Anfragen an den Systembenutzer.

[1]Die dem Beitrag zugrundeliegenden Arbeiten erfolgten im Rahmen des von der IBM Deutschland finanzierten Grundlagenforschungsprojekts LILOG (linguistische und logische Methoden zum Verstehen des Deutschen) und hier wiederum in dem Teilprojekt Wissensstrukturen und lexikalische Strukturen an der Universität Osnabrück. Eine ausführlichere Version dieses Papiers mit umfangreicherem Literaturverzeichnis ist als LILOG-Report geplant.

Die beiden Strategien zum Umgang mit lexikalischen Wissenslücken sind aufs engste miteinander verflochten:

Selbst beim Bereitstellen unvollständiger Interpretationen kann nicht gänzlich auf Wortschatzerweiterungen verzichtet werden. Allerdings können diese insofern partieller Natur sein, als sich der Worterwerb auf die kontextverträgliche Lesart und deren zentrale Aspekte beschränken darf.

Die bedarfsmäßig vorgenommenen Wortschatzerweiterungen können nur partieller Natur sein, da weder von der Vollständigkeit der Wortbildungsregeln noch von der Vollständigkeit der zur Verfügung stehenden Lexika noch von der erschöpfenden Verarbeitung der Lexikoneinträge ausgegangen werden kann.

Die Unvollständigkeit des lexikalischen Wissens eines textverstehenden Systems kann durch dynamische Wortschatzerweiterungen also nicht behoben, aber auf eine andere Ebene verschoben werden.

Die bei Bedarf vorgenommenen Wortschatzerweiterungen zeichnen sich neben ihrer Partialität durch ihre Zielgerichtetheit aus. Diese kommt dadurch zum Ausdruck, daß nicht die ganze Bandbreite alternativer Verwendungsweisen eines Wortes im Zentrum des Interesses steht, sondern primär diejenige Bedeutungsvariante, die mit dem gegebenen Kontext am besten verträglich ist.

Verfahren des zielgerichteten Wortschatzausbaus, wie sie im weiteren beschrieben werden, könnten daher zumindest ansatzweise gewährleisten, daß über einen Ausgangswortschatz hinaus nur noch diejenigen Wörter bzw. Lesarten in ein systeminternes Lexikon aufgenommen werden, die auch für die entsprechende Anwendung relevant sind. In diesem Zusammenhang stellen sie eine ernst zu nehmende Möglichkeit dar, den knowledge acquisition bottleneck auf der Ebene des lexikalischen Wissens zu überwinden.

2 Drei einander ergänzende Strategien

2.1 Der Einsatz von Wortbildungsregeln

Bei einem Teil der unbekannten Wörter kann die Semantik mittels Wortbildungsregeln zugänglich gemacht werden, wobei hier zwischen Derivation und Komposition zu unterscheiden ist. Über Derivationsregeln könnte erschlossen werden, daß 'Wanderer' auf den Aktor des Prädikats 'wandern' verweist, während Kompositionsregeln es z.B. zu rekonstruieren erlauben, daß 'Maiwoche' eine im Mai gelegene Woche bezeichnet und 'Kunstsammlung' auf eine Sammlung von Kunstobjekten referiert. Neben solchen erschließbaren regulären Komposita gibt es natürlich auch lexikalisierte Bildungen wie 'Milchstraße', die durch Kompositionsregeln nicht mehr adäquat erschlossen werden können, wobei der Übergang sicherlich fließend ist. Eine grundsätzliche Betrachtung des Kompositionsproblems befindet sich in Kanngießer (1985). Dabei ist zu berücksichtigen, daß ansich lexikalisierte Bildungen in gewissen Kontexten auch als kompositionell zu interpretierende Ad-hoc-Bildungen verwendet werden. Als Beispiel sei hier auf das Kompositum 'Kuhhandel' verwiesen, das in seiner lexikalisierten Form ein Feilschen bzw. kleinliches Aushandeln bezeichnet aber auch auf einen Handel referieren kann, dessen Gegenstand durch Kühe gegeben ist.

2.2 Der Zugriff auf externe Lexika

Im weiteren wird der Vorschlag gemacht, in leicht vorverarbeiteter Form vorliegende Versionen maschinenlesbarer Wörterbücher (im folgenden lexikalische Datenbanken bzw. LDBs genannt) als externe Lexika für Wortschatzerweiterungsprozesse zu berücksichtigen. Die Vorverarbeitung besteht dabei im wesentlichen im Aufdecken der in den Ausgangswörterbüchern (implizit) vorhandenen Strukturen. Z.B. müssen die in den Wörterbucheinträgen angegebenen Informationen bestimmten

Informationstypen (Wortart, Deklinationsangaben, Definition, Beispiel) zugeordnet werden (Byrd et al., 1987).

Für den Einsatz derartiger LDBs zwecks dynamischer Wortschatzerweiterungen sprechen u.a. folgende Gründe:

- Im Laufe der Zeit sind in herkömmlichen Wörterbüchern immense Mengen lexikalischen Wissens akkumuliert worden.
- Im Rahmen von Systemen zum Wissenserwerb aus Texten, wie sie im LILOG-Projekt behandelt werden, liegt es nahe, ähnliche Verfahren auch für die Analyse von Lexikoneinträgen nutzbar zu machen, um so den Wortschatz dieser Systeme dynamisch zu erweitern.
- Im Verhältnis zu anderen natürlichsprachlichen Texten handelt es sich bei Wörterbuchdefinitionen um relativ stark strukturierte und gewissen Restriktionen unterworfene Textsegmente (Chorodow et al., 1985).

Die Behandlung unbekannter Wörter im Rahmen der maschinellen Wissensakquisition aus Texten stellt das Bedürfnis nach semantischer Information in den Vordergrund. Eine in diesem Kontext zum Einsatz kommende LDB muß daher in ihren Einträgen insbesondere Angaben über die verschiedenen Bedeutungsvarianten von Lemmata machen. Wörterbuchdefinitionen, Synonyme, Hyperonyme, Hyponyme und Antonyme liefern Ansatzpunkte, um Hypothesen über mögliche Lesarten zu bilden. Dabei kommt den Definitionen sicherlich eine besondere Rolle zu. Für die Entnahme semantischer Information aus Wörterbuchdefinitionen kann u.a. von folgenden Annahmen ausgegangen werden (Chorodow et al., 1985):

- Wörterbuchdefinitionen setzen sich typischerweise aus einem oder mehreren Oberbegriffen und Spezifikationen zusammen.
- Das semantische Objekt, auf das der Oberbegriff im Kontext der Definition referiert, enthält bereits zentrale Merkmale desjenigen Konzepts, auf das das zu definierende Wort Bezug nimmt.
- Die Spezifikationen grenzen üblicherweise das zu definierende Subkonzept von anderen ab.
- Die in Definitionen enthaltenen Pattern repräsentieren auf relativ systematische Weise semantische Relationen (Binot & Jensen, 1987).
- Das Bestreben der Lexikographen geht dahin, daß ein Wort in einem gegebenen Kontext durch seine Definition ersetzt werden kann. Beispiel:

    'Die Kirche hat schon angefangen.'
    Kirche: christlicher Gottesdienst

- Nicht sämtliches in Definitionen wiedergegebenes Wissen ist für eine erste Behandlung unbekannter Wörter von gleicher Wichtigkeit (Alshawi, 1987).

Englisch- und deutschsprachige Wörterbuchdefinitionen unterliegen gemeinsamen Prinzipien, so daß versucht werden kann, erfolgreiche Ansätze zur Analyse englischer Wörterbuchdefinitionen auf das Deutsche zu übertragen.

Folgende Punkte könnten beim maschinellen Herausfiltern semantischer Information aus Wörterbuchdefinitionen jedoch Schwierigkeiten bereiten:

1. Redundante bzw. alternative Definitionen sind aus Platzersparnisgründen mit großer Kompaktheit formuliert. Beispiel:

hübsch: in Art, Aussehen angenehm; von einer Beschaffenheit, die Wohlgefallen erregt, jemandem gefällt, jemandens Zustimmung findet (DUDEN Bedeutungswörterbuch)

Die daraus resultierenden Anforderungen betreffen sowohl die Ebene des Parsers als auch die der Wissensverarbeitung.

2. Die in Definitionen enthaltenen Spezifikationen geben gleichermaßen distinktive und redundante oder typische Merkmale an. Beispiel:

   Hagebutte: kleine hellrote Frucht der Heckenrose (DUDEN Bedeutungswörterbuch)

   Hier liegt die Schwierigkeit eindeutig im Bereich der Wissensverarbeitung und besteht im wesentlichen darin, den jeweiligen Status der einzelnen Merkmale zu identifizieren: eine unreife grünliche Frucht der Heckenrose sollte noch unter den Begriff der Hagebutte fallen, eine reife Frucht der Vogelbeere dagegen nicht. Dieses Problem kann nur durch eine Integration von Heuristiken zum Umgang mit unsicherem Wissen und insbesondere solcher zur Wissensrevision einer Lösung näher gebracht werden.

3. Es treten zwei Typen von Disambiguierungsaufgaben auf: Zum einen muß bei verschiedenen 'sense entries' derjenige ausgewählt werden, der mit dem Kontext, in dem das unbekannte Wort vorgefunden wurde, am besten verträglich ist. Unter sense entry soll dabei der Teil eines LDB- oder Wörterbucheintrags verstanden werden, der sich auf eine Bedeutungsvariante des Lemmas bezieht (Wilks et al., 1988). Zum anderen können innerhalb der Definition eines sense entry Mehrdeutigkeiten auftreten, auf deren Disambiguierung im Rahmen von Wortschatzerweiterungen nicht verzichtet werden kann.

   Beispiel eines doppelten Disambiguierungsproblems:

   Hans macht eine Hocke über das Pferd.

   Hocke: turnerische Übung, ...
   Haltung (im Sitzen), ...
   Übung: das Üben; ...
   ... Folge bestimmter Bewegungen
   (DUDEN Bedeutungswörterbuch)

   Bezüglich beider Aufgaben könnten neben allgemeinen Verfahren zum textuellen Wortverstehen (Gust et al., 1988) auch die Berücksichtigung der Beispiele eine zentrale Rolle spielen, denn zum einen skizzieren sie mögliche Kontexte für die zu spezifizierende Lesart des Lemmas und zum anderen dürfte eine grobe Fehlinterpretation der Definition zu Widersprüchen während der Verarbeitung der Beispiele führen. Für die Auswahl von sense entries sollten zusätzlich die in vielen Wörterbucheinträgen enthaltenen diatechnischen Angaben nutzbar gemacht werden (Wilks et al. 1988). Eine bereichsspezifische Strukturierung von Wissensbasis und Lexikon des sprachverarbeitenden Systems (Wachsmuth, 1988) könnte sich dabei als sehr hilfreich erweisen.

Die in den Einträgen enthaltenen Beispielphrasen und -sätze können ferner als eine Ergänzung zu den Definitionen fungieren, indem sie Zusatzinformationen über Eigenschaften der in den Definitionen umrissenen Konzepte liefern (Drysdale, 1987). In diesem Fall können sie von der Wissensverarbeitungskomponente des natürlichsprachlichen Systems für den Konzepterwerb nutzbar gemacht werden. Hierin kann eine langfristige Perspektive gesehen werden, substantielle Bereiche des Hintergrundwissens eines natürlichsprachlichen Systems unter Zuhilfenahme externer Lexika aufzubauen. In der einfachsten Form kann die Zusatzinformation in der Angabe von Instanzen bzw. Subkonzepten bestehen:

Element: Sauerstoff ist ein chemisches Element (DUDEN Bedeutungswörterbuch)

In diesem Zusammenhang sei noch ein letztes Problem erwähnt, das vermutlich nur langfristig einer Lösung näher gebracht werden kann und darin begründet ist, daß das aus LDB-Einträgen ableitbare Wissen unsicher und nicht immer von großer Detailliertheit sein wird:

Im Verlauf des Textverstehensprozesses gilt es, die Annahmen über die kontextuell präferierte Bedeutung eines unbekannten Wortes zu verifizieren und gegebenenfalls zu ergänzen bzw. zu falsifizieren. Das nachfolgende Beispiel sei ein Hinweis darauf, daß dies nicht immer einfach ist:

'Hans hörte die Glocken der Kirche läuten. ... die Kirche würde um 10.00 Uhr beginnen.'

Das zweite Vorkommen von 'Kirche' darf nicht als Hinweis dafür interpretiert werden, das erste Vorkommen von 'Kirche' referiere nicht auf ein Gebäude. Ferner ist es wünschenswert, beim zweiten Vorkommen die Analyse des LDB-Eintrags nicht wieder bei Null anfangen zu müssen.

2.3 Interaktive Eingabe vom Benutzer

Die Existenz von Verfahren zur Analyse leicht vorstrukturierter Wörterbucheinträge legt nahe, dem Benutzer die Möglichkeit einzuräumen, dem System bei Bedarf in ähnlicher Weise lexikalische Information bereitzustellen. Im Fall anderweitig nicht befriedigend analysierbarer Wörter sollte das System dem Benutzer einen Rahmen für einen quasinatürlichen Lexikoneintrag anbieten, der möglichst viel kontextuell erschlossener Information wiedergibt und vom Benutzer vervollständigt bzw. geändert werden kann, wobei ihm auch die Gelegenheit gegeben werden sollte, die Informationseingabe abzulehnen. Im letzten Fall müßte das System mit der aus dem Zusammenhang erschlossenen Information weiterarbeiten.

Eine derartige Eingabe hat viele Vorzüge: Der Benutzer wird vom System gelenkt, wobei ihm möglichst viel Arbeit abgenommen wird. Die Formulierung von Definitionen und Beispielen, wie sie in herkömmlichen Wörterbüchern verwendet werden, dürfte dem Benutzer keine Probleme bereiten. Gleichzeitig ist die Analyse seiner Eingaben im wesentlichen mit denselben Mitteln durchführbar, wie die der LDB-Einträge, so daß die zusätzlich erforderliche Entwicklungsarbeit keinen großen Aufwand mehr darstellen dürfte.

3 Die Realisierung in micro-lilog

micro-lilog ist ein kleines, in Prolog implementiertes textverstehendes System, dessen Komponenten mit Ausnahme der für das Bereitstellen lexikalischer Information erforderlichen Module nur in sehr rudimentärer Form vorliegen. Die übrigen Systemkomponenten haben vor allem die Funktion, eine Testumgebung bereitzustellen, da Wortverstehen und insbesondere eine Behandlung unbekannter Wörter nicht völlig losgelöst vom Textverstehen betrachtet werden kann. Die Behandlung unbekannter Wörter beschränkt sich derzeitig auf Substantive und Adjektive.

Bei einer Anfrage des Parsers an die Lexikonkomponente wird dem Lexikonmanager - bezogen auf das Wort, zu dem lexikalische Information benötigt wird - eine aus dem Kontext erschlossene Erwartungshaltung übergeben, die sowohl morphosyntaktische Eigenschaften (gemeint sind hier Wortart, Kasus, Numerus, Genus) als auch eine grobe Einschätzung der semantischen Kategorie (z.B. LEBEWESEN) umfaßt.

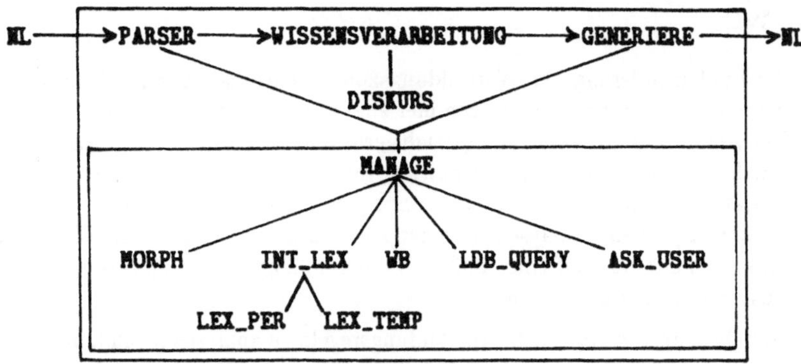

Abbildung 1: Architekturüberblick

3.1 MANAGE

Die zentrale Aufgabe des Lexikonmanagers besteht in der Koordination der verschiedenen, für das Zusammenstellen lexikalischen Wissens erforderlichen Verfahren:

- Lemmatisierung, Deklination von Grundformen,
- Zugriffe auf die permanenten und temporären internen Lexika,
- Einsatz von Wortbildungsregeln,
- Anfragen an eine lexikalische Datenbank und
- Anfragen an den Systembenutzer.

Der Lexikonmanager kann auch rekursiv von den durch ihn koordinierten Komponenten aufgerufen werden. Z.B. könnte die Verarbeitung eines LDB-Eintrags die Analyse eines Kompositums erforderlich machen. Beim Aufruf kann dem Lexikonmanager auch signalisiert werden, welche Hilfsquellen er für das Bereitstellen der lexikalischen Information einsetzen darf.

Darüber hinaus ist der Lexikonmanager auch für das Eintragen dynamisch hergeleiteter Lexikoneinträge in den temporären Teil des internen Lexikons verantwortlich. Da das automatische Löschen der dynamisch generierten Lexikoneinträge nach einer Arbeitssitzung unsinnig ist, sich aber durch eine vollautomatische Übernahme der dynamisch erzeugten Einträge in den permanenten Teil des systemimmanenten Lexikons leicht gefährliche Fehler einschleichen können, wurde eine Schnittstelle entwickelt, die es dem Systembenutzer am Ende einer Arbeitssitzung erlaubt, Einträge vom dynamischen ins permanente Lexikon zu übertragen.

3.2 MORPH

Der Wunsch, Zugriffe auf eine lexikalische Datenbank durchzuspielen, machte eine Ad-hoc-Implementierung einer Lemmatiesierungskomponente erforderlich, die für Substantive und Adjektive die Mehrzahl der Fälle abdeckt.

3.3 WB

Bei der Implementierung der Wortbildungskomponente haben wir uns bisher auf die Behandlung von Komposita beschränkt, und auch hier sind nur sehr einfache Regeln berücksichtigt. So werden zur Zeit Komposita vor allem als Spezialisierungen ihrer Zweitkonstituente erkannt. Dabei werden relationale Komposita nach der Definition von Kanngießer (1985), bzw. einige im allgemeineren Sinne relationale Komposita detaillierter analysiert. Bereits mit diesen rudimentären Wortbildungsregeln können partielle Analysen für einen substantiellen Bereich denkbarer Komposita erzielt werden. Eine Erweiterung auf eine Analyse wissensabhängiger Komposita erfordert einen Ausbau der Wissensverarbeitungskomponente.

Sobald unbekannte Wörter über Wortbildungsregeln zu analysieren sind, muß ein effizientes Segmentierverfahren zur Verfügung stehen. Da dies eher ein der Wortbildungskomponente vorgeschaltetes Problem darstellt, wurde nur eine einfache Segmentierungsstrategie integriert.

Bei erfolgreicher Segmentierung begnügt sich das System im Fall von Adjektiven damit, Morphosyntax und Semantik, wie sie oben skizziert wurden, von der Zweitkonstituente an das Kompositum zu vererben. Diese Behandlung führt zwar dazu, daß das System z.B. 'groß' und 'riesengroß' semantisch nicht unterscheiden kann, ermöglicht jedoch immerhin nach der Bearbeitung des Satzes 'hans sieht ein riesengroßes haus.' folgende Frage-Antwort-Sequenz:

```
>sieht hans ein haus?
 ja!
>sieht hans ein grosses haus?
 ja!
>sieht hans ein riesengrosses haus?
 ja!
>sieht hans ein kleines haus?
 das weiss ich nicht!
```

Selbstverständlich müßten bei Adjektiven, die irgendeine Art von Negation enthalten (z.B. 'halbvoll' oder 'nichtmonoton') die Erstkonstituente berücksichtigt werden. Dies wirft jedoch keine prinzipiellen Probleme auf.

Handelt es sich bei dem Kompositum um ein Nomen, wird versucht, zusätzlich einen Lexikoneintrag für die Erstkonstituente zu finden, wobei auch berücksichtigt wird, daß Erst- und Zweitkonstituente mittels eines Fugenelements miteinander verbunden sein können. Wird für die Erstkonstituente kein Eintrag in den internen Lexika gefunden, werden die Eigenschaften der Zweitkonstituente für das Kompositum übernommen.

Existiert jedoch für die Erstkonstituente ein Eintrag in einem der internen Lexika, wird versucht, die Konzepte, auf die die beiden Konstituenten referieren, mittels einer wortbildungsaktiven Relation zueinander in Beziehung zu setzen. Gelingt dies aus irgendeinem Grunde nicht, wird das Kompositum in Analogie zu dem Fall behandelt, in dem die Erstkonstituente unbekannt ist.

3.4 LDB_QUERY

In micro-lilog haben wir uns zunächst mit einer Simulation einer LDB beholfen, um die prinzipielle Durchführbarkeit des Ansatzes zu demonstrieren. Dabei kommt es weder auf den Umfang der LDB noch auf optimale Zugriffszeiten an. Die „micro-ldb“ wurde, was Definitionen, Beispiele und die Unterscheidung nach Lesarten betrifft, unter Berücksichtigung des DUDEN Bedeutungswörterbuchs entwickelt und hat in der Struktur ihrer Einträge gewisse Ähnlichkeit mit der auf dem Collins German Dictionary: German-English basierenden LDB von Byrd et al. (1987). Sie ist in Form von Prologklauseln implementiert und enthält Einträge folgender Art:

```
kirche: {pos:n gender:f nmorph:(- n)
         hom:[{def:[gottesdienst]}
              {def:[grosses gebaeude]}
              {def:[glaubensgemeinschaft]}]}
```

Die Einträge umfassen grundsätzlich Angaben über die Wortart des Lemmas. Bei Substantiven liegt zusätzlich eine Genusangabe vor, sowie Information über die Genitiv-Singular- und die Nominativ-Plural-Form. Zur Zeit enthalten die LDB-Einträge nur sehr einfache, in ihrer Struktur jedoch nicht untypische Definitionen:

bei Substantiven: [Artikel] {Adjektiv} Substantiv,
bei Adjektiven: {Adjektiv} Adjektiv,

wobei die eckigen Klammern bedeuten, daß etwas auch weggelassen werden darf, und die geschweiften Klammern besagen, daß etwas beliebig oft oder auch gar nicht vorkommen kann.

Wenn nun in einem zu verarbeitenden Satz ein für das System unbekanntes Wort auftritt, das von der Wortbildungskomponente nicht analysiert werden kann, werden mittels der Morphologiekomponente Hypothesen über die Grundform dieses Wortes gebildet und ein entsprechender Eintrag in der LDB gesucht.

Bei der Auswahl einer geeigneten Lesart kann zur Zeit nur die vom Parser aufgebaute Erwartungshaltung Berücksichtigung finden, d.h. Wortart, Genus, Numerus und insbesondere die grobe Einschätzung der semantischen Kategorie. Bei der Verarbeitung des Satzes 'das gemeindehaus und die kirche stehen in der eiskellerstraße.' z.B. wird zunächst 'gemeindehaus' als ein Haus analysiert, dessen Besitzer die Gemeinde ist. Aufgrund des Lexikoneintrags von 'und', der besagt, daß dieses Wort dazu neigt, zwei Wörter ähnlicher semantischer Kategorie miteinander zu verbinden, wird nun die Erwartungshaltung aufgebaut, 'kirche' referiere auf ein GEBÄUDE. Diese Erwartungshaltung erlaubt es nun, die Lesart von Gottesdienst bzw. Glaubensgemeinschaft für den gegebenen Kontext auszuschließen (s. LDB-Eintrag von 'kirche'). Der Auswahlprozeß ist um so einfacher, je spezifischer die Erwartungen vom Parser sind und je stärker die einzelnen Lesarten bzgl. ihrer semantischen Kategorie voneinander abweichen.

Für die Verarbeitung der Definitionen wurde ein rudimentärer Parser implementiert. Er macht sich neben einigen der in Abschnitt 2.2 aufgeführten Charakteristika von Wörterbuchdefinitionen eine von Chorodow (1985) vorgeschlagene Heuristik zunutze. Danach entsprechen im Fall von Nomendefinitionen die Oberbegriffe typischerweise den Heads der definierenden Phrasen (semantischer und syntaktischer Head fallen zusammen), für deren Auffinden wiederum Heuristiken eingesetzt werden können. Bei den vorliegenden Einschränkung von Definitionen ist es jeweils das am weitesten rechts stehende Wort der Definition.

Definitionen dürfen selbst wieder unbekannte Wörter enthalten. Die Rekursionstiefe der Behandlung unbekannter Wörter ist allerdings beschränkt. Zusätzlich liegt ein Verfahren zum Erkennen von Zyklen in Definitionen vor. Tritt in einem LDB-Eintrag ein unbekanntes Wort auf, das weder über Wortbildungsregeln noch mittels der LDB adäquat analysiert werden kann, wird der Systembenutzer nicht bzgl. dieses, sondern bzgl. des ursprünglich unbekannten Wortes um Auskunft gebeten.

Der iterative Ansatz führt dazu, daß auch die folgenden LDB-Definitionen verarbeitet werden können:

- limousine: ein großer personenwagen
  Weder für 'personenwagen' noch für 'wagen' ist im permanenten Teil des internen Lexikons ein Eintrag enthalten. Die Definition kann unter Zuhilfenahme von Wortbildungsregeln verarbeitet werden, wenn zuvor der LDB-Eintrag für 'wagen' analysiert wurde und somit ein dynamisch erzeugter Eintrag für dieses Wort vorliegt: er ist Voraussetzung für eine erfolgreiche Segmentierung des Kompositums.

- gasse: winzige straße.
  Da 'winzige' nicht im permanenten Teil des internen Lexikons enthalten ist, die LDB aber einen Eintrag für 'winzig' enthält, kann die Definition mittels eines rekursiven Aufrufs von LDB_QUERY analysiert werden.

3.5 ASK_USER

Die Benutzerschnittstelle ist zum Teil menügesteuert und erlaubt dem Benutzer, die für das Parsing benötigte Information entweder im systeminternen Format oder in Analogie zu den LDB-Einträgen mittels einfacher stereotyper natürlichsprachlicher Definitionen einzugeben. Sie gestattet es ihm aber auch, die Informationseingabe abzulehnen. Die Eingabe im systeminternen Format dürfte zwar für einen mit dem internen Lexikon nicht vertrauten Benutzer uninteressant sein, stellt aber für denjenigen, der das interne Sprachlexikon aufbauen und testen möchte, vermutlich ein nicht zu unterschätzendes Hilfsmittel dar.

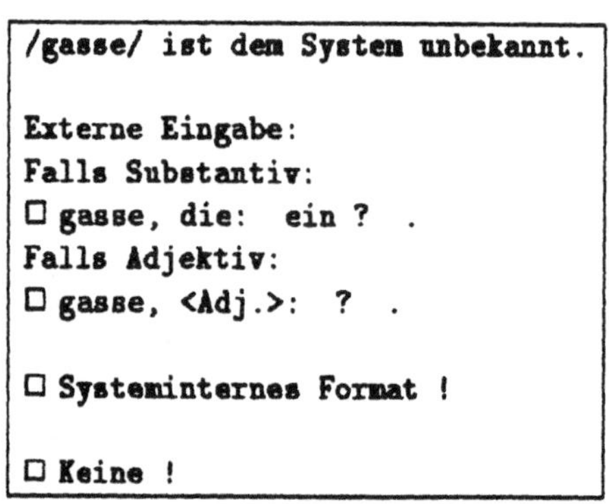

Abbildung 2: Beispiel einer Anfrage an den Systembenutzer

Nach der Eingabe von 'das gebäude der staatlichen kunstakademie liegt in einer gasse.' könnte z.B. auf dem Bildschirm ein Fenster (s. Abbildung 2) erscheinen, über das micro-lilog nun mit dem Benutzer kommuniziert. Die vom Parser erzeugte Erwartungshaltung besteht in diesem Zusammenhang darin, daß 'gasse' ein feminines Nomen oder ein Adjektiv sein kann. Daß die Möglichkeit eines Adjektivs nicht ausgeschlosssen werden konnte, ist ein Problem des Parsers. Der Benutzer kann sich nun zwischen drei Vorgehensweisen entscheiden:

- Er kann eine natürlichsprachliche Definition geben, indem er das entsprechende Pattern etwa wie folgt vervollständigt.

  ☐ gasse, die: eine kleine straße.

- Er kann die systeminterne Eingabe durch Anklicken auswählen.
- Der Benutzer hat die Möglichkeit, „☐ Keine !" anzuklicken und dem System dadurch mitzuteilen, daß es ohne zusätzliche Informationen auskommen muß.

4 Schlußbemerkung

Es wurden Grundprinzipien und Probleme einer bedarfsgesteuerten Erweiterung des Wortschatzes von natürlichsprachlichen Systemen vorgestellt. Mit einem kleinen Dialogsystem (micro-lilog) wurde die Handhabbarkeit der beschriebenen Ansätze (Einsatz von Wortbildungsregeln, Zugriff auf externe Lexika und interaktive Benutzereingabe) demonstriert. Daneben umfaßt micro-lilog auch einige Mechanismen, kontextuelle Informationen syntaktischer und semantischer Natur beim Erschließen unbekannter Wörter zu berücksichtigen. Das System erlaubt es, die Interaktion der verschiedenen Verfahren durchzuspielen und die darin begründete Leistungssteigerung für die Behandlung unbekannter Wörter aufzuzeigen.

Ein Großteil der in Abschnitt 2 skizzierten Probleme (Komplexität der Definitionen, Einschätzung der in den Definitionen enthaltenen Spezifikationen, Umgang mit den in den Einträgen enthaltenen Beispielen und diatechnischen Angaben sowie eine Behandlung unterschiedlicher Lesarten eines unbekannten Wortes in einem Text) wurde in micro-lilog noch nicht berücksichtigt, da sie einen Ausbau einiger außerhalb der eigentlichen Lexikonkomponente befindlicher Module erfordert hätte, insbesondere den des Parsers, der Wissensverarbeitungskomponente, des Diskursbereichswissen und der Diskursrepräsentation. Es wurde jedoch versucht, die einzelnen Komponenten so anzulegen, daß sie durchaus erweiterbar sind.

Literatur

[Alshawi, H. (1987)] Processing Dictionary Definitions with Phrasal Pattern Hierarchies. In: Computational Linguistics 13 (3-4), S. 195-202.

[Binot, Jean-Louis & Karen Jensen (1987)] A Semantic Expert Using an Online Standard Dictionary. IBM Research Report RC 12455, IBM Thomas J. Watson Research Center, Yorktown Heights, New York. (auch IJCAI 87)

[Byrd, R. J., N. Calzolari, M. S. Chodorow, J. L. Klavans & M. S. Neff (1987)] Tools and Methods for Computational Linguistics. In: Computational Linguistics 13 (3-4), S. 219-240.

[Chodorow, M. S., R. J. Byrd & G. E. Heidorn (1985)] Extracting Semantic Hierarchies from a Large On-Line Dictionary. In: Proceedings of the 23rd Annual Meeting of the Association for Computational Linguistics (ACL), Chicago, Illinois, USA, S.299-304.

[Drysdale, P. D. (1987)] The Role of Examples in a Learner's Dictionary. In: A. Cowie (Hrsg.): The Dictionary and the Language Learner. Lexicgraphica Series Maior 17, Tübingen.

[DUDEN Bedeutungswörterbuch (1985)] Hrsg. Drosdowski, G. & W. Müller, 2. Auflage, Mannheim.

[Gust, H., P. Ludewig & M. Rickheit (1988)] Die Struktur des Lexikons für LILOG. LILOG-Report 29, Stuttgart: IBM Deutschland.

[Hausmann, Franz Josef (1977)] Einführung in die Benutzung der neufranzösischen Wörterbücher. Romanistische Arbeitshefte 19, Tübingen.

[Kanngießer, S. (1985)] Strukturen der Wortbildung. In: Ch. Schwarze, D. Wunderlich: Handbuch der Lexikologie.

[Wachsmuth, I. (1988)] Zur intelligenten Organisation von Wissensbeständen in künstlichen Systemen. Habilitationsschrift; Osnabrück.

[Wilks, Y. A., D. Fass, Ch. Guo, J. E. McDonald, T. Plate & B. M. Slator (1988)] Providing Machine Tractible Dictionary Tools. Unveröffentlichtes Manuskript.

OSKAR - ein Prolog-Programm zur Modellierung der Struktur und der Verarbeitung räumlichen Wissens

Ewald Lang	Kai-Uwe Carstensen
Berg. Univ. Wuppertal	Universtät Hamburg
FB 4, Gauss-Str. 20	FB Informatik
D-5600 Wuppertal 1	D-2000 Hamburg 50

Abstract: The paper presents an implemented PROLOG system ("OSKAR") which simulates the structure and mode of operation of that subset of spatial knowledge which underlies the dimensional designation and the positioning of physical objects. It outlines the linguistic theory on which the implementation is based, gives an overview of OSKAR´s design and capacity, and sketches some possible extensions and modifications of the program.

1. Einführung: Was konstituiert räumliches Wissen ?

Für die Charakterisierung räumlichen Wissens ist die vieldiskutierte Frage, ob *entweder* der Raum die Objekte konstituiert (Container-Auffassung) *oder* ob die Objekte den Raum aufspannen (Konfigurations-Auffassung), mit einem klaren *Sowohl - als auch* zu beantworten: räumliches Wissen umfaßt sowohl begriffliche Kenntnis von Objekten in ihren räumlichen Eigenschaften als auch ein (internes) mentales Modell des (externen) physikalischen Raums, das die Objekte im Raum lokalisiert. Auf zwei Punkte gebracht :

(1) Die Kenntnis eines Objekts beinhaltet die Kenntnis seiner räumlichen Dimensionen,d.h. der graduierbaren Eigenschaften seiner Erstreckung im Raum.
(2) Die Kenntnis des Raums beinhaltet die Verfügbarkeit eines bestimmten Systems von Achsen, die die Auszeichnung von gewissen Dimensionen von Objekten und von Distanzen zwischen Objekten im Raum determinieren.

Räumliches Wissen umfaßt somit den Überschneidungs- bzw. Interaktionsbereich von Objektkenntnis und Orientierungsvermögen. Es beruht auf einem grundlegenden kognitiven Modul der Repräsentation und Verarbeitung perzeptiv fundierter und konzeptuell kategorisierter Kenntnisse.
Für die Ziele der KI-Forschung ist die Modellierung der Struktur und Funktionsweise räumlichen Wissens ebenso zentral wie diffizil. Zentral - wegen der Relevanz des Raums für die Kognition insgesamt: die Struktur räumlichen Wissens ist ein Grundmuster, das auf die begriffliche Organisation anderer Domänen des Wissens (Zeit, Akustik, soziale Hierarchien etc.) übertragen wird. Diffizil - wegen der empirischen Unzugänglichkeit der zu modellierenden Konzepte: räumliches Wissen ist ubiquitär und so unabtrennbar mit allen kognitiven Prozessen verbunden, daß es schon besonderer Techniken bedarf, um die spezifischen Momente dieses Kenntnissystems zu elizitieren.

Ein Modellierungsvorschlag für einen exemplarischen Ausschnitt räumlichen Wissens - die Dimensionsauszeichnung von Objekten - liegt nun vor als Prolog-Programm OSKAR (= **O**bjekt-**S**chemata zur **K**onzeptuellen **A**nalyse **R**äumlicher Objekteigenschaften [14]). Es wird in den folgenden Abschnitten in der zeitlichen und logischen Reihenfolge seiner Entwicklungsetappen vorgestellt:
(a) Linguistisch-semantische Analyse sprachlicher Objektbezeichnungen und Dimensionsausdrücke (DA) in einem Zwei-Stufen-Modell (cf. [1], [2], [3], [8], [9]) als empirisch fundierter Zugang zu Struktur und Verarbeitung räumlichen Wissens - Abschnitt **2.1 - 2.2**.
(b) Formulierung von Objektschemata (OS) als einem geeigneten Repräsentationsformat für Objektkonzepte sowie von Regeln zur Interpretation von DA in OS, die die Dimensionsauszeichnung von Objekten als Operationen der Kenntnisverarbeitung modellieren - Abschnitt **2.3 - 2.4.**
(c) Implementierung von (b) in dem Prolog-Programm OSKAR innerhalb des Projekts LILOG -Raum (Universität Hamburg) (cf. [14]) - Abschnitt **3.**
(d) Ausblick auf Einpassung und Erweiterungen von OSKAR - Abschnitt **4.**

Die kurze Nachzeichnung des Werdegangs von OSKAR ist aufschlußreich für methodisches Vorgehen in den Kognitionswissenschaften und erhellend für die Struktur und die Ausbaumöglichkeiten des so erzielten Resultats.

2. Ein linguistischer Zugang zu räumlichem Wissen

2.1 **Dimensionsauszeichnung.**Ausgangspunkt war eine detaillierte semantische Analyse der Distributions- und Interpretationsbedingungen von Dimensionsausdrücken (DA) wie *3m lang, kürzer als, größer als, so breit wie, weniger hoch, tief, weit* etc. im Hinblick auf (Klassen von) Objekte(n) wie Brett, Stange, Turm, Haus, Tor, Tunnel, Fluß, Feld, Teller, Buch usw. Die zunächst in empirischen Tests ermittelten Kombinationsbeschränkungen sowohl der DA untereinander (es gibt kein Objekt , das zugleich *hoch, tief* und *dick* sein kann usw.) wie auch der DA mit den Objekten (ein *Garten* kann nicht *hoch* sein, ein *Tunnel* kann *hoch und lang* oder *hoch und tief* sein usw.) führten zu der Einsicht, daß die DA kriterial auf achsenbestimmte Gestalt- und/oder Lageeigenschaften der Objekte zugreifen und diese damit als räumliche Dimension des Objekts auszeichnen.So bezieht sich *lang-kurz* stets auf die MAXimale Objektachse, *hoch -niedrig* auf eine VERTikal orientierte Achse, *tief* auf eine Betrachter (OBServer)-definierte Achse usw. Semantisch sind die DA daher im wesentlichen als Parameter (MAX, VERT, OBS etc.) für die Auszeichnung entsprechender Objektachsen zu analysieren. Die semantische Repräsentation von Objektbezeichnungen (*Brett, Stange, Tunnel* etc.) enthält entsprechend Informationen über die Begrenztheit (was Individuen von Substanzen unterscheidet), die Ein-, Zwei- oder Drei-Dimensionalität und gewisse Achseneigenschaften der betreffenden Objekte, also z.B. daß eine Stange ein begrenztes, dreidimensionales Objekt mit einer maximalen (durch den Parameter MAX in *lang-kurz* identifizierbaren) und zwei integrierten (durch den Parameter SUB in *dick-dünn* identifizierbaren) Achsen darstellt. Die Bedeutung des Wortes *Stange* umfaßt nur die sprachlich codierte Zugriffsadresse für das Konzept "Stange", d.h. für eine bestimmte gedächtnisfixierte begriffliche Einheit unserer Objektkenntnis, die ebenso durch die Wörter engl. *pole* oder frz. *perche* etc. oder auch durch die nicht-verbale (visuell zugängliche) Repräsentation einer Stange aktiviert wird.

2.2 **Sprachliche und begriffliche Ebene.**Die Analyse der Dimensionsauszeichnung hat zur Etablierung eines Modells von semantischer Interpretation (bei Sprachverstehen und Sprachproduktion) geführt, in dem zwei Stufen der Repräsentation von Kenntnissen unterschieden und aufeinander bezogen werden:

(a) eine Ebene der sprachgebundenen Repräsentation von Wortbedeutungen (**Semantische Form** (SF)), auf der die DA als Parameter der Auszeichnung von Objektachsen und die Objektbezeichnungen als Adressen für Objektkonzepte figurieren.

(b) eine Ebene der sprachunabhängigen, intermodal zugänglichen Repräsentation von begrifflichem Wissen (**Konzeptuelle Struktur** (CS)), auf der die Objektkonzepte in Form von Objektschemata (cf. 2.3.) figurieren, die u.a. Belegungsinstanzen für die in den DA codierten Auszeichnungsparameter enthalten - dazu grundsätzlich und detailliert [1], [2], [3], [9], [10], [11].

Die Ebene der SF-Repräsentationen bildet - in diesem Modell - die Schnittstelle zwischen grammatisch determinierter Sprachkenntnis und begrifflich strukturiertem Weltwissen, die Ebene der CS-Repräsentationen hingegen bildet - aufgrund ihrer intermodalen Zugänglichkeit - die begriffliche Integrationsdomäne für perzeptive (visuelle, taktile, akustische, kinästhetische etc.) und linguistische Information. Zur Aufteilung und Interaktion dieser beiden Ebenen skizzieren wir hier nur drei illustrative Argumente.

Erstens. Ohne die Unterscheidung von sprachgebundener semantischer und intermodal zugänglicher konzeptueller Repräsentation ist es unmöglich zu erklären, warum z.B. der Satz *Das Brett ist breit genug , aber zu dünn* bezogen auf die in (3) abgebildeten räumlichen Situationen I - III (also einen nicht-verbalen Kontext) genau denselben Interpretationsspielraum bezüglich durch *breit* identifizierten Objektabmessung aufweist, wie wenn er ergänzt ist um in die verbalen Kontexte *und lang* bzw.*und hoch* bzw.*und tief* wie in (4)(1 - 3):

(3)

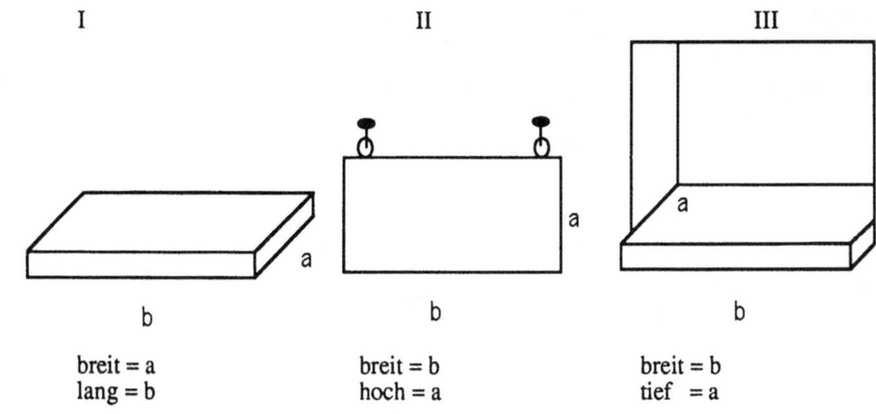

(4)	(1)	*Das Brett ist breit* und lang *genug*, aber zu dünn	(breit = a wie in I)
	(2)	*Das Brett ist breit* und hoch *genug*, aber zu dünn	(breit = b wie in II)
	(3)	*Das Brett ist breit* und tief *genug*, aber zu dünn	(breit = b wie in III)

Die mögliche Äquivalenz verbaler und nicht-verbaler Kontexte für die Festlegung der Interpretation sprachlicher Ausdrücke ist ein starkes Indiz dafür, daß die betreffenden selektiv wirkenden Kontextinformationen auf der intermodal zugänglichen Ebene der Konzeptuellen Strukur verrechnet werden.
Zweitens. Ohne die Annahme der Zweistufigkeit der semantischen Interpretation müßte man DA wie *breit* oder Objektbezeichnungen wie *Brett* als hoffnungslos vieldeutige Ausdrücke analysieren, was sowohl der tatsächlichen Funktionstüchtigkeit dieser Ausdrücke in der Kommunikation wie auch prinzipiellen Gesichtspunkten der Lernbarkeit widerspräche. Die offenkundige Mehr-Mehr-Deutigkeit in der Zuordnung von DA und Objektabmessungen (von der (3) und (4) nur eine Probe vermitteln) wird in der Zwei-Stufen-Semantik genau durch die Beziehung zwischen einem Auszeichnungsparameter der semantischen Ebene und seinem spezifisch restringierten Belegungsspielraum auf der konzeptuellen Ebene rekonstruiert.
Drittens. Nur die genannte Zwei-Stufen-Semantik erlaubt es, die folgenden gültigen (⟶) bzw. ungültigen (↛) Inferenzen (*entailments*) als Beziehungen zwischen Objektkonzepten und somit als Strukturierung räumlichen Wissens korrekt zu behandeln:

(5)	Die Stange ist 20m hoch	⟶	Die Stange ist 20m lang
	Der Turm ist 20m hoch	↛	* Der Turm ist 20m lang
	Der Tunnel ist 30m tief	⟶	Der Tunnel ist 30m lang
	Der See ist 30m tief	↛	Der See ist 30m lang

Anders als z.B. die Konversität von *x ist länger als y* ↔*y ist kürzer als x* sind Inferenzen wie die in (5) nicht in der Wortbedeutung (Semantische Form) der DA *lang, hoch, tief* etc.verankert, sondern sie ergeben sich aus der auf der konzeptuellen Ebene jeweils ausbuchstabierten Repräsentation dimensional ausgezeichneter Objekte.So enthalten z.B. die Repräsentationen der Objektkonzepte "Stange" und "Turm" beide die Information, daß ihre Höhe ihre an der Vertikalen orientierte Länge ist. Aber ferner auch, daß im Falle von "Stange" diese Orientierung durch den Kontext induziert und somit die Länge einer Stange immer aus ihrer Höhe ableitbar ist, während im Falle von "Turm" die Vertikal-Orientierung intrinsisch ist (die kanonische Position in der Vertikalen ist konstitutiv für "Turm"), so daß keine Möglichkeit besteht, aus der Höhe eines Turms regulär auf seine Länge zu schließen. Andersherum: der Ausdruck *langer Turm* impliziert, daß sich das so bezeichnete Objekt nicht in seiner Normalposition ("stehend") befindet. Was beinhalten nun die auf der CS-Ebene anzusiedelnden Repräsentationen von Objektkonzepten ?

2.3 **Objektschemata.** Als Format für die Repräsentation von Objektkonzepten, also des gedächtnisfixierten Wissens über räumliche Objekte und deren aktuelle Lokalisierung, eignen sich Objektschemata (OS) in Form einer Matrix mit 3 Zeilen und 1 bis 3 Spalten, die durch entsprechende Einträge die definierenden und die situativ variablen räumlichen Eigenschaften einer jeweiligen Objektklasse festhalten (cf.[8], [9], [10], [11]) . Aufbau und Funktionsweise der OS illustrieren wir anhand der OS für "Stange", "lange Stange" ,"hohe Stange" und "Turm" in ihrem Zusammenhang:

(6)	(a)	"Stange"	**< a**	**(b c) >**
			max	*sub*
	(b)	"lange Stange"	**< a**	**(b c) >**
			max	*sub*
			max	
	(c)	"hohe Stange"	**< a**	**(b c) >**
			max	*sub*
			vert	
	(d)	"Turm"	**< a**	**(b c) >**
			[*max,vert*]	*sub*

Die erste Zeile eines OS repräsentiert durch eine, zwei oder drei Variablen für Objektachsen - **a, a b, a b c** - die **Dimensionalität** , durch gewinkelte Klammern **< >** die **Begrenztheit** des Objekts, durch runde Klammern ( ) die eventuelle **Integration** von Objektachsen . Bei den Objekten in (6) ist das z.B. der durch den Parameter SUB in *dick- dünn* identifizierbare Durchmesser ihrer kreisförmigen Schnittfläche.

Die zweite Zeile reflektiert die definierenden Gestalt- und Lageeigenschaften des gegebenen Objekts durch Einträge wie *max, sub, vert, obs* etc. Als Bestandteile von OS stehen diese Symbole nun für die konzeptuellen Dimensionsauszeichnungswerte (DAW), die die in den DA *lang, dick, hoch, tief* codierten Auszeichnungsparameter MAX, SUB, VERT, OBS etc. instantiieren (man beachte die typographische Unterscheidung !). Bei (6)(a - d) haben wir entsprechend Information über die Drei-Dimensionalität des Objekts (durch **a b c** in der Kopfzeile), aber wegen der integrierten Achsen (**b c**) nur zwei **Positionen** (Spalteneinträge) im OS. Sie besagen, daß eine Stange eine Maximale (*max*) und zwei zum Durchmesser (*sub*) integrierte Nebenachsen hat. Ähnlich bei Turm, nur daß in (6)(d) der komplexe Eintrag [*max, vert*] in der zweiten Zeile des OS die für das Objektkonzept "Turm " entscheidende **intrinsische Orientierung** seiner Hauptachse an der Vertikalen des umgebenden Raumes repräsentiert. Damit ist "Stehen" die kanonische Lageeigenschaft eines Turms. Für den Ausdruck ******langer Turm* wird durch den Positionseintrag [*max, vert*] eine reguläre Interpretation blockiert (MAX kann auf [*max, vert*] nicht zugreifen) und eine Umweginterpretation mit dem Resultat "Objekt in anormaler Lage" gebildet. Genau soviel enthalten die Objektkonzepte "Stange" und "Turm" an sich, d.h. ohne Zusatzinformation aus dem Kontext.

Die dritte Zeile eines OS enthält die **kontextuell** - durch ein DA oder den Situationskontext (vgl. (3) und (4)) - **determinierte Dimensionsauszeichnung**, somit etwas, was erst durch Verarbeitung räumlichen Wissens als Repräsentation aufgebaut wird. Die Auszeichnung einer Objektachsenabmessung als graduierbare Dimension kann nun auf zweierlei Weise erfolgen. Entweder als primäre **Identifizierung** einer Objektachse - so, wenn *lang* (oder *kurz*) via MAX die durch *max* markierte Objektachse identifiziert wie in (6)(b), oder als **kontextuelle Spezifizierung** einer Objektachse - so, wenn *hoch* via VERT die durch *max* markierte Achse durch Einfügung von *vert* als in der Vertikalen gerichtet spezifiziert wie in (6)(c). Dadurch wird ein Gestaltmerkmal der Stange (maximale Achse) zum Träger einer Lageeigenschaft inbezug auf die räumliche Umgebung. Dies erklärt , warum eine hohe Stange steht (für "stehende Stange" kommt dasselbe OS zustande wie für "hohe Stange" in (6)(c)), während eine lange Stange beliebige Lagen einnehmen kann.

Per Konvention schließlich gibt die Abfolge **a b c** die relative Prominenz und damit die Proportionen der Achsenabmessungen des betreffenden Objekts wieder, was eine weitere wichtige räumliche Information (Gestalt- und Mustererkennung) darstellt.
Das ermittelte Inventar an OS, 7 Typen mit etwa 40 belegten Kombinationen von Einträgen, stellt einen inbezug auf die Dimensionsauszeichung vollständigen *catalogus mundi* räumlicher Objekte dar und reflektiert so ein zentrales, die Struktur räumlichen Wissens bestimmendes, Kategorisierungsraster, das u.a. Festkörper von Hohlkörpern, bewegliche von ortsfesten Objekten unterscheidet.

2.4 **Grundlagen der Interpretation.** Die hier skizzierte Theorie der Dimensionsauszeichnung von Objekten hat drei Bestandteile: 1. die Rekonstruktion der Wortbedeutung der DA als Auszeichnungsparameter (DAP), 2. die OS als Repräsentationsformat für Objektkonzepte, 3. die Abbildung der DAP in die OS. Die Basis für die Interaktion dieser Teile besteht in einer (sehr kleinen) Menge von **Verträglichkeitsbedingungen** zwischen den involvierten Auszeichnungsparametern für achsenbezogene Gestalt- und Lageeigenschaften von Objekten. Diese Bedingungen determinieren sowohl die Menge zulässiger OS als Kenntnisstrukturen wie auch die **Interpretationsregeln,** nach denen ein in einem DA codierter Auszeichnungsparameter via Identifizierung oder Spezifizierung einer Position im OS instantiiert wird.
Ein Beispiel: Die Bedingung " VERT ist mit MAX verträglich " ist sowohl die Rechtsgrundlage für das Vorkommen des komplexen Primäreintrags [*max, vert*] in einem OS (wo er - wie bei "Turm" in (6)(d) - intrinsische Vertikalorientierung der Hauptachse indiziert) als auch für die Interpretationsregel "Ein Parameter VERT kann eine durch *max* markierte Position in einem OS spezifizieren", die zu einem Eintrag $\genfrac{}{}{0pt}{}{max}{vert}$ in einem OS´ führt, wo er - wie bei "hohe Stange" in (6)(c) - kontextuell induzierte Vertikalorientierung der Hauptachse anzeigt. Durch die Ausformulierung der Verträglichkeitsbedingungen wird explizit, daß die Struktur und die Verarbeitung räumlichen Wissens in einem wesentlichen Ausschnitt denselben Prinzipien unterliegen.

3. Implementierung und Erweiterung in OSKAR

Die in Abschnitt **2** beschriebene Theorie der Dimensionsauszeichnung wurde im September ´88 in ihren drei Bestandteilen (DAP, OS und deren Interaktion) als PROLOG-Programm implementiert, zunächst mit dem Ziel, den in [1], [9], [10] entwickelten formalen Apparat auf Konsistenz (keine Fehlauszeichnungen) und Vollständigkeit (exhaustive Anwendbarkeit auf räumliche Objekte) zu überprüfen. Dieser Zweck wurde erfüllt, darüberhinaus zeigten sich die Objektschemata als ausbaufähig zur Darstellung weiterer achsenabhängiger Lageeigenschaften (Seitenauszeichnung) und bestimmter Effekte von Objektmanipulation wie Kippung oder Drehung. Auf das Wesentliche beschränkt läßt sich die Implementierung der Resultate der semantischen Analyse folgendermaßen beschreiben:

3.1 **DAP.** Die semantische Repräsentation der Dimensionsausdrücke wird unter Ausblendung der Graduierungskomponente in OSKAR auf Angabe der Dimensionsauszeichnungsparameter DAP (MAX, VERT, SUB, OBS etc.) reduziert.

3.2 **OS.** In OSKAR bilden die Objektschemata spezielle Merkmalsstrukturen, die aus Attribut-Wert-Paaren bestehen, wobei die Werte komplex, d.h. nicht-atomar, sein können. Diese Merkmalsstrukturen sind als komplexe PROLOG-Terme implementiert. Ein Merkmal hat daher die Form **ATTRIBUT(WERT)**, wobei **WERT** entweder eine Liste von Merkmalen, eine Liste spezieller Werte, die als PROLOG-Terme repräsentiert sind, oder ein Atom sein kann.

```
(7)  os([ dimensions(DIMENSIONS),        (8)  position([ axes(AXES),
          positions(POSITIONS),                          boundedness(BOUNDEDNESS),
          nop(NOP),                                      endpoints(ENDPOINTS),
          sides(SIDES) ] )                               assignment(DAW) ])
```

(7) zeigt die generelle Form eines Objektschemas in OSKAR. Es enthält die in **2.3** aufgeführten Informationen über
die Dimensionalität (DIMENSIONS)
die Positionen (POSITIONS) sowie zusätzlich
das Normalproportionsschema (NOP) und die Seiten (SIDES)
eines Objekts.Das Attribut ´nop´ ist zur Zeit nur ein Dummy, dessen Wertebereich noch festzulegen ist.[1]

(8) zeigt die generelle Form einer Position (Spalteneintrag) im Objektschema. Sie umfasst Informationen über
die involvierten Achsen (axes(AXES))
die diesbezügliche Begrenztheit (boundedness(BOUNDEDNESS))
die entsprechenden Endpunkte (endpoints(ENDPOINTS)) und
die Dimensionsauszeichnungswerte (assignment(DAW))
des betreffenden Objekts.

Dadurch, daß AXES immer eine Teilmenge von DIMENSIONS darstellt, ist die eindeutige Identifizierung einer Position gewährleistet. Weil DA wie *hoch* via VERT ein jeweiliges Paar von Achsenendpunkten eindeutig determinieren, werden die entsprechenden Werte in den OS als Terme vert(E1,E2) etc. notiert. Daraus ergibt sich die Möglichkeit, für die Objekte entsprechende Seiten (z.B. Oberseite, Unterseite) intrinsisch (d.h. objektimmanent) oder deiktisch (d.h. kontextuell induziert) auszuzeichnen. Dies wird durch Terme des Typs s(ENDPOINT,I,D) ausgedrückt, wobei I und D entweder durch Variablen oder durch entsprechende Konstanten instantiiert sind (z.B. i_us, d_us für "intrinsische Unterseite", "deiktische Unterseite" etc.).

Zur Illustration seien die in (6)(a) und (6)(d) oben angegebenen OS für "Stange" und "Turm" in ihrer entsprechenden Umsetzung in OSKAR angeführt, wobei ihre minimale, aber einschneidende Differenz in den Auszeichnungswerten typographisch **hervorgehoben** ist..

```
(9)  "Stange":
     os([ dimensions([a,b,c]),
          positions([ position([ axes([a]),
                                 boundedness(bounded),
                                 endpoints([a1,a2]),
                                 assignment([max(a1,a2)])]),      /* Länge/Höhe */
                      position([ axes([b,c]),
                                 boundedness(bounded),
                                 endpoints([d1,d2]),
                                 assignment([sub(d1,d2)])])]),    /* Dicke */
          nop('*'),
          sides([s(a1,_,_), s(a2,_,_)]) ])
```

[1] ´nop´steht für die Standardproportion von Objekten und ist für eine adäquate Behandlung von *groß*, *klein* etc. und für die Kommensurabilität von Objekten unerläßlich.

(10) "Turm":

```
os([ dimensions([a,b,c]),
     positions([ position([ axes([a]),
                            boundedness(bounded),
                            endpoints([a1,a2]),
                            assignment([max(a1,a2),vert(a1,a2)])]),     /* Höhe */
                 position([ axes([b,c]),
                            boundedness(bounded),
                            endpoints([d1,d2]),
                            assignment([sub(d1,d2)])])]),               /* Dicke */
     nop('*'),
     sides([s(a1,i_us,_), s(a2,i_os,_)]) ])
```

3.3 **Interaktion von DAP und OS in OSKAR.** Das in (11) unten gezeigte Strukturschema, das die Verarbeitung der in OSKAR realisierten Objektschemata veranschaulicht, soll nun anhand der schon bekannten Beispiele (vgl. (6)) erläutert werden.

Die Eingabe besteht aus einem deutschen Satz (oder einer Phrase) mit Dimensionsadjektiven und Objektbezeichnungen.(*hohe Stange, lange Stange, langer Turm*). Die eingegebenen Ausdrücke selegieren die jeweiligen Dimensionsauszeichnungsparameter DAP (VERT, MAX) und Objektschemata OS (cf. (9) und (10)). Zusätzlich kann in der Eingabe eine besondere Lageeigenschaft (LAGE) für das Objekt gefordert werden (z.B. "liegt", "steht", "verkehrt_herum")[2]

Die Interpretation von DAP und OS geschieht durch Regeln, die entweder das Vorhandensein passender Dimensionsauszeichnungswerte im OS abprüfen (=**Identifizierung**, wie bei *lange Stange*, cf. 2.3) oder bestimmte Auszeichnungswerte im Rahmen fixierter Verträglichkeits-bedingungen in die entsprechenden Positionen des OS einfügen (=**Spezifizierung**, wie bei *hohe Stange*). Die Verträglichkeitsbedingungen legen die Spezifizierbarkeit eines DAP fest, garantieren die Einzigkeit seiner Instantiierung in einem OS und regeln die Kookkurrenz von DAP (cf. 2.4).

Prinzipiell ergibt sich bei einer erfolgreichen Interpretation ein Objektschema OS´.[3] Ist die Interpretation nicht erfolgreich, muß geprüft werden, ob sie aufgrund der Inkompatibilität von DAP und OS generell fehlschlägt (z.B. bei **lange Kugel*) oder ob sie bezüglich einer veränderten Lage des Objekts doch vorgenommen werden kann (z.B. bei *langer Turm*).

Im ersten Fall, ebenso wie bei Nichtvorhandensein (weiterer) alternativer Lagen des Objekts, liefert OSKAR ein FAIL, dessen Zustandekommen eine entsprechende Fehlermeldung erläutert (vgl.(16,17)).

Im zweiten Fall stellt OSKAR eine Reihe von Prozeduren zur Verfügung, die jeweils unterschiedliche Lageveränderungen des Objekts durch entsprechende Manipulationen des Objektschemas simulieren. Beispiele für solche Lageveränderungen sind u.a. "Drehen", "Kippen" und "Stellen" eines Objekts, die durch systematische Abänderungen der Dimensions- und Seitenauszeichnungswerte im gegebenen Objektschema realisiert werden. Das sich hierbei ergebende Objektschema OS´´ wird danach erneut interpretiert.

Generell kann also die Interpretation eines Objekts in Bezug auf seine **typische** oder **normale Lage** als Übergang von OS zu OS´, in Bezug auf eine **untypische** oder **anormale Lage** als Übergang von OS über OS´´ zu OS´ verstanden werden.[4]

Nach einer erfolgreichen Interpretation wird OS´ daraufhin abgeprüft, ob die geforderte besondere Lageeigenschaft LAGE zutrifft. In OSKAR sind hierzu eine Menge von Regeln realisiert, die wiederum als Verträglichkeitsprüfungen fungieren. Sind OS´ und LAGE nicht kompatibel, so werden wie bei nichterfolgreicher Interpretation (weitere) Lageveränderungen versucht oder es wird ein Fehlschlagen der Evaluierung der Eingabe gemeldet.

In den übrigen Fällen erscheinen als Ausgabe die Information über die "aktuelle" Lage des in der Eingabe benannten Objekts sowie die aus dem Objektschema OS´ ersichtlichen Dimensions- und Seitenauszeichnungen. Man betrachte (12) - (17), wobei wir wieder die relevanten Stellen **hervorheben.**

---

2 Da in OSKAR von einer syntaktischen Analyse und der entsprechenden semantischen Konstruktion abstrahiert wird, erfolgt diese Eingabe über ein Menü; dabei ist "keine" (besondere Lage) die Defaultinstanz von LAGE.

3 OS und OS´ sind immer verschieden bei Spezifizierung, in der Regel identisch bei Identifizierung.

4 So wird *langer Turm* nur inbezug auf eine anormale, horizontale Lage, z.B. nach einem "Umkippen" des Turms, interpretierbar.

(11) Strukturschema von OSKAR

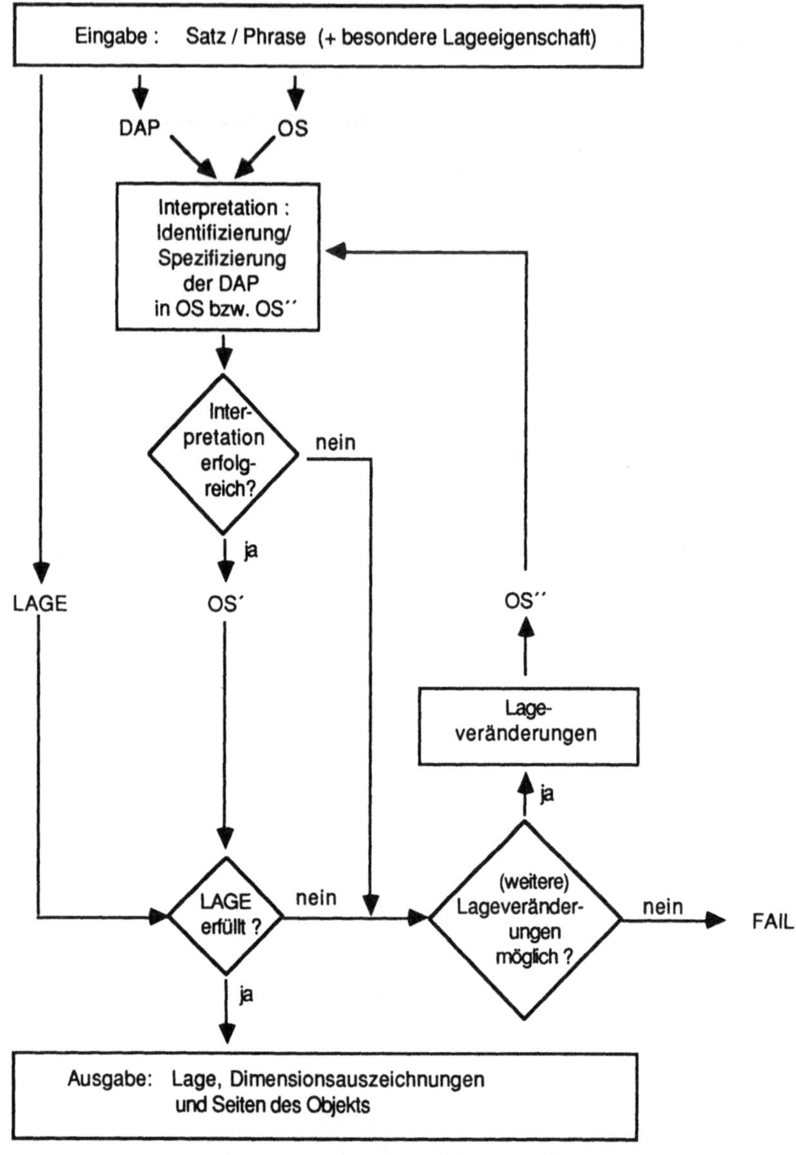

(12) Eingabe: *lange Stange* besondere Lageeigenschaften: "keine"

.

.

Ausgabe: "Stange ist in **normaler** Lage !"

Position 1: [**max**(a1,a2)]
Position 2: [sub(d1,d2)]

Seiten: s(a1,Var1,Var2)
s(a2,Var3,Var4)

(13) Eingabe: *hohe Stange* besondere Lageeigenschaften: "keine"

.
.
.

Ausgabe: "Stange ist in **normaler** Lage!" (stehend)

Position 1: [max(a1,a2),**vert**(a1,a2)]
Position 2: [sub(d1,d2)]

Seiten: s(a1,Var1,**d_us**)
s(a2,Var3,**d_os**)

(14) Eingabe: *lange Stange* besondere Lageeigenschaften: "**steht**"

.
.
.

Ausgabe: "Stange ist **gestellt** !"

Position 1: [max(a1,a2),**vert**(a1,a2)]
Position 2: [sub(d1,d2)]

Seiten: s(a1,Var1,**d_us**)
s(a2,Var3,**d_os**)

(15) Eingabe: *langer Turm* besondere Lageeigenschaften: "keine"

.
.
.

Ausgabe: "Turm ist **umgekippt** !"

Position 1: [max(a1,a2)]
Position 2: [sub(d1,d2)]

Seiten: s(a1,Var1,Var2)
s(a2,Var3,Var4)

(16) Eingabe: *tiefe Stange* besondere Lageeigenschaften: "keine"

.
FAIL

Ausgabe: "Das Objekt ist bezüglich dieser
Dimensionsauszeichnung(en) und/oder Lageeigenschaften
nicht (weiter) interpretierbar !"

(17) Eingabe: *hohe Stange* besondere Lageeigenschaften: "**liegt**"

.
FAIL

Ausgabe: "Das Objekt ist bezüglich dieser
Dimensionsauszeichnung(en) und/oder **Lageeigenschaften**
nicht (weiter) interpretierbar !"

Die Beispiele in (12)-(17) veranschaulichen die Unterschiede und Gemeinsamkeiten verschiedener Eingaben (und entsprechend die konzeptuelle Interpretation sprachlicher Ausdrücke). Die Interpretation führt in (12) und (13) aufgrund der unterschiedlichen DAP (MAX, VERT) zu verschiedenen OS´, in (13) und (14) trotz unterschiedlicher sprachlicher Vorgaben zu identischen, nämlich konzeptuell äquivalenten, OS´. In (16) und (17) hingegen schlägt die Evaluierung der Ausdrücke fehl (FAIL), und zwar wegen der Unverträglichkeit des Dimensionsauszeichnungsparameters mit den objektkonstitutiven Eigenschaften bei (16) bzw. wegen der Unverträglichkeit eines kontextuell spezifizierten Objektschemas mit den für eine bestimmte Objektlage charakteristischen Bedingungen bei (17).

3.4 **Was leistet OSKAR?** In der vorliegenden Version erbringt das Programm in der Modellierung kognitiver Prozesse folgende Leistungen:

(18) (a) Zu eingegebenen Auszeichnungs- und Lageanforderungen werden alle und nur die passenden Objekte ausgegeben (**Kategorisierung von Objekten**, cf. 2.3).
(b) Für jedes bezeichnete Objekt werden alle und nur die zulässigen Dimensionsauszeichnungen und Lagen ausgegeben (**Lokalisierung von Objekten** im Raum).
(c) Bei Objektvergleichen wird die Achsenauswahl nach **Kommensurabilität** , d.h. nach dem Kriterium der Vergleichbarkeit der relevanten Objektabmessungen, getroffen

An (18)(c) läßt sich die Flexibilität und Präzision des vorgestellten Programms verdeutlichen. So selegiert OSKAR für die Interpretation von *groß* in

(19) (a) *Das Auto ist zu groß für die Garage* - alle 3 Achsen im OS für "Auto"
(b) *Das Auto ist zu groß für die Parklücke* - 2 nicht- vertikale Achsen im OS für "Auto"
(c) *Das Auto ist zu groß für die Durchfahrt* - 2 nicht-maximale Achsen im OS für "Auto".

4. Ausblick.

Möglichkeiten zum weiteren Ausbau und zur Nutzung des Programms zeichnen sich in mehreren Hinsichten ab. Wir beschränken uns auf einige Hinweise.
Erstens decken die hier in Form von OS implementierten konzeptuellen Strukturen nur den unter "small-scale space" subsumierbaren Teil der Gesamtdomäne räumlichen Wissens ab. Die OS sind daher unter Beibehaltung der Grundkonzeption weiter auszugestalten im Hinblick auf Konfigurationen und Relationen von Objekten im "large-scale space". Der in der Sache nächstliegende Bereich ist umschrieben durch eine entsprechende Analyse und Implementierung von lokalen Präpositionen (cf. [4],[5],[6], [7], [12], [16]), von Bewegungs- und Positionsverben (cf. [15]) und anderen Lokalisierungsausdrücken, die als Sonden zur weiteren Erkundung des durch (1) und (2) charakterisierten räumlichen Wissens dienen können.
Die Querverbindungen sind zahlreich: Die in den OS enthaltenen Seitenauszeichnungen können dazu benutzt werden, um die deiktische bzw. intrinsische Interpretation von z.B. *vor, hinter, vorne* nach dem Muster **Spezifizierung** bzw. **Identifizierung** von Positionen im OS objektintern zu verankern ([12], [13]). Die OS sind durch Funktionsschemata zu ergänzen, die z.B. den Zusammenhang von maximaler und Bewegungsachse (z.B. vorne und hinten beim Auto) explizieren. Die in OSKAR bereits kodifizierten Werte für normale und anormale Objektlagen ("liegt", "steht", "gekippt", "verkehrt_herum" usw.) sind essentieller Bestandteil einer konzeptuellen Analyse von Positionen und Bewegungen im Raum.
Wie anhand von (5) illustriert sind die OS ein geeignetes Repräsentationsformat für die Rekonstruktion von Inferenzen, die in der Struktur räumlichen Wissens verankert sind. Von daher bietet es sich an, verschiedene Ansätze zu "spatial reasoning" wie sie im Rahmen mentaler Modelle (cf. [8]) oder auch auf rein topologischer Basis vorliegen, zu integrieren und zu ergänzen.
Zweitens ergibt sich im Rahmen des LILOG-Projektes die Möglichkeit, das im "rapid prototyping"-Verfahren entwickelte Programm OSKAR in einen umfassenden und hinreichend ausdrucksfähigen formalen Apparat der Wissensrepräsentation einzubinden. Derzeit erfolgt eine entsprechende Übertragung des in OSKAR modellierten deklarativen und prozeduralen Wissens auf das in LILOG verwendete Regelsystem bzw. den dort entwickelten Sortenverband. Die Anbindung an das dort vorhandene referentielle Netz bedingt gleichzeitig die Untersetzung der mit OSKAR gelieferten Repräsentation von Objekttypen (*Types*) durch eine Repräsentation von Objektreferenten (*Tokens*). Damit wird einem weiteren Aspekt räumlichen Wissens, nämlich der Kenntnis individueller Objekte, Rechnung getragen.
Drittens könnte sich die hier praktizierte Schrittfolge: Linguistische Analyse - Theoriekonstruktion - prototypische Implementierung zur Konsistenz- und Vollständigkeitsprüfung - Einbindung in ein umfassendes Wissensrepräsentationssystem als ein für die Kognitionswissenschaft und für ihre Querverbindung zur

AI beispielhaftes Vorgehen erweisen, denn auch in Zukunft dürfte die Semantische Form natürlichsprachlicher Ausdrücke als Schnittstelle zwischen Sprachkenntnis und Weltwissen einen der wichtigsten Zugangswege für Einsichten in die Struktur und Verarbeitung begrifflichen Wissens bilden.*

Literatur:

[1] Bierwisch, M./Lang, E., (Hrsg). Grammatische und konzeptuelle Aspekte von Dimensionsadjektiven. Berlin: Akademie-Verlag 1987

[2] Bierwisch, M./Lang, E. (eds.). Dimensional Adjectives: Grammatical Structure and Conceptual Interpretation. Berlin-Heidelberg-New York: Springer-Verlag 1989

[3] Bierwisch, M. / Lang. E.: Etwas länger - viel tiefer - immer weiter. Epilog zum Dimensionsadjektiveprojekt. In [1] : 649 - 699, Englische Version in [2] : 471-514

[4] Carstensen, K.-U.: Aspekte der Semantik räumlicher Ausdrücke: Achsen, Wege, Seiten und Ähnliches. 1989. (Memo, Univ. Hamburg)

[5] Habel, Chr.:Cognitive Linguistics: The Processing of Spatial Concepts. LILOG- Report 45. 1988

[6] Habel, Chr. : *zwischen*- Bericht. In: Chr. Habel *et al*. (Hrsg.) Raumkonzepte in Verstehensprozessen. Tübingen: Niemeyer 1989 (erscheint)

[7] Habel, Chr. /Pribbenow, S.: Gebietskonstituierende Prozesse. LILOG-Report 18.1988

[8] Hagert, G.: What´s in a mental model? On conceptual models in reasoning with spatial descriptions. IJCAI-85, 274-277

[9] Lang, E.: Semantik der Dimensionsauszeichnung räumlicher Objekte.In [1] : 287 - 458. Englische Version in [2] : 263-417

[10] Lang, E.: Gestalt und Lage räumlicher Objekte: Semantische Struktur und kontextuelle Interpretation von Dimensionsadjektiven. In J.Bayer (Hrsg.) Grammatik und Kognition. Psycholinguistische Untersuchungen, 163-191. Opladen: Westdeutscher Verlag.1987

[11] Lang, E.:Primärer Orientierungsraum und inhärentes Proportionsschema. In: Chr. Habel *et al*. (Hrsg.) Raumkonzepte in Verstehensprozessen.Tübingen: Niemeyer 1989

[12] Lang, E.: Zur Semantik der Richtungspräpositionen.(forthcoming)

[13] Lang, E.: Object Schemata and Spatial Configurations.Papier zum Projekt "Räumliche Lokalisierung. Düsseldorf 1988

[14] Lang, E. / Carstensen, K.-U. (in Vorb.) OSKAR - ein Programm zur Konzeptuellen Analyse Räumlicher Objekteigenschaften. (erscheint als LILOG-Report).

[15] Maienborn, C.: Zur Semantik von Bewegungs- und Positionsverben - Perspektiven der kognitiven Linguistik. LILOG-Report 64. 1989

[16] Pribbenow, S. : Verträglichkeitsprüfungen für die Verarbeitung räumlichen Wissens. LILOG-Report 47. 1988

* Wir danken Chr. Habel sowie zwei anonymen Gutachtern von GWAI für nützliche Hinweise.

Komplexe Individuen in Referentiellen Netzen

Carola Eschenbach
Universität Hamburg
Bodenstedtstr. 16
D-2000 Hamburg 50
e-mail: eschenbach@rz.informatik.uni-hamburg.dbp.de

Zusammenfassung

Im Rahmen der automatischen Verarbeitung natürlichsprachlicher Texte lassen sich verschiedene Ebenen der Repräsentation von Texten, sprachlichem Wissen und allgemeinem Weltwissen unterscheiden. Für die Verarbeitung von Objektreferenz wird hier der Ansatz zur Repräsentation von Individuen eines strukturierten Universums innerhalb Referentieller Netze (s. HABEL 1986) verfolgt. Ausgehend von verschiedenen Arbeiten zu Phänomenen des Plurals in der natürlichen Sprache wird ein Vorschlag zur Repräsentation atomarer *und* komplexer Individuen in RefN (einem System zur Darstellung Referentieller Netze) gemacht.[1]

Durch die vorgeschlagene Summenstruktur (⊕-Struktur) des Individuenbereiches wird eine verfeinerte semantische Klassifikation von Prädikaten und Funktionen (als Stellvertreter natürlichsprachlicher Konzepte) ermöglicht. Dieser Klassifikation liegen Restriktionen zugrunde, die den Anwendungsbereich von Operatoren beschränken (Komplexitätsrestriktionen) oder verschiedene Inferenzen legitimieren (Monotonieeigenschaften). Im Anhang wird eine modelltheoretische Basis für die ⊕-Struktur vorgestellt und Interpretationsrestriktionen für die verschiedenen Klassen von Operatoren (Prädikate und Funktionen) beschrieben.

Einleitung

Die Verarbeitung natürlichsprachlicher Texte erfordert die Behandlung von Referenz und Koreferenz natürlichsprachlicher Ausdrücke. Dieser Beitrag beschäftigt sich mit Problemen der Objektreferenz pluraler Nominalphrasen, wobei als Repräsentationsrahmen Referentielle Netze gewählt werden, die in Zusammenhang mit SRL entwickelt worden sind (s. HABEL 1986). Bei der Analyse von Objektreferenz in der natürlichen Sprache hat die Betrachtung der Bedeutung von Nomen und Nominalphrasen eine zentrale Stellung. In diesem Beitrag stehen Fragen im Vordergrund, die die Semantik pluraler Verwendungen von Nomen betreffen. Es ist dabei mein Anliegen, Ergebnisse linguistischer Analysen auszunutzen, um systematische Phänomene der natürlichen Sprache durch entsprechend systematische Repräsentationen widerzuspiegeln. So werden Nomen auf SRL-Operatoren abgebildet, die den gleichen Restriktionen genügen, wie die entsprechenden natürlichsprachlichen Ausdrücke. Die zunächst recht sprachnahe Repräsentation kann dann auf Grund von Wissen über die verwendeten Konzepte in spezifischere Repräsentationen überführt werden. Dieses Vorgehen ist in SRL möglich, da hier verschiedene Repräsentationen mit unterschiedlichem Detaillierungsgrad nebeneinander existieren können. Da jedoch sprachliche Ausdrücke keine vollständigen Beschreibungen des jeweiligen Sachverhaltes sind, sondern in verschiedener Hinsicht unterspezifisch sind, ist es auch möglich, bestimmte Repräsentationen in der unspezifischen Version bestehen zu lassen. Der Zwang zu spezifischeren Darstellungen kann i.A. dazu führen, daß unspezifische Aussagen als mehrdeutig angesehen werden müssen und eine der Bedeutungen für die Repräsentation auszuwählen ist.

---

[1] Diese Arbeit entstand im Rahmen des Forschungsprojektes 'Gruppierungs- und Abgrenzungsprozesse beim Aufbau sprachlich angeregter mentaler Modelle' (GAP), das im Rahmen des DFG-Schwerpunktprogramms 'Kognitive Linguistik' gefördert wird. In dem Projekt werden Arbeiten zur Linguistik und zur sprachverarbeitenden KI durchgeführt, die zunächst Probleme der pluralen Anaphorik betrafen. Ein Überblick über die verschiedenen Problembereiche, die im Laufe des Projektes bearbeitet werden sollen, findet sich in HABEL et al. 1988; die Ergebnisse der ersten Projektphase sind in ESCHENBACH et al. (ersch.) dargestellt.

Für Kommentaren zu früheren Versionen dieses Papieres danke ich den Mitarbeitern des Projektes GAP, Claudia Maienborn, drei anonymen Gutachtern, sowie ganz besonders Ewald Lang und Christopher Habel.

Unter diesen Voraussetzungen erfolgt der Aufbau der ersten Repräsentation eines Satzes unabhängig von konzeptspezifischem Wissen. Bei der Generierung natürlichsprachlicher Aussagen über die Repräsentation muß hingegen der entgegengesetzte Weg eingeschlagen werden: Aus einer spezifischen Repräsentation eines Sachverhaltes muß eine leicht verbalisierbare Repräsentation erzeugt werden, also eine weniger spezifische aber dennoch korrekte.

Komplexe Individuen

Im Bereich der Sprachphilosophie und formalen Semantik wurde auf Grund von Analysen pluraler Phrasen die Adäquatheit der Annahme atomarer *und* komplexer Individuen für die Sprachverarbeitung begründet (s. MASSEY 1976, LINK 1983, LØNNING 1987).[2] Diese Ergebnisse stellen derzeit den Endpunkt einer Entwicklung dar, in der zunächst das Diskursuniversum eine unstrukturierte Menge von Atomen angesehen war und anschließend Mengen von Atomen als Denotate pluraler Phrasen angenommen wurden. Die erste Phase reflektiert die Annahme, daß sich eine Aussage über ein komplexes Individuum stets auf Aussagen über dessen atomare Bestandteile zurückführen läßt. Es gibt jedoch Aussagen, für die dieses nicht möglich ist. Sie werden i.A. als 'kollektive Aussagen' bezeichnet (z.B. Die Jungen essen gemeinsam eine Pizza oder Die Kinder versammeln sich). Einigen Ansätze zur Wissensrepräsentation (WR) verwenden Mengen von atomaren Individuen für die Repräsentation pluraler Ausdrücke (s. z.B. ALLEN 1987:336ff, SOWA 1984:115ff). Damit erhalten singulare und plurale Ausdrücke unterschiedliche logische Typen. Innerhalb eines WR-Ansatzes, der wie RefN / SRL auf der Prädikatenlogik basiert, empfiehlt es sich jedoch, den neueren Ansätzen zu folgen, da hierin referierenden singularen und pluralen Nominalphrasen der gleiche logische Typ zugeordnet wird (s.a. MOORE 1981). Dieses bietet die Grundlage dafür, daß Prädikate, die sowohl mit atomaren als auch mit komplexen Argumenten kombinierbar sind, nicht mehrfach repräsentiert werden müssen (z.B. ein Haus kaufen, ein Buch schreiben). Entsprechendes gilt für die Repräsentation von Fragen, die nicht zwischen verschiedenen Komplexitätsgraden unterscheiden (z.B. Wer hat das Buch geschrieben?, Was hat er gekauft?, Wieviele Freunde hat Hans?). Desweiteren werden Bezeichnungen für atomare und komplexe Individuen in der natürlichen Sprache in gleicher Weise gebildet (der Freund von Hans, die Freunde von Maria), was sich auch in gleichartigen Strukturen innerhalb von RefN niederschlagen soll.

In diesem Rahmen stellt sich die Frage, ob sich die Pluralbildung bei Nomen als ein systematisches Phänomen erweist, das sich beispielsweise durch die Anwendung eines wohldefinierten Operators auf das singulare Nomen erklären läßt. Wie sich im weiteren zeigen wird, ist dieses jedoch nur beschränkt möglich.

Der Theorie von LINK (1983) folgend sind komplexe Individuen aus atomaren Individuen durch Summation aufgebaut. Die Summe zweier verschiedener Individuen (x, y) ist stets ein komplexes Individuum ($x \oplus y$). Atomare und komplexe Individuen haben den gleichen logischen Typ. Die Operation $\oplus$ kann als das semantische Pendant der NP-Konjunktion und angesehen werden. Diese Operation induziert auf dem zugrundeliegenden Individuenbereich eine Struktur, die im folgenden als 'Summenstruktur' ($\oplus$-Struktur) bezeichnet wird. Eine ausführlichere Darstellung der Eigenschaften von $\oplus$ findet sich im Anhang.

Die für uns wesentlichen Charakteristika dieses Ansatzes sind:

- Durch unterschiedliche Arten der Einführung komplexer Referenten, also z.B. durch Phrasen wie Hans und Peter bzw. die Männer, ergeben sich keine strukturellen Unterschiede in der Repräsentation.
- Komplexe Individuen können ebenso wie atomare Individuen als Argumente oder Werte von Prädikaten und Funktionen auftreten.

[2] Die philosophischen Grundlagen dieses Ansatzes wurden insbesondere von NELSON GOODMAN (1951) gelegt.

Referentielle Netze für die Darstellung der Summenstruktur

Die Repräsentation atomarer und komplexer Individuen erfolgt in unserem Projekt in RefN, einem System zur Darstellung und Verarbeitung Referentieller Netze.[3] RefN basiert auf dem hybriden Wissensrepräsentationsformalismus SRL (s. HABEL 1986, ESCHENBACH 1988). Bei der Verarbeitung eines natürlichsprachlichen Textes wird ein Referentielles Netz aufgebaut, in dem die im Text enthaltene Information über Individuen strukturiert und objektorientiert dargestellt wird. Dieses Referentielle Netz wird auch als 'internes Textmodell' bezeichnet. Es dient als Grundlage für die Verarbeitung, die einerseits die Bestimmung von Referenten innerhalb eines Textmodelles betrifft (Anaphernauflösung), und andererseits in der Ableitung von Aussagen über verschiedene Individuen besteht. Referentielle Netze spielen eine ähnliche Rolle wie Diskursrepräsentationsstrukturen innerhalb der Diskursrepräsentationstheorie (DRT; s. REYLE 1985; zur Pluralbehandlung in der DRT s. FREY & KAMP 1986). Während sich die Analysen im DRT-Rahmen weitgehend auf die unterschiedlichen Referentenpotentiale bei satzinternen (gebundenen) und satzübergreifenden Anaphern beziehen, ermöglicht es SRL, die Information, die für die Auflösung ungebundener Anaphern benötigt wird, in die Repräsentation zu integrieren. Zudem können Referentielle Netze als Grundlage für die weiterführende Verarbeitung unter Integration weiteren Wissens genutzt werden.

Referentielle Netze bestehen aus verschiedenen Typen von Knoten, die durch eine geringe Anzahl von Kantentypen miteinander verbunden sind. Die Knotentypen, die hier weiter beschrieben werden, sind Referenzobjekte, Designationen und RefO-Attribute. Die verschiedenen Knotentypen unterscheiden sich einerseits darin, wie sie modelltheoretisch interpretiert werden, und andererseits in ihrer Relation zum Diskurs bzw. zum natürlichsprachlichen Ausdruck.

(1) Hans und seine Braut sind die Freunde von Peter.

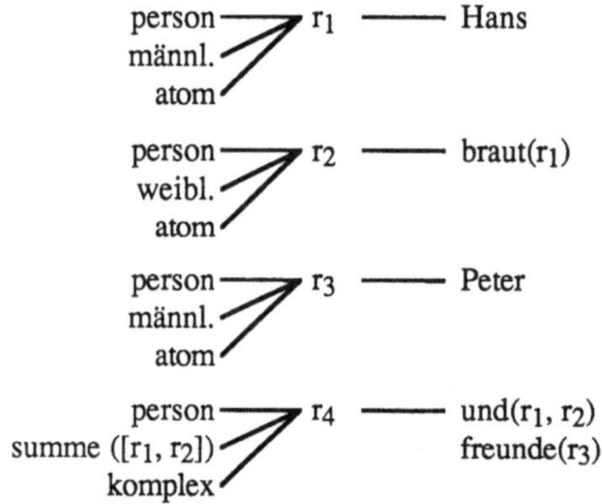

Referenzobjekte (RefOs) sind Stellvertreter für Individuen der Welt oder des Diskurses. Sie sind in RefN nicht zerlegbar und werden durch Standardnamen (r_1, r_2, ...) repräsentiert.[4] *Designationen* sind SRL-Ausdrücke. Sie sind Stellvertreter für die natürlichsprachlichen Ausdrücke, die einen Bezug auf Individuen erlauben, z.B. für Namen und (definite) Deskriptionen der natürlichen Sprache (Hans, braut(r_1), ...). SRL-Operatoren, aus denen Designationen gebildet werden, sind neben Funktionssymbolen verschiedener Stelligkeit (Hans, braut) auch Prädikatssymbole (s.

---

[3] Ein Teilziel innerhalb des Projektes ist die Implementation des Repräsentationssystems RefN. Der derzeitige Stand der Implementation erlaubt die Darstellung Referentieller Netze u.a. mit den in diesem Abschnitt beschriebenen Mitteln. Die nächsten Phase der Implementation betrifft die Verarbeitung der Netze, insbesondere die Integration von verschiedenen Satzrepräsentationen in eine Textrepräsentation. Es werden weiterhin die Verarbeitungsschritte integriert, die sich aus den im weiteren vorgestellten Analysen ergeben.

[4] Ich unterscheide hier der Einfachheit halber nicht zwischen den Referenzobjekten und ihren Standardnamen.

HABEL 1986, ESCHENBACH 1988).[5] Referenzobjekte können als Argumente von Operatoren ebenfalls in SRL-Ausdrücken auftreten. Die Verbindung eines RefOs mit einer Designation stellt dar, daß das repräsentierte Individuum durch die entsprechende Kennzeichnung bezeichnet wurde oder bezeichnet werden kann. Sind verschiedene Designationen mit dem gleichen RefO verbunden, so sind die entsprechenden Ausdrücke koreferent innerhalb des Textes.
Die strukturellen Merkmale der Interpretationsdomäne werden innerhalb von Referentiellen Netzen durch *RefO-Attribute* dargestellt (person, atom, komplex, summe, ...). Diese Merkmale beziehen sich auf die dargestellten Individuen und nicht auf die zugehörigen Designationen.[6]
Zwei Arten von RefO-Attributen betreffen die Summenstruktur der Individuendomäne. Dieses sind die Summenattribute und die Komplexitätsattribute.

Summenattribute [summe ([...])]
Die Summenattribute stellen den im Textmodell bekannten Teil der zugrundeliegenden ⊕-Struktur dar. Die durch ein Summenattribut dargestellte Restriktion besagt:
Ist ein RefO r_1 mit summe([r_2, r_3]) attributiert, so repräsentiert r_1 die Summe von r_2 und r_3. Entsprechendes gilt, wenn das Summenattribut Bezug auf mehr als zwei RefOs nimmt.

Komplexitätsattribute [atom, komplex]
Ein Referenzobjekt mit dem Attribut atom repräsentiert ein atomares Individuum, während ein Referenzobjekt mit dem Attribut komplex ein komplexes Individuum repräsentiert.[7]
Im folgenden werden Kriterien erläutert, die eine Klassifikation von Prädikaten und Funktionen in Hinblick auf die Summenstruktur der Individuendomäne erlauben. Die Einordnung von SRL-Operatoren in einige der entstehenden Klassen ermöglicht Inferenzen über Referentiellen Netzen. Die entsprechenden Inferenzschemata werden an Beispielen vorgestellt.

Strukturelle Merkmale von Prädikaten und Funktionen

Nomen werden in RefN durch SRL-Operatoren (Prädikats- und Funktionssymbole) repräsentiert. Der logische Typ der Operatoren spiegelt dabei wider, ob sich das jeweilige Nomen auf ein Prädikat oder eine Funktion bezieht, und welche Stelligkeit sie haben.
Die Prädikate und Funktionen über einem Individuenbereich mit Summenstruktur können durch unterschiedliche, strukturbedingte Eigenschaften ausgezeichnet sein. Hier treten zunächst Operatoren auf, die in bezug auf ihre Argumente sensitiv bezüglich der Unterscheidung von atomaren und komplexen Individuen sind. Die Interpretation eines Operators in der Summenstruktur kann außerdem durch Monotonieeigenschaften restringiert sein. Diese beiden Typen strukturbedingter Restriktionen werden im weiteren vorgestellt und ihr Auftreten in der natürlichen Sprache an Hand von Beispielen belegt. Diese Beschränkungen und Monotonieeigenschaften wurden bislang insbe-

---

[5] Für die Spezifikation der SRL-Operatoren steht ein Lexikon zur Verfügung, in dem verschiedene strukturelle Merkmale der Operatoren enthalten sind. Dieses sind z.B. Angaben über Typen- und Sortenrestriktionen, Komplexitätsbeschränkungen und Monotonieeigenschaften.

[6] Auf die Zuordnung von Sorten (person) zu den RefOs werde ich nicht weiter eingehen (s. z.B. HABEL 1986). Die Repräsentationsprimitive für die Summenstruktur geschieht als Einbettung des LINK'schen Ansatzes zum Plural in SRL, bei deren Entwurf bereits ähnliche Ideen zugrundelagen (z.B. Typengleichheit von singularen und pluralen Deskriptionen; s. HABEL 1986). Die Arbeiten zu RefN im Projekt GAP stellen Verfeinerungen dieses Entwurfes dar.

[7] In der Tat können häufig detailliertere Angaben über die Komplexität von Individuen gemacht werden. Als Komplexitätsmaß für Referenzobjekte kann die Anzahl der Atome, die das Individuum konstituieren, herangezogen werden. Obwohl wir in RefN diese detailliertere Angabe verwenden, werde ich hierauf nicht weiter eingehen.

sondere in bezug auf Verben und Verbalphrasen betrachtet. Ich werde mich auf Grund der Ausrichtung auf referenzbezogene Fragestellungen hier bevorzugt mit nominalen Konzepten befassen.
Bei der folgende Darstellung werde ich zwei Einschränkungen machen. Da ich mich für Phänomene der pluralen Referenz interessiere, betrachte ich die Nomen und ihre Bedeutung vor allem als Bestandteile definiter Nominalphrasen. Außerdem beschränke ich mich auf zwei logische Typen von Nomen. Diese Typen sind:

1) einstellige Prädikate (Mann, Junge, Leute, Eheleute, Gruppe ...)
2) einstellige Funktionen (Mutter, Freund, Eltern, Autor, ...)[8]

Bei der Differenzierung zwischen Nomen, die Prädikate realisieren, und Nomen, die Funktionen realisieren, folge ich LÖBNER (1985). Die Argumente für die Funktionen, die den Nomen zugeordnet sind, können durch Possessivkonstruktionen (Possessivpronomen, Genitiv) oder Präpositionalphrasen (von ..., zwischen ...) spezifiziert werden. Allerdings unterliegen Nomen im Deutschen keinen *syntaktischen* Restriktionen, die die Spezifikation der Argumente innerhalb des jeweiligen Satzes erfordern. Vielmehr sind die Argumente der Funktionen oft aus dem Kontext zu extrahieren. Die Prozesse zur Bestimmung dieser Argumente können mit der Bestimmung von Referenten von Anaphern verglichen werden.

Komplexitätsrestriktionen

Als Komplexitätsrestriktion eines Prädikates wird die Beschränkung der Anwendbarkeit des Prädikates auf Individuen einer bestimmten Komplexitätsstufe bezeichnet. Prädikate, die nur auf komplexe Individuen anwendbar sind, liegen z.B. einigen Pluraliatantum wie Eheleute, Geschwister zugrunde. Nomen, die verschiedene Organisationsstrukturen widerspiegeln, wie Gruppe, Team und Horde lassen sich ebenfalls hier einordnen.
Von LINK (1983) werden verschiedene Prädikate für das singulare und das plurale Nomen (z.B. Junge und Jungen) angenommen; das plurale Prädikat erzeugt er mit Hilfe eines Operators, der auf das singulare Prädikat angewendet wird. Damit gelten für diese verschiedenen Prädikate ebenfalls Restriktionen bzgl. der Komplexität der Argumente. Der Pluraloperator korrespondiert zu der morphologischen Pluralbildung bei diesen Nomen. In bezug auf RefN / SRL hat diese Annahme die Konsequenz, daß verschiedenen SRL-Prädikate für singulare und plurale Nomen verwendet werden müssen. Eine Alternative besteht darin, anzunehmen, daß sich beide Formen auf ein gemeinsames Prädikat beziehen, das selbst nicht sensitiv bzgl. der Komplexität des Argumentes ist. Ein Ansatz der auch allgemein (z.B. von LINK) für die Analyse von Verbalphrasen verfolgt wird.[9] Die singulare Form und die plurale Form eines Nomens werden unter dieser Voraussetzung auf dasselbe SRL-Prädikat abgebildet.
Komplexitätsrestriktionen für Funktionen, die durch Nomen realisiert sind, können sich entweder auf die Argumente oder auf die Werte der Funktionen beziehen. Neben Funktionen, die sowohl auf atomare als auch auf komplexe

---

[8] Die hier als Funktionen klassifizierten Nomen lassen sich auch als binäre Relationen ansehen, in denen die beiden Argumente unterschiedlichen Status in bezug auf ihr Referenzverhalten haben. Die hier gewählte Darstellung dieser Nomen als Funktionen wurde gewählt, um die etablierte Terminologie (insbesondere 'Wert' und 'Argument' einer Funktion) zur Verfügung zu haben. Einige Nomen lassen sich in der pluralen Form sowohl als (reziprokes) Prädikat, als auch als Funktion verwenden. Hierzu gehören z.B. Geschwister und Freunde (s. (i) und (ii)).
(i) Hans und Maria sind Geschwister. (ii) Hans und Maria sind die Geschwister von Peter.
Dieses Phänomen ist wiederum sehr systematisch und tritt bei Nomen auf, die symmetrische Verhältnisse nicht ausschließen. Nomen, die dieses tun (wie z.B. Vater) erlauben nicht die prädikative Verwendung.
(iii) Hans und Peter sind Väter.
Der Satz (iii) drückt nicht die zu (i) korrespondierenden Verhältnisse aus. Auf die sich hieraus ergebenden weiteren Anforderungen an die Analyse der Nomen kann ich hier nicht eingehen.

[9] Der Numerus spezifizieren dabei die Komplexität des Argumentes unabhängig vom zugrundeliegenden Prädikat oder durch Anwendung von Operatoren auf das unspezifische Prädikat.

Argumente angewendet werden können (z.B. die Mutter von Hans, die Mutter von Hans und Peter), gibt es Funktionen, die lediglich komplexe Argumente akzeptieren (z.B. der Unterschied zwischen Hans und Maria / den Jungen im Gegensatz zu *der Unterschied zwischen / von Hans).[10]
Komplexitätsrestriktionen, bezogen auf die Argumente, beschränken den Definitionsbereich von Prädikaten und Funktionen. Verstöße gegen diese Restriktionen können als Kategorienfehler betrachtet werden, die die Zuweisung eines Denotats zum zusammengesetzten Ausdruck unterbinden.
Einige Funktionen, die im Deutschen auftreten, haben stets komplexe Werte (z.B. die Eltern von Hans), während andere für atomare Argumente stets atomare Werte liefern (z.B. die Mutter von Hans). Dagegen können die meisten Funktionen schon bei atomaren Argumenten sowohl atomare als auch komplexe Werte haben (z.B. Autor, Schüler, Lehrer). Die Beziehung zwischen singularen und pluralen Verwendungen dieser Ausdrücke kann in diesem Fall nicht wie bei den einstelligen Prädikaten auf die Anwendung eines Operators auf eine Funktion zurückgeführt werden. Der Numerus macht in diesem Fall lediglich eine Aussage über den Komplexitätsgrad des Referenten. Auf das Wechselspiel zwischen der Komplexität des Argumentes und der Komplexität des Wertes einer Funktion wird im Rahmen der Monotonieeigenschaften noch weiter eingegangen. Funktionen, die auch bei atomaren Argumenten schon komplexe Werte liefern können, zeigen, daß es sinnvoll ist, die singulare und die plurale Form eines Nomens auf den gleichen SRL-Operator abzubilden. Der Numerus dient nicht zur Auswahl einer Funktion sondern macht Aussagen über die Komplexität des Wertes der einen Funktion bei Anwendung auf das spezifizierte Argument. Aus diesem Grund ist der in Beispiel (1) verwendete Operator freunde nicht als korrespondierend zur pluralen Verwendung des Nomens Freund anzusehen, sondern als unspezifisch bzgl. der Komplexität des Wertes.

Monotonieeigenschaften

Die ⊕-Struktur des Individuenbereiches erlaubt die Betrachtung von Monotonieeigenschaften von Prädikaten und Funktionen.

Kumulativität von Prädikaten (Aufwärtsmonotonie)

Trifft ein kumulatives Prädikat auf zwei Individuen zu, so gilt es auch für deren Summe.

(2) Hans und Peter sind Männer und Klaus und Michael sind Männer. Also sind Hans, Peter, Klaus und Michael Männer.

Kumulativität wird vor allem Massennomen und pluralen Zählnomen zugeschrieben (s. LINK 1983, KRIFKA 1986). Hierunter fallen Beispiele wie Wasser und Männer. Diese Beziehung wird von LINK ausgenutzt, um aus den Prädikaten für singulare Nomen Prädikate für plurale Nomen zu definieren. Die durch kumulative Prädikate legitimierten Inferenzen entsprechen der Implikation (3).

(3) $\forall a, b: \quad P(a) \ \& \ P(b) \Rightarrow P(a \oplus b)$

Es gibt jedoch auch nicht-kumulative plurale Nomen wie Geschwister, was durch die Unzulässigkeit des folgenden Schlusses deutlich wird.

(4) Hans und Maria sind Geschwister und Peter und Anna sind Geschwister. Also sind Hans, Maria, Peter und Anna Geschwister.

Ein kumulatives Prädikat erlaubt also die Ableitung von Aussagen über ein komplexes Individuum aus Aussagen über dessen Bestandteile. Diese Eigenschaft kann auch als *Teil-Ganzes-Erblichkeit* des Prädikates bezeichnet werden.

---

[10] Hier liegt eine weitere Analysemöglichkeit nahe, die von einer mehrstelligen Funktion ausgeht (s. LÖBNER 1985). Ich verwende jedoch die obige Annahme, die auch mit einer neueren Analyse der Präposition zwischen konform geht (s. HABEL (ersch.)).

Distributivität von Prädikaten (Abwärtsmonotonie)
Trifft ein distributives Prädikat auf ein komplexes Individuum zu, so trifft es auch auf dessen Teile zu.

(5) Hans, Peter und Michael sind Männer. Also sind Hans und Peter Männer.

Distributive Prädikate treten z.B. in Mann / Männer auf. Sie legitimieren Inferenzen entsprechend der Implikation (6).
(6) $\forall$ a, b : $P(a \oplus b) \Rightarrow P(a)$
Ein distributives Prädikat erlaubt die Ableitung von Aussagen über die Bestandteile eines komplexen Individuums aus einer Aussage über diesen Komplex. Die Kumulativität kann auch unter den Begriff der *Ganzes-Teil-Erblichkeit* des Prädikates gefaßt werden.

Kollektivität von Prädikaten (Nicht-Distributivität)
Ein Prädikat ist kollektiv, wenn es auf komplexe Individuen anwendbar ist und nicht distributiv ist. Die Anwendung eines kollektiven Prädikates auf ein komplexes Individuen läßt sich nicht auf die Anwendung des Prädikates auf die (atomaren) Bestandteile reduzieren (s.a. MASSEY 1976, LINK 1983, LØNNING 1987, LANDMAN 1987). Im Bereich der Nomen finden sich vor allem Beispiele, die sich schon in der singularen Form auf komplexe Individuen beziehen wie Gruppe, Komitee und Mannschaft.[11]
Kollektive Prädikate legitimieren keine Inferenzen in der Art von kumulativen und distributiven Prädikaten.
Distributivität läßt sich auch bei Prädikaten, die auf komplexe Argumente beschränkt sind, im Rahmen ihres Anwendungsbereiches beobachten. Beispiele sind Geschwister oder Kameraden. Die Distributivität beschränkt sich hierbei auf komplexe Teile; in bezug auf atomare Teile verhalten sich diese Prädikate kollektiv.[12] Aus diesem Grund können Komplexitätsrestriktionen als primär gegenüber den Monotonierestriktionen angesehen werden.
Die Unterscheidung zwischen Prädikaten gemäß den beschriebenen Monotonieeigenschaften kann innerhalb von SRL durch eine Klassifikation der entsprechenden SRL-Operatoren geschehen, wobei den Klassen der monotonen Operatoren Regeln entsprechend (3) und (6) zugeordnet sind.

Im Bereich der einstelligen Funktionen, die Individuen auf Individuen abbilden, erhalten wir ebenfalls die Möglichkeit, Monotonie als strukturelles Kriterium zu verwenden. Da in der Mathematik der Begriff der monotonen Funktion bereits recht ausführlich diskutiert worden ist, werde ich auf die semantischen Bedingungen für monotone Funktionen nicht so ausführlich eingehen. Eine monoton steigende Funktion erfüllt die Bedingung (7).
(7) $\forall$ a, b : $F(a) \leq F(a \oplus b)$[13]
Beispiele für monoton steigende Funktionen sind Mutter / Mütter, und Eltern. Allerdings gilt für diese Funktionen sogar die stärkere Bedingung (8). Diese Funktionen sind Homomorphismen auf dem Individuenbereich.
(8) $\forall$ a, b : $F(a \oplus b) = F(a) \oplus F(b)$
Dies legt die Annahme nahe, daß die aufwärtsmonotonen Funktionen als homomorphe Erweiterungen von Funktionen über Atomen definiert werden können. Die Gleichung (8) kann dabei als Definition der Funktion im Bereich der komplexen Individuen aufgefaßt werden. Ist ein Homomorphismus für zwei Individuen definiert, so ist er auch für ihre Summe definiert. Funktionen wie Mutter, die für atomare Argumente stets atomare Werte liefern, können bei komplexen Argumenten auch komplexe Werte liefern (z.B. in die Mütter von Hans und Peter / der Kinder). Dieses

[11] Die plurale Verwendung dieser Nomen (auch als 'multi-level plurals' bezeichnet) werfen neue Probleme auf und werden hier nicht untersucht (s. LANDMAN 1987, SCHA & STALLARD 1988)

[12] MASSEY (1976) begründet an Hand des Nomens shipmates ausführlich, warum es nicht sinnvoll ist, dieses Nomen durch eine Vielzahl von Prädikaten mit unterschiedlicher Stelligkeit zu modellieren.

[13] Die Ordnungsrelation $\leq$ kann mit Hilfe der Summenoperation definiert werden (s. Anhang).

Phänomen wird auch als 'abhängiger Plural' bezeichnet. Allerdings korrespondiert die homomorphe Erweiterung einer Funktion nicht mit der Pluralbildung, sondern mit der Anwendung der Funktion auf komplexe Argumente.
Ausgehend von einer Funktion, die auf der Menge der Atome nur partiell definiert ist (z.B. Bruder / Brüder), ergibt sich die Frage, wie sich die Partialität bei der Bildung der homomorphen Erweiterung auswirkt. Die Unzulässigkeit der Aussage in (9) macht deutlich, daß der Wert der homomorphen Erweiterung der Funktion angewendet auf ein komplexes Argument nur dann definiert ist, wenn ein Wert für jeden atomaren Teile des Komplexes existiert. Damit kann ausgeschlossen werden, daß sich eine nicht-referierende Kennzeichnung (in diesem Fall Bruder von Peter) auf ein neutrales Element der Summenstruktur (Null-Element) bezieht.

(9) Der Bruder von Maria ist Hans. Peter hat keinen Bruder. Also ist Hans der Bruder von Maria und Peter.

Abwärtsmonotone Funktionen (monoton fallende Funktionen) genügen der Bedingung:

(10) $\forall$ a, b : $F(a \oplus b) \leq F(a)$

Im Deutschen treten abwärtsmonotone Funktionen vor allem in Ausdrücken wie die gemeinsamen Freunde auf. Im Fall abwärtsmonotoner Funktionen wird die Existenz des Wertes der Funktion angewendet auf ein komplexes Argument nicht durch die Existenz der Werte für die Bestandteile garantiert.

Die vorliegenden Ergebnisse legen die Vermutung nahe, daß sich Funktionen und Prädikate, die gewissen Monotoniebeschränkungen unterliegen, systematisch aus Prädikaten, Funktionen und binären Relationen erzeugen lassen. So kann beispielsweise im Falle eines kumulativen und distributiven Prädikates (Mann / Männer) angenommen werden, daß dieses aus einem Prädikat erzeugt wird, das lediglich auf atomaren Individuen definiert ist (s. LINK 1983). Wie oben bereits erwähnt, können entsprechende Annahmen für Funktionen gemacht werden, die Homomorphismen auf dem Individuenbereich sind. Diese Operatoren korrespondieren jedoch nicht notwendig mit der Pluralbildung. In fast allen Fällen macht der Plural vielmehr Aussagen über die Komplexität des Referenten. Insbesondere durch die Betrachtung der nominalen Funktionen zeigt sich, daß die uniforme Darstellung der singularen und pluralen Formen eines Nomens in prädikatenlogisch-orientierten Formalismen wie RefN / SRL angemessen und vorteilhaft ist.

Ausblick

Für die Darstellung von atomaren und komplexen Individuen innerhalb eines Textmodelles sind Beschreibungsmerkmale auf zwei verschiedenen Ebenen erforderlich. Auf der Ebene der Individuen (Referentielle Netze) erlaubt die Darstellung der Summenoperation ($\oplus$) die Repräsentation von Information über die zugrundeliegende Summenstruktur. Im Bereich der Operatoren (Konzepte) können Anwendungsrestriktionen und Monotonieeigenschaften von Prädikaten und Funktionen als Basis für verschiedene Inferenzschritte dienen. Informationen über Anwendungsbeschränkungen von Operatoren (hier Komplexitätsbeschränkungen) erlauben z.B. im Fall von anaphorischen Prozessen in sprachverarbeitenden Systemen eine Reduzierung des Suchbereiches. Monotonieeigenschaften von Operatoren ermöglichen die Ableitung von Aussagen über Individuen innerhalb eines Referentiellen Netzes. Abwärtsmonotone Operatoren erlauben die Erzeugung von Aussagen über die Bestandteile eines komplexen Individuums im Rahmen des Textverstehens, während aufwärtsmonotone Operatoren im Rahmen der Generierung von referierenden Ausdrücken für komplexe Objekte eingesetzt werden können, ohne daß die atomaren Referenten einzeln aufgezählt werden müssen. Die Annahme eines strukturierten Individuenbereiches und dessen Darstellung innerhalb eines sprachverarbeitenden Systems bildet somit eine Grundlage für weitere Arbeiten in bezug auf die automatische Verarbeitung pluraler Referenz.

Literatur:

Allen, J. F. (1987): Natural Language Understanding. Benjamin/Cummings: Menlo Park, Ca.
Eschenbach, C. (1988): SRL als Rahmen eines textverarbeitenden System. (GAP-AP 3): Hamburg.
Eschenbach, C.; Ch. Habel; M. Herweg; K. Rehkämper (ersch.): "Restriktionen für plurale Diskursanaphern". (erscheint in: S. Felix / S. Kanngießer / R. Rickheit (Hrsg.): Sprache und Wissen: Westdeutscher Verlag: Opladen)
Frey, W.; H. Kamp (1986): Plural Anaphora and Plural Determiners. Ms., Stuttgart.
Goodman, N. (1951): The Structure of Appearance. Harvard University Press (Neudruck: Dordrecht: Reidel 1977).
Habel, Ch. (1986): Prinzipien der Referentialität. Springer: Berlin.
Habel, Ch. (ersch.): zwischen-Bericht. (erscheint in: Ch. Habel / M. Herweg / K. Rehkämper (Hrsg.): Raumkonzepte in Verstehensprozessen. Niemeyer: Tübingen)
Habel, Ch.; M. Herweg; C. Eschenbach (1988): Vorüberlegungen zu einer Theorie der Gruppierungs- und Abgrenzungsprozesse beim Aufbau sprachlich angeregter mentaler Modelle. (GAP-AP 1) FBI-HH-M-160/88: Hamburg.
Krifka, M. (1986): Nominalreferenz und Zeitkonstitution. Zur Semantik von Massentermen, Pluraltermen und Aspektklassen. Diss., Univ. München.
Landman, F. (1987): Groups. Ms., University of Massachusetts, Amherst.
Link, G. (1983): "The logical analysis of plurals and mass terms: a lattice-theoretical approach". in: R. Bäuerle / Ch. Schwarze / A. von Stechow (Hrsg.): Meaning, Use, and Interpretation of Language. de Gruyter: Berlin.
Löbner, S. (1985): "Definites". In: Journal of Semantics 4 (279-326).
Lønning, J. T. (1987): "Collective Readings of definite and indefinite noun phrases". In: P. Gärdenfors(Hrsg.): Generalized Quantifiers. Reidel: Dordrecht.
Massey, G. J. (1976): "Tom, Dick, and Harry, and all the King's Men"; American Philosophical Quaterly 13 (2), 89-107
Moore, R. (1981): "Problems in Logical Form", Proc. of the 19th Annual Meeting of the ACL, Stanford, California (117-124)
Reyle, Uwe (1985): "Prinzipien der Diskursrepräsentationstheorie". In: H. Stoyan (Hrsg.): GWAI-85. Berlin: Springer, S. 408-446.
Scha, R.; D. Stallard (1988): Multi-Level Plurals and Distributivity. in: Proceedings of the 26th Annual Meeting of the ACL: Buffalo, NY.
Sowa, John F. (1984): Conceptual Structures: Information Processing in Mind and Machine. Addison Wesley, Massachusetts.

Anhang: Die Summenstruktur

Ein Modell $\mathcal{M}$ einer Menge von Ausdrücken in SRL besteht aus einer strukturierten Interpretationsdomäne $\mathcal{D}$ und einer Interpretationsfunktion I ($\mathcal{M} = \langle\mathcal{D}, I\rangle$).

Für die strukturierte Domäne von atomaren und komplexen Individuen gibt es verschiedene Möglichkeiten, Relationen oder Operatoren als Erzeugende der Struktur anzusehen. So wurde von GOODMAN die Relation des Überlappens ($\circ$) gewählt und von LINK die reflexive Hülle der Ordnungsrelation 'Teil-von' ($\leq$). Ich werde hier die Summenoperation ($\oplus$) auf Individuen als grundlegend annehmen und die beiden Relationen $\circ$ und $\leq$ hierdurch definieren. Der Vorteil dieses Ansatzes liegt in der Einfachheit, mit der verschiedene Annahmen über Eindeutigkeit und Vollständigkeit explizit gemacht werden können.

Sei eine Summenstruktur ein Tripel $\mathcal{D} = (D, At, \oplus)$.[14] D ist eine Menge von Individuen, auf der eine innere Operation $\oplus$ definiert ist. At ist eine Teilmenge von D, die Menge der Atome. D ist die kleinste Menge, die At enthält und abgeschlossen bzgl. $\oplus$ ist (D ist der $\oplus$-Abschluß von At). Jedes Element von D läßt sich als endliche Summe von Atomen darstellen.[15]

Für die Operation $\oplus$ gelten die Gesetze der Assoziativität, Kommutativität und Idempotenz.

[14] In dieser Darstellung wird die Möglichkeit einer weiteren Strukturierung der Individuenmenge z.B. durch eine Sortierung, sowie die Interaktion der Summenstruktur mit weiteren Strukturmerkmalen außer acht gelassen.

[15] Eine $\oplus$-Struktur läßt sich stets homomorph auf einen atomaren Boole'schen Verband abbilden.

Idempotenz: $\forall a \in D$: $a \oplus a = a$
Kommutativität: $\forall a, b \in D$: $a \oplus b = b \oplus a$
Assoziativität: $\forall a, b, c \in D$: $a \oplus (b \oplus c) = (a \oplus b) \oplus c$
Die Atome sind nicht durch $\oplus$ zerlegbar:
$\forall a \in At, b \in D : (a \oplus b = a) \Rightarrow (a = b)$
Mit Hilfe von $\oplus$ läßt sich die Halbordnung $\leq$ definieren, gemäß:
$\forall a, b \in D: a \leq b :\Leftrightarrow a \oplus b = b$
$\leq$ ist reflexiv, antisymmetrisch und transitiv. Der irreflexive Anteil von $\leq$ entspricht der Teil-von-Relation zwischen den Elementen aus D.
Teil-von: $\forall a, b \in D: a < b :\Leftrightarrow (a \leq b) \& (a \neq b)$
Die Atome sind die minimalen Elemente von D bzgl. <. Sie besitzen keine echten Teile:
$\forall a \in At : \neg\exists b \in D: (b < a)$
Enthält D mehr als ein Element, dann enthält D kein neutrales Element bezüglich $\oplus$.
Die Überlappung zweier Individuen läßt sich definieren durch:
Überlappung: $\forall a, b \in D: a \circ b :\Leftrightarrow \exists c \in D: (c \leq a) \& (c \leq b)$
Ist die Kardinalität von At endlich (= n), so ist auch die Kardinalität von D endlich (= 2^n-1). Annahmen über die Endlichkeit bzw. Unendlichkeit von At und D will ich hier jedoch nicht machen.

Die Interpretationsabbildung $\mathcal{I}$ berücksichtigt die Struktur von $\mathcal{D}$, die durch die Operation $\oplus$ induziert wird. Die Ausdrücke von SRL sind in verschiedene Kategorien untergliedert, die ebenfalls Restriktionen für $\mathcal{I}$ bewirken.
Die Abbildung $\mathcal{I}$ bildet die SRL-Operatoren (atomare SRL-Ausdrücke) entsprechend ihrem logischen Typ ab (s.o.). Die Interpretation zusammengesetzter SRL-Ausdrücke ergibt sich standardmäßig durch die Kombination der Symbolinterpretation (z.B. Anwendung einer Funktion auf ihr Argument). Dabei werden nur solche zusammengesetzten Ausdrücke abgebildet, die gemäß den Komplexitätsrestriktionen wohlgeformt sind.

Aus der $\oplus$-Struktur ergeben sich die folgenden Restriktionen für die Interpretationsabbildung:

Namen und RefOs, die innerhalb von RefN als atomar spezifiziert sind, werden auf Elemente von At abgebildet. Namen und RefOs, die als komplex spezifiziert sind, werden auf Elemente von D \ At abgebildet.
Einstellige Prädikate, die für eine atomare (bzw. komplexe) Argumentstelle subkategorisiert sind, werden auf Teilmengen von At (bzw. D \ At) abgebildet.

Eine Teilmenge M von D heißt $\oplus$-abgeschlossen, wenn die Summe zweier Elemente von M auch in M enthalten ist. Eine $\oplus$-abgeschlossene Menge M heißt atomar, wenn M identisch mit dem $\oplus$-Abschluß von $(M \cap At)$ ist.

Kumulative Prädikate werden auf Teilmengen von D abgebildet, die $\oplus$-abgeschlossen sind.
Distributive Prädikate, deren Anwendungsbereich nicht auf komplexe Individuen beschränkt ist, werden auf Teilmengen von D abgebildet, die sich als Vereinigung von atomaren $\oplus$-abgeschlossenen Mengen darstellen lassen.
Prädikate, die distributiv und kumulativ sind, werden damit auf atomare $\oplus$-abgeschlossene Mengen abgebildet.
Distributive Prädikate mit Beschränkung auf komplexe Argument werden auf Teilmengen von D abgebildet, die sich als Vereinigung der komplexen Anteile von Mengen M_i darstellen lassen, die atomar und $\oplus$-abgeschlossen sind.
Einstellige Funktionen, die für eine komplexe Argumentstelle subkategorisiert sind, werden auf Abbildungen von (D \ At) nach D abgebildet.
Einstellige Funktionen, die für komplexe Werte subkategorisiert sind, werden auf Abbildungen von D nach (D \ At) abgebildet.
Funktionen werden gemäß ihrer Monotonierestriktionen (wenn vorhanden) auf monoton steigende oder monoton fallende Funktionen abgebildet.

Die dargestellten Restriktionen für Individuen und Operatoren lassen sich also auf der Basis von D mit einfachen mathematischen Mitteln (Definitionsbereiche, Wertebereiche und $\oplus$-Abschluß) beschreiben.

Towards a Framework for Knowledge-based Machine Translation

Jörg Schütz

Institut für Angewandte Informationsforschung (IAI)
Martin Luther Straße 14
D-6600 Saarbrücken
e-mail: joerg%iaisun@sbsvax.uucp

1 Introduction

This paper deals with representational and computational issues coming up in the context of interfacing a German machine translation (MT) analysis and an English text generation system for translating German into English. The systems involved are the German analysis component EUROTRA-D ([16]) of the EUROTRA-MT-system, a research and development project of the Commission of the European Communities (CEC), worked out at IAI of the University of the Saarland, and the English text generator PENMAN ([8]) developed at ISI of the University of Southern California. The research project itself and its motivations are discussed in [1], [2] and [16]. A further aspect discussed there is what MT can learn from text generation and vice versa. The former is of special interest because most of the known MT-systems are sentence-based rather than text-based. Systemic-functional linguistics (e.g. [5]) and especially systemic-functional grammar (SFG), which Penman is based upon, play an important role in the field of text-generation research (c.f. [9]). Aspects of SFG are also of importance for defining a semantic component for an MT-system as shown in the EUROTRA-D (ET-D) approach (c.f. [15]).

For our purpose of linking two separately developed systems together to achieve a new complex task we have to define an appropriate interface for ET-D/Penman. This interface has to fulfil two requirements: (1) it has to serve as a transfer component between German and English, and (2) it has to handle input (EUROTRA) and output (PENMAN) specifications in a system-dependent manner. The generation process which is based on a SFG for English (*Nigel*) is driven by information coming from a knowledge base, containing language-specific as well as domain-dependent knowledge. Thus, we have to convert or re-interpret our analysis result in terms of a knowledge based environment. We achieve this by using already existing tools: we express the information of the analysis representation in terms of a SENTENCE PLAN LANGUAGE (SPL) which is the normal interface to Penman for application programs.

The ET-D analysis result is a semantically interpreted functional structure which provides information about *semantic participant roles* (semantic relations) generated from a systemic transitivity network, *lexical semantic types* (human, animate, abstract, ...) and *syntactic categories*. In order to generate an English sentence from such a semantic representation of a German input sentence, we have to express the relevant information (semantic features) for the English sentence in SPL; this kind of transfer is done in different ways:

- Semantic features may be translated into concepts and relations of a German knowledge base which is built upon an abstraction of the ET-D semantic grammar concept.

- Semantic features may be translated into inquiry responses for the English Grammar.
- Syntactic features can be translated directly into Nigel's grammar features.

Section 2. gives a short overview of the proposed new translation process. We describe the concept of the current German knowledge bases and their implementation in a knowledge representation language. Furthermore we talk about linking the German and English knowledge bases together; and we introduce a mapping function from the German analysis representation onto SPL expressions, thus achieving the described translation. In section 3. we address some problems within this translation process and show possible solutions. In section 4. we discuss some future aspects for the continuation of the ET-D/Penman co-operation.

2 Representational and Operational Issues

2.1 Overview of the Translation Process

EUROTRA is designed to be a multilingual machine translation system covering 72 language pairs. One of the most important notions underlying the linguistic representation and tranfer strategy is that of *simple transfer*. This means that the transfer component between source language and target language should be kept as small as possible and structural transfer should be avoided as much as possible.
The translation process is divided into several successive mappings in that an input passes through a number of linguistic representations to the final output. These levels describe configurational, functional and semantical representations; the latter is called the *Interface Structure* (IS), which is the level from which the actual translation is carried out.
IS information is inherited from the other levels plus a semantic treatment of Time, Modality, Diathesis and Determination. The functional subcategorization frames stated at the functional level are interpreted semantically in terms of Process Types and their associated Participant Roles. ET-D argues that by using semantic relations on IS, transfer from source to target language can be considerably facilitated. In this sense transfer becomes simple in terms of the number of rules one has to define for the transfer mapping.

The basic form of our new translation process is to translate German semantic representations into Penman SPL representations. As ET-D IS and Penman SPL representations are both feature-based functional structures derived form systemic-functional grammar, the formal aspects of the translation from ET-D IS into Penman SPL are not very complicated. Determining an appropriate translation for the content of particular values within ET-D IS representations is by far a more challenging aspect of this translation process. The translation process is achieved by employing three principal levels of transfer:

- Semantic features of the ET-D IS representation may be interpreted as referring to categories of an Upper Model that we have constructed for German (UM_G). The categories of UM_G need to be mapped to corresponding categories of Nigel's English specific Upper Model (UM_E).
- Semantic features of the ET-D IS representation may be translated into sequences of Nigel inquiry responses. This type of transfer is used for semantic information of a kind not appropriate for inclusion in an upper model, e.g., textual organization information, non-hierarchical conceptual information and speech act information.

- Morpho-syntactic features of the ET-D IS representation can be translated into corresponding grammatical features of the Nigel grammar; e.g. ET-D active/passive into Nigel active-process/passive-process.

For a detailed (linguistic) description of these three principal levels of transfer we refer to [2]. The product of this multi-level transfer is an SPL representation of the English "translation" of the original German sentence, which may then drive generation by Nigel as in any other domain. The general strategy of this translation process should also generalize to future applications in a multi-lingual MT environment.

2.2 The German Upper and Domain Model

Penman requires a taxonomy of the types of entities that appear in the world because different types of entities are expressed differently in a natural language. For example, actions are typically expressed as verbs and objects as nouns.
Our taxonomy consists of two parts: the German upper model (UM_G) and the German domain model (DM_G). The categories defined in the upper model reflect grammatical distinctions made in German; these entities create a very abstract partitioning of the world. The domain model contains subordinate entities that create increasingly fine task-oriented distinctions (real world entities). The upper and domain models constitute a generalization hierarchy organized as a property-inheritance network.
The representation of this network is done with the knowledge representation language NIKL ([10]), which is also used in the Penman system for the English upper model (UM_E) and domain model (DM_E)[1]. To date the UM_G is partly a re-expression of the systemic transitivity network which was designed by Steiner ([14]) and is based on Fawcett's work ([4]).

NIKL is a definitional (terminological) component which has knowledge of *concepts* and *roles*, and it provides limited quantificational reasoning. The role of the knowledge base in Penman is to provide the necessary information for (a certain subset of) the inquiries to be answered, and to respond to each inquiry appropriately. NIKL is basically a frame system descended from KL-ONE. This type of reasoner supports description of the categories of objects, actions, and states of affairs that make up a domain. The central components of the notation are sets of concepts and roles, which are organized in *is-a* hierarchies. The concepts are used to identify the categories of entities. The roles are associated with concepts (as *role restrictions*), and identify the relationships that can hold between actual individuals belonging to the categories. Number restrictions on these role restrictions identify how many individuals can fill the given relationship. Primitive concepts identify *natural kinds.* Because of its formal semantics NIKL can support a special kind of reasoner, called *the classifier*, that can compute *subsumption* relations. A concept A subsumes a concept B only if the set denoted by A includes the set denoted by B.

The concepts in our specific application are related to syntactic functions and specific role relations. The top node of our UM_G is the entity *thing.* The next level contains four subclasses, our main concepts: *G-process, G-quality, G-entity* and *G-relationship.* These concepts respectively have the following morpho-syntactic types as realizations: *predicate types* (i.e., verbs and nominalized verbs), *adjectives, nouns* and *prepositions, conjunctions and adverbs.*

Each of these main concepts is specialized by more specific information as shown in Figure 1. The concept G-process is divided into four types: *G-relational, G-communication, G-mental,* and *G-action.* Relational processes represent static relations, such as ownership, time, location etc.;

[1] Other versions use the newly developed LOOM knowledge representation language ([7])

```
;;; main concepts of UMG

(DEFCONCEPT G-relationship PRIMITIVE)
(DEFCONCEPT G-entity PRIMITIVE)
(DEFCONCEPT G-quality PRIMITIVE)
(DEFCONCEPT G-process PRIMITIVE)

;;; part of the subspecification of G-process

(DEFCONCEPT G-action (SPECIALIZES G-process))
(DEFCONCEPT G-agent-centered
     (SPECIALIZES G-action) (RES G-agent (NUMBER 1))
                            (RES G-affected (NUMBER 1))
;
;
     (SPECIALIZES directed-action))      ;;; link to UME concept directed-action

(DEFRELATION G-agent (SPECIALIZES actor))  ;;; link to UME relation actor
(DEFRELATION G-affected (SPECIALIZES obj)) ;;; link to UME relation obj
```

Figure 1: *Small part of the German Upper Model*

communiction processes are such phenomina as *"sagen"* (to say) and *"rufen"* (to call); mental processes are such phenomina and states as *"denken"* (to think) and *"glauben"* (to believe); action processes are the remaining phenomina and events, such as *"bauen"* (to build) and *"essen"* (to eat). Besides the subsumption relation between concepts we have specific role configurations attached to concepts. For example, if we look at the *G-agent-centered G-action* process in Figure 1 we have two roles which have to be filled in a well-formed sentence construction, namely the roles *G-agent* and *G-affected.* In NIKL terms such a role definition is made by defining a relation over a concept and a restriction on the number of occurrences of roles within a sentence.

With the UM_G we describe the systemic transitivity component of our IS-representation on a higher level of abstraction, i.e. we abstract from the meaning representation of an actually analyzed input sentence. The lexical descriptions and specific semantic features of the input sentence's words are related to the German domain model, in which we store real world entities. These entities are subordinated to entities in the upper model in such a way that they provide appropriate type and role information. In this sense we have a hierarchically organized knowledge base with three interrelated components as shown in Figure 2.

As of yet, the UM_G is still in an experimental phase and is not fully specified. For example, the G-entity concept has no subspecification; here we want to introduce the semantic sort hierarchy for nouns of Zelinsky-Wibbelt ([17]) as a specialization of G-entity. These subspecifications, then, can be used for a finer differentiation of noun readings in the domain model.

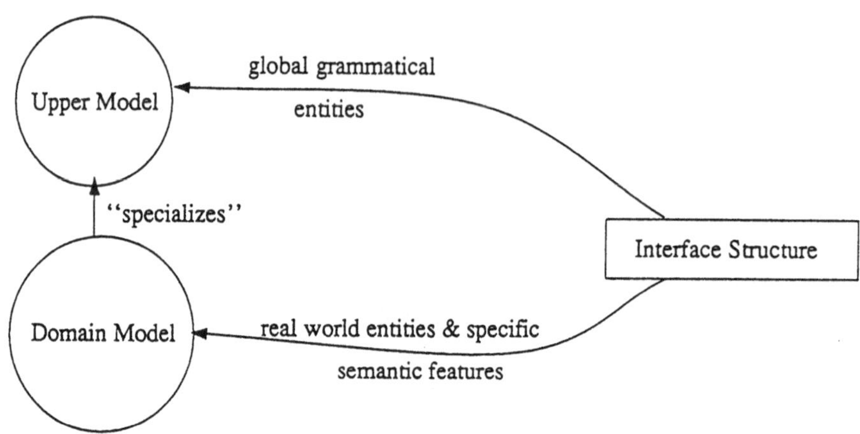

Figure 2: *The Knowledge Hierarchy*

2.3 Linking the Knowledge Bases

In order to make the information of the German upper and domain models available to Penman and to be able to transfer IS representations into corresponding sentence plan language representations, a mapping must be established between the concepts and roles of UM_G and appropriate categories of Penman's English specific upper model UM_E.

As an initial approximation, we make maximal use of mechanisms already developed for driving Penman, in that we take the concepts of UM_G as "specializing" the concepts of UM_E. This mapping is only defined once and is available for all IS representations that need to be transferred; we call this step the *kernel transfer*. Translation of UM_G categories (and, indirectly, of IS semantic features) then takes the form of inferencing over the inheritance relationships in the combined UM_G&UM_E model. This is the standard way in which the general grammatical resources of Penman are made responsive to knowledge from particular application domains. And it allows for the direct appearance of UM_G types in the SPL specification. Because we use these inferencing links we can also use UM_E concepts in the IS $\Rightarrow$ SPL translation process if the UM_G concepts are not fine-grained enough.
A detailed (linguistic) example of the kernel transfer is given in [2]; an example of the linking process of concepts and roles is shown in Figure 1.

2.4 Mapping ET-IS $\Rightarrow$ SPL

From a computational point of view we are interested in how efficiently we can construct a representation on which Penman can start the generation process. Penman uses the SPL as its interface with application programs ([6]). SPL descriptions are lists of typed terms specifying the sorts of entities and the particular features of those entities to be expressed in an English surface string (sentence). The types are interpreted with respect to the knowledge base of general conceptual categories maintained in the upper model. When these concepts are instantiated by more specific

```
{cat=s,s_TENSE=simul,s_ASPECT=perfective,stype=main,neg=no,d_vform=finite,
 d_mood=indicative,d_diath=act}
  {cat=v,vfeat=nstat,role=gov,nb=sing,humarg2=nonhum,humarg1=hum,ers_frame=c0c1,
   d_mood=indicative,d_lu=implementieren,d_is_rno=r1,d_isframe=arg12,
   arg2=affected, arg1=agent,abstrarg2=abstr,abstrarg1=concr}
  {cat=np,wh=no,sr=agent,role=arg1,neg=no,nb=sing,msdefs=msabs,index=43,hum=hum,
   cs=no,argtype=full,abstr=concr}
    {cat=n,wh=no,role=gov,nform=full,nclass=proper,nb=sing,hum=hum,
     ers_frame=null,d_lu=hans,d_is_rno=r1,d_isframe=arg0,count=mass,abstr=concr}
  {cat=np,wh=no,sr=affected,role=arg2,neg=no,nb=sing,msdefs=msdef,index=44,
   hum=nonhum,cs=no,argtype=full,abstr=abstr}
    {cat=n,wh=no,role=gov,nform=full,nclass=common,nb=sing,hum=nonhum,
     d_lu=algorithmus,d_is_rno=r1,d_isframe=arg0,count=count,abstr=abstr}
```

Figure 3: IS Representation for *Hans implementiert den Algorithmus*

concepts from an application program's knowledge base, i.e. world knowledge specific to the domain of the application, then these more specific concepts can be used directly in the SPL description. The features of SPL terms are either semantic relations to be expressed or direct specifications of responses to Nigel's inquiries. The SPL notation is formally similar to the typed feature logic developed by Smolka ([13]) in a similar context of sharing information between language processing and knowledge representation systems.

The Eurotra-D interface representations are essentially semantically interpreted functional structures in a tree format. They represent dependency relationships between constituents by structural embedding, and additional linguistic information in feature structures of the constituents, including semantic relations (systemic participant roles), semantic (lexical) features, and features describing Time, Modality, Diathesis, Mood, Topic, Focus and Determination.

Figure 3 shows an example of an IS representation for the German sentence *"Hans implementiert den Algorithmus"* (John implements the algorithm). Here, each node of the IS-tree is represented as a feature set consisting of attribute-value pairs, the identation indicates the tree structures. For this IS structure we want to generate an appropriate SPL description for the translation process.

For building a SPL description we have to traverse the IS-tree of the German input sentence in a *depth-first-left-to-right order* and translate the relevant features into SPL terms, thus, achieving a correct hierarchical SPL description. Assuming that the feature translation process is done in constant time (table look-up) the whole SPL term is built in time $O(n)$, where n is the number of nodes in the actual IS-tree. Figure 4 shows a simplified result of the above sample sentence.

The main term of the plan in Figure 4 informs Penman that it should generate a sentence to express v1, which is a variable denoting an entity in the knowledge base. The type of v1 is *implementieren* which is a G-agent-centered process defined in the German domain model that specializes the G-action concept in UM_G on the one hand and that specializes the directed-action concept of the English upper model on the other hand. Penman uses this information about the type of v1 to choose an appropriate verb, *to implement*, for the sentence.
The term describing v1 further contains four attributes. The interpretation of attributes depends on the type of their keywords. The keywords :G-agent and :G-affected are the names of relations (roles) in the German upper model. These two attributes inform Penman that the process v1 has an

```
( v1 / implementieren
     :G-agent ( a1 / person
                  : name hans)
     :G-affected ( a2 / algorithmus
                       :identifiability-q identifiable)
     :tense present
     :diathesis active)
```

Figure 4: SPL description of *Hans implementiert den Algorithmus*

agent denoted by a1, and an affected denoted by a2 which are linked to agent and obj respectively in the UM_E. :tense and :diathesis are special keywords with values present and active. Such a keyword refers to the name of a macro which expands the value into a collection of attributes that specify responses to some of Penman's inquiries.

3 Problems and Solutions

With *adjuncts*, like the German *"wahrscheinlich"*, which translationally correspond to English "raising" constructions with verbs like *seem, appear, be likely to,* and *be possible to*, we have to change the SPL description. For example, the German sentence *"Hans implementiert wahrscheinlich den Algorithmus."* has the following two (possible) translations:

- *"John probably implements the algorithm."*
- *"John is likely to implement the algorithm."*

Assuming that the latter is the intended translation we have to re-structure the SPL hierarchy. The German adjuncts in such cases are sisters of their verbal governors, whereas in the SPL the corresponding "raising"-verbs must become governors taking the whole proposition as argument. "Subject-raising" must then be triggered in generation through the usual mechanisms.

Another possible solution of our problem is to handle it within UM_G and the German domain model: we introduce a concept *G-modality-process* which has a single role restriction *G-single-process*; this role is than the slot for the above mentioned whole proposition. We associate this concept with the English concept *ascription-quality* for the "probably-form", and with the *likeliness* concept for the "be-likely-to-form" (cf. Figure 5). With this approach, it is also possible to deal with cascaded modals:

- *"Hans kann den Algorithmus implementieren wollen."*
- *"John may be willing to implement the algorithm."*

For our sample sentence we get the two SPL expressions shown in Figure 6. Depending on context and domain-specific information we are able to decide during the SPL-construction which solution should be the preferred one for the generation process.

```
;;; subspecification of G-action in UMG

(DEFCONCEPT G-modality-process
    (SPECIALIZES G-process)
        (RES G-single-process (NUMBER 1))  ;;; slot for a complete proposition
;
;
    (SPECIALIZES quality-ascription)  ;;; link to UME - probably-variant
    (SPECIALIZES likeliness))         ;;; link to UME - be-likely-to-variant

;;; definition of ''wahrscheinlich'' in the German domain model

(DEFCONCEPT wahrscheinlich PRIMITIVE
    (SPECIALIZES G-modality-process))
```

Figure 5: *Problem Solution 2*

4 Conclusions and Future Perspectives

In this paper we have to some extend introduced the methodological techniques and the representations involved for interfacing ET-D and Penman. The new and interesting idea in this co-operation is the investigation of the possibility of using a knowledge based approach for machine translation. We thus have an interesting research environment for asking questions about transfer strategies in MT. As is well known, the transfer process in an MT environment places complex requirements on both the linguistic theories involved and the theories of translation.

Our first translations are still sentence-based; however, in the longer term our research interests will focus on issues concerning text structure and domain-dependent information which will be represented in additional domain models which are also linked to the linguistic knowledge bases as just described. While it is widely acknowledged that, minimally, co-reference across sentence boundaries needs to be controlled, there are even wider areas we want to investigate, e.g.: how do we preserve the structure of thematic progression across sentences, focus assignment within and between sentences, and degrees of formality? These issues have a very direct influence on the acceptability and quality of MT output and can only be addressed within a system that provides for the accomodation of models covering such phenomena.
The Penman Group is investigating now in the replacement of the Penman upper model with the EUROTRA-D semantic relation concept. This will lead to a simpler transfer component[2] on the one hand and to a real multi-lingual translation system on the other hand. The feasibility of such an approach has been proven within the CAT2[3] Group of IAI for English, French, German, Portuguese and Spanish.

From the perspective of organizing research, it is certainly of interest to explore the possibility and feasibility of interfacing two existing systems for the accomplishment of a complex task, rather than creating the whole system fresh from start; this in contrast to the CMU approach to knowledge-based machine translation ([3]). To the extent that the present attempts are judged successful, they

[2] Also in comparsion with the original EUROTRA transfer strategy.
[3] The CAT2 formalism itself is described in [12] and [11].

```
(c1 / likeliness
      :domain ( cd / implementieren
                     :G-agent ( p / person
                                    :name hans)
                     :G-affected ( a / algorithmus
                                        :identifiability-q identifiable))
      :tense present)
```

```
( c1 / implementieren
       :G-agent ( p / person
                      :name hans)
       :G-affected ( a / algorithmus
                         :identifiability-q identifiable)
       :quality-ascription ( q / probable)
       :tense present)
```

Figure 6: *Possible SPL descriptions*

could be regarded as a viable research and development strategy for other projects.

Acknowledgements: The main parts of the research reported herein were done during a research fellowship of Erich Steiner and the author at ISI and of John Bateman at IAI. I wish to thank Erich Steiner, John Bateman, Bob Kasper and Bill Mann for their support in various ways. Remaining weaknesses are the author's sole responsibility.

References

[1] Bateman, J., R. Kasper, J. Schütz, E. Steiner. *Interfacing an English text generator with a German MT analysis.* In proceedings of GLDV (forthcoming by Springer), West Germany, February 1989.

[2] Bateman, J., R. Kasper, J. Schütz, E. Steiner. *A new view on the process of translation.* In proceedings of the 4th European ACL Conference, pp. 282-290, Manchester, England, April 1989.

[3] Carbonell, J.G. and M. Tomita. *Knowledge-based machine translation, the CMU approach.* In Nirenburg, S. (ed.) *Machine Translation: Theoretical and Methodological Issues*, Cambridge: Cambridge University Press, pp. 68-89, 1987.

[4] Fawcett, R.P. *The semantics of clause and verb for relational processes in English.* In Halliday, M.A.K. and R.P. Fawcett eds. *New Developments in Systemic Linguistics*, Vol. 1, London: Frances Pinter, 1987.

[5] Halliday, M.A.K. *An Introduction to Functional Grammar.* London: Edward Arnold, 1985.

[6] Kasper, R. and R. Whitney. *SPL: A Sentence Plan Language for Text Generation.* USC/Information Sciences Institute Research Report, (forthcoming).

[7] MacGregor, R. and R. Bates. *The LOOM Knowledge Representation Language.* In Proceedings of the Knowledge-Based Systems Workshop, St.Louis, MO, April 1987. Also available as USC/ISI Research Report RS-87-188.

[8] Mann, W.C. *An Overview of the Penman Text Generation System*. In *Proceedings of AAAI-83*, pp. 261-265, August 1983. Also available as ISI Research Report, ISI/RR-83-114.

[9] Mann, W.C. and C. Matthiessen. *Nigel: A Systemic Grammar for Text Generation*. USC/Information Sciences Institute, RR-83-105. Also appears in R. Benson and J. Greaves, editors, *Systemic Perspectives on Discourse: Selected Papers from the Ninth International Systemics Workshop*, Ablex, London, England, 1985.

[10] Robins, G. *The NIKL Manual*. Internal working paper, ISI, Marina Del Rey, California, 1986.

[11] Schütz, J. and R. Sharp. *CAT2-R, Komplexität eines Formalismus für multilinguale maschinelle Übersetzung*. In Schütz, J. (ed.) *Workshop Semantik und Transfer*, IAI Working Papers No. 6, pp. 36-45, Saarbrücken, 1988.

[12] Sharp, R. *CAT2 - Implementing a formalism for multi-lingual machine translation*. In Proceedings of the second Conference on theoretical and methodological issues in machine translation of natural languages, Pittsburgh, 1988.

[13] Smolka, G. *A Feature Logic with Subsorts*. LILOG Report 33, IBM Deutschland, Stuttgart, 1988.

[14] Steiner, E. *Generating Semantic Structures in EUROTRA-D*. In proceedings of COLING 86, pp. 304-306, Universität Bonn.

[15] Steiner, E., U. Eckert, B. Roth, J. Winter-Thielen. *The development of the EUROTRA-D system of Semantic Relations*. In Steiner, E., P. Schmidt and C. Zelinsky-Wibbelt (eds.) *From Syntax to Semantics: Insights from Machine Translation*, pp. 40-104. London: Frances Pinter & Norwood, N.J.: Ablex, 1988.

[16] Steiner, E. and J. Schütz. *An outline of the ET-D/Nigel Co-operation*. In Schütz, J. (ed.) *Workshop Semantik und Transfer*, IAI Working Papers No. 6, pp. 46-62, Saarbrücken, 1988.

[17] Zelinsky-Wibbelt, C. *Meaning as interlingual and as monolingual relation*. Ms, IAI, Saarbrücken, 1988.

Transfer in Machine Translation by Non-Confluent Term-Rewrite Systems

Wilhelm Weisweber
Technical University of Berlin
Institute for Software and Theoretical Computer Science
Projectgroup KIT Sekr. FR 5-12
Franklinstr. 28/29 D-1000 Berlin 10
E-mail: weisweb@db0tui11.bitnet

Abstract

The transfer component of a machine translation (MT) system typically comprises three aspects, namely the transfer structure used to transfer source into target structures, the (set of) transfer rules and the transfer process, which interpretes the set of transfer rules to derive the target from the source structure. The transfer structure can be formally considered as a term and the set of transfer rules as a term-rewrite system, which is terminating if a well-founded ordering on the terms can be defined, but not confluent. Most of the interpreters of rewrite systems require both termination and confluence. This paper is concerned with the transfer process and presents a well-founded ordering on the terms representing the transfer structures and an algorithm for the interpretation of terminating and non-confluent rewrite systems, which is used within the transfer component of the MT system of the project KIT-FAST [1] at the Technical University of Berlin. The other aspects concerning the transfer component will be dealt with in [We89b].

0 Introduction

The MT system being developed in the project KIT-FAST is based on a transfer model which consists of three levels: the syntactic, sentence-semantic and conceptual transfer. The syntactic representations of source and target language are derivation trees of sentences generated by Generalized Phrase Structure Grammars (GPSG). The sentence-semantic representation level outlined in section 1 of this paper is called Functor-Argument Structure (FAS). The conceptual representations of the source and target language texts are not defined as yet. Thus, the central level of transfer in our project is the FAS which is enriched with syntactic and textual information. A more detailed description of our model of MT is given in [HB88: 218ff] and [Hau86: 178ff].

If FAS expressions are mapped onto FAS terms a term-rewrite system can be used to transfer FAS terms of the source language into translationally equivalent FAS terms of the target language. The target FAS terms are mapped into corresponding target FAS expressions. Thus, the transfer rules can be formulated as term-rewrite rules. The termination of the transfer process can be guaranteed by defining a well-founded ordering on FAS terms which does not allow infinite descending sequences of FAS terms during transfer. Such an ordering can be lifted to an ordering on terms containing variables, and the termination of the transfer system can be determined by preprocessing its transfer rules. A crucial consequence of the ordering proposed in this paper is the intrinsic application order of the transfer rules. In order to define an efficient transfer algorithm, the intrinsic order of the transfer rules is made explicit in a preprocessing step.

Another problem of transfer systems is the fact that they do not have to be confluent, i.e. for a source FAS expression the system may produce more than one target FAS expression. This is accounted for by

---

[1] This work has been developed in the project KIT-FAST (KIT = Künstliche Intelligenz und Textverstehen (Artificial Intelligence and Text Understanding); FAST = Functor-Argument Structure for Translation), which constitutes the Berlin component of the complementary research project of EUROTRA-D. It receives grants by the Federal Minister for Research and Technology under contract 1013211.

the superposition of the left-hand sides of transfer rules which can be done in preprocessing too.
Section 2 presents a mapping from FAS expressions into corresponding FAS terms. In section 3 an ordering on FAS terms is defined which is the basis for the termination of our transfer system, and in section 4 an efficient transfer algorithm is presented, which interpretes terminating and non-confluent transfer systems and uses the intrinsic application order of the transfer rules. The sections 3 and 4 are extensions of [We89a].

1 The Functor-Argument Structure

This section gives a short introduction to our level of transfer, this being a semantic representation language for sentences called Functor-Argument Structure (FAS). The semantic representation for a sentence expresses the logical relations within a sentence. These logical relations are functor-argument relations, coordination, the scope of negation and quantification, time relations and modality. The FAS expressions are generated by a context-free grammar with complex categories which consist of a main category and a fixed number of pairs of features and values. A FAS expression for a sentence is not a terminal string of this grammar but a syntactic derivation tree generated by the grammar. The daughter categories of a local tree of a FAS expression are in canonical order in such a way that the leftmost daughter can be interpreted as the functor which is applied to its succeeding sisters (its arguments). Some functor categories, such as v-pred in (1), are subcategorized by the feature conf(iguration) for some arguments with certain semantic roles such as ag(ent), af(fected), at(tribuant), ef(fected) etc. The FAS syntax indicates the thematic ordering of surface constituents by the feature them(aticity) in the corresponding FAS categories. This ordering can only be represented among sister categories of a FAS expression. Figure (1) shows a partial FAS expression f for the German sentence Das Buch liest die Frau [2], where the noun phrase das Buch is topicalized. This is indicated by the numeral values of the feature them.

(1) ***FAS expression f:***

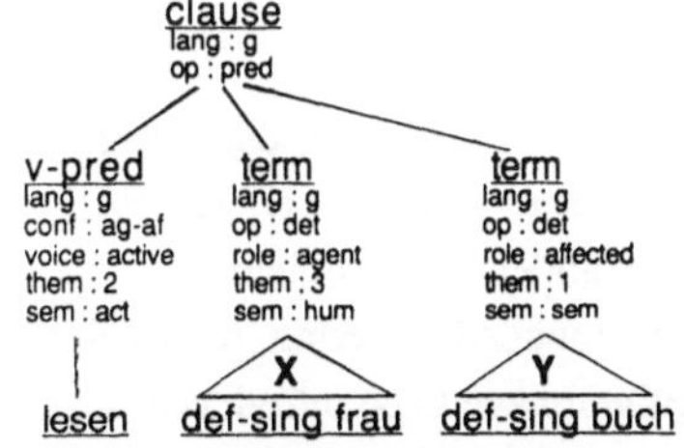

The feature specification lang(uage) : g of all FAS categories means that the FAS expression f is the semantic representation generated by a German FAS grammar (f ∈ L(FAS-G)). The value for lang is used to assure the termination of the transfer system (see section 3). Therefore, every FAS category of a FAS grammar has to be specified for this feature. A more comprehensive description of the FAS is given in [HU88].

2 From FAS expressions to FAS Terms

Since the transfer process shall be formulated as a term-rewrite system, we have to determine how FAS expressions can be mapped into equivalent FAS terms, which, in turn, can be described by a signature for a FAS term algebra (see [We89b]). This mapping ϕ can be defined as follows (a Prolog-like notation

2 Literally: the book reads the woman; the intended translation is: the book is read by the woman.

with square brackets for lists is used):

(2) **Definition:** Mapping ϕ from FAS expressions into FAS terms

- for all FAS categories m $\langle f_1: v_1\rangle \dots \langle f_n: v_n\rangle$: $\phi(m \langle f_1: v_1\rangle \dots \langle f_n: v_n\rangle) = m(v_1, \dots, v_n)$
- for all FAS terminals t of FAS category C: $\phi(C \rightarrow t) = \text{leaf}(\phi(C), t)$
- for all FAS (sub)expressions $M \rightarrow S_1 \dots S_m$: $\phi(M \rightarrow S_1 \dots S_m) = \text{tree}(\phi(M), [\phi(S_1), \dots, \phi(S_m)])$

The FAS expression f of figure (1) is mapped into the FAS term t shown in figure (3) ($\phi(f) = t$).

(3) ***FAS term t:***

```
tree(clause(g, pred), [
        leaf(v-pred(g, ag-af, active, 2, act), lesen),
        tree(term(g, det, agent, 3, hum), X),
        tree(term(g, det, affected, 1, sem), Y)])
```

The mapping ϕ is one-to-one but not onto, i.e. for any given FAS expression there is exactly one FAS term (one-to-one) but not for any given FAS term a FAS expression exists.

3 An Ordering on FAS Terms

In order to guarantee that the FAS term-rewrite system terminates, a well-founded (partial) ordering $>_{FAS}$ on the set of all FAS terms has to be defined, which does not allow infinite descending sequences of those FAS terms. For an introduction to term-rewrite systems see [BB87: 115ff] and for their termination see [De82: 284], [De85: 187] and [We89b]. Such an ordering on FAS terms can easily be defined if the FAS vocabularies of the source and target language (here: FAS-G and FAS-E respectively) are distinguished. In order to define a well-founded ordering $>_{FAS}$ on FAS terms, the FAS categories of the source and target FAS grammar, henceforth source and target FAS categories respectively, are distinguished such that every source FAS category A and every target FAS category B share the common feature lang where A(lang) $\neq$ B(lang) and A(f) denotes the value of the feature f of the FAS category A. In the following for all source FAS categories A(lang) = sl and for all target FAS categories B(lang) = tl is defined.

Thus, the derivation sequence $t_S \rightarrow t_1 \rightarrow \dots \rightarrow t_n \rightarrow t_T$ contains hybrid FAS terms t_i where $1 \leq i \leq n$ and t_S and t_T are the source and target FAS terms respectively. The FAS terms t_i are hybrid because source FAS categories as well as target FAS categories occur in them.

Before the definition of the well-founded ordering on FAS terms can be given, some notational conventions partially based on [HO80] have to be introduced:

- V denotes the set of all variables and V(t) the set of variables occuring in the term t.
- $\tau(\Sigma)$ denotes the set of all ground terms [3], where Σ is the set of operators of the term algebra (note that the constants are operators with the arity 0), and $\tau(\Sigma \cup V)$ the set of all open terms.
- $\sqcup$ denotes the unification of two terms. The result is the minimal unifier.
  Example: v = tree(A, [B, C]), w = tree(D, E) $\Rightarrow$ v $\sqcup$ w = {D $\leftarrow$[4] A, E $\leftarrow$ [B, C]}.
- t/u denotes a subterm of the term t. Example: v/2 = [B, C] or v/2.1 = B.
- t[u $\leftarrow$ r] denotes the substitution of the subterm t/u by a term r.
  Example: v[2.1 $\leftarrow$ [tree(X, Y)]] = tree(A, [tree(X, Y), C]).

---

[3] Ground terms are terms without variables, whereas open terms are terms in which variables occur.

[4] 'A $\leftarrow$ t' denotes that the variable A is substituted by the term t.

- σ denotes the substitution of variables, where $\sigma: V \rightarrow \tau(\Sigma \cup V)$. Example: $\sigma = v \sqcup w \Rightarrow \sigma[w]$ [5] = tree(A, [B, C]). σ is said to be ground iff $(u \leftarrow t) \in \sigma$ implies $V(t) = \emptyset$.
- $C(t) = \{x \notin V \mid t/u =$ tree(x,_) or $t/u =$ leaf(x,_)$\}$ denotes the set of FAS categories occuring in the term t.
- $S(t) = \{A \in C(t) \mid A(\text{lang}) = \text{sl}\}$ denotes the set of source FAS categories occuring in the term t.

(4) **Definition:** Ordering $>_{FAS}$ on FAS terms

Let t,u be FAS terms, then $t >_{FAS} u$ iff **(a)** $S(t) \supset S(u)$ **and (b)** $V(t) \supseteq_m$ [6] $V(u)$

The ordering $>_{FAS}$ is well-founded because some minimal terms exist, namely all terms not containing any source FAS category. That is terms t where $S(t) = \emptyset$.
The ordering is stable because an open term u is smaller than another open term t iff all variables occurring in u have also to occur in t. This still holds if some variables are substituted in both terms.
The ordering is monotonic, for if there is a term u which is smaller than a term t, then obviously a superterm f(...u...) is smaller than the superterm f(...t...) in which t replaces the smaller term u.

(5) **Theorem:** Termination of a transfer system over FAS terms

A transfer system R over FAS terms is terminating iff $\lambda >_{FAS} \rho$ for each transfer rule $(\lambda \rightarrow \rho) \in R$.

Thus, the transfer rules have to be defined according to the well-founded ordering $>_{FAS}$, i.e. the rhs of all transfer rules have to contain less source FAS categories than the corresponding lhs and every variable occuring on the rhs occurs on the lhs too. These conditions can be checked in preprocessing.

4 The Transfer Process

A desirable feature of the transfer process would be that it works message-driven, i.e. it runs through the input structure and applies every possible transfer rule. But the lhs of the transfer rules are not necessarily local structures, and thus the transfer process is intended to work rule-driven, i.e. after each reduction it has to check every transfer rule for application. Additionally, the transfer system need not be confluent. For these reasons, the intrinsic application order of the transfer rules is made explicit in a preprocessing step, i.e. if the rhs of a transfer rule n and the lhs of a transfer rule n' share some non-variable common subterm, then rule n has to be applied before rule n' ($n >_{app} n'$). If the lhs of a transfer rule n and the lhs of a transfer rule n' share some non-variable common subterm, then rule n and rule n' can be alternatively applicable ($n \vee_{alt} n'$).

(6) **Definition:** Relations $>_{app}$ and $\vee_{alt}$

$\forall\, n,n' \in N$ [7] where $\langle n, \lambda \rightarrow \rho\rangle, \langle n', \lambda' \rightarrow \rho'\rangle \in R$ (R is the set of all transfer rules):

- superposition of λ' and ρ: $(\lambda'/u \sqcup \rho \neq \emptyset) \vee (\rho/u \sqcup \lambda' \neq \emptyset) \Rightarrow n >_{app} n'$ where $\lambda'/u, \rho/u \notin V$.
- superposition of λ' and λ: $(\lambda'/u \sqcup \lambda \neq \emptyset) \vee (\lambda/u \sqcup \lambda' \neq \emptyset) \Rightarrow n \vee_{alt} n'$ where $\lambda'/u, \lambda/u \notin V$.
- else: n and n' are independent of each other and may be applied in any order.

With the help of the relation $>_{app}$ the application sequence of the transfer rules can be computed taking into consideration the fact that $>_{app}$ also may contain cycles. A tuple $n \vee_{alt} m$ is generated for every pair of

---

[5] $\sigma[w]$ is used as an abbreviation for $w[u_1 \leftarrow t_1, ..., u_n \leftarrow t_n]$ for all $w/u_i \in V(w)$ and $(w/u_i \leftarrow t_i) \in \sigma$ where $1 \leq i \leq n$.

[6] $\supseteq_m$ is the subset relation defined on multisets, which may contain a finite number of identical elements.

[7] N is the set of natural numbers without 0.

transfer rules n and m for which the Knuth-Bendix completion algorithm (see [HO80: 372ff]) would generate a critical pair. The relation $\vee_{alt}$ is used, only where necessary, to admit an alternative application of transfer rules.

Before the algorithm for the transfer process is presented, the cycles of $>_{app}$ and the ordered set of numbers and cycles of transfer rules APP are defined. $>^+_{app}$ is the transitive and reflexive closure of $>_{app}$.

(7) **Definition:** Cycles of $>_{app}$

$\forall \langle n, \lambda \rightarrow \rho\rangle \in R$: $CYC_n = \{m \mid m >^+_{app} n \wedge n >^+_{app} m\}$, where $\forall n \in CYC_m$: $CYC_n = CYC_m$.

(8) **Definition:** Ordered set APP of numbers and cycles of transfer rules

$APP = \{CYC_n \mid |CYC_n| > 1\} \cup \{n \mid |CYC_n| = 1 \vee |CYC_n| = 0\}$

APP is ordered in the following way: $\forall e_i, e_j \in APP = \{e_1, e_2, ..., e_k\}$ where $i < j$:

$(e_j \not>^+_{app} e_i)$ **xor** $(x \in e_j \wedge x \not>^+_{app} e_i)$ **xor** $(x \in e_i \wedge e_j \not>^+_{app} x)$ **xor** $(x \in e_i \wedge y \in e_j \wedge y \not>^+_{app} x)$.

Now the transfer algorithm can be presented in a Pascal-like pseudo code and subsequently it is explained in prose.

Input:
- a finite transfer system $R = \{\langle n, \lambda \rightarrow \rho\rangle \mid n \in N\}$, where $R_N = \{n \mid \langle n, \lambda \rightarrow \rho\rangle \in R\}$
- the ordered set $APP = \{e_1, e_2, ..., e_m\}$
- the relation $\vee_{alt}$ on R_N
- a source FAS term t, where $C(t) = S(t)$

Output:
- a set of target FAS terms t_i, where $1 \leq i \leq r$

Algorithm:

```
R_APP := {n | <n, λ → ρ> ∈ R ∧ S(λ) ⊆ S(t)};
(* R_APP ⊆ R_N is the set of numbers of the applicable transfer rules *)

t_1 := t; r := 1; (* r counts the number of preliminary results *)
for i := 1 to m do
    if e_i ⊆ R_N
    then (* e_i is a cycle, i.e. a set of numbers of transfer rules *)
        while n ∈ e_i ∩ R_APP and t_j/u ⊔ λ ≠ ∅ where 1 ≤ j ≤ r and <n, λ → ρ> ∈ R do
            apply_rule(n, r)
    else if e_i ∈ R_APP then apply_rule(e_i, r);

for i := 1 to r do
    if φ^-1(t_i) ∈ L(FAS-T)
    then return(t_i); (* the result must be generated by the target FAS grammar FAS-T *)


procedure apply_rule(n, r); (* applies the transfer rule n to the FAS terms t_1, ..., t_r *)
begin
    r' := r;
    for i := 1 to r' do begin
        t' := t_i;
        while (t'/u ⊔ λ = σ) and (σ ≠ ∅) where <n, λ → ρ> ∈ R do begin
            if (n ∨_alt x) or (x ∨_alt n)
            then new := r := r + 1      (* an alternative solution t_r+1 is introduced *)
            else new := i;              (* a previous soloution t_i is modified *)
            t' := t_new := t'[u ← σ[ρ]]
        end
    end
end;
```

At first the set R_{APP} of all transfer rules which are applicable on the input FAS term t is computed. The first **for** loop applies all elements of APP in the precomputed order $>_{app}$. If the element is a cycle, then as long as the cycle contains some transfer rule, which is applicable to any intermediate term, the rule is applied to it, and subsequently all transfer rules of the cycle are again tested for application. If the element is a number of a transfer rule, the rule is applied to the intermediate terms as long as it is applicable. If all derived terms are irreducible, the second **for** loop checks the syntax of the potential results according to the target FAS grammar (FAS-T). This check of syntax is necessary because the resulting terms can still be hybrid. This may be the case, if a transfer rule is missing or the lhs introduces an inconsistent piece of FAS syntax. The procedure 'apply_rule' applies a transfer rule to a FAS term and generates an alternative term when an alternative rule is applied. This algorithm has been implemented in Prolog and extensively tested for the transfer from German to English and vice versa.

5 Conclusion

With the definition (4) of a well-founded ordering for FAS terms we are able to prove whether or not a given transfer system terminates by checking each transfer rule. Definition (4)(b) is needed to lift the ordering (4)(a), which is well-founded on ground terms, to an ordering on the open terms of a transfer rule. (4)(b) guarantees the termination. It may however be too strong because one can prove the termination of systems containing rewrite rules like $\alpha \times (\beta + \gamma) \rightarrow (\alpha \times \beta) + (\alpha \times \gamma)$ with the help of the recursive path ordering (RPO) (see [De85: 202f]), and obviously (4)(b) does not hold. It may be possible to replace it by a weaker condition which may be found by exploiting the effects of orderings like the RPO on the transfer rules.

The termination of the transfer process can be guaranteed if the input transfer system meets theorem (5). This can be proved in preprocessing. At the same time the application order $>_{app}$ and the relation $\vee_{alt}$ can be computed. Thus an efficient transfer process can be implemented which is able to interpret non-confluent transfer systems.

References

[BB87]: K.H. Bläsius, H.-J. Bürckert (eds.): "Deduktionssysteme, Automatisierung des logischen Denkens", Oldenbourg 1987, pp. 115 - 133

[De82]: N. Dershowitz: "Orderings for Term-Rewriting Systems", Theoretical Computer Science 17 (1982), North-Holland, pp. 279 - 301

[De85]: N. Dershowitz: "Termination", in: G.Goos, J. Hartmanis (eds.): "Rewriting Techniques and Applications", LNCS 202, Dijon, France, May 1985, pp. 180 - 224

[Hau86]: Ch. Hauenschild: "KIT/NASEV oder die Problematik des Transfers bei der Maschinellen Übersetzung", in: I. Bátori, H.J. Weber (eds.): "Neue Ansätze in Maschineller Sprachübersetzung: Wissensrepräsentation und Textbezug", Sprache und Information, Niemeyer 1986, pp. 167 - 196

[HB88]: Ch. Hauenschild, S. Busemann: "A Constructive Version of GPSG for Machine Translation", in: E. Steiner et al. (eds.): "From Syntax to Semantics - Insights from Machine Translation", Pinter 1988, pp. 216 - 238

[HU88]: Ch. Hauenschild, C. Umbach: "Funktor-Argument-Struktur, Die satzsemantische Repräsentations- und Transferebene im Projekt KIT-FAST", in: J. Schütz (ed.): "Workshop Semantik und Transfer", EUROTRA-D Working Papers No.6, Saarbrücken, Juni 1988, pp. 16 - 35

[HO87]: G. Huet, D.C. Oppen: "Equations and Rewrite Rules", in: R.V. Book (ed.): "Formal Language Theory, Perspectives and Open Problems", Academic Press 1980, pp. 349 - 405

[We89a]: W. Weisweber: "Transfer in MT by Term-Rewriting", in: J. Müller, H. Ganzinger (eds.): "Ext. Abstracts of the 1st German Workshop Term Rewriting: Theory and Applications"; SEKI Report SR-89-02, University of Kaiserslautern, March 89

[We89b]: W. Weisweber: "The Transfer Component of KIT-FAST: Machine Translation with Term-Rewriting"; KIT-Report in preparation, Technical University of Berlin

Determining Consistency of Feature Terms with Distributed Disjunctions

Jochen Dörre, Andreas Eisele
Institut für maschinelle Sprachverarbeitung
Universität Stuttgart

Abstract

This paper gives a formal description of a new method for the unification of feature descriptions containing disjunctive information. Unlike other representations based on value disjunction [Karttunen 84, Eisele/Dörre 88], this method allows one to express dependencies between different disjunctions by assigning identifiers to them that can be shared between several disjunctions. By virtue of such identifiers, disjunctive information can often be kept local in cases in which other methods have to multiply it out with different, unrelated disjunctions.

1 Introduction

Since disjunction can be used to express nearly all kinds of ambiguity, and since ambiguity is omnipresent in natural language, formalisms that are used in linguistic theories or for natural language processing must allow for the representation of disjunctive information. Hence, most of the unification-based formalisms that are recently used in computational linguistics provide means to express disjunctive specifications of feature structures.[1]

Although it has been shown that these formalisms can be used to state $\mathcal{NP}$-hard problems[2], in most practically relevant cases a more sophisticated strategy for processing disjunctive specifications can make considerable improvements compared to the straightforward solutions such as expansion to Disjunctive Normal Form or backtracking.

Consider a lexical entry for the German preposition *in*, which can be followed either by a dative or an accusative noun phrase. To express this fact the lexical entry of *in* should include something like the following description which is given in a language similar to the feature logic of [Kasper/Rounds 86]: *syn:arg:case:(Dat* OR *Acc)*.

Suppose, however, that we also want to include a semantic relation that depends on the case of the noun phrase in order to distinguish the static reading of the preposition (that would be translated

[1]Readers who are not familiar with feature structures can think of them as a generalization of terms of predicate logic where arguments are selected by attribute labels rather than by position and arity is not fixed. Usually a distinction is made between descriptions of feature structures (also called feature terms), stated in a feature logic, and the structures themselves. Descriptions make statements about i) which constants appear in which parts of the structure and ii) which parts of the structure are identical (also called coreferent), which may be expressed using logical variables or path equations. Descriptions can be combined conjunctively and disjunctively.

[2]I.e. there can be no algorithm for disjunctive unification that is efficient in the worst case (provided $\mathcal{P} \neq \mathcal{NP}$).

to the English word *in*) from the directional reading (translated as *into*). We could express this by a disjunction on a higher level of the formula, such as shown in Fig. 1.

$$(syn : arg : case : Dat,\ sem : rel : Stat\_in')\quad \text{OR}\quad (syn : arg : case : Acc,\ sem : rel : Dir\_in')$$

Figure 1: Disjunction expressing a dependency between two features

However, bringing disjunction to a higher level causes problems when additional information has to be combined with the disjunctive specification. We can either distribute it onto both branches of the disjunction (which will increase the amount of time and space needed) or we can produce a formula of the form (D_1 OR D_2) AND E, where the new information is stored only once, but where the consistency of both combinations is more difficult to maintain.

Our goal is to represent disjunction as locally as possible, i.e. to keep common information out of the scope of the disjunction in order to avoid unneccessary multiplying-out whenever possible.

1.1 Different approaches

Several approaches for the representation and efficient manipulation of disjunctive information in feature structures have been proposed in the literature.

One of the first works on representation of *disjunctive values* was [Karttunen 84], which has been further elaborated in [Bear 87]. In the latter paper however, it is shown that in order to guarantee the consistency of the values computed so far, an expansion to DNF has to be performed if coreferences between disjuncts and other parts of the structure are present. This needs time exponential with the number of disjuncts in the structure.

In [Kasper 87], a representation for *general disjunction* (i.e. disjunctive information affecting not only one feature or feature path) is presented that can be exponentially more compact than the equivalent formula in DNF. However, during the test for consistency, the unification algorithm has to expand the combinations of the disjuncts, which may as well need time exponentially to the size of the formula (see [Eisele 87] for a more detailed discussion).

Both methods employ representations, in which inconsistencies may be hidden. To check for consistency, sometimes the same test unifications have to be performed over and over again.

In [Eisele/Dörre 88] the authors give a representation for disjunctive values that is based on a normal form for the feature logic of [Kasper/Rounds 86], called ENF. The unification algorithm for ENF formulae treats interactions between disjunctions and path equivalences correctly. However, it has to widen the scope of disjunctions in some cases. Due to the restriction on disjunctive values, this method can not handle distributed disjunction in an optimal way.

2 Distributed disjunction

We base our considerations on a logic of functional descriptions, called representational feature logic (RFL). This logic allows for the expression of distributed disjunctions, i.e. disjunctions that are identified by a disjunction name and that can appear at several places in a feature description. On the one hand, RFL serves as an explicit description of an efficient representation of feature terms, on which calculations, such as unification of feature terms, are performed. On the other hand, RFL is still abstract enough to provide a basis for proofs of certain properties of such an implementation. It is similar to the language of feature clauses given in [Smolka 88] or to the attribute-value logic given in [Johnson 87]. We will use variables to express path equivalences and we will assume a lattice of sorts that can be used to restrict the values a variable can have, as in [Smolka 88]. Yet, due to the lack of space, we do not consider negation in this paper.

A normal form will be defined for RFL which directly exhibits inconsistencies. The unification of two formulae in RFL then amounts to normalizing their conjunction.

The language RFL is not intended to be used directly in the grammar or lexicon. Instead it is meant to describe the internal representation of the structures on which the computation is performed. A transformation of an expression in a Kasper/Rounds-like surface logic into RFL can easily be done in principle (similar to the transformation of feature terms into feature clauses given in [Smolka 88]). However, in order to take advantage of the mechanism of named disjunctions, we have to be careful to represent common information only once and we have to push down disjunctions to the deepest possible places in the structure, which isn't at all trivial. Nevertheless, in this paper we will only describe operations on formulas of RFL.

2.1 The Language RFL

For the following we assume:

- a set $\mathbf{S}$ of sort symbols, which forms a lattice with respect to the partial order $\preceq$, i.e. the greatest lower bound (GLB) of two sorts is always a sort in $\mathbf{S}$. $\top$ and $\bot$ are greatest and least element, respectively. We use capital letters $A, B, C \ldots$ for sort symbols.
- a set $\mathbf{Sg} \subset \mathbf{S}$ of so-called singleton sorts. The GLB of a singleton sort with any other sort yields either $\bot$ or the singleton sort itself, i.e. there is no sort smaller than a singleton sort except $\bot$.
- a set $\mathbf{F}$ of feature symbols. Letters $f, g, h \ldots$ will denote feature symbols.
- an infinite set $\mathbf{V}$ of variables, written: $x, y, z, x_1, y_1 \ldots$
- an infinite set $\mathbf{D}$ of disjunction names, written: $d, d_1, d_2 \ldots$

The sets $\mathbf{S}$, $\mathbf{F}$, $\mathbf{V}$ and $\mathbf{D}$ are pairwise disjoint.

The main ingredients in our language are expressions which we call *simple descriptions*. The possible forms are given in Fig. 2.

$x : A,$	sort restriction
$f(x) \doteq y$	feature equation
$x \doteq \{_d\, y, z\}$	disjunctive equation

Figure 2: Simple Functional Descriptions

Definition 1 (Rooted Functional Description) *A* rooted f-description *is a pair* (x_0, C)*, where* C *is a set of simple descriptions which contains* $\mathrm{root}(x_0) \doteq x$ *(*root *is a distinguished feature,* x *is some variable) and* x_0 *occurs nowhere else in* C*.*[3] *Let* $\mathbf{V}(C)$ *be the set of variables occuring in* C*.*

As stated above, the idea behind disjunctive equations and disjunction names is that all disjunctive equations with the same disjunction name logically belong to one (binary) disjunction as it would be stated in the surface feature logic. Consequently, if we choose the first branch in a disjunctive equation with name d, we have to choose it in all the equations with this name. Now, in order to represent the structures of 'in' as described in Fig. 1, we call the disjunction occurring in that entry d_1 and formulate the f-description:

$root(x_0) \doteq x$	$x_5 : Acc$
$syn(x) \doteq x_1$	$sem(x) \doteq y_1$
$arg(x_1) \doteq x_2$	$rel(y_1) \doteq y_2$
$case(x_2) \doteq x_3$	$y_2 \doteq \{_{d_1}\, y_3, y_4\}$
$x_3 \doteq \{_{d_1}\, x_4, x_5\}$	$y_3 : Stat\_in'$
$x_4 : Dat$	$y_4 : Dir\_in'$

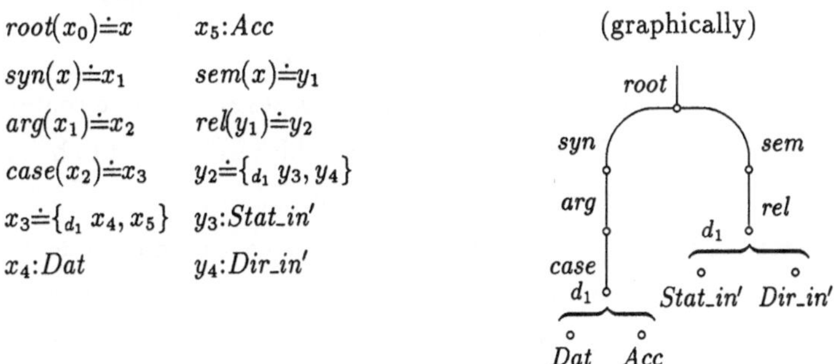

The binary disjunction can be pushed down to the atomic level, since the two described structures differ only in the atomic values of the paths *syn:arg:case* and *sem:rel.* The dependency in the choice of these values is expressed using the disjunction name d_1, i.e. if we choose the left branch of d_1, we get the combination of *Dat* and *Stat_in'* as values for our paths. Choosing the right branch gives us the other valid combination: *Acc* and *Dir_in'*. No other combination shall be expressed by our set of descriptions. Note that we now get something like a discontinuous scope for our disjunctions.

The main advantage that results from this treatment of disjunction is the fact, that we now can save the independence of disjunctions whose scopes would otherwise overlap. Consider a refinement of the analysis of 'in', which requires the second argument of the in-relation, the referent found under *sem:arg2*, to be either of sort *Temporal* or *Spatial.*[4] We simply extend our representation with a

[3]The variable x_0 and the feature *root* are purely syntactical and serve as a pointer to the actual root of the description. Using this augmentation we don't have to keep track of the actual root during normalization, since our rules then may not substitute it away.

[4]Although these examples are gross simplifications of the linguistic facts, we include them to give examples of how linguistic knowledge may be expressed in our framework.

new disjunction d_2: ... & $arg2(y_1) \doteq y_5$ & $y_5 \doteq \{_{d_2}\, y_6, y_7\}$ & y_6:*Temporal* & y_7:*Spatial*.

We do not have to duplicate this information to combine it with both possible choices from above to yield the four possible readings.

Now, the rooted f-descriptions are only the first half of the whole story of RFL. Our formulae will have another component, called a *state*, which is used to memorize combinations of choices which lead to inconsistent structures. The need of this component is ultimately motivated by our normalization procedure below. But to get a taste of what states are used for, consider a situation in the course of unification in which we find out that there is an inconsistency in some part of the structure, if we choose d_1's right branch and d_2's left branch (suppose d_2 also appears in some other place than the one given above). We then should represent the remaining three combinations of choices involving d_1 and d_2 somehow. One way would be to multiply out the two disjunctions, e.g. by embedding d_2 into each branch of a new instance of d_1, as in:

$$\begin{array}{llll} \ldots \;\&\; arg2(y_1) \doteq y_5 \;\;\&\; y_5 \doteq \{_{d_1}\, y_8, y_9\} & \&\; y_8 \doteq \{_{d_2}\, y_{10}, y_{11}\} & \&\; y_{10}\text{:}\mathit{Temporal} \\ & & \&\; y_{11}\text{:}\mathit{Spatial} \\ & \&\; y_9 \doteq \{_{d_2}\, y_{12}, y_{13}\} & \&\; y_{12}\text{:}\bot \\ & & \&\; y_{13}\text{:}\mathit{Spatial} \end{array}$$

where we could simplify the last three descriptions to y_9:*Spatial*. This multiplication would have to be done for every occurence of d_2. Moreover, if inconsistencies are found in contexts involving more than two choices, there will be a lot more combinations which would need to be made explicit, even if most of them will later turn out to be inconsistent too.

Therefore, instead of reflecting inconsistency of a set of choices in our f-description, we use the separate component, the state, to account for that. To deal with the problem described above, we simply add the context (d_1 : right, d_2 : left) to the state to guarantee that this combination of choices shall subsequently be ignored.

2.2 Formal Definitions

In order to facilitate the formal definition of the semantics of our formulae as well as the operations applied to them, we require that f-descriptions have the properties of being *connected* and *context-unique*. To define the latter we need to define several basic notions.

Definition 2 (Choice) *A* choice *is an element from* $\mathbf{D} \times \{r, l\}$, *i.e. a pair which consists of a disjunction name and the letter r or l, written with a colon.*

E.g. $d_3 : r$ wants to say that in every occurence of disjunction d_3 we choose the right branch.

Definition 3 (Context) *A* context *is a (possibly partial) function from* $\mathbf{D}$ *to the set* $\{r, l\}$. *A* full context *is a total function of this kind.* $\mathcal{CON}$ *will denote the set of contexts.*

We will write $K \subseteq K'$, if context K' is an extension of K. $K_{d \to l}$ (resp. $K_{d \to r}$) will denote the same function as K, but with d mapped to l (resp. r) instead of $K(d)$, whether or not this is defined.

Definition 4 (Connectivity) *A rooted f-decription* (x_0, C) *is* connected *iff for every variable* y *occurring in* C *there is a sequence* $x_0, x_1, \ldots, x_n = y$*, s.t. there is a simple description in* C *in which both of* x_i *and* x_{i+1} *appear for* $0 \leq i < n$.[5]

Definition 5 (Context Uniqueness) *A rooted f-description* (x_0, C) *is called* context-unique, *iff there exists a total function* Con: $\mathbf{V}(C) \rightharpoonup \mathcal{CON}$ *which maps variables of* C *to contexts s.t.*

- $\mathsf{Con}(x_0) = \emptyset$ *(the empty context)*
- *if* $f(x) \doteq y \in C$*, then* $\mathsf{Con}(x) = \mathsf{Con}(y)$
- *if* $x \doteq \{_d\, y, z\} \in C$ *and* $\mathsf{Con}(x) = K$*, then* $K(d)$ *is undef.,* $\mathsf{Con}(y) = K_{d \to l}$ *and* $\mathsf{Con}(z) = K_{d \to r}$.

The intuition behind this restriction is rather simple. We want to assign to each variable a *unique* context under which every occurence of it has to appear in the formula. This mapping from variables to contexts can easily be constructed from a given formula by traversing it starting with x_0 and assigning to each variable the set of choices one has to go through to find the variable. For example, if we know the context of x and find $x \doteq \{_d\, y, z\}$, we may map y to the same context plus the additional choice $d : l$. If such a mapping can't be constructed, the formula is not context-unique, as is e.g. $root(x_0) \doteq x$ & $\mathbf{x} \doteq \{_d\, \mathbf{x}, y\}$, or $root(x_0) \doteq x$ & $f(x) \doteq x_1$ & $x_1 \doteq \{_{d_1}\, \mathbf{x_2}, x_3\}$ & $g(x) \doteq x_4$ & $x_4 \doteq \{_{d_2}\, \mathbf{x_2}, x_5\}$.

We assume a *state* to be a representation of a set of contexts (namely the inconsistent ones), which we won't specify in detail here. Instead we assume a union operation on states and an operation to test whether a set of contexts S covers a context K (written $S \vdash K$) in the sense of:

$$
\begin{aligned}
S \vdash K \quad \text{iff} \quad & \exists K' \in S : K' \subseteq K \text{ or} \\
& \exists d \text{: } K(d) \text{ is undefined and } S \vdash K_{d \to l} \text{ and } S \vdash K_{d \to r}
\end{aligned}
$$

For example the set of contexts $\{\{d_1 : l, d_2 : r\}, \{d_1 : l, d_2 : l\}\}$ covers $\{d_1 : l, d_2 : r, d_3 : l\}$, since it is an extension of the first context in it, but also covers $\{d_1 : l\}$, since both possible extensions involving d_2 are covered. In fact $\{\{d_1 : l\}\}$ is equivalent to the first set of contexts: it covers the same set of contexts. Note also, that $\{\}$ covers no context, whereas $\{\emptyset\}$ covers every possible context. We will also assume, that the representation of a set of contexts S is unique if $S \vdash \emptyset$, and it will be written as $S_\perp$.[6]

As already mentioned, a *formula of RFL* is a pair consisting of a rooted f-description and a state, which we will notate as: $(x_0, C)/S$.

[5] We do not require that every variable appearing in a formula depends on x_0 in the sense of [Smolka 88].

[6] Note that states behave like formulae in conjunctive normal form of propositional logic. If we take choices $d : r$ to stand for the propositional variable P_d, choices $d : l$ for the negated variable $\neg P_d$, contexts for the disjunction of these literals and states for conjunctions of these disjunctions, the relation $\vdash$ corresponds to logical implication, the empty context to the logical constant **FALSE**. So our examples above say that $(\neg P_1 \vee P_2) \wedge (\neg P_1 \vee \neg P_2)$ implies $\neg P_1 \vee P_2 \vee \neg P_3$ and is equivalent to $\neg P_1$.

We are now able to give the model-theoretic semantics of RFL. We require an interpretation of the signature $\Sigma = (\mathbf{S}, \mathbf{Sg}, \preceq, \mathbf{F})$ to be a pair $(\mathcal{U}, \mathcal{I})$ of a universe of interpretation and an interpretation function, which maps sorts to subsets of $\mathcal{U}$ and feature names to partial functions on $\mathcal{U}$, s.t.:

- $\mathcal{I}(\top) = \mathcal{U}$
- $\mathcal{I}(\bot) = \emptyset$
- for all sorts A, B: $\mathcal{I}(GLB(A,B)) = \mathcal{I}(A) \cap \mathcal{I}(B)$
- singleton sorts are mapped onto singleton sets and we define $\mathcal{U}_{Sg} := \bigcup_{A \in \mathrm{Sg}} \mathcal{I}(A)$
- for every feature f: $\mathcal{I}(f)$ is a function $\mathcal{D}^{\mathcal{I}}_f \rightarrow \mathcal{U}$, whose domain $\mathcal{D}^{\mathcal{I}}_f$ is a subset of $\mathcal{U} - \mathcal{U}_{Sg}$.

Let K be a full context and $I = (\mathcal{U}, \mathcal{I})$ be an interpretation. A $\mathcal{U}$-assignment α is a (partial) function from $\mathbf{V}$ to $\mathcal{U}$. We define the satisfaction relation $\models$ wrt. α and K as given in Fig. 3.

$I, \alpha, K \models x : A$	iff	$\alpha(x)$ defined and $\alpha(x) \in \mathcal{I}(A)$
$I, \alpha, K \models f(x) \doteq y$	iff	$\alpha(x)$ defined and $\alpha(x) \notin \mathcal{U}_{Sg}$ and $\mathcal{I}(f)(\alpha(x)) \overset{\text{def?}}{=} \alpha(y)$
$I, \alpha, K \models x \doteq \{_d\, y, z\}$	iff	$K(d) = l$ and $\alpha(x) \overset{\text{def?}}{=} \alpha(y)$
		or $K(d) = r$ and $\alpha(x) \overset{\text{def?}}{=} \alpha(z)$
where $\phi \overset{\text{def?}}{=} \psi$ means:		ϕ and ψ are both undefined or
		both are defined and $\phi = \psi$.

Figure 3: Satisfaction of Simple Descriptions

Note that according to this definition, an expression of the form $f(x) \doteq y$ does not imply that the function $\mathcal{I}(f)$ is defined on $\alpha(x)$. This is useful to keep the scope of disjunctive information very narrow in cases where a feature appears in one disjunct, but not in the other. Consider e.g. the feature term $(f : A \text{ OR } g : A)$, which can be represented by:

$$f(x) \doteq y \quad \& \; y \doteq \{_{d_1} y_1 y_2\} \quad \& \; y_1 : A$$
$$g(x) \doteq z \quad \& \; z \doteq \{_{d_1} z_1 z_2\} \quad \& \; z_2 : A$$

without saying that $\mathcal{I}(g)$ must be defined for the left branch of the disjunction or $\mathcal{I}(f)$ in the right branch. If this description is unified with further information concerning different features, say $h : A$, the new information is not affected by the disjunction existing in the features f and g. If $f(x) \doteq y$ would imply the existence of a value of the feature f applied to x, the disjunction would have to be stated on the level of x, which could increase the size of the representation in normal form.

For a given rooted f-description we extend the Con function, which maps variables to contexts, to apply also to its simple descriptions: the context of a simple description is the context of the first variable appearing in it. Now, we extend the satisfaction relation to apply also to rooted f-descriptions:

$$I, \alpha, K \models (x_0, C) \text{ iff } \forall \text{ simple description } \mathsf{SD} \in C, \text{ s.t. } \mathsf{Con(SD)} \subseteq K : I, \alpha, K \models \mathsf{SD}$$

The denotation of a formula in an interpretation I is:

$$[\![(x_0, root(x_0) \doteq x \ \&\ C)/S]\!]^I := \{\alpha(x) \mid \alpha \text{ is a } \mathcal{U}\text{-assignment, K is a context s.t. } S \not\vdash K \text{ and } I, \alpha, K \models (x, C)\}$$

This means simply that the parts of the rooted f-description that appear in contexts covered by S, do not contribute to the denotation. In particular, if $S = S_\perp$, S covers every context and therefore the denotation is empty.

A formula $(x_0, C)/S$ is called *consistent* iff there is an interpretation I s.t. $[\![(x_0, C)/S]\!]^I \neq \emptyset$. Two formulae are called *equivalent*, iff they denote the same set in every interpretation.

3 A Normal Form

We define a normal form (NF) for RFL-formulae in which every formula is consistent if its state is different from $S_\perp$. A rooted f-description (x_0, C) is called *normal* iff:

1. $x : \perp$ is not in C
2. if $x : A$ and $x : B$ are in C, then $A = B$
3. if $x : A$ and $f(y) \doteq z$ are in C and $A \in \mathbf{Sg}$, then $x \neq y$
4. if $f(x) \doteq y$ and $f(x) \doteq z$ are in C, then $y = z$
5. if $x \doteq \{_d\, y, z\}$ is in C, then is neither $x : A$ nor $f(x) \doteq x_1$ in C for any A or x_1
6. if $x \doteq \{_{d_1}\, y_1, z_1\}$ and $x \doteq \{_{d_2}\, y_2, z_2\}$ are in C, then $d_1 = d_2$, $y_1 = y_2$ and $z_1 = z_2$

These conditions ensure that no conflicting information about x may be expressed. We will call a violation of one of these conditions a *conflict* in x.

A formula $(x_0, C)/S$ is called *normal*, iff its rooted f-description is normal.

In Fig. 4 we present simplification rules which can be used to normalize any RFL-formula. The rules operate either only on the C part or on the C and on the S part together. We don't specify the S part, where it remains constant, but our rules are supposed to define the relation $\rightarrow$ between pairs (C, S). Note that $\rightarrow$ is invariant to contexts of variables.

It can be shown that the calculus introduced by the rules is correct, i.e. we rewrite formulae to equivalent ones, and complete, i.e. the final result is always in normal form. To show termination, we observe that each rule reduces the number of conflicts for variables in context $\mathsf{Con}(x)$ and may introduce only conflicts for variables in contexts which are proper extensions of $\mathsf{Con}(x)$. Since the number of contexts for a given formula is limited, the procedure will eventually halt.

4 Discussion

We have presented a method to combine two feature descriptions containing disjunctive information that keeps the scope of disjunction as limited as possible. Consequently, our method avoids multiplying out disjunctions in certain cases in which other methods require exponentially more

Rules rewriting only C:

$$
\begin{array}{llcl}
(1) & x : A \ \&\ x : B \ \&\ C & \rightarrow & x : \mathrm{GLB}(A,B) \ \&\ C \\
(2) & f(x) \doteq y \ \&\ f(x) \doteq z \ \&\ C & \rightarrow & f(x) \doteq y \ \&\ [z/y]C \\
(3) & x \doteq \{_d\, y, z\} \ \&\ x : A \ \&\ C & \rightarrow & x \doteq \{_d\, y, z\} \ \&\ y : A \ \&\ z : A \ \&\ C \\
(4) & x \doteq \{_d\, y, z\} \ \&\ f(x) \doteq x_1 \ \&\ C & \rightarrow & x \doteq \{_d\, y, z\} \ \&\ f(y) \doteq y_1 \ \&\ f(z) \doteq z_1 \ \&\ x_1 \doteq \{_d\, y_1, z_1\} \\
 & & & \&\ C, \text{ where } y_1, z_1 \text{ are new variables} \\
(5) & x \doteq \{_d\, y, z\} \ \&\ x \doteq \{_d\, y_1, z_1\} \ \&\ C & \rightarrow & x \doteq \{_d\, y, z\} \ \&\ [y_1/y]([z_1/z]C) \\
(6) & x \doteq \{_{d_1}\, y, z\} \ \&\ x \doteq \{_{d_2}\, x_1, x_2\} \ \&\ C & \rightarrow & x \doteq \{_{d_1}\, y, z\} \ \&\ y \doteq \{_{d_2}\, y_1, y_2\} \ \&\ z \doteq \{_{d_2}\, z_1, z_2\} \\
 & & & \&\ x_1 \doteq \{_{d_1}\, y_1, z_1\} \ \&\ x_2 \doteq \{_{d_1}\, y_2, z_2\} \ \&\ C, \\
 & & & \text{where } d_1 \neq d_2 \text{ and } y_1, y_2, z_1, z_2 \text{ are new variables}
\end{array}
$$

Rules rewriting C and S (Clash Handling Rules):

$$
\begin{array}{llcl}
(7) & (x : \bot \ \&\ C, S) & \rightarrow & (C_{\overline{S \cup \mathsf{Con}(x)}}, S \cup \mathsf{Con}(x)) \\
(8) & (x : A \ \&\ f(x) \doteq y \ \&\ C, S) & \rightarrow & (C_{\overline{S \cup \mathsf{Con}(x)}}, S \cup \mathsf{Con}(x)), \ \text{if } A \in \mathbf{Sg}
\end{array}
$$

Notation:

SD & C denotes $\{\mathsf{SD}\} \cup C$, where C may not contain SD.

$[y/z]C$ denotes C, where every occurence of y is replaced by z.

$C_{\overline{S \cup \mathsf{Con}(x)}}$ denotes C with every simple description SD removed for which $S \cup \mathsf{Con}(x) \vdash \mathsf{Con}(\mathsf{SD})$.

Figure 4: Normalization in RFL

space and time. In other words, using this treatment, we are now able to deal with a whole class of structures in an efficient way, which before caused an exponential explosion.

The abstract algorithm is specified to work by rewriting sets of feature clauses, which have a clearly defined model-theoretic semantics, and for which it is easy to show that no step in the rewriting process alters the denotation of a given feature clause. Of course, an actual implementation should use data structures on which the actual operations (find a conflict, substitute, etc.) can be carried out efficiently. The method has been proved to be easily implementable in Prolog, using graphs as data structures, where nodes (which correspond to variables) may either be disjunctive (having two unnamed arcs) or singleton (carrying a singleton sort as label) or attributive (with named arcs) optionally carrying a non-singleton-sort label. In a unification which is performed by traversing both graphs simultaneously, it is straightforward to keep track of the actual contexts in which the current nodes lie. Also the removal of bad-context SDs in rules (7) and (8) is not crucial for the algorithm and can be performed at the end (if needed), but it is a good idea to ignore nodes in contexts, which already are known to be inconsistent, and to stop unification if no consistent context remains (i.e. $\forall K : S \vdash K$).

A further advantage lies in the possibility to distinguish two separate modules that can be optimized independently. The task of the module operating on the f-description part is quite similar to the task performed by a standard unification algorithm. Hence, optimizations based on the well-known UNION/FIND method can be applied. The module that handles the operations on states constitutes a specialized theorem prover for propositional logic. Its implementation can make use of fast bit-vector operations.

The method is successfully used in an experimental implementation of the STUF formalism [Bouma et al. 88] in the LILOG project.

Acknowledgments

The research reported in this paper was supported by the SEMSYN project (BMFT grant No. 101 3210 2) and the LILOG project (supported by IBM Deutschland).

We profited very much from various discussions we had with Ron Kaplan and John Maxwell, who independently investigate the idea of named disjunctions and who had implemented it in their LFG-System. Although we use here a different approach, their work has motivated us and helped us to understand where the problems arise.

References

[Bear 87] Bear, J. (1987). Feature-Value Unification with Disjunctions. Ms. SRI International, Menlo Park, CA.

[Bouma et al. 88] Bouma, G., E. König and H. Uszkoreit (1988). A flexible graph-unification formalism and its application to natural-language processing. In: *IBM Journal of Research and Development.*

[Eisele/Dörre 88] Eisele, A. and J. Dörre (1988). Unification of disjunctive feature descriptions. In: *Proceedings of the 26rd Annual Meeting of the ACL,* Buffalo, NY.

[Eisele 87] Eisele, A. (1987). Eine Implementierung rekursiver Merkmalstrukturen mit disjunktiven Angaben. Diplomarbeit. Institut f. Informatik, Stuttgart.

[Johnson 87] Johnson, M. (1987). *Attribute-Value Logic and the Theory of Grammar* Ph.D. Dissertation, Stanford University.

[Karttunen 84] Karttunen, L. (1984). Features and Values. In: *Proceedings of COLING 1984,* Stanford, CA.

[Kasper 87] Kasper, R.T. (1987). A Unification Method for Disjunctive Feature Descriptions. In: *Proceedings of the 25th Annual Meeting of the ACL.* Stanford, CA.

[Kasper/Rounds 86] Kasper, R.T. and W. Rounds (1986). A Logical Semantics for Feature Structures. In: *Proceedings of the 24th Annual Meeting of the ACL.* Columbia University, New York, NY.

[Smolka 88] Smolka, G. (1988). A Feature Logic with Subsorts. LILOG-Report 33. IBM Germany.

A Parsing System based on a Deductive Database

Burkhard Freitag and Günther Specht

Technische Universität München
Institut für Informatik
Lehrstuhl o. Prof. R. Bayer Ph.D.
Orleansstrasse 34, D-8000 München 2
West-Germany

In this paper a set-oriented bottom-up parsing system based on a deductive database is presented. The system allows the purely declarative specification of Definite Clause Grammar rules as a logic program. The parser applies a set-oriented bottom-up evaluation strategy. It is therefore particularly wellsuited for the analysis of language ambiguities. Furthermore the system can easily be connected to a relational database. The impedance mismatch between a tuple-oriented PROLOG system and a set-oriented relational database system is avoided. Thus a number of drawbacks which PROLOG based parsers suffer from have been overcome.
A system AMOS for the morphosyntactic analysis of old hebrew text has been implemented using the technique described in this paper. The AMOS parser is currently being used by linguists.

1. Introduction

In this paper a set-oriented bottom-up parsing system based on a deductive database is presented. The system allows the purely declarative specification of grammar rules as a logic program. The Definite Clause Grammar (DCG) formalism and the evaluation of the corresponding logic programs by a PROLOG interpreter are wellknown (cf. [Pereira/Warren 1980], [Pereira/Shieber 1987]). Definite Clause Grammars have been intended to provide a means for the *declarative* specification of grammar rules which can directly be interpreted as a logic program. PROLOG-based DCG parsers, though, suffer from a number of drawbacks

1. Left-recursive rules can not directly be interpreted.
2. Backtracking involves the duplicate construction of syntactic structures
3. In case of ambiguity of the grammar rules only one parse tree at a time is constructed thus introducing another source of backtracking.
4. The dictionary has to be stored as a collection of unit clauses. The connection of a PROLOG based system with its tuple-at-a-time strategy to a set-oriented relational database needs a buffering interface. This problem is known as the impedance mismatch problem.

Single solutions have been proposed for each of the above listed problems. In [Pereira/Shieber 1987] bottom-up parsers for DCG's based on the left-corner method and interpretable by PROLOG are introduced. In [Matsumoto/Sugimura 1987] a bottom-up parsing system making use of similar techniques has been described. They translate the original DCG rules into a PROLOG program which incorporates subgoals governing the control of the evaluation process thus gaining efficiency as compared to ordinary DCG interpretation. The first three problems listed have been addressed.
In order to solve problem 4 a number of architectures coupling PROLOG and a relational database have been proposed (see e.g. [Jarke et al. 1984], [Jaspers 1987]). These approaches still face the first three problems.
In this paper a DCG parser having the following major advantages is presented:

- Purely declarative grammar rule specification
- Bottom-up set-oriented evaluation based on relational algebra programs
- Recursive rules of any type can be processed without modifications.

- No duplicate construction of syntactic structures
- Parallel construction of parse trees in case of ambiguities due to the set-oriented evaluation strategy
- Direct use of a relational database as a storing device for the dictionary
- Arbitrary queries concerning the entire text base can be processed
- High run-time efficiency

A parsing system AMOS for the morpho-syntactic analysis of old hebrew text has been implemented using the techniques described in this paper. The AMOS parser is currently being used by linguists. For more details see [Specht 1987b].

The purpose of this paper is threefold: The use of deductive databases for the construction of set-oriented bottom-up parsers is shown. Secondly, the potentialities of deductive databases are exemplified by a large application. Finally, we present a running parsing system.

The remaining part of the paper is organized as follows. Section 2 describes the representation of a Definite Clause Grammar as a deductive database. Section 3 sketches the set-oriented interpretation of the resulting logic program. In section 4 an application of the parsing system to the analysis of old hebrew text is presented. Implementational issues are covered by section 5. Finally, a conclusion is given in section 6.

The DCG parser has been developed at the Munich University of Technology by the research group of Prof. Bayer. Part of the project has been funded by the "Deutsche Forschungsgemeinschaft" under contract "Effiziente Deduktion". The AMOS parsing system has been built in cooperation with the research group of Prof. Richter, Institut für Assyriologie und Hethitologie at the University of Munich.

2. Grammar Rules as a Logic Program

2.1. Representation as DATALOG rules

DATALOG, i.e. function-free Horn Clauses without negation, is used as the underlying logic language. We follow the notational conventions common to most PROLOG systems.
Consider the DCG rule

$$N \text{ --> } Z_1 \ldots Z_p$$

The corresponding DATALOG rule is obtained by augmenting each (terminal or nonterminal) symbol by two attributes describing the position within the text (see *Figure 1.*):

$$N(I_0,I_p) \text{ <- } Z_1(I_0,I_1) \ldots Z_p(I_{p-1}, I_p)$$

As usual for DCG's, further attributes can be added (see *Figure 2.*, *Figure 6.*). Extra conditions are represented by additional subgoals in the body of a DATALOG rule.

As opposed to former definitions of the DCG formalism we do not restrict the use of recursive DCG rules in any way. In particular, left-recursive, mutually recursive and quadratic recursive rules are allowed (see *Figure 1.* and *Figure 6.*).

2.2. Dictionary

The dictionary stores the terminal symbols together with their positions within the text to be analyzed. This part of the grammar tends to be application dependent. Furthermore, the dictionary is likely to consist of a very large number of entries (cf. Section 4.). In our system, the dictionary is therefore represented as a *relational database* (see *Figure 2.*). For every lexical category <c> a relation <c> is created. The relation may have additional attributes. Note, that in *Figure 2.* the word "saw" has an ambiguous lexical classification. Of course, ambiguous results of the morphologic analysis occur frequently. Every such classification is stored in the dictionary.

Position identifiers can easily be generated if the text is already separated into sentences. Languages without punctuation symbols, such as old hebrew, require an additional pass. The position identifiers specify the string position *relative to a sentence marker.* Therefore queries like <- questionparticle(X,0,_,_), asking for all sentences starting with a question particle, are possible. The coding of string positions as position identifiers rather than difference lists is particularly suited to relational databases. The dictionary, i.e. the fact base of the parsing system, can be generated automatically as the result of the morphologic analysis of a text (Section 4.).

Input sentence: John saw a man with a mirror
Word positions in input sentence:

```
      noun   verb   det   noun   prep   det   noun
    0      1      2     3      4      5     6      7
```

Dictionary:

```
noun(0,1) <-.      verb(1,2) <-.     det(2,3) <-.     prep(4,5) <-.
noun(3,4) <-.                        det(5,6) <-.
noun(6,7) <-.
```

DCG Rules:

```
(r1)  S(X,Y)  <-  NP(X,Z), VP(Z,Y).
(r2)  S(X,Y)  <-  S(X,Z),  PP(Z,Y).
(r3)  NP(X,Y) <-  noun(X,Y).
(r4)  NP(X,Y) <-  det(X,Z), noun(Z,Y).
(r5)  NP(X,Y) <-  NP(X,Z), PP(Z,Y).
(r6)  PP(X,Y) <-  prep(X,Z), NP(Z,Y).
(r7)  VP(X,Y) <-  verb(X,Z), NP(Z,Y).
```

There are different parse trees for the input sentence. Two of them are denoted by the sequence of rule-identifiers:

r3 r4 r7 r1 r4 r6 r2 and r3 r4 r4 r6 r5 r7 r1

Figure 1. Dictionary and grammar rules as a logic program (cf. [Lang 1988])

Part of schema definition:

```
noun (sentence,from,to,word,casus,gender,number)
det  (sentence,from,to,word)
verb (sentence,from,to,word,person,number,tense,groundform)
```

Part of dictionary relations:

```
noun = { (ch3s1, 0, 1, "John", nominative, masculinum, singular),
         (ch3s1, 3, 4, "man", accusative, masculinum, singular),
         (ch3s1, 1, 2, "saw", nominative, neutrum,   singular) }
det  = { (ch3s1, 2, 3, "a"),
         (ch3s1, 5, 6, "a") }
verb = { (ch3s1, 1, 2, "saw", 3.person, singular, past, "to see") }
```

Figure 2. Sample dictionary entries

2.3. Representation of Syntactic Structures

The language introduced so far does not provide for the representation of syntactic structures, i.e. parse trees. We allow uninterpreted functional terms, i.e. Herbrand terms, at an additional attribute position in order to represent the parse tree (see *Figure 3.*).

```
(r1)   S(X,Y,s(NP-TREE,VP-TREE))          <- NP(X,Z,NP-TREE), VP(Z,Y,VP-TREE).
(r2)   S(X,Y,s(S-TREE, PP-TREE))          <- S(X,Z,S-TREE), PP(Z,Y,PP-TREE).
(r3)   NP(X,Y,np(noun(X,Y)))              <- noun(X,Y).
(r4)   NP(X,Y,np(det(X,Z),noun(Z,Y)))     <- det(X,Z), noun(Z,Y).
(r5)   NP(X,Y,np(NP-TREE,PP-TREE))        <- NP(X,Z,NP-TREE), PP(Z,Y,PP-TREE).
(r6)   PP(X,Y,pp(prep(X,Z),NP-TREE))      <- prep(X,Z), NP(Z,Y,NP-TREE).
(r7)   VP(X,Y,vp(verb(X,Z),NP-TREE))      <- verb(X,Z), NP(Z,Y,NP-TREE).
```

Figure 3. Representation of Parse Trees as Functional Terms in DCG rules

3. Parallel Bottom–Up Evaluation of DCG Rules

In the sequel the Evaluation of DCG rules as a logic program is defined on an abstract level. For basic notions concerning logic programs the reader is also referred to [Lloyd 1987]. Database techniques for the evaluation of logic programs are described in [Bayer 1985]. For an overview of deductive database systems see [Gardarin/Valduriez 1989].

3.1. Basic Definitions

The rules of the logic program representing the DCG rules are assumed to be *range-restricted*, i.e. the variables of the rule head occur also in the rule body. This constraint is automatically satisfied if pure DCG rules are transformed into a logic program.
Let *Rules* denote the set of DCG rules under consideration. *unify*(t_1, t_2) denotes a unification procedure that returns a mgu of t_1 and t_2. For a substitution θ the result of applying θ to a term t is denoted by $\theta(t)$.
The *Defining Rules* for a predicate symbol p are defined as the set

$$DefRules(p) := \{\, r \in Rules \mid head(r) \equiv p(t_1 \cdots t_k) \text{ with terms } t_i \}$$

For predicate symbols p and q a relation $>$ is defined by $p > q$ iff there exists $r \in DefRules(p)$ with the literal $q(s_1 \cdots s_m)$ occurring as a subgoal in *body(r)*. The relation $\gg$ is defined to be the transitive closure of $>$ (for an example see *Figure 7.*).
A predicate symbol p is *recursive* iff $p \gg p$. The predicate symbols p and q are *mutually recursive* iff $p \gg q$ and $q \gg p$. The *recursive clique* of a predicate symbol p is the set

$$RecClique(p) := \{\, q \mid p \text{ and } q \text{ are mutually recursive } \}$$

The predicate symbol p is *directly recursive* iff $RecClique(p) = \{\, p \,\}$, p is *nonrecursive* iff $RecClique(p) = \emptyset$.
We define the *Relevant Rules* for a positive literal $G \equiv p(t_1 \cdots t_k)$ by

$$RelRules(G) := \{\, (r\ \theta) \mid r \in DefRules(p),\ \theta = unify(head(r), G) \neq fail \,\}$$

3.2. Relational Algebra Operators

The main device for the set–oriented evaluation of logic programs are the operators of the relational algebra as defined by Codd ([Codd 1970]). We use the following slightly more general notion of relational operators.
SELECT(<Cond> R) denotes the selection on R according to the selection condition *<Cond>*. In case of an empty condition a copy of R is returned.
JOIN(<Cond> $R_1, \ldots, R_n$) denotes the join of the relations R_i, where *<Cond>* is the conjunction of all join conditions on some R_i and R_j. If *<Cond>* is empty the cartesian product is computed. If $n = 1$ the join degenerates to a selection. No assumption is made about the evaluation order of the sequence of dyadic join operations required.
UNION($R_1, \ldots, R_n$) denotes the union of the relations R_i. Again the evaluation order of the dyadic union operations is left unspecified.

PROJECT (<Projector> R) denotes the *projection* of *R* as specified by *<Projector>*.

3.3. Evaluation of DCG Rules by Relational Operators

We assume that *DefRules(p)* = ∅ if *p* is the name of a base relation.
Consider a literal $L \equiv p(t_1 \cdots t_k)$. An *attribute position pos(L, i)* in *L* is a positive number $1 \leq i \leq k$. Attribute positions for a k-ary relation *R* are defined similarly.

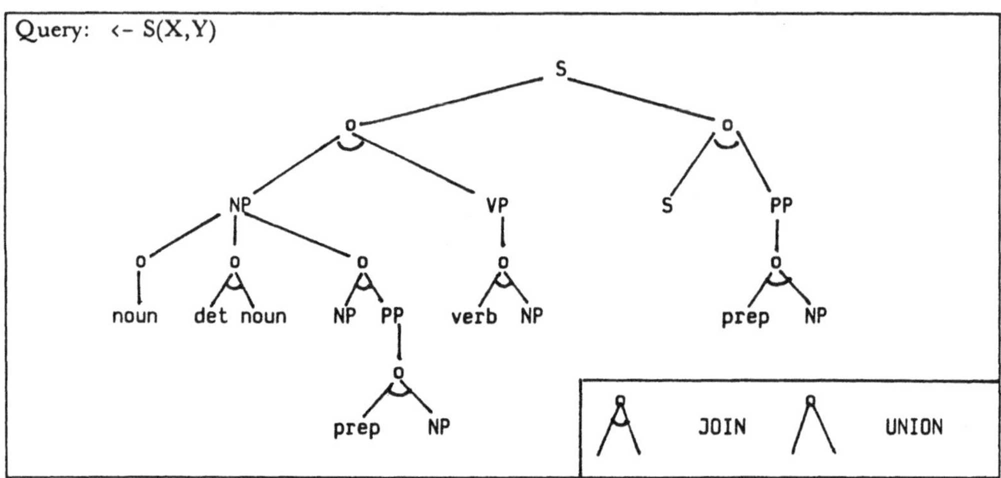

Figure 4. Sample evaluation operator shown as AND–OR graph

A *selection condition derived from* $Q \equiv$ *<-* $p(t_1 \cdots t_k)$ for some k-ary relation *R* associated with *Q* is defined as the conjunction of all conditions of the form *unify(pos(R, i),* t_i *)* ≠ fail. Similarly we define a *join condition derived from* $Q \equiv$ <- $Q_1,\dots,Q_n$. If no function symbols are allowed in subgoals unifiability can be substituted by equality.
Starting from a query $Q \equiv$ <- Q_1 , ... , Q_n the relevant part of the logic program is compiled into an evaluating relational operator. In the following three subsections we define operators $Op_{Goal}(Q)$ on queries and $Op_{Rule}(r\ \theta)$ on relevant rules by mutual recursion.

3.3.1. Evaluation Operator for Nonrecursive Queries

We do not need the notion of an empty query. Let *Q* be a query with at least one subgoal Q_1. Then we distinguish the following cases:

1. $Q \equiv$ <- $p(t_1 \dots t_k)$. *p* is the name of a base relation R_p of arity k, i.e. a relation representing part of the dictionary. Then

   $$Op_{Goal}(Q) := SELECT(C\ R_p)$$

   where *C* is the selection condition derived from *Q* for R_p . Note, that *DefRules(p)* = ∅ due to the above assumption about base relations.

2. $Q \equiv$ <- $p(t_1 \dots t_k)$. *p* is nonrecursive and not the name of a base relation.

2.1. *RelRules(Q)* = ∅. Then $Op_{Goal}(Q)$:= ∅.

2.2. *RelRules(Q)* = $\{(r_1\theta_1)\ ,\ \dots\ ,\ (r_m\,\theta_m)\}$. Define

   $$Op_{Goal}(Q) := UNION(Op_{Rule}(r_1\ \theta_1) \dots Op_{Rule}(r_m\ \theta_m))$$

3. $Q \equiv$ <- $p(t_1 \dots t_k)$ with *p* recursive. Define

   $$Op_{Goal}(Q) := SELECT(C\ Op_{Goal}(Q^*))$$

   where $Q^* := p(X_1 \dots X_k)$ with new variables X_i and *C* is the selection condition derived from *Q* for $Op_{Goal}(Q^*)$. $Op_{Goal}(Q^*)$ is the relational Operator evaluating Q^* as defined in Section 3.3.3..

4. $Q \equiv \,\text{<-}\, Q_1 , \ldots , Q_n$. For a join condition C derived from Q define

$$Op_{Goal}(Q) := JOIN(C\ Op_{Goal}(Q_1) \ldots Op_{Goal}(Q_n))$$

3.3.2. Evaluation Operator for Relevant Rules

Let L be a literal and $(r\ \theta) \in RelRules(L)$. We have the two cases:

1. r is a unit clause H <-. Then $Op_{Rule}(r\ \theta) := \{\theta(H)\}$
2. $r \equiv H \,\text{<-}\, B_1 , \ldots , B_m$

$$Op_{Rule}(r\ \theta) := PROJECT(Proj_H\ Op_{Goal}(\theta(B_1) , \ldots , \theta(B_m)))$$

where the projector $Proj_H$ specifies how to compose a tuple from the attributes of $Op_{Goal}(\theta(B_1) , \ldots , \theta(B_m))$ according to the template H.

3.3.3. Evaluation Operator for Recursive Queries

We first define the evaluation of a query $Q \equiv \,\text{<-}\, p(X_1 \ldots X_k)$ with p directly recursive.
Note, that we have $RelRules(Q) = DefRules(p)$, since the attributes of Q are all variables (see Section 3.3.1.,3.). Assume $RelRules(Q) \neq \emptyset$. Let Par_p be a new symbol.
For each $(r\ \theta) \in RelRules(Q)$ with

$$r \equiv p(t_1 \ldots t_k) \,\text{<-}\, B_1 , \ldots , B_m$$

construct an operator $Op_{Rule}(r\ \theta)$ as in 3.3.2.,2. but with

$$Op_{Goal}(\theta(B_1) , \ldots , \theta(B_m)) := JOIN(C\ Op_1 \ldots Op_m)$$

where $Op_i := Par_p$ if $B_i \equiv p(s_1 \ldots s_k)$ and $Op_i := Op_{Goal}(\theta(B_i))$ otherwise.
Now, for $RelRules(Q) = \{(r_1\theta_1) , \ldots , (r_m\ \theta_m)\}$ let operators $Op_{Rule}(r_j\theta_j)$ have been constructed as described above. Some of the operators depend on the relation parameter Par_p. We denote this by $Op_{Rule}(r_i\theta_i)\ (Par_p)$. Define an operator $Stage_p$ by

$$Stage_p(Par_p) := UNION(Op_{Rule}(r_1\theta_1)\ (Par_p) \ldots Op_{Rule}(r_m\ \theta_m)\ (Par_p))$$

We can now define an operator $Op_{Goal}(Q)$ computing the extension of Q by

$Par_p := \emptyset$
while $Stage_p(Par_p) \neq Par_p$ **do**
  $Par_p := Stage_p(Par_p)$
od
return Par_p

If $Q \equiv \,\text{<-}\, p(X_1 \ldots X_k)$ with $RecClique(p) = \{p_1 , \ldots , p_j\}$, we define an evaluation operator which simultaneously computes the extensions of $p_1 , \ldots , p_j$ similar to the above construction. We omit the details.

3.4. Query Optimization and Heuristics

Wellknown techniques originally developed for relational databases, such as common subexpression elimination, join order optimization or total filters, are applied by our system (cf. [Nuiding 1987]). Differential or seminaive iteration techniques [Güntzer et al. 1987] lead to a much more efficient evaluation of recursive queries. The Magic Set Transformation [Beeri/Ramakrishnan 1987] makes use of variable bindings in order to restrict the evaluation of recursive queries to the relevant tuples. Both optimization techniques are incorporated in our system (cf. [Eiben 1987] and [Holzner 1989]).
In [Schmidt et al. 1987] a sloppy iteration technique is proposed which provides for a best first evaluation scheme for recursive queries. This feature seems most interesting for experimental grammars or very large application domains since it allows to focus the derivation of syntactic structures.

The query is <- S(X,Y). Suppose the extensions of NP and PP have already been computed using the relational representation of the dictionary of *Figure 1.*

```
PP = {(4,7)}
NP = {(0,1), (3,4), (6,7), (2,4), (5,7), (2,7), (3,7)}
```

Then the extension of VP is

```
VP = {(1,7) (1,4)}
```

Iterative evaluation of the query <- S(X,Y) with relation parameter Par

```
Initialization:     Par := ∅
1. Iteration Step:  Par := Par ∪ {(0,7) (0,4)}
2. Iteration Step:  Par := Par ∪ {(0,7)}
3. Iteration Step:  Par := Par ∪ ∅
Termination
```

The result S = {(0,7) (0,7) (0,4)} contains two different structures for the entire sentence, as expected. Also (0,4) = "John saw a man" is a correct result.

Figure 5. Example of query evaluation

4. The AMOS Parsing System

A system AMOS for the morphosyntactic analysis of old hebrew text has been implemented using the techniques described above. The dictionary relations are generated by the morphologic analysis system SALOMO for old hebrew text (cf. [Eckardt 1987] and [Specht 1987a]). A grammar for the old hebrew (cf. [Richter 1987]) has been coded as a logic program. Sample rules are shown in *Figure 6.*. Part of the > Relation (see Section 3.1.) is shown in *Figure 7.*.
The characteristics of this application are
- Large text like the entire bible
- Ambiguities in the dictionary due to words not uniquely classifiable at the morphologic level
- Ambiguities in the syntactic structures as derived using the DCG rules

An Adverbial - Phrase (AdvP) in Old Hebrew is a noun, followed by an adverb, or an AdvP followed by an adverb. In addition, the rules specify that congruence of casus, gender and number is required.

```
AdvP(sentence,x,y,casus,genus,numerus) <-
        noun(sentence,x,z,word1,casus,genus,numerus)
         adv(sentence,z,y,word2,casus,genus,numerus).

AdvP(sentence,x,y,casus,genus,numerus) <-
        AdvP(sentence,x,z,word1,casus,genus,numerus)
         Adv(sentence,z,y,word2,casus,genus,numerus).
```

Figure 6. Sample AMOS *rules*

The fact-base consists of 25 relations with a total of 117 attributes. The extension of the fact-base depends on the text, which is to be analyzed and may be rather large. In our example the dictionary for one chapter of the *Genesis* contains 167kBytes with 4282 tuples. The entire *Genesis* has already 7,250 MBytes with 185 897 tuples. To analyze the entire old testament one has to handle 108,750 MBytes with 2,7 Mio. tuples. Thus an access to an external database is strongly required. The complete morphosyntactical parser for the old hebrew is representable by

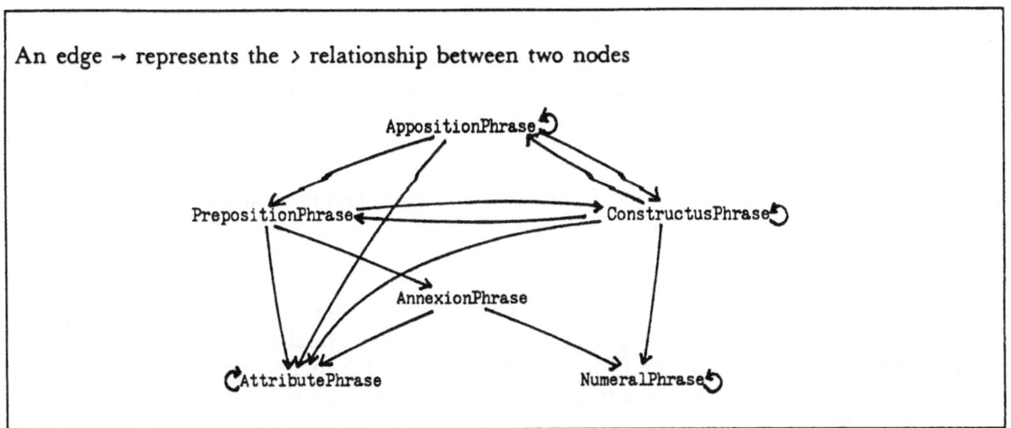

Figure 7. Part of the > relation (see Section 3.1.) for the *AMOS logic program*

about 145 DATALOG rules. 4 predicate symbols are linearly recursive, 13 are mutually recursive and one uses quadratic recursion. *Table 1.* shows the response time for the most complex recursive query, asking for all *Apposition Phrases* (see *Figure 7.*) which can be found in a text. Note, that the set of resulting tuples is computed all at once.

sentences in text	*tuples in text*	*tuples in result*	*response time (sec)*
17	*249*	*88*	*43*
310	*4282*	*1434*	*880*

Table 1. Response time for most complex recursive query (AppositionPhrase, see Figure 7.)

5. Implementation

The parsing system is based on an efficient implementation of the relational algebra operators, which are implemented as a set of LISP functions coded in Interlisp-D and running on a Siemens APS 5820 / XEROX 1186 with 4 MByte main memory. The Horn-Clause-Compiler is also implemented in Interlisp-D and runs on the same system.

The application independent user interface serves the following purposes

- Mouse driven specification of query
- Graphic output of parse trees generated by the system
- Output of analyzed text

The functional terms representing the parse trees (see Section 2.3.) are processed by the user interface and graphically shown as trees.

An extension of the database to cover the complete Bible as input text for the grammatical analyses is on the way and will make use of the relational database system TransBase [TAS 1988]. TransBase, running on a MicroVAX, is coupled to the Interlisp-D machines via ETHERNET-TCP/IP. A re-implementation of the AMOS System and the relational algebra in COMMON-LISP running on a on an IBM 6150 Workstation has been done.

6. Conclusion

A DCG parsing system been described. The system allows to define an executable parser by the declarative specification of grammar rules as a logic program. The logic program is transformed into a program of relational algebra operators. This approach supports the set-oriented evaluation of a query and is therefore particularly suited to analyze grammatical ambiguities. All kinds of recursion are allowed. The parser together with the relational database representing the dictionary forms a deductive database. The AMOS parser for old hebrew text which has been built using the techniques described is currently in use.

7. Acknowledgement

We would like to thank Prof. Dr. W. Richter and W. Eckardt from the Seminar of Hebraistic and Ugaristic at the University of Munich for supporting the formalization of the old hebrew grammar. We also like to thank Prof. R. Bayer Ph.D., R. Hums and the the DFG-research group "Effiziente Deduktion" at the Munich University of Technology for helpful discussions and valuable suggestions.

References

[Bayer 1985]
Bayer R.: *Database Technology for Expert Systems.* in: Informatik-Fachberichte 112: Wissensbasierte Systeme, Springer-Verlag, Berlin Heidelberg, 1985

[Beeri/Ramakrishnan 1987]
Beeri C., Ramakrishnan R.: *On the Power of Magic,* Proc. ACM SIGMOD-SIGACT Symp. on Principles of Database Systems, 1987

[Codd 1970]
Codd E.F.: *A Relational Model of Data for Large Shared Data Banks,* Communications of the ACM, 13 (6), 1970 pp.377-387

[Eckardt 1987]
Eckardt W.: *Computergestützte Analyse althebräischer Texte: Algorithmische Erkennung der Morphologie,* Arbeiten zu Text und Sprache im Alten Testament, 29.Band, EOS Verlag, St. Ottilien 1987

[Eiben 1988]
Eiben G.: *Übersetzung von rekursiven Hornklauseln in eine relationale Algebra,* Diploma Thesis, Technische Universität München, Mai 1988

[Gardarin/Valduriez 1989]
Gardarin G., Valduriez P.: *Relational Databases and Knowledge Bases,* Addison-Wesley, Massachusetts 1989

[Güntzer et al. 1987]
Güntzer U., Kiessling W, Bayer R.: *On the Evaluation of Recursion in (Deductive) Database Systems by Efficient Differential Fixpoint Iteration,* Proc. 3rd International Conference on Data Engineering, Los Angeles, 1987

[Holzner 1989]
Holzner J.: *Optimierung rekursiver Logik-Programme durch die Magic-Set Methode,* Diploma Thesis, Technische Universität München, Februar 1989

[Jarke et al. 1984]
Jarke M., Clifford J., Vassiliou Y.: An Optimizing Prolog Front-End to a Relational Query System, Proc. ACM SIGMOD Intl. Conf. on Management of Data, Boston 1984

[Jasper 1987]
Jasper H.: *Interfacing Prolog and External Data Management Systems: a Model,* GWAI-87, Springer, Berlin Heidelberg 1987

[Lang 1988]
Lang B.: *Datalog Automata,* Proc. Third international Conference on Data and Knowledge Bases: Improving Usability and Responsiveness, Proceedings, Jerusalem 1988, pp. 389-404.

[Lloyd 1987]
Lloyd J.W.: *Foundations of Logic Programming*, Springer-Verlag, Berlin Heidelberg, 1987

[Matsumoto/Sugimura 1987]
Matsumoto Y, Sugimura R.:*A Parsing system based on logic programming*, IJCAI 87, Proceedings Vol.2, 1987, pp.671-674.

[Nuiding 1987]
Nuiding B.: *Regelbasierter Otimierer für nicht-rekursive Hornklauseln in R-Lisp*, Diploma Thesis, Technische Universität München, Februar 1987

[Pereira/Shieber 1987]
Pereira F., Shieber S.: *Prolog and Natural-Language Analysis*, CSLI Lecture Notes Nr.10, Centre for the Study of Language and Information, Stanford 1987

[Pereira/Warren 1980]
Pereira F., Warren D.:*Definite Clause Grammars for Language Analysis - A Survey of the Formalism and a Comparison with Augmented Transition Networks*, in: Artificial Intelligence 13 (1980), pp.231-278.

[Richter 1979]
Richter W.: *Grundlagen einer althebräischen Grammatik: B. Die Beschreibungsebenen, II. Die Wortfügung (Morphosyntax).*, Arbeiten zu Text und Sprache im Alten Testament, 10.Band, EOS Verlag, St. Ottilien 1979

[Schmidt et al. 1987]
Schmidt H., Kiessling W., Güntzer U., Bayer, R.: *Compiling Exploratory and Goal-Directed Deduction into Sloppy Delta-Iteration*, Proc. Symposium on Logic Programming, San Francisco, 1987

[Specht 1987a]
Specht G.: *Salomo - Ein System zur morphologischen Analyse althebräischer Texte*, Rundbrief des Fachausschusses 1.2 Künstliche Intelligenz und Mustererkennung in der Gesellschaft für Informatik, St. Augustin München, 1987 (2) pp.83-84

[Specht 1987b]
Specht G.: *Konzeption und Implementation eines Expertensystems zur morphosyntaktischen Analyse althebräischer Texte*, Diploma Thesis, Technische Universität München, November 1987

[TAS 1988]
TransBase Relational Database System Version 3.0 System Guide, Manual, TransAction Software GmbH, Theresienstr. 128, D-8000 Munich 2, 1988

Kategoriales Parsing mit definiten Klauseln

Sebastian Millies, Universität Hamburg, Fachbereich Informatik

0. Einleitung

In einigen aktuellen Forschungsprojekten werden für die Analyse natürlicher Sprache Versionen der Kategorialgrammatik (KG) eingesetzt. Leider hat KG einige Eigenschaften, die effizientes Parsing bisher verhindert haben. Remo Pareschi hat einen Vorschlag gemacht, KGen in definiten Klauseln zu implementieren. Dadurch scheinen Effizienzgewinne möglich. Auch die Analyse von Wortstellungsvariationen, die normalerweise schwierig ist, scheint in Pareschis Version der KG besser möglich zu sein. In diesem Vortrag werden etliche Probleme mit diesem Ansatz diskutiert, die seine Brauchbarkeit in Frage stellen.

1. Kategorialgrammatik (KG)

In der Kategorialgrammatik werden phonologischen Tokens (Wörtern) der Sprache im Lexikon Kategorien (Typen) zugeordnet, die folgendermaßen definiert werden können:

Sei BASIC eine beliebige endliche Menge von Grundkategorien.
Dann ist die Menge CAT der Kategorien die kleinste Menge mit:

1. BASIC $\subseteq$ CAT
2. Wenn X $\in$ CAT und Y $\in$ CAT, dann auch X/Y $\in$ CAT und X\Y $\in$ CAT.

Außerdem sollen die Operatoren "/", "\" linksassoziativ sein: X/Y/Z ist also zu lesen als (X/Y)/Z. Die grundlegende Reduktionsregel in allen kategorialgrammatischen Systemen gibt es in zwei Versionen:

Funktionale Applikation (im folgenden "FA"):

1. Funktionale Applikation vorwärts

   X/Y   Y $\Rightarrow$ X

2. Funktionale Applikation rückwärts

   Y   X\Y $\Rightarrow$ X

Zu beachten ist, daß Funktor und Argument direkt benachbart sein müssen. Wir nennen diese Bedingung "Adjazenzbedingung".

Kategorialgrammatiiken, deren einzige Kombinationsregel FA ist, heißen AB-Grammatiken.Sie sind schwach äquivalent zu kontextfreien Phrasenstrukturgrammatiken. Dies gilt ebenso für F-Grammatiken. Man erhält F-Grammatiken, wenn man außer FA noch weitere Kombinationsregeln zuläßt:

Funktionale Komposition ("Functional Composition", im folgenden "FC"):

1. Funktionale Komposition vorwärts

   X/Y Y/Z ⇒ X/Z

2. Funktionale Komposition rückwärts

   Y\Z X\Y ⇒ X\Z

Typenanhebung (engl. "Type Raising", im folgenden "TR"):

1. Y ⇒ X/(X\Y)
2. Y ⇒ X\(X/Y)

Das Parsing mit KGen ist ineffizient. Es gibt nämlich (außer in AB-Grammatiken) strukturell verschiedene Ableitungen für Sätze, die nur eine syntaktische Lesart haben (sog. "scheinbare Ambiguität"), und zwar eine Ableitung für jede Zusammenfassung der Wörter zu "Konstituenten". Allgemein steigt die Anzahl der Analysen fast exponentiell in der Länge der Kette (Wittenburg [86]). Ein Parser mit derartiger Zeitkomplexität wäre sicher inakzeptabel.

Ferner sind in der KG bestimmte Bewegungsphänomene, z.B. Extraktion aus nicht-peripheren Positionen in Relativsätzen, unmöglich zu behandeln:

(2)	**(the book)**	**which**	**you**	**put**	——	**on the table.**
		REL/??	S/(S\NP)	S\NP/PP/NP		PP

Da die Argumente dem Funktor immer links bzw. rechts benachbart sein müssen, gibt es keine einfache Möglichkeit zur Behandlung von Bewegung aus nicht-peripherer Position, es sei denn, man fände eine Methode, die Adjazenzbedingung gezielt abzuschwächen.

2. Kategorien als definite Klauseln

Der Formalismus der "Definite Clause Grammar" (DCG) wurde von Pereira und Warren [80] eingeführt und wird als bekannt vorausgesetzt. Pareschi [88] hat einen Vorschlag unterbreitet, wie man die Kategorien einer KG in definite Klauseln übersetzen kann. Seine Idee besteht darin, Kategoriensymbole als zweistellige Prädikate über Satzpositionen aufzufassen, die direktionalen, kategorienbildenden Operatoren "/" und "\" durch die (nicht gerichtete) logische Implikation zu ersetzen, und die Wortstellungsinformation durch Beziehungen zwischen Variablen über Satzpositionen auszudrücken. Als Beispiele sollen die Kategorien für **John** und **loves** dienen:

	(3a)	**John** : NP
wird zu	(3b)	**John** : ∀x,y [CONN(**John**,x,y) → NP(x,y)]
und	(4a)	**loves** : S\NP/NP
wird zu	(4b)	**loves** : ∀v,x,y,z [CONN(**loves**,x,y) ∧ NP(y,z) ∧ NP(v,x) → S(v,z)]

Die Adjazenzbedingung ist jetzt explizit gemacht worden, und zwar dadurch, daß sich die Konstituenten Variablen über Satzpositionen teilen: Die Subjekt-NP grenzt von links (Position x), die

Objekt-NP von rechts (Position y) an das Verb, der Satz erstreckt sich über die ganze Kette von Beginn der Subjekt- bis zum Ende der Objekt-NP. Das CON-Prädikat verhält sich wie in der DCG. Man sieht, daß die Zuordnung von Lexemen zu Kategorien mitübersetzt wird.

Weniger klar ist, was mit komplexen Kategorien geschehen soll, deren Argumente wiederum komplex sind, z.B.:

(5a) **whom** : REL/(S/NP)

wird zu (5b) **whom** : $\forall x,y,z$ [CONN(**whom**,x,y) $\wedge$
(NP(z,z) $\rightarrow$ S(y,z)) $\rightarrow$ REL(x,z)]

Dadurch, daß beide Argumentstellen der NP-Kategorie identisch und gleich der Endposition des eingebetteten Satzes sind, wird ausgedrückt, daß die NP an dieser Stelle nicht phonologisch realisiert sein kann. Durch die eingebettete Implikation wird intuitiv ausgedrückt, daß, wenn eine NP an der entsprechenden Position realisiert wäre, dann auch ein vollständiger eingebetteter Satz rechts vom Relativpronomen vorhanden wäre.

So kann man jede einzelne Kategorie in eine definite Klausel übersetzen. Jede Kette s von Wörtern definiert damit eine Menge von Klauseln, die gerade die den Wörten in s zugeordneten Klauseln sowie die s repräsentierenden CONN-Prädikate enthält. Diese Menge kann benutzt werden, um die Kategorie von s abzuleiten. Dies steht im Unterschied zur DCG, in der die definiten Klauseln eine Art Phrasenstrukturgrammatik definieren, die für alle zu parsenden Ketten gleich ist.

Die Syntax der Horn-Logik erlaubt nun aber keine Klauseln mit im Antezedens eingebetteten Implikationen. Im folgenden wird diese Erweiterung eingeführt. Es stehe A für atomare Formeln der Prädikatenlogik 1. Stufe. D und G seien nicht-terminale Symbole für definite Klauseln bzw. Zielklauseln. Definite Klauseln und Zielklauseln werden wechselseitig rekursiv definiert durch:

$$D ::= A \mid G \rightarrow A \mid \forall x\, D \mid D_1 \wedge D_2$$
$$G ::= A \mid G_1 \wedge G_2 \mid \exists x\, G \mid D \rightarrow G$$

Eine Menge von definiten Klauseln heißt "(Logik)-Programm". Die Elemente eines Programmes nennen wir auch "Hypothesen".[1] Die Schlußregeln im erweiterten Kalkül lauten (P ist ein Programm, [P] seine Ersetzungshülle[3], $\Rightarrow$ die Ableitungsrelation):

(Axiom) $P \Rightarrow G$, wenn $G \in [P]$

(Schnitt) $\dfrac{P \Rightarrow G}{P \Rightarrow A}$, wenn $G \rightarrow A \in [P]$

(UE) $\dfrac{P \Rightarrow G_1 \quad P \Rightarrow G_2}{P \Rightarrow G_1 \wedge G_2}$

(EE) $$\frac{P \Rightarrow [^x/_t]G}{P \Rightarrow \exists x\ G}$$

(PE) $$\frac{P \cup \{D\} \Rightarrow G}{P \Rightarrow D \rightarrow G}$$

Abgesehen von der Erweiterung um (PE) beschreibt dies den Kalkül der definiten Klauseln, wofür wir den Prolog-Beweiser haben. Der erweiterte Kalkül wurde von Miller [89] eingehend untersucht. Insbesondere zeigt er dessen Korrektheit und Vollständigkeit für intuitionistische Prädikatenlogik und verwendet ihn für eine logische Analyse modularer Logikprogrammierung. Nach Pareschi wäre auch NL-Parsing ein weiterer Anwendungsfall für diese allgemein verwendbare Logik.

Bildlich gesprochen entspricht jede Anwendung von PE (also die Aufnahme des Antezedens einer eingebetteten Implikation in das Logikprogramm) der Einführung einer Phantomkonstituente[4] an irgendeiner bestimmten Satzposition:

(6)	**whom**	**John**	**loves**	—
	REL/(S/NP)	NP	S\NP/NP	*NP*

Anstelle der Lücke wird, wegen der Implikation im Körper der Kategorie des Relativpronomens, eine Phantom-NP, hier kursiv dargestellt, eingeführt, und anschließend die Existenz eines vollständigen eingebetteten Satzes nachgewiesen.

Von Pareschi wird bereits gezeigt, inwiefern man hinsichtlich der Wortstellung in der KKG (für "**K**lausale **K**ategorieale **G**rammatik") gegenüber der KG an Flexibilität gewinnt. Und zwar bietet sich jetzt eine Lösung des Problems der nicht-peripheren Extraktion an. Um (2) zu analysieren, kategorisiert Pareschi **which** einheitlich als:

(6) $$\forall v,x,y,z\ [\mathrm{CONN}(\textbf{which},x,y) \wedge (\mathrm{NP}(v,v) \rightarrow \mathrm{S}(y,z)) \wedge y \leq v \wedge v \leq z \rightarrow \mathrm{REL}(x,z)]$$

Die Variable über der Position der Phantom-NP taucht sonst nirgends als Argument einer Grundkategorie auf. Dadurch ist für das Phantom zunächst die Adjazenzbedingung aufgehoben. Die zulässigen Positionen des Phantoms werden stattdessen durch andere (arithmetische) Bedingungen eingeschränkt.

Im Kalkül der KKG gelten, wie in jedem standardlogischen Kalkül, u. a. folgende strukturelle Regeln:

1. Es müssen **nicht alle** Hypothesen verwendet werden (sog. "Abschwächungsregel").
2. Hypothesen können **mehrfach** verwendet werden (sog. "Kontraktionsregel").

Die ungehemmte Benutzung von Kontraktion und Abschwächung macht aber Schwierigkeiten:

(7) **whom John loves Mary**

(8) **which the dog feeds** — —

Von (7) und (8) könnten wir jeweils beweisen, daß REL(0,4) gilt: bei (7) mit der Abschwächungsregel (wir benutzen das von der Klausel für **whom** eingeführte Phantom nicht), bei (8) mit Kontraktion (wir benutzen das Phantom zweimal). Zu beachten ist, daß Kontraktion und Abschwächung nur für die Verarbeitung von Phantomkonstituenten überhaupt relevant sind. Die Klauseln für die phonologisch realisierten Wörter müssen beim Beweisen genau einmal benutzt werden, denn ihre Benutzung wird gerade von dem Vorkommen des Wortes an seiner jeweiligen Position (ausgedrückt durch ein CONN) lizensiert. Pareschi jedenfalls will Kontraktion und Abschwächung nicht einfach verbieten, denn damit kompromittierte man die beweistheoretischen Eigenschaften des Kalküls. Deshalb wird im nächsten Abschnitt eine beweistheoretisch "neutrale" Lösung des Problems vorgestellt.

3. Gap-Threading, Kontraktion und Abschwächung

Pereira hat das Gap-Threading für seine Extrapositionsgrammatik entwickelt und es zusammen mit Shieber für DCGen adaptiert. Beim Gap-Threading[4] wird eine zusätzliche Argumentstelle bei den Kategoriensymbolen eingeführt, die eine Differenzliste aufnimmt. Die mit einem Knoten assoziierte Differenzliste besteht aus zwei Teilen "GapIn-GapOut". Sie enthält im vorderen Teil (GapIn) die Information über diejenigen Lücken, die in einer Konstruktion noch erwartet werden, also die in den Knoten von oben hineingehende Lückeninformation. GapOut ist eine Variable, die beim Ausgang aus dem Knoten alle Lückeninformationen aus GapIn enthält, die noch nicht verarbeitet werden konnten. Das ist die hinausgehende GapInformation, die an andere Knoten weitergereicht wird (als deren GapIn - Information), bis sie an einen passenden Platz gelangt, wo sie getilgt werden kann. Wir "fädeln" die Lückeninformation gewissermaßen von Knoten zu Knoten des Parsebaumes. Die Differenzliste wird dabei als Stack betrachtet: Jede Regel, die eine Lücke in einer untergeordneten Struktur postuliert, schreibt die entsprechende Information oben auf den Stack. Jedesmal, wenn eine Lücke geparst werden soll, muß dies durch das erste Element der Lückeninformation lizensiert sein, welches dann entfernt wird. Für das Entfernen werden bestimmte Axiome eingeführt, die nichts weiter tun als die Liste zu verkleinern. Weil die entsprechende Lückeninformation aus der Liste getilgt wird, kann jeder Lückenfüller höchstens eine Lükke füllen. "Normale" Regeln reichen die Gap-Information einfach nur weiter, so daß die Konkatenation der Gaplisten der Söhne gleich der Gapliste des Vaters ist. Man verhindert, daß eine Konstituente eine Lücke enthält, indem man entweder die entsprechende Argumentstelle wegläßt oder fordert, daß die Differenzliste leer ist, d.h. die eingehende ist gleich der ausgehenden Gap-Information.

In die KKG übertragen wir diesen Ansatz, indem wir "Phantome fädeln". Jedes Antezedens einer eingebetteten Implikation erzeugt die Erwartung einer Lücke. Lückeninformation in die mit dem

Consequens assoziierte Gapliste auf. Wir müssen allerdings auch dafür sorgen, daß diese Lükkeninformation einmal getilgt werden kann. Zur Erinnerung: (PE) nimmt das Antezedens einer Implikation als neue Hypothese in das Programm auf. Wir hatten dies als Einführung eines Phantoms visualisiert. Wenn wir dieses Phantom in der Ableitung benutzen, dann ist die Lücke, an der es stand, gefüllt, und wir müssen die entsprechende Erwartung aus der Lückeninformation tilgen. Deshalb muß die Benutzung einer neu hinzugefügten Hypothese verkürzend auf die Gapliste wirken. Diese Information steckt in der mit dem Antezedens der Implikation assoziierten Differenzliste. Die Kategorie von **whom** aus (5b) sieht also, jetzt mit Lückeninformation, so aus:

(9a) ∀x,y,z,f,g,h [CONN(**whom**, x,y) ∧
(NP([gap(NP)|h]-h, z,z) → S([gap(NP)|f]-g, y,z)) → REL(f-g, x,z)]

Atomare Kategorien und komplexe Kategorien sehen aus wie in (9b) bzw. (9c):

(9b) ∀x,y,f [CONN(**John**,x,y) → NP(f-f, x,y)]
(9c) ∀v,x,y,z,f,g,h [CONN(**loves**,x,y) ∧ NP(f-g,y,z) ∧ NP(g-h,v,x) → S(f-h,v,z)]

Das Problem der Sätze (7) und (8) ist damit gelöst. Wegen des Prinzips des Gap-Threadings kann jede Hypothese höchstens einmal benutzt werden (denn die Gapliste wird bei Benutzung verkürzt). Wenn wir zusätzlich fordern, daß die mit dem zu beweisenden Ziel assoziierte Gapliste leer sein muß, dann gilt außerdem, daß jede Hypothese mindestens einmal benutzt werden muß (denn es dürfen keine unbefriedigten Lückenerwartungen übrigbleiben). Bei keinem Beweis, den wir tatsächlich in der KKG führen werden, können also Abschwächung oder Kontraktion Verwendung finden. Deshalb können wir Kontraktion gefahrlos verbieten. Dies hat die erfreuliche Folge, daß KKG entscheidbar wird, d.h. jeder Beweis terminiert entweder mit Erfolg oder Mißerfolg. Implementationstechnisch gesprochen können wir jede Hypothese, sobald sie benutzt wurde, aus dem Programm entfernen. Dies hat den Vorteil, daß die Reihenfolge der Klauseln in der Prolog-Wissensbasis hinsichtlich der Terminierung keine Rolle spielt (insbesondere ist Linksrekursion kein Problem).

4. Das Verhältnis von KG zur KKG

Beim Vergleich der generativen Kapazität der Formalismen wollen wir zunächst annehmen, daß die Adjazenzbedingung gilt. Sechs Punkte, in denen KG und KKG voneinander abweichen, und die sowohl linguistische Probleme als auch Effizienzgesichtspunkte betreffen, sollen im folgenden angesprochen werden.

1. Das erste Problem zeigt sich, wenn wir komplexe Kategorien betrachten, bei denen die Argumentkategorie der Argumentkategorie wiederum komplex ist. Man vergleiche:

$\mathbf{w_1}$: S/(A/(B/D)) $\mathbf{w_2}$: S/(A/(B\D))

Wenn wir vorgehen wie bisher, dann können wir den Unterschied in den Typen von $\mathbf{w_1}$ und $\mathbf{w_2}$ in

KKG nicht ausdrücken. Wir erhalten für beide dieselbe Kategorie, nämlich (hier ohne Lückeninformation angegeben):

$$\forall x,y,z \; [\mathrm{CONN}(\mathbf{w_j},x,y) \wedge \\ ((D(z,z) \rightarrow B(z,z)) \rightarrow A(y,z)) \rightarrow S(x,z)]$$

Im KKG-Formalismus lassen sich also weniger Einschränkungen ausdrücken als in der KG. Man kann die Schwierigkeit programmiertechnisch beheben, indem man die Richtung der Slashes in der Lückeninformation mit übergibt. So werden die anfangs eliminierten direktionalen Operatoren durch die Hintertür wieder eingeführt.

2. Leider ist die Behandlung der Lückenliste als Stack nicht ädaquat, weil dadurch die generative Kapazität der KKG gegenüber der KG in unerwünschter Weise abgeschwächt wird. Die Schwierigkeit tritt bei folgendem Satz auf[5]:

(10) **John cooks and Betty may eat the mushrooms**

Im Laufe der Ableitung werden links und rechts vom **eat** Phantome für die Subjekt- bzw. Objekt-NP benötigt, die aber in genau der falschen Reihenfolge auf der Gapliste vom Verb stehen. Wir müssen, um (10) zu parsen, mit Multimengen-Differenzen statt mit Differenzlisten arbeiten, wodurch wir Effizienzverluste in Kauf nehmen müssen.

3. Man könnte den Eindruck gewinnen, scheinbare Ambiguität träte in KKG nicht auf. Schließlich wird jede Ableitung durch Lückeneinführung auf eine rein applikative Ableitung reduziert, und in AB-Grammatik gibt es keine scheinbare Ambiguität. (Hierin besteht gerade der entscheidende Vorteil der KKG gegenüber herkömmlichen KG-Parsern). Dieser Eindruck ist leider nicht ganz richtig, denn immer dann, wenn zwei gleichgeartete Lücken <u>an derselben Position</u> postuliert werden, hat der Beweiser die Wahl, in welcher Reihenfolge er sie verbrauchen will.[6] Immerhin haben wir hier einen deutlichen Effizienzvorteil vor der klassischen Kategorialgrammatik.

4. Tatsächlich haben wir uns aber ein sehr viel schwerwiegenderes Problem eingehandelt:

(11) **you give and I sell Mary a book**

In (11) haben wir nämlich nicht nur die Wahl, mit <u>welcher Regel</u> wir das <u>erste Element</u> (das ist die Lücke für das direkte Objekt) eliminieren, sondern auch, <u>welches Element</u> wir zuerst aus der Lückenmenge tilgen (d.h. ob wir zuerst mit der Lücke für das direkte oder der für das indirekte Objekt kombinieren). Wir erhalten für (11) sechzehn Beweise und vier <u>verschiedene</u> Lesarten, davon drei falsche, weil wir auch noch die Lücken für das direkte und indirekte Objekt permutieren können. In diesem Fall würden die Lücken in der falschen Reihenfolge verbraucht (zuerst das indirekte Objekt, das so an die Position des direkten Objekts geriete, dann erst das direkte Objekt).

5. Es gibt auch Fälle, in denen wir für Modifikatoren falschen Skopus bekommen:

(12a) **John** **will** **cook** **and** **Betty may eat the mushrooms**
NP S\ NP/(S\ NP) S\ NP/NP S/NP\ (S/NP)/(S/NP) ...

Die KKG ist (im Gegensatz zur KG) nicht dafür sensibel, daß beide Konjunkte in der Subjektposition durch eine reale Konstituente "gesättigt" sein müssen. Für (12a) bekommen wir in KKG also die zwei Lesarten (12b) und (12c), von denen (12c) sicher im Englischen nicht vorkommt:

(12b) **and'** ((**will'** (**cook'** (**m***))) (**j***)) ((**may'** (**eat'** (**m***))) (**b***))

(12c) **will'** (**and'** (**cook'** (**m***) (**j***)) ((**may'** (**eat'** (**m***))) (**b***)))

Die Punkte **2.** bis **5.** zusammenfassend gilt, daß zwar die KG keine Standardlösung für Nicht-Konstituenten-Koordination, Right-Node-Raising oder Extraktion anbietet[7], daß aber KKG noch stärker mit Übergenerierung und falschen Lesarten zu kämpfen hat. Solange sich hier keine Verbesserung abzeichnet, scheinen auch "exakte" Effizienzuntersuchungen an der KKG nicht zu lohnen.

Ferner sollte klar geworden sein, daß die Verarbeitung von Phantomen in KKG nicht durch linguistische Einsichten geleitet wird. Die Modifikationen am Parser korrelieren deshalb nicht systematisch mit der Behandlung von (Klassen von) linguistischen Phänomenen.[8] Auch können Probleme wie in **5.** potentiell in allen Beweisen auftreten, in denen die Reihenfolge der Verwendung lückeneinführender Hypothesen vertauschbar ist. Es erscheint unwahrscheinlich, daß dies eine "natürliche Klasse" von Ableitungen im Sinne der Linguistik sein sollte.

6. Eine letzte Bemerkung zu den Unterschieden zwischen KG und KKG: Man vergleiche die Kategorien der KG

$$REL/(S/NP)\backslash(NP/NP) \qquad \text{und} \qquad REL/(S/NP)$$

und der KKG

$$(NP \rightarrow NP) \wedge (NP \rightarrow REL) \rightarrow S \qquad \text{und} \qquad (NP \rightarrow S) \rightarrow REL$$

beide für das Wort **whom**. In der KKG subsumiert die erste Kategorie die zweite, denn das links vom Relativpronomen postulierte NP-Phantom kann sofort wieder getilgt werden. Dadurch wird die erste auf die zweite Kategorie reduzier Daran sieht man, daß endotypische Argumente[10] auf der ersten Einbettungsstufe in KKG optional sind, oder genauer: Es gilt für bel. Grundkategorien A,B, daß $\{(B \rightarrow B) \rightarrow A\} \Rightarrow A$.[9] Allerdings haben endotypische Argumente auf tieferen Einbettungsstufen diese Selbstvertilgungseigenschaft nicht. Der Beweis von $\{((D \rightarrow D) \rightarrow B) \rightarrow A\} \Rightarrow B \rightarrow A$ benötigt die Kontraktionsregel bezüglich der im Laufe des Beweises eingeführten Hypothese $D \rightarrow D$.

5. Implementationsaspekte

Die Implementation kann sich weitgehend auf den vorhandenen effizienten Prolog-Beweiser stützen, er muß aber um die fehlende Schlußregel (PE) ergänzt werden. Implikationen im Rumpf von definiten Klauseln werden durch das Prädikat imp übersetzt. Eine stark vereinfachte Definition für imp wäre etwa:

```
imp(A,B) :- assert(A),
            ( ( call(B), retract(A) )
             ;( retract(A), !, fail )
            ).
```

Das Verbot der Kontraktion kann leicht verständlich implementiert werden, wenn man an jede Klausel eine Identifikationsnummer vergibt. Für jede Hypothese gibt es ein mit ihrer Nummer indiziertes Flag, das gesetzt ist, wenn die Klausel schon einmal benutzt wurde. Da jede Klausel ihre eigene Nummer kennt, kann sie bei jedem Aufruf prüfen, ob ihr Flag gesetzt ist und ggf. fehlschlagen.

An der Universität Hamburg existiert ein Grammatiksystem, das einen Beweiser für KKG bereitstellt und eine kleine Programmierumgebung für das Arbeiten mit KKG bietet. (U.a. ist es möglich, klassische kategoriale Lexika in ihre definite-Klausel Form zu kompilieren.)

6. Fazit

Die traditionelle Kategorialgrammatik hat auf der theoretisch-linguistischen Seite keine befriedigende Lösung für Wortstellungsvariationen und Bewegung anzubieten. Auf der Seite des Parsings plagt sie das Ärgernis der scheinbaren Ambiguität. Durch die Implementierung auf der Ebene der definiten Klauseln wird in KKG scheinbare Ambiguität stark reduziert, und durch die Einführung von Variablen über Satzpositionen die Behandlung von Wortstellung flexibel. Andererseits kann KKG gewisse Einschränkungen, die der KG implizit sind, nicht ausdrücken. Dies führt nicht nur zu Effizienzverlusten bei der Verwaltung von Phantomen, sondern auch zu der Erzeugung unerwünschter Lesarten. Nur wenn die KKG mit diesen Problemen fertig werden kann, kommt sie als effizienter kategorialgrammatischer Parser in Betracht.

Anmerkungen

1: In Gabbay & Reyle [84] wird bereits früher eine solche Erweiterung vorgenommen, dort zur Modellierung sog. "hypothetischen Schließens."

2: [P] enthält alle variablenfreien Instanzen von P, s. Miller [89].

3: "Phantomkonstituente" soll heißen "phonologisch nicht realisierte Konstituente".

4: Für eine ausführliche Darstellung des Gap-Threadings sei auf Pereira & Shieber [87] verwiesen, dort insbesondere auf Kap. 4.2.7.

5: Das Beispiel ist von Steedman [85a] in anderem Zusammenhang (Behandlung der Koordination von Nicht-Konstituenten) behandelt worden.

6: Genau genommen gilt dies nur dann, wenn man die Lücken auch beide in dem Teil des Beweisbaums, der unter beiden lückeneinführenden Knoten hängt, vertilgen kann.

7: Lösungsversuche s. z.B. Steedman [85a,b], Dowty [85].

8: In der DCG mag der Fall anders liegen, vgl. Pereira & Shieber [87], S. 128.

9: "Endotypisch" sind Kategorien, bei denen Wert- und Argumentkategorie vom gleichen Typ sind, also NP/NP, (S\NP)/(S\NP) u. dgl.

10: Natürlich können wir das verhindern, indem wir explizit fordern, daß die das Phantom einbettende Kategorie nicht leer sein darf

Literatur

Dowty, David (1985): "Type-Raising, Functional Composition, and Non-Constituent Conjunction", in Oehrle, Bach, & Wheeler (Hrsg): "Categorial Grammars and Natural Language Structures", Reidel, Dordrecht.

Gabbay, D.M. & Reyle, U. (1984): "N-Prolog: An Extension of Prolog with Hypothetical Implications 1", Journal of Logic Programming 1, S. 319 - 355.

Miller, Dale (1989): "A Logical Analysis of Modules in Logic Programming , Journal of Logic Programming, März 1989. Moortgat, Michael (1988): "Categorial Investigations, Logical and Linguistic Aspects of the Lambek Calculus", Foris, Dordrecht.

Pareschi, Remo (1988): "A Definite Clause Version of Categorial Grammar", Proceed- ings of the 26th Annual Meeting of the Association for Computational Linguistics".

Pereira, F. & Shieber, S. (1987): "Prolog and Natural Language Analysis", CSLI Lecture Notes 10, CSLI, Stanford University.

Pereira, F. & Warren, D. (1980): "Definite clause grammars for language analysis - a survey of the formalism...", Artificial Intelligence 13, S. 231 - 278.

Steedman, Mark (1985a): "Dependency and Coordination in the Grammar of Dutch and English", Language 61.

Steedman, Mark (1985b): "Combinators and Grammars", in Oehrle, Bach, & Wheeler (Hrsg): "Categorial Grammars and Natural Language Structures", Reidel, Dordrecht.

Wittenburg, Kent B. (1986): "Natural Language Parsing with Combinatory Categorial Grammar in a Graph-Unification-Based Formalism", Dissertation University of Texas at Austin.

7. Kognitive und Tutorielle Systeme

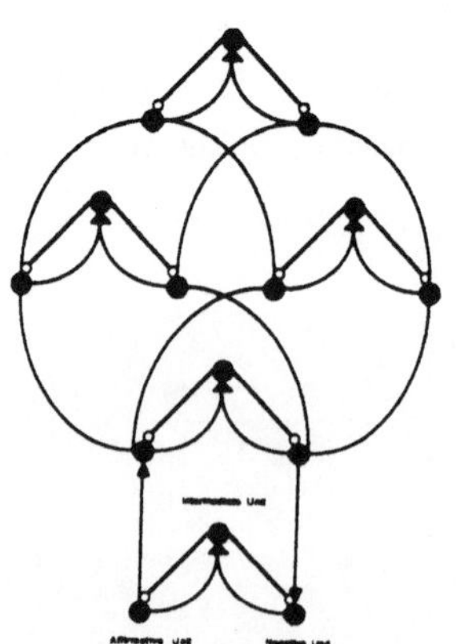

Ein erster Blick auf ANTLIMA:

Visualisierung statischer räumlicher Relationen

Jörg R.J. Schirra
Universität des Saarlandes
FR 10, Informatik IV, SFB-314, VITRA
e-mail: joerg@sbsvax.uucp

Abstract:

Um dem Grice'schen Kooperationsprinzip zu entsprechen, muß ein Sprecher wissen, wie seine jeweilige Äußerung von seinen Hörern im aktuellen Kontext verstanden wird. Das System SOCCER, das Simultanberichte über kurze und einfache Fußballszenen erzeugt, muß entsprechend über eine Komponente verfügen, die Vorstellungen der Hörer über den bisherigen Szenenverlauf aufbaut. Dieses Hörermodell erlaubt es dem System, geplante Fortführungen des Berichts im Grice'schen Sinne kooperativ zu gestalten, indem das Verständnis der Hörer antizipiert wird. Da es sich in der vorliegenden Domäne um visuell wahrgenommene Bewegungsvorgänge handelt, folgt im Paradigma Referenzsemantik, daß das antizipierte Hörerverständnis verankert wird in Bildvorstellungen ähnlich den Ausgangsdaten. Eine Aufgabe des Hörermodells von SOCCER, ANTLIMA - *ANT*icipation of the *L*isteners *IMA*gery -, ist die Rekonstruktion des Verständnisses der mitgeteilten Ereignisse, von Waltz als Ereignissimulation bezeichnet. In dieser Arbeit wird als eine grundlegende Teilaufgabe der Ereignissimulation die Behandlung räumlicher Relationen im quasistatischen Fall, d.h. eingeschränkt auf ein Zeitquant, vorgestellt. Potentialfelder werden zur Kodierung der Ortsabhängigkeit des Anwendbarkeits- bzw. Typikalitätswertes einer räumlichen Relation verwendet. Ihre Kombination legt die Anwendbarkeitsverteilung aller simultan gültigen Relationen fest. Eine optimale Konfiguration wird durch schrittweise Annäherung berechnet.

1. Das SOCCER-System - Ein kurzer Überblick

Das SOCCER-System, das diesen Betrachtungen zugrunde liegt, erzeugt Simultanberichte von kurzen Szenen eines Fußballspiels, ähnlich einer Radio-Livereportage. Ausgangsdaten sind die jeweils zeitpunktweise zusammengefaßten 2D-Orts- und Geschwindigkeitsangaben zu jedem beweglichen Objekt in der aus der Vogelperspektive beobachteten Szene. Dieses Datenformat entspricht den Ergebnissen des Karlsruher Bildfolgen-Analysesystems ACTIONS [Sung 88]. Zur Vereinfachung sind alle bewegten Objekte als Punkte repräsentiert. Die als *Bewegungsdaten* (MOD - mobile object data) bezeichneten Eingabedaten werden sukzessiv - entsprechend dem dargestellten Zeitpunkt - analysiert. Sie beziehen sich implizit auf die Geometrie des Fußballfeldes, die als *statischer Hintergrund* (StaB - static background) dem System ebenfalls bekannt ist.

Wie bereits erwähnt, wird nicht von einer vollständig bekannten Szenenfolge ausgegangen. Vielmehr soll SOCCER, wie ein Radiosportreporter, die Szenenfolge analysieren und beschreiben, während sie noch abläuft. Infolgedessen müssen die verschiedenen Verarbeitungsschritte inkrementell über der MOD-Sequenz erfolgen. Bereits erkannte Ereignisse werden simultan zur fortdauernden Ereigniserkennung verbalisiert.[1]

2. Warum Hörermodellierung in SOCCER?

Um dem Grice'schen Kooperationsprinzip [Grice 79] zu entsprechen, muß ein Sprecher wissen, wie seine Äußerung von den Hörern im aktuellen Kontext verstanden wird; er muß ein Modell der Hörer verwenden, um sicherzustellen, daß trotz der Ökonomie-Maxime[2] aus den i.a. verkürzten Beschreibungen alle relevanten Strukturen leicht erkannt werden. Ein Hörermodell (HM) dient mithin dazu, eine Balance zu erreichen zwischen den einander widersprechenden Forderungen nach Vollständigkeit[3] und nach Ökonomie. Durch das Wissen über die Hörer kann abgeschätzt werden, wieviel Information im gegebenen Fall eigentlich "nötig" ist.

Entsprechend muß in einem System, das Beschreibungen von Bewegungsvorgängen in natürlicher Sprache inkrementell erzeugen soll, eine Komponente integriert werden, die geplante Äußerungen mit angenommenen Hörervorstellungen über die bereits mitgeteilten Szenenabschnitte abgleicht. Anhand dieser Vorstellungen kann die <u>Verständlichkeit</u> und <u>Plausibilität</u> weiterer Äußerungen für den Hörer in einer Antizipationsrückkopplungsschleife abgeschätzt werden. Es geht also im wesentlichen darum herauszufinden, ob und in welchem Maß es den Hörern gelingen dürfte, in einem gegebenen Kontext von bereits verstandenen Mitteilungen die geplante Äußerung überhaupt zu verstehen und - als ein sekundärer Schritt - im intendierten Sinn zu verstehen.

---

* Diese Arbeit ist Teil des Projekts VITRA des SFB 314 - Künstliche Intelligenz und Wissensbasierte Systeme. Herzlich bedanken möchte ich mich an dieser Stelle für die vielen Gespräche während der Entstehung dieser Arbeit bei meinen Kollegen und besonders bei Ellen Hays;

[1] genaue Beschreibung von SOCCER ▷ [Herzog, Rist 88] und [André 88];

[2] Sei kurz; Mache Deinen Beitrag nicht informativer als nötig;

[3] Mache Deinen Beitrag so informativ wie (für die gegebenen Gesprächszwecke) möglich;

3. Referenz-Semantik und multi-modale Repräsentation

Grundprinzip des Entwurfes von SOCCER ist, die Semantik der verwendeten Sprache referentiell zu verankern. Die Bedeutung von Ausdrücken wird also letztendlich durch den Bezug auf die zugrundeliegenden konkreten Erfahrungen vermittelt. Im betrachteten Fall handelt es sich dabei um die als StaB + MOD gegebene Primärdarstellung der beobachteten Szene. Diese Daten sind für SOCCER die unmittelbar gegebenen visuellen Perzepte. Sie stellen, abgesehen von den sprachlichen Interaktionen, den einzigen Zugang des Systems zur Welt her(▹ [Schirra 89]).

Da das Hörermodell zur Erfüllung seiner Aufgabe die Bedeutung der geplanten Äußerung rekonstruieren muß, so wie sie voraussichtlich von den Hörern erkannt wird, muß bei einem referenzsemantischen Ansatz auch hier die Verankerung in konkreter Erfahrung möglich sein. Nun kann es sich dabei allerdings nicht immer um die aktual vorliegende Erfahrung handeln: Üblicherweise werden die Hörer eines Radioreports über ein Fußballspiel nicht auch visuelle Zeugen des berichteten Geschehens sein, so daß sie den Bericht direkt in Bezug zu ihrer Wahrnehmung setzen könnten. Sie müssen sich die entsprechenden Szenen vielmehr *bildlich vorstellen*, um so die referentielle Basis des Verstehens zu schaffen. Das Hörermodell von SOCCER muß also in der Lage sein, aus den ihm zur Analyse übermittelten Äußerungen wieder entsprechende StaB + MOD-Kombinationen aufzubauen.[4]

Ausgangspunkt der Rekonstruktion sind u.a. die typischen visuellen Erscheinungen der (beim Entwurf) als elementar eingestuften Begriffe, insbesondere der Objekte in der Szene. Sie sind assoziiert mit den generischen Begriffen in einem semantischen Netz, die das zugehörige propositionale Wissen umfassen, und stellen deren *Prototypen* dar. Als konkrete Erscheinungsform treten die Objekte immer als *Figur* vor einer Umgebung, dem *Grund*, auf, so daß z.B. die Spieler-Prototypen an ihren Standardplätzen im Feld erscheinen. Da aber bei individuellen Instanzen der Konzepte Abweichungen vom Prototyp durch den Kontext erzwungen sein können, ist die Verbindung zwischen individuellem Begriff und zugehöriger Bildvorstellung markiert mit einem Typikalitätswert (T-Werte) aus [0..1]. Die T-Werte sind eine Verallgemeinerung der Anwendbarkeitsgrade, wie sie für Aktualisierungen räumlicher Relationen zur Ereigniserkennung in SOCCER und auch schon in CITYTOUR[5] verwendet werden: Die Anwendbarkeit etwa der Relation "zwischen" hängt in CITYTOUR graduell ab von der Geometrie. Folgender Algorithmus wird verwendet (▹ [Hanßmann 80]):

(Ob1 und Ob2 sind die Namen der beiden Bezugsobjekte; das möglicherweise zwischen diesen liegende Objekt wird als Subjekt bezeichnet (▹ Bild 1))

Schritt 1: Berechne die beiden Tangenten g1 und g2 zwischen den Bezugsobjekten;

Schritt 2: WENN:

A: beide Tangenten das Subjekt schneiden, gilt die *zwischen*-Beziehung mit Grad 1;

B: das Subjekt ganz in der Fläche zwischen den beiden Tangenten und den Bezugsobjekten liegt, ist die Relation ebenfalls anwendbar mit Grad 1;

C: nur eine der Tangenten das Subjekt schneidet, wird der Anwendbarkeitsgrad abhängig von der "Eintauchtiefe" in das Gebiet zwischen die beiden Tangenten berechnet:

$$Anwendbarkeitsgrad = max\left(\frac{a}{a+b}, \frac{a}{a+c}\right)$$

SONST: ist *zwischen* nicht anwendbar: Anwendbarkeitsgrad = 0;

---

[4] Dem liegt natürlich zugrunde, daß SOCCER bzw. ANTLIMA annehmen muß, die Hörer seien ihm "kognitiv ähnlich", d.h. sie verfügten über die gleichen Zugangsmodalitäten zur Welt (i.w. sensorische Ausstattung) wie es selbst; ▹ auch [Schirra f-a]; Zu den Implikationen referenzsemantischer Ansätze ▹ auch z.B. [Wunderlich 82], [Fauconnier 85], [Langacker 87], [Lakoff 87] und [Johnson 87];

[5] ▹ [André et al. 85] und [Schirra et al. 87];

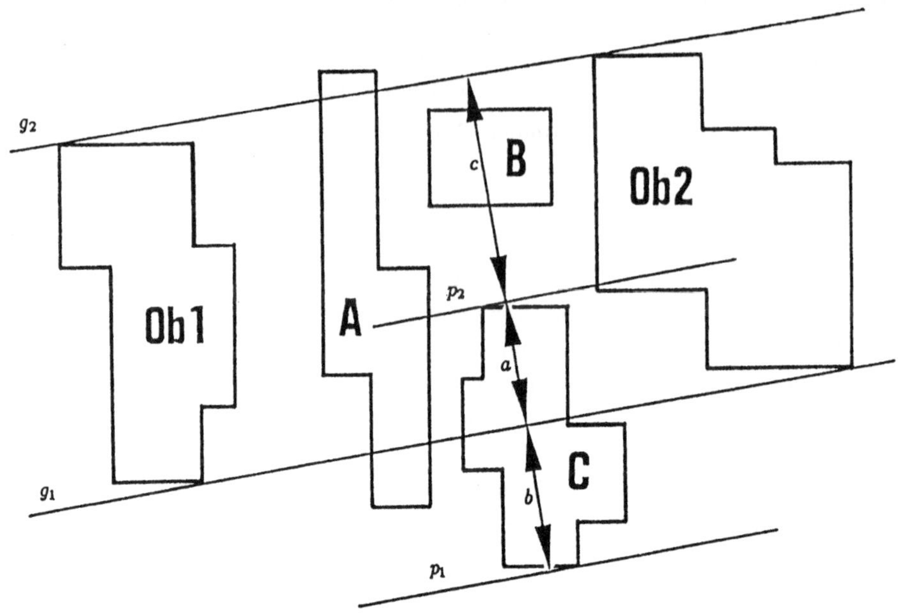

Bild 1: Graphik zu "zwischen";

Die Anwendbarkeitswerte können sprachlich durch linguistische Hecken ausgedrückt werden: *Die Post befindet sich recht gut zwischen dem Rathaus und der Kirche.*[6]

Die T-Werte von ANTLIMA verallgemeinern die Anwendbarkeitsgrade in zweierlei Hinsicht: Zum einen werden nicht nur räumliche Relationen erfaßt, sondern alle Konzepte, insbesondere auch die Ereigniskonzepte. Auf diese Weise wird ermöglicht, z.B. auch von "untypischen Doppelpässen" zu reden. Zum zweiten beziehen sich die T-Werte ganz allgemein auf die einem Begriff zugeordneten analogischen Vorstellungen, nicht nur auf die tatsächlich wahrgenommene Szene.

4. Skizze des Verfahrens: Ein erster Versuch

Die Verständlichkeit der zu untersuchenden Äußerung wird - grob gesagt - folgendermaßen berechnet: Ausgehend von der als Kasusrahmen gegebenen Äußerung werden entsprechende individuelle Begriffe instantiiert. Diese begriffliche Analyse expliziert die in der Äußerung implizit enthaltenen Objekte und Teilereignisse, sowie die räumlichen und zeitlichen Beziehungen zwischen diesen. Einige der so entstehenden Konzepte sind i.d.R. auch mit dem semantischen Netz verbunden, das dem bereits mitgeteilten Geschehen entspricht - insbesondere wegen der Objekte, die bereits vorher erwähnt wurden, oder raum-zeitlicher Bezüge zu diesen.

Als Endergebnis der begrifflichen Analyse ergeben sich zeitlich geordnete Mengen von statischen räumlichen Relationen. Diese jeweils momentan geltenden Beziehungen sind einerseits als Elemente der Ereignisdefinitionen implizit in der Äußerung enthalten. Andererseits können sie auch explizit - etwa als Source-, Path- oder Goal-Slot - zur Lokalisation von Ereignisphasen oder Objekten verwendet werden.[7]

---

[6] ▷ [Lakoff 72];

[7] Zur Definition von Ereignissen: ▷ [Herzog, Rist 88]; zur expliziten Verwendung ▷ [André 88]; Details zur begrifflichen

Im zweiten Schritt wird die zugehörige Bildvorstellung konstruiert: Ausgehend von Prototypen der Objekte, von den bereits konstruierten Bildvorstellungen des vorgängig mitgeteilten Geschehens, und insbesondere von Schemata, die die referentielle Bedeutung räumlicher Relationen kodieren, werden die visuellen Komponenten aus dem propositionalen Netz konstruiert. Die quasistatische Behandlung der räumlichen Relationen stellt dabei gewissermaßen die Basis für das weitere Vorgehen dar. Im folgenden wird ein erster Versuch zu diesem Problemkreis skizziert.

Die jeweils für einen Zeitpunkt gültigen Bildvorstellungen werden daraufhin gemäß der explizierten zeitlichen Relationen miteinander verbunden. Zugleich mit der Konstruktion der visuellen Vorstellungen werden die zugehörigen T-Werte berechnet. Der T-Wert der letztendlich gefundenen Visualisierung stellt zugleich die Plausibilitätsbewertung der Äußerung dar.

5. Die Behandlung räumlicher Relationen im quasistatischen Fall

Wir betrachten im folgenden nur jeweils ein Zeitquant und das Bündel der räumlichen Relationen, die zu diesem Zeitquant simultan gültig sein sollen. Infolge der oft antagonistisch wirkenden Anforderungen verschiedener Relationen können nicht einfach jeweils die typischen Positionen betrachtet werden: Abweichungen, die die T-Werte der beteiligten Relationen insgesamt optimieren, müssen gefunden werden. Zudem stellt sich das Problem der Auswahl einer Position schon bei einer einzigen Relation, da das Maximum des T-Wertes üblicherweise für mehr als nur genau eine Position erreicht wird. In einer Bildvorstellung, die definitionsgemäß eine konkrete Situation beschreibt, muß hingegen genau eine Position ausgewählt sein.

5.1. Typikalitäts-Potentialfelder

Das Grundprinzip zur Lösung dieser Probleme wurde von [Yamada et al. 88] vorgeschlagen und kommt hier in einer verfeinerten Version zu Anwendung: räumliche Relationen werden mit Potentialfeldern assoziiert, die die Anwendbarkeit in Abhängigkeit vom Ort relativ zum Bezugsobjekt kodieren. Durch schrittweise Approximation wird eine (lokal) optimale Konstellation konstruiert. [Yamada et al. 88] wenden das Verfahren allerdings ausschließlich auf punktförmige Objekte und sehr einfache statische Richtungsrelationen (nördlich, nordwestlich etc.) an.

Potentialfelder werden in der Physik dazu benutzt, bestimmte Eigenschaften von Vektorfeldern, z.B. Kraftfeldern, leichter zugänglich zu machen: Potentialfelder ergeben sich aus den Kraftfeldern durch Integration. Das Potentialfeld ist demnach ein skalares Feld, das die Wirkung (potentielle Energie) des Kraftfeldes an einer Stelle beschreibt. Körper im Kraftfeld verändern ihre Position immer in Richtung auf ein (lokales) Maximum des Potentialfeldes hin, da im Maximum selbst die Kraftwirkung verschwindet.[8] Potentialfelder lassen sich addieren, wobei die Summe dem Potential der addierten Vektorfelder entspricht. Das Vektorfeld kann umgekehrt durch Gradientenbildung aus dem Potential gewonnen werden. Aus der Definition folgt, daß die Vektoren jeweils in Richtung auf das nächste lokale Maximum des Potentials zeigen.

Diese Eigenschaft nutzen wir dazu aus, die Maxima der Typikalität zu finden. Indem die Vertei-

---

Analyse ▷ [Schirra f-b];

[8] In Extremwerten ist die Ableitung (der Wert des Kraftfeldes) immer Null; Minima stellen instabile, Maxima stabile Gleichgewichtslagen dar; in der Physik wird das Potential üblicherweise mit umgekehrtem Vorzeichen definiert: dort sind deshalb die Minima die stabilen Positionen, die angestrebt werden: bildlich folgen Körper dann im "Potentialgebirge" der "Schwerkraft";

lung der T-Werte bezüglich der Orte um die Bezugsobjekte als ein Potentialfeld interpretiert wird, ergibt sich durch Gradientenbildung ein zugeordnetes Kraftfeld: Das zu lokalisierende Objekt muß ein Maximum im Gesamtpotential (Addition!) aller zu erfüllenden Relationen finden. Indem es den Gradientenvektoren folgt, gelangt es sicher zu einem lokalen Maximum.

In ANTLIMA sei zu diesem Zweck ein abstrakter Datentyp namens *Typikalitäts-Potentialfeld* (kurz:TyPoF[9]) definiert. Er unterstütze die drei folgenden Operationen:

1.: Abfrage des T-Wertes einer Position; der resultierende Skalar gibt die Typikalität der gefragten Position bezüglich der Referenzobjekte an; in ANTLIMA muß nicht der gesamte Verlauf der Potentialfunktion simultan zur Verfügung stehen, wie das etwa bei einer Graphik der Fall ist, sondern jeweils nur der Wert an speziellen, bekannten Positionen;

2.: Abfrage des Gradienten des T-Potentials $\vec{\nabla} T = (\frac{\partial T}{\partial x}, \frac{\partial T}{\partial y})$ an einer Position; der resultierende zweidimensionale Vektor zeigt genau in Richtung auf das nächste lokale Maximum; sein Betrag korrespondiert mit der Steigerungsrate an Typikalität, die durch eine Verschiebung in seine Richtung gewonnen würde; wie beim Wert des Typikalitätspotentials selbst interessiert uns hier nicht das Gesamtvektorfeld, sondern nur sein Wert an einzelnen Stellen;

3.: Addition zweier TyPoFs; Resultat: ein TyPoF, das dem durch Summation gebildeten Potential entspricht; da Gradientenbildung und Addition kommutieren, ist der Gradient des Ergebnisses unproblematisch;

Obwohl TyPoFs als zweidimensionale Potentialfelder Ähnlichkeit mit Bildvorstellungen haben, sind sie deutlich unterschieden vom visuell-experientiellen Teil eines Konzeptes. Letztere stellen die referentielle Verankerung des Konzepts in einer konkreten Situation dar, während TyPoFs eine bestimmte abstrakte Eigenschaft einer konkreten Situation - etwa Nähe zu einem bestimmten Objekt - kodieren. Tatsächlich sind TyPoFs - soweit ich das bislang beurteilen kann - eine Ausprägung der sog. "image schematic structures", die [Lakoff 87] vorschlägt und von "rich images", die der Wahrnehmung entsprechen, unterscheidet: "They (image schemas) are relatively abstract schemas that organize what can be perceived and visualized, but themselves cannot be directely visualized in the way a rich image can be." und etwas später: "It is my hypothesis that image schemas structure both our perceptions and our rich images."[10]

5.2. Potentialschemata

TyPoFs sind jeweils spezifisch auf eine spezielle Situation zugeschnitten: d.h. es müssen im Prinzip unendlich viele verschiedene TyPoFs zu jedem Typ räumlicher Beziehung behandelt werden. Aus diesem Grund wird in ANTLIMA von den TyPoFs abstrahiert. Zusätzlich benötigt wird ein abstrakter Datentyp, der so weit wie möglich unabhängig von einer speziellen Situation nur das Wesentliche, oder mit [Herskovits 86]'s Worten die "ideale Bedeutung" der Relation darstellt. Ausgehend von dieser abstrakten Darstellung sollen die spezifischen TyPoFs konstruiert werden.

In ANTLIMA ist deshalb zu jeder elementaren räumlichen Relation ein parametrisiertes *Potentialschema* assoziiert. Dieses Schema gibt *unabhängig von einer konkreten Geometrie* die Abhängigkeit des T-Wertes der betreffenden Relation von relevanten Ortsparametern an. Betrachten wir zum

---

[9] *tip-off: give (person) warning, hint, or inside information;* nach: The Concise Oxford Dictionary;

[10] beides [Lakoff 87], S.453; auch die von der LILOG-R-Gruppe in Hamburg um C. Habel (▷ [Habel 88]) vorgeschlagenen *Depiktionen* scheinen eher "image schematic" zu sein, denn echte Bildvorstellungen; die dort kodierten "fuzzy-Gebiete" haben große Ähnlichkeit mit TyPoFs;

Beispiel die Relation "Nähe" (i.f. "PROPE"; lat. für "nahe bei"):

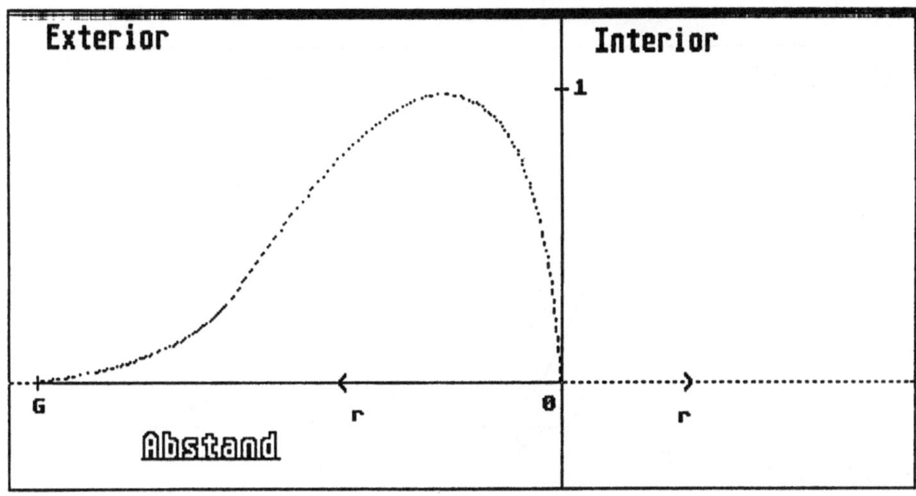

Bild 2: Skizze des "PROPE"-Potentialschemas;

G ist ein Parameter, der die Abhängigkeit des T-Potentials von der Größe des Bezugsobjekts steuert. Exterior und Interior bezeichnen Außen- bzw. Innengebiet des Bezugsobjekts. Dieses Schema definiert Nähe in Abhängigkeit vom Abstand des Punktes zum Rand des Bezugsobjekts: in unmittelbarer Nähe fällt die Wahrscheinlichkeit auf Null ab (vgl. auch mit Bild 3: Schema für "Berühren"), ebenso bei größerer Entfernung. Der Maximalbereich für T liegt gerade jenseits des Kontaktbereichs um das Bezugsobjekt herum. Der Innenbereich, sofern er existiert, ist gesperrt (T-Wert = 0).

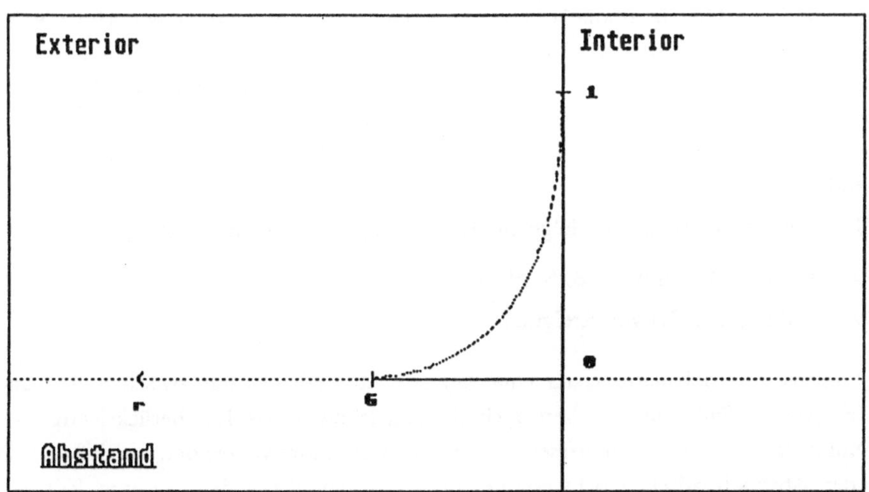

Bild 3: Skizze des "CONTACTUS"-Potentialschemas;

Richtungsabhängige Potentialschemata lassen sich analog unter Verwendung des Winkels statt des Abstandes konstruieren (DIRECTIO mit Parameter δ); koppelt man sie mit dem PROPE-Schema ergeben sich so die Schemata für "vorne/hinten/rechts/links" (ANTE etc).[11] Auch für "in" und "zwischen" lassen sich problemlos Schemata finden.[12]

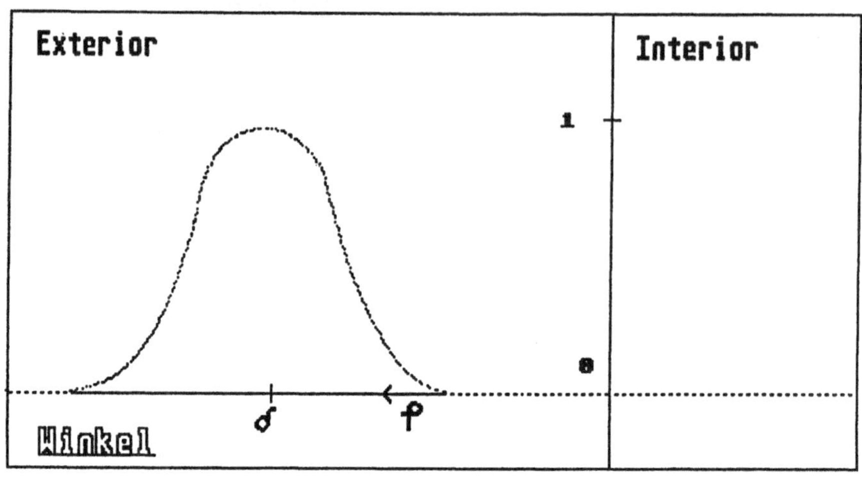

Bild 4: Skizze des "DIRECTIO"-Potentialschemas;

5.3. Anwendungstypen

Wie schon erwähnt, haben Potentialschemata große Ähnlichkeit mit den "ideal meanings" von räumlichen Präpositionen wie [Herskovits 86] sie vorschlägt: sie kodieren genau die topologischen und geometrischen Bedingungen, die erfüllt sein müssen, ohne zu sehr auf eine bestimmte konkrete Situation zu verweisen. Um sie an die konkrete Situation, d.h. die Bezugsobjekte (i.F.: RO - Referenzobjekt) und das zu lokalisierende Objekt (LO), anzupassen, werden ebenfalls in Anlehnung an [Herskovits 86] mit jeder elementaren räumlichen Relation eine Menge von *Anwendungstypen* (use types) assoziiert: es handelt sich dabei um Regeln, die, gesteuert über den Typ der beteiligten Objekte (besonders ihre Dimensionalität), das Potentialschema zu dem in diesem speziellen Fall gültigen TyPoF expandieren.

Für PROPE werden in ANTLIMA folgende Anwendungstypen unterscheiden:

1.: LO ist 0-dim (d.h. Punkt, z.B. Spieler)

2.: LO ist 2-dim (z.B. Ort von Ereignis)

Fall 1 ist relativ unproblematisch, da eine einfache Abstandsfunktion zwischen RO und LO existiert. Im zweiten Fall muß dagegen auch die Ausdehnung des LO berücksichtigt werden: Zur Berechnung des T-Werts wird dessen Schwerpunkt-Position verwendet, so daß das Potentialfeld um den Abstand zwischen Schwerpunkt und nächstem Rand des LO zum RO verschoben werden muß. Scheinbar wird also der Rand des RO um die Ausdehnung des LO vergrößert. In beiden Fällen wird ferner der G-Wert abhängig von den Objektgrößen festgesetzt.

---

[11] Das jeweilige Bezugssystem muß selbstverständlich vorher begrifflich festgelegt werden; ▷ [Retz-Schmidt 88];

[12] "zwischen" nutzt dabei eine Variante des oben angegebenen Verfahrens;

5.4. Schrittweise Approximation der maximalen Typikalität

Nachdem gemäß der Anwendungstyp-Regeln zu allen betrachteten Relationen die gültigen TyPoFs konstruiert sind, wird die TyPoF-Summe bezüglich eines jeden Objekts gebildet: das resultierende TyPoF kodiert die insgesamt herrschende Typikalitätsverteilung für das Objekt. Es geht nun darum, von Initialpositionen ausgehend für alle Objekte simultan einen möglichst hohen T-Wert zu erreichen. Dazu werden die Objektpositionen gemäß der TyPoF-Gradienten verschoben: der TyPoF-Gradient gibt die Steigung des T-Potentialfeldes an und zeigt immer in Richtung auf das nächste lokale Maximum. Im Maximum selbst ist er $\vec{0}$.

Im Prinzip bietet dieses Approximations-Verfahren die Möglichkeit, die Positionen aller (beweglichen) Objekte gleichzeitig zu optimieren. Allerdings sollen, um den Berechnungsaufwand zu verringern, jeweils nur möglichst wenige Objekte simultan bewegt werden. Sofern die Objekte zum StaB gehören, ist ihre Position schon bekannt, so daß insbesondere ein großer Teil der expliziten Lokalisierungen, die sich meist auf statische Objekte beziehen, wirklich nur das LO positionieren und keine Rückwirkungen auf die RO haben. Weitere Vereinfachungen können durch eine Hierarchie der Objekte erreicht werden, die vom Typus der Relationen zwischen ihnen induziert wird: Die Hierarchie gibt an, welche Objekte zunächst positioniert werden können und durch die weiteren Relationen ihren Platz nicht mehr verändern. Betrachten wir z.B. die folgende Relationen-Menge:

(ANTE Spieler Tor), (PROPE Ball Spieler)

Es ist sicher sinnvoller, erst den Spieler vor das Tor, und danach den Ball nahe den Spieler zu setzen als umgekehrt. Andere pragmatische Prinzipien, die zum Aufbau der Hierarchie verwendet werden können, bevorzugen z.B. solche Relationen, die vom Kontext induziert sind (z.B.: "Ereignis muß in der linken Spielhälfte lokalisiert sein"). Alle Objekte in einer Stufe der Hierarchie müssen simultan positioniert werden. Im darauf folgenden Schritt werden sie dann als statische Objekte behandelt.[13]

Große Vorteile ergeben sich, wenn die vorgeschlagene quasistatische Behandlung der räumlichen Relationen im zeitlichen Kontext gesehen wird: durch die für das vorgängige Zeitquant ermittelte Position eines Objekts kann bereits - unter Ausnutzung des assoziierten Geschwindigkeitsvektors - eine recht gut angenäherte Initial-Position ermittelt werden.[14] Damit ist zugleich angedeutet, wie der zeitliche Zusammenhang insgesamt konstruiert werden kann. Geschwindigkeiten werden als gerichtete PROPE-Potentialschemata zwischen zwei aufeinanderfolgenden Zeitpunkten kodiert.

Das beschriebene Verfahren findet i.w. das <u>nächste lokale</u> Typikalitäts-Maximum: Ein anderes, vielleicht sogar sehr viel größeres Maximum wird nicht gefunden. Dieses Problem ist noch nicht definitiv gelöst, spielt aber möglicherweise bei den betrachteten einfachen Potentialfunktionen keine allzu schwerwiegende Rolle. Insbesondere sollten sich durch die wegen des zeitlichen Kontexts oft schon recht gut angenäherten Initialpositionen viele Fehler vermeiden lassen. Mechanismen zum Erkennen und Behandeln von trotzdem auftretenden Fehlern müssen noch entwickelt werden.[15]

---

[13] Eine Variante ergibt sich, wenn die Objekte des jeweils vorgängigen Schrittes "gebremst" wandern, anstatt statisch zu werden: Auf diese Weise wird der Rechenaufwand zwar nicht so stark reduziert, andererseits aber erlaubt das Verfahren dann leichte Korrekturen in der Positionierung der beweglichen RO;

[14] Die MOD bestehen aus Orts- und *Geschwindigkeits*angaben; eine Abschätzung der Geschwindigkeit ergibt sich z.B. durch Vergleich der Objektpositionen des vorletzten und letzten Zeitquants; weitere Information kann sprachlich kodiert sein (etwas schnell oder langsam tun, etc.); eine genauere Beschreibung der Behandlung von Zeit und Geschwindigkeit soll später folgen;

[15] dazu gehören Backtracking-Mechanismen im begrifflichen Netz oder auch Eliminierung von lokalen Maxima;

6. Realisierung von Potentialschemata und TyPoFs

Eine elegante Möglichkeit, Potentialschemata so zu realisieren, daß auch ihre Erweiterung zu TyPoFs problemlos ist, bieten "generische Kontrollstrukturen".[16] Bei dieser speziellen Anwendung objektorientierter Programmierung werden Programmteile als Belegungen von Objektvariablen verwendet und mithilfe von Interpretier-Methoden ausgeführt. Das dargestellte Programm besteht i.a. aus mehreren Teilen (Segmenten), die auf verschiedene Objektvariablen verteilt sind. Indem in einem solchen Programm-Objekt ein Teil der Segmente nicht angegeben ist, ergibt sich eine generische Kontrollstruktur. Die fehlenden Teile können im Einzelfall jeweils unterschiedlich belegt werden.

Bei der Realisierung des PROPE-Schemas etwa (▹ Bild 5) bleibt die Abstandsfunktion R und die Funktion G, die die Größenabhängigkeit regelt, unspezifiziert. Sie werden erst durch die jeweiligen Anwendungstypen festgelegt. Dagegen sind die Fallunterscheidung (Interior - Exterior) und die beiden zugehörigen Funktionen für den Potentialverlauf selbst bereits festgelegt. Die Transformation von Schema zu TyPoF ist nichts anderes, als das vollständige Belegen aller Segmente. Danach dürfen die Interpretier-Methoden ausgeführt werden.

```
CONTACTUS

BODY:   (cond ((exterior (X)
               (cond ((lessp !R !G)
                      (exp (times k !R)))
                     (t 0)))
              (t 0))

        ;; "!" ruft die Funktion im entsprechenden
        ;; Slot auf; k < 0

G:      Defaultwert; wird von Anwendungstyp überschrieben
        ;; abhängig von der Größe der Objekte

R:      noch unbelegt; abhängig von Anwendungstyp
        ;; z.B.: (sqrt (add (times :x :x) (times :y :y)))
        ;; wobei (:x :y) der aktuelle Ort ist
```

Bild 5: Realisierung des Potentialschemas "CONTACTUS";

TyPoFs haben zwei verschiedene Interpretier-Methoden, die jeweils einen Ortsvektor als Argument nehmen: eine, die direkt den Wert der kodierten Funktion am angegebenen Ort liefert (`get-Tvalue`), und eine zweite, die den Gradienten annähert (`gradient`). TyPoF-Addition kann einfach dadurch erreicht werden, indem das Summen-TyPoF die jeweiligen Werte der Summanden-TyPoFs abfragt und anschließend (komponentenweise) addiert.[17]

Die beschriebene Behandlung räumlicher Relationen in ANTLIMA wird gegenwärtig auf einer SYMBOLICS Lispmaschine (CommonLisp mit CLOS) nach diesem Muster implementiert.

[16] ▹ [Christaller 83] und [Schirra 88];

[17] Eine andere Realisierungsmöglichkeit bieten konnektionistische Modelle, wie sie z.B. zu einem ganz ähnlichen Zweck von [Khenkhar 88] vorgeschlagen werden; auch Lakoff berichtete auf dem LAUD-Symposium "Cognitive Linguistics" (März 89 in Duisburg) über entsprechende Ansätze seiner Gruppe (Veröffentlichungen darüber liegen mir leider noch nicht vor);

7. Literatur

[André et al. 85] E. André , G. Bosch, G. Herzog, T. Rist (1985): *CITYTOUR - Ein natürlichsprachliches Anfragesystem zur Evaluierung räumlicher Präpositionen.* Abschlußbericht zum Fortgeschrittenenpraktikum Prof. Dr. W. Wahlster, Wintersemester 1984/85; Fachbereich Informatik, Universität des Saarlandes.

[André 88] E. André (1988): *Generierung natürlichsprachlicher Äußerungen zur simultanen Beschreibung von zeitveränderlichen Szenen: Das System SOCCER.* Saarbrücken: SFB-314, Informatik, Univ. des Saarlandes, Memo Nr. 26.

[Christaller 83] T. Christaller (1983): *Ein objekt-orientierter Ansatz für die Realisierung komplexer Kontrollstrukturen;* in: H. Stoyan, H. Wedekind (Hrsg.): Objektorientierte Software- und Hardwarearchitekturen; Bericht Nr. 15 des German Chapter of the ACM; Teubner, Stuttgart; S. 300-318.

[Fauconnier 85] G. Fauconnier (1985): *Mental Spaces - Aspects of Meaning Construction in Natural Language.* Cambridge, MIT Press.

[Grice 79] H.P. Grice (1979): *Logik und Konversation.* in: G. Meggle (ed.): *Handlung - Kommunikation - Bedeutung,* Frankfurt/M, Suhrkamp.

[Habel 88] C. Habel (1988): *Cognitive Linguistics: The Processing of Spatial Concepts.* LILOG-Report 45.

[Hanßmann 80] K.J. Hanßmann (1980): *Sprachliche Bildinterpretation für ein Frage-Antwort-System.* Univ. Hamburg, FB. Informatik, Bericht IFI-HH-M-74/80.

[Herskovits 86] A. Herskovits (1986): *Language and Spatial Cognition - An Interdisciplinary Study of the Prepositions in English.* Cambridge Univ. Press, Cambridge.

[Herzog, Rist 88] G. Herzog, T. Rist (1988): *Simultane Interpretation und natürlichsprachliche Beschreibung zeitveränderlicher Szenen: Das System SOCCER.* Saarbrücken: SFB 314, Informatik, Univ. des Saarlandes, Memo Nr. 25.

[Johnson 87] M. Johnson (1987): *The Body in the Mind - The Bodily Basis of Meaning, Imagination, and Reason.* Chicago & London, Univ. of Chicago Press.

[Khenkhar 88] M. Khenkhar (1988): *Vorüberlegungen zur depiktionalen Repräsentation räumlichen Wissens.* LILOG-Report 19.

[Langacker 87] R. Langacker (1987): *The Foundations of Cognitive Grammar (Vol I).* Stanford Univ. Press.

[Lakoff 72] G. Lakoff (1972): *Hedges: A Study in Meaning Criteria and the Logic of Fuzzy Concepts.* in: P.M. Peranteau, J.N. Levi, G.C. Phares (eds.): *Papers from the* 8th *Regional Meeting,* Chicago Linguistics Society. Univ. of Chicago, Department of Linguistics.

[Lakoff 87] G. Lakoff (1987): *Women, Fire, and Dangerous Things - What Categories Reveal about the Mind.* Chicago, London (GB): Univ. of Chicago Press.

[Retz-Schmidt 88] G. Retz-Schmidt (1988): *Various Views on Spatial Prepositions.* in: AI Magazine 9 (1988) 2, S. 95-105.

[Schirra et al. 87] J.R.J. Schirra, G. Bosch, C.-K. Sung, G. Zimmermann (1987): *From Image Sequences to Natural Language: A First Step towards Automatic Perception and Description of Motions.* in: *Applied Artificial Intelligence,* S. 287-305, Vol. 1, 1987.

[Schirra 88] J.R.J. Schirra (1988): *Deklarative Programme in einem Aktor-System: MEGA-ACT.* in: KI - Künstliche Intelligenz: Forschung, Entwicklung, Erfahrung 3/88 S.4-9 und 4/88 S.4-12, Oldenbourg Verlag.

[Schirra 89] J.R.J. Schirra (1989): *Einige Überlegungen zu Bildvorstellungen in kognitiven Systemen.* erscheint in: C. Habel, C. Freksa (eds.): *Proc. der Workshops "Repräsentation und Verarbeitung räumlichen Wissens".* 28.-30. November 1988, München, bei Springer-Verlag.

[Schirra f-a] J.R.J. Schirra: *Hörermodellierung in Referenz-Semantik: Die Bedeutung multi-modaler Repräsentation.* forthcoming.

[Schirra f-b] J.R.J. Schirra: *Die begriffliche Analyse in ANTLIMA.* forthcoming.

[Sung 88] C.-K. Sung (1988): *Extraktion von typischen und komplexen Vorgängen aus einer langen Bildfolge einer Verkehrsszene.* in: H. Bunke, O. Kübler, P. Stucki (eds.) *Mustererkennung 1988.* Springer-Verlag, Berlin.

[Waltz 81] D.L. Waltz (1981): *Toward a Detailed Model of Processing for Language Describing the Physical World.* in: *Proc. of the IJCAI 1981.*

[Wunderlich 82] D. Wunderlich (1982): *Sprache und Raum.* in: *Studium Linguistik.* 12: S. 1-19, und 13: S. 37-59.

[Yamada et al. 88] A. Yamada, T. Nishida, S. Doshita (1988): *Figuring out Most Plausible Interpretations from Spatial Descriptions.* in: *Proc. COLING 88,* S.764-769.

Two views of motion: On representing move events in a language-vision system

Ellen M. Hays*
SFB 314: VITRA
Fachbereich 10 - Informatik IV
Universität des Saarlandes
D-6600 Saarbrücken 11

Abstract

Reasoning about motion, whether for linguistic or other purposes, requires a way of representing motion events; ideally the representation we choose for a given system will make the system's work easy and sensible, in addition to containing the needed information. Two equivalent ways of representing motion events are described and discussed with respect to the kinds of reasoning they conduce to and some effects they have on defining language about movement.

1 Introductory remarks

The design of an intelligent system that has as its domain the movements of objects in a spatial environment must address the question of how such events are to be represented within the system. Reasoning about movements of identified objects can be facilitated or impeded by the choice of a model of motion. In this paper, I will examine two representations for motion events, compare them with respect to their relative usefulness in a particular system, and discuss some of the effects of using one or the other.

This investigation was conducted in the context of the VITRA project,[1] which is dedicated to exploring the problems of translating (planar) visual data involving moving objects into natural language. VITRA has two sub-domains: city scenes (CITYTOUR) (described in [8]) and a soccer game (SOCCER) (described in [3]). The CITYTOUR system answers questions about completed motion events and static locative relations in a scene, while SOCCER incrementally generates natural language descriptions of actions while they are taking place.[2] In both cases, data on the movements of objects in the scene, derived by machine vision processing, are supplied to VITRA in the form of a set of time-stamped coordinates with generic object identifiers. The image processing is done at the Fraunhofer Institut (IITB), Karlsruhe, using a system called ACTIONS.[3] Data about moving objects are provided for SOCCER and for one scene in CITYTOUR, Durlacher Tor, for which filmed movement was used; in other scenes motion events are entered by means of a trajectory editor. The association of the name of an object in the scene with one of the objects in the data set is done manually.

*Many thanks for assistance and support to those who read and commented on an earlier version of this paper—Gerd Herzog, Gudula Retz-Schmidt, and Wolfgang Wahlster; to Jörg Schirra for help in clarifying the ideas in it; and to Brant Cheikes and the anonymous reviewers for suggestions on how to improve it.

[1] VITRA is an acronym for VIsual TRAnslator. This work is being carried out as part of Sonderforschungsbereich 314 der Deutschen Forschungsgemeinschaft, project N2.

[2] Although all of the examples of verbs and locatives used in this paper are in English, both of the systems described deal with German.

[3] Automatic Cueing and Trajectory estimation in Imagery of Objects in Natural Scenes. Described in [9].

2 Two views of motion

2.1 Motion as a trajectory

The idea of representing a motion event as a trajectory is not a new one; the intuitive appeal of such a representation is that it imposes a coherent form on the event, and gives us an *object* to reason about. Moreover, a trajectory can easily be divided into its component parts (points, sub-trajectories), or considered with respect to only its spatial or only its temporal aspect, as appropriate.

In the CITYTOUR system, the location data for each object at all time points at which the object is moving are compiled into a single data object, a list of pairs of locations (coordinates) and time points representing a completed motion, which is then attached to the structure representing that object. The time quantum is fixed and corresponds to some number of frames in the original video film from which the data were derived. Reasoning about movement is a matter of either generalizing about the shape of the entire trajectory or parts of it, or checking its relations to other trajectories or to polygons representing static objects.

As an example, if the concept *overtake* were viewed as a relation between two trajectories, it might be seen as shown in Figure 1.

Figure 1: *Overtake* seen as a relation between two trajectories.

2.2 Motion as a sequence of static descriptions

The SOCCER system, in contrast, has no such completed motions to reason about. The system attempts to recognize events as they happen: reasoning from what it has already seen and from what it knows about the domain and the world in general, it hypothesizes that a given event is occurring, and describes the event in natural language as its hypothesis is confirmed.

In this situation, the movement of an object is viewed as a sequence of "snapshots" of the scene, each forming an essentially static description of it. The problem is how to work from those semi-static descriptions to the motion concepts needed to talk about activity. (In contrast to the photographs the vision system started with, these descriptions contain a velocity vector for each moving object, based on a comparison of the current position of the object with its previous one.) In SOCCER, the entire trajectory of an object up to the present moment *could* be reconstructed, if necessary, but most reasoning is done on the basis of the situation at the current time point and the one, or at most two, just before. An event is recognized by means of a *course diagram*, which models the progression of a given kind of event; once a course diagram has been triggered, the behavior of an object is compared at successive moments with the expectations of the model. Thus the spatial path an object has taken up to the current moment is largely irrelevant for describing what it is doing now.

It is possible to see this moment-based description as cutting through a high-level description of the event at exactly those points where the locative relation between the objects changes significantly. This kind of description provides a temporal decomposition of the event into ordered sub-events whose conditions are essentially static relations. A picture of this way of looking at the event *overtake* is given in Figure 2.

Figure 2: *Overtake* seen as a sequence of "static" relations.

2.3 A reconciling view

There is a straightforward mapping between these two ways of visualizing motion events. Consider, as an example, the verb *follow*. In the canonical case, x can be said to be following y when both are moving objects, and either: (1) x's trajectory is spatially the same as y's, within some tolerance, but occurs at a slightly later time; or (2) x is behind (and at roughly the same distance from) y over some sequence of time points (note that *behind* is a static locative relation).

These two formulations describe the same event from different cognitive points of view. From the temporal perspective, we see the spatial relationship at a particular moment, i.e., x is *behind* y. From the spatial point of view, what we see is the temporal relationship: x is at a given place *later than* y.

3 Choosing between these views

3.1 Defining motion concepts

Definitions for motion verbs and directional prepositions in such a system will reflect the choice of representations; constraints to be applied are necessarily expressed in terms of the structures available to be reasoned about. For instance, if a notion like *[move-]Into* (i.e., *enter*)[4] is defined in terms of a trajectory, we can simply verify that the trajectory begins outside y and ends inside, as in Definition 1.[5] If, on the other hand, we use a definition predicated on a moment-by-moment (or phase-by-phase, as with *overtake*) analysis, we can express the change of state simply in terms of the two distinct static relations that have to obtain at two successive moments (Definition 2).

```
(1) [move-]Into(x,y) ::=
      Outside(Start(Traj(x)),y) AND
      In(End(Traj(x)),y)
```

```
(2) [move-]Into(x,y) ::=
      Outside(x,y) AFTER-WHICH
      In(x,y)
```

As in Definition 1, trajectory-based definitions typically make use of the temporal information stored in the trajectory itself to obviate the need for a temporal operator like AFTER-WHICH. Note also that in Definition 2 we can reason directly about x's location (relative to that of the reference object), without having to construct a conceptual artifact (the trajectory) that may not be relevant in this case; we are, however, committed to some sort of temporal decomposition of the event, since we are seeing it as a sequence of different spatial relations that must hold between the two objects.

There is a third possibility, which combines the trajectory approach with temporal decomposition: we can test whether x's trajectory crosses a defining edge of y, and then see whether the final location of x is inside y:

```
(3) [move-]Into(x,y) ::=
      Cross(Traj(x),Boundary(y)) AFTER-WHICH
      In(x,y)
```

[4]The symbol [move-] is intended to indicate that any more specific *move* concept (*walk*, e.g.) can appear here; the definition of the directional preposition is neutral with respect to which one is actually used.

[5]All of the proposed definitions also need to contain tests that x and y are of the correct object types to figure in the relation, e.g., Isa(x,Mobile-object) AND Isa(y,Area).

In this case, in addition to needing the temporal operator, we are obliged to find or define a particular piece of y's boundary. Indeed, the trajectory representation often requires the establishment or clear definition of other linear objects, such as edges or main axes, for the trajectory to be compared with.

The different versions clearly have quite different effects on how the reasoning is effected, though the results of applying the various tests are presumably the same. As we saw in Section 2.3, the concept *follow* can likewise be defined in either of two ways, with a similar effect on how the relation is to be verified: different machinery is needed for the two definitions.

Many concepts seem to lend themselves more to one or the other way of codifying motion, though; it is difficult (though not impossible) to imagine defining *overtake* as a comparison between trajectories, for example, and likewise the definition of *follow* is harder to frame precisely without trajectories, i.e., as a series of static relations (in this case, the same one several times). One essential difference between *follow* and *overtake* is that the latter lends itself to temporal decomposition, while the former does not. Broadly speaking, those event concepts that can easily be decomposed this way (*stop*, *meet*) are easier to see as sequences of static descriptions, while continuous events such as *[move-]Around*, *turn*, and *pass* (*passieren*), are more readily defined by means of comparisons involving trajectories. Still others (*cross* (*überqueren*), *[move-]Into*) can be described with equal facility either way.

For that reason as well as others to be discussed in the next sections, one would like to avoid a firm commitment to one approach at the expense of the other, at least for systems that do not by definition rule one of them out.

3.2 Metaphoric extension: stretching words

In a sense, in the cases where we define relations between moving objects using their completed trajectories, we are actually defining relations between two static objects (the spatial aspects of the trajectories themselves), and adding constraints relating to time as needed. I see the different senses of a word like *follow* as forming a scale according to the degree of importance of the temporal constraints; for example, if we see the canonical *follow* as simply an identity (with the appropriate tolerances) between two trajectories, with the additional constraint that one must occur later than the other, we can "stretch" that definition to cover other kinds of *follow*, such as that used in "The bus follows Main St." by idealizing the street as a trajectory[6] and relaxing the precedence constraint. Indeed, the only temporal constraint here is that the first object must be moving, i.e., changing location over time. I would like to define both static and dynamic *along* as cases of this sense of *follow*, with the salient edge or main axis of the reference object idealized as a trajectory.[7]

There is also a strictly static use of *follow*, such as that in "The road follows the railroad tracks", which can also be seen as deriving metaphorically from the canonical sense, though in this case both objects are being viewed as trajectories, and there is no time constraint whatsoever, the situation described being (for all practical purposes) permanent.[8]

A similar case can be made for defining such static locative expressions as *around the corner* and *across the street* as derivations from the directional (dynamic) uses; here the location pointed to is at the end of a trajectory representing the (imaginary) movement of crossing the street or going around the corner.

[6]Herskovits [2] proposes *approximation to a line* as one idealization used in interpreting static locative relations; for this case we would need something like *visualization as a trajectory*, which could be applied to either a line or a set of points seen as forming a line.

[7]This notion that many words are defined by metaphoric extension from physically or experientially grounded (often spatial) meaning is the burden of Lakoff's recent work [6].

[8]In the same vein, the senses in which *follow* is used to mean *happen later than* would seem to be derived from a model of time as a line, and events as having locations on that line; temporally 1-dimensional (as opposed to punctual) events are then seen as having a sort of "temporal trajectory". Obviously all events occurring over a given time period have the *same* trajectory (that of time itself), so the only relevant comparisons have to do with precedence, and the language used to describe relations in the domain includes that of spatial relations involving precedence.

Note that only the canonical sense of *follow* can actually be defined as *moving + behind for several time points*, the series-of-snapshots definition; both of the others mentioned have to be verified via the geometric relations between trajectories. It does not appear that metaphoric extensions of this kind are normally built from the snapshot-based descriptions of movement. The virtue of the trajectory, apparently, is that it provides a visualizable object (a line of some sort) to imagine and compare with other objects, where the snapshot gives only the static relation of one moment.

What is the cognitive mechanism for this "stretching" of spatial language? Work on mental maps and imaging ([1, 4, 5, 7]) points in the direction of some kind of image-based storage for spatial concepts as a useful step toward modeling such extensions.

3.3 Incremental scene description

One of the research aims of the SOCCER system is to learn about how events can be described *while they are happening*; to that end, it is necessary for event recognition to be simultaneous, rather than *a posteriori*. This is the case for any system whose behavior must correlate in "real time" to changes in its environment, such as a robot equipped with a visual sensor that must react immediately to new information. As a result of this need to process information incrementally, the possibility of reasoning about motion events on the basis of completed trajectories does not exist. Working with partial trajectories built up as the scene progresses has been found to be quite inefficient; it means considering information about the beginning of the action many times, when in fact a good deal of reasoning about events (and then finding the words to describe them) can be done based on information about the current state of the object and perhaps the previous one. The course diagrams that are used for recognizing events from "snapshot" information about spatial relations have the desired effect of allowing the system to reason about and describe events in various states of completion. As implied in Section 3.1, some events can be captured more easily by this kind of description than others, but any motion event *can* be defined in these terms.

4 Concluding remarks

As has been noted, the distinction between these two different ways of looking at movement is in a sense only one of perspective: seen from the time side, we have a series of essentially static relations occurring in a certain order; from the spatial point of view, what is salient is the shape of the movement over time, which brings the imaginary line(s) of the trajectory into focus. The two visions meet when a trajectory is treated simply as a sequence of locations, or when a sequence of (two or more) points is collected into (and treated as) one or more lines.

Event recognition and language generation in the incremental system SOCCER have shown that it is possible to define motion events without trajectories. But the need for an easy-to-visualize spatial object, which the trajectory provides, for deriving additional uses of verbs like *follow* by metaphoric extension argues for the use of that representation in some cases.

Inevitably, efficiency and convenience dictate that the criteria for choosing a representation for motion within a given system include details of the uses to which the representation will be put. For many systems it would be desirable to have both, and perhaps others, such as depictional representations, as well,[9] since the different ways of conceptualizing motion facilitate different kinds of reasoning. A system that could choose when to think in trajectories and when to focus on a sequence of static relations would be ideal, in the long run.

[9]Note, though, that depictional representations do not actually constitute a third alternative; a system using pictorial definitions of motion concepts faces the same problem of choosing between the trajectory- and snapshot-based approaches, as reflected in whether a motion is represented in a single image or in a series of images.

References

[1] Christopher Habel and Simone Pribbenow. *Gebietskonstituierende Prozesse.* LILOG-Report 18, IBM Deutschland GmbH, Stuttgart, February 1988.

[2] Annette Herskovits. *Language and spatial cognition: an interdisciplinary study of the prepositions in English.* Cambridge University Press, New York, 1986.

[3] Gerd Herzog and Thomas Rist. *Simultane Interpretation und natürlichsprachliche Beschreibung zeitveränderlicher Szenen: Das System SOCCER.* Memo 25, Universität des Saarlandes, SFB 314 (VITRA), August 1988.

[4] M.N. Khenkhar. *Vorüberlegungen zur depiktionalen Repräsentation räumlichen Wissens.* LILOG-Report 19, IBM Deutschland GmbH, Stuttgart, February 1988.

[5] S.M. Kosslyn. Research on mental imagery: some goals and directions. *Cognition*, 10:173–179, 1981.

[6] George Lakoff. *Women, Fire, and Dangerous Things.* University of Chicago Press, Chicago, 1987.

[7] Jörg R.J. Schirra. Einige Überlegungen zu Bildvorstellungen in kognitiven Systemen. In *Repräsentation und Verarbeitung räumlichen Wissens: Workshop Proceedings*, Springer-Verlag, Berlin, 1989. Forthcoming.

[8] J.R.J. Schirra, G. Bosch, C.K. Sung, and G. Zimmermann. From image sequences to natural language: a first step toward automatic perception and description of motions. *Applied Artificial Intelligence*, 1:287–305, 1987.

[9] C.-K. Sung and G. Zimmermann. Detektion und Verfolgung mehrerer Objekte in Bildfolgen. In G. Hartmann, editor, *Mustererkennung 1986*, Springer-Verlag, Berlin, 1986.

DEPIC-2D:
Eine Komponente zur depiktionalen Repräsentation und Verarbeitung räumlichen Wissens

Mohammed Nadjib Khenkhar
Universität Hamburg, Fachbereich Informatik
AB. Wissens- und Sprachverarbeitung
Projekt LILOG
Bodenstedtstr. 16, 2000 Hamburg 50

Einleitung:

In diesem kurzen Papier wird eine Komponente namens DEPIC-2D vorgestellt. In DEPIC-2D ist ein erster Ansatz für eine depiktionale (quasi-analoge) Repräsentation räumlichen Wissens realisiert worden. Der Ansatz basiert auf dem Konzept der Zellmatrizen (KOSSLYN 1975/77, HABEL 1987/88, KHENKHAR 1988/89). Objekte und ihre relative Lage zueinander werden depiktional in einer Zellmatrix kodiert. Die Elemente (Zellen) einer Matrix beinhalten u. a. Informationen über die in dieser Matrix zu repräsentierenden Objekte. Diese Art der Wissensrepräsentation wird zusätzlich zu den überwiegend verbreiteten, propositional orientierten Darstellungsformen (Prädikatenlogik, semantische Netze, Frames, Regeln, Constraints, ...) benutzt. Sie ist in Zusammenhang mit der von Paivio (PAIVIO 1971a/b) entwickelten "dual coding" Theorie über die interne Wissenskodierung räumlichen Wissens im menschlichen Gedächtnis zu sehen. Entsprechend dieser Theorie vertritt man die Meinung, daß das menschliche Gedächtnis zwei unterschiedliche Repräsentationsformen für die interne Kodierung visueller bzw. räumlicher Informationen verwendet, nämlich die propositionale und die analoge. Für diese These haben zahlreiche Kognitionswissenschaftler (SHEPARD & METZLER 1971, KOSSLYN 1980/81, GOLDENBERG 1987, REHKÄMPER 1987, ANDERSON 1988) argumentiert. Abhängig von dem jeweils zu lösenden Problem, benötigt die menschliche kognitive Problemlösungskomponente den propositionalen und/oder den analogen Wissensanteil. Bei der Lösung räumlicher Probleme wird das propositional und das depiktional repräsentierte Wissen interagierend verwendet. Der vorliegende Ansatz ist ein Versuch, in maschinellen Systemen zur Verarbeitung räumlichen Wissens entsprechend vorzugehen.

DEPIC-2D wird im Rahmen des Teilprojekts LILOG-Raum an der Universität Hamburg entwickelt. Es stellt bezüglich des gesamten LILOG-Systems die Subkomponente dar, die für die depiktionale Repräsentation und Verarbeitung räumlichen Wissens zuständig ist. Ein Teil des räumlichen Wissens ist in Regelform in der logikorientierten Repräsentationssprache L_{LILOG} kodiert (PRIBBENOW 1988/89). Dadurch können einfache räumliche Aufgaben mittels der Raumregeln gelöst werden. DEPIC-2D wird von der propositional orientierten Inferenzmaschine (IM) durch Kontrolloperatoren aktiviert. Damit wird es möglich, Problemlösungsstrategien deklarativ (in Regelform) auszudrücken (PRIBBENOW 1989a). Im folgenden werde ich die Architektur von DEPIC-2D vorstellen und die Funktionsweise der einzelnen Subkomponenten kurz erläutern. Auf das zugrundeliegende depiktionale Repräsentationsformat (Zellmatrizen) wird hier nicht eingegangen (s. dazu HABEL 1987/88, KHENKHAR 1988/89).

1. Die Architektur von DEPIC-2D:

Wie in Abb. 1 dargestellt, besteht DEPIC-2D aus vier Subkomponenten: KONTROL, IMAGINE, INSPEKT und WB. IM stellt eine Inferenzmaschine dar, die in der Lage sein soll, entsprechend der Kontrolloperatoren DEPIC-2D aufzurufen. Die Architektur von DEPIC-2D orientiert sich an dem Prinzip der objektorientierten Programmierung. Danach stellt jede einzelne Subkomponente ein Objekt dar, das in der Lage ist, eine wohldefinierte Menge von Nachrichten zu verstehen und dementsprechend zu reagieren. Grundsätzlich könnte jede Subkomponente jede andere aktivieren, in dem sie dieser eine entsprechende Nachricht sendet. Die empfangende Subkomponente ist in der Lage, anhand des Nachrichtenmusters zu erkennen, ob sie diese Nachricht versteht oder nicht. Diese Art von Kommunikation soll in Abb. 1 durch die Pfeile veranschaulicht werden.

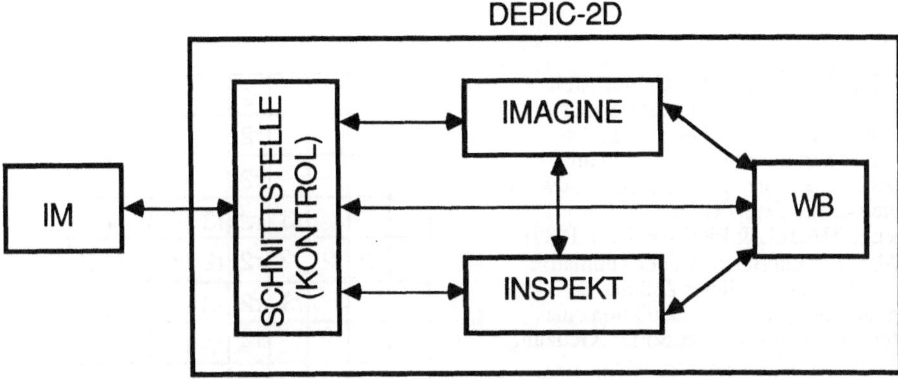

Abb. 1

1. 1. Schnittstelle (KONTROL):

Die gesamte Kommunikation zwischen DEPIC-2D und der Außenwelt wird durch die Schnittstellenkomponente KONTROL kontrolliert. Die Hauptfunktion der Schnittstellenkomponente besteht darin, die von der IM gelieferten Ausdrücke bzw. Nachrichtenmuster zu überprüfen und dementsprechend zu reagieren. Gehört das Nachrichtenmuster zu der auf DEPIC-2D definierten Nachrichtenmenge, dann wird es an die entsprechenden Komponenten weitergeleitet. Andernfalls wird es zurückgewiesen. Assertionen werden mit Hilfe der Imaginationskomponente (IMAGINE) in die Wissensbasis eingetragen. Dabei werden die propositional repräsentierten Assertionen (s. Beispiel unten) in die depiktionale Repräsentation übersetzt. Bei Fragen wird entsprechend die Inspektionskomponente (INSPEKT) aktiviert.

Beispiel: tell (DEPIC-2D,
fakt (lok (hinweistafel: r1, gebiet (enge_aussenregion(hinweistafel: r1,
kreuzung: r2, kontext-vektor: k1))))).

Das Beispiel stellt eine Möglichkeit dar, durch die die Komponente DEPIC-2D aufgerufen werden kann. Hier wird ein Fakt an DEPIC-2D weitergegeben, der verbal lautet: Die Hinweistafel befindet sich in dem Gebiet der engen Außenregion der Kreuzung "r2".

1.2. IMAGINE:

IMAGINE ist die Imaginationskomponente von DEPIC-2D. Ihre Funktion besteht darin, aus prototypischem Wissen und Faktenwissen nach Bedarf neue Depiktionen zu erzeugen bzw. vorhandene Depiktionen zu modifizieren. Depiktionen sind Repräsentationsstrukturen, die auf der Grundlage von Zellmatrizen realisiert sind. Depiktionen haben den Charakter einer Skizze (HABEL 1987/88, KHENKHAR 1988/1989). In der gegenwärtigen Version der Zellmatrizen werden räumliche Zusammenhänge quasi-analog auf der Basis der Nachbarschaftsbeziehungen zwischen den Zellen (4- und 8-Nachbarschaft) repräsentiert. In DEPIC-2D werden 3D-Repräsentationen nicht behandelt. Es werden z.B. nur solche Phänomene verarbeitet, die sich einigermaßen leicht im zweidimensionalen Repräsentationsmedium (Zellmatrix) kodieren lassen.

Das RefO "r3" der Sorte "Gebiet" stellt eine spezielle, durch den betreffenden Fakt bestimmte Ausprägung eines An-Gebietes dar; dieses Gebiet wird von IMAGINE entsprechend des Konzeptes der gebietskonstituierenden Prozesse erzeugt (HABEL & PRIBBENOW 1988). In Abb. 2 ist ein Beispiel einer Zellmatrix veranschaulicht. In dieser Zellmatrix wird die "prototypische" Depiktion eines Referenzobjektes "r2" der Sorte "Kreuzung" und das von IMAGINE erzeugte Gebiet r3 dargestellt, das für die Lokalisierung der Hinweistafel geeignet ist.

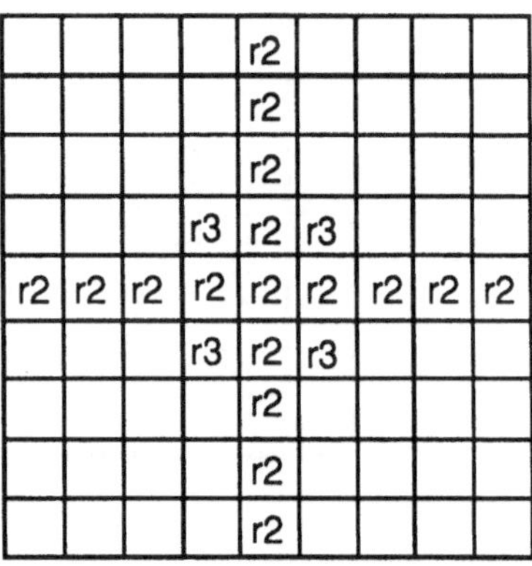

Abb. 2

1.3. INSPEKT:

INSPEKT stellt die Inspektionskomponente dar. INSPEKT hat die Funktion, räumliche Zusammenhänge innerhalb einer Depiktion zu inspizieren. Nach Bedarf kann sie z.B. feststellen, ob ein Objekt in einem bestimmten Gebiet liegt oder nicht. INSPEKT und IMAGINE verwenden zum Teil die gleichen Prozesse. So wird z. B. der Prozeß, der die direkten Nachbarzellen des Kreuzungskerns ermittelt, von beiden Komponenten benutzt. Für IMAGINE stellt die ermittelte Zellmenge das Gebiet dar, in dem sich die Hinweistafel befindet. Dieselbe Zellmenge wird von INSPEKT als Suchgebiet angesehen, in dem sie suchen kann, wenn sie z. B. auf die Frage "Liegt die Hinweistafel an der Kreuzung?" eine Antwort liefern soll. Denn in jeder dieser Zellen sind alle RefOs, die sich dort befinden, von IMAGINE entsprechend des Faktenwissens eingetragen worden. Das nächste Beispiel soll zeigen, wie INSPEKT bei komplexeren räumlichen Problemen zu bestimmten Ergebnissen kommen kann. Dabei sind a, b, c und d die einzigen in diesem Beispiel vorgegebenen Objekte.

Beispiel:

Fakten:	F1	nördlich(a,b)	Fragen:	1)	? westlich(d,b).
	F2	östlich(c,b)		2)	? nördlich(a,d).
	F3	südlich(d,c)		3)	? südlich(**X**,b).

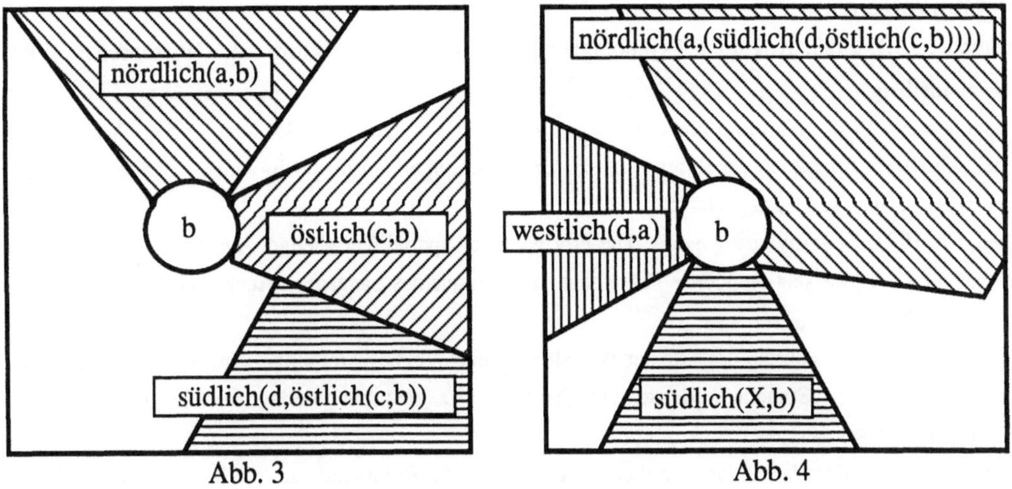

Abb. 3 Abb. 4

Die den Fakten F1, F2 und F3 entsprechenden räumlichen Sachverhalte werden durch IMAGINE in einer Depiktion kodiert (Abb. 3 veranschaulicht diese Depiktion). Um die Fragen 1), 2) und 3) beantworten zu können, müssen sich beide Komponenten, IMAGINE und INSPEKT, an der Arbeit beteiligen. IMAGINE generiert temporär die in den Fragen 1), 2) und 3) vorkommenden Gebiete (s. Abb. 4). Dabei spielen die Eigenschaften des Objektes, nach dem gefragt wird (z. B. seine Größe), eine wichtige Rolle. INSPEKT inspiziert das Verhältnis der Gebietsüberlappung der temporären Gebiete in Abb. 4 und der Gebiete in Abb. 3. Die Antworten auf die Fragen 1), 2) und 3) hängen von diesem Verhältnis ab. Man kann sich diesen relativ komplizierten Prozeß leicht verbildlichen, indem man sich die beiden Abbildungen als bemalte Folien vorstellt, die man dann so übereinanderlegt, daß das Objekt b in Abb. 4 das Objekt b in Abb. 3 genau deckt. Nach dem oben kurz erläuterten, beispielhaften Problemlösungsverfahren, das noch tiefer analysiert und ausgearbeitet werden muß, kann INSPEKT die folgenden Antworten auf die jeweiligen Fragen liefern:

A1: Nein, aber südöstlich. A2: Ja. A3: **X** = {d}.

1.4. WB:

WB bezeichnet die Wissensbasis. Die WB ist u.a. zuständig für die Verwaltung des in die depiktionale Kodierung übersetzten Faktenwissens. Sie beinhaltet u. a. das Wissen, das von den beiden Komponenten IMAGINE und INSPEKT gebraucht wird. Einen wichtigen Teil dieses Wissens verkörpern die Basisprozesse, die von der Imaginationskomponente und der Inspektionskomponente benutzt werden (s. oben). Einen weiteren Teil der Wissensbasis stellt das temporäre Gedächtnis von DEPIC-2D dar.

2. Zusammenfassung:

In den obigen Ausführungen wurde ein Systemvorschlag für den depiktionalen Teil eines auf zwei Wissensrepräsentationsarten (propositional und depiktional) basierenden, komplexen KI-Systems für die Darstellung und Verarbeitung räumlichen Wissens vorgestellt. Aufgrund der Tatsache, daß das System zwei unterschiedliche Repräsentationsformate verwendet, braucht man eine Übersetzungskomponente (nämlich die Imaginationskomponente IMAGINE), die die Überführung der propositionalen Ausdrücke in ihre depiktionalen Repräsentationen bewerkstelligt. Die Inspektionskomponente (INSPEKT) ist für die Interpretation und Auswertung von Depiktionen notwendig. Die Wissensbasis (WB) beinhaltet u. a. die Basisprozesse, die von der Imaginations- und der Inspektionskomponente benutzt werden.

Literaturverzeichnis:

Anderson, J. R. 1988: Kognitive Psychologie. Eine Einführung. Spektrum der Wissenschaft. 6900 Heidelberg.

Goldenberg, G. 1987: Neurologische Grundlagen bildhafter Vorstellungen. Springer-Verlag. Wien.

Habel, Ch. 1986: Prinzipien der Referentialität. Untersuchungen zur propositionalen Repräsentation von Wissen. Springer-Verlag. Berlin.

Habel, Ch. 1987: Cognitive Linguistics: The Processing of Spatial Knowledge. Appears in a special issue of ATALA (Association pour le Traitement Automatique des Langages). Auch als LILOG-Report Nr. 45 (1988).

Habel, Ch. 1988: Prozedurale Aspekte der Wegplanung und Wegbeschreibung. In: H. Schnelle & G. Rickheit (Hrsg.): Sprache in Mensch und Computer. Westdeutscher Verlag. Auch als: LILOG-Report Nr. 17 (1987).

Habel, Ch. 1988a: Repräsentation räumlichen Wissens. In: G. Rahmstorf (ed.): Wissensrepräsentation in Expertensystemen. Springer: Berlin. Auch als: Fachbereich Informatik, Uni. Hamburg. Mitteilung 153.

Habel, Ch. & Pribbenow, S. 1988: Gebietskonstituierende Prozesse. LILOG-Report Nr. 18.

Khenkhar, M. N. 1988: Vorüberlegungen zur depiktionalen Repräsentation räumlichen Wissens. LILOG-Report Nr. 19.

Khenkhar, M. N. 1989: Eine objektorientierte Darstellung von Depiktionen auf der Grundlage von Zellmatrizen. Erscheint in: Freksa, Ch. & Habel, Ch. (Hrsg.): Repräsentation und Verarbeitung räumlichen Wissens. Springer-Verlag. Berlin.

Kosslyn, S. M. 1975: Information Representation in Visual Images. Cognitive Psychology 7.

Kosslyn, S. M. & Shwartz S. P. 1977: A Simulation of Visual Imagery. Cognitive Science 1.

Kosslyn, S. M. 1980: Image and Mind. Harvard UP: Cambridge, Mass.

Kosslyn, S. M. 1981: The medium and the message in mental imagery. in: Block, N.: Imagery. MIT Press. Cambridge, Mass.

Paivio, A. 1971a: Imagery and Language. in: Segal, S. J. (Hg.), Imagery: current cognitive approaches. Holt, Rinehart and Winston Inc, New York.

Paivio, A. 1971b: Imagery and verbal processes. Holt, Rinehart and Winston Inc. New York.

Pribbenow, S. 1988: Verträglichkeitsprüfungen für die Verarbeitung räumlichen Wissens. in: Hoeppner, W. (Hrsg.): Künstliche Intelligenz. GWAI-88. Springer-Verlag. Berlin. Auch als: LILOG-Report Nr. 47.

Pribbenow, S. 1989a: Interaktion von propositionalen und bildhaften Repräsentationen. Erscheint in: Freksa, Ch. & Habel, Ch.: Repräsentation und Verarbeitung räumlichen Wissens. Springer-Verlag. Berlin.

Pribbenow, S. 1989b: Regelbasierte Interpretation lokaler Präpositionen am Beispiel von in und bei. Erscheint in: Habel, Herweg, Rehkämper (Hrsg.): Raumkonzepte in Verstehensprozessen.

Rehkämper, K. 1987: Mentale Bilder und Wegbedeutungen. in: Morik, K. (Hrsg.): Künstliche Intelligenz. GWAI-87. Springer-Verlag. Berlin. Auch als LILOG-Report Nr. 20.

Shepard, R. N. & Metzler, J. 1971: Mental Rotation of three-dimensional Objects. Science. 171.

Towards Principles of Ontology

Helmut Horacek

Universität Hamburg
Fachbereich Informatik
Projektgruppe WISBER
Jungiusstraße 6
D-2000 Hamburg 36

Universität Bielefeld
Fakultät für Linguistik
und Literaturwissenschaft
Postfach 8640
D-4800 Bielefeld 1

Abstract

This paper focusses on the application of knowledge representation (KR) formalisms. It presents a method supporting a controlled design of domain models expressing certain aspects of the 'real world'. This includes guidelines for the suitable formal representation of relevant pieces of domain knowledge and rules to assist their correct integration when building a complete model. Furthermore, some measures for assessing the quality of the resulting model are defined.

1. Introduction

In the field of KR a good deal of effort has been devoted to the design of representation formalisms equipped with reasoning capabilities for drawing inferences and for checking consistency. Moreover, the complexity of the processes involved has been examined carefully. Comparatively little attention has been paid to the task of filling such a formalism with content by suitably modeling a particular domain with the resources provided by the representation formalism (one of the rare approaches of this sort is found in [9], among others, [7] is a further attempt to address this problem). Consequently, this part of the discipline is far from the level of theory and there are hardly any principles for the creation of a domain specific ontology (at least not principles that are formally motivated).

This paper presents a method that contributes to the solution of this problem in a number of ways. We formulate guidelines for the selection of relevant pieces of knowledge as well as for appropriately expressing this knowledge by compositions of structure-forming relations from a given KR formalism. These tasks are intertwined and, to a large extent, determined by the repertoire of primitive relations available in the KR formalism chosen. In addition, we introduce some checking rules for a controlled integration into a domain model as well as for its extension. Moreover, we define some measures for evaluating the quality that has been achieved in a particular modeling task. We have applied our method to design the ontology of the natural language consultation system WISBER [5].

2. The formal representation of relevant aspects of domain knowledge

For the presentation of our method we refer to the representation formalism KL-ONE [2] because the links in this network language represent a limited set of primitive relations (which are also given a well-defined operational semantics) rather than being particular knowledge primitives (like those introduced by Schank [6]). Although we describe several facilities of our method in a more general manner we do not investigate a substantial discussion of the applicability to other representation formalisms in detail. In KL-ONE, terminological definitions can be obtained by suitable compositions of primitive relations (these structure-forming links are also called *epistemological primitives*). Some of them (*concepts* and *roles*) are given denominations. The set of all terminological definitions constitutes a (domain) model of the subset of the 'real world' that is under examination in a concrete application. The intension of objects, processes and their properties are represented by parts of such a model in the attempt to grasp their relevant meaning (that is attributed to them in the 'real world') by the semantics of the associated terminological definitions. Inadequacies in this respect, however, are frequently the source of misunderstandings concerning the knowledge expressed in a certain model.

In particular, humans associate many features with denominations and these may vary depending on the individual's actual degree of expertise in the respective area. However, the meaning actually given to the corresponding concept or role is defined (and, in this sense, available for a machine) only insofar as it is expressed by the structure formed by involved epistemological primitives. Because of this discrepancy between the human and the machine's approach, the field of domain modeling proves to be a delicate task. Not only the creation, but the interpretation of an existing domain model is difficult as well because the acquaintance with the elements of the model may differ significantly between its designer and potential users. Additionally, this effect has much to do with the ambiguity and vagueness of natural language, which is the usual means (for humans) to label and interpret the elementary parts of a domain model. How can we bridge the gap (between man and machine)?

What we ultimately envision is a model that contains *explicit* definitions (*purely* by means of the epistemology supplied by the used KR formalism) of all those pieces of knowledge that are necessary for the functionality of the system. In such a model, the used denominations should require no further explanation, even for a novice user, and the associated entities and relations must be sufficiently described by their formal definitions for internal system operations. We call those parts for which this criterion applies ***simple relations (roles)*** or ***simple entities (concepts)***. They are called ***complex relations*** or ***compound entities*** otherwise. In this way, the machine's knowledge deficit is reduced so that the requirements for a concrete application are satisfied. But how can the design of such a model be achieved? In our view, this task can be most sensibly approached by pursuing three subtasks:

- carefully selecting the relevant pieces of domain knowledge, reducing their meaning to those features and aspects that are substantially required for the functionality of the system and *explicitly* identifying these features (the ***knowledge selection subtask***).
- expressing explicitly the internal relations in such a piece of knowledge in terms of a coherent construct composed of epistemological primitives; in particular, this includes an explicit identification of purely functional relations, clearly separating them from those entities among which the relations hold (the ***formalization subtask***).
- expressing the meaning attributed to a complex relation or to a compound entity more explicitly by associating it with a construct that is asserted to bear an identical meaning (due to the effect of the involved semantics) and that consists only of simple relations or entities (the ***refinement subtask***).

These tasks are creative and intuitive issues, and, if pursued seriously, they require careful analysis of the domain to be examined. The knowledge selection and formalization subtasks are much intertwined. When selecting relevant pieces of knowledge, a model designer has to bear in mind the potential formalizations because the expressive power of the ontology is restricted by the facilities of the representation formalism. Not unexpectedly, the quality of the model depends a good deal on the accuracy exhibited in the knowledge selection and refinement subtasks. However, it also seems to be difficult to find appropriate formalizations as mistakes in this respect are observed frequently: e. g., failing to express some important aspect explicitly (which then becomes an implicit assumption) or using a certain primitive in a superficially consistent, but in fact different (thus ambiguous) way (see [1, 10]). As a guideline, a correct formalization must be oriented on some principles:

Principle of ***conciseness***: The knowledge should be expressed as concisely as possible in the given formalism. When a compact representation is achieved, there is no room for undisclosed redundancies. In some domain models, similar or identical denominations for roles and for their fillers have been observed frequently. For instance, associating 'has-term' to the role and 'term' to its filler has been proposed at some stage of our modeling task to represent a 'term-of-investment'. However, this proposal has been rejected because the distribution of information content between the role and its filler is not at all specified. This principle aims at the *avoidance of ontological overlaps.*

Principle of ***explicitness***: The intended meaning associated with the relations and entities of the domain model should be expressed as explicitly as necessary for those aspects that are relevant to the functionality of the system. In particular, this means that the reference to a certain domain object must not address different subsets of its features in distinct occurrences in the model. For instance, the distinction between a quantity (of money) and an object (an asset) measured by this quantity (in terms of its value) is crucial in a formal representation (whereas the same natural language expression, e.g., '40000 DM', may refer to either of them). In this case the definition is apparently incomplete and an implicit ambiguity is present. This principle aims at the *avoidance of ontological gaps.*

Principle of ***uniformity***: The degree of detail should be at a comparable level of abstraction for all parts of the domain model. This helps significantly in achieving an adequate model design favoring narrow connections between those parts that refer to closely related aspects from the 'real world'. In our domain, we wanted investments and suitable measures quantifying some properties ('term', 'rate-of-interest', and 'liquidity') to be connected closely so that a chain 'concept-role-filler' has been chosen as the underlying structure. However, this procedure may lead to the creation of several roles that cannot be considered to be *simple* ('liquidity', for instance), so that the technique introduced as refinement must be applied. This principle aims at the *attainment of ontological continuity.*

3. The integration of entities and relations into a complete domain model

We recommend an incremental approach starting from a small set of entities and relations defined according to the principles introduced in the previous section. When integrating them into an entire model and further extending its coverage, the designer can rely on a set of rules whose application yields a basis for the verification of the correctness of the result.

3.1 Integrating entities

Practically every knowledge representation formalism provides facilities for organizing entities by expressing super/subtyping relations in a hierarchy associated with a specific type of inheritance mechanism and a means of distinguishing between generic and referential entities. Whereas the meanings of these relations differ significantly, both can usually be expressed by '(an) X is a Y' (see also [1]). Consequently, a naive model design may lead to assertions like (1) to (3).

(1) Clyde is an elephant.
(2) An elephant is a mammal.
(3) Elephant is a species.

(1) $\wedge$ (2) => (4) Clyde is a mammal.
(1) $\wedge$ (3) => * (5) Clyde is a species.

In this context, one might intuitively expect an inheritance mechanism to conclude (4) from assertions (1) (expressing an instantiation) and (2) (expressing a generalization), which is perfectly correct. However, when the same mechanism is applied to (1) and (3) (intended to express a generalization), the result (5) is obviously senseless. The reason for this discrepancy lies, in our view, in a misfit concerning the manner of subtyping applied in (2) and (3), i.e., the super-link is used ambiguously. In fact, we feel that considering (3) as an instantiation from the level of notions (species) to the level of objects (elephants) is a more adequate view. Therefore, denotations of domain objects and of their abstractions should never be mixed in one hierarchy. A representation which is adequate to guarantee avoidance of the unwanted deduction in the drastic example like the above is presented in [4].

Opposite to other purposes, hierarchical organization in domain modeling is not primarily motivated by the resulting ease in inheriting features. Its chief aim is to express (a certain aspect of) a relation considered to be true in the 'real world'. The hierarchical organization of entities can be properly controlled by checking the application of RULE 1 before establishing a_2 as a generalization of the concept a_1 for which an instantiation (x) is known. This approach will lead to several independent hierarchies (for instance one for objects and one for actions). In case a single root node is required by virtue of the KR formalism, such a node should be created and connected to the root nodes of all local hierarchies, preventing inheritance along these links.

RULE 1: instance-of (a_1, x) $\wedge$ super-of (a_1, a_2) $\Rightarrow$ instance-of (a_2, x)

RULE 2: role-relation (x, r, y_1) $\wedge$ super-of (y_1, y_2) $\Rightarrow$ role-relation (x, r, y_2)

While RULE 1 is perfectly applicable to physical objects and (some) abstract entities, it can hardly be used for measures and eventualities. Thus, another rule (RULE 2) is applied instead which expresses that, if a concept is a filler of a role relation, its superconcept(s) must be likewise. For RULE 2, a single check is sufficient as long as the hierarchy is built up in a top-down fashion, i.e. super-links are inserted for bottom nodes only. Although we feel that the correctness or incorrectness is almost independent of the choice of r in a realistic model, this conjecture is unprovable on a formal basis. The same considerations apply to the choice of x if r is defined at several branches in the hierarchy.

Proof for the 'best case' of RULE 2, also fixing the choice for r (by induction according to the length of the chain of super-links):
Let y_2, ... y_n, y_{n+1} be a chain of (immediate) super-links. When y_1 is to be legally inserted as a subconcept of y_2, a check must be performed whether role-relation (x, r, y_1) implies role-relation (x, r, y_i) for all $i=2, n+1$. For a chain of length 1 the necessary check is identical to the examination of RULE 2. Let us assume that a single check is sufficient for length $m <= n$. Then role-relation (x, r, y_n) is valid. Because of the assumption of top-down insertion of super-links, RULE 2 must have been applied earlier when establishing super-of (y_n, y_{n+1}), so that role-relation (x, r, y_{n+1}) follows. q.e.d.

If, however, a concept is inserted between two others in a chain of super-concepts, all links between this concept and its newly established subconcepts must be checked. Things are slightly more complicated for RULE 1. The effort is the same only if the instantiation (x) is the same that has been used for super-links established prior to the current one. Otherwise, they must be re-checked with the instantiation used actually.

3.2 Integrating Relations

Hierarchical organization can also be applied suitably to relations. This task is supported by RULE 3 which performs a similar check to discover an eventual ambiguous use (assumptions and proof are structurally identical to those of RULE 2):

RULE 3: role-relation (x, r_1, y) $\wedge$ differentiates (r_1, r_2) $\Rightarrow$ role-relation (x, r_2, y)

For instance: Whereas considering a time interval (y) as a term (r_1) of an investment (x) is all right, it (y) can hardly be called a 'property of an investment' (r_2). As a consequence we obtain several independent hierarchies of roles, including, we suspect, also some isolated or nearly isolated roles. When establishing links from a relation to appropriately selected entities, an acceptable choice should be achievable by adopting the results of the knowledge selection task. If the degree of accuracy is insufficient, this can be improved in the course of the refinement task. Moreover, the distribution of information content between a role and its filler is far from evident in a significant number of instances. If, however, a bad choice has been made in this respect, the checks defined by RULE 1 to RULE 3 will help to discover the conceptual misfit, as we will demonstrate in the following example.

At a certain stage in our modeling task we ventured the possibility to represent a 'term-of-investment' by an 'investment – has-property – term' structure. Additionally, the duration of the term must be restricted appropriately and 'term' must be a subconcept of 'time-interval' to enable comparisons. Unfortunately, the establishment of this connection must be refused because the application of RULE 2 would lead to the inacceptable conclusion: 'A time-interval is a property of an investment'. Moreover, there is another undesirable consequence in a sufficiently large domain model containing, for instance, a certain class of bonds between 6 and 10 years: the classifier might conclude quite correctly that these bonds and pupils have the same term! These inadequacies, however, determine the preference for selecting the schema 'investment – has-term – time-interval' which we have also applied to 'rate-of-interest' and 'liquidity' with appropriate concepts as fillers.

Whenever the property of being a filler of a certain role is the reason for attributing additional properties to an entity, the established technique of introducing a qua-concept [8] is applicable. Nevertheless, we think that the introduction of a qua-concept is fully justified only in those cases where this entity bears further specifications in addition to those inherited from its superconcept(s). Otherwise the qua-definition is redundant, which is expressed by RULE 4:

<u>RULE 4</u>: $\text{role-relation}(z, y, x_1) \wedge \text{inverse}(y, y_{inv}) \wedge \text{super-of}(x_1, x_2) \Rightarrow \forall r_i\,(\text{role-relation}(x_1, r_i, z) \Rightarrow \text{role-relation}(x_2, r_i, z) \vee r_i = y_{inv})$

The redundancy here is represented (at least implicitly) because it is recognizable for the classifier. However, we feel that the avoidance of this redundancy is not an urgent necessity, but does help to keep the domain model concise. But, there is still another type of redundancy which has more serious impacts. Consider a concept that bears two roles (r_1 and r_2), which are functionally dependent (i.e., $r_1 = f(r_2)$) so that one of the role fillers determines completely the value of other one (i.e., there exists a function $g(r_1, r_2, y)$ such that role-relation (x, r_1, y) implies role-relation $(x, r_2, g(r_1, r_2, y))$). If this dependency is not explicitly represented, the system is unable to judge correctly which information may be new for a user. This redundancy is particularly bad for a generator which might be unaware of selling the same information twice to the user under ceratin circumstances. In most formalisms there usually exist no representational means to do this for the roles themselves by expressing f, which would be most desirable. Therefore, the dependency of the role fillers (g) has to be expressed, which can be done by role-value-maps in KL-ONE, at least in a limited way.

However, we have to distinguish carefully between those cases where the dependency holds in fact between the roles themselves (so that an *ontological overlap* is present) and a dependency (which may be present in a particular context) that holds between role fillers of roles that express *independent* relations. For this purpose RULE 5 can be consulted to discover redundant role definitions (in this case RULE 5 fires). Whenever a role (r_1) is attached to a concept (x), a check must be performed for all roles already attached to this concept testing whether there is a functional dependency between any of them and r_1. If such a dependency exists (as indicated by RULE 5), the insertion of r_1 should be rejected. If x is not a bottom node in the hierarchy, the roles defined for its subconcepts must also be taken into account.

<u>RULE 5</u>: $\exists r_2: (\text{role-relation}(x, r_1, y) \wedge \text{role-relation}(x, r_2, z)) \Rightarrow (z = g(r_1, r_2, y))$

A typical problem has presented itself in form of some classes of investments for which a certain minimal value is obligatory. In a straightforward approach, this might be represented as an additional role. However, if the 'value' role is restricted appropriately, a redundancy is discovered by applying RULE 5: If x is the range of 'quantity-of-money' and y the minimally feasible quantity, then the function *g* mapping x onto its infimum yields y in all cases. Thus, a role like 'minimal-quantity' has been proved to be redundant and, therefore, should not be included in the domain model.

In all attempts to extend our domain model, failures have been discovered almost immediately in our application. As far as we can judge from practical evidence, in a model of moderate size like ours the checking effort going beyond the theoretical minimum has been tolerably low, since we have mostly followed a top-down strategy. Hence, the effort to perform all checks that are theoretically necessary certainly depends on the order in which new definitions are inserted in a domain model.

3.3 Introducing refinements

Extending the coverage of a domain model primarily consists in defining more (preferably more specialized) entities and relations. This may be motivated by the issue of representing additional aspects from the 'real world' or it may result from an 'internal' demand when integrating partial formalizations (including the definition of appropriate role fillers, adding roles to a certain concept and differentiating a role because of more specialized restrictions).

However, some pieces of knowledge about the 'real world' may not be expressed this way because several entities and relations may be represented at different levels of granularity. As for concepts, there is a potential trade-off between a compact representation by a very specialized (a compound) concept or by differentiating the respective roles in a more general concept. If none of these concepts is marked as primitive, a terminological equivalent is available. Other kinds of contextual relations (containing, for instance, vagueness or quantifications) cannot be expressed. Moreover, it is frequently desirable that some of the aspects of the complex meaning associated with a certain role is made accessible. We suspect that some of these complex roles may form (near) islands, whereas all simple roles are hierarchically organized. Our idea is to augment the integration in these cases by attributing to such a complex role a construct of concepts and primitive roles expressing exactly the meaning of that role, but in an explicit way. Because the resulting structures may become rather complex, we also include iterative definitions of terminological equivalents. Unfortunately, the expressive power of KR formalisms needed for this purpose is very limited (in KL-ONE, only structural descriptions).

In our model only some of the properties of investments can hardly be considered to be simple, at least not in the actual form of representation. The reason behind, in our view, is that the measures associated with these properties play certain roles in contracts consisting of a sequence of actions where investments are involved. Because the investment itself is the focussed object in those contracts, some of their parameters are also directly attributed to the investment. Given adequate representations of basic contracts (which we did not include in the domain model due to reasons of complexity) some of the properties of investments could be referred to certain parameters of a contract. For instance, the 'has-term' role can be attached via a role-value-map to the 'holds' role of the 'possessing' state that holds between the action of buying an investment and finally getting the money back.

As for the 'liquidity'-role, however, there is no such possibility. For purposes of generation, we have defined a (high) liquidity to be identical to 'the possibility to get the money back during the term of the investment'. This relation has been expressed in form of an external rule (like the state changes specified by contracts) but it is similar to a structural description. Thus, the roles 'has-term' and 'has-interest-rate' can be referred directly to simple roles, but 'liquidity' can be merely expressed as a defined role of level 1 (the only complex role in our model).

4. Some quality measures

At this stage we can identify the categories of domain models that indicate the quality achieved in the modeling task. For all definitions we presuppose a syntactically consistent, classified domain model.

Definition 1: An *ontologically consistent model* is a (syntactically) consistent model (i.e., a classified model in KL-ONE) where all super/sub relations (concerning concepts and roles) have been successfully tested and confirmed by the application of RULE 1, RULE 2, and RULE 3.

Definition 2: A *redundance free model* is an ontologically consistent model that does not contain ontologically overlapping (i.e., functionally dependent) roles. For all pairs of roles there must be at least one among the concepts that bears both roles where the functional dependency does not hold (and this can be verified by unsuccessfully applying RULE 5).

We consider the latter type of model as the basic requirement for being a good domain model. In order to evaluate properties going beyond this level, we introduce superior categories for which we also need some auxiliary definitions.

Definition 3: A role that is a *simple role* (by virtue of definition) is a *defined role* of *level 0.*

Definition 4: A *defined role* of *level n* (n finite) is a role for which a construct of concepts and defined roles of level less or equal n - 1 is defined as a terminological equivalent.

Definition 5: An *ontologically complete model* is a redundance free model where all roles are either defined as simple or defined roles of level *n* (n finite) according to Definition 4.

Of course, a model of this type represents an ideal state which hardly seems to be achievable even for very simple subdomains. Nevertheless, it helps to identify a promising direction for improvements in the modeling task. Still, we need a more subtle compromise to differentiate between the minimal requirement and the ideal vision.

Definition 6: An *ontologically p-degree complete model* is a redundance free model with m complex roles where p*m roles are defined roles of level *n* (n finite) and (1-p)*m are not.

The higher the p the better the quality of the model. Furthermore, this provides means to evaluate the degree of explicitness that has been obtained in modeling a domain. The degree that is achievable at all depends heavily on the expressive power of the selected KR formalism. An increased complexity of the domain also reduces the potential for expressing things explicitly.

5. Conclusion

By the aid of our method we have been able to achieve several improvements in the domain modeling task over a straightforward, mostly uncontrolled approach:

- Role fillers are clearly separated from their functional relations. In particular, measures are isolated to create a common basis for comparisons. Moreover, this proves useful for terminological inferences as well as for lexical interpretation in analysis and generation.
- Domain objects in and of themselves and the standard way of identifying them are distinguished explicitly. Whereas this is quite common for persons and their names, this is not so common for assets and their value, a typical example in our domain.
- Ontological overlaps are avoided by choosing explicit and detailed representations. Whereas it is somehow more complicated to transform this construct from or into appropriate structures which are close to surface, the system has been given evidence about what information is genuine and what information is not (i.e. derivable, redundant information).

The primary benefit of our method lies in providing a schema to ask the right questions that help to discover bad solutions in expressing certain domain aspects. Still, this approach does not tell us how to find a better proposal. The principles stated earlier may serve as a useful guideline, but their profitable application still requires a good deal of intuition. Consequently, several directions for future research are indicated:

- First of all, it has become evident that very intensive work is required to express aspects of the 'real world' in a satisfactory way; on the other hand, structured approaches yield a good deal of success, which goes beyond a mere application of a representation formalism. Moreover, partial solutions may be established as standards.
- Especially in the refinement task the most advanced elements in the KL-ONE formalism proved to be of central importance; thus, shortcomings in the expressiveness may indicate useful directions for (small) extensions in KR formalisms.
- The complexity of inferences that can be drawn from structural descriptions and role-value-maps makes the design of a dedicated interpreter advisible which may be used on demand instead of the standard classifier.

All in all, we think that we can be quite satisfied of having created a consistent domain model, although we have not only failed to achieve completeness, but also to relate some (properly) simple roles (e.g. 'term') to their original views. Nevertheless, it seems to be quite remarkable that, on one hand, we have touched the borderlines of complexity (which caused us to represent parts of the definitions by external rules), on the other hand an admittedly small part of the domain has been proved to be mastered with a desirable degree of explicitness. Whereas this seems to be more a matter of effort and efficiency we think that principal limitations concern the integration of global, somehow vague notions in a domain model ('market', 'level-of-interest-rate', for instance, in our application). We think that a promising attempt in this direction should include a distinction between layers of knowledge as this is done in the KADS Methodology [3].

References

[1] Brachman R., *What IS-A is and Isn't: An Analysis of Taxonomic Links in Semantic Networks.* IEEE Computer 16(10), 30-36, 1983.

[2] Brachman R., Schmolze J., *An Overview of the KL-ONE Knowledge Representation System.* Cognitive Science, pp. 171-216, August 1985.

[3] Breuker, Joost et al., *Model-Driven Knowledge Acquisition: Interpretation Models.* Deliverable task AI, Esprit Project 1098, Memo 87, VF Project Knowledge Acquisition in Formal Domains, 1986.

[4] Heyer G., *A Frame-Based Approach to Generic Descriptions.* In: Krifka M. (ed.): Genericity in Natural Language, SNS-Bericht 88-42, Universität Tübingen, 1988.

[5] Horacek H., Bergmann H., Block R., Fliegner M., Gerlach M., Poesio M., Sprenger M.: *From Meaning to Meaning – a Walk through WISBER's Semantic-Pragmatic Processing.* In: Hoeppner W. (ed.): Künstliche Intelligenz GWAI-88, Springer, Berlin, pp. 118-129, 1988.

[6] Schank R., *Conceptual Dependency: A Theory of Natural Language Understanding.* In: Cognitive Psychology, Vol. 3, pp. 552-631, 1972.

[7] Schank R., *Conceptual Information Processing.* North-Holland, Amsterdam, 1975.

[8] Schmolze J., *The Language and Semantics of NIKL.* Draft paper, BBN Inc., Cambridge, 1985.

[9] Schmiedel A., Peltason C., Nebel B., Luck K.v., *"Bitter Pills" – A Case Study in Knowledge Representation,* KIT-Report 39, TU Berlin, August 1986.

[10] Woods W., *What's in a Link? Foundations for Semantic Networks.* In: Bobrow D., Collins A. (eds.), Representation and Understanding, Academic Press, New York, 1975.

Automatische kognitive Diagnose in einem Programmier-Tutor[1]

Gerhard Weber
Fachbereich I - Psychologie
Universität Trier

Zusammenfassung

Es wird die Diagnose-Komponente eines Intelligenten Tutoriellen Systems zum Erlernen der Programmiersprache LISP vorgestellt. Diese Komponente führt eine automatische Diagnose des vom Schüler in einem LISP-Struktur-Editor erstellten LISP-Kodes durch. Als Ergebnis wird eine Beschreibung derjenigen Konzepte, Schemata und Pläne, bzw. der Fehlkonzepte geliefert, die das Zustandekommen der Lösung (bzw. des Fehlers) erklären können. Die in der Schülerlösung identifizierten Konzepte, Pläne, usw. werden als Instanzen der entsprechenden Konzept-Frames in die hierarchisch aufgebaute Wissensbasis integriert. Diese "episodischen" Wissens-Frames werden im weiteren Verlauf zu einer Verbesserung und Individualisierung des Diagnoseprozesses herangezogen.

Einführung

Die Bedeutung Intelligenter Tutorieller Systeme liegt in ihrer Fähigkeit, dem Schüler eine seinem Wissensstand angemessene individuelle Unterstützung beim Lernen zu geben. Diese Fähigkeit beruht auf zwei sogenannten "intelligenten" Eigenschaften dieser Systeme, nämlich der Repräsentation des Wissens über den Gegenstandsbereich, die generatives, nicht vorprogrammiertes Problemlösen durch das tutorielle System zuläßt (Self, 1974), sowie einer Repräsentation des Wissens und des Wissenserwerbs des Schülers in einem sogenannten Schülermodell. Diese beiden von Clancey (1986) "qualitative Modelle" genannten Eigenschaften werden in bereits realisierten tutoriellen Systemen in unterschiedlichem Ausmaß zur automatischen, kognitiven Diagnose und zu einer darauf beruhenden individuellen Hilfestellung für den Schüler genutzt (Wenger, 1987).

Schülermodelle, die auf Überlagerungs- oder Differenzenmodellen beruhen, aber auch solche, die Fehlerbibliotheken und generative Modelle einbeziehen, sind in ihrer Sichtweise der Lösungen oder der Fehler des Schülers an die in das System explizit oder implizit eingegebene Sichtweise des Erstellers des Tutoriellen Systems oder auch des Programmierers angepaßt (Ohlsson, 1986). Daher kann in den meisten Tutoriellen Systemen nur beschränkt den Intentionen und dem Problemlösestil des Schülers Rechnung getragen werden.

Eine echte Individualisierung der tutoriellen Maßnahmen ist nur dann möglich, wenn möglichst viele Informationen über den einzelnen Schüler möglichst langfristig gespeichert und in den Diagnoseprozeß einbezogen werden können. Der Diagnoseprozeß stellt eine Art Verbindung zwischen den einzelnen Komponenten eines tutoriellen Systems dar und wird häufig als eine eigene Komponente, die Diagnose-Komponente, bezeichnet. Diese Diagnose-Komponente analysiert die Problemlösung des Schülers in Bezug auf das Wissen über den jeweiligen Gegenstandsbereich sowie idealerweise auch in Bezug auf das bisher diagnostizierte Wissen über den einzelnen Schüler. Das Ergebnis dieses Diagnose-Prozesses wird einerseits von der tutoriellen Komponente für Hilfestellungen als auch für die weitere Vorgehensweise bei der Unterrichtung des Schülers benutzt. Andererseits wird aufgrund des Diagnoseergebnisses das individuelle Schülermodell ergänzt bzw. abgeändert.

Diagnose in einem Tutoriellen System kann nun zweierlei bedeuten. Zum einen kann anhand des Wissens über den Gegenstandsbereich festgestellt werden, ob eine Problemlösung durch den Schüler korrekt oder fehlerhaft ist. Schon diese Form der Diagnose kann, wenn es sich um ein lauffähiges Modell handelt, weit über die in allen Mensch-Maschine-Systemen übliche Diagnose syntaktischer Fehler und über die Darbietung vorher in das System eingegebener Antworten hinausgehen.

---

[1]Die Arbeiten zu diesem Projekt werden von der Deutschen Forschungsgemeinschaft unter dem Titel We 498/12 im Rahmen des SPP "Wissenspsychologie" gefördert.

Darüberhinaus soll eine kognitive Diagnose im Sinne einer Erklärungskomponente eines Expertensystems Angaben darüber machen können, welche Konzepte und Regeln vom Schüler zur Lösung des Problems herangezogen wurden, bzw. welche Fehler und Fehlkonzepte zu einer fehlerhaften Lösung geführt haben. Erst die Informationen über das konkrete Wissen (bzw. fehlerhafte Wissen und Nicht-Wissen) eines einzelnen Schülers kann eine Individualisierung des tutoriellen Vorgehens des ITS ermöglichen.

Aus diesen Überlegungen wird zudem deutlich, welche wichtige Rolle ein leistungsfähiges Schüler-Modell für individuelle Hilfestellungen durch das ITS spielt. Je mehr nicht nur die tutorielle Komponente (für ihre strategischen und taktischen Entscheidungen) sondern auch schon die Diagnose-Komponente auf individuelles Schülerwissen zurückgreifen kann, umso mehr ist es möglich, Erklärungen des aktuellen Schülerverhaltens aufgrund des bisher gezeigten Problemlöseverhaltens dieses Schülers anzubieten. Dieses individuelle Schülerwissen soll in unserem LISP-Tutor in einem sogenannten "episodischen Schülermodell" (Weber, Waloszek & Wender, 1988) bereitgestellt werden.

Episodisches Wissen und kognitive Modellierung

Ein "episodisches" Schülermodell ist ein Benutzermodell, in dem Wissen über den Benutzer (Schüler) als eine Sammlung einzelner Episoden abgespeichert ist. Im Sinne des "case-based reasoning" könnte man solche Episoden auch als *Fälle* bezeichnen. Beim Programmierenlernen sollen Lösungen von Aufgaben einzelne Episoden darstellen. Dazu gehören sowohl die Beispiele, die der Schüler beim Bearbeiten der Lektionen kennengelernt hat als auch die eigenen Lösungen, die beim Bearbeiten von Übungsaufgaben entstanden.

Das episodische Schülermodell soll eine psychologisch angemessene kognitive Modellierung des Lernenden darstellen. Diese Annahme ist einerseits durch unsere eigenen Erfahrungen mit dem Lehren von LISP beeinflußt, andererseits durch das Anfänger-Experten-Paradigma (Kolodner, 1983; Adelson, 1984) sowie durch Arbeiten, die sich im weiteren Sinne mit dem Verstehen von Sprache beschäftigen, z. B. Kolodner (1984), Lebowitz (1983) und auch Schank (1982).

- *Expertenwissen als eine Sammlung von Beispielen*
  Experten verfügen über eine große Sammlung von Beispielen (Episoden) aus ihrem "Experten"-Bereich, die sie schnell zur Lösung eines aktuell anstehenden Problems heranziehen können (Dreyfus & Dreyfus, 1985; Kolodner, 1983). Sie sind häufig nicht in der Lage, diejenigen Regeln anzugeben, die ihr Verhalten leiten. Daraus wird geschlossen, daß die Regeln entweder nicht zugreifbar oder aber Abstraktionen des beobachteten Verhaltens sind, nicht jedoch explizit repräsentiert. Offensichtlich ist es aber möglich, das Experten solche Regeln, falls benötigt, *rekonstruieren* können. Aber dies wäre dann auf einen speziellen Generalisierungsprozeß zurückzuführen, ohne daß die Regeln bestimmten Gedächtnisspuren entsprechen müssen.

- *Wissen ist dynamisch*
  Neues Wissen wird in Bezug auf früheres Wissen interpretiert und gespeichert. Solch ein Rückgriff auf früheres Wissen (Episoden) wird bei Schank (1982) *reminding* genannt, wobei solch eine Erinnerung nicht "bewußt" ablaufen muß. Neues Wissen, das in einen bestimmten Wissensbereich paßt, kann zu Generalisierungen führen, wenn genügend übereinstimmende Aspekte zu ähnlichen Fällen gefunden werden. Andererseits kann Wissen, das bestehenden Erfahrungen und Generalisierungen widerspricht, die Spezialisierung bestimmter Fälle verursachen.

- *Schüler benutzen Erinnerungen an frühere Lösungen und Beispiele*
  Aus unseren eigenen Erfahrungen mit dem Lehren von Programmiersprachen und aus entsprechenden Berichten in der Literatur (McKendree, Reiser & Anderson, 1984; Ross, 1984) kann geschlossen werden, daß Schüler Erinnerungen an frühere Probleme beim Lernen zur Bearbeitung aktueller Probleme heranziehen. Speziell beim Erlernen der Programmiersprache LISP treten solche Erinnerungen an die eigene Lerngeschichte auf, da nur wenige Analogien zwischen LISP und sonstigen, dem Schüler vertrauten Problemen bestehen. Während McKendree et al. (1984) berichten, daß konkrete Erinnerungen nur in den ersten Stunden des LISP-Lernens zu beobachten sind, gehen wir davon aus, daß Erinnerungen während aller Lernphasen auftreten, auch wenn schon ein fortgeschritteneres Niveau erreicht ist. Solche Erinnerungen müssen dann aber nicht mehr auf einzelnen konkreten Lernepisoden beruhen, da fortgeschrittene Probleme in zu vielen Aspekten von früheren Beispielen verschieden sein mögen. Sie können hingegen aus Generalisierungen über ähnliche Episoden resultieren, was dann vergleichbar mit Regeln in anderen Arten von Wissensrepräsentationen (z.B. Produktionssystemen) ist.

Das in unserem ITS eingesetzte episodische Schülermodell soll diese beim Schüler vermuteten Vorgänge der Wissensaneignung und Wissensverarbeitung simulieren, indem zu einzelnen Lernepisoden entsprechende Informationen in das Schülermodell eingebaut werden, über die dann generalisiert werden kann. So können sowohl dem Schüler episodische Informationen als Erinnerungen an frühere Lösungen oder Fehler dargeboten als auch Generalisierungen zur heuristischen Steuerung des kognitiven Diagnoseprozesses herangezogen werden.

Repräsentation des Bereichswissens

Das für die Diagnose einer Schülerlösung benötigte Bereichswissen ist in einem hybriden Modell repräsentiert. Dieses Modell umfaßt sowohl *Konzepte* als auch *Regeln* in Form hierarchisch organisierter Frames. Diese Repräsentationsform scheint besonders geeignet, episodische Informationen über den einzelnen Schüler in diese Wissensbasis zu integrieren und dem Diagnoseprozeß zugänglich zu machen.

- *Konzepte*
  Die Konzepte umfassen Wissen über die Programmiersprache LISP (konkrete LISP-Prozeduren sowie übergeordnete semantische Konzepte), Schemata über allgemeines Algorithmen- und Problemlösewissen (z.B. spezielle Rekursions-Schemata), sowie Informationen, die die Steuerung des Diagnoseprozesses betreffen. Diese Konzept-Frames enthalten Informationen über Transformationen, die semantisch gleichwertige Lösungen ineinander überführen, sowie Verweise auf Regeln, die im weiteren diagnostischen Prozeß benutzt werden.

- *Regeln*
  Die *Regeln* geben an, wie Programmier- und Problemlöse-Konzepte und -Schemata für eine konkrete Lösung vom Schüler ausgefüllt werden können. Regeln beschreiben zum einen korrekte Lösungen, die der Problemstellung mehr oder minder gut angemessen sind (sie sind nach Bewertungen geordnet, so daß diese Bewertung für den tutoriellen Prozeß genutzt werden kann). Zum anderen beziehen sie sich auf fehlerhafte Lösungen, die bei Programmieranfängern beobachtete Fehler beschreiben. Somit ist eine Fehlerbibliothek (kanonisches Schülermodell) in Form von Regeln in die Wissensbasis integriert.

Da die Regeln ebenso wie die Konzepte hierarchisch in Frames organisiert sind, liegt eine homogene Repräsentation des für die Diagnose benötigten Wissens vor, die leicht durch spezielle episodische Informationen über den einzelnen Schüler modifiziert und individualisert werden kann.

Diagnoseprozeß

Die Diagnose des vom Schüler erzeugten Programmkodes erfolgt in zwei Schritten, die eine abgestufte Rückmeldung ermöglichen. Die Schüler bekommen zu einer Lektion Aufgaben gestellt, die sie am Rechner zu lösen haben. Der Funktionskode wird vom Schüler in einem LISP-Struktur-Editor (Köhne & Weber, 1987) erstellt, so daß die produzierte Funktion zumindest syntaktisch korrekt ist.

Voranalyse: In einer ersten, nichtintelligenten Analyse wird anhand einer simulierten Evaluation ähnlich wie im System "BIP" von Barr, Beard & Atkinson (1976) getestet, ob die Funktion für spezielle I/O-Spezifikationen das gewünschte Lösungsverhalten zeigt. So ist zunächst einmal eine schnelle Rückmeldung an den Schüler möglich, ob der Funktionskode korrekt ist, bzw. mit welchen Argumenten Fehler in der Evalutation auftreten und wie die Fehlermeldungen lauten.

Kognitive Analyse: In der kognitiven Analyse wird versucht, den vom Schüler erstellten Programmkode gegen eine dem System bekannte Aufgabenrepräsentation abzugleichen (Abb. 1). Kommt im Programmkode eine Fallunterscheidung vor, was zumindest für alle rekursiven Programme zutrifft, so wird die mit COND oder IF kodierte Fallunterscheidung in eine Normalform übersetzt, wie es auch in anderen automatischen Diagnosesystemen geschieht (Murray, 1988). Die Repräsentation der Aufgabe bezieht sich auf höhere Konzepte aus der Wissensbasis, die als Pläne für die Aufgabenlösung dienen. In vielen Konzepten der Wissensbasis sind Transformationen angegeben, die Variationen beschreiben, die zu semantisch äquivalenten Lösungen führen. Solche Transformationen sind zum Beispiel nötig, um für Fallunterscheidungen die Reihenfolge der Fälle variabel zu halten, oder um bei kommutativen Funktionen, wie z. B. dem Plan für Gleichheit von Ausdrücken, die Reihenfolge der Argumente vertauschen zu können. Die Reihenfolge, in der solche Transformationen durchprobiert werden, ist durch heuristische Informationen gesteuert. Dazu gehören Informationen darüber, welche Lösungsansätze allgemein beim

Programmieren bevorzugt werden bzw. bei genügender Information über den jeweiligen Schüler, welcher Lösungsweg in der Vergangenheit in vergleichbaren Situationen bevorzug wurde.

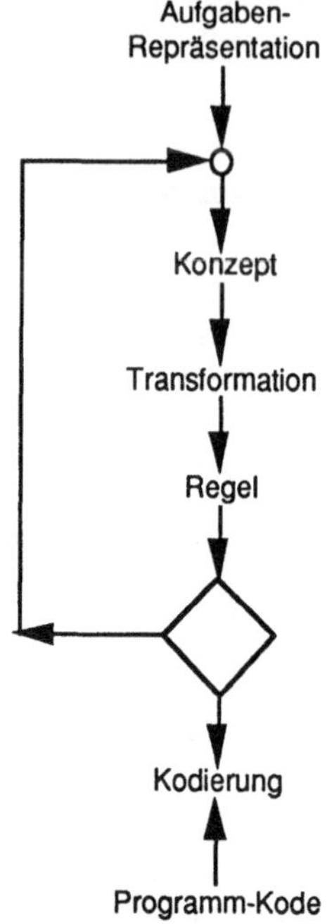

Abbildung 1: Schematischer Ablauf der Diagnose

Zu jeder Transformation ist vermerkt, welche Regeln zur Realisierung des jeweiligen Konzeptes herangezogen werden können. Diese Regelmenge ist nach sogenannten "guten", "schlechten" und "fehlerhaften" Regeln geordnet. Die Regeln einer Kategorie werden werden sämtlich auf ihre Anwendbarkeit durchprobiert, so daß im Prinzip verschiedene Regeln zutreffen können. Damit sind alternative Erklärungen für das Zustandekommen einer konkreten Lösung (und besonders von Fehlern) möglich.

Für jede Regel wird überprüft, ob alle Bedingungsklauseln erfüllt sind, wobei Variablenbindungen weitergereicht werden. Zur Überprüfung einer Klausel ist es meist wieder nötig, ein dort angesprochenes Konzept aufzurufen, so daß sich die Diagnose vom ersten Schritt an (dem Aufsuchen eines Konzeptes aus der Wissensbasis) wieder rekursiv aufruft. Dieser Diagnose-Algorithmus entspricht einer "Tiefe-zuerst-Suche", wobei allerdings heuristische Informationen die Reihenfolge der Transformationen von Konzepten bestimmen. Die Rekursion endet im einen Fall, wenn eine Kodierungs- oder Parameter-Regel erfolgreich aufgerufen wurde, der Schüler also den entsprechenden Kode an der richtigen Stelle produziert hat. Im anderen Falle endet die Rekursion, wenn ein Schülerfehler erkannt wurde. Dabei kann es vorkommen, daß mehrere alternative Erklärungen zur Interpretation des Fehlers angeboten werden.

Als Ergebnis des Diagnoseprozesses wird ein Ableitungsbaum geliefert (Weber & Wender, 1987, Weber, 1988), in dem alle zur Identifikation der Problemlösung benutzten Konzepte und Regeln aufgeführt sind.[2]

Episodisches Schülermodell

Das Ergebnis der kognitiven Diagnose kann nun vom ITS in zweierlei Weise weiter benutzt werden. Zum einen werden die bei der Diagnose identifizierten Fehlkonzepte von der tutoriellen Komponente zur Erläuterung des Fehlers herangzogen. Zum anderen werden die Konzepte, die die Lösung des

[2] Die Diagnosekomponente ist in KEE auf einer UNIX-Workstation implementiert.

Schülers erklären, als Instanzen der entsprechenden Konzepte in die Wissensbasis integriert. Dabei wird vermerkt, in welchem Kontext diese Lösung zustande kam, d.h., welche Argumente an das Konzept gebunden wurden, und welche der Transformationen gewählt wurde. Bei einer späteren Analyse eines entsprechenden Programmkodes des gleichen Schülers kann dann auf diese bereits identifizierte Lösung zurückgegriffen werden. So läßt sich die Reihenfolge der Abarbeitung von Transformationen individuell anpassen. Neben dem Aspekt der Individualisierung der Diagnose tritt als ein weiterer Effekt eine Steigerung der Effizienz des Diagnoseprozesses ein. Da diejenigen Transformationen zuerst gebildet werden, die vom gleichen Schüler in analogen Situation zur Problemlösung herangezogen wurden, wird nach unseren bisherigen Erfahrungen mit dem System - besonders bei "untypischen" oder "ungewöhnlichen" Lösungen sowie bei Fehlern - der Suchaufwand erheblich verringert.

Diese hier gewählte Form der episodischen Modellierung weist Ähnlichkeiten zum Ansatz des "case-based reasoning" (Carbonell, 1986; Schank, 1982) auf. Allerdings werden die einzelnen Fälle nicht ausschließlich für sich betrachtet, sondern sie werden bezüglich des bereits vorhandenen Wissens (Bereichswissen und Schülerwissen) interpretiert und in die Wissensbasis integriert. Würden allein die beim Schüler beobachteten Fälle beim Aufbau des Wissens über den Schüler sowie bei der Diagnose der Schülerlösungen herangezogen werden, so müßte eine viel zu lange Lernphase, in der genügend Fälle über den Schüler gesammelt werden können, dem eigentlichen tutoriellen Prozeß vorangehen. Dies wäre bei der Komplexität der zu bearbeitenden Probleme praktisch nicht möglich.

Perspektiven

Der nächste Schritt in der Entwicklung des Systems wird darin bestehen, das episodische Schüler-Modell auszubauen. Mit zunehmendem "Wissen" über den einzelnen Schüler werden zu einem Konzept aus der Wissensbasis mehrere episodische Instanzen auftreten können. Über diese Instanzen kann nun über gemeinsame Aspekte der jeweiligen Realisierung generalisiert werden. Diese Generalisierungen werden sich zunehmend vom konkreten Programmkode einer einzelnen Episode lösen und generellere Programmierkonzepte, wie sie von dem jeweiligen Schüler benutzt werden, beschreiben. Diese generalisierten Episoden-Frames können so etwas wie den "persönlichen Programmierstil" eines Programmierers widerspiegeln. Dieser Generalisierungsmechanismus soll, wie schon im Abschnitt über die kognitive Modellierung angesprochen, Lern- und Gedächtnisprozesse simulieren, wie sie in Modellen der menschlichen Informationsverarbeitung von episodischen Informationen angenommen werden (Schank, 1982, Lebowitz, 1983, Kolodner, 1984).

Eine weitergehende Anwendung der individuellen Episoden-Informationen (und auch der darüber generalisierten Frames) könnte im Aufzeigen von Analogien und in Erinnerungen ("remindings", Schank, 1982, Ross, 1984) an Episoden aus der eigenen Lerngeschichte des Schülers stehen. Es scheint derzeit allerdings fraglich, ob mit den üblichen Matching-Mechanismen solche Analogien im praktischen Einsatz des Systems mit akzeptablem zeitlichen Aufwand durchgeführt werden können.

Literatur

Adelson, B. (1984). When novices surpass experts: The difficulty of a task may increase with expertise. *Journal of Experimental Psychology: Learning, Memory, and Cognition, 10*, 483-495.

Barr, A. Beard, M. & Atkinson, R. (1976). The computer as a tutorial laboratory. *International Journal of Man-Machine Studies, 8*, 567-596.

Carbonell, J. G. (1986). Derivational analogy: A theory of reconstructive problem solving and expertise acquisition. In R. S. Michalski, J. G. Carbonell & T. M. Mitchell (eds.). *Machine learning: An artificial intelligence approach. Vol. II.* Los Altos CA: Morgan Kaufmann Publishers.

Clancey, W. J. (1986). *Qualitative student models. Annual Review of Computer Science, 1*, 381-450.

Dreyfus, H. L. & Dreyfus, S. E. (1985). *Mind over machine.* New York: Macmillan / The Free Press.

Köhne, A. & Weber, G. (1987). STRUEDI: A LISP-structure editor for novice programmers. In H. J. Bullinger & B. Schackel (eds.). *Human-Computer Interaction INTERACT '87*, 125-129. Amsterdam: North-Holland.

Kolodner, J. L. (1983). *Towards an understanding of the role of experience in the evolution from novice to expert. International Journal of Man-Machine Studies, 19*, 497-518.

Kolodner, J. L. (1984). *Retrieval and organizational strategies in conceptual memory: A computer model.* Hillsdale NJ: Lawrence Erlbaum.

Lebowitz, M. (1983). Generalization from natural language text. *Cognitive Science, 7*, 1-40.

McKendree, J, Reiser, B. J. & Anderson, J. R. (1984). Tutorial goals and strategies in the instruction of programming skills. *Proceedings of the Sixth Annual Conference of the Cognitive Society.* Boulder CO, 252-254.

Murray, W. R. (1988). *Automatic program debugging for intelligent tutoring systems.* London: Pitman.

Ohlsson, S. (1986). Some principles of intelligent tutoring. *Instructional Science, 14,* 293-326.

Ross, B. (1984). Remindings and their effects in learning a cognitive skill. *Cognitive Psychology, 16,* 371-416.

Schank, R. C. (1982). *Dynamic memory.* Cambridge: University Press.

Self, J. (1974). Student models in computer-aided instruction. *International Journal of Man-Machine Studies, 6,* 261-276.

Weber, G. (1988). Cognitive diagnosis and episodic modelling in an intelligent LISP-tutor. *Proceedings of Intelligent Tutoring Systems ITS-88, Montreal, June 1-3,* 207-214.

Weber, G. Waloszek, G. & Wender, K. F. (1988). The role of episodic memory in an intelligent tutoring system. In J. Self (Ed.). *Artificial Intelligence and human learning: Intelligent computer-aided instruction,* 141-155. London: Chapman & Hall.

Weber, G. & Wender, K. F. (1987). *Die Simulation des Wissenserwerbs anhand eines episodischen Lernermodells* (Trierer Psychologische Berichte, Band 14, Heft 9). Trier: Universität Trier, FB I, Psychologie.

Wenger, E. (1987). *Artificial intelligence and tutoring systems: Computational and cognitive approaches to the communication of knowledge.* Los Altos CA: Morgan Kaufmann.

8. PROGRAMMSYNTHESE

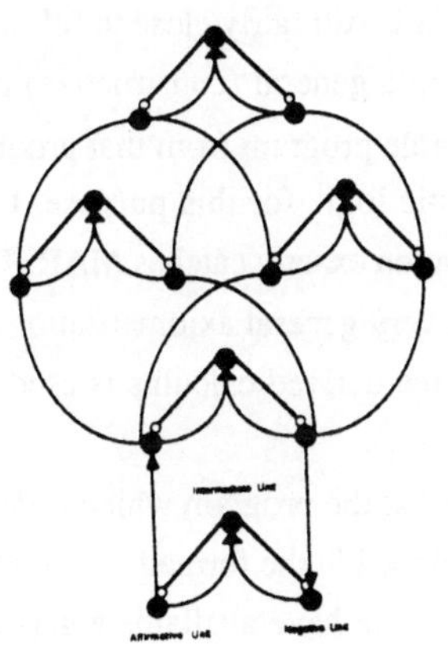

Machine-Assisted Program Construction and Modification

M. Heisel, W. Reif, W. Stephan
Universität Karlsruhe
Institut für Logik, Komplexität und Deduktionssysteme
Postfach 6980, D-7500 Karlsruhe
Federal Republic of Germany

Abstract
In this paper we present two calculi, one for the construction of programs in the spirit of Martin-Löf, and the other for the verification of program transformations. Both are derived from a general axiomatization of Dynamic Logic and thus provide a unifying framework suitable for combining the derivation, modification and verification of programs.

1 Introduction

Starting with the Edinburgh-LCF system, see[GMW 79], so-called *tactical theorem proving* has been applied to many areas of logic. An important feature of the systems which have emerged in the meantime, is that all extensions of the logic are sound with respect to the basic formalism. Although proofs are developed interactively, the ultimate goal is to reduce user interaction to strategical decisions.

The Karlsruhe Interactive Verifier, which has been developed in the last three years, combines Dynamic Logic (DL) and tactical theorem proving. With at least one of the implemented verification strategies, BURSTALL's simulation and induction strategy, [HRS 87], we have achieved a considerable degree of automation: Besides hiding logical details of the method and supplying certain bookkeeping facilities, our implementation provides fully automatic simplification routines, and many (not all) strategical decisions are made by the system without any user interaction.

It has often been argued that rather than to use "classical" verification techniques, the development of a program and its verification should go hand in hand. As a first step in this direction, we have implemented the development method of GRIES [Gr 81], [He 89]. As can be seen from the use of invariants and bound functions, the method of GRIES is still fairly close to "classical" verification techniques.

It is also an appealing idea to carry out a general (constructive) proof, for example, of a theorem $\forall x \exists y. \varphi(x,y)$, and then extract an executable program from that proof. Among others, MARTIN-LÖF [ML 84] has proposed to use intuitionistic logic for this purpose. In Section 3 we present a logical framework (within DL), which in our opinion exactly catches MARTIN-LÖF's ideas, restricted to first-order logic. The rules are derived from a very general axiomatisation of a powerful procedure concept in DL [St 89]. An example shows, how the derived calculus is used for program development in the spirit of MARTIN-LÖF.

As so many others, we do not believe that the program which is developed this way will be the one which is finally used. The programs developed in the formalism of Section 3 are essentially functional. At this point we make use of the fact, that we have available a general and flexible proof system. In

Section 4.1, we present a (derived) calculus for transformational modifications.

Both the techniques and benefits of transformational programming are described in detail, for example in [BD 77] and [BB 79]. However, in contrast to these approaches, we do not want to restrict ourselves to fixed sets of transformation rules. We try, instead, to axiomatise the mathematics of program modification in terms of DL. This results in a far-reaching flexibility: programs may be modified by "hard-wired" rules as well as by pure intuition. In the latter case, the proof system is used to justify or to reject the transformation step. In Section 4.2, we present the correctness proof for an example transformation, which is recursion elimination. It is guided by an imagined "execution" of the given programs.

In this paper we concentrate on the logical framework. The calculi are designed in a way that they naturally reflect a certain proof technique. This allows that large parts of the proofs can be carried out automatically. However, up to now some strategical decisions are left to the user.

2 Dynamic Logic as a Tool for Program Development

Dynamic logic extends ordinary predicate logic (PL) by formulas $[\alpha]\varphi$, where α is a program, let's say a PASCAL-program, and φ is again a DL-formula. The intuitive meaning of $[\alpha]\varphi$ is: "if α terminates, φ holds after execution of α." For PL-formulas φ and ψ the formula $\varphi \rightarrow [\alpha]\psi$ corresponds to the well known partial correctness assertion $\varphi\{\alpha\}\psi$. However, in contrast to HOARE´s Logic we also may express termination of programs by $\neg[\alpha]\neg\varphi$, which is abbreviated by $\langle\alpha\rangle\varphi$, and program implications like $[\alpha]\varphi \rightarrow [\beta]\varphi$.

[Re 84] presents a *sequent* calculus for DL for a simple while programming language. Sequents are written $\Gamma \vdash \Delta$, and hold if the conjunction of the formulas in Γ implies the disjunction of the formulas in Δ. The meaning of the programs is captured by axioms like, for example, $\vdash [\alpha;\beta]\varphi \leftrightarrow [\alpha][\beta]\varphi$ for the compound statement. For the while-loop the situation is more complicated. In order to capture the standard semantics, an infinitary rule, the so-called Ω-rule, is needed (see [Go 82]). In [Re 84] the Ω-rule is replaced by an induction rule over a *counter* structure, which is not at the programmer's disposal. So $\vdash \langle$**while** ε **do** α **od**$\rangle\, \varphi \leftrightarrow \exists i\, \langle loop{\downarrow}i\rangle\, (\neg\varepsilon \wedge \varphi)$ is the axiom for the while-loop, where i is a counter variable and loop↓i an abbreviation for **loop if** ε **then** α **fi times** i. Statements about **while** and **loop** programs can be proved by induction on the counter structure. This logic is sound but not complete.

The simple programming language considered so far has been augmented by a rather powerful procedure concept, [St 89], allowing an arbitrary nesting of procedure declarations, global variables and procedure parameters. The basic axiomatisation uses induction on the structure of so-called *environments* in a similar way as we use induction on counters in the case of while-loops. In section 4 we shall use only a restricted subset of this programming language, and we shall present a derived axiomatisation which is sufficient for the purposes of this paper. In the context of this axiomatisation environments are not really needed and so we shall continue to use *commands*.

As far as syntax is concerned, procedure declarations are written **proc** $p_1 \Leftarrow \gamma_1; \ldots ; p_n \Leftarrow \gamma_n$ **in** α, where the entities on the right-hand side of "$\Leftarrow$" are so-called *abstractions*. Abstractions are of the form $\lambda(\mathbf{x} : \mathbf{y}).\ \beta$, where β is a command, the procedure body, and **x**, **y** are the lists of the formal call-by-value and call-by-reference parameters respectively. Procedure calls are written **call** p(τ : z), τ and z being the lists of the actual parameters. In addition for the binding part $\delta \equiv p_1 \Leftarrow \gamma_1; \dots ; p_n \Leftarrow \gamma_n$ of a declaration **proc** δ **in** β we use $\delta[p \Leftarrow \gamma]$ to denote that δ contains an abstraction for p.

However, as a pure logical calculus DL is only of a very limited use for practical program development, because only forward proofs (corresponding to bottom-up development of programs) are possible. Consider for instance the rule schema ex_r in Figure 1which will be needed in section 3.

Every instance of this schema (where α, φ, v, Γ, Δ are instantiated with a program, formula, variable list and formula lists respectively) is a rule. Normally, these rules can only be applied backwards if all the instantiations for the schema variables are known - including the program α that we want to develop. On the other hand, it is not necessary to know α. Every program β for which we can show $\Gamma \vdash \langle\beta\rangle\varphi,\Delta$ and which satisfies the above variable condition will do. The solution to this problem is very simple: just allow the application of rules that contain schema variables (we call them metavariables). This mechanism allows to proceed in the logic as humans do when they develop programs top-down on paper, namely decide on the overall program structure first, using metavariables as placeholders for programs that are not yet developed. In the next two sections we make extensive use of it.

Of course, when using metavariables, the above variable condition cannot be checked at the time the rule is applied but only at the end of the development process when all metavariables are instantiated.

3 Development of Recursive Procedures in Dynamic Logic

In the early nineteen-seventies Per MARTIN-LÖF developed a constructive type theory, which is described in [ML 84]. This calculus attracted quite a lot of attention among computing scientists. The two most important reasons for this are (i) that there is only one language for both specifying and writing programs and (ii) that construction and verification of programs go hand in hand.

Dynamic logic (DL) is a framework in which the same holds true for imperative programming languages: (i) formulas may contain programs written in an imperative programming language. The specification of programs may also be expressed as a formula of dynamic logic, and (ii) using (possibly derived) rules of dynamic logic it is possible to derive programs that are guaranteed to be correct.

To illustrate that, we present a derived calculus that captures the spirit of MARTIN-LÖF's calculus and demonstrate the derivation of a program computing the quotient and remainder of two natural numbers. Among the many possibilities to develop a program for that task we choose one that performs recursion on the predecessor, to enable a direct comparison with the derivation in MARTIN-LÖF's calculus presented in [No 81].

To compute the quotient q and remainder r of two natural numbers a and b, where b>0, we have to show

(1) $\vdash \forall a,b.(b>0 \rightarrow \exists q,r.\ (r<b \wedge a=q*b+r))$.

We eliminate the universal quantifiers by applying twice the rule *all_r* (for the rules used in this section see figure 1) which yields

(2) $\vdash b>0 \rightarrow \exists q,r.(r<b \wedge a=q*b+r)$

The application of *imp_r* yields (similarly as before)

(3) $b>0 \vdash \exists q,r.(r<b \wedge a=q*b+r)$.

In contrast to MARTIN-LÖF's calculus, in DL we have to introduce programs explicitly if we want to constructively show an existential proposition. This is done using the rule *ex_r*.

(4) $b>0 \vdash \langle\alpha\rangle(r<b \wedge a=q*b+r)$

Except for the rules, where all variables are metavariables, in sequents we indicate metavariables by greek letters. Now we are able to take the design decision to develop for α a recursive procedure that performs recursion on a. The rule *nat_rec* instantiates α with

```
proc divmod ⇐ λ(j,b':q',r'). if j=0   then α_b
                                      else call divmod(pred(j),b':q',r'); α_r fi
in call divmod(a,b:q,r)
```

where we have allowed ourselves to give a suitable name to the procedure to be developed. The subgoals generated are

(5) $b>0,\ q'=q,\ r'=r,\ b'=b,\ j=0 \vdash \langle\alpha_b\rangle\ (r'<b \wedge 0=q'*b+r')$

(6) $b>0,\ b'=b,\ j=suc(x),\ r'<b \wedge x=q'*b+r' \vdash \langle\alpha_r\rangle\ r'<b \wedge suc(x)=q'*b+r'$

For (5), we need the knowledge that q = r = 0 solve the base case, thus we instantiate α_b with q':= 0; r':= 0.

In order to deal with (6), we have to make the following case distinction :If for b=b', suc(r')<b', then the quotient of j and b' equals the quotient of x and b', whereas their remainder is the successor of the remainder of x and b'. Otherwise, if suc(r')=b', the quotient of j and b' is the successor of quotient of x and b', whereas their remainder is zero. The derived rule *cond* is applied with $\varepsilon \equiv suc(r')<b'$ and $\varepsilon' \equiv suc(r')=b'$. The rule application instantiates α_r with

if suc(r')<b' **then** α_e **else if** suc(r')=b' **then** α_f **fi fi**

and yields the subgoals

(7) $\Gamma \vdash suc(r')<b' \vee suc(r')=b'$ o. k.

(8) $\Gamma,\ suc(r')<b' \vdash \langle\alpha_e\rangle\ (r'<b \wedge suc(x)=q'*b+r')$

(9) $\Gamma,\ suc(r')=b' \vdash \langle\alpha_f\rangle\ (r'<b \wedge suc(x)=q'*b+r')$

where $\Gamma \equiv b>0,\ b'=b,\ j=suc(x),\ r'<b \wedge x=q'*b+r'$.

As for (8), we instantiate α_e with r':= suc(r') and compute the weakest precondition. In the second case (9) we similarly instantiate α_f with q':= suc(q'); r':= 0.

Thus we have developed the following program:

```
proc divmod ⇐ λ (j,b' : q',r') . if j=0 then q' := 0; r' := 0
                                 else call divmod (pred(j),b' : q',r');
                                 if suc(r')<b' then r' := suc(r') else q' := suc(q'); r' := 0 fi fi
in call divmod (a,b : q,r),
```

which implements the same algorithm as given in [No 81].

We have presented a formal framework that allows to perform program development in the style of MARTIN-LÖF's calculus. The reason for using our system instead of an implementation of MARTIN-LÖF's calculus lies in the flexibility of our approach.

Dynamic logic allows a more flexible recursion structure than MARTIN-LÖF's calculus. In the latter is is not possible to derive a more efficient algorithm for the computation of quotient and remainder without adding new rules, whereas in dynamic logic we just have to prove other arithmetical verification conditions.

We also do not rely on the "formulae-as-types"-paradigm, but programs and specifications appear explicitly in our logical language, which makes it more readable than type expressions (think for instance of the nested pairs that occur when conjunctions are involved).

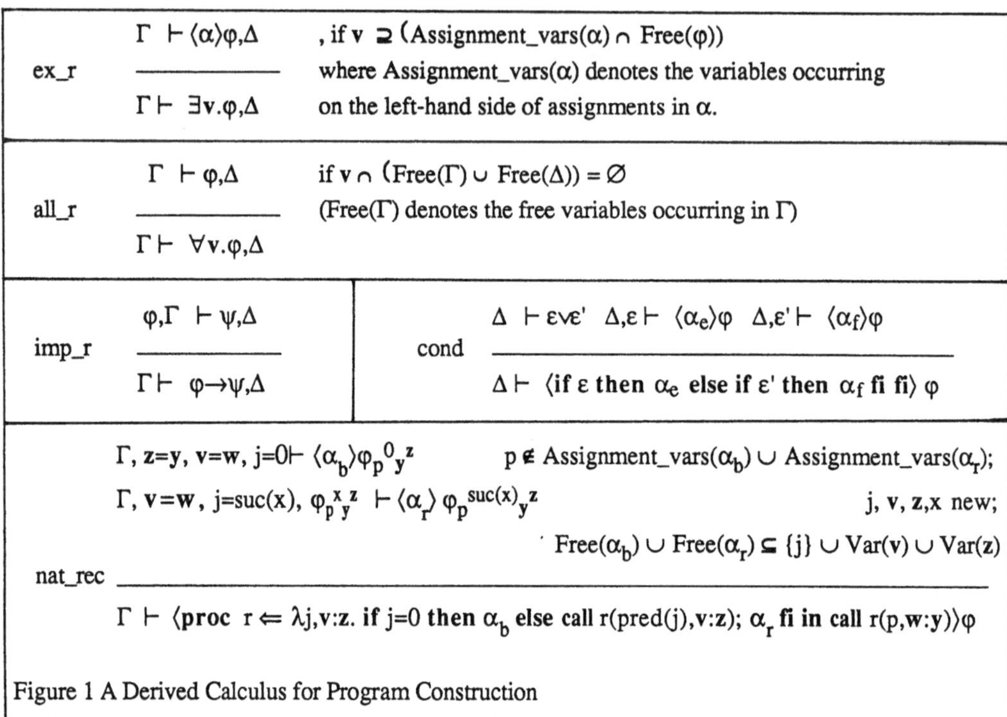

Figure 1 A Derived Calculus for Program Construction

4 Program Modification in Dynamic Logic

The programs which are developed in MARTIN-LÖF's type theory are functional. Essentially this is still true for the programs that are derived using the DL calculus of section 3, although they contain imperative procedures.These first correct and terminating solutions of the given specification are submitted to a number of transformational modifications. In this section however, we only deal with the logical aspects of the problem.

4.1 A Logic of Program Modification

In DL program transformations may be expressed as sequents with diamond formulas on both sides of the sequent arrow: $\Gamma, \langle\alpha\rangle\varphi \vdash \langle\beta\rangle\psi$, where φ, ψ and the members of Γ are DL-formulas and α and β are programs. This sequent says, that under the assumptions Γ, β terminates in a state satisfying ψ whenever α terminates with φ. In the special case where $\varphi \equiv \psi \equiv (x_1 = y_1 \wedge \ldots \wedge x_n = y_n)$ with $\{x_1,..,x_n\}$ being the program variables and $\{y_1,..,y_n\}$ pairwise distinct fresh variables, the sequent above states, that β terminates whenever α does with the same output. Hence, transforming α to β is a modification preserving the original semantics.

The starting point for our logic to prove transformations is BURSTALL's classical verification method, which is published in [Bu 74] and formalized in DL in [HRS 87]. It is designed to prove total correctness assertions $\Gamma \vdash \langle\beta\rangle\psi$. The basic idea is to conceive Γ as a symbolic description of the current state of computation and to modify it according to the symbolic execution of β. Thus a final state Γ' is computed. What remains to prove is that Γ' entails ψ. Since in DL we may normalize $\Gamma \vdash \langle\beta\rangle\psi$ to the form $\Gamma \vdash \langle\beta_1\rangle\langle\beta_r\rangle\psi$ where β_1 is the first instruction of β and β_r the rest of β, it suffices to provide a reduction rule for symbolic execution for every elementary instruction. From [HRS 87] we only recall the rules which are relevant for the example. All the rules are grouped together and listed in Figure 2 . So the following explanations and Figure 2 should be read simultaneously. The rules are written as inference rules, but are applied as reductions.

For assignments we have the rule assignment_r (r indicates, that the assignment appears on the right-hand side of the sequent). The value for x after the execution of the assignment is τ_x^{σ} (σ substituted for x in τ), where σ is the term t if $x{=}t \in \Gamma$ and $x \notin Var(t)$. Otherwise σ is the fresh variable x_0. Roughly, Γ_x^{σ} can be read as resulting from Γ by substituting σ for x respecting all the technical complications that might occur in the DL context. For conditionals we use conditional_r_1 and conditional_r_2. The latter one is not listed in Figure 2. It is the analogue with $\neg\varepsilon$ instead of ε and β instead of α. For the while loop the situation is more complicated. To apply while_r the user has to supply two "states" φ and ψ such that for some number i of iterations ψ can be reached from φ. This statement has to be proved by induction on some variable u. Furthermore, it remains to show that the current state Γ is a specialization of φ and that the postcondition is reachable from the specialized ψ. The two rules it_r and exit_r are used to execute and to exit a loop, respectively.

But, now, back to our problem. What has BURSTALL's method to do with transformations? The connection is quite obvious, since transformations are particular total correctness assertions with DL-pre- and postconditions instead of first-order ones. So the logic we are going to present is a two-fold *extension* of [HRS 87]: the idea of "symbolic execution and induction" is also applied to the programs occurring in the premisses, and the programming language is extended from while-programs to mutually recursive procedures without global variables and procedure parameters.

For this restricted type of procedures we may confine ourselves to a derived axiomatization, which extracts the information, usually contained in the environment, from the syntactic context of declarations. For this purpose we define a declaration context X by the following grammar: X ::= **proc** δ **in** X | ε where δ is a sequence of declaration entries as before, and ε is the empty string. We write $X\beta$ if the comand β occurs in the declaration context X.

In the axiomatisation of transformations there is an execution rule for every instruction on both sides of the sequent arrow. For the procedure call in the succedent we need an additional induction rule, similar to the while_r rule. In Fig. 2 we give some of the execution rules for programs on the left-hand side.

In general, the programs begin with a declaration context X. This context is propagated if compounds or conditionals are decomposed by compound_in_context_l and conditional_in_context_l_1, respectively. The context is only important for procedure calls. The rule call_l_1 expands the procedure declaration (unfold) and takes care about parameter passing. Call-by-value is implemented by substitution of the actual parameters for the formal parameters. This requires the variable condition associated with the rule.

Since declaration contexts are only useful if their scopes contain at least one procedure call, they may be dropped by context_elimination_l if this is not the case.

Consequently, for assignments we only have to deal with a situation without declaration contexts. Assignments are executed via substitution by assignment_l. $\varphi_{x_n}{}^{\tau_n}{}^{..}{}_{..x_1}{}^{\tau_1}$ substitutes x_i for τ_i starting with i=n. Again, we may assume that the substitution respects the technical complications, that occur in the DL context.

Furthermore we need a rule to talk about states that occur during the computation. With the help of intermediate_value_l the values of **x** are stored in fresh variables **z**, where **x** should be a superset of Assignment_vars(α) $\cap$ Free(φ).

So far, the rules have one thing in common. They all operate exclusively on one side of the sequent arrow. However, the antecedent sometimes allows to execute complex programs (not only single instructions) on the right-hand side. In induction proofs this is typically the case when the induction hypothesis is applied. For this purpose we use the antecedent_rule. The main subgoal is the third one. Its antecedent plays the role of the state after having executed β.

The last rule is rather technical. ex_loop_r is used to execute an indefinite number of loop iterations. α^i abbreviates **loop** α **times** i. Now we are prepared to give an example.

4.2 An example

Already ten years ago MANNA and WALDINGER showed in [MW 78] how to prove a transformation rule for the elimination of recursion by BURSTALL's method. Their informal argument can be carried out completely within our logical framework. We will treat a similar example eliminating the recursion of the divmod procedure developed in the last section.

We abbreviate the binding part by δ and the whole program by $prog_1$. The following iterative version of divmod is abbreviated by $prog_2$.

h := 0; k := 0; l := 0;
{while}**while** h≠n **do if** suc(l)<m **then** l := suc(l) **else** k := suc(k); l := 0 **fi**; h := suc(h) **od**{end while}.

Sometimes we indicate the program variables or substitutions for them in brackets, writing $prog_1$ (a,b : q,r) and $prog_2$ (n,m : k,l), respectively. In order to prove that $prog_1$ is an extension of $prog_2$ we have to show:

$$a=n,\ b=m,\ \langle prog_1\ (a,b : q,r)\rangle\ (q=q_0 \wedge r=r_0)\ \vdash\ \langle prog_2\ (n,m : k,l)\rangle\ (k=q_0 \wedge l=r_0)$$

The three leading assigments of $prog_2$ are executed by three reductions with assignment_r. We get

$$a=n,\ b=m,\ h=0,\ k=0,\ l=0,\ \langle prog_1\rangle\ (q=q_0 \wedge r=r_0)\ \vdash\ \langle while\rangle\ (k=q_0 \wedge l=r_0)$$

The antecedent of this goal is abbreviated by Γ. In order to reduce this goal by while_r we have to figure out an appropriate induction hypothesis. The claim is, that for a≤n the loop reaches a state, where h equals a, and where the values of k and l are those computed by $prog_1$. Therefore, we apply while_r with the following inputs:

$$\varphi \equiv 0\le a\le n \wedge b=m,\ h=0,\ k=0,\ l=0,\ \langle prog_1\ (a,b : q,r)\rangle\ (q=q_0 \wedge r=r_0)$$

$$\psi \equiv h=a \wedge k=q_0 \wedge l=r_0 \qquad u \equiv a \qquad \Theta = [a\leftarrow n]$$

$$H \equiv \forall a',b,q,r,q_0,r_0,n,m,h,k,l\ .\ (a'<a \wedge \varphi_a{}^{a'} \rightarrow \exists i\ \langle loop{\downarrow}i\rangle\ \psi_a{}^{a'})$$

The first subgoal, concerning the state before entering the loop, is proved by predicate logic (PL). The third one is $\Gamma', \Theta(\psi) \vdash \exists i \langle loop{\downarrow}i\rangle (h{=}n \wedge k{=}q_0 \wedge l{=}r_0)$, where Γ' is a subset of $\Gamma \cup \{H\}$, which does not matter here. By exit_r we exit the loop yielding the goal $\Gamma', \Theta(\psi) \vdash h{=}n \wedge k{=}q_0 \wedge l{=}r_0$, which again is proved by PL. The remaining goal is the induction goal:

$$H, 0{\le}a{\le}n, b{=}m, h{=}0, k{=}0, l{=}0, \langle prog_1\ (a,b : q,r)\rangle (q{=}q_0 \wedge r{=}r_0) \vdash \exists i \langle loop{\downarrow}i\rangle (h{=}a \wedge k{=}q_0 \wedge l{=}r_0)$$

So far the reductions executed the program on the right-hand side. Now, we continue on the left-hand side and abbreviate the succedent by Δ. The first six formulas of the antecedent are abbreviated by Γ_1. The call_l_1 reduction is used to execute the call of divmod, yielding

Γ_1, ⟨**proc** δ **in if** a=0 **then** q := 0; r := 0 **else call** divmod (pred(a), b : q,r);

if suc(r)<b **then** r := suc(r) **else** q := suc(q); r :=0 **fi fi**⟩ $(q{=}q_0 \wedge r{=}r_0) \vdash \Delta$

Executing the conditional by conditional_in_context_l_1 leads to two subgoals (1) and (2)

(1) Γ_1, a=0, ⟨**proc** δ **in** q := 0; r :=0⟩$(q{=}q_0 \wedge r{=}r_0) \vdash \exists i \langle loop{\downarrow}i\rangle (h{=}a \wedge k{=}q_0 \wedge l{=}r_0)$

(2) Γ_1, a≠0, ⟨**proc** δ **in call** divmod (pred(a), b : q,r);

if suc(r)<b **then** r := suc(r) **else** q := suc(q); r := 0 **fi**⟩$(q{=}q_0 \wedge r{=}r_0) \vdash \Delta$

We deal with (1) first. With context_elimination_l we drop the context, and with assignment_l we execute the assignments. This leads to

$$H, 0{\le}a{\le}n, b{=}m, h{=}0, k{=}0, l{=}0, a{=}0, (0{=}q_0 \wedge 0{=}r_0) \vdash \exists i \langle loop{\downarrow}i\rangle (h{=}a \wedge k{=}q_0 \wedge l{=}r_0)$$

Now we switch again to the succedent. Reduction with exit_r yields $H, 0{\le}a{\le}n, b{=}m, h{=}0, k{=}0, l{=}0, a{=}0, q{=}0, (q{=}q_0 \wedge 0{=}r_0) \vdash (h{=}a \wedge k{=}q_0 \wedge l{=}r_0)$, which is proved by PL.

Subgoal (2) is reduced by compound_in_context_l and intermediate_value_l

Γ_1, a≠0, $\langle prog_1\ (pred(a), b : q,r)\rangle (q{=}q_1 \wedge r{=}r_1)$,

⟨**proc** δ **in if** $suc(r_1)$<b **then** $r_1 := suc(r_1)$ **else** $q_1 := suc(q_1)$; $r_1 := 0$ **fi**⟩ $(q_1{=}q_0 \wedge r_1{=}r_0) \vdash \Delta$

Since the antecedent now entails φ (stemming from while_r) with pred(a), q_1, r_1 instead of a, q_0, r_0, we may apply the induction hypothesis. This is prepared by duplicating $\exists i \langle loop{\downarrow}i\rangle$ in Δ with ex_loop_r. Then we apply the antecedent_rule with $\Theta = \{a' \leftarrow pred\ a, q_0 \leftarrow q_1, r_0 \leftarrow r_1]$, where H plays the role of the quantified implication in the conclusion of the rule. The remaining formulas of the antecedent of the current goal are substituted for Γ. Since $\beta \equiv \alpha \equiv \exists i \langle loop{\downarrow}i\rangle$ the first two of the resulting subgoals are trivial. The third one is

$H, 0{\le}a{\le}n, b{=}m, a{\ne}0, \langle prog_1\ (pred(a), b : q,r)\rangle (q{=}q_1 \wedge r{=}r_1)$,

⟨**proc** δ **in if** $suc(r_1)$<b **then** $r_1 := suc(r_1)$ **else** $q_1 := suc(q_1)$; $r_1 := 0$ **fi**⟩ $(q_1{=}q_0 \wedge r_1{=}r_0)$,

$(h{=}\ pred(a) \wedge k{=}q_1 \wedge l{=}r_1) \vdash \Delta$

We abbreviate the first five formulas of the antecedent with Γ_2. The conditional in the fourth formula is executed by conditional_in_context_l, leading to two subgoals (3) and (4)

(3) Γ_2, $suc(r_1)$<b, ⟨**proc** δ **in** $r_1 := suc(r_1)$⟩ $(q_1{=}q_0 \wedge r_1{=}r_0)$, $(h{=}\ pred(a) \wedge k{=}q_1 \wedge l{=}r_1) \vdash \Delta$

(4) Γ_2, $suc(r_1) \ge b$, ⟨**proc** δ **in** $q_1 := suc(q_1)$; $r_1 := 0$⟩ $(q_1{=}q_0 \wedge r_1{=}r_0)$, $(h{=}\ pred(a) \wedge k{=}q_1 \wedge l{=}r_1) \vdash \Delta$

We deal with (3) first. It is refined by assignment_l.after having eliminated the context. Then the body of the loop in Δ on the right-hand side is executed by it_r, and the two conditionals can be executed by conditional_r_1. Both tests can be proved by PL. The resulting goal is

assignment_r

$$\frac{\overline{\Gamma_x^{\sigma}}, \overline{x=\tau_x^{\sigma}} \vdash \varphi}{\Gamma \vdash \langle x:=\tau\rangle\, \varphi}$$

conditional_r_1

$$\frac{\Gamma \vdash \varepsilon \qquad \Gamma \vdash \langle\alpha\rangle\, \varphi}{\Gamma \vdash \langle \mathbf{if}\ \varepsilon\ \mathbf{then}\ \alpha\ \mathbf{else}\ \beta\ \mathbf{fi}\rangle\, \varphi}$$

while_r

$$\frac{\Gamma \vdash \Theta\varphi \qquad H,\varphi \vdash \exists i\, \langle loop{\downarrow}i\rangle\, \psi \qquad \Gamma',\Theta\psi \vdash \exists i\, \langle loop{\downarrow}i\rangle\, \neg\varepsilon \wedge \chi}{\Gamma \vdash \langle \mathbf{while}\ \varepsilon\ \mathbf{do}\ \alpha\ \mathbf{od}\rangle\, \chi}$$

where φ,ψ,u are inputs and $\mathbf{x}$ is the vector of variables occurring in φ, ψ, ε and α with the exception of u. H is the induction hypothesis $H = \forall u',\mathbf{x}\, .\ ((u'<u \wedge \varphi_u^{u'}) \rightarrow \exists i\, \langle loop{\downarrow}i\rangle\, \psi_u^{u'})$, $loop{\downarrow}i$ is an abbreviation for **loop if** ε **then** α **fi times** i, and Γ' is the maximal α-invariant part of Γ. Θ is a substitution for $\mathbf{x} \cup \{u\}$.

exit_r

$$\frac{\Gamma \vdash \psi}{\Gamma \vdash \exists i\, \langle loop{\downarrow}i\rangle\, \psi}$$

it_r

$$\frac{\Gamma \vdash \langle\alpha\rangle\, \exists i\, \langle \mathbf{loop}\ \alpha\ \mathbf{times}\ i\rangle\, \psi}{\Gamma \vdash \exists i\, \langle \mathbf{loop}\ \alpha\ \mathbf{times}\ i\rangle\, \psi}$$

compound_in_context_l

$$\frac{\Gamma, \langle X\alpha\rangle\, \langle X\beta\rangle\, \varphi \vdash \Delta}{\Gamma, \langle X(\alpha;\beta)\rangle\, \varphi \vdash \Delta}$$

conditional_in_context_l_1

$$\frac{\Gamma, \varepsilon, \langle X\alpha\rangle\, \varphi \vdash \Delta \qquad \Gamma, \neg\varepsilon, \langle X\beta\rangle\, \varphi \vdash \Delta}{\Gamma, \langle X\ \mathbf{if}\ \varepsilon\ \mathbf{then}\ \alpha\ \mathbf{else}\ \beta\ \mathbf{fi}\rangle\, \varphi \vdash \Delta}$$

call_l_1

$$\frac{\Gamma, \langle X\ \mathbf{proc}\ \delta\ [p \Leftarrow \lambda(\mathbf{x} : \mathbf{y})\, .\, \gamma]\ \mathbf{in}\ \gamma'^{\,\boldsymbol{\tau}}_{\mathbf{x}}{}^{\mathbf{z}}_{\mathbf{y}}\rangle\, \varphi \vdash \Delta}{\Gamma, \langle X\ \mathbf{proc}\ \delta\ [p \Leftarrow \lambda(\mathbf{x}:\mathbf{y})\, .\, \gamma]\ \mathbf{in\ call}\ p(\boldsymbol{\tau} : \mathbf{z})\rangle\, \varphi \vdash \Delta}$$

where $\mathbf{x} \cap$ Assignment_vars$(\gamma)=\emptyset$

γ' variant of γ such that $\mathbf{y}$ may be replaced by $\mathbf{z}$ without variable clashes

context_elimination_l

$$\frac{\Gamma, \langle\alpha\rangle\, \varphi \vdash \Delta}{\Gamma, \langle X\alpha\rangle\, \varphi \vdash \Delta}$$

intermediate_value_l

$$\frac{\Gamma, \langle\alpha\rangle\, \mathbf{x}=\mathbf{z}\, ,\ \varphi_{\mathbf{x}}^{\mathbf{z}} \vdash \Delta}{\Gamma, \langle\alpha\rangle\, \varphi \vdash \Delta}$$

antecedent_rule

$$\frac{\Gamma \vdash \Theta\, \varphi \qquad \Gamma, \Theta\, ((\alpha)\, \psi) \vdash (\beta)\, \Theta\, \psi \qquad \Gamma', \Theta\psi \vdash \chi}{\Gamma, \forall\mathbf{x}\, (\varphi \rightarrow (\alpha)\, \psi) \vdash (\beta)\, \chi}$$

where $\Gamma' = \{\varphi' : \varphi' \in \Gamma \cup \{\forall\mathbf{x}(\varphi \rightarrow (\alpha)\, \psi)\}$ and $\Gamma \vdash [\beta]\, \varphi'\}$ and Θ is a substitution for $\mathbf{x}$.
(α), (β) are both box- or diamond-formulas or of the form $\exists i\, \langle \mathbf{loop}\ \gamma\ \mathbf{times}\ i\rangle$

assignment_l

$$\frac{\Gamma, \varphi_{x_n}^{\tau_n} {}_{\cdots}{}_{x_1}^{\tau_1} \vdash \Delta}{\Gamma, \langle x_1:=\tau_1;\ldots;x_n:=\tau_n\rangle \varphi \vdash \Delta}$$

ex_loop_r

$$\frac{\Gamma \vdash \exists i \langle\alpha^i\rangle \exists i \langle\alpha^i\rangle\, \varphi, \Delta}{\Gamma \vdash \exists i \langle\alpha^i\rangle\, \varphi, \Delta}$$

Figure 2 Derived rules for transformations

Γ_2, suc(r_1)<b, (q_1=q_0 ∧ suc(r_1)=r_0) ⊢ ⟨l := suc(l)⟩ ⟨h := suc(h)⟩ ∃i ⟨loop↓i⟩ (h=a ∧ k=q_0 ∧ l=r_0).

The rest is straight forward: the two assignments are executed by assignment_r and the loop is exited by exit_r. The resulting goal is proved by PL.

Subgoal (4) is treated quite similar. It is refined by assignment_l. Then the body of the loop in Δ is executed by it_r, and the two conditionals in Δ on the right-hand side are executed by conditional_r_1 and conditional_r_2, leading to

Γ2, suc(r1)≥b, suc(q1)=q0, 0=r0, Γ3

⊢ ⟨k := suc(k); l := 0⟩ ⟨h := suc(h)⟩ ∃i ⟨loop↓i⟩ (h=a ∧ k=q0 ∧ l=r0)

where Γ_3 does not matter here. The three assignments are executed by assignment_r, the loop is exited by exit_r, and the resulting goal is proved by PL.

This completes the proof. In this example we have assumed, that the iterative version was known beforehand. It is worth saying that this is not a prerequisite of the logic. With the help of metavariables, we also could have synthesized the iterative program from the recursive specification.

References

[BB 79] Bauer, F. L., Broy, M. (eds.): Program construction.LNCS, Vol. 69. Springer (1979)

[BD 77] Burstall, R. M., Darlington, J.: A transformation system for developing recursive programs.J. ACM 24,1 (Jan. 1977), 44 - 67

[Bu 74] Burstall, R.M. Program Proving as Hand Simulation with a little Induction. Information Processing 74, North-Holland Publishing Company (1974)

[GMW 79] Gordon,M/Milner,R./Wadsworth,C. Edinburgh LCF. Springer LNCS 78 (1979)

[Go 82] Goldblatt, R. Axiomatising the Logic of Computer Programming. Springer LNCS 130 (1982)

[Gr 81] Gries, D. The Science of Programming, Springer-Verlag (1981)

[He 89] Heisel, M. A Formalization and Implementation of Gries's Program Development Method within the KIV Environment. Int. Bericht 3/89, Fak. für Informatik, Univ. Karlsruhe

[HRS 87] Heisel,M./Reif, W./Stephan, W. Program Verification by Symbolic Execution and Induction. Proc. 11-th GWAI, K. Morik (ed), Informatik Fachberichte 152, Springer-Verlag (1987)

[HRS 88] Heisel,M./Reif, W./Stephan, W. Implementing Verification Strategies in the KIV Sys-tem. Proc. 9-th CADE, E. Lusk/R. Overbeek (eds), Springer LNCS 310 (1988), pp. 131-140

[ML 84] Martin-Löf, P. Intuitionistic Type Theory, Bibliopolis (1984)

[MW 78] Manna, Z., Waldinger, R.: Is "Sometime" Sometimes Better than "Always"? Comm. ACM 21,2 (Febr. 1978), 159 - 172

[No 81] Nordström, B. Programming in Constructive Set Theory: Some Examples. JACM (1981)

[Re 84] Reif, W. Vollständigkeit einer modifizierten Goldblatt-Logik und Approximation der Omegaregel durch Induktion. Diplomarbeit, Universität Karlsruhe (1984)

[St 89] Stephan, W. Axiomatising Recursive Procedures in Dynamic Logic. Forthcoming (1989)

XPRTS
An Implementation Tool for Program Synthesis [1]

Gerd Neugebauer [2]
Bertram Fronhöfer [3]
Christoph Kreitz [2]

Abstract

The paper presents first results of the reimplementation of LOPS, an approach in the field of program synthesis. To this end a general development system, called XPRTS, has been designed and implemented. We will describe its architecture and programming model. On this basis, the reconstruction of LOPS has already yielded first results. The leading idea is an implementation of strategies and heuristics on several layers of abstraction. A glance at this implementation work also shows how XPRTS is used.

Keywords: Program synthesis, Program Construction, Program Transformation, Logic Programming

1 Introduction

We consider the goal of Program Synthesis to be the highly automatic construction of efficient programs from complete specifications of the relationship between input and output data.

To this end a new implementation of the strategical and heuristical knowledge of the LOPS-approach is under way. LOPS is an approach to program synthesis which has been developed at the Technical University of Munich; see [Bib 80] or [Fro 85] for theoretical issues and [Bib 84] for past implementation work. The current reimplementation is done on the basis of a general program development system (XPRTS).

This work is pursued within the ESPRIT project No. 973 ALPES which aims at an Advanced Logical Programming Environment.

The importance of a Program Synthesis tool for a Logic Programming Environment is a twofold one: It would liberate the programmer from restrictions inherent to current Logic Programming languages, e.g. the limitation to Horn clauses, and the programmer would be relieved from efficiency considerations:

(a) The natural definition of many programming problems is of a form that is different from Horn clauses, which constitute the basis of current Logic Programming languages. A typical example is the subset relation which is naturally specified by a universally quantified implication. The use of this definition in programming would be possible in a Logic Programming Environment in which a Program Synthesis tool bridges the gap to the particular respective Logic Programming language.

(b) It is certainly desirable that the programmer could devote all his efforts to the analysis of the problems he has to tackle, and not be distracted by efficiency considerations: The programmer should only concentrate on the correct specification of his problems and leave it to the system to find an efficient algorithm, or an executable algorithm for that matter.

[1] This work has been funded by ESPRIT and DFG
[2] FG Intellektik, FB Informatik, Technische Hochschule Darmstadt, Alexanderstr. 10, D-6100 Darmstadt
[3] Institut für Informatik, Technische Universität München, Arcisstr. 21, Postfach 202420, D-8000 München 2

The Program Synthesis tool we are implementing at present will perform syntheses as far as possible in an automatic way. Although it is in sight, that in the near future, complete automation of Program Synthesis will be feasible for a large class of problems, nevertheless there will remain specifications that our system will hardly be able to cope with. Therefore the user must be able to observe and influence the synthesis processes via an elaborate user interface. This component also provides indispensable assistance in the further development and refinement of the Program Synthesis system.

Despite its long history, Program Synthesis must still be considered a field of basic research. Although some fundamental techniques are well-known, the main problem nowadays is the conception of strategies and heuristics which guide these basic mechanisms of a Program Synthesis System.

This kind of knowledge cannot be developed purely theoretically, but requires practical experimentation. Unfortunately, systems built and used for this purpose, after some time tend to get quite bulky and offer great maintenance problems. This was also the case with the old LOPS implementation described in [Bib 84] and therefore we decided to develop a new system.

This lead to the conception and implementation of the system XPRTS, a general formula transformation system. XPRTS is by no means tailored to the LOPS approach. On the contrary, we consider it a sufficiently powerful basis for the flexible implementation of hopefully all kinds of strategies and heuristics. In the long run, we intend to incorporate as well a great many of the ideas developed by other researchers in this field.

The plan of the paper is the following:

In section 2 we will dive into XPRTS, the innermost part of our program synthesis system and will outline its architecture.

In section 3 we will give a brief introduction to the LOPS approach, which is both our tradition and the guide line of our present implementation work, and

In section 4 we will show the results which we have achieved up to now in the course of our reimplementation of LOPS.

2 The XPRTS System

2.1 XPRTS — A General View

As already mentioned in the introduction, past experience suggested a redesign of the LOPS system. The essence of the LOPS approach is its strategical framework which constitutes a general methodology for Program Synthesis. In our old prototype these strategies were coded in a rather direct way.

In contrast to our old work, we now started by developing a general tool. This general tool is called XPRTS — e**X**perimental **PR**ogram **T**ransformation **S**ystem. Due to the logic orientation of LOPS, XPRTS is intended to provide a general tool for formula transformation and manipulation. This open design shall also enable us to implement as well any other kind of heuristics concerning logic based program synthesis and serve as a tool to reconstruct and experiment with different program synthesis attempts.

The formulae XPRTS can cope with are restricted to first order predicate logic. This language is employed to state the synthesis problem and the necessary knowledge.

It is also used to express all intermediate results of the Program Synthesis process — i.e. equivalent descriptions of the specified problem — among them also the rather final result which is a "program" in Horn clauses. This program might not run with a given PROLOG interpreter, because the fixed PROLOG control might lead the program into an infinite branch which has no solution, whereas the existing solution is not found. Therefore, a postprocessing step transforms the Horn clause program into a PROLOG program. This is the only step in the synthesis process, where knowledge about the used programming language is needed. Here we have to include the non-logical features of the target PROLOG language. Among them are the control constructs — implicit or explicit (cut) — and (logically) incorrect implemented build-in predicates.

To allow reasonable use of the XPRTS-system for experimentation it is designed as an interactive one. However, this does not mean that the user is forced to do everything himself. Instead, the experienced user is encouraged to view and control the system's actions. The novice, on the other hand, is guided by the system to achieve the results he is aiming at. As an extreme case, this guidance can be the completely automatic synthesis of a program.

2.2 XPRTS — The Architecture

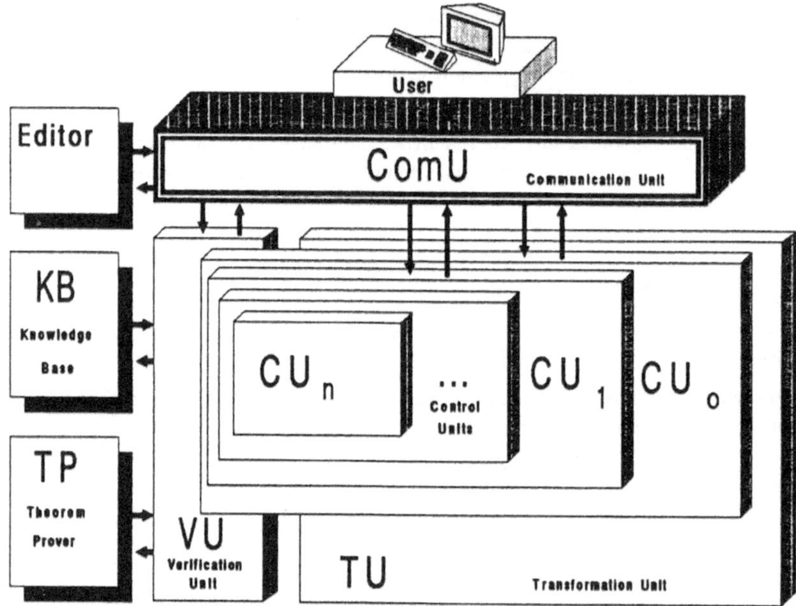

Figure 1: The components of XPRTS

XPRTS consists of several independent modules and a hierarchy of control units representing various levels of abstraction on which the syntheses may be carried out. For the architecture see figure 1.

Mainly we can distinguish three kinds of modules. First, the **kernel** which consists of the **transformation unit TU**, the **verification unit VU** and various **control units** $\mathbf{CU}_i$. Second, the **external modules** which are not implemented within the scope of our current activities. These are an editor, a theorem prover, a data base management system. Concerning these parts we may profit from the work of other projects going on in our research group in Munich. Third, the **communication unit ComU** which offers a comfortable user interface.

2.2.1 The Transformation Unit

The transformation unit (TU) is designed to transform formulae. To do so it takes as arguments the description of the desired transformation and returns its result and an error code indicating the success or failure.

The transformation unit provides only very simple actions like manipulation routines for trees — as formulae are internally represented — (copying, truncation, expansion, comparison).

2.2.2 The Control Units

The transformation unit is only able to apply basic transformations to a program. This corresponds to the lowest level of abstraction.

The most primitive control unit (CU_0) contains a few basic control constructs. These constructs allow the combination of the basic rewrite actions of the transformation unit into more complex procedures on which the higher system layers work, e.g. definition of (recursive) procedures, or conditional processing of actions.

More elaborate control units (CU_i, $i > 0$) reflect higher levels of abstraction of strategic knowledge. Each of them is based on the respective lower ones. This implies that on higher levels the transformations are specified by means of the utilities which are provided by the lower levels. The higher the level the less it is reflected in what way the programs are really represented or how the transformations are actually carried out. This process of abstraction will be completed until the heuristical ideas we want to include can be expressed in a natural and simple way.

Concerning the development of intermediate levels, we think that these will provide us with very general and powerful tools, so that nearly every sort of heuristics guided program synthesis system can be realized within this framework.

2.2.3 The Verification Unit

During the synthesis process, strategies may suggest formulae, e.g. equivalences, which must then be approved before they can be used for the synthesis. The verification unit (VU) tries to verify such a formula within a given time limit. To do so it first looks in the knowledge base to see whether the formula is already there. If this is not the case, the VU gives the problem to a theorem prover together with a time limit. Finally, if nothing succeeds it may eventually ask the user to accept or deny the theorem.

2.2.4 The Knowledge Base

The knowledge base interface is a very important part of the program synthesis system. Our knowledge base is structured according to several criteria to enable an efficient access to the stored information. There are several kinds of information which must be separated in a natural way. Among these is the programming knowledge, i.e. knowledge about general strategies in programming, knowledge about the chosen target language and knowledge about general statements which are true and could be useful.

3 A Summary of LOPS

Before we present our current implementation work of the LOPS approach, we want to give a brief summary of the principal features of this approach.

LOPS — abbreviation for **LO**gic **P**rogram **S**ynthesis — is an approach in the field of automatic program construction. The starting point of the program synthesis is a specification given as a formula in first order logic. A series of correctness-preserving transformations which are guided by strategies and supported by deductive tools leads to an algorithmically "better" formula which can easily be transformed into a program.

A successful LOPS synthesis can be separated into two major parts. which are centered around the strategies GUESS-DOMAIN and GET-REC. To apply these strategies, some preprocessing and optional postprocessing steps may be necessary in both cases.

The GUESS-DOMAIN strategy tries to find an appropriate portion of the specification which can be used to split the input into smaller pieces and compute the desired output recursively from these pieces.

Depending on the results of the GUESS-DOMAIN strategy, the strategy GET-REC tries to introduce recursion. According to the chosen recursion scheme, the input may be split in different ways.

After recursion is introduced, a part of the formula may be found to be untreated. This part has to be made directly evaluable or it can be treated with the same mechanism again. The result of this process is a formula which can be easily translated into a target programming language. Note that these strategies are designed to leave some choices open which could be made by an assisting user. So they are suitable to cover a wide field of possible syntheses.

A detailed description of the approach and the strategies can be found in [Bib 80] and [Bib 84]. More recent theoretical results which further develop this approach are [Fro 85] and [Neu 86].

Let us illustrate the strategies just presented by a small standard example, the synthesis of an algorithm for calculating the maximal element of a finite set of numbers.

The specification we start from consists of the definition of a predicate (i.e. an input-output relation) together with a mode (i.e. an indication about which of the variables of the predicate are input variables and which are output variables). We consider the following definition:

$$max(S,m) \leftrightarrow m \in S \wedge S \leq m$$

The mode for which we consider this program specification is that S is input variable while m is output variable.

The strategy GUESS-DOMAIN introduces a guess variable g, together with the specification of a domain where the guess should be carried out. In the case of our example the domain specification (DS) is based on the subformula $m \in S$. We define:

$$DS(S,g) \stackrel{\text{def}}{\longleftrightarrow} g \in S$$

Since guessing can be right or wrong, these two possibilities are expressed by the disjunction $g = m \vee g \neq m$, which is added to the formula. All this leads to the following transformation of the initial problem specification:

$$\begin{aligned} max(S,m) \quad \leftrightarrow \quad & g \in S \wedge \\ & [(m \in S \wedge S \leq m \wedge g \neq m) \\ & \vee (m \in S \wedge S \leq m \wedge g = m)] \end{aligned}$$

The strategy GET-REC now introduces recursion through substitution of S by $S \backslash g$ in the failure case. During this step the formula $g \neq m$ which distinguishes the failure case is transformed as well (see [Bib 80] or [Fro 84] for details).

Finally, through application of folding with the initial specification we obtain:

$$\begin{aligned} max(S,m) \quad \leftrightarrow \quad & g \in S \wedge \\ & [(max(S \backslash g, m) \wedge m > g) \\ & \vee (m \in S \wedge S \leq m \wedge g = m)] \end{aligned}$$

What remains to be done is the generation of control for the execution of this recursive program as well as further simplifications, which take into account the order of execution. This leads to:

$$\begin{aligned} max(S,m) \quad \leftrightarrow \quad & g \in S \wedge \\ & [(max(S \backslash g, m) \wedge m > g) \\ & \vee g = m] \end{aligned}$$

which is already close to a PROLOG program which reads:

```
max(S,M)      :-  in(G,S),max1(S,M,G),!.
max1(S,M,G)   :-  set_minus(S,G,S1),max(S1,M),greater(M,G).
max1(S,G,G)   .
```

To get an executable PROLOG program appropriate definitions for the predicates in, set_minus and greater have to be provided by the system or the user.

4 The LOPS Implementation on XPRTS

Having presented in the last two sections the architecture of XPRTS and the basic principles of LOPS, we will show now in an exemplary way how the latter are implemented on XPRTS.

The syntactic mechanism behind LOPS is the application of equivalence transformations to a problem specification until an executable (and, let us hope efficient,) program is reached. Such a specification, as well as the derived intermediate problem descriptions, are of the form:

$$precondition \rightarrow (head \leftrightarrow body)$$

Usually all the transformations operate only on the body which is assumed to be kept in DNF (disjunctive normal from) as far as is reasonable. The precondition is only necessary for validity checks — note that it was missing in the maximum example — and the head represents the name of the problem/program itself.

If we look at the architecture of XPRTS several Control Units can be distinguished. Each of them corresponds to a level of strategical and heuristical knowledge. Up to now we implemented the bottommost levels 0 and 1, which implement basic operations and elementary transformations. Work on level 2 is still in an experimental phase.

We will give a rough glance at these levels and their contents, and conclude with an exemplary discussion of how a particular strategy is distributed over the different levels.

Level 0: Basic operations

Level 0 comprises operations that are necessary for the analysis and synthesis of formulae from a rather logical point of view. For this reason a collection of constructors and destructors for terms and formulae has been implemented and also some elementary list operations. In addition to that, the purely transformational ingredients of the LOPS strategies belong to level 0. Examples are syntactic procedures like matching, substitution, substructure descriptions etc.

Level 1: Elementary transformations

At level 1 LOPS should be able to perform elementary formula transformation on a higher logical level. It should become less interesting than on level 0 how formulae are handled internally in the XPRTS machine. Syntactic procedures like matching, substitution, substructure descriptions etc. will more and more become background commands or control/analysis parts of the metalanguage. That is, they still may be used for analyzing formulae. The only commands which actually do formula transformation, however, are the ones that will be described here.

Transformations at level 1 still do not contain heuristic components. They are the basic tools which are to be controlled by a strategy at some higher level. Thus commands mentioned here should have parameters to be controlled by either the user using the system on this level or the heuristics. We try to split the strategies occurring in the previous LOPS system into these major parts. The advantage will be that we first can gather some experience with formula transformation/program synthesis "by hand" before we actually go on to programming the strategic part of the system. For better control every transformation can also operate on only a certain part of a formula.

We will simply give some examples of transformations of this level:

- Equivalence transformations given by some lemma (TRANSFORM_BY):

  A lemma of the form

  $$precondition \rightarrow (head \leftrightarrow tail)$$

  shall be applied to a formula in either forward ($head \rightarrow tail$) or backward direction. That is, some occurrences of *head* will be replaced by *tail* provided *precondition* is satisfied or vice versa.

  This is the most important transformation for the implementation of LOPS, as well as of a program synthesis system in general, since in general every strategy uses equivalence transformations. For efficiency reasons, however, some strategies (like GUESS) use a more straightforward implementation rather than referring to TRANSFORM_BY.

The ground version of this transformation is that *head* is just a "simple" literal matching some subterm of the formula's body. In that case we have to instantiate the *precondition* according to the matching-list and check whether it is satisfied in the immediate neighbourhood of the subterm. Then the *head* can simply be substituted by the instantiated version of the *tail*.

Extensions of this transformation would be e.g. that conjunctions of literals must be matched against conjunctions of literals. Here associativity and commutativity must be taken into account.

Special versions of this transformation are the well-known fold and unfold operations.

- Elementary guessing
  (with parameters under higher-level control: BASIC_GUESS)

  BASIC_GUESS will transform a formula of the form

  $$precondition(i_1,\ldots,i_n) \rightarrow \quad (\quad SP(i_1,\ldots,i_n,y_1,\ldots,y_m) \leftrightarrow OC(i_1,\ldots,i_n,y_1,\ldots,y_m))$$

  where OC is a formula in clausal form and SP is the name of the problem to be synthesized, into

  $$\begin{aligned} precondition(i_1,\ldots,i_n) \rightarrow \quad & (\quad SP(i_1,\ldots,y_1,\ldots) \\ & \leftrightarrow \quad OC(i_1,\ldots,y_1,\ldots) \wedge domain-condition(g) \wedge \\ & \quad (taut(y_j,g) \vee \neg taut(y_j,g))) \end{aligned}$$

  where $domain - condition(g)$ is a proper subset of the conjuncts in $OC(i_1,\ldots,y_1,\ldots)$ with y_j replaced by g and *taut* is some tautology predicate which conveys some relation between the output-variable y_j and the guess-variable g.

  Control parameters are descriptions about how to select the subset of OC and the output-variable respectively and the tautology predicate (equality chosen as standard).

Further examples are primitive versions of LOPS strategies (the more elaborate versions of which will be met on level 2). The difference between the two levels is that on level 1 the transformations are heavily parameterized while on level 2 these parameters will, at least partially, be calculated by heuristics (cf. example at the end of section 5). In some way level 2 can be envisioned as a kind of preprocessing that is necessary before the more primitive transformations of level 1 can be called.

Now it will not be a surprise, to a reader familiar with the strategies of LOPS, that on level 1 transformations are found, the names of which are BASIC_REC, BASIC–EP, and BASIC–RNV, etc.

These transformations are primitive versions of the respective level 2 strategies GET–REC, GET–EP, and GET–RNV.

Level 2: Level 2 and higher levels are still in an experimental state: They should finally include all the strategies from [Bib 80]

- A higher version of the GUESS-strategy

  It will use the I/O-Graph method (see [Neu 87]) to select an appropriate output variable. Different tautology predicates found in the knowledge base may be tried and semantic knowledge on the predicates involved will be applied in order to find the domain specification. This requires a lot of knowledge to be stored in the knowledge base.

  Additionally, the following strategies are being mplemented on this level

- GET–REC which depending on knowledge about recursion schemes is responsible for the introduction of recursive calls into the programs.

- GET–RNV reduces the number of output variables by trying to express one output variable in terms of the others.

- GET–SOC tries to split the output condition into parts where exactly one of the output variables occurs. In this case program synthesis would first result in a collection of single algorithms which have to be combined in the end.

TOP-level: LOPS

The TOP-level represents LOPS as the user will see it. The user will only call the command LOPS and everything else will be controlled by the system. Single strategies used within it (like GUESS, GET–REC etc.) will be implemented as TOP-level commands calling strategies from the highest implemented level. This allows to improve the system without changing it's general structure.

Finally, let us show by means of the maximum example how the strategy GUESS is now realized in our implementation.

Here we can only present basic versions of guess which belong to level 1. We want to give an impression of how the raising of levels of abstraction is reflected in the implementation.
For sake of readability and brevity we have omitted some very low procedures and concentrate on two guessing variants presented in a bottom-up way.

```
%-------------------------------------------------------
% This procedure determines the parameters for guess
%
:define ( basic_guess_sd
( $FORMULA,          % formula to apply guessing to
  $SD,               % description of subformula
  $DCLIST,           % description of domain
  $GUESS_VAR,        % description of guess variable
  $TAUT_PRED         % tautology predicate to be used
))
{ :let ($DOMAIN,                     %--- extract the domain from formula
  :getl (:get(:body($FORMULA),$SD), $DCLIST))
  { :let ($NEW_VAR,                  %--- create a new variable for guessing
    :mkvar ($GUESS_VAR))
    { :let ($TPRED,                  %--- instantiate tautology predicate
      :make_literal ($TAUT_PRED, [$GUESS_VAR,$NEW_VAR]))
      { :let ($DC,                   %--- instantiate domain
        :subst([[$GUESS_VAR,$NEW_VAR]],$DOMAIN))
        {                            %--- collect the pieces
         :t_guess_sd ($FORMULA,$SD,$DC,$TPRED).
}.}.}.}.}.
```

This procedure is based on `t_guess_sd`. This procedure directly calls level 0 system primitives which really transform the formula `$FORMULA`.
This version still has an argument, namely `$SD`, which describes exactly a subformula which is used as a first restriction for the domain specification to be chosen.

In a next version (see below) this subformula description is specialized to the whole formula. Additionally, another heuristic is used to determine the predicate `$TAUT_PRED` to construct a tautological case differentiation. This heuristic is implemented by the procedure `find_taut_pred`. Here we see that some parameters of the lower level procedure are instantiated by the one higher up.

```
%---------------------------------------------------------
% This procedure determines the tautology predicate and
% applies the guess transformation.
:define ( std_guess
( $FORMULA,          % formula to apply guessing to
  $DCLIST,           % description of domain
  $GUESS_VAR         % description of guess variable
```

```
) )
{                   %--- find a tautology predicate
  :let ( $TAUT_PRED, :find_taut_pred($FORMULA,$DCLIST,$GUESS_VAR)
  )                 %--- apply the guess transformation
  { :basic_guess_sd ($FORMULA,[ ],$DCLIST,$GUESS_VAR,$TAUT_PRED).
}.}.
```

The task of the higher order guessing procedures is to fill up the remaining arguments, e.g. the output variable for which we do guessing. This information is necessary to determine the tautology predicate $TAUT_PRED. Here the full power of our heuristical ideas is used. Thus the corresponding procedures are much larger than the presented ones.

Example:

We come back to our previous maximum example and show how the parameters are instantiated when the above procedures for the GUESS strategy are called during the synthesis. From a higher level std_guess is called, namely

```
:std_guess( max(S,M) <-> ( in(M,S) & le(S,M) ) , [[1]], M ).
```

The first argument is the problem specification, the second one is the description of a subformula which refers to $in(M, S)$, and the third argument contains the variable for which we want to do guessing.

During the execution of this call to std_guess the procedure find_taut_pred yields the equality predicate eq. This results in the following call to basic_guess_sd

```
:basic_guess_sd ( max(S,M) <-> ( in(M,S) & le(S,M) ), [ ] , [[1]], M, eq ).
```

during the execution of this call various intermediate results are computed and we arrive at the call

```
:t_guess_sd ( max(S,M) <-> ( in(M,S) & le(S,M) ), [ ] , in(g,S), M, eq ).
```

After all of these computations we obtain the formula

```
max(S,M) <-> in(g,S) & ( in(M,S) & le(S,M) ) & ( g=m  OR  g!=m ).
```

which is the input for the further synthesis steps.

5 Conclusion

In this paper we presented current work on a program synthesis system.

In contrast to other work in Program Synthesis this system is different in the following respects:

- many systems are mainly prototypes or direct implementations of a single idea for Program Synthesis. (Among these are the old LOPS system or the system PRECOMAS [Fra 86] which was developed in the same ESPRIT project) However, our system is designed to provide an open experimental basis for logical program construction.
- although strongly logic-oriented, XPRTS doesn't follow the approach to Program Synthesis via constructive proofs, as proposed by [Man 80], but works in a more transformational way as advocated in [Hog 81].
- finally, the orientation to logic and logic programming is very different from a lot of past work in program transformation, where functional and procedural languages were handled, as for instance [Bur 75] or [Bau 82].

Among all other approaches the philosophy of KIDS [Smi 88] is closest to ours. It uses a similar architecture based on a commercial knowledge-based programming environment.

The conceptual basis of our system is the hierarchical structure of abstraction levels which is provided by the XPRTS system. Lower level operations will be operations which transform formulae according to parameters handed down from the higher levels, where they are determined by more and more general heuristics.

The LOPS program synthesis strategies will be implemented on top of the general tool XPRTS. This development has already been started and is yielding first results. Due to the clear structure of XPRTS, we believe that on this basis some past theoretical results on LOPS — as for instance syntheses for problems like a minimal cost spanning tree (Kruskal's algorithm) or linear pattern matching — can be implemented. (Their incorporation into the old LOPS implementation seemed not to be feasible.)

As our long term research goal, we intend to use this system for future experimentation, including as well research results published by other researchers. We expect this experimentation to lead to new insights into program synthesis which eventually will result in the implementation of still more powerful strategies on higher levels.

Acknowledgements

We thank Ulrich Furbach for contributing valuable comments to this paper.

References

[Bau 82] F.L. Bauer and H. Wössner. *Algorithmic Language and Program Development.* Springer Verlag, New York (1982)

[Bib 80] W. Bibel. *Syntax-Directed, Semantics-Supported Program Synthesis.* Artificial Intelligence 14 (1980), 243–261

[Bib 84] W. Bibel and K.M. Hörnig. *LOPS - A System Based On a Strategical Approach to Program Synthesis.* in: Alan W. Biermann and Gerard Guiho and Yves Kodratoff (eds.), *Automatic Program Construction Techniques.* Macmillan Publ. Comp., New York 1984, 69–89.

[Bur 75] R.M. Burstall and J. Darlington. *A transformation system for developing recursive programs.* J.ACM 24 (1975), pp. 44–67

[Fra 86] M. Franova. *Proving Theorems by Construction of Valid Formulae.* in H.J. Kugler (ed.): Information Processing 86, pp. 41–47, North Holland, Amsterdam 1986

[Fro 84] B. Fronhöfer. *Heuristics for Recursion Improvement.* in T. O'Shea (ed.): ECAI-84. 6th European Conference on Artificial Intelligence, pp. 577–580, North Holland, Amsterdam 1984.

[Fro 85] B. Fronhöfer. *The LOPS-Approach: Towards New Syntheses of Algorithms.* in: H. Trost and J. Retti (eds.), *Österreichische Artificial Intelligence Tagung.* Springer, Berlin 1985, 164–172.

[Hog 81] C.J. Hogger. *Derivation of Logic Programs.* Journal ACM 28 (1981), 372–392

[Man 80] Z. Manna and R. Waldinger *A Deductive Approach tp Program Synthesis.* ACM Transactions on Programming Languages and Systems 2(1) (1980), pp. 90–121.

[Neu 86] G. Neugebauer. *Synthesis of Sorting Algorithms with the LOPS-Approach.* Technische Universität München 1986, Report ATP-56-III-86

[Neu 87] G. Neugebauer. *Users Manual for XPRTS.* Technische Universität München 1987, Report ATP-78-IX-87

[Smi 88] D.R. Smith. *KIDS - A Knowledge-Based Software Development System.* in: Proceedings of the Workshop on Automating Software Design, AAAI-88, 182–189

9. Expertensysteme

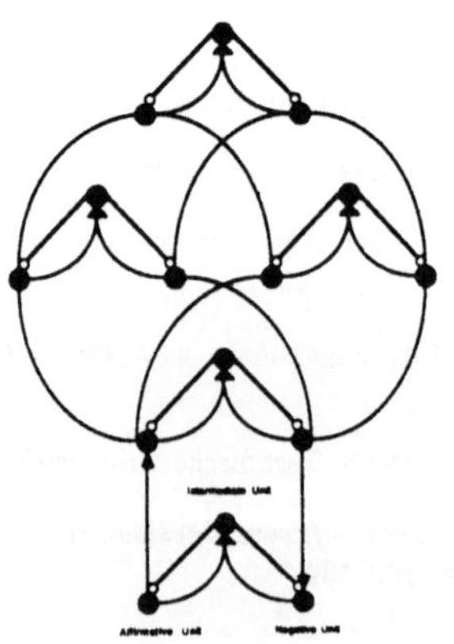

Modulare Expertensystemarchitekturen [1]

Ingo Syska, Roman Cunis, Andreas Günter, Heiner Bode, Heino Peters
Univ. Hamburg, FB Informatik, Bodenstedtstraße 16, 2000 Hamburg 50

Kurzfassung

Zwischen den Ergebnissen, die die Wissensakquisition liefert, und dem eigentlichen Entwurf eines Expertensystems klafft eine Lücke: Auf der einen Seite werden verbale Domänenbeschreibungen bereitgestellt, die auf der anderen Seite in konkreten Programmkode umgesetzt werden müssen. Dieser Beitrag beschäftigt sich mit Ansätzen zur Verringerung dieser Lücke und geht insbesondere auf den Aufbau von Expertensystemen aus einzelnen Modulen ein. Am Beispiel des Expertensystemkerns PLAKON wird gezeigt, wie solch eine modulare Architektur aussehen kann.

1 Einleitung

Die Entwicklung von Expertensystemen für den praktischen Einsatz steckt in einem Dilemma, das sich am besten durch das Verhältnis der Zahl von Systementwicklungen zu der Zahl tatsächlich eingesetzter Systeme kennzeichnen läßt: Die Zahl der in publizierten Übersichten wie z.B. [Mertens.88] beschriebenen Expertensysteme, die für den kommerziellen Einsatz entwickelt worden sind, geht für den deutschsprachigen Raum in die hunderte. Dagegen konnten nur 32 tatsächlich eingesetzte Systeme gefunden werden. Die Gründe für die geringe Erfolgschance einer Expertensystementwicklung sind vielfältig: So werden sowohl mangelnde Portabilität und Integrationsfähigkeit, als auch eine Unterschätzung der Komplexität der Aufgabenstellung angeführt [Bartsch-Spörl.88]. Ein weiterer Grund resultiert aus dem explorativen Vorgehen bei der Expertensystementwicklung: Einem Entwickler bzw. Knowledge-Engineer stehen praktisch keine Entwurfshilfen zur Verfügung, wie sie z.B. durch das Software-Engineering für die konventionelle Programmierung existieren:

> ***"Knowledge engineering, as reflected by current practice within the expert system community, is more an artistic discipline than an engineering one"*** [Twine.88]

Die entstehenden Systeme entbehren dann auch häufig der nötigen Zuverlässigkeit und Robustheit. Partridge wirft daher die Frage auf, ob die relativ unsichere KI-Technologie überhaupt in großen, von sich aus schon schwer durchschaubaren Programmsystemen eingesetzt werden sollte [Partridge.88]. Dieser Beitrag kann sicherlich kein universelles Heilmittel zur Behebung dieser Situation liefern. Er versucht jedoch im folgenden, das Entwurfsproblem genauer zu charakterisieren und bestehende

[1] Diese Arbeit entstand innerhalb des vom BMFT geförderten Verbundprojektes TEX-K

Lösungsansätze zu skizzieren. Detaillierter werden wir uns mit dem Modell eines Expertensystem-Modulbaukastens auseinandersetzen und dieses beispielhaft am Expertensystemkern PLAKON erläutern.

2 Die Knowledge-Engineering-Lücke

Gegenwärtig steht ein Knowledge-Engineer, der ein Expertensystem für eine gegebene Domäne zu entwickeln hat, vor einem Problem: Auf der einen Seite liefert die Untersuchung der Domäne Domänenwissen in einer verbalen, bestenfalls schwach strukturierten Form. Auf der anderen Seite stehen dem Knowledge-Engineer Standard-Werkzeuge wie Babylon, KEE oder Knowledge-Craft zur Verfügung. Obwohl diese Werkzeuge bereits auf die zugrundeliegende Programmiersprache (wie z.B. LISP) aufsetzende Wissensrepräsentations- und Inferenzmechanismen anbieten, klafft eine gewaltige konzeptuelle Lücke zwischen der Terminologie des Experten und den zur Verfügung stehenden Mechanismen [Karbach.88]. Diese sogenannte Knowledge-Engineering-Lücke muß der Entwickler mittels Erfahrung oder Intuition zu überbrücken versuchen:

Es existieren mehrere Ansätze, die Lücke zu schließen: Zum einen wird versucht, aus Richtung der Wissensakquisition kommend, weiterführende Methoden zur Analyse und Aufbereitung des Domänenwissens bereitzustellen. Zu dieser Klasse von Ansätzen gehören Methodologien wie NIAM [Twine.88] und KADS [Wielinga.86]. Durch Anwendung der KADS-Methodologie ist es möglich, die Inferenzstruktur der Domäne zu extrahieren und daraus ein konzeptuelles Domänenmodell zu entwickeln. Die Inferenzstruktur besteht aus einem gerichteten Graph, der zeigt, wie durch Inferenzschritte, in KADS Wissensquellen genannt, die Wissenskategorien, sogenannte Metaklassen, ineinander überführt werden. Die Wissensquellen können unterschiedliche Inferenzmethoden benutzen, z.B. Vererbung, Propagation oder Matching. Das resultierende konzeptuelle Modell umfaßt eine strukturierte, auf die Inferenzprozesse ausgerichtete Beschreibung der Domäne in der Terminologie des Domänenexperten. Neben dem eigentlichen Beschreibungsrahmen existiert für KADS eine Bibliothek von sogenannten Interpretationsmodellen. Ein Interpretationsmodell beschreibt einen generischen, elementaren Problemlösungsschritt, z.B. eine Klassifikation. Die Modelle lassen sich kombinieren und zu einem konzeptuellen Domänenmodell ausbauen.

Wissensakquisitionsverfahren wie KADS versuchen die Lücke vom Domänenwissen kommend zu füllen. Was ihnen fehlt, ist eine entsprechende Bibliothek von implementierten Bausteinen für z.B. die unterschiedlichen Inferenzmethoden, mit deren Hilfe sich das konzeptuelle Modell in ein operationales Modell, sprich ein lauffähiges Expertensystem, transformieren läßt [Krickhahn.88].
Auch von der Implementationsseite her gibt es Bestrebungen, die Knowledge-Engineering Lücke zu füllen, und zwar durch die Bereitstellung höherer, auf die bekannten Standardmethoden aufsetzende Mechanismen. Als Ansätze hierzu können das Generic-Task-Konzept [Chandrasekaran.87], das in dem System AIR-CYL [Brown.88] seinen Eingang gefunden hat, oder das System ZDEST-2 [Tong.87] genannt werden. Kennzeichen dieser High-Level-Systeme ist die Verwendung hochentwickelter Formalismen zur Spezifikation von Tasks und Wissensquellen, die konzeptuell den in KADS bereitgestellten Einheiten wie Interpretationsmodellen entsprechen. Karbach et al. [Karbach.88] haben am Beispiel von ZDEST-2 gezeigt, wie sich ein in KADS entwickeltes konzeptuelles Modell mit relativ einfachen Mitteln auf die vom Expertensystem benötigten Spezifikationen abbilden läßt. Die Knowledge-Engineering-Lücke scheint also geschlossen:

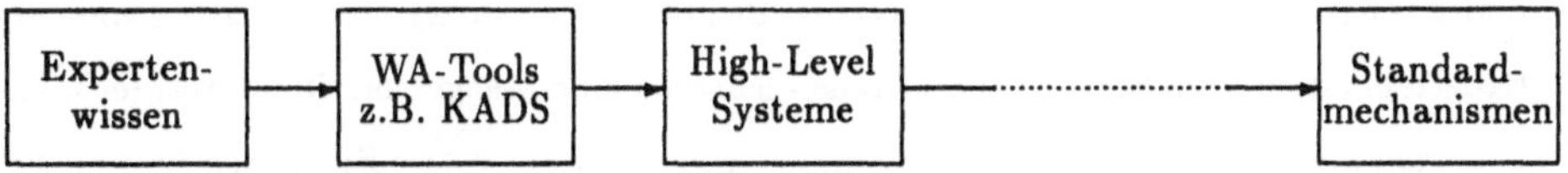

Warum also haben sich High-Level Expertensysteme bisher nicht durchsetzen können?
Ein Problem dieser Systeme resultiert aus der Allgemeinheit der bereitgestellten Mechanismen. So bietet z.B. ZDEST-2 sehr flexible Möglichkeiten an, um deklarativ Tasks und Wissensquellen spezifizieren zu können. Das System kann auf eine große Zahl von Aufgabenstellungen angepaßt werden. Die Anpassung erfolgt aber nur auf konzeptueller Ebene, die eigentliche Systemarchitektur wird davon nicht berührt. So werden die Tasks und Wissensquellen auf Regelmengen abgebildet, die über ein spezielles Blackboard miteinander kommunizieren. Die zugrundeliegende Architektur, in diesem Fall der Regelinterpreter und die dynamische Wissensbasis, muß funktionell so ausgelegt sein, daß sie für alle, auch sehr komplexe Problemstellungen eingesetzt werden kann. Das System verwendet also eine Universalarchitektur, die sich an der komplexesten zu lösenden Aufgabenstellung orientieren muß. Daher kann es, insbesondere bei einfachen Problemstellungen, zu einem erheblichen Mißverhältnis zwischen der Problemstellung und den zur Lösung verwendeten Mechanismen kommen. Die zur Verfügung stehenden Systemressourcen an Raum (Speicherplatz) und Zeit (Laufzeit) werden nicht ökonomisch eingesetzt. Auch die Autoren der KADS/ZDEST-2-Kopplung räumen ein, daß durch ihren Ansatz keine besonders effizienten Systeme entstehen werden. Es werden also zusätzliche Konzepte benötigt, um den den Universalarchitekturen inhärenten Effizienzverlust zu umgehen.

3 Modulare Systemarchitekturen

Die High-Level-Systeme bieten zwar sehr gute Adaptionsmöglichkeiten auf konzeptueller Ebene, verwenden aber eine starre Architektur, die sich nicht ökonomisch an einzelne Aufgabenstellungen anpassen läßt. Als Erweiterung bieten sich adaptierbare modulare Architekturen an, die nach dem Prinzip eines Baukastens arbeiten: Der Baukasten besteht aus einem Rahmensystem und einer Menge von Software-Modulen. Die Module sind miteinander kombinierbar und lassen sich, eingesetzt in das Rahmensystem, zu einem lauffähigen Gesamtsystem zusammenfügen. Als Beispiel für die Idee eines modularen Systems kann das Betriebssystem UNIX dienen. UNIX besteht aus einer großen Menge von Systembausteinen, auch Tools genannt, die sich mit Hilfe sogenannter Pipes miteinander kombinieren lassen. Den Rahmen bildet das zugrundeliegende Prozeß- und File-System.
Auch der in dieser Arbeit vorgeschlagene Expertensystembaukasten enthält eine Menge von Modulen, die innerhalb eines durch das Rahmensystem bereitgestellten Kommunikationsrahmens kombiniert werden können. Die Gliederung des Baukastens in Bausteine orientiert sich an den funktionalen Komponenten einer Expertensystemarchitektur. So existieren Module für statische und dynamische Wissensbasis oder Inferenzmaschine. Dies unterscheidet den hier vorgeschlagenen Baukasten von den bisherigen Expertensystem-Werkzeugen: Diese stellen lediglich eine Menge von Standard-Mechanismen bereit, aus denen die Komponenten erst aufgebaut werden müssen. Unser Baukasten besteht bereits aus komplexen, an den Systemfunktionen ausgerichteten Software-Modulen. Einige Tools, wie z.B. Babylon, sind bereits modular aufgebaut. Babylon stellt eine Reihe von Interpreter-Modulen bereit, die über einen sogenannten Meta-Interpreter miteinander kommunizieren können [Börding.88]. Die Modularisierung orientiert sich an unterschiedlichen Verarbeitungsmodellen [Stoyan.88]: So stehen z.B. miteinander kombinierbare Objekt-, Regel- oder PROLOG-Interpreter als Module zur Verfügung. Auf diese Standardmechanismen aufbauende Funktionsmodule, wie wir sie vorschlagen, bietet Babylon nur dort, wo sich Verarbeitungsmodelle und funktionale Komponenten decken (z.B. beim Constraint-Modul). Ein direkt an den Funktionsmodulen einer Expertensystemarchitektur ausgerichteter Modulbaukasten wird von den bekannten Expertensystem-Werkzeugen nicht geboten.

Um eine Anpassung der Systemarchitektur an spezifische Problemstellungen zu ermöglichen, enthält der Expertensystembaukasten für jede Systemkomponente alternative, an die zu lösenden Problemklassen angepaßte Funktionsmodule. So ist es möglich

- für bestimmte Systemkomponenten, z.B. die statische und dynamische Wissensbasis unter einer Anzahl von problemorientierten Spezialmodulen zu wählen,
- das Gesamtsystem zur Lösung besonderer Aufgabenstellungen mit Spezialmodulen zu versehen, z.B. mit einem Constraint- oder einem Simulations-Modul.

Die Verwendung eines Baukastens mit vorgefertigten Funktionsmodulen zum Aufbau von Expertensystemen bietet eine Vielzahl von Vorteilen:

- Aus **architektonischer Sicht** läßt sich ein modular aufgebautes Expertensystem flexibel an die jeweilige Problemstellung anpassen. Effizienzverluste werden dadurch weitestgehend vermieden. Zusätzlich erhöht sich durch die strikte Modularisierung die Transparenz der Gesamtarchitektur.
- Aus Sicht des **Knowledge Engineering** erhält man einen methodisch geschlossenen Weg von der Domänenbeschreibung hin zu effizienten Expertensystemen: Ausgehend von einem mit Hilfe eines Wissensakquisitionssystems erstellten konzeptuellen Modell werden, wie bei den bereits existierenden High-Level Systemen, Tasks und Wissensquellen spezifiziert. Zusätzlich erfolgt die Anpassung der Systemarchitektur. Damit ergibt sich folgendes Vorgehen:

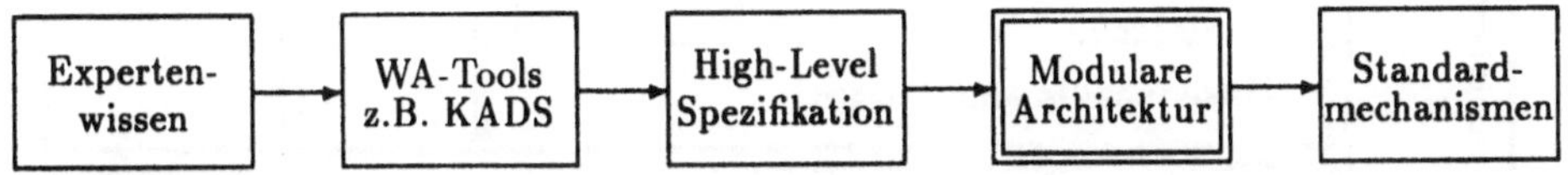

- Schließlich bieten sich auch aus Sicht des **Software-Engineering** wichtige Vorteile: Da die Module untereinander kombinierbar sind, können einmal erstellte Komponenten praktisch beliebig häufig wiederverwendet werden. Dadurch verringern sich die Entwicklungskosten für Expertensysteme. Außerdem besitzen die einzelnen Komponenten eine erheblich geringere Komplexität als das Gesamtsystem und lassen sich daher leichter auf Korrektheit überprüfen. Dem Expertensystementwickler stehen somit ausgetestete Bausteine zur Verfügung, deren Verwendung die Zuverlässigkeit und Robustheit von Expertensystemen erhöhen wird.

Ein Expertensystembaukasten kann die Entwicklung von Expertensystemen also in vielerlei Hinsicht unterstützen und einen wichtigen Beitrag auf dem Weg zu einer ingenieursmäßigen Vorgehensweise liefern.
Im folgenden werden wir am Beispiel des Expertensystemkerns PLAKON aufzeigen, wie einige der Modularisierungsideen in einem konkreten System realisiert worden sind.

4 Architekturmodule in PLAKON

PLAKON ist ein Expertensystemkern, der im Rahmen des vom BMFT geförderten Verbundprojektes TEX-K entwickelt wurde und den Aufbau von Expertensystemen im Bereich der Konstruktion in technischen Domänen unterstützen soll. PLAKON selbst ist also kein Anwendungssystem, sondern ein

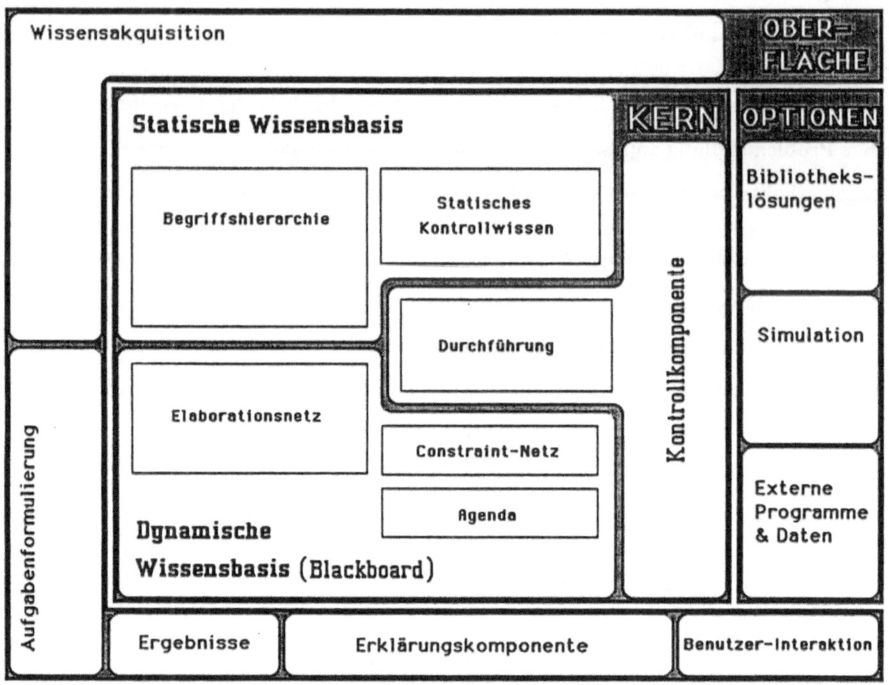

Abbildung 1: PLAKON-Architektur [Cunis.89]

Werkzeug, das eine Reihe von Funktionsblöcken bereitstellt, aus denen Anwendungsexpertensysteme aufgebaut werden können. Die Funktionsblöcke sind dabei auf die Lösung von Konstruktionsaufgaben ausgerichtet. Bei der Entwicklung von PLAKON mußte berücksichtigt werden, daß

- PLAKON für eine möglichst breite Palette von Anwendungsproblemen einsetzbar sein soll, und
- mit PLAKON effiziente und damit in der Praxis einsetzbare Anwendungssysteme aufgebaut werden sollen.

Diese Anforderungen haben dazu geführt, daß sich viele Ideen eines Architekturbaukastens in PLAKON wiederfinden lassen.

Die PLAKON-Architektur ist in drei Bereiche gegliedert (vgl. Abb.1):

- Kern: Der PLAKON-Kern enthält Basismodule zum Aufbau von
  - statischer Wissensbasis,
  - dynamischer Wissensbasis und

  - Kontrollkomponente.

- Oberfläche: Zu diesem Bereich gehören Komponenten zur Kommunikation mit dem Systembenutzer, wie z.B. Wissensakquisitions- und Erklärungskomponente.
- Optionen: Dies sind optionale Module, die bei Bedarf in das Anwendungssystem eingebunden werden können.

Als gemeinsame Basis der Systemmodule dient die Frame-Repräsentationssprache FRESKO. Sie lehnt sich an die Spezifikationen des Common-Lisp-Object-Systems (CLOS) [Bobrow.88] an und stellt eine Objektklassenhierarchie und ein darauf aufsetzendes Methodensystem bereit [Cunis.88].
Die Architektur eines mit PLAKON erstellten Anwendungsexpertensystems kann auf zweierlei Arten an eine vorliegende Problemstellung angepaßt werden:

- Durch Auswahl von Alternativmodulen:
  So stehen zur Verwaltung der dynamischen Wissensbasis vier verschiedene Module mit unterschiedlicher Funktionalität bereit:
  - Modus I: Direkte Manipulation der Wissensinhalte
  - Modus II: Einfache Versionenverwaltung
  - Modus III: Versionenverwaltung mit TMS-Abhängigkeitsnetz
  - Modus IV: Versionenverwaltung mit ATMS-Abhängigkeitsnetz

  In Abhängigkeit von der Komplexität der Aufgabenstellung lassen sich die Module wahlweise in ein Anwendungssystem einbinden [Syska.89].
  Auch für die Kontrollkomponente stehen zwei Module zur Verfügung:
  - Ein hierarchieorientiertes Modul, das sich stark an der hierarchischen Struktur des Domänenwissens orientiert und daher auch speziell für entsprechend strukturierte Domänen geeignet ist [Günter.89].
  - Ein regelorientiertes Modul, das zur Steuerung Regelmengen verwendet, die als Tasks organisiert sind.
- Durch Verwendung optionaler Module:
  PLAKON stellt eine Reihe von optionalen Modulen bereit, durch die Anwendungssysteme auf spezielle Aufgabenstellungen angepaßt werden können. Z.B. ist es möglich, bei Problemstellungen aus dem Bereich der Änderungskonstruktion über ein Bibliotheksmodul auf bereits vorhandene Lösungen zurückzugreifen und diese neuen Anforderungen anzupassen [Pfitzner.89].

Durch den modularen Aufbau der PLAKON-Architektur ist es also möglich, PLAKON nach dem Vorbild eines Modulbaukastens zu verwenden und die Architektur der darauf aufbauenden Anwendungssysteme an die jeweilige Problemklasse anzupassen. Der modulare Aufbau hat noch einen weiteren Vorteil: PLAKON ist leicht erweiterbar, d.h. dem System können auch im Nachhinein noch Alternativmodule für bereits existierende Module hinzugefügt werden.

5 Zusammenfassung und Diskussion

Die Kombination von Wissensakquisitionsmethoden und High-Level-Systemen reicht nicht aus, um in einer methodisch geschlossenen Weise effiziente, für den praktischen Gebrauch einsetzbare Expertensysteme zu entwickeln. Um dieses Defizit zu beheben, wurde die Entwicklung eines Baukastens mit funktionsorientierten Architekturmodulen gefordert, aus dem sich problemorientierte Architekturen aufbauen lassen. Daß dieser Baukasten im Prinzip möglich ist, zeigt der Expertensystemkern PLAKON.

Welche Probleme behindern momentan die Entwicklung eines Baukastens?
Die erste Schwierigkeit besteht darin, eine sinnvolle Modularisierung zu finden. Dies gilt insbesondere für die Bereitstellung problemorientierter Module. Eine sinnvolle Modularisierung muß sich an den Mechanismen orientieren, die dem Problemlöseverhalten eines Experten zugrundeliegen. Zur Zeit existieren aber nur sehr rudimentäre Vorstellungen über Problemklassen und entsprechende Zuordnungen von Problemlösungsmethoden. Einen ersten Einblick liefern Wissensakquisitionsmethoden (wie z.B. KADS) durch die Bereitstellung von Inferenzmethoden und Interpretationsmodellen. Weiterführende Forschungen in diesem Bereich sind notwendig.
Ein anderes Problem resultiert aus der Forderung nach Kombinierbarkeit der Module: Die Module müssen einerseits allgemein genug sein, um eine flexible Kombination zu ermöglichen, andererseits aber auch spezialisiert genug, um effizient zu sein. Zwischen beiden Zielen ist beim Entwurf eines Modulbaukastens abzuwägen. Außerdem wird, allein von der Funktion her, nicht jedes Modul mit jedem anderen sinnvoll kombinierbar sein. Genausowenig lassen sich auch die Tools des UNIX-Systems beliebig miteinander verknüpfen. Die Modulschnittstellen müssen daher in einer Weise spezifiziert werden, die Aussagen über die Kombinierbarkeit der Module zuläßt.
Schließlich genügt es nicht, einen Baukasten bereitzustellen, dessen Bausteine nicht transparent sind. Um die Einsetzbarkeit der Module für bestimmte Problemstellungen beurteilen zu können, bzw. einen Vergleich zwischen alternativen Modulen zu ermöglichen, muß eine einheitliche Beschreibung der Module und ihrer Schnittstellen zur Verfügung stehen. Erst eine solche Beschreibung läßt den Baukasten nach außen hin transparent werden und ermöglicht eine gezielte Auswahl der Module. Benötigt wird

also eine modulorientierte Beschreibungssprache, mit deren Hilfe sich die im Baukasten enthaltenen Module spezifizieren lassen. Erste Versuche mit der Sprache STANDARD ML [Harper.86] erfolgen momentan im Projekt QWERTZ, das sich die Entwicklung einer Planungs-Toolbox zum Ziel gesetzt hat [Hertzberg.89].

Trotz der beschriebenen Probleme erscheint die Erforschung von problemorientierten Expertensystemarchitekturen und die Entwicklung von Expertensystembaukästen als ein Weg, dem Dilemma, in dem sich die Expertensystementwicklung zur Zeit befindet, zu begegnen.

Literatur

[Bartsch-Spörl.88] Bartsch-Spörl,B.:
KI in der Praxis und für die Praxis - Stand der Kunst und Perspektiven
in: Proc. GWAI-88, W.Hoeppner (Hrsg.), Springer Verlag (1988)

[Bobrow.88] Bobrow,D.G. et al:
Common Lisp Object System Specification
X3J13 Document 80-002R (1988)

[Börding.88] Börding,J.; Güsgen,H.W.; Müller,B.; Voß,A.:
Babylon für den Wissensingenieur
WERFX-Bericht Nr.20 (1988)

[Brown.88] Brown,D.C.; Chandrasekaran,B.:
Expert Systems for a Class of Mechanical Design Activity
in: Expert Systems in Engineering, D.T.Pham (Hrsg.), Springer Verlag (1988)

[Chandrasekaran.87] Chandrasekaran,B.:
Towards a Functional Architecture for Intelligence Based on Generic Information Processing Tasks
in: Proc IJCAI-87, Vol II (1987)

[Cunis.89] Cunis,R.; Günter,A.; Syska,I.; Bode,H.; Peters,H.:
PLAKON - An Approach to Domain-Independent Construction
in: Proc. 2. Int. Conf. on Industrial & Engineering Appl. of AI & Expert Systems, Tennessee (1989)

[Cunis.88] Cunis,R.; Bode,H.; Günter,A.; Peters,H.; Syska,I.:
Wissensrepräsentation in PLAKON
TEX-K Bericht Nr.10 (1988)

[Günter.89] Günter,A.; Cunis,R.; Syska,I.; Bode,H.; Peters,H.:
Kontrolle in Konstruktions-Expertensystemen: Einführung und Lösungsvorschlag
in: Proc. 3. Workshop "Planen und Konfigurieren", GMD-Arbeitspapier (1989)

[Harper.89] Harper,R.; MacQueen,D.; Milner,R.:
Standard ML
Report, Univ. of Edinburgh, Dep. of Computer Science, ECS-LFCS-86-2 (1986)

[Hertzberg.89] Hertzberg,J.; Gordon,T.; Horz,A.:
Designing a planning toolbox
in: Proc. 3. Workshop "Planen und Konfigurieren", GMD-Arbeitspapier (1989)

[Karbach.88] Karbach,W.; Voß,A.; Tong,X.:
Filling in the knowledge acquisition gap:
via KADS'-models of expertise to ZDEST-2's expert systems
in: Proc. EKAW'88, GMD-Studien Nr.143 (1988)

[Krickhahn.88] Krickhahn,R.; Nobis, R.; Mählmann,A.; Schachter-Radig,M.:
Applying the KADS Methodology to Develop a Knowledge Based System - NetHandler -
in: Proc. ECAI-88 (1988)

[Mertens.88] Mertens,P.; Borkowski,V.; Geis,W.:
Betriebliche Expertensystem-Anwendungen, Eine Materialsammlung
Springer Verlag (1988)

[Pfitzner.89] Pfitzner,K.:
Auswahl, Integration und Zerlegung von Bibliothekslösungen bei der Konfigurierung
in: Proc. 3. Workshop "Planen und Konfigurieren", GMD-Arbeitspapier (1989)

[Stoyan.88] Stoyan,H.:
Programmiermethoden der Künstlichen Intelligenz Bd.1
Springer Verlag (1988)

[Syska.89] Syska,I.; Cunis,R.; Günter,A.; Bode,H.; Peters,H.:
Problemorientierte Verwaltungskonzepte für dynamische Wissensbasen in Konstruktionssystemen
in: Proc. 3. Workshop "Planen und Konfigurieren", GMD-Arbeitspapier (1989)

[Tong.87] Tong,X.; He,Z.; Yu,R.:
A Tool for Building Second Generation Expert Systems
in: Proc. IJCAI-87, Vol I (1987)

[Twine.88] Twine,S.:
Towards a Knowledge Engineering Procedure
in: Research and Development in Expert Systems V, B.Kelly & A.Rector (Hrsg.) (1988)

[Wielinga.86] Wielinga,B.J.; Breuker,J.A.:
Models of Expertise
in: Proc. ECAI-86, Vol I (1986)

A layered algebraic specification technique for expert systems[1]

Angi Voß

GMD

Forschungsgruppe Expertensysteme

Schloß Birlinghoven

5205 St. Augustin

Abstract

Following the KADS´ knowledge acquisition methodology, expertise should be modelled on different layers, and recently they proposed to use algebraic specifications for each. As the base of each layer, I propose four different interface specifications describing the vocabulary, the operations and the data assumed on the layer below. The layers can then be connected by filling in the interface specifications, which can typically only be done by meta-level references to the layer below. The advantages of this technique wrt. the original conceptual models are: a richer vocabulary, a clear distinction between the layers, a smooth transition to operational representations.

1. Motivation

Algebraic specification techniques had been developed for conventional software where data structures and operations can be clearly distinguished. For expert systems this technique has not yet been used, probably, because the knowledge is much more diffuse. There is a rough distinction between static and dynamic knowledge, but they are often undiscoverably intertwined. Besides, the knowledge seems not to appear in form of typed data being manipulated by well distinguishable operations.

The situation changes with approaches to structure expertise. The conceptual models proposed by the KADS group in Amsterdam incorporate the most elaborated ideas. Expertise is seen under different angles being represented on different layers [Wielinga, Breuker 86]. Figure 1.1 shows, how the constructs on each layer could be classified as data structures or as operations. (For the strategy layer, two views are possible.)

layer	data structures	operations
strategy	strategies / task structures	execution / strategies
task	tasks, goals	execution
inference	meta-classes	knowledge sources
domain	concepts, extensional relations	intensional relations ?

Figure 1.1: Data structures and operations in conceptual models

As each layer represents a different aspect of expertise, the layers of different conceptual models can in principle be separated and interchanged. Therefore, each layer should be specified individually and independently from the others. Afterwards, they can be composed yielding a specification for an expert system with reusable layers as its major components.

[1] This work was supported by the Bundesministerium für Forschung und Technologie under contract number ITW8505F6

The idea of algebraically specifying the individual layers of a conceptual model was proposed by the KADS group themselves in order to obtain formal models which are better to verify and to transform into a system design [Wielinga, Akkermans,Schreiber, Balder 89]. However, their ideas are not yet very precise: Each layer shall consist of a (composite) algebraic specification and it shall constitute a meta-level of the layer below. Nothing is said about the relation between the original modelling constructs and those of algebraic specifications. And an open question is whether the meta-levels actually coincide with the old KADS-layers?

Concerning the constructs I have the following suggestion:

In order to connect the different layers not only in principle but in practice, standardized interface specifications are required. They describe the lower layer from the perspective of the higher one. Thus each interface specification defines a terminology for the layer below, which may be expected to coincide more or less with the old KADS constructs, - provided the layers still coincide.

To check this crucial question I algebraically specified a office planning problem, for which a conceptual model had already been developed [Karbach, Linster, Voß 89]. The experiment revealed several advantages of the layered algebraic specification:

1. Due to the richer vocabulary (types, variables, terms and constants to denote typed objects, and typed functions versus concepts and relations) some representational problems on the domain layer could be avoided.

2. Due to the formal nature of algebraic specifications, some conceptual mistakes in the model could be detected.

3. The separation between the layers, which was sometimes controversial in the model, was very clear, the hard criterion being switches to a meta-level. Thus, some concepts had to be shifted from the domain to the inference layer and I/O-transactions were moved from the inference to the strategy layer. Even more, the strategy layer was missing in the model due to an intuitive understanding of task execution. In the specifications, syntax and semantics of the tasks had to be defined, which revealed the need for a strategy layer.

4. The KADS model is complete in the sense that it will not be refined or even operationalized. According to the KADS methodology an entirely new document, the design specification, must now be written [Schreiber, Breuker, Bredeweg, Wielinga 88]. In contrast, the specification can be arbitrarily refined. We can start with a small signature, extend it, add informal and later formal axioms.

However, I do not claim for writing complete specifications, which are almost as complex as ordinary programs. For the office planning problem, I wrote mostly informal axioms and left out others. Instead of formalizing them, I would prefer to give algorithmic definitions, such that the specification becomes executable. Thus, rapid prototyping is supported. Whenever a problem comes up, I can return to the specification and elaborate it further. Thus the specification is a more flexible description.

Section 2 gives a short survey of the application domain. In section 3, I describe the interface specifications by generalizing from the office planning application. Section 4 addresses some open problems.

2. The office planning problem

Since our research group is continuously growing, our head of group often has hard problems in assigning a room to freshly arrived colleagues. If there is no place left in any room, he will need arguments to convince the institute to assign us a new single or double room. Otherwise, he should not put together a smoker and a militant no-smoker, nor people not getting along well, nor people sticking together anyhow, etc. However, the new arrival should not cause too many rotations. Besides, there may be opportunities to move around larger parts of our group, e.g. when some rooms shall be repainted. Then a better constellation may be devised.

These problems were extracted from some *think aloud sessions* of our head of group.

We began the development by fixing the *graphical interface and the dialogs*. Initially, the user may reassign rooms to other research groups, change the staff of our group and select the rooms to be considered for rotation. New colleagues are placed in the hall, where they remain till a room has been found for them. (Luckily, the system is quick enough so that none of our colleagues actually has to work in the hall!)

Next a solution is produced by successively moving people around until there is nobody left in the hall. Doing so, the system may assume missing knowledge in the most favourable way. For example, smoking Susan may share a room with Peter as long as we do not know whether Peter does not tolerate any smokers. Moreover, the system may make compromises, that means if needed it may violate some of the requirements imposed by our head of group. For example, two persons may share a room although they do not have any common private or scientific interests.

The user may comment a solution by rating the compromises and affirming or negating the assumptions. This knowledge is used to rerate the requirements and to update the knowledge base. The solution can then be reevaluated and recommented until the user accepts it, wants to drop it, or wants to keep it in mind. When another solution shall be searched for, either the current one or one of those kept in mind may be used to start with.

Having fixed interface and dialog structure, we developed a *conceptual model* according to the KADS methodology. The model, about 22 DIN-A4 pages long, comprised domain, inference and task layers. It was the point of departure of both the implementation and the algebraic specification. The *specification* consists of 34 component specifications, which are documented in [Voß 89]. In contrast to the model it contained a small strategy layer. The *system* was implemented in BABYLON and demonstrated at Cebit' 89. The knowledge-base needs about 200KB and covers most of the model.

3. The interface specifications

In this section I try to extract the general ideas of the office planning specification which ought to apply to the specification of other expert systems as well. Figure 3.1 shows the overall structure. There are interface specifications (in oval boxes) describing each layer from the layer above. Since control may switch between task and strategy layers, there is a reciprocal interface specification of the strategy layer from the task layer.

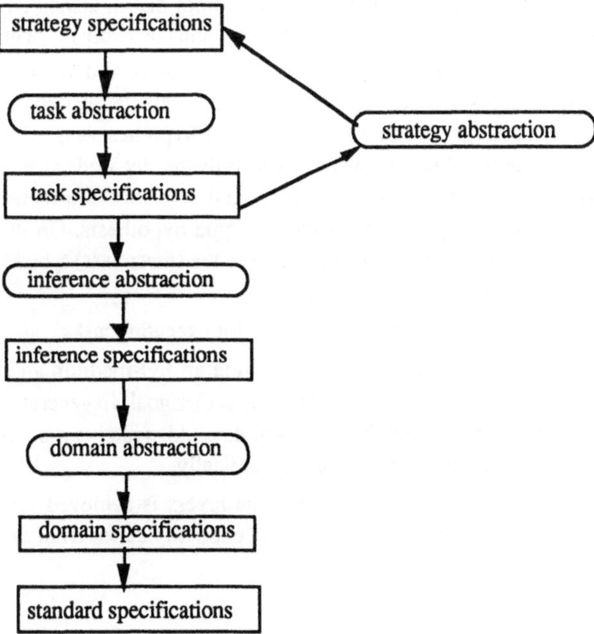

Figure 3.1: Structure of four layered specifications

The interface specifications describe the vocabulary of the layer below, the operations it must provide and a data-base of informations to be passed upwards. Figure 3.2 summarizes the contents of the four interface specifications.

interface	vocabulary	operations	data-base
strategy (-abstraction)	I/O-medium	strategic functions	
task (-abstraction)	tasks goals statements environments	statement-execution goal-checking	task-base
inference (-abstraction)	metaclass-types metaclass-values knowledge-sources	knowledge-source-evaluation	metaclass-value-base
domain (-abstraction)	concept-types concept-terms (composed of concept-functions) concepts	term-evaluation	concept-base

Figure 3.2: Contents of the interface specifications

Beside the data-bases, which organize and concentrate the data flow between the layers, the following differences to the KADS-vocabulary are noteworthy:

On the *domain layer*, concepts and (extensional) relations are not distinguished any more. Instead, types and expressions composed of concept functions are introduced, thus providing a richer terminology.

On the *inference layer*, I replaced metaclasses by metaclass-values and -types. For example, simple hypotheses, differential hypotheses and solutions are different metaclasses, but their values are always hypotheses. Moreover, using three different metaclasses of type hypothesis suggests, that the problem will be solved in (at least) three steps. This however, should only be decided on the higher layers. In my terminology, simple-hypotheses, differential hypotheses and solutions are metaclass identifiers to be introduced on the task layer. They may assume values of type hypothesis. On the inference layer, it is sufficient to consider the types and values: knowledge-sources are (metaclass) typed functions manipulating metaclass-values.

On the *task layer*, I introduced the notion of an environment for executing tasks.

The *strategy layer* is quite degenerate. It just had to provide an I/O-medium and strategic functions to retrieve missing information from the user or to achieve a particular goal. In general, this layer will probably be more sophisticated, but I am still missing the empirical data. All systems modelled so far have a fixed task structure instead of strategies composing the tasks dynamically.

Figure 3.3 illustrates how the flow of control between the layers is achieved via the operations of the interface specifications. Note that the strategic functions are explicitly called from the task layer. In general, one might need a more implicit switch of control.

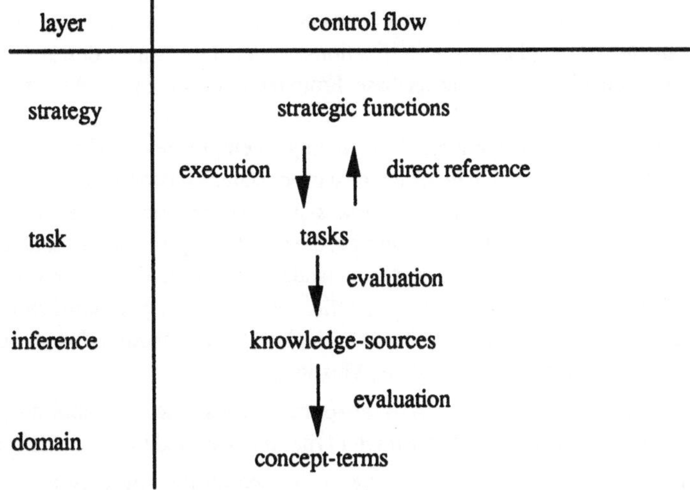

Figure 3.3: Control flow between the layers

layer / interface

data flow

task-
abstraction

task-base

task

metaclasses

(states, assessments, trace,
kept-solutions,
commented-compromises,
commented-assumptions, ...)

task constants

(initialize,
assess-state,
extend-trace, ...)

inference-
abstraction

metaclass-value-base

inference

metaclass-value constants

(all existing operators and requirements)

domain-
abstraction

concept-base

domain

concept constants

(all existing rooms, employees, and
relations between them)

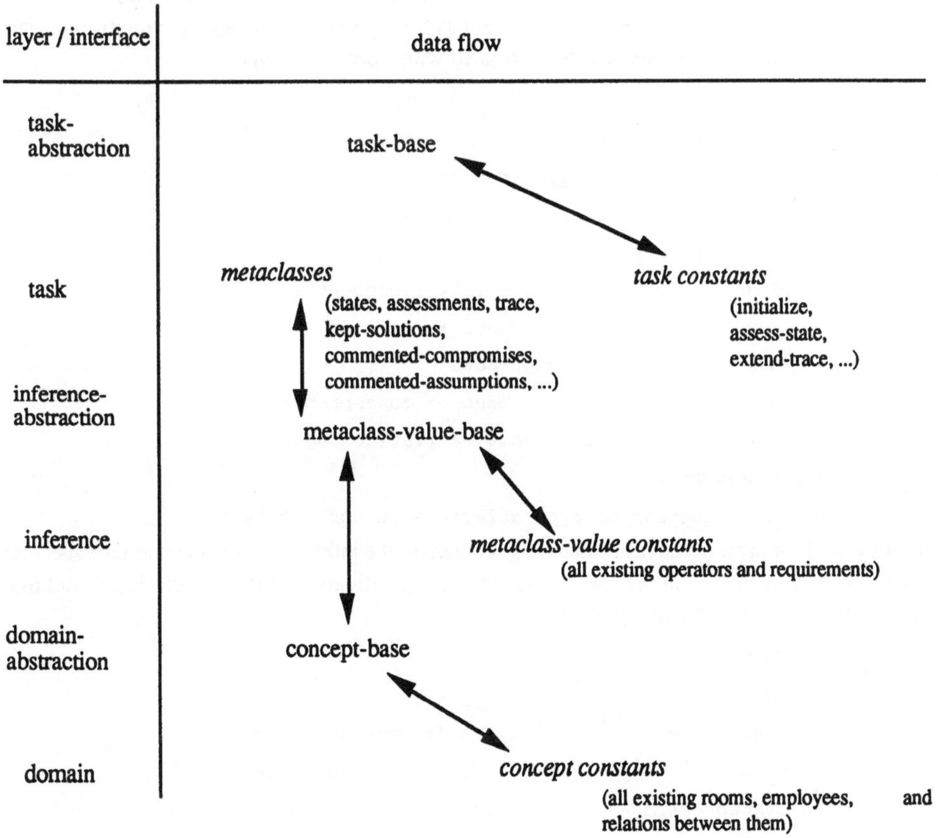

Figure 3.4: Data flow between the layers

Figure 3.4 shows how information flows between the layers via the data-bases of the interface specifications. In the office planning specifications, concept constants describing all existing rooms, employees, etc. are collected in the concept-base. From there, they are passed to the metaclass-value-base, together with other metaclass-values describing all existing requirements (like no-smokers and smokers in separate rooms) and all existing operators (like moving an employee out of a room). From this data-base, the metaclasses are initialized, which describe the current state, its assessment, the kept-solution, the trace, and much more. Concrete tasks like initialize, assess-state, extend-trace, etc. are collected in the task-base for reference on the strategy layer.After this survey, the interface specifications shall be considered in more detail. The syntax of the specifications is rather standard. Some particular conventions are given in the appendix. The interpretation is a loose semantics, admitting many non-isomorphic models for a specification. (Hence specifications need not be complete!) More about software development via loose specifications can be found in [Beierle, Olthoff, Voß 86 and 88].

All specifications are based on the `standard-specifications` where the booleans, the natural numbers, integers, strings, identifiers and generic constructor types like lists and tuples are defined.

`domain-abstraction` defines the domain layer as needed on the inference layer (see figure 3.2). The corresponding sorts and operations are not constructively defined - this happens only when actually combining the layers.

Further sorts and operations are constructively defined: A `binding` associates a `variable` with a its `value`. `typed-concepts` are pairs consisting of a `type`, to be used as selector, and a list of `concepts` representing the relevant knowledge of that type. A constant `concept-base` collects `typed-concepts` with different types. (I used the same name for the constant as for the type.) There are operations to construct a `concept-base` and to retrieve the information associated with a particular `type`.

domain-abstraction

```
import      standard-specifications
sorts       concept-term, concept-type, concept-function,
            binding, typed-concepts, concept-base
operations  <type: concept-type, concepts: list(concept)> -> typed-concepts
            <variable : identifier, value : list(concept)> -> binding
            eval: concept-term list(binding) -> concept
            nil: concept-base -> concept-base
            put: typed-concepts concept-base -> concept-base
            get: concept-type concept-base -> list(concept)
axioms      for put and get,
            for the uniqueness of type-selectors in concept-base
```

To connect the domain layer of the office planning problem to the inference layer, the interface specification `domain-abstraction` has to import `occupies`, the top specification of the domain layer, and must be extended by the following constants and axioms:

add to domain-abstraction

```
import      occupies
operations  s -> concept-type       for all s in sorts(occupies)
            c -> concept            for all c in terms(occupies)
            t -> concept-term       for all t in terms-with-variables(occupies)
            f -> concept-function   for all f in operations(occupies)
```

```
axioms      concept-base =     (<room, existing-rooms, ...
                                <list(occupies), existing-occupies>,
                                <employee, existing-employees>)
            eval(tt,b*) = t <=> axioms(occupies) |= tt' = t
                  where tt' is the replacement of b* in tt
                  and t is reduced
            eval(a, b*) = true <=> axioms(occupies) |= a'
                  where a' is the replacement of b* in a
```

`Concept-types` are employees, rooms, persons and jobs, sorts for their attributes and for various relations between them. `concepts` are all terms denoting objects of these types, while `concept-terms` may also be terms with variables, to be used in the formulas of operators and requirements. `concept-functions` are all operations defined for concepts, in particular tupling, selector and list operations. `concept-base` is initialized using `existing-...` constants, which collect all relevant knowledge of their sort. For example, `existing-rooms` denotes the list of all currently defined rooms, and `existing-occupies` the list of all tuples connecting an employee with his room. `eval` is defined using the derivation relation |= of `occupies`.

`inference-abstraction` specifies the inference layer as needed on the task layer. Beside the vocabulary and the operations mentioned in figure 3.2, there are two operations yielding the source and target sorts of a knowledge-source.

Further data types and functions are constructively defined: `typed-metaclass-values` are pairs consisting of a type, to be used as selector, and a list of `metaclass-values` representing the relevant knowledge of that type. The constant `metaclass-value-base` collects `typed-metaclass-values` with different types. (Again I used the same name for the constant and its sort.) There are operations to construct a `metaclass-value-base` and to retrieve the information associated with a particular `type`.

```
inference-abstraction
import      standard-specifications
sorts       metaclass-type, metaclass-value, knowledge-source,
            typed-metaclass-values, metaclass-value-base
operations  eval: knowledge-source list(metaclass-value) -> list(metaclass-value)
            source: knowledge-source -> list(metaclass-type)
            target: knowledge-source -> list(metaclass-type)
            <type: metaclass-type, metaclass-values: list(metaclass-value)>
                  -> typed-metaclass-values
            nil, metaclass-value-base ->  metaclass-value-base
            put: typed-metaclass-values metaclass-value-base -> metaclass-value-base
            get: metaclass-type metaclass-value-base -> metaclass-value
axioms      for put, get,
            for the uniqueness of type-selectors in metaclass-value-base
```

To connect the inference layer to the task layer, the specification `knowlege-sources`, the top of the inference layer, must be imported into the interface specification `inference-abstraction`, and the following constants and axioms have to be added (`proper-operations(knowlege-sources)` denotes exactly the knowledge-sources):

```
add to inference-abstraction
operations  s -> metaclass-type for all s in sorts(knowlege-sources)
```

```
            v -> metaclass-value for all v in terms(knowlege-sources)
            ks -> knowledge-source for all ks in proper-operations(knowlege-sources)
axioms      eval(ks, v*) = v <=> axioms(knowlege-sources) |= ks(v*) = v
            source(ks) = s* <=>
                 ks: s*: s*' is declared in knowlege-sources for some s*'
            target(ks) = s* <=>
                 ks: s*': s* is declared in knowlege-sources for some s*'
            metaclass-value-base-base =
                 (<operator, existing-operators,
                  <requirement , existing-requirements>,
                  <metaclass-value-base, concept-base>
                  <occupancy, existing-occupancy>)
```

Metaclass-types are statement, assessment, trace, concept-base, requirement, operator, operator-match, commented-compromises, commented-assumptions as well as some standard types. metaclass-values are all terms denoting objects of these sorts. knowledge-sources are the operations generate-first-state, assess-state, assess-states, extend-trace, select-operators, generate-successor-states, select-best, comment-state, update-knowledge-base, update-requirements, update-existing-occupancy, keep-solution and replace-solution. Their evaluation is defined using the derivation relation |= of knowlege-sources.

task-abstraction specifies the task layer as needed on the strategy layer. Beside the vocabulary and the operations mentioned in figure 3.2, operations are needed to extract the components of a task. The constant task-base serves to store all concrete tasks.

task-abstraction

```
import      standard-specifications
sorts       task, goal, statement, environment
operations  execute: statement environment -> environment
            task-base ->  list(task)
            get-name: task -> identifier
            get-precondition: task -> list(goal)
            get-goals: task -> list(goal)
            get-statement: task -> statement
axioms      ...
```

The connection of the task layer to the strategy layer is straightforward, because it provides corresponding data structures and operations (To avoid confusion, I use the prefix T to distinguish notions in task, which is the top specification of the task layer, from those in task-abstraction):

add to task-abstraction:

```
import      knowledge-sources
operations  t -> task          for all terms t of sort T.task in terms(task)
            g -> goal          for all terms g of sort T.goal in terms(task)
            st -> statement   for all terms st of sort T.statement in terms(task)
            e -> environment for all terms e of sort T.metaclasses in terms(task)
axioms      execute(t,e) = e' <=> axioms(task) |= T.execute(t,e) = e'
            get-name(t) = n <=> axioms(task) |= T.name(t) = n
```

```
get-precondition(t) = g* <=> axioms(task) |= T.precond(t) = g*
get-goals(t) = g* <=> axioms(task) |= T.postcond(t) = g*
get-statement(t) = b <=> axioms(task) |= T.body(t) = b
task-base = existing-tasks
```

`tasks` are all terms of sort task, `goals` all terms of sort goal, `statements` all terms of sort statement and `environments` all terms of sort metaclasses on the task layer. The `get`-selectors are defined using the corrisponding selectors `name`, `precond`, `postcond` and `body` defined on the task layer. The `task-base` is initialized by `existing-tasks`, a constant denoting the list of all currently defined tasks. For example, it contains the tasks find-floorplan-solution, initialize, find-potential-solution, next-state, comment-solution, one-comment, update-system, continue, and switch-solution.

The `strategy-abstraction` describes the strategy layer as needed on the task layer (`task-top` denotes the top specification of the task layer).

```
strategy-abstraction
import      standard-specifications, task-top
sorts       I/O-medium
operations  retrieve: list(metaclass-type) I/O-medium
                      -> list(metaclass-value) I/O-medium
            achieve-goal: list(goal) environment -> environment
```

In order to connect the strategy layer to the task layer, no additional operations or axioms are required, since `strategy-abstraction` is a subspecification of `strategy`, the top specification of the strategy layer. Thus, only the import-part has to be modified:

```
strategy-abstraction ...
import      standard-specification, strategy
```

4. Conclusion and open problems

I proposed an algebraic specification technique for expert systems based on KADS´ conceptual models: For each layer, interface specifications describe the vocabulary, the operations and the data assumed on the layer below. They are the base of separate algebraic specifications for each layer, which are connected by filling in the interface specifications. Applying this technique to a office planning problem revealed several advantages. The richer vocabulary helped to avoid some representational problems on the domain layer and the formal rigor to detect some conceptual mistakes. The interface specifications separate the layers more clearly and a smooth transition to an executable representation is possible by stepwise refinement.

The specificiations on each layer being ordinary (loose) algebraic specifications, the semantics of each layer is well defined. In contrast, to connect a layer to an interface specification I used meta-level constructs referring to the syntax and semantics of other specifications. The meaning of these meta-level references, although intuitively clear, is not yet formally defined.

Besides, we are not only interested in the connected specifications statically, but in their changes during or between problem solving sessions. The effect of a session can be described by the axiom

metaclasses = execute(solve-occupancy-problem, metaclasses)

excuting the top task in the environment of the initialized metaclasses.

We cannot add this axiom to the specifications, since this would lead to inconsistencies. But we want to change the constant `meta-classes` according to the axiom. The change should even be propagated down to the domain layer along the arrows shown in figure 3.4, overriding the old interpretations of the constants. Thus we need a truth maintenance mechanism to retract the affected axioms.

These open problems will be a subject of the REFLECT project, an ESPRIT basic research project between the KADS group, our research group, the Dutch ECN institute and the German Interface company.

Appendix: Some syntax conventions

For each sort s,

the characteristic predicate `is-s`,

the list data type `list(s)`,

the equality =,

and the constant `undefined`

are implicitly defined:

For sorts s, sa, sb, ...

```
is <oa:sa, ob:sb,...> -> s
```

means the implicit definition of a tupling operation

```
<, ,...>: sa sb ... -> s
```

and of the corresponding selector operations

```
oa:s -> sa
ob:s -> sb
...
```

Operations yielding multiple values are allowed.

Operations may be polymorphic.

Conversion operations between sorts with identically or analogously structured objects are omitted.

Literature

Beierle, C., Olthoff, W., Voß, A.: Towards a formalization of the software development process. In Software Engineering 86, IEE Computing Series 6, Peter Peregrinus Ltd. London 1986.

Beierle, C., Olthoff, W., Voß, A.: Qualitätssicherung durch Programmverfikation und algebraische Methoden in der Softwareentwicklung. In Informatik Spektrum, Band 11, Heft 6, Springer Verlag 1988.

Karbach, W., Linster, M., Voß, A.: OFFICE-PLAN: Tackling the synthesis frontier. GWAI'89.

Schreiber, G., Breuker, J., Bredeweg, B., Wielinga, B.: Modelling in KBS development. Expert Systems and their Applications, Avignon 1988.

Voß, Angi: A layered algebraic specification of an expert system solving office planning problems, WEREX-Bericht Nr.31, June 1989.

Wielinga, B., Akkermans, H., Schreiber, G., Balder, J.: A knowledge acquisition perspective on knowledge-level models. BANFF 1989.

Wielinga, B., Breuker, J.: Models of expertise in knowledge acquisition. In Proc. ECAI'86, 1986.

OFFICE-PLAN : Tackling the Synthesis Frontier

Werner Karbach, Marc Linster, Angi Voß
Gesellschaft für Mathematik und Datenverarbeitung
Forschungsgruppe Expertensysteme
Postfach 1240
D-5205 Sankt Augustin

e-mail : karbach@gmdzi.uucp ; linster@gmdzi.uucp ; avoss@gmdzi.uucp

Abstract

Analytic problems like diagnosis or classification have been intensively studied and their abstract structure is well known. For synthetic tasks like design, configuration or assembly such models are still missing. They would help us to understand the nature of the problem, the types of knowledge involved, to guide the knowledge acquisition process and to serve as a specification for the implementation. Based on concrete experiences from modelling and building an office planning system we give a first, tentative description of a conceptual model for assembly tasks.

1 The problem

1.1 Office planning

The Expert System Research Group of GMD is growing rapidly, and personell movement on our floor is very high. Traditionally the head of our group decides about the placement of a new researcher into a room, or about room-switches between colleagues. It is a very time-consuming process to continuously consider all the criteria that are relevant for a fertile working climat within the research group, e.g. dense communication between projects, proximity of central services, resource requirements and personal characteristics like smoking aversion.

We devised OFFICE-PLAN, a knowledge-based system to assign offices to employees, which considerably reduces the amount of time needed to design a new occupancy and makes the process much more systematic.

Office planning is a *synthetic problem*, since a solution is constructed rather than selected. More precisely, it is an *assembly problem*, since a given set of objects (the employees) must be combined or mounted in a particular environment (the offices). Assembly problems are a special type of *configuration problems*, where the objects need not be given initially but may have to be selected first.

1.2 What's in it for academia

Diagnosis or classification problems have been studied in many applications and systems, e.g. MYCIN [Shortliffe 76], MED2 [Puppe 86], AQUINAS [Boose et al. 87]. The abstract structure of those types of problem-solving has been previously discussed by [Clancey 85] and [Chandrasekaran 86]. The knowledge acquisition methodology KADS uses this abstract model of classification for the structured developement of knowledge based systems of the classification type [Wielinga, Breuker 87].

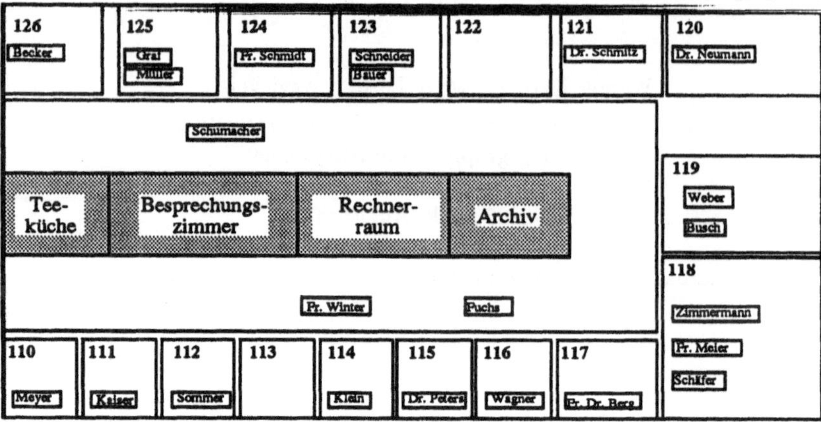

Figure 1: A sample office plan. Employees that have not yet been placed are shown in the hall. Hatched rooms are not available.

For synthetic tasks like design, configuration or assembly such models of the expertise are still needed. In order to use them in a broad range of tasks, they must be independent from a particular application domain and from specific implementation details.

A model of synthetic tasks serves the following purposes:

- it helps us to understand what realy constitutes a synthetic task and what types of knowledge are used to solve such problems;
- it guides the knowledge acquisition process as it provides a framework for the application specific knowledge;
- it serves as a specification for the implemented system;
- it is a documentation of the implemented system.

Based on concrete experiences with the office planning application we are in a position to give a first tentative description of a conceptual model for assembly tasks.

2 The approach: rapid prototyping vs. model-based

The most popular approach to the development of expert systems is based on a *rapid prototyping* or *evolutionary* construction paradigm [Hayes-Roth et al. 83] [Heng 87]. Compared to well-known principles for systematic software engineering the strict rapid prototyping approach has quite a few disadvantages:

- There are no clearly distinguishable phases in the development process and it is hard to find milestones to control the progress of a project;
- The expert cannot understand and maintain the knowledge base as he is not familiar with the implementation formalisms used and misses higher level descriptions;
- The difficult task of analysing and interpreting the verbal data elicited from the expert is not supported. Rationals behind entries in the knowledge base are usualy not explicitly documented.

To overcome these problems in developing the office planning system, we prefered a model-based approach as suggested in the KADS methodology, where a conceptual model serves as a mediator between the verbal data of the expert and the implementation.

The knowledge was elicited from *thinking aloud protocols* of the expert — the head of our group. The protocols were *analyzed* in order to extract the relevant vocabulary, the criteria for placing employees, the basic operations and the inference steps the expert uses for solving the problem. The result was described in a four-layered *conceptual model* which distinguishes between static domain knowledge, inferences, tasks and strategies. This semi-formal description was used as the specification for the system, which was *implemented* with the BABYLON expert system tool.

In the following sections we give a description of the different development phases.

3 Knowledge elicitation

To elicit knowledge we watched the expert in his usual task-environment. He used a sketch of our offices that indicates the locations and sizes of the rooms. Employees are represented by little bits of paper carrying their names. Our expert accomodated an employee by simply moving his name-tag into the rectangle of a room.

We decided to use the method of concurrent thinking-aloud protocols with interruptions. We watched our expert on the task, protocoling his actions and transcribing his comments. We interrupted him whenever we did not comprehend his actions. Doing so allowed us to acquire explanations and rationals of his decisions which we used in order to make the system less brittle.

4 Knowledge analysis

With the skeleton of the four-layered model in mind we tried to identify types of knowledge which are characteristic for assembly tasks in general and especially for office planning.

We recognized, that the expert arranged the employees so that the final office plan met certain requirements . Some of these (domain specific) requirements are:

- Place researchers with similar scientific interests into one room; but they shouldn't belong to the same project.
- Place the head of the group and the secretary into neighbouring rooms.
- Don't place students into regular rooms, as long as there are still free places in the student room.
- Don't place smokers and non-smokers into one room.
- Guarantee that the required resources, i.e. the computers an employee needs, are available.

In general, the requirements are concerned with supporting communication, avoiding social conflicts, minimizing distances and providing the necessary resources.

To test requirements the expert used static domain knowledge about rooms and employees. Rooms have attributes like size, available resources or location. For employees professional attributes like required resources, project or role can be distinguished from personal ones like smoke-aversion, hobbies or friends.

While problem solving the expert constructed partial solutions which he tested against his requirements. Obviously, the elementary operation to construct partial occupancies is a simple move of a name-tag from one room to another one. But he also used composite operations, e.g.

exchange two employees, remove all occupants of a room, place two employees that harmonize into a double room.

During the problem-solving process situations arose where not all requirements were satisfied. If the number of violated requirements exceeded a threshold, it was interesting to see that the expert did not backtrack localy, but rejected large parts of the arrangement. On the other side, he accepted certain violations of requirements and treated them as inevitable compromises.

At a few moments in the problem-solving process, our expert missed specific knowledge, e.g if a person smokes or not. At that point he made the most optimistic assumptions, i.e. he made assumptions to minimise compromises.

5 Knowledge modeling

We aimed at a specification-like description of our system to reduce ambiguities that are inherent to natural-language descriptions of large systems. For that purpose, the approach of the KADS group seemed to be most promising foundation, even though it does not provide a formal specification language. They propose to describe expertise in a semi-formal conceptual model [Wielinga, Breuker 86]. As shown in fig. 2 it consists of four layers, each devoted to a different kind of knowledge. In the following we sketch the domain, inference and task layer of the office planning problem. A strategic layer was not needed, because the problem solving procedure employed was rather determinate.

Level	Relations	Objects	Organization
Domain		Concepts, Relations Structures	Axiomatic Structure
	Describes		
Inference		Meta-classes, Knowledge Sources	Inference Structure
	Applies		
Task		Goals, Tasks	Task Structure
	Controls		
Strategy		Plans, Meta-rules, Repairs, Impasses	Process Structure

Figure 2: KADS' conceptual models.

5.1 The domain layer

On the domain layer, the declarative knowledge relevant to the office planning problem is described. Our basic *types* were primitive types like integers, symbols etc. and enumeration types to describe hobbies, roles, resources etc. *Concepts* are structured objects. We used them to model rooms, employees, the occupancy assigning to each room its inhabitants, operators and requirements, assumptions and compromises.

Besides, we have several *relations* between these concepts and types. For example, persons may or may not get along well, and there is a responsibility hierarchy between jobs. Figure 3 shows how the concepts are related.

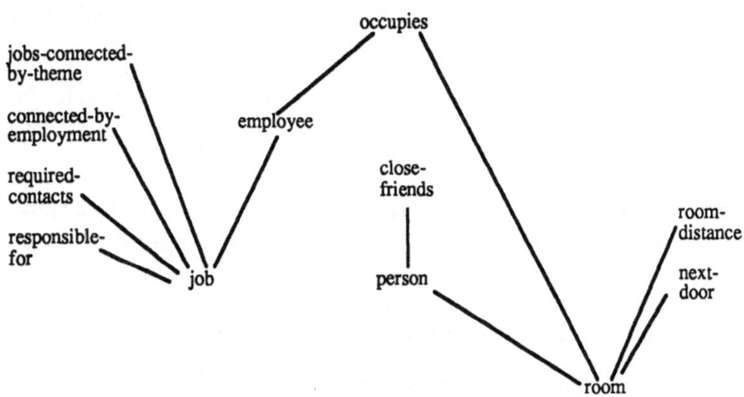

Figure 3: Major concepts and relations on the domain layer.

5.2 The inference layer

In the KADS methodology inferences, i.e. building-blocks of problem-solving methods are described independently of the domain they will lateron be applied to. *Meta-classes* describe roles that pieces of knowledge play during a problem-solving process, e.g. flue can be a hypothesis in medical diagnosis system, fever can be an observable. *Knowledge sources* are primitive inferences which modify meta-classes. Meta-classes and knowledge sources are combined into a directed graph called inference structure which represents their interaction (see fig. 4).For analytic problems like diagnosis and classification there is much lore about such structures [Wielinga, Breuker 87] [Clancey 85b] whereas for synthesis problems, such comparable notions are not yet worked out.

In the office planning problem we identified the following meta-classes (abstracting from some details for simplification):

requirements: The list of all defined requirements, that the solution, i.e.the final state and all intermediary states should meet.

state: A description of a partial solution reached at a specific time in the assembly process. It consists of an occupancy, the operator which was applied to produce it, the compromises which arise, the assumptions made and a numeric assesment of the qualitiy. The occupancy defines the relation between offices and employees, i.e. who-sits-where.

available-operators: The list of all operators to change occupancies, and thus transform one state into a successor state.

successor-states: A list of states which are possible candidates to continue the assembly task,

selected-operators: A list of operators which are applicable to a specific state to produce sucessor states,

knowledge-base: The domain knowledge about rooms, employees and the relations between them,

solutions: A list of (solution) states.

The interaction between the meta-classes is defined by the following knowledge sources:

generate: This knowledge source defines the initial problem-configuration, i.e. the initial state that triggers the problem solving process

comment: The user may give comments about a state, i.e. introduce his additional knowledge about a specific occupancy by affirming or negating assumptions and by accepting or refusing compromises

select-operators: Many operators can be used to change a given state. This knowledge source selects those that seem best, and proposes a limited number of instantiations for each operator. For example if the operator place-one was selected, this knowledge source proposes some instantiations, i.e. place FR. Winter into room 122, place Fuchs into room 121 (see fig. 1).

generate-successor-states: The selected operators are applied to a state, i.e. the occupancy of the state is changed using an operator-instance, and one successor-state is generated for every operator-instance.

assess-states: The potential successor states are evaluated to find out which requirements they meet, which ones they violate and which assumptions are made. Assumptions and violated requirements cause a loss in quality of the potential successor state.

select-best: Among the successor states the one with the highest quality is selected.

check-for-solution: There are two termination criteria for the process:. a state is a solution if all employees are assigned to rooms, or if no operator can achieve a sensible increase of quality anymore.

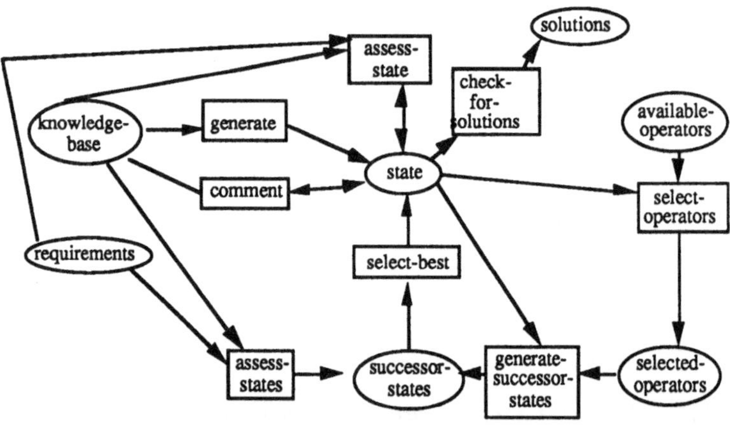

Figure 4: The inference structure.

5.3 The task layer

The inference layer (see fig 4) describes the basic building blocks of the problem-solving behaviour, the inference structur describes their basic-interaction, i.e. who modifies whom, and what I/O-dependencies exist between knowledge-sources and meta-classes. The task structure describes how these building blocks are used or aligned to form a problem-solving procedure.

We use hill-climbing as our problem-solving method. Some of the reasons for this not so obvious choice are:

- A solution will not necessarily match all requirements, some requirements can be violated "a little bit", e.g. most researchers have the resources they need, the secretary is not next door to the head of group, but still fairly close. This eliminates backtraking approaches as it cannot be decided unequivocally if a certain intermediate solution is valid or not. An intermediate solution can only be selected if it is the best one among comparables.

- The overall problem cannot be divided into independent sub-problems, so that each sub-problem can be solved on its own, and that the combined, solved sub-problems constitute a global solution. This is due to the fact that some requirements are applied within rooms (like the smoking-requirement), some requirements concern several rooms (the secretary's office should be next door the the head of group's office), some requirements concern rooms and employees (the members of a project should be assigned to rooms that are close together). Thus we could not select a hierarchical planning strategy.

- A search strategy, like best-first was not acceptable due to the nevertheless very high number of partial solutions in the spanned search-space. For a complete solution we averaged about 20 steps, in each step we selected among 7 operators, that each had up to 20 instantiations.

- An intelligent search strategy like A* was untractable, as we were not able to define a function h such that A* would find a solution with a considerably reduced search space.

In the course of the development of the conceptual model we considered other strategies too, like constraint filtering which were unacceptable for obvious reasons.

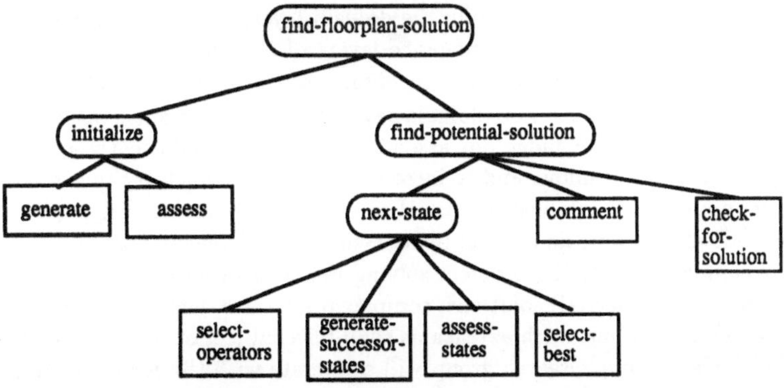

Figure 5: The dependency graph of tasks.

In the task structure of our problem the following tasks are the most essential ones:

initialize: This simple task allows the user to define the initial state that represents the problem to be solved.

next-state: This task produces a successor-state. To do so it sequentially invokes the knowledge-sources select operators, generate-successor-states, assess-states and select-best.

find-potential-solution: This task calls the task next-state until the knowledge-source check-for-solution indicates that next-state produced an acceptable solution, which can then be commented by the user.

find-floor-plan-solution: This is the top-task that calls its subtasks. The initialisation task is called once, and the task find-potential-solution is called until the user is satisfied with the outcome.

6 The implementation

The OFFICE-PLAN system was implemented with the BABYLON expert system tool [Christaller, Voss, di Primio 89] and demonstrated at CeBIT'89. For reasons of transparency we wanted to mirror the structure of the model as truely as possible in the implementation. Thus, each *concept* was represented by an object, each *relation* by a Prolog predicate. Each *knowledge source* was represented by a frame associated with a LISP-function. As this was a first prototypical implementation to test the problem-solving method, we did not realize this principle as rigidly as needed. The meta-classes are not yet clearly dinstinguished from the concepts nor the tasks from the knowledge sources. For the same reason, we did not implement the full model - initialization and commenting had to be omitted.

Currently we are reimplementing the system using a modelling language built on top of BABYLON. In the new system, the structure of the model will be preserved: the layers will be clearly separated and all model constructs will be represented by special objects. Operators and requirements will be represented in a more declarative way so that they can easily be adapted and extended. The inference layer shall be realized by blackboard as a base for exploring other search techniques.

7 Generality and perspectives

If the inference layer is neatly separated from the domain layer, the latter can be split of yielding a *generic model*. In this sense, task and inference layers of the office planning model constitute a generic model for assembly tasks. In order to obtain, say a model for floor planning in chip-design we only have to substitute a new domain layer describing the static aspects of chip floor planning. However, we do not yet judge our assembly model to be sufficiently general. We would like to generalize the search technique and to introduce operators which try to configure a plan by composing and modifying well established partial solutions. More ambitiously, the system should be able to improve itself (become an expert) by assessing the efficiency of its own problem solving behavior and by comparing it to the problem solving behavior of human experts and their solutions, extracting promising (partial) solutions, complex operations, learning when to satisfy which requirement by which operations. Such extensions shall be a subject of the ESPRIT basic research project REFLECT wherein our research group will cooperate with the KADS group.

References

[Boose et al. 87] Boose J., Bradshaw, J.:*Expertise transfer and complex problems: using AQUINAS as a knowledge-acquisition workbench for knowledge-based systems* Int. Journ. of Man-Machine Studies (1987)26, 2-28

[Christaller, Voss, di Primio 89] Boose J.:*Die KI-Werkbank BABYLON* Journal

[Chandrasekaran 86] Chandrasekaran B.:*Generic Tasks in Knowledge-Based Reasoning: High Level Building Blocks for Expert System Design* IEEE Expert, Fall 1986

[Clancey 85] Clancey W.: *Heuristic Classification* Artificial Intelligence 27(1985), 289-350

[Clancey 85b] Clancey B.:*Acquiring, Representing, and Evaluating A Competence Model of Diagnostic Strategy* Report No. STAN-CS-85-1067, Stanford University(1985)

[Hayes-Roth et al. 83] Hayes-Roth F., Waterman D., Lenat D.: *Building Expert Systems* Addison Weseley Publishing Company, London 1983

[Heng 87] Heng M.: *Why Evolutionary Developement of Expert Systems Appears to Work*, Future Generation Computer Systems 3 (1987) 103-109

[Puppe 86] Puppe F.:*Assoziatives diagnostisches Problemlösen mit dem Expertensystem-Shell MED-2* Dissertation, Universität Kaiserslautern

[Shortliffe 76] Shortliff E.H.:*Computer-based medical diagnosis: MYCIN* New York: American Elsevier

[Wielinga, Breuker 86] Wielinga B., Breuker J.: *Models of expertise* ECAI 1986.

[Wielinga, Breuker 87] Wielinga B., Breuker J.: *Model-Driven Knowledge Acquisition* Memo 87, Deliverable task A1, Esprit Project 1098, 1987

Modifying the Model Set During Diagnosis

Adam Farquhar*
Department of Computer Sciences
University of Texas
Austin, Texas 78712
USA

SIEMENS AG
ZFE F 2 INF 2
Otto-Hahn-Ring 6
D-8000 Munich 83
West Germany
(farquhar@cs.utexas.edu)

Abstract

GDE presented a very clean approach to model-based diagnosis. Recent work by de Kleer & Williams has extended the original system to include multiple models for components. When many of the models for the components are instantiated from the beginning of a diagnosis session, however, the cost of doing predictions quickly explodes.

This paper presents an extension to GDE-2, in which observations are explicitly maintained in a context. This allows models to be added or removed during the course of diagnosis, thus ameliorating the combinatoric problem.

1 Introduction

1.1 Model-Based Diagnosis and Fault Models

During the last decade, model-based diagnosis has arisen as an alternative to heuristic diagnostic systems (expert systems). In model-based diagnosis, one uses a library of standard components and pieces them together to form a model of a new device. By reasoning about the behavior of the parts, and their inter-connections, it is possible to determine the behavior of the whole. In doing diagnosis, the problem is to identify a small subset of the components which could fail in such a way as to produce the observed behavior of the device.

De Kleer & William's GDE (general diagnostic engine) [3], built on top of the ATMS [2], provides a very clean approach to solving this problem. It identifies minimal sets of components which, if faulty, could produce the observations. Furthermore, it uses estimates of the probability of these diagnoses to recommend measurements which will narrow down to a single diagnosis as quickly as possible.

*The author thankfully acknowledges the support provided by SIEMENS for this research.

GDE has the advantage of allowing arbitrary numbers of faults in the device. One shortcoming of the original GDE, however, is that components behave either according to a single normative model, or their behavior is completely unconstrained. In order to address this problem de Kleer & Williams [4] have introduced a new version of the candidate generation algorithm which allows for the use of multiple models during diagnosis. Their algorithm replaces the notion of minimal candidates, a set of components which must all be malfunctioning, with the notion of maximal candidates, a set containing one model for every component in the device. Because there is an exponential number of maximal candidates, it is important to explicitly represent only a few of the most likely ones. This makes the probability calculations, which were a peripheral consideration in GDE, central in the new algorithm. Using the probability estimates as a cost function, a best-first expansion of the candidate space can be very directed and efficient.

1.2 Dynamic Modification

GDE-2 focuses on the issues of using multiple models and developing the notion of diagnosis as identifying consistent modes of behavior. The use of multiple models, however, adds substantially to the complexity of the diagnostic problem. Both the space of possible diagnoses and the cost of prediction explodes. Thanks to tightly guided expansion of the candidates, GDE-2 effectively limits the first problem.

This paper presents a technique which enables a diagnostic problem solver to engage in a controlled search through the space of possible models for components, and thus reduce the cost of prediction.

It appears as if adding a model only involves instantiating its definition. The difficulty, however, lies in updating the probabilities of the various models and determining a new set of candidate diagnoses. The probability of a model at some point during diagnosis is a function of the complete set of models in use and the observations which have been made so far. After the set of models has been changed, one needs to recompute all of the candidates and probabilities as if from the beginning. During the course of recomputation one must constantly ask the question "Does this set of models predict some value for this variable". Here is where the difficulty arises. In the typical implementation of GDE, observations are considered to be *facts*. A fact in the ATMS is always true; it is a tautology. Everything, including any set of models, derives a tautology. If a set of observations are recorded as facts, there is no way to determine whether a set of models predicts some subset of them and denies another. We need a representation for observations which does not have this property.

The key idea in the solution presented here is to maintain the observations in an explicit context rather than as facts. Candidate diagnoses are then generated from the models for components so that they are consistent with the context. Because the context is a separate structure, observations can be added or removed from it. The candidates and their probabilities can be recomputed by a recursive call to our diagnosis algorithm, adding the old observations to the context as if they had just been measured. In addition to the observations, the context may be used to express background assumptions and knowledge about the operating environment of the device being diagnosed, as well as multiple test vectors [9].

Using a standard ATMS/problem solver architecture such as *consumers*, it is not possible to effectively remove models. A new architecture, COCO[1], presented in [5], is able to efficiently support this sort of reasoning. COCO also allows an assumption-based diagnosis system to restrict the search space by using single, double, etc. fault assumptions — while making it easy to modify such restrictions dynamically.

2 Diagnosis

2.1 Diagnosis as Model Assignment

Diagnosis may be viewed as the task of finding out how a device is behaving, rather than that of determining if its observed behavior matches a specification of the "correct" behavior. The correct behavior is really a complex function of the device, the problem solver, and the task which is being addressed. Thus, diagnosis may be defined as an assignment problem. This makes the output of an embedded diagnostic engine much more useful for the problem-solver which employs it. For example, startup and shutdown procedures often place a system's components in what would otherwise be faulty modes; a broken dollar sign on a typewriter does mean that the typewriter is broken, but does not keep me from typing most letters. The goal is to assign a behavioral model to each component of a device.

A description of a device, D, consists of a set of components, $c_1 \dots c_n$, a specification of their connections through common variables, and a designated subset of variables, *Observables*, which are observable. The behavior of each component, c_i, is defined by a set of models, m_i. This set is then decomposed into the active models, AM_i, and the inactive models, IM_i, for the component. The active models are those which the problem solver is willing to consider as part of a diagnosis. Inactive models are ones which could be used to describe the component, but which the problem solver does not want to be included in diagnoses. Models which are expensive to compute, very unlikely, or produce weak predictions, are good candidates for IM_i.

A model, m_{ij}, for a component, c_i, is defined by a set of constraints among the variables (pins) of c_i. The models for a component are exclusive - only one may describe a component at a time. Their predictions, however, need not be different. E.g. a transistor, might have four models: normal, stuck-open, stuck-closed, unknown. The unknown model is a catchall, and allows any arbitrary relations between the values of variables of the component. Unknown models provide very weak predictions — none at all - and are almost always good candidates for IM_i. It is generally best to introduce them as a last resort, when no consistent diagnosis can be found using the other models. It may be important to retain this possibility, however, in that it is practically impossible to determine a set of models which cover *all possible* behaviors of a device. Struß's GDE$^+$ makes an interesting use of fault models to indirectly prove that a component behaves correctly [8, 9, 10].

[1]Context driven control.

A candidate diagnosis, k_i, is a set of active models, one for each component. A candidate must be consistent with the given context, Cxt, which is a set of assumptions about the world. I.e. $Cxt \cup k_i \not\vdash false$. This context may include both observations and background assumptions about the device topology, general physical laws, operating modes of components, and so on.

2.2 Using maximal candidates

In GDE there were two types of candidates, minimal and actual, which consisted of sets of models for components. E.g. suppose that we have a device with three components A, B, and C. Then the minimal candidate, written $[A]$, means that the component A must be broken (i.e. that the component cannot be modeled with A)[2], but says nothing about the other components: $[A] \equiv \neg A$. This representation has the advantage of minimality. The minimal candidate $[A]$ succinctly represents the set of candidates $\{[A], [AB], [AC], [ABC]\}$, as all of them also require A to be broken. The actual candidate, also written $[A]$, says that only A is broken: $[A]_{actual} \equiv \neg A \wedge B \wedge C$.

The minimal candidate representation presents a difficult problem when one attempts to compute the likelihood that a single component is faulty, namely that the minimal candidates are not independent. E.g. $[A]$ and $[B]$ share the members $[AB], [ABC]$. If we want to compute the likelihood that the component A is broken we cannot simply sum the probability of the candidates which contain A. In order to compute the probability of $\neg A$, one must know what share of the probability $\neg A$ has in all of the minimal candidates. In fact, if one reads the fine print in the description of GDE one realizes that it is necessary to explicitly create a list of *all of the maximal candidates* in order to compute the probabilities of the minimal candidates.[3] This is extremely awkward, as there are always 2^N of them for a device with N components. Most of the run-time for GDE is taken up by computing the probabilities from this rather large set. The probabilities of the component models are necessary for selecting new measurements.

In GDE-2 the minimal candidates have been superseded by maximal ones, which contain one model for each component in the device. The maximal candidates are independent, and are much more straightforward to interpret than the minimal ones.

2.3 A diagnosis algorithm

In this section, we present a modified version of the GDE-2 diagnosis algorithm. The main difference is the addition of an explicit context, which holds the observations, and allows models to be added or removed during diagnosis. The algorithm is succinctly displayed Figure 1. In the text that follows, it is discussed point by point. The referenced equations are defined in section 3.

Initialization For the sake of exposition, the context is initially empty. It could also start out with background assumptions, etc. The model probabilities are initialized with some *a priori*

[2] Gde does not make a clear distinction between the components and their models.

[3] This surprising fact has been confirmed by de Kleer, and was also noted by Hamscher.

To diagnose a device, D, with components C_i, which are described by the active models, AM_i, and inactive models, IM_i:

Initialize	$Cxt \leftarrow \{\}, AM \leftarrow \bigcup_{c_i} AM_i$ $\forall m \in AM,\ p(m \mid \{\}) \leftarrow$ factory probability of m.
Expand	$K \leftarrow \text{best}(AM, Cxt)$
Select	$x \in Observables$
Measure	$Obs \equiv (x = v)$
Compute	$p(Obs \mid Cxt, K)$ $\forall k \in K,\ p(k \mid Obs \wedge Cxt)$ when $\sum_{k \in K} p(k \mid Obs \wedge Cxt) < threshold$ then $K \leftarrow K \cup \text{best}(AM, Obs \wedge Cxt)$, go to Compute. $\forall m \in AM,\ p(m \mid Obs \wedge Cxt, K)$
Modifications	Add or remove models. Recompute probabilities and candidates.
Record	$Cxt \leftarrow Cxt \cup \{Obs\}$ go to Expand.

Figure 1: Diagnosis algorithm.

estimates, such as manufacturer's failure data. Hamscher's experience [6] indicates that the actual values are less critical then their ordinal relation.

Expansion In this step, the set of candidates is constructed using the current active models and the context. The goal is to make the candidates with the highest probability explicit. The sum of the probabilities of all candidates is 1, we want to keep the size of the candidate set K relatively small, while keeping the sum of their probabilities as high as possible. For small to medium size problems (up to 12 components, 3 or 4 models per component), a simple depth-first algorithm can be used. Each AM_i is ordered according to the probabilities of the m_i, and then the c_i are similarly ordered according to the probability of their most likely model. We then do a left-to-right, depth-first expansion. Due to the ordering, this is biased towards the most likely candidates. Partial candidates are, of course, checked for consistency with the context against the ATMS nogood database. If the partial candidate is inconsistent, then all of its completions will also be, so we can prune its successors. If we want to generate some fixed number, N, of candidates, then we can provide another cutoff. After the first N have been generated, then the probability of the worst (using eq. 5), can be used to prune partial candidates as well. If the model probability estimates are both accurate and strongly biased, then this algorithm is quite efficient. For larger problems, or ones with weak biases of the models, a full dependency directed backtracking search or branch-and-bound might be more practical.

There are characteristic patterns in the candidate probability distribution corresponding roughly to single-fault candidates, double-faults, etc.. It might be useful to explicitly recognize these patterns and either extend or reduce the size of the candidate set accordingly. This would help to avoid asymmetrical candidate sets such as one with only half of the double faults.

Select One selects the measurement which leads to the greatest expected information gain. Intuitively this is splitting the candidate set into equal groups.

Measure The value for the selected variable, x, is measured and asserted into the ATMS. The active models are then executed, perhaps making new predictions based on the observation, perhaps adding the measurement's assumption to various labels. Note, the *Obs* node is not a fact, but an assumption. It is normally introduced by (justify *Obs* '((:measured *Obs*)).

Compute Now that a new observation has been made, its consequences must be computed. Most important is to determine the conditional probabilities of the active models given the observation. These are used to generate the new candidate set, which in turn are used to select the next measurement. In order to do this, we compute the conditional probability of the observation (eq. 1 in Section 3). Then we use this and eq. 2 to compute the conditional probability of the candidate set, K. Because K is incomplete, the sum of the conditional probabilities may now be considerably less than one. This is because the set K contains only the most likely candidates given *Cxt*. If *Obs* is an extremely unlikely event, then many of the k may deny it, and thus be eliminated (have 0 probability). Instead of just continuing with a reduced candidate set, it is desirable to use the knowledge that *Obs* was observed, and expand the candidate set to include new candidates which are consistent with $Cxt \wedge Obs$. Once these new candidates have been expanded, we have to repeat the compute step. Not shown is a resource limit on *best*. It is extended when the compute step is repeated.

Modification At this point, it is worth considering whether models should be added to or removed from the set of active models. Choosing which models to add or remove is discussed below in Section 3.

Adding a new model m for component c_i involves three steps:

1. Instantiate any constraints for the model if this model has never been active before.
2. Run the constraint system. This may result in new predicted values for some variables and other predictions based on them, adding the assumptions for m to the environments of old predictions, and perhaps discovering new nogoods.
3. Recompute the conditional probabilities of the component models.

In the examples so far, the instantiation and running of a new model in step 2 dominates the time for recomputing the probabilities in step 3.

Record The observation is simply added to the context, and we continue by expanding a new set of candidates.

2.4 Recomputing the Probabilities

Because the observations are represented in the context, rather than as facts, it is easy to recompute the probabilities and candidate sets using a new set of active models. The active models should also include any models which were previously active, but had been removed because they were inconsistent with the context or could appear in no candidates; this is because it may now be possible to include them in a candidate including some of the new models. This is done as follows:

Call the diagnosis algorithm with the new set of active models. Instead of going through the process of selecting and measuring a variable, simply assign each of the old observations to *Obs* in turn. Do not consider any modifications to the model set except for removing any inconsistent models.

The recomputation is surprisingly efficient. Almost all of the work has already been done when the observations were first made or when the new model was instantiated. Nothing new is added to the ATMS, it is simply used as an oracle to determine if candidates are consistent or if candidates predict values for variables. The only hard work is to recompute the best candidates.

2.5 Adding and Removing Models

Selecting the current model to instantiate is a difficult problem. One wants to guess at the effects before actually instantiating anything. There are several techniques which need to be explored:

- partial evaluation. Many failure models are characterized by some parameter being unchanging despite other changing inputs. Such models could be expanded using partial evaluation to discover constant patterns. These patterns could then be compared against the current predictions to aid in selection.
- learned associational rules. [11] and [7] have experimented with learning associational rules for recognizing the applicability of fault models. Their techniques could be easily incorporated.
- arbitrary heuristic information. An expert system could be constructed to recommend which models are appropriate in which situations.

An important advantage of this approach to diagnosis is that it provides specific points (such as this one) where heuristic knowledge can be incorporated without losing logical correctness and clarity. The heuristic knowledge only speeds up the process, but does not change the final conclusions.

In our implementation, models are also removed when they become inconsistent. A model is recognized as inconsistent when it directly contradicts an observation, or when its probability becomes 0 and there can be no candidate which contains it. It is also possible to remove an active model which has a low probability in order to reduce the candidate space and hopefully improve the distribution of candidates.

Removing a model from the set of active models *AM* eliminates it from consideration in our algorithm. It does not, however, alter its presence in the ATMS. As more observations and predictions are made, more nodes introduced, the assumptions connected with the removed models continue to be propagated throughout the ATMS and added to environments. A new ATMS architecture developed by Farquhar and Dressler [5], alleviates this problem. It allows the problem solver to control the label propagation within the ATMS by providing it with focus environments. The focus environments define which environments the problem solver currently finds *interesting*. In particular, no environment containing an assumption from a removed model should be propagated. As models are added and removed, the focus is modified. This effectively freezes and caches the environments of a removed model. If it is later moved from IM_i to AM_i, these environments will then be propagated. The focus can also be used to support, for example, single or double fault assumptions. In this situation, no environments with more than one or two "fault" model assumptions are propagated. The restrictions can be relaxed at any time by simply changing the focus. The candidate generation algorithm (best) should also be modified to reflect the additional restrictions.

3 Computing Probabilities

During the course of diagnosis, we want to maintain an estimate of the conditional probabilities of the active models, given the observations[4]. The basic formulae are:

$$\begin{aligned} \mathrm{p}(Obs \mid Cxt, K) &= \forall k \in K : \mathrm{predicts}(k, Obs, Cxt),\ \sum \mathrm{p}(k \mid Cxt) \qquad (1)\\ &+ \forall k \in K : \mathrm{uncommitted}(k, Obs, Cxt),\ \frac{1}{|x|}\sum \mathrm{p}(k \mid Cxt) \end{aligned}$$

This is explained in the original GDE paper. $|x|$ is the cardinality of the domain of the variable x. The second term is an estimate of the likelihood that $x = v$ is true if a candidate is uncommitted, i.e. predicts no values, to x. The predicate *predicts* can be defined: $\mathrm{predicts}(k, Obs, Cxt) \equiv \mathrm{consistent}(k \cup Cxt) \wedge \exists e \in \mathrm{label}(Obs) :\ e \subseteq k \cup Cxt$.

$$\forall k \in K,\ \mathrm{p}(k \mid Obs \wedge Cxt) = \frac{\mathrm{p}(k \mid Cxt)\,\mathrm{p}(Obs \mid k)}{\mathrm{p}(Obs \mid Cxt)} \qquad (2)$$

This is simply an application of Bayes' rule to determine the conditional probability of a candidate. Note that $\mathrm{p}(Obs \mid k)$ is 0 if k denies Obs, otherwise it is 1.

$$\begin{aligned} \mathrm{p}(m \mid Obs \wedge Cxt, K) &= \forall k : m \in k,\ \sum \mathrm{p}(k \mid Obs \wedge Cxt) \qquad (3)\\ &+ \textit{correction term} \qquad (4) \end{aligned}$$

The probability of a model would normally be computed from eq. 3, the sum of the probabilities of the candidates which contain it. Because we are not working with the complete candidate set, however, this value is an estimate. This gives rise to problems when some m does not happen to appear in any of the candidates. In this case, eq. 3 says that $\mathrm{p}(m \mid Obs \wedge Cxt, K) = 0$. It is important to distinguish between two possible meanings:

[4] I use a funny 3-argument probability function. $\mathrm{p}(x \mid y, W)$ means that the probability of x given y is determined with respect to the world of objects, W, which provides their prior probabilities.

1. m can appear in a candidate, but the candidates containing it simply were not expanded. I.e. its probability is not really 0.

2. m can not appear in any candidate. I.e. its probability should really be 0.

Coming up with a good correction term seems to be a bit of an art. One is making a guess about the distribution of models in the candidates which have not been expanded. One could normalize the probabilities of the active models for each component. This amounts to assuming that the rest of the distribution is exactly the same as what has been expanded. This is almost certainly a bad strategy, as the candidate expansion is extremely biased. Another possibility is to evenly divide up the remaining probability, $1 - (\sum \mathrm{p}(k \mid Obs \wedge Cxt)$, among all of the models for a component. As Hamscher points out, this is extremely pessimistic and results in a fairly flat distribution with a reduced ability to discriminate between candidates. For medium sized devices it seems to be helpful to place the models into four groups. First are the models with non-zero probability. Second are the models with zero probability which may appear in a candidate and were actually used to predict some values. Third are models with zero probability which may appear in a candidate but were not used to predict some values (e.g. the **unknown** models). Fourth are the models which really have zero probability, as they can appear in no candidate. The remaining probability is then distributed in the ratio $1 : 1 : 1/|tuples| : 0$. Where $|tuples|$ is an estimate of the number of tuples for the pins of a model's component. For larger models, it may be prohibitively expensive to ensure that there is no consistent candidate containing m, but because an increment is used rather than a coefficient, this does not present any problems. One can also perform a resource bounded search.

$$\forall k \in K,\ \mathrm{p}(k \mid Cxt) = \prod_{m \in k} \mathrm{p}(m \mid Cxt \wedge Obs) \tag{5}$$

This assumes that the models for individual components are independent. Eq. 5 is really the reason for worrying about model probabilities being 0. If 0 is mistakenly assigned as the probability of m, the probability of any candidate including m will also be 0.

4 Conclusion

An extension to GDE-2 has been presented, which allows models for components to be be dynamically and efficiently added or removed during the course of diagnosis. This is achieved by maintaining observations in an explicit context. The efficiency of the system is further enhanced by a new ATMS/problem solver architecture.

Now that we have a system which supports experimentation by adding and removing models during diagnosis, it should be possible to build up some experience in selecting them. The results of changing the model set are often surprising. A system which could guide this process would provide a very strong basis for diagnosis.

Explicitly using contexts in this way opens up a whole range of possibilities. For example, many of the hard-wired features of Davis' diagnositic system [1] could be represented and implemented in a principled way using the context. One can explicitly represent closed world assumptions about the topology of a device and general physical principles in the context. It is, for example, not really impossible to measure current flow at one end of a wire even if there is no voltage drop across its two extremities. The wire could be broken and shorted. It is a background assumption restricting this sort of extreme departure from the expected topology together with the law of conservation of energy which leads us to rule out this possibility. We must be able to slowly relax such assumptions in order to diagnose real devices.

4.1 Acknowledgments

I would like to thank Angela Dappert-Farquhar and Michael Reinfrank, who have both helped to make this paper much better than it would have been otherwise, as well as Oskar Dressler, Hartmut Freitag, Michael Montag, and Peter Struß.

References

[1] Randy Davis. Diagnostic reasoning based on structure and behavior. *Artificial Intelligence*, 24:347–410, 1984.

[2] Johan de Kleer. An assumption-based truth maintenance system, Extending the ATMS, Problem solving with the ATMS. *Artificial Intelligence*, 28(2):127–224, 1986.

[3] Johan de Kleer and Brian Williams. Diagnosing multiple faults. *Artificial Intelligence*, 32(1):97–130, April 1987.

[4] Johan de Kleer and Brian Williams. Diagnosis as identifying consistent modes of behavior. In *Proceedings IJCAI*, 1989.

[5] Oskar Dressler and Adam Farquhar. Problem solver control over the ATMS. In *German Workshop on Artificial Intelligence GWAI-89*, 1989.

[6] Walter Hamscher. Model-based troubleshooting of digital systems. Technical Report AI-TR 1074, MIT, 1988.

[7] David Pearce. The induction of fault diagnosis systems from qualitative models. In *Proceedings AAAI*, pages 353–357, 1988.

[8] Peter Struß. *Multiple Representation of Structure and Function*, pages 57–84. North-Holland, Amsterdam, 1987.

[9] Peter Struß. A framework for model-based diagnosis. Technical Report ZFE F2 INF22 ARM-10, SIEMENS AG, 1988.

[10] Peter Struß and Oskar Dressler. Physical negation — integrating fault models into the general diagnostic engine. In *Proceedings IJCAI*, 1989.

[11] Wan yik Lee and Dan Dvorak. Learning associational rules from qualitative models. To appear as a University of Texas tech report, 1989.

Towards Structured Production Systems Efficient Implementation of Meta-Level Architectures

Michael Beetz
Winfried Barth *
TA Triumph-Adler AG, TA Research Lab
Hundingstr. 11b, D-8500 Nuernberg
West Germany
Phone: +49 911/3326360
UUCP Address: mbeetz@taeva.uucp, wbarth@taeva.uucp

Abstract

In order to support the construction of complex application systems production systems have to provide appropriate concepts to structure rule bases and to specify control in an explicit and declarative way. A main reason that prevents these concepts from being widely used is the lack of efficient interpretation procedures for them. This paper describes and discusses techniques extending the RETE algorithm to process a production rule language comprising these concepts with efficiency comparable to standard RETE.

1 Introduction

Despite their widespread use, most of the current production systems still suffer from severe limitations of their expressiveness. These limitations are especially crippling in the design of application systems that are intended to exhibit some degree of complexity. The famous R1/XCON [McDermott-82] provides a good case in point. It contains more than 10000 rules, roughly 40% of which are modified every year. The system, which has been evolving continually over the past ten years and will continue to do so for a while yet, takes about 50 persons to develop and maintain [Baker,O'Connor-89]. A knowledge system of this size obviously requires structuring methods, that help keep the system modular and transparent and allow maintenance over a long period of time by facilitating modifications. OPS5 [Brownston, et al.-85], the implementation language of R1/XCON, does not support any of these features, thus making the development and maintenance of the system difficult and expensive. Within the context of XCON this problem was tackled by introducing RIME, a preprocessing language for OPS5 providing constructs for grouping domain rules as well as some control primitives [Soloway et al.-86]. However, since the problems mentioned above are caused by a serious lack of expressive adequacy, we believe they cannot be solved satisfactorily by adding such mechanisms. We suggest that the production system itself has to be extended to offer concepts for structuring rule bases and to allow explicit and declarative specification of control. This approach results in an extended computational model that can be exploited by an explanation component and a powerful development environment.

*This work was partly funded by the German Ministry of Research and Technology within the WISDOM Joint Project under grant number ITW8404

Besides the need for structuredness, reliable knowledge-based applications almost always require problem-dependent control-strategies that are often not known in advance. Systems built with simple production systems like OPS5 typically intermix different types of control and domain knowledge [Beetz-87]. We consider the explicit and declarative representation of all kinds of knowledge relevant for a system to be the key to maintainable and explainable knowledge systems. Furthermore, such a representation allows the construction of powerful development environments. Therefore, rather than abandoning explicitness and declarativity for the sake of efficiency, our goal is to find efficient interpretation algorithms for explicitly represented knowledge. In our opinion, the main obstacle preventing advanced representational structures from being widely used is the lack of efficient interpretation procedures for them. The RETE algorithm [Forgy-79] is one of the most efficient pattern matching algorithms for single-level production systems that solve problems incrementally. In this paper we present techniques for efficient processing of an extended production rule language and show how they can be integrated into the RETE algorithm. In particular, we discuss techniques that allow an efficient interpretation of hierarchically structured rule bases and an efficient processing of meta rules (cf. [Davis-80]).

The results presented were obtained during the design and implementation of the rule-based inference engine ARI (Advanced Rule Interpreter) [Beetz,Barth-88] that was developed to meet the above mentioned requirements and to serve as the basis for the construction of complex, problem-dependent knowledge system architectures in the office domain. In the following we present the ARI production system. After a short introduction to RETE pattern matching we describe extensions to the RETE algorithm that implement structured production systems (section 4) and meta rules (section 5):

2 The ARI Production System

ARI is a production system interpreting structured rule bases and meta rules for control. *Problem-solvers (PS)* are the basic knowledge structures for rule base organization and can be of two kinds: simple PSs are and complex PSs that recursively compose sub-PSs.

```
DOMAIN-RULE GENERATE-PUT-DOWN-TASK
  OBJECT ?BLOCK
     of-class BLOCK
     with NAME = ?N-B
          STATUS = UNSATISFIED
  AFFAIR ?* CLEAR (?BLOCK ACTUAL-STATE)
  AFFAIR ?* ONTABLE (?BLOCK BLOCKS-WORLD-GOAL-STATE)
  ==>
  CREATE-OBJECT (MAKE-NAME put-down-~a ?N-B)
     of-class BLOCKS-WORLD-TASK
         OPERATION      = PUT-DOWN
         ARGUMENTS      = ?BLOCK
```

Figure 1: ARI production *GENERATE-PUT-DOWN-TASK*

Simple problem solvers. A simple problem solver comprises a set of production rules (production memory), a set of database entries (working memory) and an interpreter. Production rules consist of a set of condition elements and a set of actions. Each rule can be interpreted by performing its actions if all condition elements are satisfied by elements in the actual state of the working memory. The execution ("firing") of a rule adds, deletes, and modifies working memory elements. An interpreter for simple problem solvers executes an interpretation cycle consisting of a "match" phase, the computation of all productions with conditions satisfied by the current state of the working memory, a "conflict resolution" phase, in which one of these productions is chosen, and an "act" phase, where the actions of the chosen production are executed. Working memory elements in ARI are object instances and affairs (relations). An object instance has a name, a class, and a set of slot value pairs. Condition elements in ARI productions are patterns for object instances and affairs that can contain variables as slot values or affair arguments. Variables are preceded by *"?"*. An example of an ARI production is shown in figure 1[1]. A working memory element matches a condition element if constants for the variables in the condition element can be substituted such that the condition element and the working memory element are identical. If variables occur more than once in the condition part of a production all occurences must be replaced by the same constant.

Unlike OPS5, control knowledge of problem-solvers is specified by means of explicit meta-rules (called "control-tactics"). The condition-parts of control-tactics contain descriptions of productions [Davis-80] that match instantiations of productions during interpretation whereas the action parts execute "prefer" or "suspend" operations that force or delay production rule firing. Forcing or delaying of productions results in an ordering of the conflict set of applicable production rule instances. When selecting a production for application the production rule interpreter chooses an instance that is marked as "preferred". If there is no preferred one an applicable instance that is not marked as "suspended" is selected. Otherwise the interpretation stops with an error because there is no applicable production in the conflict set.

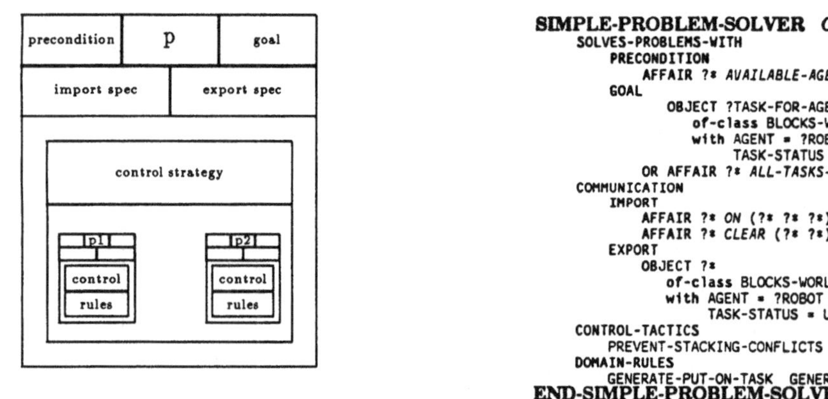

Figure 2: structure of a problem-solver and example

Complex problem solvers. Within a complex PS inferential knowledge is the collection of its sub-PSs. The interpretation of a complex PS proceeds in a recognize-select-activate cycle. Instead of applying domain-rules, the complex PS activates one sub-PS that is selected during conflict resolution. In order to allow explicit control reasoning, problem-solvers as subjects of reasoning have to carry an abstract description of the class of problems they are intended to solve. An abstract description

[1] In what follows we often use the term "domain rule" to refer to ARI productions.

of a problem-solver consists of its precondition, goal and name. The precondition of a PS describes the class of situations in which the PS is applicable, its goal description the situations in which the PS has produced a problem solution. Control reasoning during the selection phase of a complex PS is formalized by meta-rules (called "control-strategies"). The decomposition of rule bases implied by problem-solvers including their control knowledge induces a partial ordering of rule applications that can drastically narrow down the search space. Additionally, this decomposition can be exploited to partition the set of domain entities in a manner that allows a PS to deal only with those pieces of knowledge that it actually needs. In ARI, problem-solvers are functional units that communicate via object instances and affairs satisfying condition elements of the import and export specifications. An import specification of a PS describes the structures that have been dynamically inferred by other PSs and are relevant for its own processing. Similarly, an export specification characterizes the PS's intermediate results that may be relevant for other PSs. Uniformly, we use a pattern language to specify the different parts of the PS description. Figure 2 presents a complex problem-solver p containing two simple problem-solvers p_1 and p_2.

Using the example from figure 2 the abstract interpretation model for the knowledge structures that formalize problem-solving methods in ARI can be summarized as follows: there is always exactly one active problem-solver being currently interpreted, say p. p_1 is applicable, if its precondition is satisfied while p is active. Control reasoning of p may result in selecting an applicable sub-PS, e.g. p_1, and activating it. Inferred knowledge units visible to p and satisfying the import specification of p_1 then become visible to p_1. p_1 applies its inferential knowledge, which is a set of productions, to all visible domain knowledge units until its goal condition is satisfied. It then passes those of its intermediate results that satisfy its export specification to p and p regains control.

3 RETE Pattern Matching

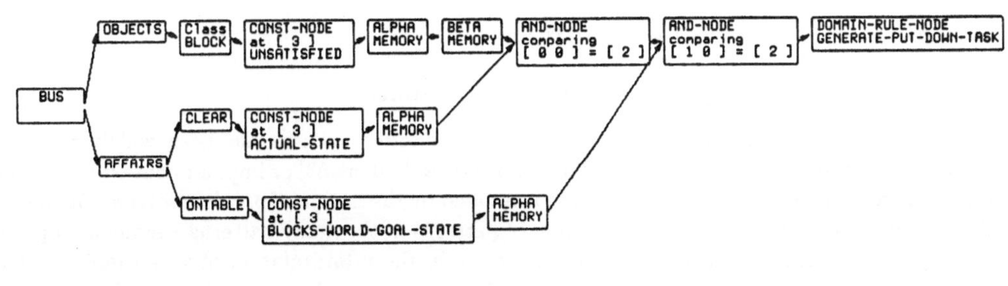

Figure 3: RETE net for GENERATE-PUT-DOWN-TASK

Problem solutions in OPS5-like production systems are incrementally constructed and therefore each inferential step causes only a small number of changes to the knowledge base. The RETE algorithm [Forgy-79], which has proven to be efficient for this kind of problem-solving, serves as the basis for our implementation. The algorithm compiles the condition part of a production into into a pattern matching procedure implemented as a dataflow network called RETE. Pattern matching in RETE is done by propagating the changes in the working memory ("tokens") through the dataflow network. A token consists of a mark (+ or −) and a tuple of working memory elements. The propagation of tokens results in the modification of the conflict set.

In the RETE dataflow network two functionally different parts can be distinguished. The first part is a discrimination network that determines which condition elements match a given working memory element. For each condition element there is one branch in the network and the test nodes in these branches are called intra-element tests comprising "constant" tests, "variable" tests, and boolean tests on slot values. Each path of intra-element nodes ends in an α-memory node that stores all the tokens that instantiate a condition-element. The second part of the net consists of memory nodes and inter-element test nodes. Inter-element test nodes test for consistent variable bindings. β-memories store tuples of tokens that instantiate conjunctions of condition elements.

Figure 3 shows the RETE net for domain rule GENERATE-PUT-DOWN-TASK (cf. figure 1). Firstly, incoming token representing working memory elements are discriminated in objects and affairs. Then the tokens are discriminated on the name of the affair or the class of the working memory element. The next tests are constant tests checking if a slot value or an affair argument is equal to a given constant. The numbers shown in the nodes are indices that give the absolute slot or argument addresses. Each α branch ends in an α memory storing all working memory elements satisfying the compiled condition element. β memories store tuples of working memory elements. "and" nodes join incoming tokens with consistent variable bindings have a local β memory storing all their joins.

The RETE network itself is regarded as an indexing scheme for the actual state of the working memory storing information about partial matches and incrementally computing complete matches without doing the same operations more than once. Thus, temporal redundancy during pattern matching is avoided. A single node in the network may test conditions that are relevant for various rules and thereby structural similarities among rules are exploited. For present purposes, we do not describe any further the RETE algorithm. In what follows, we presuppose familarity with its basic ideas, in particular with the notions of test nodes and tokens. We refer to [Forgy-79] and [Brownston,etal.-85] for detailed descriptions. In the following two sections we extend the RETE algorithm to interpret structured rule bases (section 4) and meta rules (section 5).

4 Implementing Problem Solvers

4.1 Implementing Partitioned Production Memories

The need for structuring the production memory of production systems has been widely recognized and is most often implemented using special data structures [Aikins-83] or implicit context mechanisms [Brownston,etal.-85]. In our approach structure is implied by the notion of problem solvers. Structuring of rule bases is a means of restricting the number of patterns in the many patterns / many data pattern matching problem. There is at least one characteristic in the interpretation of structured rule bases that can be exploited to speed up the pattern matching process: using a standard implementation of RETE problem solvers would be matched against the working memory even if they are not activated any more in the problem solving process.

The basic idea of our pattern matching approach is that only the patterns within the active problem solver are actually matched. Possible matches with other patterns are delayed until the scope of these patterns becomes active. In order to implement this idea within the RETE pattern-matcher, one has to introduce a partitioning of the dataflow network into different subnets that correspond to the problem solvers. The partitioning of the RETE net is implemented by associating each α memory with a problem solver. Every problem-solver stores references to its associated α memory nodes and α memories act as gates that process tokens only during their active phase. The structure of α memories in standard RETE is extended by an additional active/inactive switch and an intermediate memory. Intermediate memories are used to record all modifications in the working memory affecting a test node while it is inactive. Arriving tokens are stored in intermediate memories until the node is activated.

Besides its structure, the procedural behaviour of α memories has to be modified. An active α memory performs the same pattern matching operations as in standard RETE. During their inactive state arriving tokens are simply recorded in the intermediate memories. Activation and deactivation of problem solvers is implemented as activation and deactivation of their α memories. When an α memory is activated its switch is set to active, all tokens in its intermediate memory are propagated to the successor nodes in the RETE net, and the intermediate memory is cleared. A deactivation simply changes the state of an α memory to inactive.

According to the assignment of α memories to the subnets of problem solvers, β memories and "and" nodes are only shared within the same subnet. We do not consider this a serious drawback because sharing across problem solvers' boundaries will typically occur rarely and essentially the same effect occurs in standard RETE implementation when the first condition element of a domain-rule is used to indicate a context as often done in OPS5.

4.2 Implementing Preconditions and Goals of Problem Solvers

Another issue is the activation and deactivation of problem solvers. We associate with each problem solver a precondition which is a conjunction of condition elements. A problem solver can be activated if the problem solver it is contained in is active and the precondition of the problem solver is satisfied. Additionally, with each problem solver a goal is associated. A problem solver is deactivated if it is active and its goal is satisfied. The instantiated precondition that activates a problem solver is used to instantiate its goal.

An efficient approach for interpreting preconditions and goals in a RETE-like algorithm is to introduce specific precondition- and goal nodes in the dataflow network. The precondition of a problem solver is compiled to a RETE subnet like ordinary condition parts of production rules. The subnet of the precondition of the rule set is active, when the problem solver it is contained in is active. Precondition nodes are similar to domain rule nodes in standard RETE. Domain rule nodes receive tokens that represent instantiations of the corresponding production rules' condition and add or delete activation records for the rules to the conflict set according to the mark of the token. Precondition nodes receive tokens that represent instantiations of the corresponding problem solvers' precondition. When a + token is propagated to a precondition node the precondition node constructs an activation record for the problem solver that contains the name of the problem solver and the bindings of the variables in its precondition. The activation record is added to the conflict set of applicable problem solvers of the problem solver it is contained in. If a − token arrives at the precondition node the corresponding activation record is deleted from the conflict set. For instance, the precondition of the problem-solver GENERATE-TASK in figure 2 yields a subnet with one precondition end-node. The precondition is satisfied when a token for an affair named AVAILABLE-AGENT with one argument arrives at the precondition-node. The node generates an activation-record with a binding for the variable ?ROBOT and inserts this record into the conflict-set of applicable problem-solvers. Upon activation of GENERATE-TASK this binding is used to instantiate the goal.

Each disjunct in the goal description of a problem solver is compiled to a RETE subnet ending in one goal node. Goal subnets are active when their problem solver is active. Within the goal nodes a test on incoming tokens is performed that checks the consistency with the bindings established by the activation record. If such a test succeeds the goal node deactivates the interpretation of the active problem solver.

For our example problem solver GENERATE-TASK this results in the following behaviour: If sometimes during the interpretation of GENERATE-TASK an object instance of the class BLOCKS-WORLD-TASK with TASK-STATUS UNACHIEVED is created the goal node checks whether ?ROBOT equals the binding established by the activation record.

4.3 Implementing Local Working Memories

In section 4.1 we have discussed a technique that allows us to efficiently process partitioned production memories. In this section we modify this technique such that with each problem solver its own working memory is associated. This technique refines the above pattern matching technique by restricting the objects that are matched against patterns within the actual scope to those that satisfy the import specification of the active problem-solver. This keeps the cost for problem solver activation low.

The abstract interpretation model introduced in section 2 implies that the local working memories of problem solvers have to be updated as follows: When a problem solver p activates a problem solver p_1, p_1's local working memory is constructed by updating its local working memory so far with p's working memory elements that satisfy p_1's import specification. During the interpretation of p_1 only p_1's working memory is updated. Upon deactivation of p_1, p's local working memory is constructed by updating its local working memory so far with p_1's working memory elements that satisfy p_1's export specification.

The update of the local working memory of the active problem solver is implemented by activating its RETE subnet. In order to implement the update of local working memories upon activation and deactivation we introduce import subnets with import nodes as well as export subnets and export nodes. The subnets can be activated or deactivated using the technique described in section 4.2. The import subnet of p_1 in figure 2 is active when p is active. Import-nodes store incoming tokens in a queue associated with p_1. These tokens are propagated through the network upon activation of p_1. Similarly, the export-nodes of p_1 store incoming tokens in a queue associated with its superproblem-solver p. The export token of p_1 are propagated through the network upon deactivation of p_1.

4.4 Benefits vs. Costs

The advantages of explicit representation of rule base structure and import/export patterns over implicitly coded control information like filter conditions in domain-rules as done in OPS5 are evident: specifying a pattern once enhances transparency and facilitates modifications. Furthermore, our implementation, where the flow of information between PSs takes place as one operation, allows tracing of communication and supports advanced explanation forming. Another point to be made is that the ARI pattern language is more expressive than OPS5. For example, in ARI the scope of variables is not restricted to a single pattern but can be extended to comprise precondition, goal, import and export patterns. Modifications of nodes and new node types introduce a small overhead when tackling simple problems but they pay off when building large systems where modularization and structuring is essential.

5 Meta Rules

Many researchers ([Aiello,Levi-84], [Clancey-83]) have argued in favour of a particular class of software architectures - meta-level architectures (MLA) - to meet the requirements for explicit and declarative specification of control. MLAs for control interpret declarative representations of control strategies and an explicit model of object-level computations. In rule-based systems meta rules are the most widespread concepts used for specifying meta-level architectures for control. Meta rules can be used to control search by doing conflict resolution [Davis-80] or invoking subtasks in the reasoning process (cf. [Clancey-83]). However, meta-level architectures that use patterns have rarely been used in application systems, because they introduce additional overhead for pattern matching. A general classification of attempts for increasing the efficiency of meta-level architectures can be found in [vanHarmelen-87]. Compilation techniques like partial evaluation (cf. [Takeuchi,Furukawa-86]) compile meta rules into object-rules. This technique would imply compiling problem-solvers into OPS5 rule bases. We reject this solution, because as a result explicit control knowledge would be scattered around various domain-rules. In particular, the system would not be able to reason about control nor could it exploit control knowledge for explanation and development-support purposes. Additionally, the compiled system would perform inference steps different from those specified by the user, an effect we want to avoid in order to keep the lines of reasoning comprehensible and natural.

CONTROL-TACTIC ***PREVENT-STACKING-CONFLICTS***

```
RULE ?GENERATE-PUT-ON-TASK WITH
   ACTIONS
      CREATE-OBJECT ?PUT-ON-TASK
         of-class BLOCKS-WORLD-TASK
             OPERATION       = PUT-ON
             ARGUMENTS       = ?BLOCK1 ?BLOCK2
             AGENT           = ROBOT
OBJECT ?BLOCK2
   of-class BLOCK
   with STATUS = UNSATISFIED
==>
SUSPEND-DOMAIN-RULE ?GENERATE-PUT-ON-TASK
```

Figure 4: ARI meta rule *PREVENT-STACKING-CONFLICTS*

In ARI we introduce control tactics, which are meta rules for conflict resolution, as a means of specifying control. Therefore, at the meta-level, production rule instances are working memory elements to act upon. Figure 4 shows the control tactic PREVENT-STACKING-CONFLICTS. Besides object and affair descriptions control tactics contain domain rule descriptions as additional condition elements. Domain rule descriptions comprise descriptions of the conditions and actions of domain rule instances and are matched against the applicable domain rule instances. A domain rule description can match a domain rule instance in different ways, since domain rule descriptions abstract from the order of condition elements and actions in domain rules.

For the efficient interpretation of control tactics we introduce domain rule description nodes and a special meta net which are fed with applicable domain rule instances as tokens. A domain rule description node tests whether an instantiated domain rule is an instance of the domain rule description. These tests comprise the consistent bindings of variables and constants in the domain rule description. Each domain rule description node is linked as a successor to the domain rule node of one of the domain rules it applies to. However, at runtime, not every domain rule description has to be matched against every domain rule instance. Rules that have no instance satisfying a rule description can be determined at compile time. The ARI compiler contains a pattern matcher that compares each rule description with all domain rules of the problem solver. Domain rule description nodes are created and linked to each domain rule node with some domain rule instances satisfying the description. Thus one domain rule description may result in more than one domain rule description nodes. For each domain rule with some instances satisfying the domain rule description we have one specific domain rule description

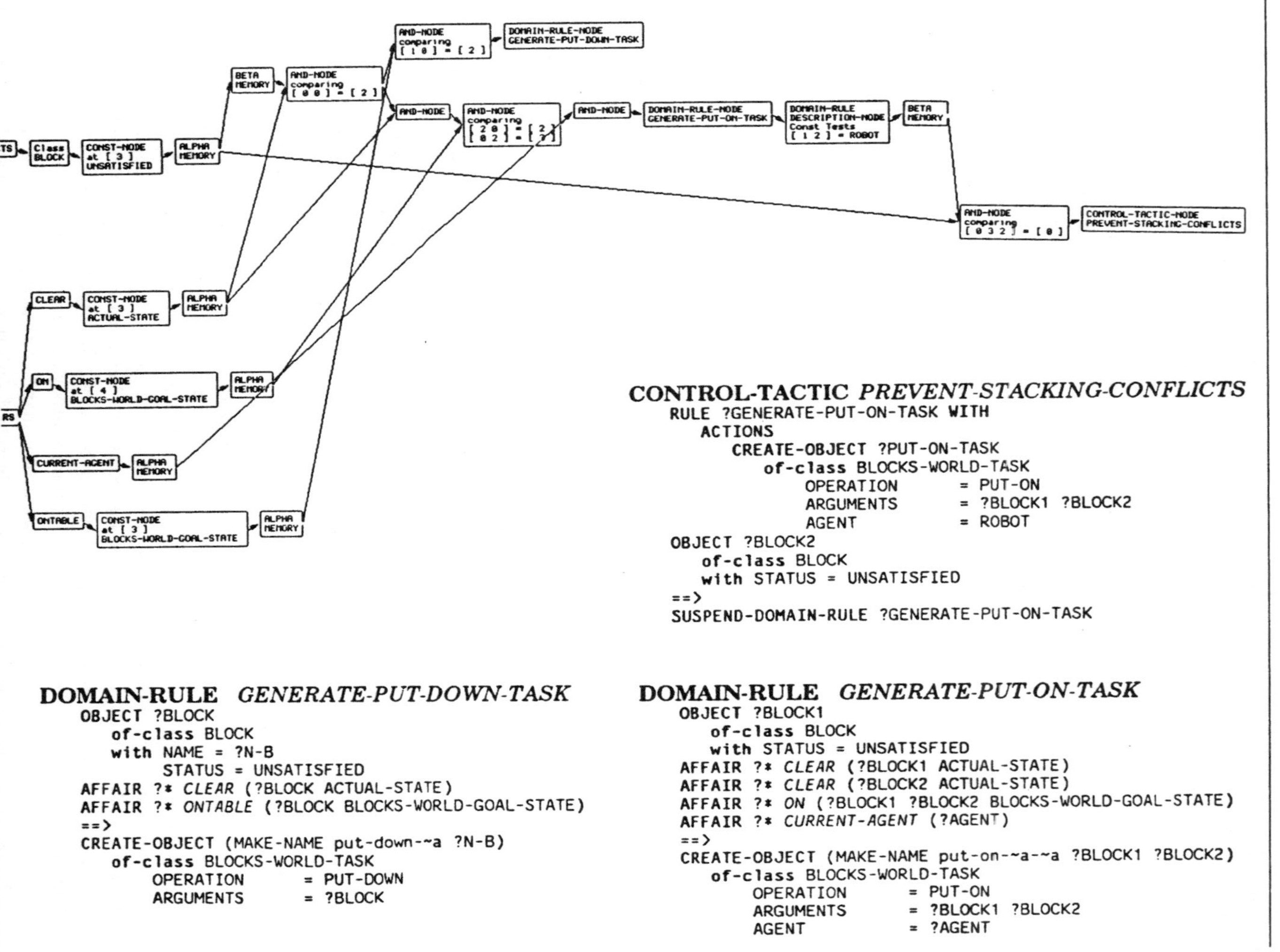

Figure 5: RETE net for two domain rules and a control tactic

node. For each description node domain rule specific tests are generated that filter out domain rule instances that satisfy the rule description.

The procedural behaviour of domain rule description nodes is similar to the constant and variable test nodes in standard RETE. If a token containing a domain rule is propagated to a description node the tests are applied to the domain rule instance. If the tests succeed the token is propagated to the α memories in the meta net.

Figure 5 shows a control tactic, two domain rules it applies to and the RETE net it is compiled to. Compilation of the rule description in the control tactic PREVENT-STACKING-CONFLICTS results in one domain rule description node for rule GENERATE-PUT-ON-TASK. Whether a rule instance of GENERATE-PUT-ON-TASK matches the domain rule description is tested in the corresponding domain rule description node. The domain rule description node filters the rule instances that create an instance of the class BLOCKS-WORLD-TASK with the constant ROBOT as value of slot AGENT. For the domain rule GENERATE-PUT-DOWN-TASK no domain rule description node is generated since the rule description matches only rule instances that create a task with PUT-ON as value of slot OPERATION. In the "and" node of the meta net the consistent binding of the variable ?BLOCK2 is checked.

The efficiency of meta rule matching might be considered most critical. In the worst case every domain-rule description matches every domain-rule within a PS at compile-time. This might result in an exponential number of test nodes within meta-subnets that would eventually have to be processed for a single token during interpretation. However, in our example applications typical meta rules for control contain one or two domain-rule descriptions. The typical problem-solver contains up to fifty domain-rules of which at most five may match a single description (recall that meta rules are intended for discrimination of domain-rules). Thus, from a practical point of view, the number of tests concerning meta-patterns can be neglected compared to the total number of tests.

6 Conclusions

In this paper we have argued in favour of explicit meta-level architectures for hierarchically structured production rule systems in order to meet requirements for the construction, maintenance and controlled interpretation of complex knowledge systems. We have described and discussed techniques to extend the RETE algorithm to process such advanced rule systems with efficiency comparable to existent systems like OPS5. We use a compilation technique that preserves the explicitness and declarativity of knowledge structures during interpretation. Among the advantages of this approach are its abilities to support the construction of powerful development tools and advanced explanation forming. The algorithms described are implemented within the ARI inference engine that is part of a tool system for the development of knowledge-based applications in the office domain. ARI is currently used for the implementation of LUPINO [Beetz-89], a planning system for cooperative office procedures, and MEDICI [Kohl, et al.-89], a financial consultation system.

Acknowledgements We thank Dr. Rainer Lutze, Dr. Marc Moens, Gerhard Kraetzschmar, and the reviewers for valuable comments on earlier versions of this paper.

Bibliography

[Aiello,Levi-84] L. Aiello, G. Levi: The Uses of Metaknowledge in AI Systems; Proceedings of the Sixth European Conference on Artificial Intelligence, ECAI-84, Pisa, pp. 707-717.

[**Barker,O'Connor-89**] V. Barker, D. O'Connor: Expert Systems for Configuration at Digital: XCON and Beyond; Communications of ACM, Vol. 32(3), pp. 298-318.

[**Beetz-87**] M. Beetz: Specifying Meta-level Architectures for Rule-Based Systems; Proceedings of the German Workshop on AI GWAI-87; K. Morik (ed.); pp. 149-159.

[**Beetz-89**] M. Beetz: LUPINO - Planning in Dynamic Multi-agent Domains; presented at the Third German Workshop on Planning and Configuration, Berlin, 1989.

[**Beetz,Barth-88**] M. Beetz, W. Barth: Specifying Problem- Dependent Knowledge System Architectures using an Advanced Production Rule System; Research Report FB-TA-88-9; TA Triumph-Adler AG.

[**Brownston et al.-85**] L. Brownston, R. Farrell, E. Kant, N. Martin: Programming Expert Systems in OPS5: An Introduction to Rule-Based Programming; Addison Wesley, 1985.

[**Clancey-83**] W. Clancey: The Advantages of Abstract Control Knowledge in Expert System Design; Proceedings of the National Conference on AI (AAAI-83).

[**Davis-80**] R. Davis: Meta-Rules: Reasoning about Control; Artificial Intelligence 15 (1980); pp.179-222.

[**Forgy-79**] C. Forgy: On the Efficient Implementation of Production Systems; Ph.D. Dissertation; Carnegie Mellon University; Pittsburgh, 1979.

[**Kohl, et al.-89**] A. Kohl, E. Rataj Rattke, S. Schetelich: Financial Consultations with MEDICI; Schriftenreihe der Österreichischen Gesellschaft für Artificial Intelligence, Band 2: Expertensysteme im Bankbereich, J. Kuntner (ed.).

[**McDermott-81**] J. McDermott: R1: The Formative Years; AI Magazine 2 (1981), pp. 21-29.

[**Scales-86**] D. Scales: Efficient Matching Algorithms for the SOAR/OPS5 Production Systems; Knowledge Systems Lab STAN-CS-86-1124; Stanford University.

[**Soloway et al.-87**] E. Soloway, J. Bachant, K. Jensen: Assessing the Maintainability of XCON-in-RIME: Coping with Problems of a very Large Rule Base; Proceedings of the National Conference on AI (AAAI-87), pp. 824-829.

[**Takeuchi,Furukawa-86**] A. Takeuchi, K. Furukawa: Partial Evaluation of PROLOG Programs and its Applications in Meta Programming; Proceedings of IFIPS '86, Dublin 1986.

[**vanHarmelen-87**] F. van Harmelen: Improving the Efficiency of Meta-Level Reasoning; DAI Discussion Paper No. 40; Dept. of Artificial Intelligence; University of Edinburgh.

DIALOGSTRUKTUREN IN GRUPPENDISKUSSIONEN

Ein Modell für argumentative Verhandlungen mehrerer Agenten*

Udo Hahn

Fakultät für Mathematik und Informatik
Universität Passau
Postfach 2540
D-8390 Passau

Netzadresse: mcvax!unido!unipas!uhahn (uucp)

Zusammenfassung

Der Beitrag behandelt die durch ein integriertes Informations- und Kommunikationssystem abgestützte verbale Interaktion einer Gruppe von kooperierenden Personen bei der Lösung einer aufgabenorientierten Problemstellung. Es werden grundlegende diskursive Elemente von argumentativen Verhandlungsdialogen mehrerer Akteure im Rahmen eines verteilten objektorientierten Dialogmodells für Gruppendiskussionen beschrieben. Die Modellierung der Argumentationsprozesse orientiert sich an einem von Toulmin entwickelten Schema, das auf den Mehr-Agenten-Fall erweitert und in den formalen Kontext eines verteilten Problemlösungsmodells gestellt wird.

1 Gruppenarbeit und Informationssysteme

Das klassische Interaktionsmodell für Informationssysteme geht vom Dialog *eines* Benutzers mit einem Informationssystem aus, der über die Benutzerschnittstelle des Systems verwaltet wird. Der Mehrbenutzerbetrieb ist eine Variante dieses grundlegenden Modells, indem er *mehreren* Benutzern gleichzeitig die Interaktion mit den Datenbeständen und Auswertungsprozeduren des Informationssystems gestattet. Dabei liefert die physische und logische Abschottung der Benutzer untereinander durch Mittel der Integritäts- und Parallelitätskontrolle die technische Grundlage für die Durchführung eines wechselseitig störungsfreien Mehrbenutzerbetriebs. Für eine Vielzahl von Anwendungen (Entwurf technischer Großsysteme, Steuerung komplexer sozio-technischer Organisationen u.ä.) ist diese Isolierung einzelner Benutzer aber völlig inadäquat, da in diesen Fällen die Kooperation und Koordination der an einer Problemlösung beteiligten Personen (m.a.W. Gruppenprozesse) zu den wesentli-

---

* Die hier beschriebenen Forschungsarbeiten werden im Rahmen des DFG-Schwerpunktbereichs "Objektbanken für Experten" von der *Deutschen Forschungsgemeinschaft (DFG)* unter der Fördernummer Ja 445/1-1 gefördert.
Ich möchte mich für die Implementation des Konferenzsystems bei Rainer Gallersdörfer und bei Carlos Maltzahn für seine konzeptionellen Beiträge zu der vorliegenden Arbeit ganz besonders bedanken. Matthias Jarke hat mir das Themengebiet erschlossen und durch seine Kommentare zur Entwicklung des Modells beigetragen. Mein Dank gilt schließlich noch Thomas Rose und Ulrich Reimer für die Durchsicht und Kommentierung dieses Papiers.

chen Elementen des Problemlösungsvorgangs gehören und *Gruppen*arbeit folglich durch Informationssysteme auch modellseitig unterstützt werden sollte[1]. Hierbei erweisen sich formale Definitionsansätze für Gruppenzuordnungen[2] als unzureichend. Vielmehr muß bereits in den Systementwurf ein inhaltliches Modell der Gruppeninteraktion eingehen, in dem neben einer gruppenorientierten *Problemlösung*skomponente auch eine an die Bedingungen von Gruppenarbeit adaptierbare *Kommunikation*sumgebung für Informationsaustäusche in und zwischen Gruppen berücksichtigt ist. Elektronische Post-, Botschafts- und Konferenzsysteme stellen hierzu die grundlegende kommunikationstechnische Infrastruktur bereit. Sie verfügen jedoch im Vergleich zu konventionellen Formen der *face-to-face* Kommunikation über nur rudimentäre Mittel zur strukturellen Organisation von Gruppendialogen[3]. Die Anforderungen an entsprechende Interaktionsschnittstellen erweitern sich damit neben der Grundfunktionalität von Benutzerschnittstellen, die den Zugriff (von Gruppen und Individuen) auf die im Informationssystem verfügbaren Daten ermöglichen, um zusätzliche interaktive Funktionen, mit denen die Kommunikation in und von Gruppen während des Problemlösungsprozesses unterstützt werden kann. Aus der Integration beider Anforderungen folgt für intelligente Gruppen-Entscheidungsunterstützungssysteme:

(1) Strukturell soll der Problemlösungsprozeß in Gruppen durch ein auf die Erfordernisse und qualitativ neuen Möglichkeiten elektronischer Kommunikationssysteme abgestelltes ***Interaktions- und Dialogmodell für Gruppen*** unterstützt werden.

(2) Inhaltlich soll die Kooperation und Koordination von Leistungsbeiträgen einzelner Gruppen(mitglieder) unter den Bedingungen der verabredeten *Handlungssemantik* (*was* zu tun ist) und *Gruppenpragmatik* (*wie* es zu tun ist) auf der Grundlage eines ***gruppenspezifischen Problemlösungsmodells*** gesteuert werden.

An der Universität Passau wird derzeit am Lehrstuhl für Dialogorientierte Systeme der Prototyp eines solchen Gruppen-Informationssystems entwickelt. Auf der Ebene des Interaktionsmodells wird zur Steuerung von Gruppendialogen zwischen verhandlungs- und handlungsorientierten Dialogen unterschieden:

- Die Modellierung der ***Verhandlungen*** orientiert sich an dem Argumentationsmodell von TOULMIN [1958], das wohlgeformte Debatten als strukturierte Folgen von bestimmten Argumenttypen beschreibt. Das Ergebnis von Verhandlungen zwischen Gruppen(mitgliedern) sind bindende Verabredungen über zu realisierende Ziele, m.a.W. die *Handlungssemantik* der Gruppenarbeit.
- Die Modellierung der ***Handlungen*** folgt einem Vorschlag für die sprechakttheoretische Beschreibung kooperativ agierender Akteure von WINOGRAD [1986]. In diesem Teil des Modells werden die Bedingungen für die Realisierung der durch Verhandlungen verabredeten Ziele durch

---

1 Einen Überblick über unterschiedliche methodische Ansätze zur Modellierung von Gruppenarbeit im Kontext von Informationssystemen geben JARKE/HAHN [1987].

2 Etwa Gruppen-Transaktionsmodelle [KLAHOLD et al. 1985], gruppenbezogene Partitionierungen von (Hypertext-)Datenbasen [DELISLE/SCHWARTZ 1987] oder rollenspezifische Kriterien bei der Zugriffskontrolle auf verteilte Daten [GREIF/SARIN 1987].

3 Hierzu zählen Systeme wie *Cognoter* [STEFIK et al. 1987], die keinerlei Restriktionen hinsichtlich der Interaktionsformen der Gruppenmitglieder setzen, oder *RTCAL* [SARIN/GREIF 1985] mit einer starren zentralistischen Organisation der Konferenzstruktur, wo Rederechte von einem Konferenzleiter wie Betriebsmittel verteilt werden. Entwickeltere Optionen zur inhaltlichen Strukturierung von Kommunikationslinien bietet *Information Lens*, wo benutzerdefinierbare Filter die Post- bzw. Botschaftsverteilung in einem Kommunikationssystem regulieren [MALONE et al. 1987].

verbindliche Kontrakte [DAVIS/SMITH 1983] festgelegt, die neben der Kernhandlung auch die bilateral akzeptierten Rahmenbedingungen beschreiben (Betriebsmittelanforderungen, Ressourcenbeschränkungen, aber auch Optionen für die Zielmodifikation eines Auftrags oder Zurückweisung von unzureichenden Handlungsresultaten usf.); sie legen die *Pragmatik der Gruppenarbeit* fest.

In diesem Beitrag wird vor dem Hintergrund des Beschreibungsformalismus für gruppenorientiertes Problemlösen ein Modell für ***argumentationsorientierte Verhandlungen*** spezifiziert.

2 Grundzüge des Gruppenmodells

Der hier zugrunde gelegte Ansatz einer objektorientierten Modellierung der Problemlösungsprozesse in Gruppen beruht auf den technischen Rahmenbedingungen der hybriden Wissensrepräsentationssprache CML / TELOS [STANLEY 1986, KOUBARAKIS et al. 1989], die Konstrukte für frameartige Objektstrukturierung, FOL-Inferenzen, Regel- und Constraintauswertung und einen intervall-basierten Zeitkalkül bereitstellt.

Eine abstrakte Sicht auf dieses Gruppenmodell gibt Abb_1. Die universelle Objektklasse `MetaClass` hat folgende Instanzen und Unterklassen, die das Gruppenmodell konstituieren:

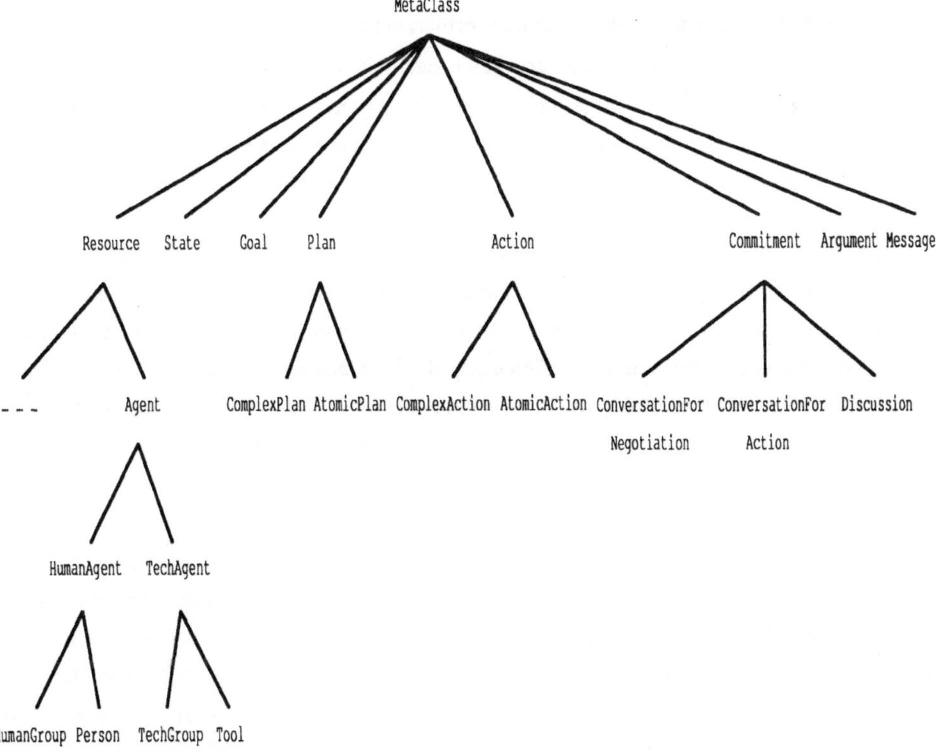

Abb_1 Oberste Schicht der Objekt-Hierarchie für die Modellierung von gruppenbezogenen Problemlösungsprozessen

- `Resource` charakterisiert alle für die Abwicklung von Gruppentätigkeiten verfügbaren Typen von Ressourcen. Neben klassischen betriebswirtschaftlichen Größen, wie Zeit-, Kapital- und materiellen Ressourcen, gehören hierzu insbesondere die an den Gruppenprozessen teilhabenden `Agent`en. Unterschieden wird zwischen `TechAgent`, also technischen Akteuren, wie Rechnern, Druckern, Betriebssystemen, und `HumanAgent`, wozu sowohl individuelle Personen als auch aufgabenspezifische oder organisationstechnische Gruppierungen von Individuen zu Abteilungen, Teams, Task Forces zählen. Auf beiden Ebenen können Aggregationen von Individuen zu Gruppen (`TechGroup`, `HumanGroup`) und elementare Individuen (`Tool`, `Person`) unterschieden werden.
- `State` beschreibt bestimmte zeitliche Entwicklungszustände (die Historie) aller am Gruppenprozeß beteiligten Objekte der Anwendungswissensbasis (z.B. die technischen Kenntnisse von Mitarbeitern, die technische Infrastruktur der Organisation oder grundlegende Handlungsmaximen des Managements).
- `Goal` dient der Beschreibung von Zielen, die die interagierenden Gruppen(mitglieder) verabreden und in der Zukunft erreichen sollen (z.B. Organisations-, Projekt- oder Individualziele im Sinne einer Projektion auf zukünftige Zustände der Anwendungswissensbasis).
- Zur Zielerreichung wird ein `Plan` zwischen Gruppen(mitgliedern) verabredet, der auf einer abstrakten Ebene als `ComplexPlan` definiert ist und auf einer konkreteren Ebene aus einer Reihe von `AtomicPlans` besteht -- mit diesen Handlungsvorschriften, die als Zustandstransformationen formalisiert sind, soll ein projektierter Zielzustand nach Maßgabe des ausgehandelten Plans in einen realen Zustand überführt werden.
- Die Konkretisierung eines `Plans` geschieht (nach einem Verhandlungsprozeß) durch `Action`en, die von `Agent`en ausgeführt werden. Sie sind auf einer abstrakten Ebene als `ComplexAction` definiert und auf einer konkreteren Ebene aus einer Reihe von `AtomicActions` zusammengesetzt -- mit diesen Handlungen wird ein projektierter Zielzustand nach Maßgabe des ausgehandelten Plans (u.U.) realisiert.
- Grundlage der Koordination von Leistungsbeiträgen und Kooperation in Gruppen sind bindende Verabredungen zwischen den Akteuren in Form von `Commitments` -- Verabredungen von *Zielen* sind das Ergebnis von `ConversationForNegotiation`, Verabredungen von *Handlungen* zur Realisierung von Zielen sind das Ergebnis von `ConversationForAction`.
- Instrumente zur *Verhandlung* von Zielen sind `Discussions`, die sich aus einer strukturierten Folge von `Argument`en zusammensetzen, technische Mittel zur Verabredung von *Handlungen*, mit denen die verabredeten Ziele realisiert werden sollen, sind `Messages`.

Diese Objektklassen verfügen über eine (in Abb_1 verborgene) differenzierte Binnenstruktur von Attributen und Methoden. Auf sie wird im folgenden nur dann eingegangen, wenn sie für den hier beschriebenen Teil des Gruppenmodells von Bedeutung sind. Die folgenden Spezifikationsteile für die Dialogstruktur von argumentativen Gruppendiskussion vertiefen dann auch im besonderen die Objektbeschreibungen für zwei Subtypen von `Commitment`, nämlich `ConversationForNegotiation` und `Discussion` sowie `Argumente` als entsprechende technische Vehikel zur Durchführung einer Debatte.

Grundlage des kooperativen Zusammenwirkens sozialer Systeme sind Verabredungen, deren Bandbreite von informellen Übereinkünften, Zugeständnissen und Abreden (*commitments*) bis hin zu formalisierten Kontrakten und Verträgen [FIKES 1982] reicht. Sie legen die Zuständig- und Verantwortlichkeiten der handelnden Akteure fest, beschreiben technische, personelle, zeitliche u.a. Rahmenbedingungen des Gruppenhandelns und sind damit ein bedeutendes Planungs- und Steuerungsmittel für zielgerichtetes soziales Handeln. Aufbauend auf diesem Basiskonstrukt der `Commitments` können die beiden wesentlichen ***Dialogtypen für Gruppen-Informationssysteme*** unterschieden werden. *Weisung*sorientiert ist das `ConversationForAction`-Objekt, mit dem direktive Handlungsbeziehungen zwischen Akteuren in einer Gruppe (Handlungsauftrag, Akzeptanz/Zurückweisung des Handlungsauftrages bzw. -ergebnisses u.ä.) modelliert werden. Die Beziehung zwischen den involvierten Akteuren wird durch den Austausch von Botschaften (`communication: Message`; d.h. `communication` "ist vom Typ" `Message`) installiert, während der Zustand des Konversationsprozesses (etwa: laufend, abgeschlossen, unterbrochen) durch `completion: State` protokolliert wird. *Verhandlung*sorientiert ist dagegen das `ConversationForNegotiation`-Objekt, das durch ein Konstrukt für interaktive Verhandlungsvorgänge (`conversation: Commitment`) und die den Verhandlungen zugrunde liegenden Hintergrundannahmen (`background: State`) charakterisiert ist. Zu beachten ist dabei, daß die Verhandlung selbst wieder eine komplexe Form der Verabredung darstellt:

```
IndividualClass Commitment IN MetaClass WITH END

IndividualClass ConversationForAction IN MetaClass ISA Commitment WITH
     attribute          /* communication und completion sind Instanzen der Attributklasse attribute */
          communication: Message
          completion: State
END

IndividualClass ConversationForNegotiation IN MetaClass ISA Commitment WITH
     attribute          /* conversation und background sind Instanzen der Attributklasse attribute */
          conversation: Commitment
          background: State
END
```

Im folgenden wird die formale Organisation von Gruppendiskussionen über Ziele der Gruppe als Spezialisierung der Objektklasse `ConversationForNegotiation` vertieft.

3 Modellierung der Struktur von Gruppendiskussionen

Gruppenverhandlungen finden in den unterschiedlichsten Organisationsformen statt. Sie reichen von in ihrer Ablaufcharakteristik extrem formalisierten Konferenzen bis hin zu völlig unstrukturierten Brainstorming-Sitzungen. Allen gemeinsam ist jedoch ein Verhandlungsgegenstand (Tagesordnungspunkt in Konferenzen, Thema einer Brainstorming-Sitzung usf.). Im folgenden heißt dieser thematische Gegenstand von Gruppenverhandlungen `Topic`, der folgende CML-Struktur hat:

```
IndividualClass Topic IN ConversationForNegotiation WITH
     conversation      /* intro, negotiation und summary sind Instanzen der Attributklasse conversation */
          intro: Commitment
          negotiation: Discussion
          summary: Commitment
     background        /* records ist Instanz der Attributklasse background */
          records: State
END
```

Diese Form der Beschreibung erfaßt die Behandlung von Einzelthemen durch lokale Verhandlungsprozesse, die als Diskussionen organisiert sind (`negotiation: Discussion`). Eine Diskussion beginnt nach der Einführung des Themas (`intro: Commitment`) und endet mit der Zusammenfassung ihres Verlaufs und Protokollierung des Verhandlungsergebnisses (`summary: Commitment`). Hintergrundinformationen zum Thema sind in `records: State` enthalten.

Eine ***Diskussion*** wird im folgenden durch eine geordnete Folge von Argumenten beschrieben, die sich jeweils auf einen ausgewählten Tagesordnungspunkt (`subject: Topic`) unter Beteiligung ausgewählter menschlicher Akteure bezieht. ***Argumente*** sind vorerst lediglich formal durch ihre Quelle (`contributor: HumanAgent`) und ihren inhaltlichen Bezug (`reference_to: Discussion`) charakterisiert. Die präzisere semantische Fixierung, insbesondere die Verträglichkeit und Ordnung von Argumenten wird durch prädikaten- und zeitlogische `constraints` erst auf der Ebene einzelner Argumenttypen festgelegt (s.u. etwa `Justification`):

```
IndividualClass Discussion IN MetaClass ISA Commitment WITH
      attribute
           arguments: Argument
           subject: Topic
           participants: HumanAgent
END

IndividualClass Argument IN MetaClass WITH
      attribute
           contributor: HumanAgent
           reference_to: Discussion
END
```

Die Struktur von Diskussionen wird im engeren Sinne erst verschärft durch spezielle Arten von Argumenten. Sie überlagern den Ablauf von Argumentaustäuschen der Diskussionspartner mit einer argumentationsspezifischen Typstruktur und zusätzlichen argumentationslogischen Constraints. Das Grundmuster eines Arguments (`ArgumentProper`) hat einen deduktiven Charakter - eine Reihe von faktischen Aussagen (`evidence`) führt zu einer bestimmten Folgerung (`conclusion`):

```
IndividualClass ArgumentProper IN MetaClass ISA Argument WITH
      attribute
           evidence: State
           conclusion: State
END
```

Dieser Grundtyp eines Arguments kann durch Folgeargumente abgestützt bzw. in seiner Gültigkeit eingeschränkt werden. So durch den Argumenttyp `Justification`, bei dem *Hintergrundannahmen* (`warrant: State`), die in das Basis-Argument nur implizit eingegangen sind, explizit in die Argumentation eingeführt werden. Das Bezugsargument (`focus: ArgumentProper`) dieser Rechtfertigung muß ebenfalls angegeben werden. Ein Abfolge-Constraint verlangt, daß ein Argument vom Typ `Justification` erst dann in eine Argumentation eingebracht werden darf, wenn der Versuch einer Einschränkung der Gültigkeit des `ArgumentProper` (durch `Qualification`) unternommen wurde:

```
IndividualClass Justification IN MetaClass ISA Argument WITH
      attribute
           warrant: State
           focus: ArgumentProper
      constraint
           qualification_const: $ Qualification Precedes Justification $
END
```

`Amplification` verstärkt die Gültigkeit der Argumente vom Typ `Justification` durch die Hinzunahme von Evidenzen, die die dort getroffenen Hintergrundannahmen (`warrant: State`) weiter *abstützen*:

```
IndividualClass Amplification IN MetaClass ISA Argument WITH
     attribute
         backing: State
         focus: Justification
END
```

`Qualification` modifiziert die Gültigkeit des Bezugsarguments (`focus: ArgumentProper`) durch die Angabe von Kriterien, die seine Allgemeingültigkeit *beschränken* (`qualifier: State`):

```
IndividualClass Qualification IN MetaClass ISA Argument WITH
     attribute
         qualifier: State
         focus: ArgumentProper
END
```

`Exception` *schränkt* schließlich die Gültigkeit von Hintergrundannahmen (`focus: Justification`) durch Aufzählung von Ausnahmebedingungen (`rebuttal: State`) ein:

```
IndividualClass Exception IN MetaClass ISA Argument WITH
     attribute
         rebuttal: State
         focus: Justification
END
```

Die oben beschriebenen Argumenttypen gehen auf einen Vorschlag von TOULMIN [1958] zurück, der in TOULMIN et al. [1979] umfassend ausgearbeitet ist. Das Modell unterstützt in besonderem Maße "Alltags"begründungen, da es dynamische Optionen anbietet, Argumentationslinien inkrementell zu verschärfen, zu kritisieren oder zu schwächen -- Argumentationen, die i.a. nicht nur über faktische Aussagen[4], sondern häufig genug über Meinungen, Vermutungen und persönliche/organisationelle Wertesysteme geführt werden und somit nur eingeschränkte Möglichkeiten für die empirische Verifikation ihres "Wahrheits"gehaltes zulassen [WONG 1986]. Dieses handlungsorientierte Begründungs- und Erklärungskonzept bildet den Bezugsrahmen unserer Studien des über Informations- und Kommunikationssysteme vermittelten Argumentationsverhaltens in Gruppendiskussionen. Die dabei ausgearbeitete formale Einbettung des Argumentationsschemas in ein umfassenderes Gruppen-Problemlösungsmodell[5] gestattet die Unterscheidung formal zulässiger Argumentationslinien, die den

---

4 Alle oben angesprochenen Sonderformen von Zustandsbeschreibungen (`evidence, conclusion, warrant, backing, qualifier, rebuttal: State`) beziehen sich auf empirisch gesicherte, sozial konventionalisierte oder durch formale Transformationen generierte Daten (letztere etwa abgestützt auf numerische Auswertungsprogramme oder deduktiv, induktiv o.a. inferierende Regelsysteme).

5 Bislang dominieren bei der Unterstützung von Argumentationsprozessen in Informationssystemen Ansätze, die sich auf die Aspekte der Generierung, Protokollierung und Präsentation von Argumenten konzentrieren. Beispiele für diese mehr explorativen Systeme sind *Synview* [LOWE 1985], das um einen Argument-Browser erweiterte *NoteCards* [TRIGG 1988] oder Weiterentwicklungen wie *Argnoter* [STEFIK et al. 1987]. Letzteres verfügt neben einer komfortablen Benutzerschnittstelle für Ideen- und Argumententwicklung auch über einfache Kontrollmechanismen für die Stringenz von Argumenten und ihre Bewertung. Der bislang entwickeltste Versuch, Argumentationsaustäusche von Gruppen in Informationssystemen formal zu kontrollieren, ist in *gIBIS* [CONKLIN/BEGEMAN 1988] realisiert - legale rhetorische Züge in Gruppendiskussionen sind mittels eines Transitionsdiagramms spezifiziert, deren Verletzung wird von Übergangs-Constraints überwacht. Die formale Kontrolle inkrementell wachsender Argumentationsstrukturen realisiert KANDT [1987] für den Ein-Benutzerfall mit einem abhängigkeitsorientierten Backtracking-Mechanismus, wie er klassischen TMS [DOYLE 1979] zugrunde liegt; s.a. Kap. 5.

Typbedingungen und Constraints des Argumentationsmodells genügen[6], von nicht-wohlgeformten Argumentationen und fördert damit den disziplinierten, d.h. rationalen Abtausch von Argumenten in Mehr-Agenten-Umgebungen.

Mit dem formalen Instrumentarium der Typisierung und Annotation von Argumenten durch Constraints können sich Argumentationsprozesse in Gruppen zunächst natürlich, d.h. ohne externe Serialisierungszwänge mit sozial eher kontraproduktiven Synchronisierungsmechanismen (exklusives Rederecht u.ä.) entwickeln. Typ- bzw. Constraint-Verletzungen werden dagegen den Beiträgern von Argumenten signalisiert, die Art der Verletzung mitgeteilt und dem Konfliktmuster angepaßte Auflösungsstrategien vorgeschlagen, so daß die Konsistenz der Argumentation wiederhergestellt werden kann. Dabei ermöglicht die hier vorgeschlagene objektorientierte Modellierung des Argumentationsvorgangs eine einfache Adaption an die *Mehr*-Agenten-Konstellation durch die fortlaufende typ- und constraintverträgliche Instantiierung zulässiger Objektklassen. Dies scheint bei Modellierungen, die für die Beschreibung von Dialogen auf Transitionsnetzen aufbauen [METZING 1980, REICHMAN-ADAR 1984, POLANYI/SCHA 1984, FERRARI/REILLY 1986, CONKLIN/BEGEMAN 1988] nicht nur (bei der Verallgemeinerung von 2- auf *n*-Personen-Dialoge) formal problematischer. Es liegt auf der Beschreibungsebene vielmehr auch ein völlig anderes Adäquatheitskriterium zugrunde, denn die Wohlgeformtheitsbedingungen von Dialogen orientieren sich in diesem Kontext an bestimmten festliegenden *Sequenzen* von Diskurselementen. Bei der objektorientierten Modellierung werden dagegen keine ähnlich globalen Abfolgemuster formuliert, sondern - auf der Basis der Typstruktur und von Constraints - lediglich bilaterale Bindungen zwischen Debattenbeiträgen erfaßt. Aufgrund der Binnenstruktur der Argumenttypen entsteht dann durch deren Kumulation eine komplexe (graphartig interpretierbare) Argumentationsstruktur.

4 Ein Dialogbeispiel einer argumentativen Gruppendiskussion

Das folgende Beispiel skizziert einen argumentativen Diskussionsprozeß in einer Gruppe, in dem es thematisch um die Anschaffung einer Expertensystem-Shell (`ProcureXPShell`) geht. Die informationellen Rahmenbedingungen der Diskussion (`records`) bestehen aus Hintergrundmaterial, auf dem die Entscheidung beruhen soll: Produktbeschreibungen diverser Shells (`ProductReviewsRecord`), das für Softwareprodukte derzeit verfügbare Budget (`BudgetRecord`) und Informationen zur gegenwärtigen technischen Infrastruktur der Organisation (`ComputingFacilitiesRecord`):

```
Token[7] ProcureXPShell ISA Topic WITH
      conversation
          intro: ProcurementRequirements
          negotiation: ProcurementOfXPShell
          summary: ProcurementDecision
      background
          records: {ProductReviewsRecord, BudgetRecord, ComputingFacilitiesRecord}[8]
END
```

6 So kann eine wohlgeformte Argumentation beispielsweise nicht ausschließlich aus Tokens des Typs `ArgumentProper` und `Amplification` bestehen, da ein `Amplification`-Token sich auf ein `Justification`-Token beziehen muß. Darüber hinaus verlangt beispielsweise ein lokaler Abfolge-Constraint, daß jedem `Justification`-Token mindestens ein `Qualification`-Token vorangehen muß.

7 Die Beschreibungsobjekte sind auf dieser Ebene der Modellierung nicht länger Objekt*klassen*, sondern Objekt*token* (Instanzen von Individualklassen); vgl. STANLEY [1986].

8 Die im folgenden praktizierte Spezifikation mengenwertiger Attribute verstößt zwar formal gegen die Syntax von CML, wird hier jedoch aus Gründen einer Vereinfachung der Darstellung praktiziert.

Die Diskussion über die Anschaffungsentscheidung setzt sich aus den Beiträgen der drei zugelassenen Diskussionsteilnehmer zusammen und besteht aus vier argumentativen Teilen, dem Basisargument (`ProcureAlphaShell`), einem Einwand (`BudgetConflictWithAlphaShell`), einer Rechtfertigung des Basisarguments (`AlphaShellJustified`) und einer Verstärkung dieser Rechtfertigung (`BudgetConflictRelaxed`):

```
Token ProcurementOfXPShell ISA Discussion WITH
      arguments
          procurement_args: {ProcureAlphaShell,BudgetConflictWithAlphaShell,
                             AlphaShellJustified, BudgetConflictRelaxed}
      subject
          procurement_topic: ProcureXPShell
      participants
          procurement_agents: {Manager_A, TechnicalAssistant_B, BudgetSecretary_C}
END
```

Den Argumenten für die technischen Qualitäten der *AlphaShell* (`ProcureAlphaShell`) werden finanzielle Kriterien gegenübergestellt (`BudgetConflictWithAlphaShell`). Die Option für *AlphaShell* wird dennoch weiter technisch und organisatorisch motiviert (`AlphaShellJustified`) und durch Management-Kriterien (Preisverhandlungen mit dem Hersteller *ShellToolsInc.* sowie ggf. Budgeterhöhung) schließlich abgedeckt (`BudgetConflictRelaxed`). Da weiter keine Alternativen im Raum stehen, gilt die Empfehlung für den Kauf von *AlphaShell* (s. das Basisargument `ProcureAlphaShell`) als verbindliches Ergebnis (`summary: ProcurementDecision`) auf der Basis der in der Diskussion getroffenen Verabredungen. Diesem Prozeß der *Ziel*koordination schließt sich die eigentliche Beschaffungs*handlung* an, die außerhalb des hier vorgestellten Modellfragments liegt:[9]

```
Token ProcureAlphaShell ISA ArgumentProper WITH
      contributor
          agent: TechnicalAssistant_B
      reference_to
          discussion: ProcurementOfXPShell
      evidence
          functionality: "AlphaShell has a hybrid representation schema, uncer-
                          tain reasoning engine, natural language interface &
                          sophisticated explanation facilities"
          operating_system:         "AlphaShell runs under Unix"
          storage_requirements:     "AlphaShell needs 10MB"
          hardware_environment:     "we have SUN-3s running Unix"
          storage_capabilities:     "we have 200MB disk space available"
          software_compatibility:   "AlphaShell is manufactured by ShellToolsInc.
                                    who have also provided other application soft-
                                    ware and sophisticated programming language
                                    environments for our lab"
      conclusion
          recommendation: "buy AlphaShell"
END

Token BudgetConflictWithAlphaShell ISA Qualification WITH
      contributor
          agent: BudgetSecretary_C
      reference_to
          discussion: ProcurementOfXPShell
```

9 Die Tokenbeschreibungen sind weitgehend selbsterklärend. Auf der Ebene von Token-Objekten sind Token bzw. Strings (durch "..." eingeschlossen) zugelassene Attributwerte. Diese Einträge sind verbale Paraphrasen formaler Zustandsbeschreibungen vom Typ `State` in der Anwendungswissensbasis, zu der die Diskussionsteilnehmer während der Diskussion permanent Zugriff haben, um ihre Argumente faktisch zu untermauern.

```
        qualifier
            budget_conflict:  "price for AlphaShell exceeds this year's budget
                               resources for software procurement"
                               /* beruht auf simultanem Abgleich des ProductReviewsRecord mit dem
                                  BudgetRecord, den Hintergrunddaten der Diskussion */
            qualification:    "increase in budget allocation must be granted"
        focus
            argument: ProcureAlphaShell
END

Token AlphaShellJustified ISA Justification WITH
        contributor
            agent: TechnicalAssistant_B
        reference_to
            discussion: ProcurementOfXPShell
        warrant
            resource_req:        "operating requirements shall not exceed available
                                  storage space"
            compatibility_req:   "application software must run under existing
                                  operating system"
            management_policy:   "minimize the number of software suppliers"
        focus
            argument: ProcureAlphaShell
        constraint
            qualification_const: $ BudgetConflictWithAlphaShell Precedes
                                   AlphaShellJustified $
END

Token BudgetConflictRelaxed ISA Amplification WITH
        contributor
            agent: Manager_A
        reference_to
            discussion: ProcurementOfXPShell
        backing
            prices: "negotiations with close business partners may result in a
                    price cut"
            budget: "budget limit may be increased as required"
        focus
            argument: AlphaShellJustified
END
```

5 Fazit und Ausblick

In diesem Beitrag sind die Grundlagen eines *Dialogmodells für kooperative Gruppendiskussionen*[10] vorgestellt worden, das auf rationale Formen der verbalen Interaktion mehrerer Personen im Kontext von Informations- und Kommunikationssystemen abgestellt ist. Im Verlauf eines strukturierten Argumentationsaustausches wird während einer Diskussion die *Semantik* von Handlungen (*was* zu tun ist) festgelegt. Der Schwerpunkt dieser Darstellung liegt auf den dabei unterscheidbaren *argumentativen Dialogstrukturen*[11].

10 Die für ***Gruppen***diskussionen im Vergleich zu ***Zwei-Personen***-Dialogen typischen Faktoren (mehr als zwei Diskutanten, "Gruppen" als Teilnehmer, parallele Diskussionsbeiträge, "soziale" Formen der Alternativenbewertung durch Abstimmungen oder Konfliktlösungsverhandlungen) und die daraus folgende Komplizierung für die Kontrolle und Darstellung des sich ggf. verzweigenden Diskussionsverlaufs stellen an die Dialogmodellierung neue Anforderungen und verlangen eine Neubewertung der für Zwei-Personen-Dialoge bislang untersuchten Dialogstrukturen. Weitere Problemstellungen ergeben sich aus anderen gruppenspezifischen Diskurstypen (etwa der Modellierung des *brainstorming*) oder grundlegend anderen Interaktionskonstellationen (etwa *kompetitive* [KANDT 1987] oder *antagonistische* [FLOWERS et al. 1982] statt kooperative Interaktionen).

Das hier vorgestellte Dialogmodell ist (noch) nicht mit einem natürlichsprachlichen Interface gekoppelt, sondern dient zur Dialogsteuerung eines menüorientierten elektronischen Konferenzsystems. Experimentelle Prototypen befinden sich für zwei Applikationen in der Entwicklung:

- Beim **Projektmanagement** von großen Software-Systemen stehen der strukturierte Austausch von Argumenten und relativ formalisierte (d.h. stark vorstrukturierte) Handlungsoptionen (Weisung, Kooperationssuche um technische Unterstützung u.ä.) im Vordergrund.
- Beim **Co-Authoring** - dem Entwurf und der Realisierung von Dokumenten (etwa technischen Manuals) durch mehrere Autoren - dominieren dagegen eher unstrukturierte Ideenfindungsprozesse (*brainstorming*) und Probleme einer geeigneten (hyper)textuellen Organisation verabredeter Inhalte.

Drei methodische Problemstellungen bilden die Schwerpunkte der weiteren Forschungsarbeiten:

1) Die Erweiterung des "Kern"modells der Argumentation um zusätzliche Argumenttypen und nicht-deduktive (induktive, analogische, hypothetische) Schlußregeln, wie sie vor allem rhetorischen Argumentationsfiguren zugrunde liegen [WONG 1986], sowie Routinen für die Verwaltung *mehrerer* (alternativer, kompetitiver) Argumentationsstränge.
2) Die Kopplung von Argumentations- und Inferenzprozeduren durch ein an den Diskurstyp "Argumentation" angepaßtes Repräsentationskonstrukt (*Argumentationsgraphen*[12]).
3) Die formale Kontrolle des Argumentationsablaufs und der ihn charakterisierenden wiederholten Meinungsumschwünge (inkl. ihrer Seiteneffekte) durch ein auf die Überwachung des Gruppenmeinungsbildes abgestelltes ***Gruppen****-Reason-Maintenance-System*[13].

Implementation. Das beschriebene System ist in *ConceptBase* [JARKE *et al.* 1988], einem Programmsystem, das CML realisiert, implementiert. *ConceptBase* ist seinerseits in BIMProlog implementiert und läuft in einer Prototypversion auf SUN 3/260 und MicroVax. Das elektronische Konferenzsystem ist auf X11 aufgesetzt und mit dem X-Window-Toolkit implementiert.

Literatur

ALLEN, J. / D. LITMAN [1986]: Plans, Goals, and Language. In: *Proc. IEEE* Vol.74, pp.939-947

BORGIDA, A. / T. IMIELINSKI [1984]: Decision Making in Committees: A Framework for Dealing with Inconsistency and Non-Monotonicity. In: *Proc. of the Non-Monotonic Reasoning Workshop*. Oct. 17-19, 1984, New Paltz, NY, pp.21-32.

COELHO, H. [1982]: A Formalism for the Structural Analysis of Dialogues. In: *COLING 82: Proc. 9th Intl. Conf. on Computational Linguistics*. Prague, July 5-10, 1982, pp.61-69.

COHEN, R. [1986]: *A Computational Model for the Analysis of Arguments*. Waterloo/Ontario: Univ. of Waterloo, Dept. of Computer Science (= Research Report CS-86-41).

---

11 Im Unterschied zur hier verfolgten Integration in einen Problemlösungskontext und damit angestrebten formalen Disziplinierung von Argumentationsprozessen unterliegt die Abstraktion von Steuerungsprimitiven in Dialoggrammatiken bislang meist einer starken Betonung der *linguistischen* Indikatoren von Dialogverläufen (Signalwörter, Tempuswechsel u.ä.). Unterschieden werden dann neben den oben skizzierten *argumentationstechnischen* Grundelementen (vgl.a. REICHMAN-ADAR [1984], WACHTEL [1985] oder FERRARI/REILLY [1986]) zusätzlich noch *rhetorisch* gefärbte Muster, wie Parallelität, Kontrast, Elaboration, *turn-taking*-Regeln (vgl. SCHANK [1977], MANN et al. [1977], METZING [1980], COELHO [1982], POLANYI/SCHA [1984], COHEN [1986], WONG [1986]), und *planungsbasierte Sprechakt*atome [ALLEN/LITMAN 1986].

12 Argumentationsgraphen dienen zur Repräsentation der Organisation einer Argumentation, stellen taktische Regeln zur Argumenterwiderung und generalisierte, auf rhetorischen Mustern beruhende Argumentationsmacros (*argument molecules)* bereit, mit denen die Ablaufcharakteristik oder taktische Optionen zur Fortsetzung von Argumentationen geplant werden können [FLOWERS et al. 1982].

13 Zum Einbenutzer-Grundmodell vgl. das Konzept der TMS [DOYLE 1979] und ATMS [KLEER 1986], das von KANDT [1987] bereits auf die Konsistenzüberwachung von Argumentationsbasen angewandt worden ist. Erste konzeptionelle Ansätze, zur Modellierung von *Gruppen*entscheidungen grundlegende Theoriebestandteile nichtmonotoner Schlußverfahren heranzuziehen, stellen DOYLE [1985] und BORGIDA/IMIELINSKI [1984] vor.

CONKLIN, J. / M.L. BEGEMAN [1988]: gIBIS - A Hypertext Tool for Exploratory Policy Discussion. In: *CSCW 88. Proc. Conf. on Computer-Supported Cooperative Work.* Sept. 26-28, 1988, Portland, Oregon, pp.140-152.
DAVIS, R. / R.G. SMITH [1983]: Negotiation as a Metaphor for Distributed Problem Solving. In: *Artificial Intelligence* Vol.20, No.1, pp.63-109.
DELISLE, N.M. / M.D. SCHWARTZ [1987]: Contexts - A Partitioning Concept for Hypertext. In: *ACM Transactions on Office Information Systems* Vol.5, No.2, pp.168-186.
DOYLE, J. [1979]: A Truth Maintenance System. In: *Artificial Intelligence* Vol.12, pp.231-272.
DOYLE, J. [1985]: Reasoned Assumptions and Pareto Optimality. In: *IJCAI-85. Proc. 9th Intl. Joint Conf. on Artificial Intelligence.* 18-23 Aug. 1985, Los Angeles, Cal., pp.87-90.
FERRARI, G. / R. REILLY [1986]: A Two-Level Dialogue Representation. In: *COLING '86. Proc. 11th Intl. Conf. on Computational Linguistics.* Bonn, Aug. 25-29, 1986, pp.42-45.
FIKES, R.E. [1982]: A Commitment-Based Framework for Describing Informal Cooperative Work. In: *Cognitive Science* Vol.6, No.4, pp.331-348.
FLOWERS, M. / R. McGUIRE / L. BIRNBAUM [1982]: Adversary Arguments and the Logic of Personal Attacks. In: W.G. Lehnert / M.H. Ringle (eds): *Strategies for Natural Language Processing.* Hillsdale/NJ, London: L. Erlbaum, pp.275-294.
GREIF, I. / S. SARIN [1987]: Data Sharing in Group Work. In: *ACM Transactions on Office Information Systems* Vol.5, No.2, pp.187-211.
JARKE, M. / U. HAHN [1987]: Verhandlungskonzepte für die rechnergestützte Teamarbeit. In: *Proc GI - 17. Jahrestagung.* München, 20.-23. Okt. 1987. Berlin: Springer, pp.654-670.
JARKE, M. / M.JEUSFELD / T. ROSE [1988]: *A Global KBMS for Database Software Evolution: Documentation of First ConceptBase Prototype.* Univ.Passau,Fak.Math.Informatik (MIP-8819)
KANDT, K. [1987]: A Tool to Support Competitive Argumentation. In: *Journal of Management Information Systems* Vol.3, No.4, pp.54-64.
KLAHOLD, P. / G. SCHLAGETER / R. UNLAND / W. WILKES [1985]: A Transaction Model Supporting Complex Applications in Integrated Information Systems. In: *Proc. ACM SIGMOD 1985. Intl. Conf. on Management of Data.* Austin, Texas, May 28-31, 1985, 388-401.
KLEER, J. de [1986]: An Assumption-Based TMS. In: *Artificial Intelligence* Vol.28, pp. 127-162.
KOUBARAKIS, M. / J. MYLOPOULOS / M. STANLEY / A. BORGIDA [1989]: *Telos - Features and Formalization.* Heraklio, Crete: Computer Science Institute (FORTH/CSI/TR/1989/018).
LOWE, D. [1985]: Cooperative Structuring of Information: The Representation of Reasoning and Debate. In: *International Journal of Man-Machine Studies* Vol.23, pp.97-111.
MALONE, T.W. / K.R. GRANT / K.-Y. LAI / R. RAO / D. ROSENBLITT [1987]: Semistructured Messages are Surprisingly Useful for Computer-Supported Coordination. In: *ACM Transactions on Office Information Systems* Vol.5, No.2, pp.115-131.
MANN, W.C. / J.A. MOORE / J.A. LEVIN [1977]: A Comprehension Model for Human Dialogue. In: *IJCAI-77. Proc. 5th Intl. Joint Conf. on Artificial Intelligence.* Cambridge, MA, USA, Aug. 22-25, 1977, pp.77-87.
METZING, D. [1980]: ATNs Used as a Procedural Dialog Model. In: *COLING 80. Proc. 8th Intl. Conf. on Computational Linguistics.* Sept.30 - Oct.4, 1980, Tokyo, pp.487-491.
POLANYI, L. / R. SCHA [1984]: A Syntactic Approach to Discourse Semantics. In: *COLING 84. Proc. 10th Intl. Conf. on Computational Linguistics & 22nd Annual Meeting of the Association for Computational Linguistics.* 2-6 July 1984, Stanford, Cal., pp.413-419.
REICHMAN-ADAR, R. [1984]: Extended Person-Machine Interface. In: *Artificial Intelligence* Vol. 22, pp.157-218.
SARIN, S. / I. GREIF [1985]: Computer-Based Real-Time Conferencing Systems. In: *Computer* Vol.18, No.10, pp.33-45.
SCHANK, R.C. [1977]: Rules and Topics in Conversation. In: *Cognitive Science* Vol.1, 421-441.
STANLEY, M.T. [1986]: *CML- A Knowledge Representation Language with Application to Requirements Modeling.* Dept. of Computer Science, Univ. of Toronto (Ms.Sci.Thesis).
STEFIK, M. / G. FOSTER / D.G. BOBROW / K. KAHN / S. LANNING / L. SUCHMAN [1987]: Beyond the Chalkboard - Computer Support for Collaboration and Problem Solving in Meetings. In: *Communications of the ACM* Vol.30, No.1, pp.32-47.
TOULMIN, S. [1958]: *The Uses of Argument.* Cambridge: Cambridge U.P.
TOULMIN, S. / R. RIEKE / A.JANIK [1979]: *An Introduction to Reasoning.* New York: Macmillan
TRIGG, R.H. [1988]: Guided Tours and Tabletops - Tools for Communicating in a Hypertext Environment. In: *CSCW 88. Proc. Conf. on Computer-Supported Cooperative Work.* Sept. 26-28, 1988, Portland, Oregon, pp.216-226.
WACHTEL, T. [1985]: *Discourse Structure.* Hamburg: University of Hamburg, Research Unit for Information Science and Artificial Intelligence, Project LOKI (= LOKI Report NLI-1.1).
WINOGRAD, T. [1986]: A Language/Action Perspective on the Design of Cooperative Work. In: *CSCW '86. Proc. of the Conf. on Computer-Supported Cooperative Work,* pp.203-220.
WONG, W.-K.C. [1986]: *A Theory of Argument Coherence.* Austin/TX: Artificial Intelligence Laboratory, Univ. of Texas at Austin, (= AI TR 86-29).

Bayesian Integration of Uncertain and Conflicting Evidence

Gerhard Paaß
GMD, D-5205 Sankt Augustin

Abstract:

Often numeric values assigned to the probability of some fact or rule are only vague estimates. Using Bayesian analysis the probabilities themselves may be treated as random quantities whose accuracy can be described by a *second order* probability measure. For the probabilities of consequences a posterior distribution may be derived, which reflects the uncertainty of the input probabilities. The algorithm discussed in this paper is based on an approximate sample representation of the basic probabilities. This sample is continuously modified by a stochastic simulation procedure, the Metropolis algorithm, and the sequence of successive samples yields the desired posterior distribution. The procedure is able to pool inconsistent probabilities according to their reliability and is applicable to general inference networks with arbitrary structure including loops and cycles. The properties of the approach are demonstrated by some numerical experiments.

1 Introduction

Most probabilistic inference systems pretend that the available probabilities are exact point values. Many psychological studies (Hogarth 1987), however, show that human experts have only moderate abilities as probability assessors and often are unable even to specify a point estimate. If an expert estimates several interrelated probabilities these often are incoherent and lead to logical contradictions. In this situation update mechanisms for point probabilities (Pearl 1986; Lauritzen & Spiegelhalter 1988) cannot work as there exists no probability measure that simultaneously meets all constraints. The rationality of experts, which is the basis of subjective probability theories (Cheeseman 1988), seems to be only a theoretical ideal and does not apply to practical situations.

We consider the elicitation of probabilities by experts to be some sort of *measurement process* which may be disturbed by 'measurement noise'. This noise again is assumed to be probabilistic and therefore induces a second order probability measure which describes the distribution of the probabilities delivered by the experts. The application of Bayesian principles allows to take into account various forms of information on marginal probabilities, conditional probabilities, probability intervals, and arbitrary other parameters of the probability measure always considering their relative precision. The underlying inference networks may have a general structure with loops and may comprise categorical and continuous variables.

In the paper the basic 'first order' probability distribution is represented approximately by a random sample. Then the resulting second order posterior distribution evolves during the continuous modification of this sample where the extent of the modifications is controlled by the measurement noise. The modification process is performed by the Metropolis algorithm which is the essential component of the simulated annealing algorithm (Mitra, et al. 1986). In contrast to probability intervals, which always reflect worst case errors, the utilization of measurement distributions allows to express the relative plausibility of different feasible values. Consequently the derived imprecision of result probabilities in general will be smaller. With an appropriate measurement distribution it is always possible to combine any set of independent estimates, even if they contain contradictory statements.

Imprecise probabilities are usually represented by probability intervals. The proposed updating procedures either are local and arrive at wider intervals than necessary (Quinlan 1983) or are equivalent to linear programming problems with exponential complexity (Nilsson 1986). A consistent solution will not exist if contradictions are present. The utilization of probability distributions instead of intervals was first proposed by Lindley et al. (1979) to pool the opinions of the members of a committee. A discussion is found in Genest & Zidek (1986) and Paass (1988). Stochastic simulation approaches for probabilistic reasoning have been used by Pearl (1987) to determine 'first order' probability distributions.

2 Probabilistic Model

Suppose the situation in question can be specified in terms of $_{\#}u$ different basic propositions $U_1, \ldots, U_{\#u}$. A term $W_\tau := \tilde{U}_1 \wedge \cdots \wedge \tilde{U}_{\#u}$ with $\tilde{U}_i \in \{U_i, \neg U_i\}$ embodies a comprehensive description of the situation and is called a possible world. Define $\mathcal{F}$ as the set of propositions which can be formed by disjunctions of the $_{\#}w := 2^{\#u}$ different possible worlds. Suppose the uncertainty about the true possible world is described by a probability measure $p : \mathcal{F} \rightarrow [0,1]$ which assigns a probability value $p_\tau := P(W_\tau)$ to each W_τ. This measure is completely defined by the parameter vector $\boldsymbol{p} := (p_1, \ldots, p_{\#w})$. Let $\mathcal{P} := \{(p_1, \ldots, p_{\#w}) \mid p_i \geq 0, \sum_{i=1}^{\#w} p_i = 1\}$ be the set of parameters of all probability measures over $\mathcal{F}$.

Information on the probability measure (or its characteristics) may be available from different sources: physical measurement devices, frequency counts from samples, or expert judgements. Assume there are d pieces of evidence $\tilde{\boldsymbol{\pi}} := (\tilde{\pi}_1, \ldots, \tilde{\pi}_d)$ on p. Each $\tilde{\pi}_i$ may be related to any measurable function $\pi_i(\boldsymbol{p})$ of the parameters $\boldsymbol{p}$. For example $\tilde{\pi}_i$ may be equal to a probability $p(A)$, a conditional probability $p(A \mid B)$, an odds ratio $p(A \mid B)/p(A \mid \neg B)$ (cf. Pearl 1985), or an indicator which states, for instance, whether $p(A \wedge B) < 0.1$ or $p(A) > p(B)$ is true. The $\tilde{\pi}_i$ may be uncertain and incoherent to some extent and are considered as some sort of measurement with an associated measurement noise. For physical measurements the noise results from perturbations of the measurement process, while for statistical samples it is caused by sampling fluctuations. With respect to expert judgements it has been demonstrated by many psychological experiments that probabilities estimated by humans are often *incoherent*, i.e. violate the rules of probability calculus. Even if each expert determines his subjective probability in an optimal way he often will make 'errors' because of his limited state of information and his weakness as probability appraiser (Hogart 1987).

An independent *investigator* has the task to integrate these measurements. For him the measurement values $\tilde{\boldsymbol{\pi}}$ and the probabilities $\boldsymbol{p}$ are part of the external world about which he is uncertain and whose random relation is captured by a joint probability distribution $P(\tilde{\boldsymbol{\pi}}, \boldsymbol{p})$. The capital P indicates that the distribution is a 'second order' probability distribution describing random variables which themselves are probabilities. We suppose that the decision maker can specify a subjective *measurement distribution* $P(\tilde{\boldsymbol{\pi}} \mid \boldsymbol{p})$ reflecting his subjectively assessed distribution of possible measurements $\tilde{\boldsymbol{\pi}}$ for each probability vector $\boldsymbol{p} \in \mathcal{P}$. Here we assume that the investigator acts as a rational agent who is able to formulate his subjective opinion in the form of coherent probability distributions. Note that the investigator does not specify any preference for some specific $\boldsymbol{p}$ as he defines $P(\tilde{\boldsymbol{\pi}} \mid \boldsymbol{p})$ for every possible value of $\boldsymbol{p}$.

The measurement distribution is selected according to the type of measurement. For continuous physical measurements often the normal distribution is suitable (Lindley et al. 1979), while the binomial distribution can be used for binary alternatives (Paass 1986). The latter seems appropriate if the expert bases his judgement on the experience gained from a number of cases (Dalkey 1986). Under specific circumstances the measurement distribution may be very simple. Assume an expert has to answer the question "Is $p(A) \geq 0.8$?". Then $\tilde{\pi}_i$ just can take the two values 0 or 1 meaning 'yes' or 'no'. Consequently the noise distribution just consists of two probability values: the probability that the expert would say 'yes' if really $p(A) \geq 0.8$ and the probability that the expert would say 'yes' if $p(A) < 0.8$.

3 Statistical Evaluation of Noise

The measurement distribution $P(\tilde{\boldsymbol{\pi}} \mid \boldsymbol{p})$ is the investigator's subjective assessment of the relation between $\boldsymbol{p}$ and the measurement data $\tilde{\boldsymbol{\pi}}$. The marginal distribution $P(\boldsymbol{p})$ can be interpreted as the investigator's prior distribution which describes his subjective state of knowledge on $\boldsymbol{p}$ before he knows any measurements. Hence the distribution $P(\tilde{\boldsymbol{\pi}}, \boldsymbol{p}) = P(\tilde{\boldsymbol{\pi}} \mid \boldsymbol{p})P(\boldsymbol{p})$ entirely rests on his subjective judgements. *Bayes theorem* yields his subjective *posterior density* of $\boldsymbol{p}$ after the information $\tilde{\boldsymbol{\pi}}$ has been taken into account

$$P(\boldsymbol{p} \mid \tilde{\boldsymbol{\pi}}) = \frac{P(\tilde{\boldsymbol{\pi}} \mid \boldsymbol{p})P(\boldsymbol{p})}{P(\tilde{\boldsymbol{\pi}})} \tag{1}$$

$P(\boldsymbol{p} \mid \tilde{\boldsymbol{\pi}})$ assigns a value to each $\boldsymbol{p}$ which characterizes the degree of belief of the investigator that $\boldsymbol{p}$ is the true probability distribution. Note that the measurements $\tilde{\pi}_i$ of the different sources may be correlated with each other. This happens, for example, if two measurements are based on some common information. However, the formula is simplified considerably if we assume that each $\tilde{\pi}_i$ has been determined *independently* from the others. Then the joint likelihood is $P(\tilde{\boldsymbol{\pi}} \mid \boldsymbol{p}) := \prod_i P(\tilde{\pi}_i \mid \boldsymbol{p})$. If for some measurement $\tilde{\boldsymbol{\pi}}$ there is no $\boldsymbol{p}$ such that $P(\tilde{\boldsymbol{\pi}} \mid \boldsymbol{p})$ is greater than zero the measurement is inconsistent and no posterior distribution exists. The investigator may avoid this problem, for instance by assigning a possibly low but nonzero likelihood $P(\tilde{\boldsymbol{\pi}} \mid \boldsymbol{p}) > 0$ to each pair $\boldsymbol{p}, \tilde{\boldsymbol{\pi}}$.

The posterior distribution $P(\boldsymbol{p} \mid \tilde{\boldsymbol{\pi}})$ is a common joint density of the possible worlds. In general, however, the investigator is interested in the distribution $P(f(\boldsymbol{p}) \mid \tilde{\boldsymbol{\pi}})$ of more global characteristics $f(\boldsymbol{p})$, for instance $f(\boldsymbol{p}) := p(A)$ for some $A \in \mathcal{F}$. To determine the posterior probability that $f(\boldsymbol{p})$ is in a specific interval, say $[a, b]$ he has to determine

$$P(f(\boldsymbol{p}) \in [a, b] \mid \tilde{\boldsymbol{\pi}}) = \int_{[a,b]} f(\boldsymbol{p})P(\boldsymbol{p} \mid \tilde{\boldsymbol{\pi}})d\boldsymbol{p} = \int F(\boldsymbol{p})P(\boldsymbol{p} \mid \tilde{\boldsymbol{\pi}})d\boldsymbol{p} \tag{2}$$

where in our example F is the indicator function taking the value 1 if $f(\boldsymbol{p}) \in [a, b]$ and 0 otherwise. Except in trivial cases the analytical solution is intractable and we have to use a numerical approach. Conceptually we generate a sequence of $\boldsymbol{q}_i \in \mathcal{P}$ distributed according to $P(\boldsymbol{q} \mid \tilde{\boldsymbol{\pi}})$ and approximate the integral by $\frac{1}{r}\sum_{i=1}^{r} F(\boldsymbol{q}_i)$. If the $\boldsymbol{q}_i$ are the realizations of an ergodic stationary Markov chain with distribution $P(\boldsymbol{q} \mid \tilde{\boldsymbol{\pi}})$ the sum converges to the integral by the ergodic theorem.

The vector $\boldsymbol{p}$ has $_{\#}w = 2^{\#u}$ elements; a number which already for a moderate number $_{\#}u$ of basic propositions is prohibitively large. Therefore we approximate $\boldsymbol{p}$ by a random sample of n possible worlds W_τ. Let $\mathcal{P}_n \subset \mathcal{P}$ be the set of probability vectors with values in $\{\frac{0}{n}, \frac{1}{n}, \ldots, \frac{n}{n}\}$. Then at most n different probabilities are larger than zero. According to the Law of Large Numbers any distribution $\boldsymbol{p} \in \mathcal{P}$ can be approximated arbitrary well by a sample $\boldsymbol{q} \in \mathcal{P}_n$ if the sample size n is chosen sufficiently large.

To generate the ergodic sequence $\boldsymbol{q} \in \mathcal{P}_n$ we utilize the Metropolis algorithm (Kalos & Whitlock 1986, p.73ff). This method may also be applied to Markov chains with continuous sample space. Let $X_\tau := (W_{\tau(1)}, \ldots, W_{\tau(n)})$ be a sample containing n of the $_{\#}w$ possible worlds. The algorithm starts with an arbitrary sample. In an iterative fashion the 'current' sample X_τ is modified to a new sample X_η and subsequently it is checked whether the modification can be accepted. A modification usually consist of rather small changes, for instance transforming U_i to $\neg U_i$ in one or more possible worlds $W_\tau(j)$. The probability $P_{mod}(X_\tau, X_\eta)$ of modifying X_τ to X_η may be derived from some real, nonnegative, and symmetric function $g(X_\tau, X_\eta)$

$$P_{mod}(X_\tau, X_\eta) = \frac{g(X_\tau, X_\eta)}{g(X_\tau)} \qquad g(X_\tau) := \sum_\eta g(X_\tau, X_\eta) \tag{3}$$

If $\boldsymbol{q}(X_\tau) \in \mathcal{P}_n$ is the empirical distribution corresponding to X_τ we may calculate the ratio $r(X_\eta, X_\tau) := P(\tilde{\boldsymbol{\pi}} \mid \boldsymbol{q}(X_\eta))/P(\tilde{\boldsymbol{\pi}} \mid \boldsymbol{q}(X_\tau)$ of likelihood values. Then the modification is accepted with probability $\max[1, r(X_\eta, X_\tau)]$. If each X_τ can be transformed into any other X_η by a finite number of modifications, the probability $\Pr(X \mid \tilde{\boldsymbol{\pi}})$ of X being generated converges to an unique stationary distribution as the number of iterations goes to infinity (Mitra et al. 1986)

$$\Pr(X \mid \tilde{\boldsymbol{\pi}}) = c_1 g(X) P(\tilde{\boldsymbol{\pi}} \mid \boldsymbol{q}(X)) \tag{4}$$

Here c_1 is a constant normalizing the sum of probabilities to one.

4 Prior Distribution

To utilize the Bayesian approach the decision maker has to select a prior probability distribution $P(\boldsymbol{p})$. If he has no preference for some ranges of probability he can specify a ***noninformative prior*** which favours no $\boldsymbol{p}$ over others. Because of its invariance to transformations textbooks (Berger 1980 p.74ff) recommend versions of the Dirichlet density which is proportional to $\prod_\tau p(W_\tau)^{\alpha-1}$, usually with $\alpha < 1$. There is, however, a debate on which prior probability to choose. Hartigan (1983 p.96) states that standard families of prior distributions for the multinomial don't work well for many-parameter problems.

For a sample approximation $\boldsymbol{q} \in \mathcal{P}_n$ most of the $q(W_\tau)$ are equal to zero and the Dirichlet distribution gets meaningless. In this paper we therefore use a uniform prior – which is a special case of the Dirichlet distribution – for the marginal distribution of the $p(U_i)$. In addition we assume that the priors of the different basic propositions are mutually independent. From the independence follows that for $\tilde{U}_i \in \{U_i, \neg U_i\}$ the conditional probability $p(U_i \mid \tilde{U}_{j_1} \wedge \cdots \wedge \tilde{U}_{j_l})$ for arbitrary $j_r \neq i$ has a uniform prior distribution too. This seems to be a desirable property for the evaluation of inference networks. To simulate the Bayesian posterior density according to (4) we defined $g(X_\tau, X_\eta)$ in such a way that the $p(U_i)$ are independent and have a uniform distribution if no measurements are available. We used standard Markov chain techniques to generate a transition matrix which conforms to these conditions.

5 Extensions

If we want to determine the probability of some B for a situation where A is known to hold, we have to estimate the conditional probability $p(B \mid A)$. Whenever the probability of A is low then a sample X_τ usually will comprise only few or none possible worlds W_η where A holds and the

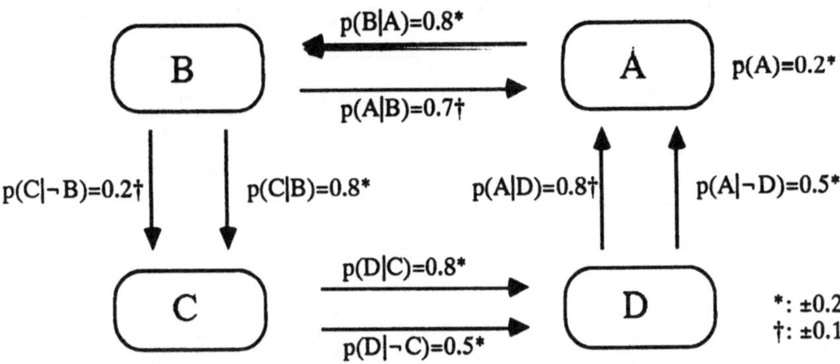

Figure 1: **Inference Network for Numerical Demonstration**

estimated posterior distribution for $p(B \mid A)$ will exhibit a high variance. This situation may be avoided by using *weighted samples* to allowing that possible worlds with low weights may be generated where A holds. For the determination of acceptance probabilities in the case of weight changes the recalculation of the whole likelihood function $P(\tilde{\pi} \mid p)$ is required, while in the case of the modification of U_i to $\neg U_i$ in some possible worlds only a few tabulation counts have to be updated. Therefore we did not perform weight changes for the calculations in the next section but used a few different weight values of the form $\frac{1}{m}, \frac{2}{m}, \frac{4}{m}, \ldots$ for the possible worlds.

All definitions given above may be easily extended to the case that the basic aspects of the situation are characterized by more than two mutually exclusive and exhaustive propositions $U_{i1}, \ldots, U_{ik_i}$. Again we can use independent Dirichlet priors for the marginal distribution of the different aspects. If an aspect corresponds to a continuous variable u_i we can either model it by a large number of mutually exclusive propositions $U_{i1}, \ldots, U_{ik_i}$ with each U_{il} corresponding to some value ξ_{il} of u_i. Alternatively one can include a continuous u_i directly without any discretization using the Markov chain results of Kalos & Whitlock (1986). Then we could take into account measurements which, for instance, state that the mean value of u_i is equal to 13.6 or that variable u_i is ≥ 10.5 with probability 0.8.

6 Sample Applications

First we applied the algorithm to a small inference network with uncertain rules forming a cycle. Inference nets with this general structure cannot be handled directly by other inference techniques usually requiring a sequential order of the nodes. In the model two 'symptoms' A and B affect the probability of the 'outcomes' C and D. We assumed that the probabilities given in figure 1 had been estimated by independent experts. The investigator assigned a binomial measurement distribution to the experts estimating that the values supplied were exact to ± 0.1 or ± 0.2 in 90% of the cases. These intervals were used to derive the parameters of the corresponding binomial measurement distributions.

For the simulation of the posterior distribution $P(p \mid \tilde{\pi})$ a sample X of size n=200 with elements of weights $\frac{1}{m}$ or $\frac{5}{m}$ was utilized. In a first analysis the conditional probability $p(A \mid B) = 0.7$ was omitted. The characteristics of the posterior distribution of each possible world are shown on the left side of table 1. The probability estimates show a considerable variance around the the median, the 50%-percentile of the posterior distribution. The difference between the 25%-percentile and the 75%-percentile in many rows is larger than the median.

Table 1: **Percentiles of the Posterior Distributions for Selected Probabilities**

	Percentiles									
	$p(A \mid B) = 0.7$ omitted					$p(A \mid B) = 0.7$ included				
	10%	25%	**50%**	75 %	90%	10%	25%	**50%**	75 %	90%
$p(\neg A \neg B \neg C \neg D)$	.012	.025	**.042**	.062	.073	.060	.090	**.128**	.150	.157
$p(\neg A \neg B \neg C D)$	.002	.007	**.014**	.030	.043	.002	.003	**.010**	.021	.032
$p(\neg A \neg B C \neg D)$	.000	.000	**.003**	.010	.017	.000	.002	**.003**	.011	.025
$p(\neg A \neg B C D)$	.000	.000	**.008**	.008	.017	.000	.000	**.008**	.008	.017
$p(\neg A B \neg C \neg D)$	.002	.009	**.019**	.030	.038	.002	.005	**.010**	.030	.053
$p(\neg A B \neg C D)$	.008	.017	**.025**	.037	.053	.008	.017	**.025**	.042	.050
$p(\neg A B C \neg D)$	.008	.017	**.033**	.058	.091	.000	.008	**.025**	.038	.050
$p(\neg A B C D)$	.050	.067	**.092**	.123	.166	.050	.067	**.075**	.099	.124
$p(A \neg B \neg C \neg D)$	.030	.043	**.055**	.073	.085	.000	.003	**.010**	.026	.053
$p(A \neg B \neg C D)$	.009	.024	**.040**	.066	.108	.002	.008	**.017**	.033	.066
$p(A \neg B C \neg D)$	.000	.000	**.008**	.017	.026	.000	.002	**.008**	.017	.028
$p(A \neg B C D)$	.008	.017	**.033**	.042	.068	.017	.017	**.033**	.050	.066
$p(A B \neg C \neg D)$	.010	.017	**.027**	.051	.071	.008	.017	**.027**	.047	.058
$p(A B \neg C D)$	.050	.067	**.091**	.117	.153	.051	.075	**.100**	.125	.149
$p(A B C \neg D)$	.033	.050	**.075**	.117	.143	.059	.075	**.108**	.156	.192
$p(ABCD)$	.258	.317	**.375**	.433	.491	.225	.294	**.358**	.408	.467
$p(D \mid B)$	.589	.694	**.781**	.841	.906	.550	.675	**.765**	.813	.845
$p(D \mid \neg B)$	.259	.360	**.486**	.574	.629	.183	.245	**.330**	.390	.498
$p(D \mid \neg A \wedge \neg B)$	.098	.221	**.347**	.441	.593	.019	.064	**.120**	.209	.339

The probabilities derived so far describe the general stochastic relations between the propositions. Now assume that evidence arrives that for a specific case the 'symtoms' B or$A$ hold. The resulting probability is given by the posterior distribution of the conditional probability $p(D \mid B)$. Three such distributions are given in the last lines of table 1. Again the distributions have a rather large spread. The observation of the new fact $\neg B$ not always lead to a reduction of variance as shown by the comparison of $p(D \mid \neg B)$ and $p(D \mid \neg A \wedge \neg B)$.

Assume an additional expert states $p(A \mid B) = 0.70$ and the investigator judges this measurement to be rather reliable with a 90%-interval of ± 0.1. The right part of table 1 contains the resulting posterior distributions. While the distribution of $p(D \mid B)$ is only slightly affected by the modification, the medians of $p(D \mid \neg B)$ and $p(D \mid \neg A \wedge \neg B)$ are sharply reduced. If in addition $p(B \mid \neg A) = 0.3$ is introduced with a 90%-interval of ± 0.1 this information is contradictory to some extend. By comparing the resulting mean posterior probabilities with the initial measurement distributions we can assess the extend of contradiction for each piece of information. As can be expected $p(A \mid B)$ turns out to be 'most contradictory' in this sense. This demonstrates how incompatible pieces of evidence can be spotted during the evaluation of the inference network.

In a last test we applied the algorithm to a larger randomly generated inference network with 40 binary variables. There were 200 different marginal probabilities and probabilistic rules involving up to 4 variables and more than 400 restrictions relating randomly selected variables. The inference network contained loops and cycles. The measurement distribution was chosen to be multinomial. After 2 minutes processing time on an IBM 3093 the algorithm had reached stationary state. This experiment shows that the procedure may be applied to larger inference networks with arbitrary structure.

7 Discussion

We have presented an algorithm that is able to integrate uncertain probability estimates and to approximate the corresponding Bayesian second order posterior distribution by the simulation of a random sample. The approach is applicable to inference networks of arbitrary structure. The approximation of the distribution by a sample allows to capture the basic stochastic relations while being numerically feasible for larger networks. The resulting posterior distribution reflects the uncertainty in probability estimates and can directly used for decision purposes. The stochastic simulation algorithm is part of the simulated annealing algorithm which normally is employed to solve large constraint satisfaction problems.

An important issue, which remains to be studied in more detail, concerns the properties of the different 'noninformative' prior distributions. If each available evidence only concerns a few basic propositions, then all higher order interactions are completely determined by the prior distribution. Hence in some respect the choice of a noninformative prior makes explicit the structural hypotheses which in other updating formalisms are hidden in the maximum entropy assumption (cf. Cheeseman 1985). The prior used in this paper has the advantage of uniform marginal and conditional densities, which remain uniform if no information is supplied.

8 References

Berger, J.O. (1980): *Statistical Decision Theory*, Springer Verlag, New York

Cheeseman, P. (1985): In Defense of Probability, *IJCAI 85*, p.1002–1009

Cheeseman, P. (1988): An inquiry to computer understanding, *Computational Intelligence* Vol. 4, p.58-66

Dalkey, N.C. (1986): Inductive inference and the representation of Uncertainty, in Kanal, L.N., Lemmer J.F. (eds.) *Uncertainty in Artificial Intelligence*, Amsterdam, pp.393–397

Genest, C., Zidek, J.V. (1986): Combining Probability Distributions: A Critique and an Annotated Bibliography, *Statistical Science*, Vol.1, pp.114-148

Hartigan, J.A. (1983) *Bayes Theory*, Springer, New York

Hogarth, R.M. (1987): *Judgement and Choice*, 2nd edition, Wiley, Chichester

Kalos, M.H., Whitlock, P.A. (1986): *Monte Carlo Methods*, Wiley, New York

Lauritzen, S.L., Spiegelhalter, D.J. (1988): Local Computations with Probabilities on Graphical Structures and their Application to Expert Systems, *J. Royal Statistical Soc.*, Ser. B, Vol. 50, pp.157-224

Lindley, D.V., Tversky, A., Brown, R.V. (1979): On the reconciliation of probability assessments, *Journal of the Royal Statistical Soc., Ser. A.*, Vol. 142, pp.146-180

Mitra, D., Romeo, F., Sangiovanni-Vincentelli, A. (1986): Convergence and finite time behaviour of simulated annealing, *Adv. Appl. Probability* Vol. 18, p. 747-771

Nilsson, N.J. (1986): Probabilistic Logic,*Artificial Intelligence*, Vol. 28, 71-87

Paass, G. (1986): Consistent Evaluation of Uncertain Reasoning Systems, in Proc. *6th Int. Workshop on Expert Systems and their Applications*, Avignon, pp.73-94

Paass, G. (1988): Probabilistic Logic, in Smets, P., Mamdani, A., Dubois, D., Prade, H. (eds.) *Non-Standard Logics for Automated Reasoning*, Academic Press, London, pp. 213-252

Pearl, J. (1985): How to do with probabilities what people say you can't, Proc. 2nd Conf. on *Artificial Intelligence Applications*, IEEE CS Press, North Holland

Pearl, J.(1986): Fusion, Propagation, and Structuring in Belief Networks, *Artificial Intelligence* Vol.31 , pp.241-288

Pearl, J. (1987): Evidential Reasoning using stochastic simulation of Causal Models, *Artificial Intelligence* Vol. 32, pp. 245-257

Quinlan, J.R. (1983): INFERNO, A Cautious Approach to Uncertain Reasoning, *Computer J.*, Vol. 26, pp.255-269

Inferenzen bei Ungewißheit in Expertensystemen

Ein kognitionspsychologischer Beitrag

Marcus Spies (Gastwissenschaftler)
IBM Deutschland GmbH
Wissenschaftliches Zentrum
Tiergartenstr. 15
D - 6900 Heidelberg

Zusammenfassung: Eine empirische Untersuchung zum Problem der Kompatibilität menschlicher Inferenz bei Ungewißheit mit modellgegebener Inferenz nach verschiedenen Ungewißheitsmodellen wird dargestellt. Inkompatibilitäten können einerseits auf kognitive "biases", andererseits auf kontingente und folglich modifizierbare Modellannahmen zurückgehen. Implikationen für den Einsatz in Expertensystemen werden angesprochen.

Einleitung

Seit der Entwicklung von MYCIN wird von Expertensystemen gefordert, daß sie Ungewißheiten in Fakten und Regeln angemessen modellieren. Dies betrifft sowohl die Repräsentation unsicheren Wissens als auch die Inferenzen aus unsicherem Wissen (s. Kanal & Lemmer, eds., 1986/8; Goodman & Nguyen, 1985). Im vorliegenden Beitrag soll aus kognitionspsychologischer Sicht der Frage nach der Übereinstimmung menschlicher *Inferenz* bei Ungewißheit mit Inferenzen entsprechend den Ungewißheitsmodellen nachgegangen werden. Diese Frage berührt eine fundamentale Anwendungsvoraussetzung beliebiger Ungewißheitsmodelle in Expertensystemen. Kann sie nicht befriedigend beantwortet werden, so wird der Einsatz eines Ungewißheitsmodells in einem Expertensystem bereits in der Phase der Erprobung gegen Experteninferenzen erhebliche Probleme aufwerfen, die sich für den Endbenutzer noch beträchtlich verschärfen können. Zu beachten ist, daß hier *nicht* die Repräsentationsangemessenheit von Ungewißheitsmodellen thematisiert wird. Vielmehr wird innerhalb jeweils gegebener Modellrahmen geprüft, in welchem Maß und unter welchen Bedingungen sich *formale Inferenzeigenschaften auf psychologische Inferenzeigenschaften* abbilden lassen.

Entwurf der empirischen Untersuchung

Die vorliegende Untersuchung beschänkt sich auf ***zwei Modellrahmen*** für Ungewißheit, nämlich Schließen mit trapezförmigen fuzzy Quantoren (Zadeh, 1983, 1985) und Support Logic Programming (Baldwin, 1986). Fuzzy Quantoren entstehen, wenn wir für eine vage bekannte

Quantität kein probabilistisches Modell angeben können; sie müssen nicht notwendig einen umgangssprachlichen Ungewißheitsausdruck modellieren!

Support Logic Programming ist ein Kalkül für Plausibilitätsintervalle zu Horn-Klauseln. Ein Plausibilitätsintervall $[a, b]$ bezeichnet einen impräzisen Zustimmungsgrad zu einem Faktum oder einer Regel. Dabei steht a für den Grad notwendiger Zustimmung und b für den Grad möglicher Zustimmung. $1 - b$ gibt den Grad notwendiger Zustimmung zur negierten Klausel an. Es werden ***vier Modi*** von Inferenzen untersucht, die Zadeh (1985) für fuzzy Quantoren formuliert hat. Seien A, B, C Teilmengen eines beliebigen Universums, AB bezeichne den Durchschnitt von A und B , $Q(B|A)$ die unscharfe Proportion der Elemente von A, die auch in B liegen. Dann können die vier Modi für je zwei Prämissen wie folgt notiert werden:

1. Verkettung: $Q(C|A) := f_V(Q(B|A),\ Q(C|B))$
2. Durchschnitt-Produkt: $Q(CB|A) := f_D(Q(B|A),\ Q(C|AB))$
3. Antezedent-Konjunktion: $Q(C|AB) := f_A(Q(C|A),\ Q(C|B))$
4. Konsequent-Konjunktion: $Q(CB|A) := f_K(Q(C|A),\ Q(B|A))$

Die Funktionen f ergeben sich durch die Anwendung unscharfer arithmetischer Operationen (Zadeh, 1985). Diese Modi lassen sich auch für Support Logic formulieren (s. Spies, 1989).

Für jedes Modell und jeden Modus ist nun jeweils ein Experiment zur Feststellung der Übereinstimmung humaner mit formaler Inferenz durchzuführen. Dies geschieht in folgender ***Versuchsanordnung:*** Für jedes Experiment werden Faktoren unabhängig variiert, die bedeutsame Eigenschaften der formalen Inferenz kennzeichnen. Zu jeder Faktorstufenkombination wird einer Anzahl von Untersuchungsteilnehmern eine Aufgabe vorgelegt. Dabei wird davon ausgegangen, daß wir mit graphischen Darstellungen von trapezförmigen fuzzy Quantoren und von Plausibilitätsintervallen arbeiten können. Jede Aufgabe wird also textlich gestellt, Quantoren oder Plausibilitätsintervalle werden graphisch dazu angeboten. Zur conclusio jeder Aufgabe ist der Quantor / das Plausibilitätsintervall zu editieren. Gemessen wird für jede(n) Teilnehmer(in) je Aufgabe ein Grad der Übereinstimmung seiner/ihrer Lösung mit der Modellösung. Die Grade der Übereinstimmung werden für die variierten Faktoren jedes Experiments einer (Meßwiederholungs-) Varianzanalyse unterzogen. Es ergeben sich für jedes Experiment Aussagen über den signifikanten Einfluß der variierten Faktoren auf die Übereinstimmung menschlicher mit modellgegebener Inferenz. Wie nicht anders zu erwarten, werden also *keine* statistischen Vergleiche zwischen Modellen oder Modi möglich.

Die ***unabhängig variierten Inferenzeigenschaften*** für jedes Experiment sind:

- Monotonizität: Ein fuzzy Quantor ist monoton, wenn er eine positive oder negative Allaussage enthält. Ein Plausibilitätsintervall $[a, b]$ ist monoton, wenn $a = 0$ oder $b = 1$. Monotonizität stellt sozusagen den Anschluß der Ungewißheitsmodelle zur klassischen Logik her.
- Positivität: Ein fuzzy Quantor ist positiv, wenn nur Prozentsätze größer als 50% eine Möglichkeit von 1 haben. Analog ist ein Plausibilitätintervall $[a, b]$ positiv, wenn $a > 1 - b$.
- Entropie/Nichtspezifizität: Entropie eines fuzzy Quantors wird durch die Flachheit der Flanken vergrößert, Nichtspezifizität durch die Breite des core und/oder support. Bei Plausibilitätsintervallen steht die Intervallbreite in engerer Beziehung zur Nichtspezifizität, während sich Entropie in der Positionierung des Intervalls nahe der .5- Marke äußert (s. Dubois & Prade, 1987). Beide Eigenschaften wurden in jedem Experiment gemeinsam variiert.

Das ***Maß für die Grade der Übereinstimmung*** hatte folgenden Kriterien zu genügen:

- Maximale Übereinstimmung liegt genau dann vor, wenn der Datenquantor (das Datenplausibilitätsintervall) identisch mit dem Modellquantor (-plausibilitätsintervall) ist.
- Die Übereinstimmung erreicht ihr Minimum genau dann, wenn Datenquantor und Modellquantor leeren Durchschnitt haben. Analoges gilt für Plausibilitätsintervalle.
- Daten- und Modellquantor gehen symmetrisch in das Übereinstimmungsmaß ein (analog für Plausibilitäten).
- Das Übereinstimmungsmaß muß Robustheit gegen zu spezifische und zu unspezifische Daten aufweisen (daher kann **kein** Distanzmaß verwendet werden).

Die letzte Forderung bezieht sich auf den wichtigen Fall, daß menschliches Folgern zu präziseren oder impräziseren Folgerungen kommt als es durch die Evidenz gerechtfertigt ist. In solchen Fällen ist eine Übereinstimmung natürlich nur partiell vorhanden.

Die acht Experimente (für vier Modi in zwei Modellen) wurden an der FU Berlin mit 76 Studenten der Betriebswirtschaft, Jura und Mathematik durchgeführt (Unterstützung durch die DFG unter Titel Ey-4-12/1; Genaues zu den Meßwiederholungsdesigns und zur Durchführung in Spies, 1989).

Empirische Befunde zur Übereinstimmung Mensch/Modell

1. Monotonizität wirkt in allen Modi positiv auf die Grade der Übereinstimmung. Eine negative Wirkung ist nur bei Antezedent-Konjunktions-Problemen mit verschiedener Monotonizität in beiden Prämissen zu verzeichnen. Offenbar liegt i.a. eine Ankerwirkung der monotonen Ungewißheitkomponenten auf die mentale Verarbeitung vor.
2. Entropie/Nichtspezifizität wirkt durchweg stark positiv auf Grade der Übereinstimmung. Da das Übereinstimmungsmaß gegen zu unspezifische Antworten "wasserdicht" gemacht wurde, kann hier kein Artefakt vorliegen. Eher ist in dem Effekt eine empirische Evidenz zugunsten des Einsatzes nicht rein probabilistischer Ungewißheitsmodelle zu sehen.
3. Positivität hat je nach Modell und Modus höchst unterschiedliche Wirkungen.
   - In *Verkettungsproblemen* mit fuzzy Quantoren tritt ein reduzierter Übereinstimmungsgrad auf, den man auf einen "Idempotenz"-Fehler zurückführen kann. Bei gleichgroßen (unscharfen) Prämissenquantitäten wird die Konklusion durchweg überschätzt.
     In Problemen mit Plausibilitätsintervallen tritt ebenfalls eine Verringerung der Übereinstimmungsgrade auf, die auf einer mangelhaften Unterscheidung zwischen geringer Evidenz *für* eine Hypothese und starker Evidenz *gegen* eine Hypothese beruht.
   - In *Antezedent-Konjunktions-Problemen* sind zwei wichtige Effekte aufgetreten:
     a. Mit fuzzy Quantoren werden negative Evidenzen zu hoch und positive zu niedrig in ihrem Impakt auf die Quantität der Conclusio bewertet. Dies entspricht einer symmetrischen Abweichung von der "fuzzifizierten" Bayes-Regel, die hier dem Modellresultat zugrundeliegt. Es kann also nicht (vgl. Edwards, 1982) von einem generellen "Konservatismus" menschlicher Kombination von Evidenz gesprochen werden.
     b. Mit Plausibilitätsintervallen springt vor allem der stark reduzierte Übereinstimmungsgrad bei konfligierender Evidenz ins Auge. Dieser tritt sowohl im Produktregel- als auch im Minimumregel- Modell der support logic auf.

Folgerungen für den Einsatz von Ungewißheitsmodellen

Sowohl kontingente Modellannahmen als auch kognitive "biases" konnten bei beiden Modellen in allen Modi die Grade der Übereinstimmung unter verschiedenen Faktorstufen anheben oder "drücken". Vor allem die Befunde zur Positivität werfen sowohl die Notwendigkeit trainierter Experten im Wissenserwerb als auch die der Überprüfung und Transparentmachung axiomatischer Voraussetzungen der Ungewißheitsmodelle im Benutzerdialog auf.
Aus psychologischer Sicht spricht das Auftreten einiger aus der Forschung zum probabilistischen Schließen bekannter biases (s. Kahneman et al., eds., 1982) gegen eine völlige Inferenzangemessenheit der betrachteten Modelle. Zu beachten ist, daß hier allerdings die Ungewißheitsmodelle auf der objektsprachlichen psychologischen und auf der metasprachlichen theoretischen Ebene verwendet wurden. Ein alternativer Ansatz versucht die Modellierung menschlicher "biases", die im "scharfen" oder im "unscharfen" Schließen auftreten, durch ein psychologisch- deskriptives Ungewißheitsmodell (Spies, 1989a, vgl. auch Scholz, 1986).

Literatur

1. Baldwin, J. F. (1986): Support logic programming. In: A. Jones, A. Kaufmann, H.-J. Zimmermann (eds.): Fuzzy Sets Theory and Applications, NATO ASI Series, Dordrecht, D. Reidel, pp. 133- 170.
2. Dubois, D., Prade, H. (1987): Properties of measures of information in evidence and possibility theories. Fuzzy Sets and Systems, 24, 2, pp. 161-182.
3. Edwards, W. (1982): Conservatism in human information processing. In: Kahneman, Slovic, Tversky (eds.): Judgment under uncertainty, New York, Cambridge University Press, pp. 359-369.
4. Goodman, I.R. & Nguyen, H.T. (1985): Uncertainty Models for Knowledge-based Systems; Amsterdam, North Holland.
5. Kahneman, D., Slovic, P., Tversky, A. (eds., 1982): Judgment under Uncertainty: Heuristics and Biases. New York, Cambridge University Press.
6. Scholz, R. W. (1986): Cognitive Strategies in stochastic Thinking. Dordrecht, D. Reidel.
7. Spies, M. (1989): Syllogistic inference under uncertainty—An empirical contribution to uncertainty modelling in knowledge-based systems with fuzzy quantifiers and support logic. München, Psychologie Verlags Union.
8. Spies, M. (1989a): A model of imprecise quantification that accounts for human biases. Proc. 3rd IFSA World Conference, U Washington, Seattle, WA, August, 1989.
9. Zadeh, L.A. (1983): A computational approach to fuzzy quantifiers in natural languages. Comp. & Maths. with Applic. 9, pp. 149-184.
10. Zadeh, L.A. (1985): Syllogistic reasoning in fuzzy logic and its application to usuality and reasoning with dispositions, Institute of Cognitive Studies Report 34.

An Integrative Model of Learning by Being Told, from Examples and by Exploration

Otto Kühn & Franz Schmalhofer

Psychologisches Institut der Universität Freiburg
Niemenstraße 10, D-7800 Freiburg

This paper presents a cognitive model for the three different types of human learning. To date, learning by being told [4], learning from examples [7], and learning by exploration have mostly been investigated in isolation as different machine learning procedures. We will first present the general assumptions of the proposed model and a description of the different learning methods. The model is then applied to describe what can be learned by the various learning methods and their combinations. Although the proposed model is general, we restrict this presentation to the learning of simple LISP functions.

1.0 General Processing Goals of Human Learning

Under most circumstances learning is goal driven. The goal of learning is to form or update a knowledge base which will be well suited for solving one or several tasks. Normally at the time of learning the particular tasks which must be performed in the future are not yet known. However, certain characteristics of these tasks may be conjectured by the learner. The goal of learning therefore is to construct a knowledge base so that tasks with the conjectured characteristics can be solved relatively easily. Learning can thus be seen as a problem solving process in which operational knowledge for the solution of some conjectured tasks is constructed.

From this general learning goal four more specific processing goals can be derived: the constructed knowledge base should be operational, general (parsimonious), coherent, and consistent.

In order to be well suited for performing the conjectured tasks the knowledge base should be formed so that little additional processing is required (operationality criterion) [4] when the tasks actually arise. Since the particular task which has to be performed is unknown, the acquired knowledge should be general enough to be applicable to a class of tasks (generality or parsimony criterion). Since humans are better able to remember coherent information, the new knowledge should be related to the prior existing knowledge (coherence). In addition, the knowledge base should be consistent, since it should not provide contradictory solutions for the same task.

Based on these four processing goals, an integrative computer simulation of human learning was developped. Since learning can only be explained on the basis of some existing prior knowledge, the representation of knowledge will be discussed before the different learning methods are described.

2.0 Representation of Knowledge

All knowledge is represented by PROLOG clauses. Three logically different types of knowledge are distinguished: 1. rules and facts which are known to be true,
2. hypotheses which were inductively formed and may therefore be incorrect,
3. heuristics which generate or modify hypotheses.

In order to facilitate the access of the relevant knowledge each clause is assigned to a domain in a domain hierarchy so that the knowledge of the relevant domains may be selectively accessed. Some additional information is stored with each knowledge element such as confidence and usefulness counters, and how the particular knowledge element has been derived. For the following description of the three learning methods, it is assumed that the knowledge base already contains general knowledge about the evaluation of LISP-inputs.

3.0 Learning by Being Told

The meaning of the sentences defining the LISP-function FIRST are represented in PROLOG by the following clauses:

lisp_function(first).
required(number_of_arguments,first,1).
required(type_of_arguments,first,list).
required(io_relation,first, the_first_element_of_argument).

These clauses are sequentially integrated into the existing knowledge base. In order to maintain the consistency of the knowledge base, each new clause is tested whether it contradicts a hypothesis in the knowledge base. In such a case the hypothesis and the knowledge which depends on this hypothesis is retracted. The clause is then stored in the knowledge base.

The coherence of the knowledge base is established by deriving a forward (or possibly backward) inference from the new clause and the prior knowledge. When generating inferences the knowledge base is searched from the specific to more general domains. Since the most recently acquired knowledge is always stored at the top of each domain, recently acquired knowledge is preferably utilized. From new facts only forward inferences can be derived. A forward inference is generated by unifying the newly presented fact with a condition of a known rule. The unifying condition is dropped from the rule, but the variable bindings established in the unification are maintained. The obtained inference is stored in the knowledge base. Thereby the operationality of the knowledge is increased. A large (possibly infinite) number of inferences may be derived from each statement where only a small number will be useful. Because of human processing limitations, only a limited number of inferences are obtained (i = 1...4), and only the first inference generated at each level is stored.

For example, after two processing steps the following more operational rule is obtained from the statement *lisp_function(first)* :

eval(Input,Result) :-
Input = [first | Argspecs].

eval_arguments(Argspecs,Arguments),
correct_function(first,Arguments,Result).

When more facts of the respective LISP functions are learned this rule becomes further operationalized.

4.0 Learning from examples

Alternatively, LISP functions like *FIRST* or *LIST* can also be learned from examples such as:
(LIST 'A 'B)--> (A B)
(LIST '(A B) 'C '(D E))-->((A B) C (D E))

Learning from these examples has been implemented as an extended explanation-based generalization (EBG) [3] procedure. Using an EBG procedure guarantees that the acquired knowledge is general, operational, coherent and consistent. The problem with standard EBG is that a complete domain theory is needed and thus nothing really new can be learned.

In our simulation three types of knowledge are distinguished which can be used to explain an example. Initially, only the rules and facts of type known are allowed for explaining the example. If no such explanation can be found, it is tried to explain the example with the currently maintained hypotheses. Finally, the heuristic rules are employed to generate hypotheses so that an explanation of the example can be constructed. The hypotheses thus fill the gaps in the knowledge required for explaining the example [1]. These generated hypotheses represent the new knowledge which was acquired from the example and the prior knowledge. The obtained explanation is then used to perform an explanation-based generalization of the example.

In order to construct an explanation based generalization an operationality criterion must be specified [6]. A low criterion (i.e. only the concepts in or near the leaves of the proof tree are considered operational) yields highly operational specializations whereas a high criterion yields more versatile specializations. In an early learning phase when there is little prior domain knowledge the operationality criterion is assumed to be low. Consequently, highly specific operational knowledge is acquired first. Later on in learning, a higher operationality criterion is used so that more general knowledge is acquired.

During the processing of the example *(LIST 'A 'B) --> (A B)* the following four hypotheses are generated:

1) *hyp(list,lisp_function(list),1).*
2) *hyp(list,required(number_of_arguments,list,2),1).*
3) *hyp(list,required(type_of_arguments,list,[atom,atom]),1).*
4) *hyp(list,required(io_relation,list,list_of_arguments),1).*

A confidence value of 1 is initially stored with each hypothesis. When a hypothesis is reused its confidence value is incremented. For the second example a proof cannot be directly constructed with the generated hypotheses. Therefore generalization heuristics are applied and the hypotheses 2 and 3 become modified to:

2) *hyp(list,required(number_of_arguments,list,at_least(2)),2).*

3) *hyp(list,required(type_of_arguments,list,s_expr),2).*

Our model provides an integration of similarity and explanation based learning. Any inductive bias is explicitly represented by heuristic rules (compare [2]). Since similarity based learning is only used where explanation based learning fails, all available domain knowledge (facts and previously generated hypotheses are used whenever possible and new hypotheses are generated parsimoniously.

5.0 Learning by Exploration

In learning by exploration the learner himself must instigate the learning process by generating an input to an environment. Learning by exploration is also driven by the general learning goal of obtaining consistent, operational, coherent and general knowledge. The knowledge base is searched for gaps and insufficiently tested hypothesis or some insufficiently operationalized fact or rule. Insufficiently operationalized knowledge can for example be identified from the lack of an operational specialization in the particular domain. From the selected knowledge item a question can then be generated by forward and backward inferencing.

When exploring the LISP system a hypothesis to be tested may be: *required(number_of_arguments,list,2)*. From this hypothesis the question *interaction([list,$ a, $ b], Result)* is obtained.

An hypothesis can also be tested by trying to falsify it. In this case an alternative hypothesis, for instance *required(number_of_ arguments,list,3)* is generated. By deriving examples with the modified hypotheses, positive examples allow generalization of the tested hypotheses and negative examples require a specialization as described in [5].

6.0 Application of simulation

The described simulation reveals the strengths and weaknesses of the various learning methods as a function of the learner's prior knowledge. In addition, different sequences of materials (e.g. text before examples vs. examples before text) can be assessed. If examples are studied after text (all the relevant rules and facts have been told) these rules and facts can be employed for constructing operational specializations from the presented examples. Through the previously derived text inferences a considerably shorter explanation is obtained. Studying and inferencing from text thus facilitates the formation of operational knowledge from subsequent examples.

Quite different processing requirements arise for text which is processed after examples have already been studied. In this case, hypotheses may have already been generated from the examples. In addition, operational specializations may have been constructed. It is therefore possible that the text will contradict the already generated hypotheses. These incorrect hypotheses must consequently be retracted from the knowledge base (or appropriately modified). In order to maintain a consistent knowledge base, all inferences derived with incorrect hypotheses must also be retracted. On the other hand, if the text confirms the generated hypotheses, they can be asserted to be of type known.

Learning by exploration can be used most efficiently, if some examples have been studied before. The studied examples may provide some guideline of what should be explored. In addition, the hypotheses which were generated when studying the examples can be effectively tested by exploration for their correctness and generalizability. The described cognitive model can be used as a student model in an intelligent tutoring system [6].

ACKNOWLEDGEMENTS

This research was supported by grant Schm 648/1 from DFG. The cognitive model was initially programmed at the Cognitive Science Institute of the University of Colorado, Boulder whose hospitality is greatly appreciated.

REFERENCES

1. Hall, R. J. (1988). Learning by failing to explain: Using partial explanations to learn in incomplete or intractable domains. Machine Learning, 3, 1988.

2. Lewis, C. (1988). Why and how to learn why: analysis-based generalization of procedures. Cognitive Science, 12, 211-256.

3. Mitchell, T. M., Keller, R., & Kedar-Cabelli, S. (1986). Explanation-based generalization: A unifying view. Machine Learning, 1, 47-80.

4. Mostow, D. J. (1983). Machine transformation of advice into a heuristic search procedure. In R. Michalski, J. G. Carbonall, & T. M. Mitchell (Eds.), Machine Learning. Palo Alto, CA: Tioga.

5. Schmalhofer, F. (1986). The construction of programming knowledge from system explorations and explanatory text: a cognitive model. In C.R. Rollinger & W. Horn (Eds.), GWAI-86 and 2nd Austrian Artificial Intelligence Conference. Heidelberg: Springer, 152-163.

6. Schmalhofer, F., Khn, O. & Messamer, P. (1989). Receptive and exploratory learning in Intelligent Tutoring Systems. In: Alexander J. (Ed). Proceedings of the Rocky Mountain Conference on Artificial Intelligence, Denver.

7. Winston, P. H. (1975). Learning structural descriptions from examples. In P.H. Winston (Ed.), The psychology of computer vision. New York: McGraw-Hill.

Toward a Rapid Prototyping Environment for Expert Systems

William Swartout
Henrik Nordin
Cecile Paris
Stephen Smoliar

USC/Information Sciences Institute
4676 Admiralty Way
Marina del Rey, California 90292
USA

ABSTRACT: A rapid prototyping environment is designed to allow a system builder to quickly create a prototype of a system and experiment with it to determine what behavior the final version of the system should have. We have recently been extending the Explainable Expert Systems (EES) framework to support rapid prototyping of expert systems. In this paper, we outline a set of desirable qualities that a rapid prototyping system for expert systems should have and describe our effort to achieve them in EES. We then illustrate the benefits our framework provided in rapidly prototyping an expert system for diagnosing local area networks.

1. Introduction

In designing a system, it is often hard to envision how the system should behave.

No amount of abstract thought can substitute for the experience of actually using a prototype of the system. Recognizing that fact, there has recently been a lot of interest in rapid prototyping frameworks [Zelkowitz and Branstad 82]. Rapid prototyping frameworks are designed to let a programmer quickly create a prototype and experiment with it by modifying it to find the most appropriate behavior for the system. While most of the interest in rapid prototyping has concerned conventional software, we feel that a prototyping system targeted for expert system development would be especially valuable because developers need to experiment with alternative representations and problem solving strategies quickly. Although the Explainable Expert Systems (EES) framework was initially developed to support evolution and explanation of expert systems [Neches et al 85, Swartout and Smoliar 87, Moore and Paris 89, Moore and Swartout 89], we feel that with some extension, many of the features of the framework will also support rapid prototyping.

Two properties seem most critical for a rapid prototyping framework. First, as the name implies, it should allow a system builder to build a prototype quickly. Second, it should ease modification, because much of the value of building a prototype comes from altering it to experiment with its behavior. Often it is only through such experimentation that a system builder can find the most appropriate configuration for a system. For an expert system prototype, it should be possible to experiment with different terminology definitions and to alter domain specific problem solving strategies and domain facts. It may even be necessary to change the overall problem solving method that the system adopts, switching from a heuristic classification method to propose-and-revise (as defined in [McDermott 88]), for example. This modification should not necessarily be global, because a single method may not be appropriate throughout an application. Thus, the framework should not force a system builder to pick one method for the entire system, but should allow him to mix methods as necessary. In this paper, we will describe how EES supports these properties.

The next section outlines the desiderata that follow from our goal to support the rapid development of a prototype and ease of its modification. Section 3 then describes some of the limitations of current knowledge acquisition tools that our work tries to overcome. In Section 4, we describe how the desiderata are realized in the architecture of EES. Section 5 illustrates our points by showing how we were able to rapidly build a prototype of an expert system for diagnosing local area networks.

2. Desiderata for Prototyping

In this section, we describe several desiderata that have guided us in developing our framework for rapid prototyping:

2.1. Knowledge Separation

To support modifiability, different kinds of knowledge should be separated and explicitly represented. As we and others have argued [Clancey 83, Bachant and Soloway 89, Neches et al 85], conventional expert systems are difficult to modify in part because they confound different kinds of knowledge in one low-level formalism. Regardless of whether one is defining some terminology or expressing a heuristic inference, the same representation is used. Because the system does not distinguish among these kinds of knowledge, it is difficult to tell what parts of the knowledge base are independent.

In [Neches et al 85, Swartout and Smoliar 89], we argued that determining what kinds of knowledge need to be represented to support explanation can be a good source of guidance in determining what kinds of knowledge should be distinguished in the representation. Because clarity in explanation can only be achieved by clarity in reasoning, we have found that the same distinctions that support clear explanation also seem to be appropriate for easing modification of a prototype. In the current EES framework, we distinguish knowledge that describes the domain, problem solving knowledge, and terminology (see [Neches et al 85, Swartout and Smoliar 88]). When different kinds of knowledge are distinguished and represented independently, modification is supported in two ways. First, by drawing distinctions, it is possible to tell what kind of knowledge is being modified. This can be important because the approach to modification may depend on what is being modified. For example, one may not wish to modify a definition of a term quite as freely as one might modify a heuristic inference. Second, by separating different kinds of knowledge, the system becomes more modular, easing modifiability by allowing changes to be made independently.

2.2. No Problem Solving Knowledge in the Interpreter

Because one may want to modify basic aspects of a system's approach to problem solving, the framework's interpreter should be kept as simple as possible, and problem solving strategies should be explicitly represented. Most expert system frameworks embed some problem solving knowledge in their interpreters. For example, while MYCIN's backward-chaining problem solving and its use of certainty factors made it well-suited to the construction of heuristic classification systems, the knowledge of how to manipulate certainty factors and perform backward chaining was embedded deeply within MYCIN's inference engine. Unfortunately, such embedded knowledge cannot be easily modified. It would be quite difficult to write rules to "program around" MYCIN's backward-chaining approach, or to modify its handling of certainty factors. Thus, we argue that the interpreter used to run the expert system should be as simple as possible. Any sophisticated problem solving strategies should be represented explicitly and used by the interpreter so that they can be modified as required during the course of prototyping. In fact, we have taken a fairly extreme position on this, arguing that even such seemingly mundane tasks as determining whether an AND expression is true should be handled by explicit problem solving methods, not built into the interpreter. An example of the advantage of this approach will be presented in Section 5.

2.3. Multiple Methods

We have already argued that a single method may not be appropriate throughout a system. Further, one of the purposes of developing a prototype is to allow a system builder to experiment with different problem solving approaches and select the most appropriate ones as the system's design progresses. An expert system environment must thus support the representation of multiple methods for problem solving.

2.4. Leveraging Knowledge Re-use

One way of speeding up the construction of a prototype is to re-use knowledge across prototypes. In the past, an expert system framework has been regarded as an empty vessel to be filled with knowledge. This approach has led to the frequently identified knowledge acquisition bottleneck, and a host of acquisition tools (such as those cited in the next section). While these tools are useful, the system builder must still encode a lot of knowledge before the prototype begins to work. Another approach is to start with a vessel that is partly full, that is, to re-use knowledge across systems, rather than starting from scratch every time. There are two ways this may occur. First, a system builder may re-use knowledge from an existing prototype to develop a new prototype in a closely related domain. The increased modularity that comes from distinguishing different kinds of knowledge facilitates this process. Second, we may pre-load the expert system framework with very general knowledge of problem solving techniques and terminology that is not specific to any problem domain. These general techniques may be used initially to solve problems, although they may be inefficient computationally or produce suboptimal sequences of domain operations. As the system builder gains experience with the problem domain, he may augment these general methods with more specialized (and efficient) ones of his own.

By starting with the knowledge base partially in place, a system builder should be able to get an initial prototype running more quickly than if he had to enter all the knowledge from scratch. However, we must recognize that initially the knowledge in the pre-loaded knowledge base will be only partially correct for the system builder's application. It must be possible to modify both the general and the domain specific knowledge in the knowledge base. Because they enhance modifiability and increase modularity, knowledge separation and removal of problem solving knowledge from the interpreter (Desiderata 1 and 2) contribute to the feasibility and utility of a pre-loaded knowledge base.

3. Knowledge Acquisition Limitations

Our work is related to work in knowledge acquisition, because it shares the goal of trying to ease the construction of an initial prototype, but differs from it in several key respects. First, its intended user community is different. Most knowledge acquisition systems have sought to allow domain experts to enter knowledge directly without the aid of a knowledge engineer, but we feel that there are a number of important decisions in the creation of an expert system, such as selection of methods and representations, that still require the expertise of a knowledge engineer. We have tried to make the knowledge engineer more productive, rather than to eliminate him. Second, by not supporting modification, most knowledge acquisition work assumes that the prototyping phase can be avoided, that is, that one can go directly from knowledge acquisition to a working system that can be placed in the field. We feel that the prototyping phase is essential and that the knowledge engineer needs the freedom and flexibility to experiment with several approaches before he places a system in the field. Many of the best known and most successful knowledge acquisition systems (e.g. [Davis 82, Bennett 84, Kahn et al 85, Marcus et al 85]) have been specialized to build expert systems that adopt one particular generic problem solving method, such as heuristic classification or propose-and-refine [Clancey 85, Chandrasekaran 86, McDermott 88]. By assuming one problem solving approach, the knowledge aquisition system can incorporate some strong expectations about the knowledge to be acquired. These expectations allow the acquisition system to provide a domain expert with strong guidance as he attempts to express his knowledge appropriately.

While the one-method assumption is a source of power for knowledge acquisition, it also imposes some important limitations for prototyping and experimenting with a system architecture, as we have already argued. The one-method knowledge acquisition tools are quite rigid about the methods they embody. In particular, because the problem solving method is built into the tool, it cannot be modified. For example, if the tool incorporates a single fault assumption, it may not be possible to generalize to multiple faults. Another problem is that it may be difficult to select the most appropriate method (and hence, tool) before a prototype is built. Indeed, the experience gained in building a prototype often causes a system builder to change his mind about what method is most appropriate. For example, a heuristic classification tool is appropriate only if it is possible to pre-enumerate the system's answers. A system builder may begin to construct a system using such a tool and then later discover that it is not appropriate because it is not feasible to pre-enumerate the system's answers. If it becomes necessary to change to a new tool that uses a different method the domain-specific knowledge entered in the old tool cannot easily be carried over, even though much of that knowledge may be factual and hence not dependent on the particulars of the problemsolving method.

4. The EES Architecture

We have described elsewhere how the EES architecture achieves the desiderata of Knowledge Separation [Neches et al 85, Swartout and Smoliar 87]. In this section, we will describe extensions we have introduced into EES's plan language that allow us to represent a much larger fraction of EES's problem solving knowledge explicitly and begin to achieve the goal of No Problem Solving Knowledge in the Interpreter. We will also briefly outline the base of general plans we have constructed that allow us to Leverage Knowledge Re-Use. (For a more detailed discussion of the EES plan language see [Nordin and Smoliar 89].)

Problem solving knowledge in EES is represented in terms of goals, which are tasks to be done, and plans, which specify the steps to be taken to achieve the goals. Goals can be thought of as verb clauses and are represented as an action (e.g. DETERMINE-WHETHER) followed by a set of slots which specify the objects to be manipulated by the action. For example, if we wanted to determine whether SYSTEM-COMPONENT-105 (an instance of a system component) was faulty, we would represent that goal as:

(DETERMINE-WHETHER (OBJ (FAULTY SYSTEM-COMPONENT-105)))

Plans in EES have two major components: a capability description, which describes the class of goals the plan may be able to achieve, and a method, which is a procedural description of steps to be taken to accomplish the goal. Plan methods may post subgoals, and unlike some planning languages, may use conditional and iteration constructs.

Capability descriptions are structured like goals, except that they may contain variables. As in many other planning languages, one kind of variable that may appear in a capability description is based on domain types. For example, the capability description for a plan that could achieve the above goal could be:

(DETERMINE-WHETHER (OBJ (FAULTY (X ISA SYSTEM-COMPONENT)))

This capability description says that the associated plan is applicable whenever the goal is to determine whether some system component is faulty.

Plans are organized into a hierarchy based on the specificity of their capability descriptions. When a goal is posted, the interpreter searches through the plan hierarchy to collect all the plans whose capability descriptions match the goal. One of these plans is selected and applied and the rest are retained. When a plan is applied it may either succeed, indicating that it achieved the goal, or fail, indicating that it was unable to accomplish the task. If a plan fails, the interpreter tries to apply one of the retained plans. This process continues until either one of the plans succeeds, or all of the plans are exhausted, in which case the goal itself fails.

The planning formalism we have described so far is similar to many others, and is sufficient to represent domain-specific problem solving knowledge. Because these plans are explicitly represented, it is possible to make changes to the prototype in domain-specific terms. However, we argued in Section 2 that a system builder may also want to make changes to fundamental operations of the system, such as how an AND expression is evaluated. In almost all frameworks, it is impossible to make changes at this level because the methods for such operations are not explicitly represented but instead are bound up inside the interpreter. In the remainder of this section, we describe how we have extended our planning language to allow the explicit representation of very general plans that perform these manipulations.

The major problem in representing such general plans concerns the representation of the capability description. To represent a general method for determining the truth of an AND expression, we need to be able to state that the method has a capability of dealing with goals of the form:

```
(DETERMINE-WHETHER (OBJ (AND <ASSERTION-1>
                             <ASSERTION-2>)))
```

The problem concerns providing variables in the capability description that would match <ASSERTION-1> and <ASSERTION-2>. We can not use domain type variables, because assertions are not domain types. Instead, they are part of the underlying representations that EES is based upon. Thus, to be able to represent very general methods, we had to introduce variables to match EES's underlying representations.

To introduce these variables, which we call metavariables, we began by creating an explicit grammar for the representational forms in EES. For example, in this grammar, an assertion is recognized by the rule:

```
assertion := quantification | predicate || ;
```

That is, an assertion is either something that parses as a quantification or a predicate. The allowable metavariables in EES are just the non-terminals in that grammar. Metavariables are written as a non-terminal preceded by an exclamation point. A metavariable matches a representation structure if it is possible to parse the representation structure as that non-terminal of the grammar. Thus, the representation structure (FAULTY SYSTEM-COMPONENT-105) matches the metavariable !ASSERTION because it parses as a predicate and hence, as an assertion.

The introduction of metavariables gave us the power we needed to represent general plans. For example, a simple plan for determining the truth of an AND expression could be written (in simplified notation) as:

```
Capability-description: (DETERMINE-WHETHER (OBJ
                                                (AND
                                                !ASSERTION__FIRST
                                                    !ASSERTION__
                                                    SECOND)))
Method: IF (DETERMINE-WHETHER (OBJ ASSERTION__FIRST))
         THEN (RETURN (DETERMINE-WHETHER (OBJ ASSERTION__
         SECOND)))
         ELSE (RETURN FALSE)
```

This plan determines the truth of the first assertion, and if it is true then the result of determining the truth of the second assertion is returned, otherwise false is returned. Interestingly, we found that we had to modify this plan when building Lanalyst, as described in the next Section, illustrating the advantage of being able to modify even such basic strategies.

5. Using the Framework: Building Lanalyst

In this section, we describe how we used the EES framework to construct a rapid prototype of Lanalyst, an expert system for diagnosing problems with local area networks. A version of Lanalyst is being developed at ISI in collaboration with Digital Equipment Corporation's AI Applications Group. The released version of Lanalyst is intended to have broad knowledge of Digital's network product line. It is intended to aid service representatives as they diagnose problems with a customer's local area network. Lanalyst will be a model-based diagnostic system that will use knowledge of the customer's network topology and the behavior of network devices in performing a diagnosis.

While Lanalyst will ultimately have a very large knowledge base, the knowledge base for our initial prototype is small. We were interested in exploring issues of how to represent the network and the characteristics of devices, and in developing appropriate diagnostic strategies for this domain. We felt that it would be possible to investigate these issues in the context of a small example (and knowledge base) initially, although we recognized that scale-up issues must be addressed eventually.

Accordingly, we began with the small network shown in Figure 5-1. This network consists of two segments joined by a LAN-Bridge that passes messages from one segment to the other. A large VAX computer (VAX-8800) is connected to one segment, while a small computer (VAXStation-2) and a DECServer are connected to the other segment. The DECServer is a terminal server that allows several terminals to be connected to the network. To function properly, the DECServer must be downloaded with software that resides on the VAX-8800. Normally, when the DECServer is turned on, it sends out a request to be loaded. The VAX responds and performs the downloading. There are a number of ways things that can go awry. The DECServer itself may have hardware problems. The connection between the DECServer and the VAX may fail. The VAX might not have any load software, or it might be the wrong version. Given an initial symptom like "the DECServer won't load" we wanted our prototype to find the underlying cause.

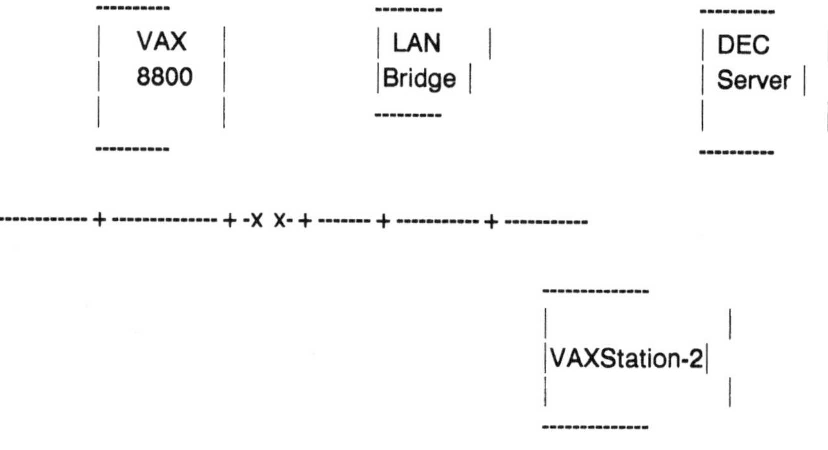

Figure 5-1: Sample Network

We started to construct our prototype by attempting to re-use the terminology and methods we had developed for the 3-multiplier, 2-adder circuit described by Davis and Genesereth [Genesereth 82, Davis et al 82, Swartout and Smoliar 87]. In that domain, the outputs of three multipliers are connected to the inputs of two adders, and the problem is to try to find the faulty component. A component is defined to be faulty if its output is not correct and all of its inputs are good.

In the multiplier-adder domain, we had developed terminology for describing how devices were interconnected and what their behavior was. In the Lanalyst domain, we found that some terminology could be re-used, such as terms for describing interconnections or the concept of a system, but other terminology, such as the definition of an adder, was not relevant. Naturally, it was also necessary to add new terminology to describe VAXs, LANBridges, and so forth.

In the 3-multiplier, 2-adder domain, we had found two types of methods to be adequate: FIND methods, to find objects meeting some criteria, and DETERMINE-WHETHER methods, to determine the truth value of an assertion. Based on two actions, we had defined a set of methods ranging from the domain specific (e.g. "find a faulty system") to the very general (e.g. determine-whether-and). We expected we could re-use these methods in the Lanalyst domain.

5.1. Building the Initial Prototype

We immediately ran into several problems. First, diagnosis in the 3multiplier, 2-adder domain was performed by a method that could "find a faulty system". This method worked by iterating over each component in the circuit and trying to determine whether it was faulty. While this approach worked acceptably for a 5 component circuit, it would clearly have problems dealing with the large networks with thousands of components on which Lanalyst will eventually be used. Second, the "find a faulty system" method looked for a fault in a single system. However, often a problem in a network cannot be localized to a single system. For example, if a VAX has a version of the load software that is incompatible with a DECServer, the fault does not reside in either system alone, but it depends on both of them. The find method was not appropriate for such situations. Third, the find method had no way of making use of the initial symptom to guide the diagnostic process.

Thus, a new problem solving action was required, along with a set of general and domain-specific methods for it. We wanted an action that could start with an initial symptom and construct an account for that symptom in terms of the underlying fault that caused it. In extending our terminology to support this new action, we decided to represent both symptoms and faults as assertions. This made it possible to describe both faults and symptoms that were distributed across systems. We also needed to introduce new terminology to represent the "account" for a symptom, that is, the correspondence between the symptom and the underlying fault that explained it.

We called our new action ACCOUNT-FOR. It takes as input a problem (initially a symptom) to be explained, and produced as output a correspondence structure linking the problem to the underlying fault (or faults) that explained it. ACCOUNT-FOR works recursively, so that if a symptom can be explained by some lower level problem, the ACCOUNT-FOR method posts the goal of ACCOUNTing-FOR that problem in turn. If no account can be found for a problem, then it is a fundamental underlying problem, and it is just returned. A constraint on ACCOUNT-FOR is that it is required that the problem to be accounted for exists. That is, if we post the goal:

(ACCOUNT-FOR (OBJ (NOT (LOADABLE DECSERVER-23))))

It must be the case that DECSERVER-23 cannot be loaded. As we will see below, we found this constraint to be too restrictive, and added new methods as a result.

To implement ACCOUNT-FOR, it was necessary to create general methods for dealing with the compound assertions, such as AND, OR, and NOT, as well as to create domain-specific ACCOUNT-FOR methods to capture the fault implications in the Lanalyst domain. As an example of a general method, consider the method for ACCOUNTing-FOR a disjunction. This method must determine which of the two disjuncts is true (possibly both) and then attempt to account for each of them. A simplified paraphrase of this method follows:

Capability: (ACCOUNT-FOR (OBJ (OR !ASSERTION_FIRST
!ASSERTION_SECOND)))

Method:
1. DETERMINE-WHETHER ASSERTION_FIRST is true.
2. DETERMINE-WHETHER ASSERTION_SECOND is true.
3. If both are true, then attempt to account-for each.
Return accounts for multiple faults.
4. If only one is true, then attempt to account-for it.
Return account.
5. If neither is true, signal a knowledge base error.

With respect to rapid prototyping, there are several things to notice about this method. First, steps 1 and 2 of the method post DETERMINE-WHETHER goals which make use of our existing repertoire of DETERMINE-WHETHER plans. Thus, even though it was necessary to define a new set of plans to support the ACCOUNT-FOR action, we can still get the benefit of knowledge re-use because these new plans can make use of existing plans to perform part of their problem solving. All of this is possible because in EES the problem-solving strategies are explicitly represented outside the interpreter. The second thing to notice is that this plan supports finding multiple faults. Because that support is explicitly represented, it was easy to modify it to return just the first fault found, as we will describe in the next Section. The third thing to notice is that step 5 can signal situations where the knowledge base is in an inconsistent state. Recall that one of the requirements for an ACCOUNT-FOR goal is that the assertion to be accounted-for must be known to be true. If neither of the disjuncts of the OR is true, then that requirement has been violated, and there is an error in the knowledge base, either in one of the plans, or in some of the factual knowledge. In a rapid prototyping context it is important to build such checks into the system's problem solving methods because the knowledge base is constantly evolving and may become inconsistent.

We also had to define domain-specific ACCOUNT-FOR plans for dealing with particular symptoms and problems in the Lanalyst domain. For example, based on the implication: A DECServer in a network cannot be loaded if and only if:

Either:
1. It doesn't have power
2. It's hardware is not ok
3. The software is not the expected version
4. There does not exist a computer with load software that is connected (via the net) to the DECServer

We could define a plan for accounting for a DECServer not being loadable. In slightly simplified form, this plan would have a capability description:

```
(ACCOUNT-FOR (OBJ (NOT (LOADABLE (X ISA DECSERVER)))))
```

Its method would post a goal to:

```
(ACCOUNT-FOR
    (OBJ (OR (OR (NOT (HAS-POWER X))
                 (NOT (HARDWARE-OK X)))
             (OR (NOT (EQUAL
                          (EXPECTED-SOFTWARE-VERSION X)
                          (ACTUAL-SOFTWARE-VERSION X)))
                 (NOT
                 (EXISTS
                     (H IN (H IN COMPUTER)
                        (AND (HAS-LOAD-SOFTWARE H)
                             (IS-CONNECTED-TO X H)))))))))
```

The method would also contain code for constructing appropriate result structures based on the results of the ACCOUNT-FOR subgoal. While we could have entered plans such as this by hand, that seemed rather tedious. Instead, we decided to represent explicitly the implications that the plans were based on and then define a set of transformations that could transform the implications into plans (see also [Swartout and Smoliar 87]). There were two advantages to taking this approach. First, at the level of implications is easier because it abstracts away the implementation details (such as creating the appropriate result structures) that must be dealt with when writing plans by hand. Second, and more importantly, the same implication can often be used as the basis for multiple plans. For example, the implication shown above can be used to define a plan to DETERMINE-WHETHER a DECServer is loadable, as well as the ACCOUNTFOR plan. Being able to work at a higher level and use knowledge in multiple ways strongly supports the rapid construction of a prototype.

5.2. Experimenting with the Lanalyst prototype

In building the Lanalyst prototype, we performed a number of modifications on the knowledge base. Some modifications occurred because we wanted to experiment with the behavior of the system and investigate various tradeoffs. One such modification involved switching between a multiple-fault and a single-fault model to investigate the tradeoff between speed of execution and the throughness of the diagnosis. Although in many frameworks such a change would involve modifying the expert system interpreter, we were able to make the change by modifying a few of the general diagnostic plans and leaving the interpreter alone.

Other modifications were due to problems in the initial pre-loaded knowledge base. For example, the pre-loaded knowledge base contained the plan shown above to determine the truth value of an AND expression. This plan worked well in the circuit domain, but when we tried to use it in Lanalyst, we found that it was not completely correct. This plan worked by posting subgoals to determine whether each of the conjuncts was true and returning true if they both were. The problem concerned goal failures. In EES, if a determine-whether goal fails, it means that it is not possible to determine the truth or falsity of the assertion. In our initial version of the determine-whether-and plan the entire plan failed if the subgoal to determine the truth of the first conjunct failed. This was too restrictive, because even if the truth of the first conjunct cannot be determined, it is still possible to determine that the AND expression is false if it can be shown that the second conjunct is false. We modified the determine-whether method to overcome this incompleteness. It is important to point out that most expert system interpreters deal with the evaluation of conjuncts and disjuncts at a fairly deep level inside the interpreter, rather than through explicit plans. It would be more difficult to perform the same modification on them. Knowledge bases are developed incrementally, and will always have some parts that are not quite correct, but by following the dictum to avoid putting problem solving knowledge in the interpreter, it is easier to recover when problems are uncovered.

Additional modifications occurred because we understood the requirements of the domain better as a result of creating the prototype. We found one problem while specifying the behavior of ACCOUNT-FOR. Recall that one of the requirements of the ACCOUNT-FOR action is that the assertion to be accounted for must be true. Sometimes this requirement is too restrictive. For example, it will not always be possible to determine with certainty that a disjunction is true because the truth of one of the disjuncts may be unknown. In that situation, we cannot attempt to ACCOUNT-FOR the disjunct, because it is not known to be true. However, problem-solving should not stop at that point, because we can still rule out the clauses that are false as possible explanations for the observed symptoms. We recognized that this situation might arise fairly frequently because Lanalyst will frequently be called upon to solve problems when some values are unknown. Accordingly, we developed a new set of plans for a new action, called ACCOUNT-FOR-RULE-OUT that narrow the range of possible faults when the underlying fault cannot be pinned down with certainty.

It is worth pointing out that both ACCOUNT-FOR and ACCOUNT-FORRULE-OUT are common methods in medical diagnosis programs (e.g. [Patil 81, Pople 82]). Thus, our efforts in developing them for Lanalyst can be re-used in other diagnostic domains. We envision that as more prototypes are created, prototyping will become easier because a large body of re-usable knowledge will be accumulated.

We feel that our experience in building the Lanalyst prototype illustrates the value of the desiderata discussed in Section 2 and the EES framework. The construction of the Lanalyst prototype to solve the sample problem above was quite rapid, requiring only about 3 to 4 person-weeks of effort. Due to the separation of knowledge that EES supports we were able to get the prototype going rapidly because pre-existing knowledge was re-used. Because knowledge (particularly problem solving knowledge) was represented explicitly, it was possible to modify the prototype to experiment with it. Finally, by supporting multiple problem solving methods (e.g. ACCOUNT-FOR vs. ACCOUNT-FOR-RULE-OUT) the system was able to switch between methods as the diagnostic situation demanded.

6. Conclusions

Building an expert system is a complex and ill-structured task. It is often difficult for a system builder to envision the consequences of his design decisions in the abstract. A prototype can ease that task. In this paper, we have described key desiderata for a rapid prototyping framework for expert systems. We have shown how those desiderata have guided the extensions we have made to the EES framework to support rapid prototyping. Finally, we have illustrated the benefits we derived from EES in the constructing a prototype of Lanalyst.

ACKNOWLEDGEMENTS:

The research described in this paper was supported by the Defense Advanced Research Projects Agency (DARPA) under a NASA Ames cooperative agreement number NCC 2-520 and by a grant from Digital Equipment Corporation. We would like to thank John McDermott, Mike Carifio, Mark Adler, Steve Schwartz, Nari Kannan, and Bob Schmitt, all of Digital Equiptment Corporation for many valuable discussions about the structure of Lanalyst and help in understanding networking. David Wile provided help in using the POPART parsing tool, which greatly facilitated the construction of the EES grammar and parser. We would also like to thank Robert Balzer, John McDermott, Ramesh Patil and Nel Wognum for comments on earlier drafts of this paper.

REFERENCES

[Bachant and Soloway 89] Bachant, J. and E. Soloway, "The engineering of XCON," Communications of the ACM 32, (3), March 1989, 311-317.

[Bennett 84] Bennett, J., "ROGET: acquiring the conceptual structure of a diagnostic expert system," in Proceedings of the IEEE Workshop on Principles of Knowledge-based Systems, 1984.

[Chandrasekaran 86] Chandrasekaran, B., "Generic tasks in knowledgebased reasoning: High-level building blocks for expert system design," IEEE Expert 1, (3), 1986.

[Clancey 83] Clancey, W., "The Epistemology of a Rule-Based Expert System: A Framework for Explanation," Artificial Intelligence 20, (3), 1983, 215-251.

[Clancey 85] Clancey, W., "Heuristic classification," Artificial Intelligence 27, (3), 1985, 289-350.

[Davis 82] Davis, R. and Lenat D. B., Knowledge-based systems in artificial intelligence, McGraw-Hill, 1982.

[Davis et al 82] Davis, R., Shrobe, H., Hamscher, W., Wieckert, K., Shirley, M., Polit, S., "Diagnosis based on description of structure and function," in Proceedings of the National Conference on Artificial Intelligence, 1982.

[Genesereth 82] Genesereth, M. R., "Diagnosis using hierarchical design methods," in Proceedings of the National Conference on Artificial Intelligence, 1982.

[Kahn et al 85] Kahn, G., Nowlan, S., McDermott, J., "MORE: An intelligent knowledge acquisition tool," in Proceedings of the Ninth International Joint Conference on Artificial Intelligence, pp. 581-584, 1985.

[Marcus et al 85] Marcus, S., McDermott, J., Wang, T., "Knowledge acquisition for constructive systems," in Proceedings of the Ninth International Joint Conference on Artificial Intelligence, pp. 637-639, 1985.

[McDermott 88] McDermott, J., "Preliminary steps toward a taxonomy of problem-solving methods," in Marcus, S. (ed.), Automating Knowledge Acquisition for Expert Systems, Kluwer Academic Publishers, Boston, MA, 1988.

[Moore and Paris 89] Moore, Johanna D. and Paris, Cecile L., "Planning Text For Advisory Dialogues," in Proceedings of the Twenty-Seventh Annual Meeting of the Association for Computational Linguistics, Vancouver, B.C., Canada, June 26-29 1989.

[Moore and Swartout 89] Moore, Johanna D. and Swartout, William R., "A Reactive Approach to Explanation," in Proceedings of the Eleventh International Joint Conference on Artificial Intelligence, IJCAI, Detroit, MI, August 20-25 1989.

[Neches et al 85] Neches, R., Swartout, W. R., and Moore, J. D., "Enhanced Maintenance and Explanation of Expert Systems Through Explicit Models of Their Development," IEEE Transactions on Software Engineering SE-11, (11), November 1985, 1337-1351.

[Nordin and Smoliar 89] Nordin, H., Smoliar, S., Syntax-oriented problem solving, 1989. USC/Information Sciences Institute

[Patil 81] Patil, R., Causal representation of patient illness for electrolyte and acid-base diagnosis, Ph.D. thesis, Massachusetts Institute of Technology, 1981. (available as MIT/LCS/TR-267)

[Pople 82] Harry E. Pople, Jr., "Heurisitc Methods for Imposing Structure on Ill-structured Problems: The Structuring of Medical Diagnostics," in Peter Szolovits (ed.), Artificial Intelligence in Medicine, Westview Press, Boulder, Colorado, 1982.

[Swartout and Smoliar 87] Swartout, W. R., and S. W. Smoliar, "On Making Expert Systems More Like Experts," Expert Systems 4, (3), August 1987. (also in AI Tools and Techniques; Richer, M. (ed), Ablex)

[Swartout and Smoliar 88] Swartout, W., and S. W. Smoliar, "Explaining the link between causal reasoning and expert behavior," in Miller, P.L. (ed.), Topics in Medical Artificial Intelligence, Springer-Verlag, Washington, D. C., 1988. (also in Proceedings of the Symposium on Computer Applications in Medical Care (SCAMC-87))

[Swartout and Smoliar 89] Swartout, W. R., and S. W. Smoliar, "Explanation: A Source of Guidance for Knowledge Representation," in Morik, K. (ed.), Knowledge Representation and Organization in Machine Learning, Springer-Verlag, 1989. (to appear)

[Zelkowitz and Branstad 82] Zelkowitz, M., Branstad, M., (ed.), ACM Sigsoft Software Engineering Symposium on Rapid Prototyping, ACM, 1982.

COMPUTATIONAL ARCHITECTURES FOR COMPUTER-INTEGRATED ENGINEERING AND MANUFACTURING: AN ARTIFICIAL INTELLIGENCE PERSPECTIVE

PETER RAULEFS

Intel Corporation
Artificial Intelligence Laboratory
3065 Bowers Ave., MS SC2-11
P.O. Box 58126
Santa Clara, California 95052-8126

Abstract. We discuss principles of computational architectures for knowledge-based computer-integrated engineering and manufacturing, and propose one that is currently developed for semiconductor manufacturing at Intel. The architecture extends existing substrates of conventional CIEM capabilities by arranging it in a framework of interacting agents that evolves from a computational model of manufacturing.

1. Introduction

Building intelligent artifacts in conjunction with theoretical work to systematize underlying concepts is the predominant working mode of AI. Three reasons suggest that manufacturing applications may become the most important force to drive AI research. First, manufacturing applications provide an abundant source of open problems to challenge every field of AI, even to the extent of advancing new or yet unexplored fields. Second, manufacturing applications require integration of techniques from diverse fields, fostering work towards underlying common methodologies to bring AI beyond the "bag of tricks" stage. Third, military procurement policies that have dominated funding of AI research bears much responsibility for the "demo syndrome", or the phenomenon that new approaches are only developed up to a stage of demonstrating underlying ideas in obscure or not reproducible prototypes. Such prototypes, however, are insufficient for extending ideas towards industrial applications that depend on clear and reproducible descriptions that can be customized or extended.

AI applications to manufacturing have been confined towards solving restricted, isolated problems such as diagnosing machine problems, or scheduling machines and work-in-progress flow. Integration of technologies in complex factories is often more important than the efficacy of single technologies. The purpose of integrating manufacturing technologies is to effectively manage the mutual constraints they impose on each other. Computerization has turned out to be the crucial enabling technology for integrated engineering and manufacturing, justifying the terms Computer-Integrated [Engineering and] Manufacturing, or CIM [CIEM]. Isolated AI solutions remain ineffective, or are at least much less effective unless integrated into a CIEM environment.

Current CIEM systems are designed to manage the integration of data and to penetrate invisible walls between departments such as design, [manufacturing] process development, parts manufacturing, assembly, and sales and marketing. As a result, for example, designers have access to information facilitating the design of products that are easier to manufacture and more attractive to customers. A CIEM system consists of a common data base and application modules for different departments, with application modules sharing the data base. In semiconductor manufacturing, for example, application modules include CAD systems for circuit layout, statistical process control packages, schedulers, simulators for diffusion processes, and simulators modeling integrated circuits or more specialized domains such as electromigration on wafers.

The inclusion of AI application modules introduces knowledge, reasoning with knowledge and data, and communication between artificial and human agents as new dimensions not addressed by current CIEM systems. This becomes a problem when, for example, single wafer factories will include hundreds of expert systems. In fact, only the addition of capabilities along these dimensions will lead to full integration supporting the interactions between engineering, manufacturing, and other related tasks such as intra-organizational management, marketing, and sales.

What are the grounds on which we can build computational architectures supporting these requirements? First, we need a methodology for CIEM that defines the main tasks, their interactions, and methods to achieve coherent and optimizeable behavior under evolving domain technologies and changing market conditions. Second, we must understand properties of application modules, inasmuch as they identify interaction patterns. Such properties are adequately understood for conventional fields in CIEM, but they are much less known for current and emerging AI techniques. Third, we have to consider how mechanisms in existing architectures, both for conventional CI[E]M, and for AI systems, may contribute to the evolution of new computational architectures supporting the vastly expanded scope outlined above.

The paper is organized as follows:

Section 2 is a brief survey of important generic features of manufacturing systems to set the stage for computer-integrated solutions. Section 3 synthesizes generic features and the use of AI technology into a methodology for CIEM to integrate data, knowledge, reasoning, and communication, providing the framework for the subsequent sections. The main point where this methodology deviates from other approaches is that we do not believe in the feasibility, or even desirability, of unified models. Instead, we propose collections of communicating models that may, to some degree, be inconsistent.

Section 4 discusses two issues we found critical for computational models for manufacturing (CMM). Section 5 presents a CMM based on the DREAM representation framework for dynamic systems with both discrete and continuous activities. Section 5 concludes that this CMM suggests that computational manufacturing architectures support systems of interacting agents. Section 6 then presents an outline of a new architecture currently being developed for factory automation at Intel.

Throughout the paper, we will refer to two examples. To illustrate issues about manufacturing at a large scale, we use factory-wide semiconductor manufacturing processes. To discuss reasoning about machines, as dynamic systems used in manufacturing processes, at small scales, we use the familiar example of an internal combustion engine, relieving us from having to introduce subtleties of, say, ion implantation or photolithography in semiconductor manufacturing.

2. Generic Features of Manufacturing Systems

Manufacturing systems operate in a market environment (Fig. 2-1). They result from developing technical and organizational solutions to requirements imposed by the market. This section examines important characteristics of market - manufacturing interactions, and the main functions manufacturing systems must perform.

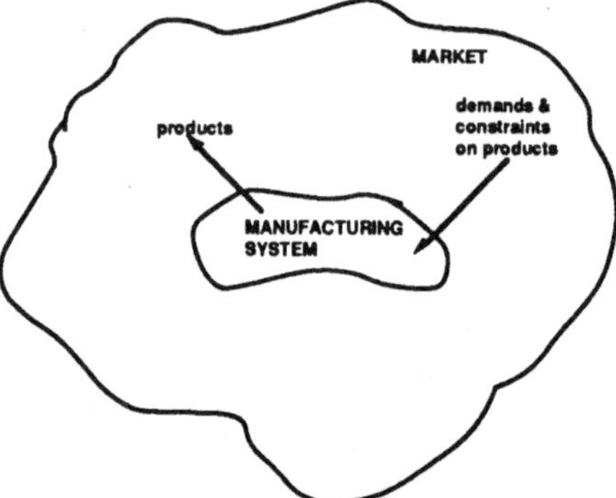

Fig. 2-1. Manufacturing Environment

Market manufacturing interactions. The market imposes constraints on products and delivery schedules. Constraints on products shape their design, and interact with technical and economic concerns of manufacturability. The manufacturing system turns out products and sells them to the market. Sale is a complex interaction influencing markets and manufacturing systems. The complex and heavily dynamic interactions between manufacturing and sales suggest to include market research and sales functions in manufacturing systems.

Functions of manufacturing systems. Fig. 2-2 shows an overview of main functions that manufacturing systems perform. *Sales* and *market research* mediate interactions between market and manufacturing. *Product, process,* and *facilities design* are the three main design functions. Factory equipment, which may or may not include humans, performs *manufacturing operations,* where *resource allocation* functions regulate spatial layouts and scheduling. *Equipment* and *facilities control* supervise functional operation of equipment. Control functions consist of *monitoring, diagnosis,* and *repair* functions.

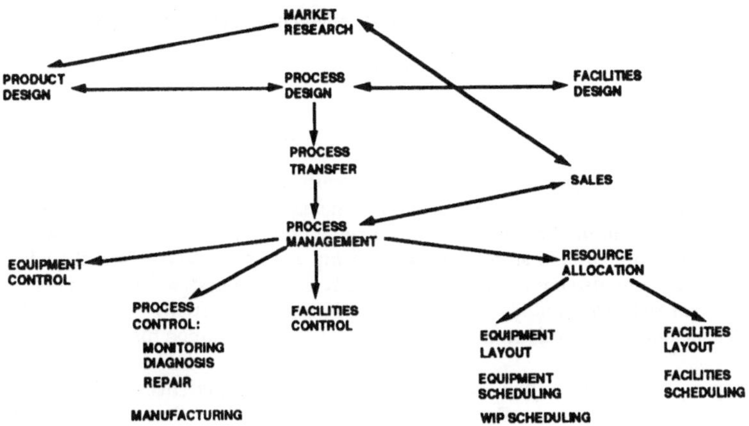

Fig. 2-2. Main Manufacturing Functions

Dynamic reflexivity. An important feature of manufacturing, not shown in Fig. 2-2, is that it is a *dynamically reflexive* activity. New products change the market, such as by creating new demands and even creating new sub-markets. Reversely, new products change the way manufacturing itself is done. For example, new microprocessors offering computational power with orders of magnitude greater than that of previous generations, but at roughly the same prices, are now being used to incorporate AI functions in manufacturing processes.

Uncertainty. Much of the information about manufacturing systems is imprecise. CMMs must properly account for two types of uncertainty:

- *probabilistic uncertainty.* The stochastic nature of underlying mechanisms makes many variables assume random values following some probabilistic density function (pdf).
  For example, critical dimensions (CDs, line widths) produced by photolithography usually follow a normal distribution around some mean value. Examining CDs more closely, one finds that they are related to other variables, such as the resist thickness RTH (in fact, there are known dependencies to several hundred different quantities). Analytical models exist that describe a functional relationship between CD and RTH, but such models are more or less rough approximations. To account for what is unknown about reality, the CD/RTH relationship can be described as probabilistic, by giving a conditional pdf $p(CD \mid RTH)$ so that
  $P[CD=cd] = \int p(CD=cd \mid rth)p(rth)drth$.

- *limited precision uncertainty.* The precision of all measurements is limited, and all measured values carry errors that the model must propagate through relationships to other quantities. *Quantizing* numerical to "qualitative" symbolic values by reducing quantity spaces to finitely many values has become a popular way to describe limited precision, and to take advantage of reducing the computational effort of propagating symbolic rather than numerical values.

Organization. A distinctive feature of manufacturing systems is the way their agents are organized. The organization determines the distribution of labor cooperation and communication patterns among agents. Under this perspective, a manufacturing organization is viewed as a distributed system of problem-solving agents. The main purpose of organizing them in some particular way is to confine complexity as to adapt work loads to the limits of rationality of individual agents [18], and to reduce the uncertainty of information about their environment with which they have to work.

[8] shows how various types of complexity are reduced, such as information complexity by abstraction and omission, task complexity by division of labor, and coordination complexity by proper decomposition, slack resources, and contracting. Likewise, various types of uncertainty are reduced by measures like verification, redundancy, feedback, and opportunistic behavior to reduce information impactedness. Larger-sized manufacturing tasks require multidivisional hierarchies, as vertical integration reduces the level of uncertainty that individual agents have to deal with, yet increases the complexity of tasks for higher-level agents. On the other

hand, more heterarchical collective organizations and market systems tend to reduce the complexity for individual agents at the expense of having to work with ore uncertainty.

A conclusion from these considerations is that CMMs must adequately describe such organizational structures. Only CMMs based on a computational paradigm of interacting agents seem to satisfy this requirement, and the DREAM approach described below belongs to this variety.

3. A Methodology for Knowledge-Based CIEM

CIM packages that are currently used, for example, in the chemical and semiconductor manufacturing industries provide one or more factory-wide data base (and DBMS) systems together with a number of application modules, such as CAD facilities, simulators, statistical data reduction and SPC packages, and WIP/equipment scheduling systems. Integration means *system-wide accessibility and use of data,* where the CIM package manages not only data retrieval, but also data integrity when modules create updates. In this paper, we expand this view toward *organization-wide accessibility and use of knowledge,* emphasizing that integration of access to and use of knowledge includes and builds on the integration of data manipulation functions.

The need for developing such an expanded view results from painful experiences with integrating knowledge systems into manufacturing environments. For example, an often-used rule of thumb estimates that integrating a knowledge system into its application environment takes at least as much effort as building it in the first place. Even worse, this rule even seems to apply to integrating the *same* knowledge system into an "almost" identical factory, such as a wafer fab operating the same process with similar equipment.

Software reusability is the second main objective of knowledge-based CIEM systems. In fact, this goal is closely related to integrability. Integration requires frequent adaptations to changing needs in the environment. A technique to support adaptability of knowledge system software is building generic modules together with computerized support for customization and modification, preferably done by designated people among end users.

A third objective is *increasing functionality with multi-purpose modules* in CIEM systems. For example, monitoring factory data requires a data classification facility to pick up significant patterns. The same data classification tool has also numerous other uses, such as, in semiconductor manufacturing, for developing electrical test structures and test patterns, and optimizing parameter settings in equipment. The problem is that a data classification tool needs different interfaces to data bases, equipment, other modules, and human users for each separate application. The obvious solution, related to integrability and reusability, is to build separate generic functions, interfaces, *and* support functions to customize, modify, and maintain them.

The challenge for building AI system architectures achieving these goals is twofold. First, we need to understand how to decompose knowledge systems into *generic tasks,* as advocated by Chandrasekharan for almost a decade [1,2]. Second, we need to provide computational architectures and frameworks that support various ways of organizing generic functions and of customizing them to obtain turn-key application systems. ABE [9] and HCVM [17] are examples of such frameworks.

The proposed methodology is based on seven principles. The first three of them are taken from [11], They form the underlying rationale of the MKS system currently under development, to be applied for building experimental applications for the wafer fabrication facility at Stanford's Center for Integrated Systems. In adapting these principles to the orders-of-magnitude larger fabrication facilities at Intel, however, we found four additional principles that seem indispensable. Surprisingly, these additional principles led us to quite different conclusions.

The first principle requires that CIEM systems contain application modules for generic manufacturing and engineering tasks. Second, each application module is to be a task-, but not domain-specific shell, using domain-specific knowledge residing elsewhere. Third, domain-specific knowledge used by application modules should be combined in a unified model shared by all application modules.

These three principles led to the design of the MKS system, where multiple application modules share knowledge represented in a single, uniform model of the manufacturing environment.

The four additional principles we add stem from several observations. We found that a large manufacturing organization is too complex to effectively fit into a single, unified model. Second, even though generic manufacturing tasks can be effectively supported by separate generic application modules, or shells, there is often a duplication of effort that can be avoided by building toolkits of smaller generic functions for use in various task-specific application modules. An example are the data classification procedures mentioned above. A third observation is that integrating CIEM functions into corporate organizational structures seems to run counter to unifying and sharing knowledge, especially in a heavily decentralized, matrixed, and non-hierarchical corporation stressing individual entrepreneurship and accountability.

The fourth principle restricts the applicability of principle three to limited scopes. For larger manufacturing organizations, a CIEM system should maintain several *models* of different aspects of the manufacturing environment, where each model represents all knowledge relevant to a number of mutually related tasks together *with* less detailed knowledge about more distant domains.

For example, in two models serving a scheduling and a monitoring/diagnosis task, the domain model for bottleneck-based scheduling would only need to incorporate concepts about equipment failures and their impact on process recipes to modify its own definitions of bottlenecks and related concepts when equipment failures occur.

Principle number five calls for application modules to extract *task-specific views* from models related to other tasks, and to support other tasks in extracting such views from their own models.

For example, a monitoring/diagnosis module would communicate a view that only provides knowledge about actual and predicted equipment downtime to a scheduler. The scheduler, in turn, would only tell a monitoring/diagnosis module about knowledge relating to equipment loading and maintenance schedules.

Sixth, *generic functions used in multiple application modules* ought to be collected in separate toolkits that also provide support facilities for retrieving such functions, and assembling them to larger units. Examples are tools for building human-computer interfaces, and for building interfaces between knowledge systems and data base systems, data reduction packages, and simulators. It appears to be a recurring frustration for builders of knowledge systems for manufacturing applications that developing such interfaces often takes up several times the resources it takes to build the core system, even though many of these interfaces are similar and only different customizations of the same underlying design principles.

Finally, a *CIEM architecture and corporate structures must mutually fit* each other. For example, larger and decentralized organizations with multiple centers of competence seem to be incompatible with CIEM systems maintaining centralized and unified models advocated by the MKS architecture. One reason is that the complexity of information managed by each center of competence leads to idiosyncratic representations, superficially visible as "jargons", that other centers would not accept to share, partially because it would be too tedious and ineffective to translate them into their own representations.

4. Computational Models of Manufacturing

A computational model of manufacturing (**CMM**) is developed from generic features of the manufacturing domain, and from computational primitives used to express the model. This section describes two issues that we found to be most fundamental and important for developing CMMs.

Analytical and Symbolic Models. Conventional models of physical systems are abstractions describing particular features in terms of variables related to each other by functions described in mathematical or less precise and complete, terms, such as by graphs and tables. We view such *analytical models* as directed graphs, with one type of nodes representing variables, and another representing functions mapping in- to out-going values communicated by arcs. Running an analytical model consists of supplying values to input nodes, and propagating these values through the network to produce output values. Analytical models can only support predictive simulations, where a complete set of input values is propagated to produce output values. Analytical simulators often accept ranges of input values to generate sets of output values by stepping through input ranges.

In contrast, *symbolic models* express arbitrary relations between variables. In directed graph illustrations of symbolic models, variable nodes are replaced with description of ranges, such as inequalities, and function nodes are labeled with arbitrary relations between the variables they connect with. In other words, a symbolic model is a constraint network. Clearly, analytical models are just simple symbolic models. Reasoning with symbolic models substantially extends what can be done with analytical models. Solving constraint satisfaction and constraint propagation problems is a common technique. Even more useful for engineering applications are techniques for *constraint inference*.

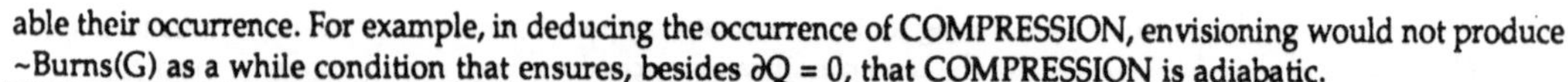

able their occurrence. For example, in deducing the occurrence of COMPRESSION, envisioning would not produce ~Burns(G) as a while condition that ensures, besides $\partial Q = 0$, that COMPRESSION is adiabatic.

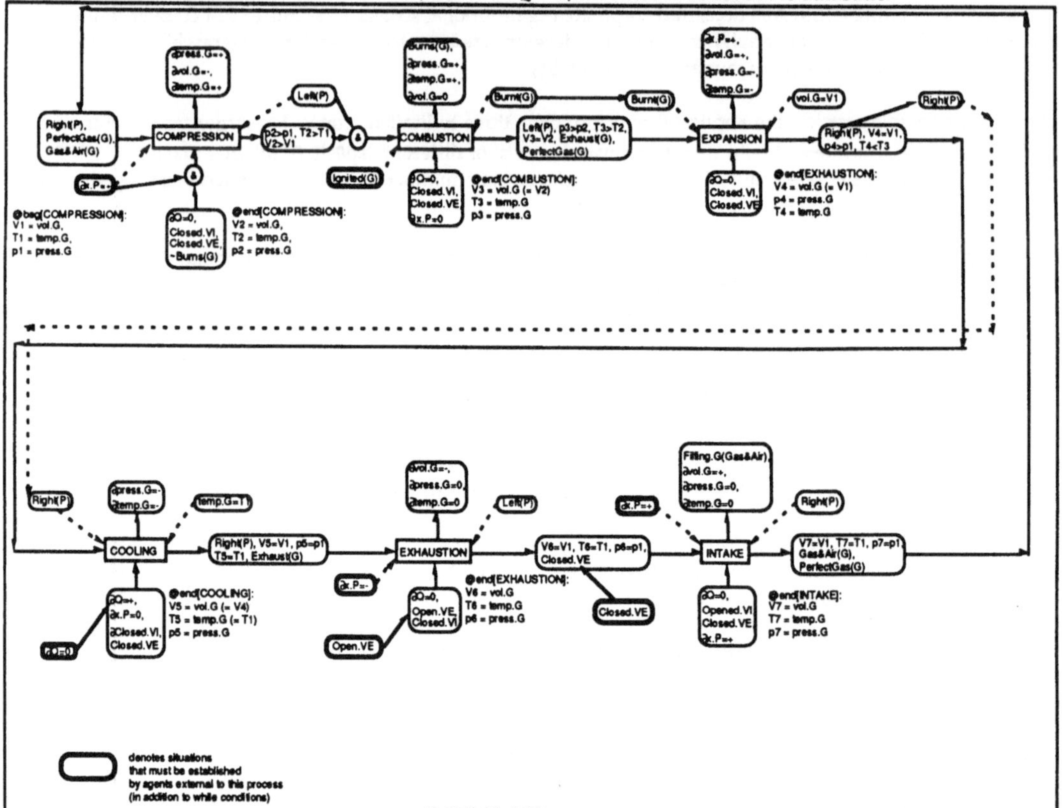

Fig. 5-5. Ideal Gas&Air Process

The gas&air cycle process relies on external agents to establish the highlighted situations within the *temporal constraints* imposed by the event structure. It takes another process to do so, and Fig. 5-6 shows a control process to run *concurrently* with the gas&air cycle process. In reverse, to achieve synchronized behavior, the control process must also rely on situations established by the gas&air cycle process. In other words, the *interaction* of both processes, achieved through shared situations, makes both of them work. Fig. 5-7 illustrates the interaction of the example processes.

Executing, or evaluating, a process means to generate situations covering the states of all participating objects for the entire period of activity, consistent with state and time constraints imposed by the process. The mechanics of doing this is essentially a form of envisioning. As situations in the gas&air cycle example are simplified to only show directions of change rather than how changes influence each other, the only limit points are values assumed at begins and ends of events. A less compiled exposition would show influences and other relations among variables and assertions, as our descriptive apparatus provides a framework for commonly used qualitative and quantitative calculi. The situations resulting from executing a process form a *history network,* where arcs indicate temporal ordering, with branches to express concurrency (and additional constructs for indeterminacy in time).

Taking processes to be temporally extended patterns of situations and events is quite different from the notion of processes in QPT. QPT-processes correspond to event types, or operations. In fact, despite its name, QPT does not have a notion of processes, although envisioning leads to going through structures of events (as individuations of QPT-processes). One reason is that QPT does not explicitly describe temporal relations, and another is that QPT simply lacks a concept that abstracts from temporally and causally related event types.

A second feature of symbolic models, not possible to represent in analytical models, is that they can also account for the *topology* of objects interacting in the environment being modeled.

Belief Networks are rapidly replacing extensional, or rule-based representations of relevance relationships (see [12] for a thorough discussion and references). In a probabilistic belief network, nodes denote probabilities of propositions, and arcs record conditional probability dependencies. Their main attraction seems to be that they capture cause-effect relationships in a way that is close to the intuitions of engineers. Furthermore, belief networks support *modular* representations of knowledge. Modularity is a combination of two features, *locality* and *detachment*. In a localized knowledge representation, the validity of individual propositions derived from that of immediately related propositions, such as the predecessor nodes in a belief network. In other words, localized representations allow to ignore all but immediately related propositions. Detachment refers to the property that one does not have to look at derivation histories to understand why some property is valid. Belief networks avoid many of the pitfalls of rule-based representations, such as incorrect treatment of bidirectional inferences and correlated sources of evidence [10], and facilitate retraction and modification of conclusions.

Fig. 4-1 shows a belief network that demonstrates causal, yet only probabilistically known relationships in semiconductor manufacturing. Nodes are simply properties that can be true or false, though only probabilities about their truths are known. Arrows denote "caused by" relations, and nodes with indegrees greater than 0 are associated with conditional probabilities. Nodes with indegree 0 denote observations about equipment and wafers. The network shows how multitudes of observations provide indications for possible causes of a yield depression for a microprocessor (realistic belief networks for a wafer fab have tens of thousands of nodes).

The observations in this network concern widely separated process tests and end-of-the-line electrical process- and product-oriented tests, typically spanning a time period of 3-4 weeks. By propagating partial evidence from early observations through the network, we *predict* the probabilities of future developments. In other words, belief networks can be used for *simulation*. For *diagnosis*, we would propagate observed evidence to determine the probabilities of possible causes. Other uses of belief networks are determining the diagnostic value of missing information, and decision-making.

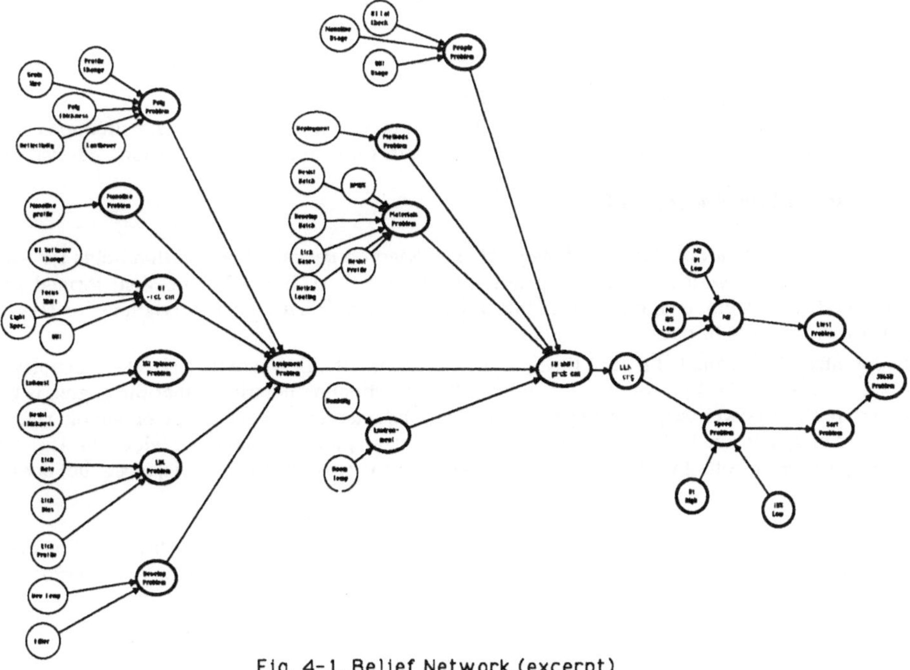

Fig. 4-1. Belief Network (excerpt)

5. Principles of DREAM Models for Manufacturing

To illustrate a number of important principles about CMMs, this section describes approaches taken in the DREAM system. DREAM is a CMM currently being developed and applied for modeling semiconductor manufacturing processes at Intel. We also benefit from experience with former applications that include continuous and batch processes in chemical manufacturing [17], and discrete manufacturing. Earlier versions of DREAM have also been applied to control reasoning for highly time-stressed interactions, as in the Pilot's Associate [13 -16].

The presentation consists of seven parts. The first four parts introduce fundamentals of the DREAM approach. Section 5.5 discusses techniques for representing and reasoning with uncertain information in this framework. Section 5.6 briefly introduces the concept of *views,* or specializations of models to support particular reasoning tasks. We then briefly indicate in Section 5.7 how these concepts work out for diagnostic reasoning.

5.1. High-level Organization of DREAM Models.

The underlying idea of DREAM is to consider manufacturing systems to be organized collections of *agents.* In the physical world, agents are machines, transportation devices, and parts that machines and transportation agents act on. The way agents are organized is described in a *component model.* A *process model* describes activities of agents in the component model. A DREAM model consists of a component model and a process model.

Structural abstraction is the most important approach to confine complexity. Figs. 5-1,2 show an example, where a model of a piston is simplified by related component and process abstractions leaving out considerations related to friction.

Example. In an internal combustion engine, a piston moves back and forth in a cylinder. The forces driving the piston are coming from combustion and inertia rotation of the crankshaft. These forces overcome the friction between piston and cylinder wall, and oil is used as a lubricant to reduce friction. A simplified model, the left part of Fig. 5-1, shows a small lubrication pipe supplying lubricating oil to the space between piston P and cylinder wall, controlled by a valve VL. The valve is opened *only* when the opening for the lubrication pipe is covered by the piston. The resulting force acting on the piston is force.P = force.Cyl - force.Friction(speed.P), where force.Cyl is the force from combustion or crankshaft acting on the piston, and force.Friction is the friction counter force that varies with the piston's speed. To model the piston's motion to the left, we decompose it into two events: MOVE-LEFT.P = MOVE-LEFT1.P;MOVE-LEFT2.P (";" denotes serial composition), where P is right of VL during MOVE-LEFT1.P, and above VL during MOVE-LEFT2.P. VL must be closed during MOVE-LEFT1.P, and opened thereafter. A model of this little process is indicated in the upper part of Fig. 5-2.
Many engine models, however, do not go into such detail. Instead, they (1) ignore lubrication film, pipe and valve, and (2) simplify the motion to a single event sustained by a net force acting on the cylinder. The crucial observation about this *structural abstraction* is that abstractions on device topology and abstraction on temporal (process) structure go hand in hand. Abstracting from components providing lubrication leads to abstracting from situations and events that describe what they do. Reversely, process abstraction leads to component abstraction.

5.2. Primitives for Describing Activities: Situations and Events

A *situation* constrains the states of objects throughout some period of time. In other words, a situation consists of an assertion (proposition about states that may change its truth value over time), and a time interval description:
Situation := [Assertion | TimeDescription].

A time description denotes a time interval *throughout* the assertion persists (the assertion holds for every instant of the interval). We describe time intervals in terms of clock times, interval expressions formed with the functions beg/end/dur (begin, end, duration of intervals), and Allen/Hayes' interval relations [>>??<<]. Time intervals are always taken to be open on both sides.

$I' \supseteq I$ if I is a subinterval of I', and $t \in I$ if t is a time instant in I, and t = (t .. t), where (t1 .. t2), $t1 \leq t2$, denotes a time interval. For example, s = [On&power-out=+ | intv[run]] is the situation describing that the engine is On and produces some positive power output throughout intv[run], the interval over which the operation 'run' is executed. beg[s] and end[s] denote the begin and end of the time interval intv[s] throughout which the assertion in s holds. As intv[s] is open on both sides, beg[s] meets but does not belong to intv[s], and intv[s] meets, but does not include end[s].

An *event* (Fig. 5-3) describes how carrying out an operation changes situations. The specification of an operation is a *generic pattern* describing all possible events that the operation can bring about. For an event e executing the operation 'opn', e comprises the following information:

A *precondition* prec is a situation that must hold *before* the event begins. A *trigger condition* trc is a situation that starts the event when trc begins to hold, where beg[trc]∈ intv[prec] is required. Executing an operation often requires that some additional conditions be maintained *during* the event, and the *while condition* describes this situation that must extend at least from beg[trc] until termination. During its execution, the operation may establish a new situation, called the *while effect*, to hold from beg[trc] (the beginning of the event)

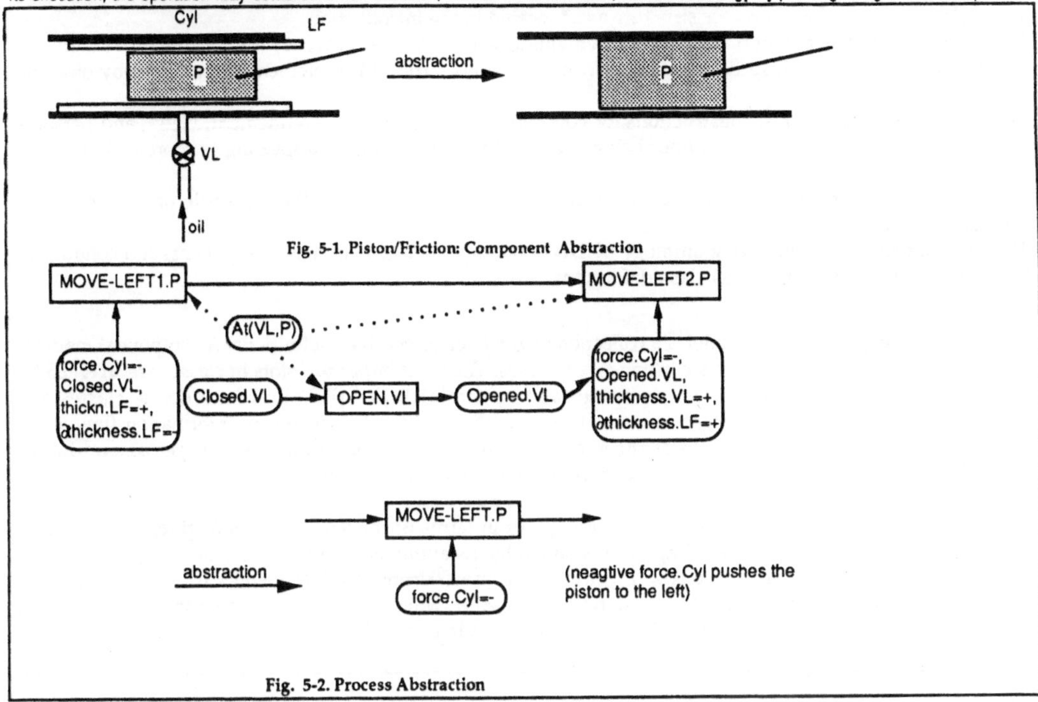

Fig. 5-1. Piston/Friction: Component Abstraction

Fig. 5-2. Process Abstraction

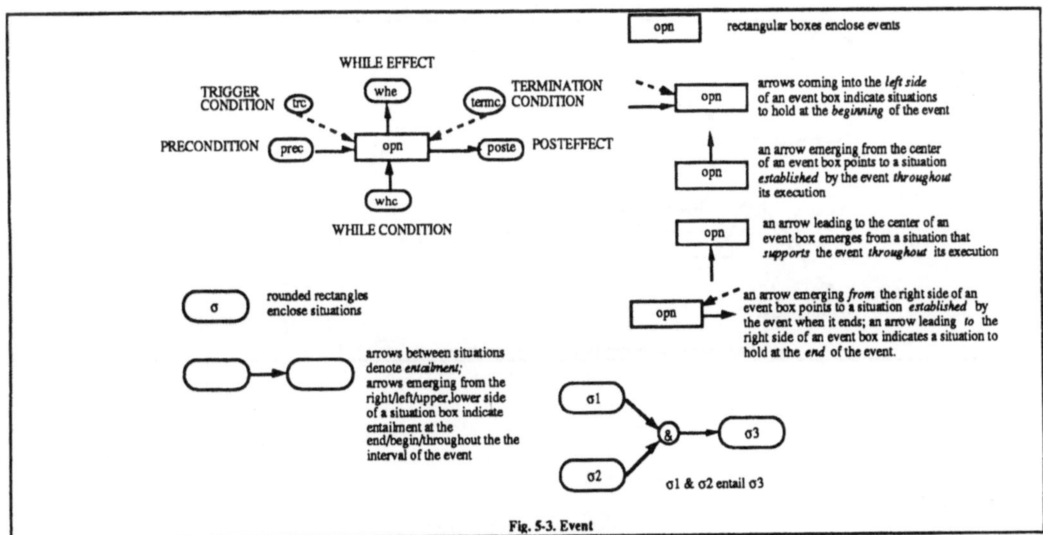

Fig. 5-3. Event

until termination. The *termination condition* 'termc' terminates the event at beg[termc]. Upon termination at beg[termc], the event establishes the *posteffect* 'poste', a situation that begins to hold at beg[termc]. If the while condition ends before the termination condition begins (i.e., end[whc]≤beg[termc]), the event has an abnormal termination and does not necessarily establish the posteffect. By specifying an event, we assert that participating situations satisfy the above temporal relations. This usually obviates the need for explicitly mentioning time intervals of situations and their relationships.

Notation. intv[e] - interval throughout which event e occurs;
beg/end/dur[x] - begin/end/duration of intv[x];
p@beg/end/intv[x] - assertion p holds at begin of/end of/throughout intv[x] (x is a situation or an event).

5.3. Component Models

A component model describes the agents, or objects, acting and interacting in a physical system. Adopting the descriptive framework of classes and objects of object-oriented programming languages has several advantages over the approaches that do not, such as QPT [7] and [5]:

- They relate topological and process structure as advocated in the Introduction.
- They provide familiar notation with precise semantics, where other approaches rely on predicate logic notation (too low-level), or Lisp-like notations with definitions buried in implemented, and thereby obscure, code.
- They easily lead to functorial constructions for concepts such as abstraction/refinement, views, and perspectives that pervade the literature without being explained beyond examples appealing to more or less vague intuitions.
- They naturally enforce the "no-function-in-structure" principle, and strengthen the role of class-wide assumptions.
- They do not require an underlying ontology of "basic" notions, such as materials, components and conduits in [5]. Anything basic is *definable* as class definitions.

Fundamental to every component model is a collection of *agent*, or object *class* definitions. A component model is a collection of agents (or objects) that are instances of classes. The most important slots in classes are STATES (to define local state variables with their state spaces and constraints), COMPONENTS (to define classes and [port-to-port] connections of constituent agents), [IN/OUT/INOUT]PORTS (to control information flow about states among objects), OPERATIONS (to define event types for activities performed by the agents), and LAWS (first-order formulas extending the theory described by the other clauses of the class).

Figs. 5-4,5 describe a partial component model for engines in terms of the agent classes Engine, Cylinder, and Valve. The model of a specific engine E:Engine is obtained by instantiating quantities such as max-power, etc. as indicated in the notation E:Engine{max-power=70hp, max-rpm=6000rpm, displacement.C=104 cuin, ...}. The operation of RUNning the engine adopts the common driver's view, where the engine simply runs when switched on, and as long as it is switched on and gas/air is supplied to its intake pipe.

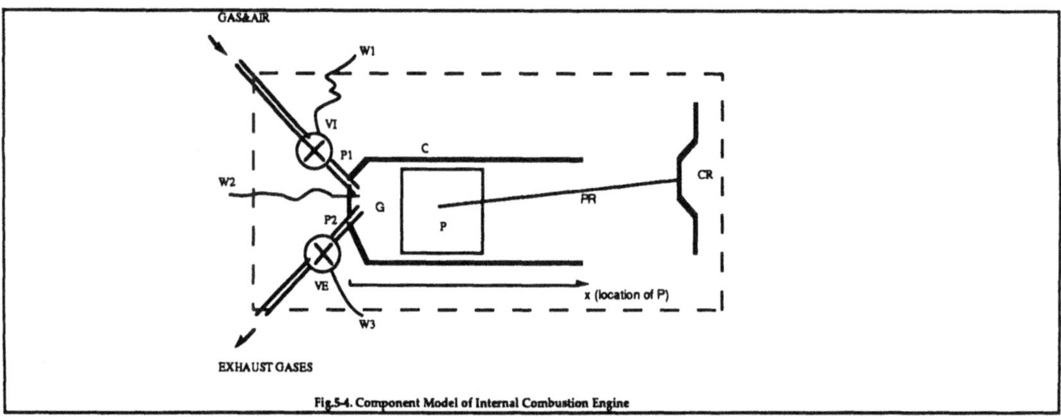

Fig.5-4. Component Model of Internal Combustion Engine

```
Engine =
   [STATES:        On, Off:{true, false}, power-out, max-power:Power, max-rpm:Rpm, ...
                   WHERE max-power ≤ f(displacement.C), ...

   COMPONENTS:     C: Cylinder{in1 = P1, in2 = Ign, out = P2, inout = PR},
                   Ign: Ignition{in = W2, out:Gas},
                   PR: PistonRod {inout1 = C, inout2 = inout1.CR}
                   VI: Valve {in1 = in1.C, in2 = W1, out: Pipe},
                   VE: Valve {in1 = P3, in2 = W2, out: Pipe}

   INPORTS:        W1, W2, W3: Wire, P1: Pipe
   OUTPORT:        P2: Pipe
   INOUTPORT:      CR: Crankshaft{inout1 = inout1.R, inout2:Wheels}

   OPERATION:      RUN
                    PREC   ~Empty((contents.P1):Gas&Air)
                    TRC    On
                    WHC    On & ~Empty((contents.P1):Gas&Air)
                    WHE    power-out = +
                    TERMC Off                                    ]

Cylinder =
   [STATES:        contents: {Gas&Air, Exhaust}:Gas, displacement: Volume
                   WHERE vol.contents ≤ displacement

   COMPONENTS:     G: PerfectGas, WHERE Is(G, contents),
                   P: Piston{inout1 = G, inout2: PistonRod},
                   CW: Container

   INPORTS:        in1, in2: Pipe, in2: Ignition
   OUTPORT:        out: Pipe
   INOUTPORT:      inout: PistonRod                              ]

Valve =
   [STATES:        Opened, Closed: {true, false} WHERE Opened ∫ ~Closed

   INPORTS:        in1: Pipe, w: Wire
   OUTPORT:        out: Pipe

   OPERATIONS:     OPEN                       CLOSE
                   PREC  Closed               PREC  Opened
                   TRC     w = 'open!'        TRC  w = 'close!'
                   P{OSTE Opened              POSTE  Closed
```

Fig. 5-5. Component Model of an Engine

5.4. Process Models

Refining the RUN-operation leads to a more elaborate process describing the operation of a 4-stroke internal combustion engine. Fig. 5-6 shows a simplified version of a qualitative abstraction of the "ideal gas&air cycle" process in [20]. It refers to the component model, with self-explaining variables (not mentioned in Fig. 5-5) such as 'press.G' for pressure of gas G, and predicates such as Exhaust(G) (to hold iff G is exhaust gas rather than a gas&air mixture), etc.

There are two ways of arriving at such a process description:

- by specifying it, and proving that it is consistent with class definitions of participating agents and interactions with other processes (making the closed-world assumption that all interacting processes are known).
- by compiling it from given other processes, and class definitions of participating agents.

Note that the component model must provide the relevant physical laws in class definitions. For example, the PerfectGas class provides the laws of thermodynamic relevant to our model.
Compiling a process is done by compiling events, described below, and linking events as mandated by situations overlapping in time. Some events must be given to ground the compilation.

Event and process compilation go beyond envisioning that generates the situations (possibly) following some given situations. Compilation applies available information to determine, for a given dynamic context (of situations), which event types may occur, the situations they would establish, and those that are established to en-

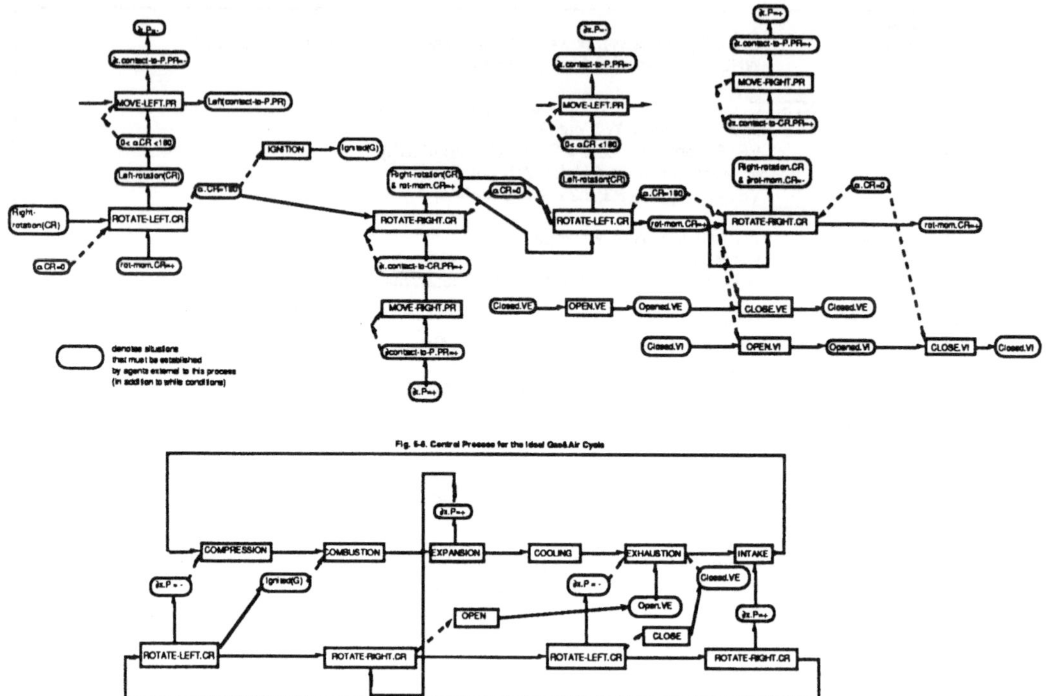

Fig. 5-6. Control Process for the Ideal Gas&Air Cycle

Fig. 5-7 Interaction between Gas&Air Cycle and Control Processes

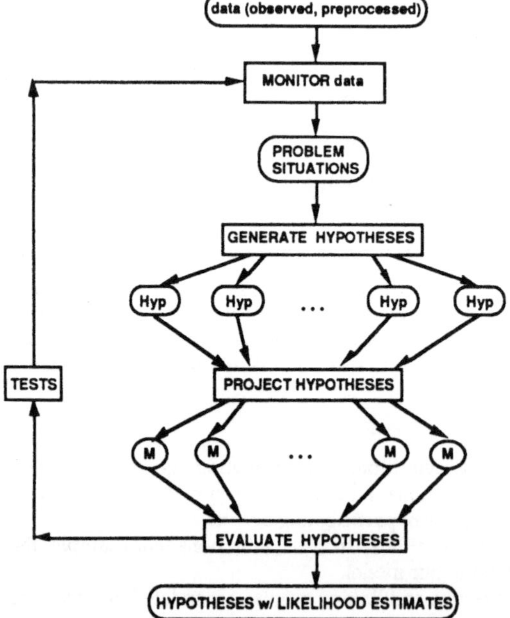

Fig. 5-9. Generic Diagnosis Tasks

5.5. Probabilistic Representations and Reasoning with Uncertain Information

The examples in the preceding sections have described the states of agents and their changes in terms of qualitative variables, assuming values in finite, and thereby discrete, quantity spaces. Qualitative values are considered *quantized* values of continuous variables, where quantizations map intervals in continuous quantity spaces to qualitative values. Under this view, qualitative models are abstractions of numerical models; reversely, numerical models are refinements of qualitative models, and quantizations map numerical to qualitative models.

Qualitative models are preferred over numerical models when two criteria apply. First, when temporal projections require less computational effort; and second, when it is believed that numerical models fake precision that is not actually known. However, attempts to apply qualitative models to reality do often fail because these criteria are violated in a somewhat skewed way. Oversimplifications in qualitative models lead temporal projections be inundated with additionally generated limit values that obviate any computational advantages. Then, quantizations are defined on sharply delineated ranges so that qualitative models are only adequate if actual values remain well within the ranges. And finally, qualitative models suppress information about the *distributions* of values and *degrees of influence* because they are difficult to represent.

In the example above, EXPANSION produces a post-effect where the piston is at its rightmost position: $Right(P) \equiv x.P = x_{right}$. We know that, in reality, x_{right} is assumed with some tolerance δ. δ depends, for example, on the rates P-rate and temp-rate of pressure and temperature increases, and the duration dur-exp of EXPANSION. Measuring x_{right} produces, under ideal conditions, a normal distribution around some average value. In other words, what we really know about x_{right} is a probability density function p_r that describes the conditional dependence of the piston's rightmost position after EXPANSION on several other quantities:

$$p(x) = \int p_r(x \mid \text{P-rate, temp-rate, dur-exp})\, P[\text{P-rate}]\, P[\text{temp-rate}]\, P[\text{dur-exp}]\, d\text{P-rate}\; d\text{temp-rate}\; d\text{dur-exp}.$$

We apply this observation by having situations express, in their assertion sections, conditional probabilities for state variables rather than qualitative or numerical values. Constraint relationships in events and processes then are expressed as in belief networks.

5.6. Views

A single model for a manufacturing system cannot support efficient reasoning in tasks as different as diagnosis and scheduling. Particular reasons that make single models fail in supporting multiple reasoning tasks are, for example:

- The model describes first principles in the domain, but the reasoning task builds on specialized knowledge comprising derived concepts that form a higher level from which reasoning starts without usually having to refer to first principles. Generally, this is the situation of engineering vs. basic science.
- The model contains details irrelevant to the reasoning task. For example, detailed engineering models of a wafer fab are almost useless for schedulers.

To solve this problem, the DREAM representation system supports formation of multiple *views* from a model. *Derived views* are obtained by adding what amounts to definitions, possibly axioms, and derived rules to a model. *Abstractions* and *refinements* are views omitting or adding detail. The DREAM system provides tools to support building multiple views that customize models for particular reasoning tasks.

In the above example of internal combustion engines, the core model consists of a substrate of class definitions containing (a) classes providing basic concepts and laws of thermodynamics about ideal gases and the Carnot cycle, and (b) classes for gadgets like valves, pistons, cylinders, etc. The component and process model indicated above resides on top of this substrate. *Fault models* are views to support diagnostic reasoning; associated repair *views* help fixing problems diagnosed with concepts and strategies provided by fault views.

Fig. 5-8 illustrates the resulting relationship between model, views, and reasoning tasks. A reasoning task draws on a particular view of the model. When a reasoning task updates a model, it does it by updating its associated view. A view update is communicated to the model which initiates additional updates in the other views if necessary.

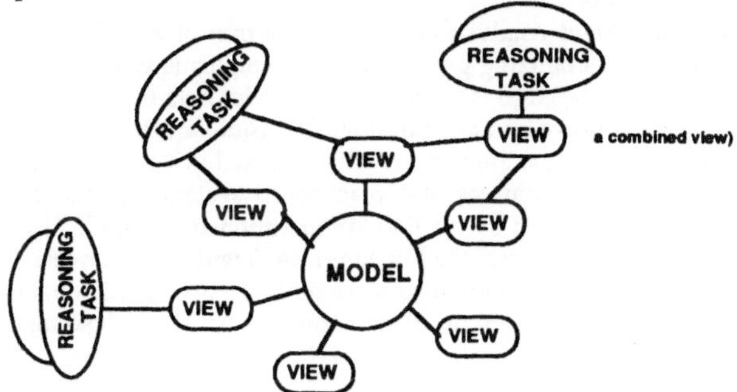

Fig. 5-8. Models, Views, and Reasoning Tasks

6. A Communicating Agent Architecture for Manufacturing

The discussion in previous sections has educed an approach that describes manufacturing systems in terms of a computational model (CMM) of communicating agents. This section proposes a computational architecture for manufacturing (CMA) to organize and support implementation of generic and application agents performing the computational tasks outlined in sections 2 and 3.

All active modules in this architecture are agents. Physical entities such as machines or cells in a wafer fab form, with their station or cell controllers, particular agents, as do human operators that interact with their environment in terms of standardized capabilities as "HCI-agents" (HCI = human-computer interface). This matches our computational model of wafer fabs, and the larger manufacturing operation that includes fabs, as a society of interacting agents. Interactions follow interaction patterns explicitly described and reasoned about by processes in the CMM implemented by the agents forming the manufacturing system.

Agents are instances of generic classes, and classes are organized along the principles laid out in Section 3.

Fig. 6-1 illustrates an excerpt of this CMA. At the core of this architecture are *model agents.* Each model agent maintains a model and multiple views of some physical or computational agent in the manufacturing environment. Data from the environment are stored in a distributed, object-oriented data base system. DB Interface agents communicate information between the data base and all other agents.

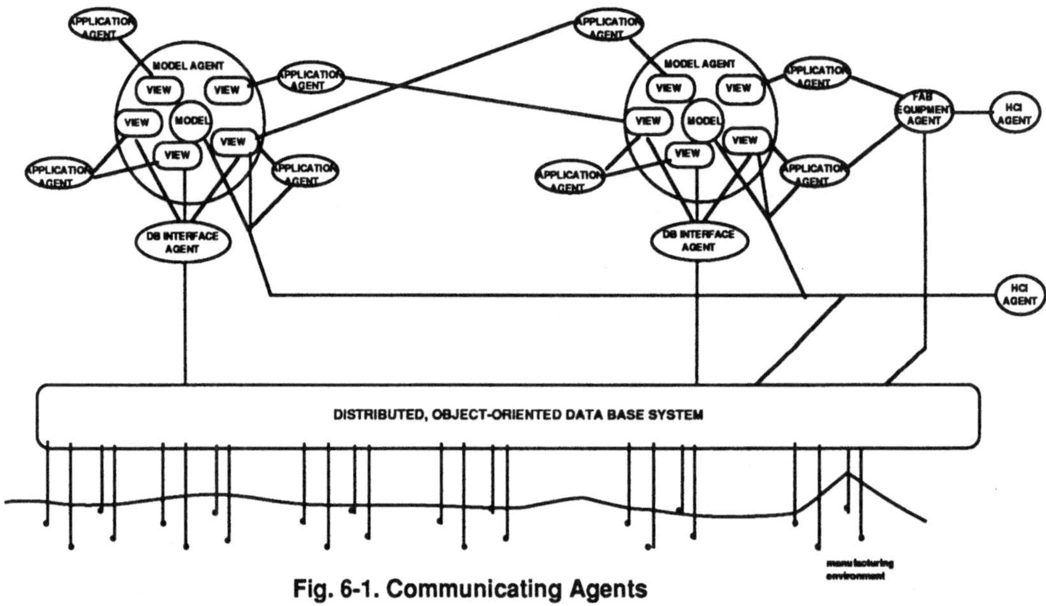

Fig. 6-1. Communicating Agents

Fig. 6-2 shows main functions of a Yield Analysis agent which is part of a CMA currently evolving at Intel. Yield Analysis agents produced by customizing generic modules implementing this architecture are being installed in a number of wafer fabs. Knowledge is represented in belief nets that occasionally (not shown here) communicate with more refined qualitative and analytical models (simulators). Because of the size of the belief nets necessary to encode relevant knowledge, they are actually arranged in a system of communicating influence diagrams (CINs) residing in knowledge sources of a blackboard system [16] managing their interactions. Inferences over belief networks are performed by the PATMS (partitioned ATMS) [3,4] which is part of a toolkit serving various other agents as well. Similarly, the DB Interface Agent (not shown in Fig. 6-2) and the HCI Agent draw on capabilities supplied by a toolkit to also serve other agents. Another agent synthesizes and runs code for a statistical data analysis package (SAS) on request from the Yield Analysis agent.

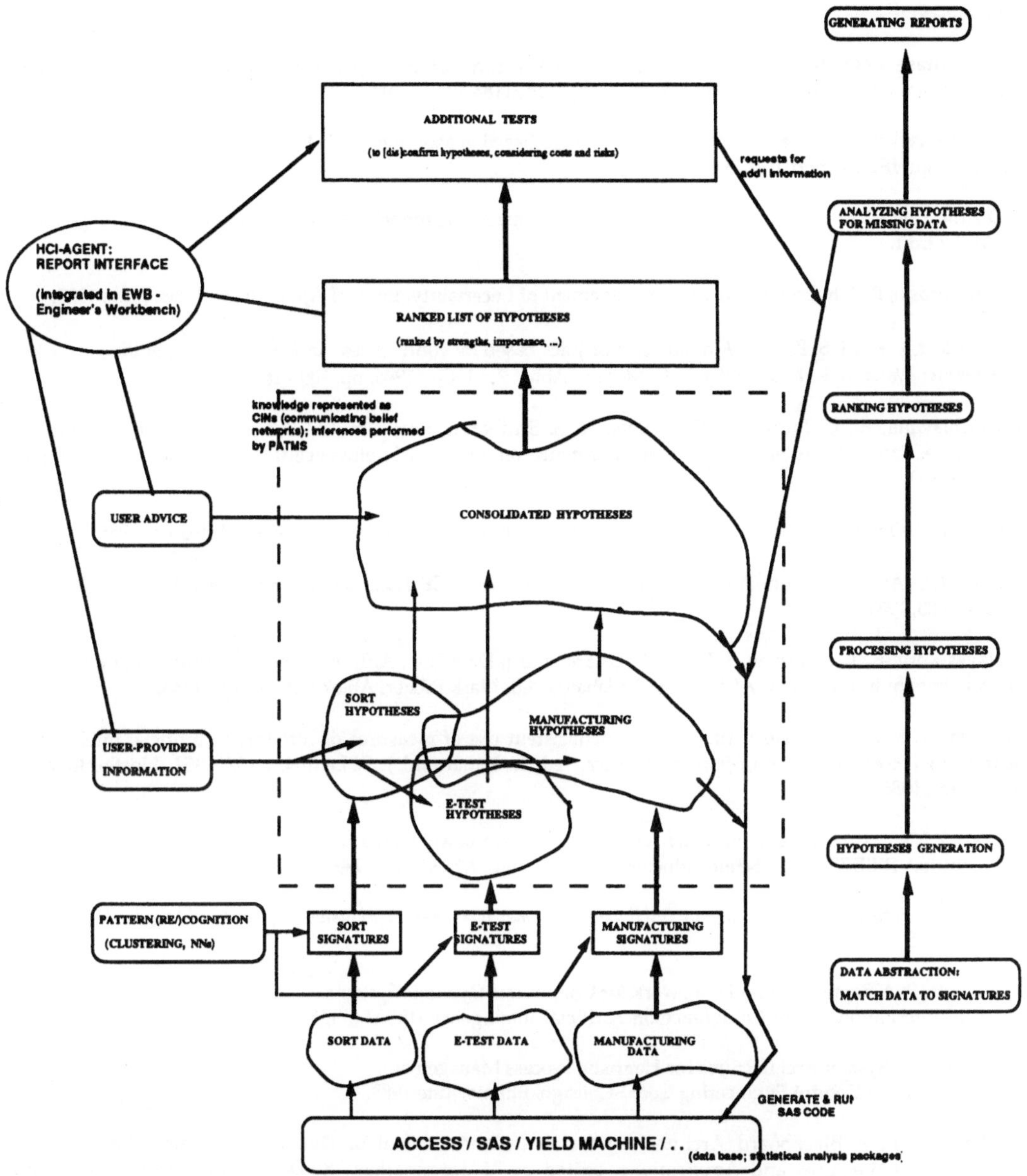

Fig. 6-2. Functional Architecture of the Yield Analysis Agent

Acknowledgements. Discussions with Bruce D'Ambrosio (on reasoning with belief networks), Patrick Dishaw (on semiconductor manufacturing), and Marty Tenenbaum (on computational architectures) have helped shaping the concepts presented in this paper. Numerous people at Intel have helped making them reality.

7. References

[1]. Chandrasekaran, B. Towards a functional architecture for intelligence based on generic information processing tasks. Proc. 10th IJCAI 1987, Milan (Italy), pp. 1183 - 1192, 1987.

[2]. Chandrasekaran, B. Generic tasks in knowledge-based reasoning: High level building blocks for expert system design. IEEE Expert 1(3):23-30, 1986.

[3]. D'Ambrosio, B. Efficient incremental updating of probabilistic models. AAAI 1989 Workshop on Uncertainty and AI, Detroit.

[4]. D'Ambrosio, B. A hybrid approach to management of uncertainty. Int. J. of Approximate Reasoning, 1988.

[5]. De Kleer, J. and J. S. Brown. A qualitative physics based on confluences. in *Formal Theories of the Commonsense World* (eds. J. R. Hobbs, R. C. Moore), Ablex Publ. Co., 1986. pp. 109 - 184.

[6]. Dodhiawala, R., C. Pickering, P. Raulefs, N. S. Sridharan. Real-Time AI Systems: A Definition and an Architecture. Proc. 11th International Joint Conference on Artificial Intelligence (IJCAI-89), Detroit, Michigan, 1989 (in press).

[7]. Forbus, K. Qualitative Process Theory. in *Mental Models*, eds. D. Gentner, A. Stevens, Erlbaum, 1985.

[8]. Fox, M. S. An organizational view of distributed systems. *IEEE Trans. on Systems, Man and Cybernectics* vol. 11, pp. 70 - 80, 1981.

[9]. Hayes-Roth, F., L. D. Erman, S. Fouse, J. S. Lark, and J. Davidson. ABE: A cooperative operating system and development environment. in *AI Tools and Techniques*, ed. Mark Richer. Ablex Publ. Corp., 1988.

[10]. Horvitz, E. J. and D. Heckermann. The inconsistent use of measures of certainty in artificial intelligence research. In *Uncertainty in artifical intelligence,* ed. L. Kanal and J. F. Lemmer, 137 - 151. North-Holland, Amsterdam, 1986.

[11]. Pan, J. Y.-C., J. M. Tenenbaum, and J. Glicksman. A framework for knowledge-based computer-integrated manufacturing. IEEE Trans. on Semiconductor Manufacturing, 2(2):33 - 46, 1989.

[12]. Pearl, J. *Probabilistic Reasoning in Intelligent Systems: Networks of Plausible Inference.* Morgan Kaufmann Publ. Co., 1988.

[13]. Raulefs, P. A Representation Framework for Continuous Dynamic Systems.
Proc. 10th International Joint Conference on Artificial Intelligence (IJCAI-87), Milan (Italy), 1987.

[14]. Raulefs, P. System Architectures for Heuristic Process Management.
Proc. 7th American Control Engineering Conf., Chicago, Illinois, June 1988.

[15]. Raulefs, P. A Blackboard Architecture for Real-Time Control of Dynamic Systems. Chapter 9 of: Blackboard Architectures and Applications, edited by V. Jagannathan, R. Dodhiawala, and L. S. Baum, Academic Press, Inc. (in press).

[16]. Raulefs, P. Communicating Influence Networks: Integrating Multiple Perspectives to Diagnose Manufacturing Problems. in Workshop Notes, AAAI Spring Symposium on AI in Manufacturing, Stanford, April 1989; extended and revised version subwithted for publication.

[17]. Raulefs, P., B. D'Ambrosio, M. R. Fehling, S. Forrest, and B. M. Wilber. Real-time process management for materials composition. Proc. 3rd Conf. on Artificial Intelligence Applications, Kissimmee (Fla.), pp. 120 - 125, 1987. (expanded version published in IEEE Expert, Summer 1987).

[18]. Simon, H. A. *Models of Man.* Wiley Publ. Co., New York, 1957.

[19]. Simmons, R. and J. Mohammed. Causal modeling of semiconductor fabrication. MIT/SPAR (Schlumberger Palo Alto Res. Lab.) Tech. Rept., May 1987.

[20]. Taylor, C. F. The Internal Combustion Engine in Theory and Practice, vol. 1. MIT Press, 1989.

10. Spezielle Seminare zu Grundlagen und Anwendungen der KI

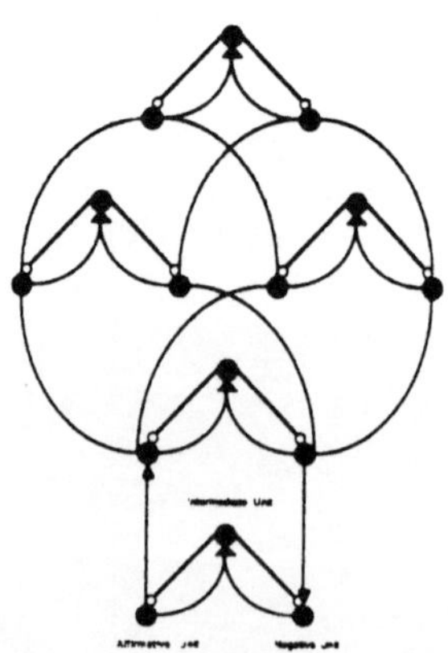

EINFÜHRUNGSSEMINAR:

MASCHINELLES LERNEN

W. Mellis, Nixdorf Computer AG, Paderborn

T. Bollinger, Institut für Wissensbasierte Systeme, Projekt LILOG, IBM Stuttgart

Das Seminar wird sich mit Methoden des Maschinellen Lernens zur Wissensakquisition von regelbasierten Systemen beschäftigen. Dies ist das Hauptziel des Maschinellen Lernens seit Anfang der achtziger Jahre und unter diesem sollen die Lern- und Generalisierungstechniken präsentiert werden.

Nach einem kurzen historischen Überblick über das Maschinelle Lernen (T. Bollinger) werden je ein Absatz aus dem ähnlichkeitsbasierten (T. Bollinger) und dem erklärungsbasierten (W. Mellis) Lernen vorgestellt. Eine Übersicht über Methoden zur Generierung von Entscheidungsbäumen (W. Mellis) stellt das in der praktischen Nutzung fortgeschrittenste Verfahren vor.

Das Seminar soll auch einen Eindruck darüber vermitteln, was mit diesen Methoden geleistet werden kann und welche Probleme es mit ihnen gibt. Es soll ferner diskutiert werden, inwieweit Methoden des Maschinellen Lernens die Wissensakquisition unterstützen können.

Soweit die Zeit reicht kann noch auf spezielle Fragestellungen eingegangen werden:

- Einfluß der Darstellungssprache auf das Lernergebnis, automatische Erweiterung der Darstellungssprache
- Wissensrepräsentation zur Unterstützung des Maschinellen Lernens im Verhältnis zur Wissensrepräsentation für die Wissensverarbeitung
- Bias.

TUTORIAL:

HIGH LEVEL TOOLS FOR KNOWLEDGE SYSTEMS DESIGN

B. Chandrasekaran and Associates, Laboratory for AI Research, Ohio State University

Just like computer science moved from a phase of assembly languages to one of high level languages, which had constructs much more appropriate to express a number of control constructs directly, the field of expert systems is moving towards an era of special purpose languages each of which is appropriate for building a particular generic type of problem solving. But much of the progress in the field in this direction is rather ad hoc. In this tutorial, we have the following aims:

(i) We will review the limitations of "low level" system building languages such as rule and frame systems, and show how higher level constructs are needed for higher productivity, simplicity, and clarity in expert system building.

(ii) We will review the efforts that are being made in the field to identify the kinds of general problems out of which more complex problem solving systems can be built. In particular, we will review the work of Clancey at Stanford, McDermott and associates at CMU, and Chandrasekaran and associates at Ohio State Laboratory for AI Research. The last mentioned work, called the Generic Task Approach, will be reviewed in detail.

(iii) Three languages in particular, called CSRL, DSPL, and IDABLE, will be reviewed in detail. CSRL is useful for building hierarchical classification systems, DSPL for building design and planning expert systems, and IDABLE is appropriate for building "intelligent" databases. Each of these languages comes with its own set of knowledge terms and control constructs, making it easy to build the corresponding expert systems. Systems combining these languages can be constructed readily, so that complex problem solvers can be constructed, much as molecules can be built using atoms of various kinds.

(iv) We will show how diagnostic, design and planning systems can be built out of the above languages. We have built diagnostic systems in process engineering (nuclear and chemical plants, e.g.), as well as in medicine, a logistics planning system and design expert systems. The participants will be exposed to the details of how to decompose these problems into portions each of which can be handled by one of these shells and how to combine them. We will also demonstrate how much more clear explanations can be produced from these high level shells, in comparison with the current generation of low level languages.

SEKTION: EXPERTENSYSTEM-LABOR

T. Christaller, A. Voß, Forschungsgruppe Expertensysteme, GMD Sankt Augustin

Expertensysteme, die heute konstruiert werden und in den praktischen Einsatz gehen, basieren auf den wissenschaftlichen Erkenntnissen Ende der 70er Jahre. Auf Grund der weitergehenden wissenschaftlichen Arbeiten, insbesondere von Clancey, Chandrasekaran, McDermott, Steels, Wielinga, wissen wir um die Grenzen derartiger Systeme und haben eine Reihe von Alternativen zur Weiterentwicklung. Dazu gibt es aber auch eine Reihe von Praxiserfahrungen, die andere Grenzen aufzeigen.

Das Ziel der Sektion besteht darin, in einer Gruppe von Fachleuten, die erfahren sind in der Entwicklung und in der Anwendung von Expertensystemtechniken, eine gemeinsame Plattform zu erstellen für den Austausch wissenschaftlicher und praktischer Erfahrungen im Bereich Expertensysteme.

Offene Probleme sind: angemessene Modellierung eines Problembereiches, Wissensakquisition, Validierung und Verifikation, Wartung und Fortschreibung.
Ist es möglich, ein Softwarelabor zu entwickeln, in dem die unterschiedlichsten Experimente zur Wissensakquisition, Wissensrepräsentation, Integration mit anderen Systemen, Benutzerschnittstellen durchgeführt werden können? Ist es denkbar, daß ein solches Labor die Erfahrungsberichte verschiedener Fachleute vergleichbar machen kann? Was muß veränderbar sein, was kann vorgegeben werden? Was und wie kann man messen (Performanz, Benutzerakzeptanz, Wartungsfreundlichkeit, Qualität der Repräsentation, etc.)?

Die Ergebnisse der Vorbereitungsgruppe werden im Rahmen einer Podiumsveranstaltung präsentiert und zur Diskussion gestellt.

FACHSEMINAR: FORMALE UND KOGNITIVE GRUNDLAGEN VON WISSENSREPRÄSENTATIONEN

D. Hernández, Institut für Informatik, TU München
B. Nebel, Institut für Wissensbasierte Systeme (IWBS) IBM Deutschland, Stuttgart
G. Smolka, IWBS, IBM Deutschland, Stuttgart
I. Wachsmuth, Technische Fakultät, Universität Bielefeld

Aufgabe der Wissensrepräsentation ist es, allgemeine Mechanismen zur (symbolischen) Darstellung und Verarbeitung von Wissen in künstlichen Systemen zu entwickeln sowie das Wissen spezieller Domänen adäquat darin zu repräsentieren. Hierbei spielen kognitive, mathematische und technische Gesichtspunkte eine Rolle.

Die Teilnehmer des Seminars erhalten einen Einblick in aktuelle Forschungsschwerpunkte des Gebiets, besonders in KL-ONE-artige, logikbasierte und analogische Wissensrepräsentationen und deren kognitive Grundlegung. In einer abschließenden Panel-Veranstaltung sollen die augenblickliche Entwicklung des Gebiets und offene Fragen diskutiert werden.

Die Teilnehmer sollen über Grundkenntnisse von logischen und netzartigen Wissensrepräsentationsformalismen verfügen und mit logischen Notationen vertraut sein.

Feature-Logik

Gert Smolka
IWBS, IBM Deutschland
7000 Stuttgart 80

Feature-Logik ist die überraschend einfache und universelle Grundlage für die von Computerlinguisten entwickelten Unifikationsgrammatiken und den für Wissensrepräsentation und Logikprogrammierung entworfenen ψ-Termkalkül von Aït-Kaci. Ich werde zunächst diese Anwendungen skizzieren und mich danach auf Feature-Logik als logischen Formalismus konzentrieren. Mit dem Vortrages will ich zeigen, daß die logische Fundierung von aus Anwendungen enstanden Wissensrepräsentationsformalismen wesentlich zu deren Verständnis, Vereinfachung und Erweiterung beitragen kann.

Feature-Logik ist eine Teilsprache von Prädikatenlogik, deren Interpretationen durch Konstanten und Features (unäre partielle Funktionen) gegeben sind. Eine mögliche Interpretation sind sogenannte Feature-Graphen, die als endliche deterministische Automaten formalisiert und als Datenstrukturen verstanden werden können. Diese Feature-Graphinterpretation ist kanonisch in dem Sinne, daß eine quantorenfreie Formel, die in irgendeiner Interpretation lösbar ist, stets auch in der Feature-Graphinterpretation lösbar ist. Während Lösbarkeit von quantorenfreien Formeln ein NP-vollständiges Problem ist, ist die Lösbarkeit von quantifizierten Formeln unentscheidbar.

Die Syntax von Feature-Logik kann durch sogenannte Feature-Terme erweitert werden, die Mengen denotieren und die aus Variablen und Konstanten mittels inverser Feature-Applikation, Durchschnitt, Vereinigung, Komplement und Quantifizierung gebildet werden. Feature-Terme erhöhen die Ausdrucksfähigkeit von quantorenfreier Feature-Logik nicht, ergeben aber eine intuitive und kompakte Syntax für Anwendungen. Insbesondere kann jede Feature-Graph als Feature-Term dargestellt werden.

Feature-Terme haben viele Gemeinsamkeiten mit den Konzeptbeschreibungen der Wissensrepräsentationssprache KL-ONE. Ein gravierender Unterschied ist jedoch, daß KL-ONE mengenwertige Features (sogenannte Rollen) verwendet, deren größere Ausdruckskraft mit schlechteren Berechnungseigenschaften erkauft wird.

H. Aït-Kaci, An Algebraic Semantics Approach to the Effective Resolution of Type Equations. Theoretical Computer Science 45, 1986, 293–351.

H. Aït-Kaci and R. Nasr, LOGIN: A Logic Programming Language with Built-In Inheritance. The Journal of Logic Programming, 1986, 3, 185–215.

M. Höhfeld and G. Smolka, Definite Relations over Constraint Languages. LILOG Report 53, IBM Deutschland, West Germany, October 1988.

H.J. Levesque and R.J. Brachman, Expressiveness and Tractability in Knowledge Representation and Reasoning. Computational Intelligence 3, 1987, 78–93.

W.C. Rounds and R.T. Kasper, A Complete Logical Calculus for Record Structures Representing Linguistic Information. Proc. of the First IEEE Symposium on Logic in Computer Science, Boston, 1986, 38–43.

S. Shieber, An Introduction to Unification-Based Approaches to Grammar. CSLI Lecture Notes 4, Stanford University, 1986.

G. Smolka, A Feature Logic with Subsorts. LILOG Report 33, IBM Deutschland, West Germany, May 1988. To appear in the proceedings of the Workshop on Unification Formalisms—Syntax, Semantics and Implementation, Titisee, The MIT Press.

Zur Implementierbarkeit Analogischer Repräsentationen

Daniel Hernández
Institut für Informatik
Technische Universität München
Arcisstr.21, D-8000 München 2

Was sind analogische Repräsentationen?

Analogische Repräsentationen sind solche, bei denen sich wesentliche Eigenschaften der dargestellten Struktur sowie die Relationen ihrer Teile untereinander aus den inhärenten Eigenschaften und Relationen der darstellenden Struktur unmittelbar ergeben. Als Beispiel sei hier eine vereinfachte Landkarte erwähnt. Solche Repräsentationen weisen eine Reihe vorteilhafter Eigenschaften auf: Da die Entitäten der Ausgangssituation eindeutig dargestellt werden (jede Ortschaft entspricht genau einem Punkt) und deren Beziehungen zueinander sich unmittelbar aus der Struktur der Repräsentation ergeben (die geographische Anordnung der Ortschaften entspricht der geometrischen Anordnung der Punkte auf der Karte), sind sie *konsistent* (Verhältnis der Entfernungen bleibt erhalten) und unempfindlich gegenüber Abweichungen (*robust*). Weiterhin schließt die Ähnlichkeit der Strukturen die Darstellung unmöglicher Situationen (etwa überlagerte Ortschaften) aus, was die *Effizienz* der damit umgehenden Algorithmen steigert.

Eine Fülle von (wenn auch nicht unumstrittenen [12]) psychologischen Experimenten [9, 17] deutet auf das Vorhandensein solcher Repräsentationen bei Menschen hin. Die Leichtigkeit, mit der wir Menschen mit solchen Darstellungen umgehen, täuscht jedoch über die grundsätzlichen Schwierigkeiten hinweg, die ihre Anwendung in Computermodellen mit sich bringt.

In diesem Beitrag sollen analogische Repräsentationen im Hinblick auf ihre Implementierbarkeit anhand einiger bekannter Systeme kritisch unter die Lupe genommen werden. Zugleich werden damit interessante Anwendungen solcher Darstellungen aufgezeigt.

Wie sehen tatsächliche Implementationen aus?

Von den untersuchten Systemen seien hier exemplarisch zwei genauer betrachtet, die dem Anwendungsgebiet der sog. *naiven Physik* zugeordnet werden können[1]. Die naive Physik versucht die *menschlichen* Fähigkeiten im Umgang mit der physikalischen Umwelt zu modellieren, hat sich aber bislang vorwiegend propositionaler (Fregescher [16]) Repräsentationen bedient. Gerade hier liegt aber die Anwendung analogischer Repräsentationen nahe!

Gardin und Meltzer [5] versuchen das Verhalten einfacher physikalischer Systeme (wie Schnüre oder Flüssigkeiten) mit Hilfe einer direkten, zwei-dimensionalen Darstellung zu modellieren. Dabei werden die Objekte in "Moleküle" dekomponiert, die als "pixel-sets" auf der 2D-Matrix eines Computergraphiksystems dargestellt werden. Somit sind die räumlichen Eigenschaften und Relationen der Objekte implizit in der Repräsen-

[1] Weitere Einsatzgebiete umfassen vor allem die Modellierung der nicht-sprachlichen Domänen menschlicher Kognition, z.B. räumliches Problemlösen [13, 10], Visualisierung geometrischer Transformationen und "commonsense reasoning".

tation enthalten. Globales physikalisches Verhalten entsteht durch lokalen Nachrichtenaustausch zwischen benachbarten Molekülen gemäß der physikalischen "constraints". Die Nicht-Berücksichtigung von Impuls und Zeit schränkt das zugrundeliegende physikalische Modell stark ein. Kritisch ist weiterhin anzumerken, daß der Ansatz nicht ganz konsequent in der analogischen Darstellung ist, da die pixel-sets lediglich eine Visualisierung der "hinter den Kulissen" agierenden Aktoren zu sein scheinen.

Dagegen ist Funts frühere Arbeit über diagrammatische Darstellungen [4] bemüht zu zeigen, daß Zusammenhänge, die für uns Menschen aus einer Skizze unmittelbar ersichtlich sind, erst durch einen nicht-trivialen Erkennungsprozeß (auch wenn das Problem des physikalischen "Sehens" ausgeklammert wird) für ein künstliches System nutzbar gemacht werden müssen. Sein WHISPER System zeigt die Möglichkeit, Diagramme beim Problemlösen direkt einzusetzen. Das System besteht aus einer deduktiven Komponente (HLR) mit Wissen über Stabilität und Bewegung von Objekten in der Anwendungsdomäne einer "blocksworld", einer zunächst simulierten, "parallel-verarbeitenden" Retina und einer direkten Abbildung eines Diagramms als 2D-array. Die "Retina" ist eine Sammlung kreisförmig angeordneter Prozessoren — mit nach außen abnehmender Auflösung der zugehörigen Sichtfelder ("bubbles") —, die Berechnungen aufgrund lokaler Information durchführen. Als Eingabe erhält das System ein Diagramm einer "blocksworld"-Situation. Der HLR benutzt dann die Retina, um die Situation zu erfassen und Änderungen zu visualisieren, und produziert als Ausgabe "snapshots" der Blockbewegungen bei unstabilen Konfigurationen. Auch hier wird jedoch ein stark eingeschränktes physikalisches Modell benutzt (alle Objekte sind stationär, "gleichzeitige" Bewegungen werden sequentiell ausgeführt). Ein großer Teil der Funktionalität des Systems bleibt in den (nicht-analogischen) Kontrollstrukturen des HLR verborgen.

Was können wir daraus lernen?

Eine wesentliche Einsicht aus der Untersuchung von Implementationen faßt Sloman [16, p. 167] wie folgt zusammen: *"Of course, the mere presence in a computer of a data-structure which* we *can describe as an analogical representation is not enough: the program must embody procedures which* make use of *the analogical features of the representation."* Man muß also die Repräsentation insgesamt, d.h. die Datenstrukturen und die darauf operierende Mechanismen, betrachten, um feststellen zu können ob es sich um eine ähnlichkeitserhaltende Abbildung handelt. Dies zu betonen scheint angebracht, da mit "Repräsentation" sehr oft lediglich die passiven Datenstrukturen assoziiert werden.

Deutlich wird auch, daß in der Regel nur einige Aspekte einer Repräsentation als analogisch bezeichnet werden können und zwar stets in Abhängigkeit von der Betrachtungsebene. Auch Fregesche Repräsentationen beinhalten analogische Elemente (z.B. die Darstellung einer Reihenfolge durch positionale Argumente) bzw. können zur Implementation analogischer Aspekte auf einer höheren Abstraktionsebene benutzt werden. Es bestätigt sich also, daß es keinen für alle Anwendungen geeigneten universellen Repräsentationsformalismus gibt.

Fraglich ist jedoch, ob es immer eines "Erkennungsprozesses" (Funts Retina, siehe auch [8]) bedarf, um von analogischem Gebrauch sprechen zu können. Dies mag bei *bildhaften* Darstellungen der Fall sein, aber diese sind —trotz ihrer Häufigkeit— als Spezialfall analogischer Repräsentationen zu betrachten. Andere Formen struktureller Ähnlichkeit sind denkbar: Es können sowohl nicht-bildhafte Strukturen (etwa kausale Zusammenhänge in einem physikalischen oder ökonomischen Modell) als auch *Prozesse* analogisch auf entsprechende Darstellungen und Prozesse abgebildet werden.

Aufregend neue Perspektiven zeichnen sich bei der Implementation auf parallelelen Architekturen ab. Eine gemeinsame Eigenschaft vieler hochparalleler Architekturen ist, daß die Berechnungen in den einzelnen Prozessoren aufgrund lokal verfügbarer Information (im Sinne einer definierten Nachbarschaft) erfolgen. Gelingt es, die dargestellte Struktur in analogischer Weise auf einer solchen Architektur abzubilden, so ergeben sich potentiell sehr effiziente Lösungsansätze. Ein schönes Beispiel hierfür ist die oben erwähnte Retina von Funt: Rotations- und Skalierungsoperationen können in einer von der Größe der betroffenen Objekte unabhängigen Zeit durchgeführt werden.

Wenn Repräsentationen letztendlich nur in Abhängigkeit von der Betrachtungsebene als analogisch bezeichnet werden können, stellt sich die Frage nach dem Stellenwert ihrer konzeptuellen Unterscheidung. Meiner Meinung nach rechtfertigt allein ihre Bedeutung als Verarbeitungsmetapher, daß man analogische Repräsentationen als eine gesonderte Klasse von Darstellungsformalismen untersucht. Ähnlich wie bei der objekt-orientierten Programmierung, bei der neben den programmtechnischen Vorzügen (data encapsulation, modularity) die Metapher kommunizierender Objekte (auf der sich viele Aufgabenstellungen leicht abbilden lassen) eine wesentliche Rolle spielt, liegt die Bedeutung analogischer Repräsentationen in ihrer evozierenden Kraft.

Eine Reihe weiterer Aspekte, wie z.B. das Verhältnis analogischer Repräsentationen zur Analogiebildung beim menschlichen Problemlösen [3], zu Computermodellen analogischen Denkens [6] und zum "Frame-Problem" [7], können in der gebotenen Kürze nicht ausgeführt werden.

Literatur

[1] N. Block, editor. *Imagery*. MIT Press, Cambridge, 1981.

[2] D. G. Bobrow. Dimensions of representation. In D. G. Bobrow and A. Collins, editors, *Representation and Understanding*, chapter 1, pages 1–34. Academic Press, New York, 1975.

[3] J. Clement. Observed methods for generating analogies in scientific problem solving. *Cognitive Science*, 12:563–586, 1988.

[4] B. V. Funt. Problem solving with diagrammatic representations. *Artificial Intelligence*, 13(3):201–230, 1980.

[5] F. Gardin and B. Meltzer. Analogical representations of naive physics. *Artificial Intelligence*, 38:139–159, 1989.

[6] R. P. Hall. Computational approaches to analogical reasoning: A comparative analysis. *Artificial Intelligence*, 39:39–120, 1989.

[7] J. Haugeland. An overview of the frame problem. In Z. Pylyshyn, editor, *The Robot's Dilemma: The Frame Problem in Artificial Intelligence*, pages 77–94. Ablex, Norwood, NJ, 1987.

[8] S. E. Kim. Viewpoint: Toward a computer for visual thinkers. Technical Report STAN-CS-88-1190, Dept. of Computer Science, Stanford University, Jan. 1988.

[9] S. Kosslyn, S. Pinker, G. Smith, and S. Shwartz. On the demystification of mental imagery. In Block [1], pages 131–150.

[10] B. Neumann and M. Mohnhaupt. Propositionale und analoge Repräsentation von Bewegungsverläufen. *KI*, (1):4–10, 1988.

[11] S. Palmer. Fundamental aspects of cognitive representation. In E. Rosch and B. Lloyd, editors, *Cognition and Categorization*. Lawrence Erlbaum, Hillsdale, 1978.

[12] Z. Pylyshyn. The imagery debate: Analog media vs tacit knowledge. In Block [1], pages 151–206.

[13] K. Rehkämper. Mentale Bilder und Wegbedeutungen. LILOG-Report 20, IBM Deutschland, Stuttgart, Aug. 1987.

[14] K. Rehkämper. Mentale Bilder – Analoge Repräsentationen. LILOG-Report 65, IBM Deutschland, Stuttgart, Okt. 1988.

[15] A. Sloman. Interactions between philosophy and AI — The role of intuition and non-logical reasoning in intelligence. In *Proceedings 2nd IJCAI*, pages 270–278, London, 1971. Reprinted in AI (2) 1971.

[16] A. Sloman. Afterthoughts on analogical representation. In *Proc. Theoretical Issues in Natural Language Processing*, pages 164–168, Cambridge, MA, 1975.

[17] G. Steiner. Analoge Repräsentationen. In H. Mandl and H. Spada, editors, *Wissenspsychologie*. München-Weinheim, 1988.

Kognitive Kategorien

Ipke Wachsmuth
Technische Fakultät (im Aufbau)
Universität Bielefeld
Postfach 8640
4800 Bielefeld 1

Die Art und Weise, wie ein Mensch die äußere Welt wahrnimmt und "versteht" (d.h. auf interne Modelle abbildet), wird wesentlich von seinen internen Kategorien (Begriffssystemen) bestimmt. Sie ermöglichen einerseits die Einordnung von wahrgenommenen Dingen, Sachverhalten, Situationen etc. (Klassifikationsaspekt) und stellen andererseits weitere Information über Weltdinge und ihre Zusammenhänge untereinander zur Verfügung, die bei Bedarf ein umfassenderes Verständnis der beobachteten Situation ermöglicht (Elaborationsaspekt).

Die Modellierung natürlichsprachlicher Fähigkeiten in künstlichen Systemen erfordert konkrete Annahmen betreffs der internen Kategorien, über die ein Sprecher/Hörer einer natürlichen Sprache verfügt. Einzelne Kategorien können idiosynkratisch sein, jedoch ist eine grundsätzliche Voraussetzung für die erfolgreiche Kommunikation von Sachverhalten in natürlicher Sprache, daß die internen Kategorien der Mitglieder einer Sprachgemeinschaft zu einem großen Umfang geteilt werden. Eine Aufgabe für die Wissensrepräsentation hinsichtlich natürlichsprachlicher Systeme ist es somit, solche Kategorien und ihre typischen Bedeutungsmerkmale zu identifizieren und zu modellieren.

Neuere Formalismen der Wissensrepräsentation, z.B. KL-ONE und Feature-Logik, benutzen Konzept- bzw. Sortenhierarchien zur Repräsentation taxonomischen Wissens. Wesentlich ist hierbei der Ökonomiegesichtspunkt: Information, die allgemeineren Kategorien zugeschrieben wird ("Features" oder "Attribute"), kann auf speziellere

Kategorien vererbt werden. Daher sind Modellierungen anzustreben, die Vererbung möglichst oft, das Einführen gleicher Features bei Konzepten, die nicht in einer Erbbeziehung stehen, möglichst selten mit sich bringen. Ideal wäre es, wenn sich "Feature-Teilwelten" in Hauptästen einer Begriffstaxonomie clustern ließen, d.h. daß zur Modellierung einzelner Konzepte einer Kategorie nicht potentiell alle, sondern nur wohlabgegrenzte Teilmengen von Features in Erwägung gezogen werden müssen.

Ergebnisse empirischer psycholinguistischer Forschung zeigen, daß sich bei Menschen solche Kategorienstrukturen nachweisen lassen (z.B. Dahlgren, 1985). Andere Studien zeigen, daß die Vererbungsbeziehungen teils komplexen Bedingungen genügen. So ist für Menschen der Begriff *Brot* in bezug auf die mitgedachten Attribute dem Oberbegriff *Nahrungsmittel* näher als dem Oberbegriff *Backwaren*, obwohl *Brot* in einer Vererbungshierarchie nach logischen Kriterien unter *Backwaren* und nicht unmittelbar unter *Nahrungsmittel* anzuordnen wäre.

Die Untersuchung kognitiver Kategorien kann mithin Beiträge zu folgenden Fragen leisten: Welche Kategorien sind bei der Modellierung bestimmter Weltbereiche zu berücksichtigen? Wie sieht das Gefüge solcher Kategoriensysteme aus? Welchen Prinzipien genügt die Vererbung? Hieraus können einerseits Erkenntnisse hinsichtlich der Wahl von Kategoriensystemen bei der Bereichsmodellierung gewonnen werden. Andererseits lassen sich Anforderungen formulieren, die Repräsentationssysteme zur adäquaten Modellierung von Domänen erfüllen müssen. Solche Anforderungen dienen nicht zuletzt zu dem Zweck, die augenblicklich bei der Entwicklung von Wissensrepräsentationsformalismen bereitgestellten Möglichkeiten kritisch zu überprüfen.

Dahlgren, K.: The cognitive structure of social categories. *Cognitive Science 9*, 1985, 379-398.

Lakoff, G.: *Woman, fire, men and dangerous things: What categories tell us about the nature of thought*. Chicago: University of Chicago, 1987.

KL-ONE-basierte, hybride Repräsentationssysteme

Bernhard Nebel
Wissenschaftliches Zentrum der IBM Deutschland
Institut für Wissensbasierte Systeme

Aufbauend auf den von Brachman entwickelten Wissensrepräsentationsformalismus KL-ONE entstand eine Familie von hybriden Repräsentationssystemen, die für verschiedene KI-Anwendungen eingesetzt wurden (Analyse und Generierung natürlicher Sprache, Information Retrieval, Konfiguration, Planung, usw.). In diesen Systemen wird ein an KL-ONE orientierter terminologischer Formalismus zur Repräsentation der Bedeutung der in einem Anwendungsgebiet wichtigen Terminologie und ein assertionaler Formalismus zur Repräsentation von Beziehungen zwischen Objekten der Anwendnung benutzt.

Neben dieser anwendungsorientierten Forschung wurden in den letzten Jahren auch die theoretischen Grundlagen der benutzten Repräsentationsformalismen erarbeitet. Diese theoretischen Arbeiten haben dazu geführt, daß man heute ein sehr viel tieferes Verständnis von der Ausdrucksfähigkeit dieser Repräsentationsformalismen und der damit assozierten Komplexität der Inferenzalgorithmen besitzt als noch vor zwei Jahren. Das grundlegende Werkzeug für diese theoretischen Untersuchungen ist eine konzeptuell einfache, mengentheoretische Semantik. Diese kann man benutzen, um ungewöhnliche Repräsentationskonstrukte, wie z.B. definitorische Zyklen, zu interpretieren, und sie ist unerläßlich bei der Klärung von Fragen der algorithmischen Komplexität.

Mithilfe der mengentheoretischen Semantik kann man zeigen, daß verschiedene interessante Beziehungen innerhalb der terminologischen Komponente eines Repräsentationssystems schwierige Probleme aufwirft, die je nach Mächtigkeit des verwendeten Repräsentationsformalismus algorithmisch handhabbar, nicht handhabbar oder sogar unentscheidbar sind. Allerdings ist es trotzdem möglich, handhabbare Inferenzalgorithmen für KL-ONE-basierte, hybride Systeme mit relativ mächtigen terminologischen Repräsentationsformalismen anzugeben, die die Eigenschaft haben, unter gewissen wohldefinerten Umständen vollständig in Bezug auf die Semantik zu sein.

R. J. Brachman, H. J. Levesque, The Tractability of Subsumption in Frame-Based Description Languages, *Proc. 4th National Conf. AAAI*, S. 34-37, Austin, Texas, August 1984.

R. J. Brachman, J. G. Schmolze, An Overview of the KL-ONE Representation System, *Cognitive Science 9* (2): 171-216, April 1985.

B. Nebel, Computational Complexity of Terminological Reasoning in BACK, *Artificial Intelligence 34* (4): 371-383, April 1988.

B. Nebel, *On Terminological Cycles*, KIT Report 58, Technische Universität Berlin, November 1987.

B. Nebel, K. von Luck, Issues of Integration and Balancing in Hybrid Representation Systems, in: K. Morik (Hrsg.), *GWAI-87*, S. 114-123, Springer, Berlin, 1987.

M. Schmidt-Schauss, Subsumption in KL-ONE is Undecidable, In: R. J. Brachman, H. J. Levesque, R. Reiter, *Principles of Knowledge Representation and Reasoning*, S. 421-431, Morgan Kaufmann, San Mateo, Cal., 1989.

M. Schmidt-Schauss, G. Smolka, *Attributive Concept Descriptions with Unions and Complements*, SEKI Report SR-88-21, Universität Kaiserslautern, Dezember 1988.